Wilhelm Mannhardt

Antike Wald und Feldkulte aus nordeuropäischer Überlieferung

Wilhelm Mannhardt

Antike Wald und Feldkulte aus nordeuropäischer Überlieferung

ISBN/EAN: 9783744797948

Hergestellt in Europa, USA, Kanada, Australien, Japan

Cover: Foto ©ninafisch / pixelio.de

Weitere Bücher finden Sie auf **www.hansebooks.com**

ANTIKE
WALD- UND FELDKULTE

AUS

NORDEUROPÄISCHER ÜBERLIEFERUNG

ERLÄUTERT

VON

WILHELM MANNHARDT.

BERLIN 1877.

GEBRÜDER BORNTRAEGER

ED. EGGERS.

Vorwort.

Zu den im ersten Bande dieses Werkes „*Baumkultus der Germanen und ihrer Nachbarstämme*" vorgeführten Vorstellungen und Gebräuchen weist das vorliegende Buch, den einzelnen Kapiteln desselben folgend, griechische, römische und vorderasiatische Seitenstücke auf. Buchhändlerische Rücksichten empfahlen eine Anzahl auf die antiken Ackerbaukulte (Lityerses, Eleusinien, Thesmophorien, Chthonien, Buphonien, Octoberroß, Lupercalien) bezüglicher Aufsätze für eine nächstfolgende besondere Veröffentlichung zurückzulegen; diese Fortlassung bot zugleich den Vorteil, eine größere Conformität mit dem ersten Teile herstellen zu können.[1] Die Darstellung ist so gehalten, daß sie auch als selbständiges Ganze aus sich selbst verständlich bleibt; einem eindringenderen Studium ist die Nachprüfung der aufgestellten Behauptungen jedoch durch fortlaufende Verweisung auf die entsprechenden Untersuchungen und Tatsachen im ersten Teile erleichtert.

. Wer die Schwierigkeit aus Erfahrung kennt, die es macht, für das Ganze solcher Einzeluntersuchungen, wie sie in meinem Werke vereinigt sind, eine allen theoretischen und praktischen

---

1) Auf den folgenden Blättern ist derselbe stäts unter der Bezeichnung Bk. angezogen.

Ansprüchen genügende Aufschrift zu finden, wird mit Nachsicht
beurteilen, daß der Titel meines Buches nicht genau mit dem
Inhalte sich deckt. Ich weiß recht wol, daß er streng genommen
nach der einen Seite hin zu weit, nach der anderen zu eng
gegriffen ist. Was das erstere betrifft, so erschöpfen meine Darlegungen den Umfang des europäischen Baum- und Waldkultus
nicht. Wenn ich jedoch mit dem Tropus der Synekdoche den
Namen des Ganzen für den wichtigsten Teil in Anspruch nahm,
während ich nur diejenigen Vorstellungen und Gebräuche geschildert hatte, welche nach meiner Ansicht auf die Grundvorstellung
der Baumseele und die daraus abgeleiteten bzw. mit ihr verbundenen Begriffe der Baum- und Waldgeister entweder zurückgehen
oder mit denselben verknüpft sind, so habe ich keinen Augenblick verkannt, weder, daß noch einzelne abseits liegende Arten
von Baumverehrung vorhanden waren und sind, die aus ganz
anderen Gedankenkreisen ihren Ursprung nahmen (z. B. gewisse
Fälle der Heiligung von Bäumen im Dienste von Göttern), noch
habe ich eine reich entwickelte mythische Botanik leugnen wollen, welche Bäumen und anderen Pflanzen teils wegen auffallen-
der Eigenschaften, oder zur Erklärung dieser Eigenschaften, teils
in Folge ihrer mannigfaltigen Verwendung zur metaphorischen
Bezeichnung anderer Naturgegenstände oder geistiger Begriffe
eine Stellung in Sitte und Sage anweist. Da aber diese Gebilde
in überwiegender Mehrzahl nicht sowol Zeugnisse für die *Verehrung* der Bäume, als für die *Verwendung* von Bäumen in Kultus,
Zauber und Aberglauben gewähren, glaubte ich sie mit gutem
Rechte außer Betracht lassen zu dürfen. Zu *eng* aber kann der
Titel Baum*kultus* erscheinen, einmal deshalb, weil ich in meinem
Buche mich nicht allein mit den Kult*gebräuchen* beschäftigte,
sondern auch in ebenso breiter Ausführung mythische *Vorstellungen* behandelte, welche aus derselben Wurzel, wie jene,
erwachsen sind; sodann, weil ganze Abschnitte des Werkes (die
auf die allgemeinen Vegetationsgeister, die Sonnwendfeuer, das
Brautlager auf dem Ackerfelde, Pflugziehen u. s. w. bezüglichen)
nicht eigentlich unter die Kategorie der Baumverehrung fallen,
sondern nur wegen des engen Zusammenhanges der in ihnen
dargelegten Anschauungen und Sitten oder wichtiger Teile derselben (vgl. z. B. den Maibaum, die Laubpuppen im Sonnwend-

feuer) mit den in den übrigen Kapiteln besprochenen Traditionen herangezogen sind. Sie dienen eben zur Vervollständigung, ohne daß ich damit sie alle ihrem gesammten Inhalte nach aus der Grundvorstellung der Baumseele oder einer Personification der vegetativen Natur abgeleitet wissen möchte. Dies zur Vorbeugung von etwaigen Mißverständnissen. Den richtigen Gesichtspunkt für dasjenige, was ich mit meinen Auseinandersetzungen bezweckte und erstrebte, wird der Leser durch die Darlegung gewinnen, daß und wie die veröffentlichten Untersuchungen von der Ausführung eines größeren Planes, dessen Verwirklichung teils in mehreren fertig ausgearbeiteten Manuscripten, teils im Stoffe mehr oder minder abgeschlossen daliegt, nur einen Teil ausmachen. Diese Darlegung glaube ich dem Publicum schuldig zu sein, selbst auf die Gefahr hin, dadurch den mich bedrückenden Abstand meines Wollens vom Können ans helle Licht zu ziehen. Wenn ich mir erlaube, dabei einige persönliche Verhältnisse anzudeuten, so geschieht es, weil die in Rede stehenden Arbeiten so enge mit meinem Leben verwachsen und in der Art ihrer Ausführung so sehr durch die Geschicke desselben beeinflußt sind, daß eine gerechte Beurteilung ohne einige Kenntniß der bei ihnen mitwirkenden subjectiven Factoren kaum möglich zu sein scheint.

Schon frühe ist in mir ein Gefallen an mythologischen Gegenständen begründet worden. Als Knabe lange Zeit an ein Streckbett gefesselt, das dem Uebel, welches das große Hemmniß meines Lebens zu werden bestimmt war, nur weitere Ausdehnung gab, nahm ich in freien Stunden die hehre Wunderwelt der griechischen Götter - und Heroengestalten aus Beckers meisterhafter Wiedererzählung in meine Seele auf, um sie auf meinem Lager mit lebhafter Einbildungskraft in mir weiter zu verarbeiten. Zudem von Jugend auf durch ungewöhnliche Kurzsichtigkeit einer scharfen Erfassung der Dinge außer mir beraubt wurde ich auf die innere Welt der Phantasie zurückgeworfen und gewöhnte mich ihre Gestalten auseinanderzuhalten und unter verschiedenen Verhüllungen wieder zu erkennen. Als angehender Jüngling lernte ich während der durch meinen Gesundheitszustand nötig gewordenen Schulfreiheit eines Sommerhalbjahrs im grünen Wald und am rauschenden Meeresstrand zugleich Milton

Ossian und eine nordische Mythologie kennen. Der Wunsch, einem befreundeten Dänen Widerpart zu halten, der mir, dem geborenen Schleswig-Holsteiner, als auszeichnenden Vorzug seines Volkes wieder und wieder dessen herliche Götterwelt vorhielt, veranlaßte mich, mich um J. Grimms „deutsche Mythologie" zu bemühen. Es waren die Sommerferien; der Augustapfelbaum inmitten unseres Gartens warf mir seine rotbackigen Früchte in den Schoß. So habe ich, damals Secundaner, das schwererrungene Meisterwerk von Anfang bis Ende gelesen — und die Richtung meines Lebens war entschieden. Die Verhältnisse, unter denen ich aufwuchs, zeitigten in mir frühe im Gegensatze zu meiner starr preußischen Umgebung eine entschieden nationale Denkweise, und ein lebhaftes Interesse an den verschiedenen Gestaltungen religiösen Lebens. So betrat ich 1851 die Schwelle der Universität mit dem Wunsche, durch das Studium der Altertümer unseres Volkes in dessen innerstes Wesen einzudringen und mich tüchtig zu machen, vor allem Grimms mythologische Forschung weiterzubilden. Mein Schicksal führte mich nach Berlin; ein Collegienheft von Lobecks Griech. Mythologie und der Mythologus von Buttmann waren meine Reisebegleiter. Lachmann war kürzlich gestorben; des Leiters entbehrend erfuhr ich manche Anregung, aber in der Hauptsache blieb ich auf mich selbst angewiesen und das außerordentlich geringe Maß meiner durch den Körper gehinderten Leistungsfähigkeit nötigte mich bei in die Weite strebendem Interesse immer wieder zur Beschränkung, und führte mich stäts zur Mythologie als dem Mittelpunkte zurück, auf den alle meine sprachlichen und sachlichen Studien Beziehung gewannen.

Als Lernender blieb ich selbstverständlich lange Zeit völlig unter dem Einflusse derjenigen Männer befangen, deren Forschungen damals der jungen Wissenschaft neue und vielverheißende Wege und Ziele zu eröffnen schienen. Das waren außer . J. Grimm selbst vorzugsweise A. Kuhn und W. Schwartz. Ich lebte mich gänzlich in den Gedankenkreis ihrer Erörterungen hinein und teilte auch die Irrtümer, welche diesen ersten Versuchen auf neuem Boden naturgemäß anhafteten.

Grimms grundlegendes Meisterwerk ist ebensowenig, als alle sonstigen historischen Gebilde, unvermittelt in die Erschei-

nung getreten. Schon seit dem Reformationszeitalter hatten, teils
im Interesse einer Erläuterung des Abgöttereiverbots im Kate-
chismus, teils aus humanistischem oder aus nationalantiquarischem
Bestreben, Männer wie Mäletius, Agricola, Porthan, Arnkiel
Döderlein, C. Schütz, Mone und Finn Magnussen vereinzelt Aberglauben, Bräuche und Sagen als Reste heidnischer Mythologie
erkannt und benutzt.

J. Grimms mit wunderbarer Combinationsgabe ausgerüsteter
Genius, der zugleich auch kindlich und naiv den Geist des Altertums nachzufühlen verstand, hat zum erstenmale in großartigstem
Umfang derartige Quellen in *ein* Bette geleitet, mit den spärlich
erhaltenen unmittelbaren Zeugnissen über deutsches Heidentum
verbunden, und in Zusammenhang mit der von ihm zu historischem Verständniß gebrachten Sprache, mit den Sitten und
Lebensanschauungen unserer Vorzeit und der Mythologie des
verwandten Nordens gesetzt. Da erst war das Ei des Columbus
gefunden und den Nationen ein Weg vorgezeichnet, der sie über
ein weites *Mare incognitum* in das goldene Land ihrer eigenen
Kindheit zu leiten und durch Ausdehnung ihrer Selbsterinnerung
bis in eine ferne Periode rückwärts ihrem Leben und ihrer Persönlichkeit ein ansehnliches Stück hinzufügen zu können schien.
Vor den Augen der staunenden Zeitgenossen stieg nun ein Bild
der altgermanischen Religion empor, in den Hauptsachen so
zutreffend, daß es für immer das zu entwickelnde und zu ver-
bessernde Vorbild weiterer Untersuchungen bleiben wird, und
zugleich so überwältigend reichhaltig, daß es nunmehr fast ein
halbes Jahrhundert die Wissenschaft beherrscht. Allmählich
beginnt es sich soweit in das freie geistige Eigentum der Forscher
zu verwandeln, um der so notwendigen kritischen Betrachtung
anheimzufallen, und nach Ausscheidung seiner Mängel in geläu-
terter und verjüngter Gestalt daraus hervorzugehen. Nur selten
hat ein Buch eine so großartige Nachfolge geweckt, wie dieses.
Es ward zu einer nationalen Tat, Sitte, Sage, Märchen, Aberglauben, Lieder, kurz mündliche Ueberlieferungen jeder Art als
Documente der vaterländischen Urzeit zusammenzubringen und
zu verwerten. Wir verdanken diesem Streben eine reiche Fülle
z. T. trefflicher Sammlungen. Die anderen Stämme Europas
taten es uns nach; am eifrigsten diejenigen, welche so gut wie

aller Kunde über die Religion ihrer Urväter entbehrten und auf
diese Weise in Erfahrung zu bringen glaubten, wie in der Zeit
ungebrochenen nationalen Wesens vor Einführung des Christentums der Geist ihres Volkes sich in seinen idealsten Angelegenheiten geäußert habe (z. B. Slaven, Magyaren). Gleichgiltiger
verhielten sich dem entsprechend andere Völker (z. B. Skandina-
ven, Romanen), die im Besitze reichlicher Nachrichten über ihre
Vorfahren keine Lockung verspürten, diesen Schatz, wie groß
oder klein er sein mochte, aus den neuen bis dahin so verach-
teten Fundgruben zu vermehren. Dies anfängliche Vorwiegen dieser rein nationalen Tendenz auch in meinen Bestrebungen ver-
schuldete, daß meine Arbeit vorzugsweise der lebendigen Volksüberlieferung, als der vermeintlichen Hauptquelle einer eigentümlich deutschen Mythologie zugewandt blieb, selbst als ich erkannt
hatte, wie notwendig u. a. zur Ergänzung die Forderung einer
nicht bloß bruchstückweisen, sondern zusammenhangenden kri-
tisch historischen Bearbeitung der gesammten nordischen Mythologie aufzustellen sei. Die Manen des teuren Meisters, der in
echter Bescheidenheit seine Forschung als eine Scheuer voll nach-
gelesener Aehren demjenigen vermacht wissen wollte, welcher
mit der Ausstellung und Ernte des großen Feldes in vollen Zug
kommen werde, können nicht zürnen, wenn diejenigen, welche
auf seinen Schultern stehen, heutzutage, neben dankbarster Anerkennung des von ihm empfangenen bleibenden Besitzes, der
Erkenntniß Raum geben, daß seine großartige Leistung in vieler
Hinsicht noch unvollständig und mangelhaft war, daß der Bau,
den er aufführte, mehrfach schon in den Fundamenten eine
schiefe Richtung hatte und zu unbrauchbarem Weiterbau Veranlassung gab. Eine alles Unhaltbare ausscheidende Kritik würde
den Umfang seines Buches vielleicht auf nicht weniger als die
Hälfte zu verkleinern haben. Es ist hier nicht der Ort, dies
eingehender zu erörtern; [1] nur Einiges will ich andeuten.
J. Grimm machte den großen Fortschritt, die Mythologie nicht

---

1) Einige treffende kritische Bemerkungen über J. Grimms System sind
in W. Scherers Schrift über J. Grimm, Berlin 1865, S. 141--150 niedergelegt.

mehr als Erzeugniß bewußter Speculation, sondern als eine der
Sprache analoge Schöpfung des unbewußt dichtenden Volksgeistes
zu erfassen. *Damit hat er den Grund gelegt für das wissen-
schaftliche Verständniß nicht allein der germanischen, sondern
auch der griechischen und römischen und aller sonstigen Mythologie.* In der Ausübung aber machte er keine strenge Scheidung
zwischen den als Wirklichkeit empfundenen Gebilden des Mythus
und den ihnen vielfach zum Verwechseln ähnlichen Metaphern
und Personificationen subjectiver Dichter. Er verschloß sich noch
der Einsicht, zu welcher bereits Heyne, noch mehr aber David Strauß
den Weg bahnte, daß der Mythus auf einer bestimmten Anschauungs-
weise oder Denkform beruhe, deren sich jedes Volk auf gewissen
Entwickelungsstufen mit Notwendigkeit bedienen muß. Diese
Denkform bleibt bei fortschreitender Kultur das Eigentum rück-
ständiger niederer Kreise des Volkes und hält in ihnen teils die
geistigen Produkte der von den fortgeschritteneren Klassen über-
wundenen Vergangenheit als Ueberzeugung fest, teils zieht sie
die Ideen und Schöpfungen einer reformierten oder von außen
her eingeführten höheren Religion (Christentum, Islam, Buddhis-
mus u. s. w.) auf ihr Niveau herab und formt sie nach ihren
Kategorien um, teils äußert sie sich noch fortwährend in manchen
neuen mythischen Apperceptionen verschiedenartigen Stoffes.
Indem J. Grimm diese Unterschiede hintenansetzte, mußte er
geneigt sein, alles Mythische unter den Bevölkerungen der Jetzt-
zeit für Niederschlag, Verkleidung, Abschwächung oder Vergrö-
berung einer einstigen heidnischen Mythologie zu halten und
zwar für den in grader Linie fortgepflanzten Nachklang der
Mythologie grade desjenigen Volkes, bei dem die in Frage
kommende Tradition vorgefunden wurde. Denn auch dies ließ
er außer Rechnung, daß im Lauf der Geschichte eine ununter-
brochene Bewegung der Bevölkerungen und Stände auch in den
unteren Volksklassen einen weitreichenden Austausch von Ideen
und Ueberlieferungen selbst mit fremden Ländern begünstigt
hatte. Endlich überschätzte er bei weitem den Einfluß des Mythus
auf die Sprache. In Folge dieser Irrtümer verwertete er als
Zeugnisse für die von ihm erstrebte deutsch-heidnische Mythologie vielfach ebensowol rein poetische Personificationen mittel-
alterlicher Dichter (Frou Zuht, Frou Êre, diu Triuwe, Wunsch

u. s. w. [1]), als aus christlicher Symbolik oder den zeitweiligen
tendenziösen Phantasien einzelner kirchlicher Kreise entsprossene
Sagen, abergläubische Vorstellungen und Bräuche, sowie mannigfache allgemein menschliche oder fremdländische Superstitionen
von ungewisser Entlehungszeit. Vor allem aber schlug er die
nach dem sicheren Zeugniß der Merseburger Sprüche und anderen Spuren nicht unbeträchtliche Uebereinstimmung der nordischen
und deutschen Sage dennoch˜zu hoch an, da er nach der Weise
der alten Theologie die Eddamythen für einen einheitlichen Complex gleichartiger, die altererbte Volksreligion der Nordgermanen
ausprägender Anschauungen ansah, während in Wahrheit darin
das letzte Ergebniß einer historischen Entwickelung zu erkennen
sein wird, in welcher der Hauptanteil den letzten Jahrhunderten
vor Einführung' des Christentums, also nach der Trennung von
den Südgermanen, und in diesem Zeitraume vorzugsweise der die
Gedanken und Bilder ihrer Vorgänger immer weiter fortspinnen-
den bewußten Arbeit von *Kunstdichtern* der höheren Gesellschaft
zufällt. Der Vorrat alter echter Volksmythen ist darin ein nur
beschränkter (über eine solche s. unten S. 151); vielfach aber
lassen sich noch die Stufen nachweisen, welche die Ausbildung
einzelner Mythen durch Dichterhand durchmachte. [2] In weit

---

1) Wer möchte z. B. noch jetzt die schöne Verbildlichung des Wunders
der Empfängniß bei Frauenlob, daß Gott, der gewaltigste aller Künstler,
„der Schmied aus Oberlande," seinen Hammer in Marien Schoß warf, d. h.
geheimnißvoll den Gottessohn darin wirkte, mit Myth. ⁸ 165 als eine Erinnerung an Thors riesentödtenden Hammer auffassen?

2) Wie ich dies meine, davon ist Bk. 56 Anm. 1 hinsichtlich Yggdrasils
ein Beispiel gegeben. Ein anderes bietet Grimnism. 25 dar. Die Angabe
dieses späten katalogisierenden Liedes, Odhinn lebe allein von Wein, der nur
Göttern und großen Königen erreichbaren Einfuhrwaare (Weinhold altnord.
Leben S. 155), seine Einherien von Fleisch und Met, ist doch offenbar nicht
Volksmythe, sondern eine individuelle Dichtererfindung. Daß in der Sage
von Freyd und Woud bei Schönwerth II, 312 ff. sich dieser Zug in der Form
wiederholt, „Freyd trank Wasser, Woud eine Art Wein", ist mir trotz
J. Grimms Verteidigung der Echtheit (Monatsber. 1859, S. 420 ff. Kl. Schr.
II, 428) neben vielem anderen ein Beweis für den Ursprung dieser Erzählung
aus Reminiscenzen.— Noch läßt sich beobachten, wie Eigennamen aus Appellativen entstanden. „Der goldborstige" ist in der älteren Poesie stehendes
Beiwort von Freys Eber (Hyndlul. 7, Skáldskaparm 35), erst der Verfasser

höherem Grade, als man seit J. Grimm anzunehmen pflegt, war
die in Rede stehende Mythologie ein durch die Natur und
Geschichte ihrer Heimat bedingtes eigentümliches Erzeugniß des
skandinavischen Nordens. [1]

Fassen wir alle diese Gesichtspunkte zusammen, so zeigt
sich uns die Notwendigkeit, (entweder ein für allemal oder bis auf
weitere Beweise) nicht allein die große Reihe lediglich aus dem
Vorhandensein der den nordischen Götternamen zu Grunde liegenden Wortstämme in deutscher Rede erschlossener Gottheiten,
wie Gart, Nanda, Râhana, Brëgo, Hadu, Frô (Gerdr, Nanna,
Rân, Bragi, Hödhr, Freyr), sondern auch die Personificationen
von Festtagen wie Ostara (Bk. 505. 522), Berchta (unten S. 185),
christliche oder historische Sagengestalten, wie den bergentrück-
ten Kaiser [2] u. s. w. aus dem deutsch-heidnischen Götterhimmel
zu entfernen, und nur in spätterem Volksglauben bezeugte
Gestalten, wie Holda, Here, Harke u. s. w. nicht unmittelbar mit den in alten Quellen überlieferten auf einen Boden
zu stellen.

Der Autorität des Meisters folgend und dessen Fehler oft
ins Maßlose übertreibend versuchten die Schüler, unter ihnen der
Verfasser dieses Buches, neben fleißiger Stoffsammlung den Weiterbau seines Systems, indem sie, zumeist gestützt auf das Zusammentreffen einzelner rein äußerlicher Merkmale in jede ver-

---

von Gylfaginning macht aus dem „Freyr ridr gulli byrstum" der Husdrápa
Ulf Uggasons um 995 (Skaldskaparm 7), die er benutzt, ein nomen proprium
Gullinbursti.

1) So wertvoll und ehrwürdig, ja unentbehrlich uns immer die Edda als
eine der wichtigsten Quellen germanischen Altertums and insbesondere der
Mythologie bleiben wird, stellen wir neidlos unseren skandinavischen, zumal
norwegischen Brüdern ihren höheren Anspruch daran zurück. Ueber die über-
triebene Wertschätzung derselben als „deutschen" Nationaleigentums äußerte
H. Rückert viel Lesenswertes in einem Aufsatz, der mit nächstem in der von
Cauer besorgten Ausgabe seiner kleinen Schriften zum Wiederabdruck gelangen wird.

2) Vgl. den vorzüglichen Aufsatz v. G. Voigt „die deutsche Kaisersage"
in Sybels histor. Zeitschr. B. XXVI, 1871, S. 131—187, nebst Dümmlers Nachtrag XXIX, 1873, S. 491.

cinzelte Sage, jedes Märchen, jede Heiligenlegende eine nordische
Gottheit hineintrugen. Gelangte diese Richtung in Simrock,
J. W. Wolf, Hocker, Woeste, Rochholz u. A. zur vollen Blüte, so
vermochten sich doch selbst die in Lachmanns Schule erzoge-
nen Vertreter der deutschen Philologie ihr nicht gänzlich zu
entziehen.

Bleibenden Gewinn versprach nur eine solche Fortführung
des begonnenen Riesenwerkes, welche zunächst einmal in dem
Baumaterial selber sich orientierte und ohne Rücksicht auf ein
vorher bestimmtes Resultat die Volksüberlieferungen einerseits
unter sich, andererseits mit den zunächstliegenden verwandten
Erscheinungen verglich. Einen kleinen, aber schönen, von der
späteren Forschung noch nicht ausgenutzten Anfang in letzterer
Richtung machte K. Müllenhoff, indem er in der Vorrede zu seiner musterhaften Sammlung Schleswig-Holst. Sagen 1845 auf
vielfache Berührungen mit der Poesie und Sitte des Mittelalters
hinwies. Das andere aber versuchte zuerst A. Kuhn. Als das
bedeutendste Verdienst dieses großen Sprachforschers neben seinen drei großen und wichtigen Stoffsammlungen (Märk. Sag.
1843. Nordd. Sag. 1848. Westf. Sag. 1859) erachte ich die
Anmerkungen zu den beiden letztgenannten Schriften, in denen
viele Varianten zu den einzelnen Ueberlieferungen aus der Literatur der Sagensammlungen zusammengestellt und mit einander
verglichen werden. [1] Zahlreiche Verwandtschaften und Abwei-
chungen traten unter ihnen hervor. Doch erstreckte sich die
Vergleichung immer nur auf einzelne Züge oder auf kleinere
Sagengruppen und auch Kuhn kam häufig genug auf eine aus
bloß äußerlichen Aehnlichkeiten erschlossene Identifizierung von
Sagengestalten mit nordischen Göttern und nicht selten grade
mit den für Deutschland noch nicht nachgewiesenen hinaus. [2]

---

1) Solche Zusammenstellungen verwandten Stoffes verleihen auch manchen Abschnitten in J. W. Wolfs Arbeiten fortdauernden Wert, obgleich
dieselben zum Zwecke eines Beweises aufgestellt sind, der völlig hinfällig ist.

2) Vgl. z. B. Die aus der letzten Garbe geformte Puppe, der Alte,
beziehe sich auf Donar, weil Thórr, der als Gewittergott nach Adam von
Bremen auch „fruges gubernat," [von irgend einem Skalden einmal auch]

Weit höheren Ruhm hat Kuhn durch die glänzenden und überraschenden Schlußfolgerungen in einer ganzen Reihe von Aufsätzen und Schriften erlangt, in welchen er, als einer der bedeutendsten Begründer und Förderer der vergleichenden Sprachwissenschaft, Grimms Methode auf das weitere indogermanische Gebiet übertrug und, gestützt auf die wirkliche oder vermeintliche Uebereinstimmung von Namen und Sachen, mit genialem Scharfsinn in den Mythen und Göttergestalten des Veda (deren Verständniß sich ihm bei Belauschung der deutschen Volkssage unter ihren lebendigen Trägern, den Bauern, entzündete) die der Grundform noch sehr nahestehenden Niederschläge einer Urmythologie nachzuweisen unternahm, aus welcher auch die griechische und römische Mythenwelt geflossen sei.[1] Diese Arbeiten wurden (ganz abgesehen von der Richtigkeit der durch sie zunächst zu Tage geförderten Ergebnisse) von entscheidender Bedeutung für das Schicksal der germanischen Mythenforschung, indem sie derselben neue Ziele steckten und ihre Tendenz verschoben. In den Vedas, in der Götterwelt der indischen Epen und in derjenigen der Puranas lagen die verschiedenen Stufen des Lebensganges einer Mythologie von der Jugend bis zum Greisenalter vor Augen. Die Lieder des Rigveda, obwohl sie keinesweges eine rein ursprüngliche und naive, sondern eine vielfach schon subjective und mit Allegorie durchsetzte Poesie enthalten, zeigten, wie eine Mythologie in ihrem Werdeprozeß aussieht. Man lernte hier eine noch ganz im Flusse befindliche gläubige Naturanschauung als Ursprung eines großen Teiles der späteren wunderbaren Götter-

---

Atli genannt war, was Grimm Myth.⁴ 154 Großvater, Altvater übersetzt, [während es doch unzweifelhaft Abwandlung von atall, acer, stronuus ist]. Nordd. Sag. Gebr. Anm. 102. Der Nix im Darmssen, der mit einem Schwerte bewaffnet in den See springt, muß Heimdall oder Freyr sein, weil ersterer in der Skaldensprache Schwert-Aso heißt, letzterer ein Schwert besaß, das er weggeschenkt hat (Westf. Sag. I, 54). Das zur Sonnenwende in Bezug stehende Notfeuer muß dem [hypothetischen] Sonnengott Frö geweiht gewesen sein, weil in England dabei ein Priap aufgepflanzt wurde, in Upsala aber Frös Bildsäule mit einem Phallus ausgerüstet war. Herabk. S. 101. Wissen wir aber, ob es überhaupt irgend einem Gotte gewidmet war?

1) Hermes-Sarameyas, Zs. f. d. A. VI. 1848. S. 117—134. Telchin, Zs. f. vgl. Spr. I, 1852, S. 179 ff. Saranyu-Erinnys. Ebends. 439—470

geschichten Indicus kennen und die Art, wie aus ihr eine persönliche Götterwelt hervorwuchs. Man schloß daraus, daß ganz
ähnlich die Urtypen aller arischen Mythologien ausgesehen haben
müßten. Seit diesen Beobachtungen war der Bann einer Auffassung
der Mythen als eines fertigen Systems völlig gebrochen, das
Prinzip der *Entwickelung* für sie gewonnen, der Nachweis ihrer
Entstehung und allmählichen Ausbildung in die Aufgabe der Wissenschaft aufgenommen. Die Erforschung der germanischen
Mythologie war nun unlösbar mit dem Problem der Entzifferung
des Mythenschatzes der klassischen Völker im Altertum und der
übrigen arischen Stämme verknüpft. Der einseitig patriotische
Gesichtspunkt erweiterte sich zum indo-europäischen und, als die
seit 1860 von Lazarus und Steinthal begründete Völkerpsycholo-
gie diesen Bestrebungen hinzutrat, zum menschheitlichen. Wie
aus der historischen Sprachforschung sich die Sprachphilosophie
entwickelte, lernten wir immer deutlicher [1] die psychischen Factoren des Mythus als allgemein menschheitliche, selbst auf den
höchsten Kulturstufen noch wirksame kennen; wir erkannten bei
dem engen Geschwisterbund zwischen Religion und Mythologie
zumal durch Steinthals und M. Müllers Verdienst in dem vertief-
ten Mythenstudium ein wesentliches Hilfsmittel, die allgemeinen
Gesetze religiösen Denkens klarzulegen, und dadurch an der
Vorarbeit für die von den Besten in großem Stile ersehnte Reform
des religiösen Lebens mitzuwirken. [2] Dieses Alles entkeimte der
von Kuhn gegebenen Anregung. Auch werden wir freudig geste-
hen, daß ihm manches Rätsel zu lösen, manchen Zusammenhang
aufzuhellen gelungen ist. Gleichwol darf ich mit dem Geständniß

Gandharven und Kentauren. Ebds. 513—543. Manus und Minos. Ebds. IV,
1855, S. 80—124. Herabkunft des Feuers und des Göttertranks. Berlin
1859. Der Schuß des wilden Jägers auf den Sonnenbirsch. Zs. f. d. Phil. I,
1869, S. 89—169. Entwickelungsstufen des Mythus. Abhandl. d. Berl.
Akad. 1873.

1) Vgl. u. a. auch meinen nach dem damaligen Standpunkt der Wissenschaft zu beurteilenden Versuch (1859), die Gesetze der Mythenbildung zu
schildern. Götterwelt der deutsch. u. nord. Völker S. 15—46.

2) Ueber letzteren Gesichtspunkt vgl. die Aneinandersetzung v. H. Pfannenschmidt, das Weihwasser im heidnischen und christlichen Kultus. Hannover 1869.

nicht zurückhalten, daß nach meiner Ansicht die vergleichende
indogermanische Mythologie die Früchte noch nicht getragen hat,
welche man allzu hoffnungsreich von ihr erwartete. Der *sichere*
Gewinn beschränkt sich doch auf einige sehr wenige Gottesna-
men (wie Dyaus — Zeus — Tius; Parjanya — Perkunas;
Bhaga — Bog; Varuna — Uranos u. s. w.) ,und Mythenansätze
und im übrigen auf zahlreiche Analogien, welche aber noch nicht
notwendig historische Urverwandtschaft begründen. Grade die beim
ersten Anblick scheinbarsten Vergleichungen, z. B. Sâramêya =
Hermeias, Saranyus = Demeter Erinnys, Kentauros = Gandharva
u. s. w., und ein großer Teil der in dem berühmten Buche
„Herabkunft des Feuers" vorgeführten Parallelen halten nach
meiner Ueberzeugung, die ich in kurzem mit Gründen zu belegen Gelegenheit haben werde, vor einer eindringenden Kritik
nicht Stand; ich fürchte, daß die Geschichte der Wissenschaft
sie einmal eher als geistvolle Spiele des Witzes, denn als
bewährte Tatsachen zu verzeichnen haben wird. Schon der
Umstand, daß sie nicht die *stätig* fortzeugende Kraft bewähren,
welche Grimms und Bopps sprachlichen Entdeckungen inne
wohnte, muß gegen ihre Wahrheit mißtrauisch machen, und zur
Vorsicht mahnen selbst bei Beurteilung so wahrscheinlicher Iden-
titäten, wie die vom Kampfe der Devas und Vritras oder Ahis mit
den Sagen von Erlegung des schatzhütenden oder frauenrauben-
den Drachen und vom Tode des Cacus durch Recaranus-Hercules.
Unzweifelhaft hat es neben der Sprache auch schon eine gemeinsame Grundlage der religiösen Vorstellungen in der arischen Ur-
heimat gegeben, und die Veden bewahren die ältesten uns erhaltenen Sproßformen davon; ob aber ausgebildetere größere Mythen-
complexe von dorther in den europäischen Mythologien übrig
sind, bleibt vor der Hand noch eine offene Frage. Nicht das
Prinzip trägt die Schuld davon, daß wir noch nicht weiter sind,
sondern die angewandte Methode, deren Grundfehler in einem
Mangel an historischem Sinne zu suchen ist. Man ließ außer
Rechnung, daß die Mythologien einen bei weitem verwickelteren
und weit weniger der Regel unterworfenen Zustand vielfach
zusammengesetzter Bildungen darstellen, als die verhältnißmäßig
einfachen Erscheinungen der Sprache; man machte sich noch
nicht klar, daß das geistige Leben der Kulturvölker niemals in

der graden Linie einer ungestörten Entwickelung aus nationalem
Keime verlief, daß es von dem Zuströmen fremdländischer Ideen
reichliche Impulse empfing; und indem man unmittelbar die beiden Endpunkte zweier in ziemlichem Abstande von dem hypothetischen Ausgangspunkte auslaufender Entwickelungen mit einander combinatorisch verknüpfte, unterließ man, die letzteren
durch die nachweisbaren Zwischenglieder Schritt für Schritt bis
auf ihre wirklich erreichbare, oft nicht weit dahinten liegende
Grundform rückwärts zu verfolgen.   Ohne alte und junge Ueberlieferungen, bloße Nachahmungen, dichterische Erfindungen, ätiologische Erklärungen zu scheiden und je anders nach ihrem wahren Werte zu verwenden, spannte man die europäischen Mythen
in das Prokrustesbett einer nach den zwar alten aber doch
schon national indischen Anschauungen entworfenen Schablone
und vernachlässigte darüber ihre nächsten historischen Zusammenhänge, ihre Bedingtheit durch den Ideenkreis der Zeit oder
der Schriftsteller, ihren ethischen Gehalt und ihre Beziehungen
zu den localen Formen der Naturverhältnisse.   Dazu stützte man
die Vergleichung nicht selten auf Bruchstücke, die aus ihrem natürlichen Zusammenhang gerissen waren, oder man legte solche
vedische Anschauungen zu Grunde, deren Bedeutung noch unklar und
Gegenstand verschiedenartiger Auslegung ist.   Die europäischen
Mythen sollten nun fast durchgehend irdische Localisierungen
einer bildlichen Veranschaulichung himmlischer Naturvorgänge
sein; die zum Beweise des Ursprungs in der urarischen Periode
vorgebrachte Uebereinstimmung in Namen und Sachen zwischen
den indischen und griechischen oder deutschen Traditionen, ist
aber sehr häufig im etymologischen oder sachlichen Teile
oder in beiden trügerisch, und damit fällt das Ganze
zusammen. [1]

---

  [1] Man soll es mir nicht als kleinliches Mäkeln an den hohen Verdien-
sten des Gründers der comparativen Mythologie auslegen, wenn ich grade
aus seinen Schriften einige Beispiele entlehne, um meine Behauptungen nicht
ganz ohne Beweis zu lassen. Ich habe sie z. T. nebensächlichen Erörterungen entnommen, aber manche Eckpfeiler der Induction sind ihnen gleichartig. Man darf indessen vermuten, daß Kuhn selber manches Derartige schon
selbst stillschweigend aufgegeben hat. Mit der Farbe der goldenen Tannen

Eine besondere Fraction in der vergleichenden Mythologie
gründete M. Müller (1856), indem er in mehreren Stücken von
Kuhn abwich. Während nämlich dieser und seine Schule anfangs
fast ausschließlich in den wechselnden Naturerscheinungen der
Wolken und Winde die Ausgangspunkte der mythischen Bilderwelt suchte, setzte jener dieselben noch mehr ausschließlich in
den überwältigenden Eindruck der sich täglich wiederholenden
Phänomene, der Sonne und der Morgenröte, auf die kindliche

——— ———

auf dem silbernen Schilde des Herakles wird deren Bedeutung als diejenige
goldglänzender Sonnenstrahlen belegt (unten S. 88). Poseidon soll ursprünglich ein Sonnengott gewesen sein dem Vergleich einer arkadischen mit
einer vedischen Sage zu Liebe, in den nur ein Sonnengott hineinpaßt. Zum
Beweis wird beigebracht 1) eine bedenkliche Etymologie, 2) der Gebrauch
eines und desselben Wortes für Wolkenhimmel und Ocean in der vedischen
Poesie, 3) der Umstand, daß Poseidons Palast, seine Geißel, die Mähne sei-
ner Rosse im griechischen Epos golden sind (Zs. f. vgl. Spr. I, 456). Aber
Gold ist bei den Dichtern das Material aller göttlichen Besitztümer. — Ein
Abschnitt aus der „Herabkunft" ist unten S. 335 analysiert. Eine andere
Ausführung (Herabk. 238 ff.) finde hier kurz Erwähnung. Kuhn erörtert, der
Götterbote Hermes sei ein Feuergott, weil der vedische Feuergott Agni auch
Bote der Götter heiße [als ob nicht die Idee des Götterboten aus verschiede-
nen Anlässen, z. B. aus Personification des Windes, entspringen konnte],
sodann weil er [der Gott der Erfindungen] das Feuerzeug erfand. Wahr-
scheinlich aber werde die Hypothese dadurch, daß Kallimachos (Hymn. in
Dian. v. 64 — 71) Hermes gradezu den feurigen Kyklopen gleichsetze,
indem er ihn statt dieser, mit Ruß bedeckt, vom Herde her herbeikommen
lasse. Was sagt nun Kallimachos? Die neugeborne Artemis geht mit ihrem
Gefolge von Okeaninen zu den Kyklopen in den Aetna, um sich von ihnen
Bogen und Pfeile schmieden zu lassen. Die Okeaninen fürchten sich vor den
ungefügen Gesellen. Ganz natürlich. Denn, wenn ein Töchterchen bei den
Göttern ungehorsam ist, ruft die Mutter nach den Kyklopen; und aus dem
Innersten des Hauses kommt Hermes, mit Ruß bestrichen, und das Kindlein
flieht in den Schoß der Mutter und bedeckt seine Augen mit den Händen.
Artemis aber fürchete sich nie, u. s. w. — Hier ist keine Spur von einem
echten Mythus, alles freie dichterische Erfindung zur Verherrlichung der
besungenen Göttin. Die Kyklopen [übrigens auch keine Feuergottheiten]
schmieden der jungen Artemis Waffen in Nachahmung der älteren Dichter,
welche sie dem Zeus solche anfertigen lassen. Hierin liegt kein Naturmythus.
Das Uebrige stellt eine liebliche menschliche Familienscene in die Götterwelt
übertragen dar. Die Kyklopen spielen darin die Rolle unseres Schornstein-
fegers, und Hermes verkleidet sich in ihre Gestalt lediglich als Diener oder
Hausknecht der Götter, nicht im entferntesten als Naturgott.

b *

Seele der Urväter. Außerdem wollte M. Müller nicht sowol aus
einer Erstarrung einfacher poetischer Metaphern, als vielmehr aus
einem rein sprachlichen Vorgange die Mehrzahl der Mythen
ableiten. Ursprünglich nämlich seien mehrere Gegenstände (oder
Handlungen) mit einem und demselben Worte von generellem
Sinne bezeichnet worden. Als später der Gebrauch dieses Wortes
sich auf einen jener Gegenstände einschränkte, für die übrigen in
Vergessenheit geriet, hefteten sich an ersteren auch die Begriffs-
merkmale des letzteren. So seien einst die Morgenröte und die
Lorbeerpflanze δάφνη, d. h. die brennende, bzw. leichtbrennende
[? = einem hypothetischen skr. dahana] genannt gewesen; von
der Morgenröte sagte man aus, die Sonne habe sie verfolgt,
d. h. schwinden machen. Die spätere Sprache behielt nur δάφνη,
Lorbeer, und nun erzählte man, Apoll habe einer Nymphe
Daphne nachgestellt, welche die Götter dann in den Lorbeer verwandelten (vgl. unten S. 20). [1] Ich vermag dem von M. Müller
aufgestellten Principe, wenn überhaupt eine, so doch nur eine
sehr beschränkte Geltung zuzugestehen. Kuhn hat sich ihm in
seinen neuesten Aufsätzen wesentlich genähert.

Alles in allem genommen halte ich den größeren Teil der
bisherigen Ergebnisse auf dem Boden der indo-germanischen
Mythenvergleichung noch für verfehlt, verfrüht oder mangelhaft,
meine eigenen Versuche in „Germ. Mythen 1858" mit eingeschlos-
sen. Daß ich jedoch nicht, wie man zu sagen pflegt, das
Kind mit dem Bade verschüttete, bezeugt mein Aufsatz „Lettische Sonnenmythen in Bastian-Hartmanns Zeitschr. f. Ethnol
VII, 1875." [2]

---

1) M. Müller Oxford Essays 1856 S. 57. Vorles. üb. Wissensch. d. Spr.
2. Ser. 461 ff. 577.

2) Hier habe ich in etwa 90 Liedern der Litauer und Letten, welche traditionell an Hochzeiten gesungen werden, und deren Grundideen älter als
das Christentum sein müssen (S. 87), als Inhalt mehrfach variierte Mythen
von der Sonne, der Sonnentochter oder Gottestochter, den Gottessöhnen, dem
Monde, von Perkun und einem Himmelsschmiede, sowie die in einer reichen
Fülle poetischer Bilder niedergelegte Beschreibung ihrer Handlungen aufge-
wiesen. Ich stellte mir zunächst nur das Verständniß des Ideengehalts dieser
Lieder zur Aufgabe. Aus ihnen selbst ergiebt sich vermöge der Varianten,

Auf den Wanderungen, welche W. Schwartz als Begleiter und Teilnehmer seines Schwagers Kuhn zum Zwecke der Sammlung märkischer und norddeutscher unternahm, fanden beide Gelegenheit, den Zusammenhang einiger Gruppen derselben, namentlich derjenigen vom Wode und der wilden Jagd mit der lebendigen Naturanschauung des Volkes zu beobachten. Während nun Kuhn dadurch auf die Beachtung analoger Erscheinungen in den Veden geleitet wurde, schöpfte Schwartz aus jener Beobach-

---

in denen einmal die Naturerscheinung, ein andermal die Personification mit den nämlichen Prädicaten verbunden ist, für die Sonnentochter die Bedeutung der Dämmerung oder der Morgenröte, für den Gottessohn die Bedeutung des Morgen-Abendsterns; jene poetischen Bilder aber tat ich als auch anderswo geläufige Metaphern für Zustände der himmlischen Lichterscheinungen dar. Von der Berechtigung, ja der durch den Zusammenhang gebotenen Notwendigkeit, die Deutung in dieser Richtung zu suchen, wird sich überzeugen, wer aufmerksam und vorurteilslos prüft und seine Prüfung mit den Abschnitten über Sonnenroß (93), Sonnenboot (102), Sonnenapfel (103) beginnt. Nicht jede Deutung (z. B. die des Eichbaums) wage ich für bereits gelungen auszugeben. Nur als *Analogien*, als Illustrationen, welche durch den Nachweis psychischer Möglichkeit einer Apperception des nämlichen Naturvorgangs unter den nämlichen Metaphern, wie in den lettischen Sonnenliedern, meiner Deutung zur Stütze dienen sollen, nicht als Zeugnisse historischen Zusammenhangs werden deutsche und slavische Sonnenlieder, auf Sonnenwesen bezügliche vedische Hymnen, griechische Mythen und Dichter, Märchen und sogar die Sagen fremder Weltteile verglichen (vgl. darüber S. 325–329). Ich betone diese Absicht noch ausdrücklich hinsichtlich dessen, was ich über den Sonnentisch der Aethiopen (S. 230, vgl. 244), das goldene Vließ am Eichbaum (S. 283), die Hesperidenäpfel (234) ausgeführt habe. Einige der beigebrachten Analogien sind unrichtig. Der Stein Alatir (S. 287) z. B. entstammt christlicher Symbolik des M. A. (cf. Jagić im Archiv f. slav. Phil. I, 89–101). Nur erst hinterher glaubte ich durch die über ihr Ganzes sich erstreckende überaus große Uebereinstimmung der unbestrittenermaßen auf demselben Naturgebiete sich bewegenden Sagenkreise von Ushas und den Açvins, von Helena und den Dioskuren mit demjenigen von der Sonnentochter und den Gottessöhnen genötigt zu sein, als einstweilige *Vermutung* (S. 329) einen indogermanischen Ursprung für sie alle anzusprechen. Für bewiesen werde ich diese Vermutung nicht eher erklären, als bis erneute und eindringendere Untersuchungen die von mir gegebene Construction jedes der drei verglichenen Sagenkreise als der ältesten Ueberlieferungsform entsprechend bestätigt, und bis die Fortschritte unserer Kenntniß die indogermanische Hypothese in mehreren Fällen, denn bis jetzt, überzeugend gemacht haben werden.

tung die in einem gewissen Umfang richtige Entdeckung, daß in
den unter dem Volke noch lebendigen Sagenmassen eine „niedere
Mythologie" enthalten sei, welche einen früheren Zustand, eine
embryonale Entwickelungsform der späteren Götter- und Dämo-
nenwelt festhalte, möge die letztere auch in weit früheren
geschichtlichen Zeugnissen überliefert werden. Nicht also bloß
Abschwächungen, Niederschläge der in der Edda u. s. w. vorliegenden ausgebildeteren Mythologie des Heidentums treten uns
hier entgegen, wie Grimm wollte, sondern die Keime und Grund-
elemente, aus denen sie sich entwickelte. Schwartz legte diese
Beobachtungen in einem Schulprogramm nieder. [1] Zugleich
machte er fruchtbare Wahrnehmungen über die Veränderungen,
denen die Sagen im Laufe ihrer Fortpflanzung von Mund zu
Mund fast mit der Regelmäßigkeit eines Gesetzes unterliegen.
Indem er in späteren Aufsätzen und Schriften [2] auch bei anderen
Völkern den bildlichen Naturauffassungen und den Residuen
der rohesten und einfachsten Mythenelemente nachging, wurde
er neben Th. Waitz (Anthropologie der Naturvölker 1859 — 1865)
Bahnbrecher für die zuerst von *A. Bastian* [3] mit unerhörter aber
unkritischer Gelehrsamkeit unter scharfsinniger Auffindung vieler
wertvoller allgemeiner Gesichtspunkte gegründete, dann (zwar
auch nicht ohne Verwendung manches ganz wertlosen Bausteines)
mit nüchterner Besonnenheit von *E. Tylor* [4] fortgeführte ethnogra-
phisch-anthropologische Betrachtung der Sitte und Sage, welche

1) Der Volksglaube u. das alte Heidenthum. Berlin 1849. Zweite Aufl.
Berlin 1862.

2) Die hauptsächlichsten sind: Ursprung der Mythologie. Berlin 1860.
Sonne, Mond und Sterne. Berl. 1864. Der (rothe) Sonnenphallus der Urzeit.
Zeitschr. f. Ethnologie VI, 1874, S. 167 ff.

3) Der Mensch in der Geschichte. 3 Bde. Lpzg. 1860. Beiträge zur
vergl. Psychologie. Die Seele und ihre Erscheinungsweisen in der Ethnogra-
phie. Berl. 1868. Ethnolog. Forschungen B. II. Jena 1873. Kap. IV. (Zur
vergl. Mythologie Tod und Krankheit.) Der Baum in vergl. Ethnologie. Zs.
f. Völkerpsych. B. V, 1868, S. 287—317 und zahlreiche andere Aufsätze und
Schriften.

4) „Early history of Mankind." (Urgeschichte der Menschheit, deutsch
von H. Müller. Lpzg. Abel, 1867.) Primitive Culture. (Die Anfänge der
Cultur, deutsch von Sprengel u. Poske. Lpzg. 1873.)

darauf ausgeht, an Tatsachen bei den verschiedensten Naturvöl-
kern den analogen Verlauf der ältesten Sitten-, Religions- und
Mythenbildung zu veranschaulichen. Ihr verdanken wir namentlich die Einsicht, daß fast sämmtliche Entwickelungsphasen und
Lebensformen, welche der geistige Zustand der Menschheit allmählich durchlaufen hat, in heutigen Völkern der Erde noch
lebende Vertreter zählen und daß man in der Beobachtung dieser
ein treffliches Hilfsmittel besitze, um die im Leben der civilisierten Nationen erhaltenen *Ueberlebsel* früherer Kulturstufen zu
studieren, und daß viele solcher Ueberlebsel selbst bis in die
primitive Stufe des Fetischismus und der Wildheit zurückreichen.
Auf diese Weise wird durch Analogien Verständniß ermittelt;
daneben wird man künftig auch hinsichtlich solcher rudimentärer
Residuen in jedem einzelnen Falle die Frage stellen müssen, ob
sie als Lehngut oder als eigenes Erzeugniß der Urväter ihres
jeweiligen Besitzers zu betrachten seien. Diesen Forschungen
kommt die Gunst der Zeitgenossen entgegen, seit im letzten
Jahrzehnt unter dem Einflusse des Darwinismus die Urgeschichte
unseres Geschlechtes gradezu in den Vordergrund des wissenschaftlichen Interesses gerückt ist. Während aber die vergleichende Ethnologie die Mythologie bisher nur als Teil des geistigen Gesammtlebens in Betracht zog, widmet ihr *Schwartz* die
ganze Breite seiner Forschung; auch knüpft er seine Erörterungen doch vorzugsweise an deutsche und griechische Mythen an.
Leider muß man beklagen, daß er in seinen späteren Schriften
auf dem in seinem bahnbrechenden Programm betretenen Wege
nicht mit Besonnenheit fortgeschritten ist, sondern sich in eine
größtenteils selbsterschaffene wirre Phantasiewelt verstrickt hat.
Indem er nämlich die Abstractionen aus dem einen Mythenkreise,
den er zuerst im Ganzen richtig beobachtet hatte, allzuhastig ver-
allgemeinerte, gelangte er zu folgender Grundanschauung. „Es
zeigte sich als Ausgang und Mittelpunkt *der ganzen Mythologie*
ein in den mannigfachsten Kreisen und Zeiten entstandenes Chaos
gläubiger Vorstellungen von den in den wunderbaren Erscheinungen des Himmels und *namentlich des Gewitters* sich bekundenden
Wesen und Dingen als einer zauberhaften Welt, die nur mit
ihren Symptomen in diese Erdenwelt hineinzureichen schien, die
aber das Volk oder vielmehr die Menschen sich nach Analogie

der letzteren gläubig zurechtlegten, und deren Veränderungen
ihnen also zu einer den irdischen Verhältnissen analogen Geschichte
wurden."[1] Den Beweis für seine Theorie lieferte ihm eine
Methode, von deren Verhältniß zu den Anforderungen historischer Kritik dasselbe gilt, wie von derjenigen Kuhns. Ja es
steht damit noch bedenklicher, insofern die verglichenen antiken
Mythen zumeist aus ganz abgeleiteten Darstellungen, dem mythol.
Lexicon u. s. w. entnommen werden. Doch ist andererseits ein
wesentlicher Unterschied zwischen dem Verfahren der beiden
Gelehrten bemerkbar. Schwartz stellt nicht je zwei Sagen in
ihrer Totalität einander gegenüber, wobei dann der Harmonistik
zu Liebe ein Teil der einen sich häufig gewaltsame Verrenkun-
gen gefallen lassen muß, sondern er geht überall auf die Urele-
mente. Diese gewinnt er aber nicht durch historische Analyse,
sondern indem er irgend einen einzelnen auffallenden Zug, einen
losen Faden aus dem zusammenhangenden Gewebe der Sage
herauszieht und nun leichten Spieles mit einem ähnlich aussehen-
den Naturbilde combiniert. Zwar hat er das Verdienst, dabei
viele volkstümliche Naturanschauungen und ihre Uebereinstimmung mit Metaphern der Dichter wirklich nachgewiesen zu haben;
sehr viele der von ihm zum Ausgangspunkte der Mythen gemachten
Naturauffassungen haben aber entweder nur in der äußerst fruchtbaren Einbildungskraft des Autors oder in der Subjectivität ver-
einzelter Poëten ein Dasein; und ebenso unberücksichtigt bleibt,
daß nicht jede bildliche Apperception von Naturerscheinungen an
sich Mythos ist oder überall zum Mythus sich weiterbildet und
desbalb ihr Vorhandensein noch keinesweges von vorneherein
die Vermutung begünstigt, sie in den Sagen wiederzufinden.[2]

---

1) Berliner Zeitschr. f. Gymnasialwesen 1861, S. 833.

2) In den Veden spielt bekanntlich die poetische Auffassung der Regenwolken als milchspendende Kühe eine große Rolle; sie findet vielfache Verwendung in dem Mythenkreis des Gewittergottes Indra. Das deutsche Volk
kennt die nämliche poëtische Metapher (unten S. 203); in nordischen Volks-
rätseln nähert sich dieses Naturbild mythischem Character (Mannhardt German. Myth. 7., Götterwelt S. 89), in einem Sonnenliede (Germ. Myth. 7., vgl.
dazu S. 386 ff.) ist es völlig zu mythischer Anschauung geworden, mit welcher vielleicht einzelne abergläubische Vorstellungen zusammenhangen
mögen. Aber auch die Araber haben dieselbe Naturanschauung produziert.

Ich kann diese meine Bedenken gegen Schwartz und seine Nachfolger, deren besonnenster Afanasieff sein dürfte, hier ebenfalls
nur andeuten (vgl. unten S. 101. 157. 292); ich werde auch sie
im Gegensatze zu meiner eigenen Auffassung künftig an belebre-
renden Beispielen darzulegen Gelegenheit haben.

Durch die großartigen Entdeckungen auf dem Gebiete der
orientalischen, besonders der ägyptischen und assyrischen Altertumskunde und die Funde der prähistorischen Archäologie nicht
weniger, als durch die vergleichende Sprachwissenschaft, hat die
griechische Kulturgeschichte aufgehört mit Homer zu beginnen;
sie ist zu einem in der Mitte liegenden Zwischengliede einer
schon Jahrtausende früher anhebenden, immer mehr aus dem
Dunkel hervortretenden Entwickelungsreihe geworden. Man
beginnt der allmählichen Aufeinanderfolge des Einströmens man-
nigfaltiger Kulturerwerbungen vom früher zum Aufschwung
gelangten nichtindogermanischen Asien her in die europäische Welt
bis in deren vorhistorische Perioden nachzuspüren (V. Hehn);
seit J. Olshausen zuerst zahlreiche phoenikische Wortstämme in
griechischen Ortsnamen nachwies, macht sich bei einem Teile der
Historiker (E. Curtius, C. Wachsmuth u. a.) das Streben geltend,
das Vorhandensein und den Einfluß eines starken semitischen
Elements unter der vorhomerischen Bevölkerung Griechenlands
darzutun. Allen diesen in den Anfängen begriffenen neuen
Erkenntnissen gegenüber muß die von einem Teile der klassischen Philologen festgehaltene Behauptung einer rein autochthonen
hellenischen Entwickelung als einseitig zurückgewiesen werden.
Dennoch verteidigen auch die Vertreter dieser Richtung wichtige

---

Sie findet sich mehrfach in deren ältester vorislamischer Poesie. Im 4. Jahr-
hund. d. Hedschra stellte sodann Abu Bekr Ibn Duraid Ausdrücke über Wolke
und Regen zusammen, die er größtenteils aus dem Munde improvisierender
Wüstenbeduinen aufgezeichnet hatte. Da finden sich ganz dieselben Naturbilder, wie in den Veden. Die Wolken sind Kameelherden, die einzelne
Wolke heißt Wall oder Berg; oder sie wird als Kameel gefaßt, welches der
Wind treibt und befruchtet, als gefülltes Euter, aus welchem die Regenmilch
niederströmt, als Schlauch, aus dessen Ritzen Wasser sickert. (Will. Wright
Opusc. arab. collect. a. edit. from Mss. in the University of Leyden. — Götting. gel. Anz. 1860, p. 694.) Aber alle diese Bilder sind hier rein poetisch,
von einer Fortbildung zum Mythus ist nichts bekannt.

Wahrheiten. Und auf dem Gebiete der seit Preller nur in Har-
tungs verkehrter Religion der Griechen umfassend behandelten
antiken Mythologie, haben grade K. Lehrs und seine Schule in
Einzelarbeiten sehr wertvolle Beiträge geliefert. Sie machen mit
Recht geltend, daß man die griechische und römische Götterwelt
zunächst vom Boden des hellenischen und römischen Volkstums
aus begreifen lernen soll; sie haben uns die Empfindung nachfüh-
len lassen, welche die Alten in historischer Zeit mit ihren Göttern verbanden; ein Verständniß von den mannigfachen Ursprüngen
und den Lebensgesetzen der mythischen Bilderwelt besitzen sie
nicht. Eine besondere Beachtung verdienen *E. Plews* Untersuchungen, weil sie (in Bezug auf die späteren Geschicke des
Iomythus und mehrere Kulte der in jüngerer Zeit entlehnten
fremdländischen Gottheiten glücklich) mit einer historischen
Betrachtung entschiedensten Ernst machen. Gleich sehr um seiner Methode willen hervorzuheben ist *A. Rapps* Aufsatz über die
Mänade (Rhein. Mus. n. F. XXVII, 1872). Ganz neuerdings hat
E. Curtius (Preuß. Jahrb. XXXVI, 1875, 1 ff.) die Frage auf-
geworfen, ob nicht sämmtliche hellenische Göttinnen aus einer
Differenzierung der durch Entlehnung angeeigneten großen semi-
tisch-phrygischen Naturgöttin Vorderasiens hervorgegangen seien.
Die *Frage* als solche ist berechtigt neben der nach dem indo-
europäischen oder ethnisch-griechischen Ursprung, da die Viel-
seitigkeit der meisten Göttinnen in der Tat an Pantheismus
erinnert. Bewiesen ist aber noch nichts und die schließliche
Lösung des Problems dürfte schwerlich so allgemein im Sinne
des Fragestellers ausfallen.

So sehen wir denn in den letzten Jahrzehnten von den verschiedensten Seiten her neue Wege eröffnet, um in das Verständniß der Mythologie einzudringen; aber alle diese Arbeiten stehen
erst im Beginne, und ihrer manche haben sich, von der graden
Richtung abgelenkt, in der Wildniß verlaufen. Wenn es jedoch
für seinen freien Fortschritt ein unabweisliches Bedürfniß des
menschlichen Geistes ist, die psychischen Petrefacten der Vergangenheit wieder lebendig zu machen, wenn die Wissenschaft
unserer Tage sich als eines der letzten und höchsten Ziele ihres
Ringens einen Stammbaum der gesammten Ideenwelt stellt, wenn
endlich die verschiedensten Einzelwissenschaften an einem streng

wissenschaftlichen Aufbau der Mythologie ein Interesse haben,
dann darf das begonnene Werk nicht liegen bleiben. Indem der
Verfasser dieses Buches sein Augenmerk darauf richtete, von
allen angedeuteten Richtungen zu lernen, das Wahre aus ihnen
aufzunehmen, die Fehler auszusondern, bildete er sich seinen
eigenen Standpunkt. Selbstverständlich nimmt er keine Unfehl-
barkeit für sich in Anspruch, nur das Zeugniß gewissenhaften
Strebens und eines deutlichen Bewußtseins der zu verfolgenden
Ziele und anzuwendenden Mittel. Und niemals wird er verleug-
nen, daß er von Männern wie Welcker, Preller, Lehrs, Bötticher,
Kuhn, Schwartz, Tylor und andern lernte und sich ihnen oft zu
Danke verpflichtet weiß, selbst da, wo er zu andern Ergebnissen
gelangte, als sie.

Der Befreiungsprozeß von den herrschenden Richtungen vollzog sich in mir naturgemäß sehr allmählich, ein schärferes Auge
wird seine Symptome bereits in meinen Jugendarbeiten [1] erkennen. Meine jetzige Ansichten und Absichten lassen sich etwa in
folgende Sätze zusammenfassen. Noch immer bleibt der wissen-
schaftliche Aufbau einer deutschen bzw. germanischen Mythologie
der Mittelpunkt, auf welchen alle meine Bestrebungen hinzielen;
aber ich erkenne, daß es noch für lange nicht an der Zeit sein
wird, den Bau im Ganzen auszuführen. Die Mythologie eines
Volkes umfaßt mir alle in seinem Geiste unter dem Einflusse
mythischer Denkform zu Stande gekommenen Verbildlichungen
höherer Ideen, mögen die letzteren von ihm selbst erzeugt oder
von außen her aufgenommen sein, sowie die Geschichte dieser
Geistesproducte und ihrer Veränderungen durch Verschiebung
oder Umdeutung des ursprünglichen Sinnes, durch Zutaten,
durch Verschmelzung und Mischung mit anderen rein mythischen
oder geschichtlichen Traditionen, endlich durch dichterische oder
künstlerische Behandlung, nachdem sie aufgehört haben im
Bewußtsein ihrer Träger Wirklichkeit zu beanspruchen. Diese
Betrachtung berührt Vieles, was weder Philosophie (wenn auch
noch so primitive) noch Religion ist. Sie fällt daher nicht zusam-

---

[1] Germanische Mythen. Forschungen. Berlin 1858. Die Götterwelt der
deutschen und nordischen Völker, I. Berlin 1860.

men, ist aber verschwistert mit einer anderen Betrachtung, welche
den Gehalt und die Umwandlungen der mythisch ausgedrückten
Ideen unter dem Gesichtspunkt der Entstehung und fortschreiten-
den Entwickelung des philosophischen und religiösen Gedankens
zu prüfen hat. Diesen Grundsätzen gemäß stelle ich den Begriff
der deutschen Mythologie anders, als J. Grimm tat. Nicht allein
die Gestalten und Phantasiegebilde, unter welchen unsere Vor-
eltern während der verschiedenen Epochen ihres Lebens vor
Einführung des Christentums die Götter- und Geisterwelt zu
erfassen suchten, rechne ich dahin, sondern auch diejenigen Personificationen und vermeintlichen Aeußerungen übersinnlicher
Mächte, welche sie später vermöge der Fortdauer des mythenbildenden Triebes aus sich selbst oder durch Versinnlichung der
Ideen des Christentums oder aus anderen Anregungen neu
erschufen. Bei dieser Auffassung gewinnen dann auch Perchta,
der bergentrückte Kaiser, der Teufel des Volksglaubens und
Aehnliches wieder eine berechtigte Stelle in der deutschen Mythologie; fern aber bleiben die schon fertig übernommenen und
unverändert fortgetragenen Verbildlichungen, mit denen die
christliche Kirchenlehre ihre hohen Wahrheiten der menschlichen
Anschauung nahe bringt. Innerhalb des beschriebenen Kreises
muß angestrebt werden, verschiedene Perioden (ältere und spätere
Mythologie des Heidentums, Volksmythologie des Mittelalters
u. s. w.) zu trennen und je mit dem ihnen eigentümlichen Inhalte
zu erfüllen; es muß zwischen den Anschauungen (Sage, Brauch,
Kultus) des gesammten Volkes und einzelner Teile desselben
(Stämme, Stände, Familien u. s. w.) unterschieden werden.
Quelle ist überall, wo es sich nicht um die späteren Schicksale
der Mythen in Kunst und Literatur handelt, der lebendige Volksglaube. Ihn in seiner echten Form zu ermitteln und in seinen
Entwickelungsphasen bis auf die ursprüngliche, die Grundidee
am reinsten ausdrückende, Fassung zu verfolgen, ist eine der
ersten Aufgaben, mag die Ueberlieferung unmittelbar aus dem
Volksmunde oder aus dem Schrifttum entnommen sein. Hiebei
wird jedoch ein Unterschied zu beobachten sein. Ueberall, wo
eine Tradition (Sage, Brauch, Glaube) uns auf literarischem
Wege überliefert wird, oder wo sie in den Strom geschichtlichen
Lebens hineingerissen von diesem eine Zeitlang weitergetragen

war, so daß sie innerhalb eines erkennbaren historischen Zusammenhangs steht, hat der Forscher vorab alle diejenigen durch Jahrhunderte lange Erfahrung ausgebildeten kritischen Handhaben zu ihrem Verständniß anzuwenden, deren sich die Philologie und Geschichtswissenschaft zur Lösung ihrer Aufgaben bedienen,[1] nur mit gebührender Berücksichtigung der eigenthümlichen Beschaffenheit des zu bearbeitenden Stoffes. Jede Ueberlieferung ist zuerst *aus sich selbst und aus ihrem nächsten Umkreise* zu erklären; erst wenn hier die Rechnung nicht aufgeht, darf schrittweise weiter und tiefer rückwärts gegriffen werden.

Die Chronologie der Zeugnisse ist in erster Linie zu befragen; der Mythenforscher wird jedoch nicht vergessen, dass unter Umständen eine junge Aufzeichnung die ältere und echtere Form der Ueberlieferung zu Tage fördert. Wo *unmittelbare Volkstradition* vorliegt, ist nach inneren Gründen, auf dem Wege der Analyse und mit Hilfe von Analogien, die nach Wert und Inhalt scharf geprüft sind, ebenfalls nach Möglichkeit eine chronologische Fixierung und die Herstellung der Urgestalt zu erstreben. Sind jedoch solche Traditionen in *geschichtslosen*[2] Volksschichten weiter

1) Nicht um auch nur im entferntesten eine Anschauung der vielen hiebei in Betracht kommenden Verrichtungen niederer und höherer Art (von der Textberichtigung und quellengeschichtlichen Untersuchung bis zu der durch innere Kritik erreichbaren Zerlegung des Objects in seine genetischen Elemente) zu gewähren, sondern nur um von der Anwendung des Prinzips auf die in Rede stehenden Gegenstände überhaupt einen Begriff zu geben, deute ich Einiges an. Man vgl. den Nachweis über die verschiedenen Wandlungen der epischen Sage von Rauch-Else bis auf die Volkssage vom wilden Weibe zurück. (Bk. 108 ff.) Dem entsprechend ist die Darlegung der verschiedenen Entwickelungstadien der Sage von Peleus und Thetis (unten S. 77). — Einen gediegenen Versuch kritischer Untersuchung der verschiedenen Aufzeichnungen einer Volkssage macht Schottmüller in s. Programmaufsatz „die Krügerin von Eichmedien." Bartenstein 1875; doch der Schluß verläßt die eingeschlagene Bahn und gelangt daher zu unbefriedigenden Ergebnissen. (Vgl. unten S. 96.) Ein Muster der methodischen Bearbeitung eines Volksbrauches, der in einer von höherem geschichtlichen Leben bewegten Volksschicht weiter gebildet wurde, bietet „E. Pabst, die Volksfeste der Maigrafen. Berlin 1865." (Vgl. meine Weiterführung Bk. S. 376 ff.) Dazu stellt sich gleichwertig K. Müllenhoffs monographische Behandlung des Schwerttanzes (Gaben für Homeyer. Berlin 1871.)

2) Dies Wort werde cum grano salis verstanden. Unter den Kulturvölkern haben freilich auch die niederen, rückständigen Volksschichten am

getragen, so sind wir meistenteils berechtigt, sie wie Natur-
objecte zu behandeln, und nach vorgängiger Prüfung ihrer Echtheit derjenigen Untersuchungsmethode zu unterwerfen, welche die
Naturforschung für ihre Gegenstände anwendet. Wie in einem
Gebirge sich die organischen Reste verschiedener Erdbildungs-
perioden über einander ablagern, bewahrt das Gedächtniß des
Volkes unbewußt Ablagerungen der verschiedenen Kulturepochen,
die dasselbe jemals durchgemacht hat, mit vielen fremden Ein-
schlüssen; aber die Lage der Schichten hat sich vielfach verschoben und durchkreuzt, der Inhalt jedes einzelnen hat sich
durch Verwitterung, Vermischung oder rein äußerliche Verbindung mit den Produkten anderer umgestaltet.[1] Damit aus den
Versteinerungen die Geschichte der Vorwelt wieder hergestellt
werden könne, mußte der Tätigkeit der Geologen und Paläonto-
logen die elementare Arbeit descriptiven der Mineralogie, Zoologie
und Botanik vorausgehen, welche die Fülle der individuellen
Erscheinungen nach Gattungen, Arten und Unterarten sonderte
und die gemeinsamen Merkmale jedes derselben umgrenzte.
Sodann machte der Geologe seine Längen-, Queer- und Höhen-
durchschnitte und verzeichnete das Verhältniß der einzelnen Lage-

---

historischen Leben der Nation ihren Anteil, aber einen weit geringeren, als
die höheren Klassen: und nicht alle Ideen und Lebensgebiete ihrer Angehörigen unterliegen in gleichem Maße dem umbildenden Einflusse neuer Kultur-
strömungen. Wie wir in unseren Hansastädten vielfach alte Häuser antreffen,
deren Façade modern ist, oder dem Rococokostyl angehört, während in ihrem
entlegenen Hinterhause noch die verblichene Pracht der Renaissancezeit
erhalten ist, in der Seitenwand am Hintergäßchen und unter Dächern und
Treppen gar noch unberührt die Gothik träumt, giebt es namentlich bei dem
in einfacher, gleichmäßiger Arbeit dahin lebenden Landvolk noch einzelne
Lebensgebiete, Winkel und Ecken der Vorstellungswelt, an denen eine mehr-
tausendjährige Geschichte fast ganz spurlos vorüberschritt. Ein solches Gebiet
ist beispielshalber dasjenige der Erntegebräuche. Andere in den niederen
Ständen haftende Vorstellungskreise repräsentieren ebenfalls längstvergangene,
aber jüngere Kulturstufen, und im Großen und Ganzen darf man urteilen,
daß der Wellenschlag der geschichtlichen Strömungen ihren Ideenvorrat nur
langsam und selten bewegte.

    1) Vgl. unten S. 205. In Bezug auf die Verbindung verschiedener
Sagenelemente (Accumulation und Assimilation) macht Schottmüller a. a. O.
gute Beobachtungen.

rungsschichten und ihrer Einschlüsse. Es ist nicht zu bezweifeln, daß ein entsprechendes Verfahren auch der mit der Volksüberlieferung arbeitende Mythologe einzuschlagen hat. Bei noch sehr unvollständig gesammeltem Material stehen wir noch vor der Aufgabe, die der Naturwissenschaft im vorigen Jahrhundert oblag, der Aufgabe der Klassifizierung[1] und der rationellen und vollständigen Sammlung der zu jeder Abteilung gehörigen Erscheinungsformen, sodann der Verknüpfung derselben mit anderen Typen zu generelleren Klassen.[2] Dabei kommt es darauf an, die reinen Typen heraus zu erkennen und selbst im Zustande der Verwitterung wiederzuerkennen,[3] oder mehrere

---

[1] Wenn man eine solche rein schematistisch und ohne vorgängige Anwendung der kritischen Operationen vornimmt, gelangt man zu den Irrtümern, in welche der wackere J. G. v. Hahn in seinen „Mythologischen Parallelen, Jena 1859" und „Sagwissenschaftlichen Studien, Jena 1876" sich verfangen hat.

[2] So habe ich z. B. Bk. 160—190 die Merkmale des Maibaumtypus in seiner dreifachen Ausgestaltung als Lebensbaum der Ortschaft, des Gemeindevorstehers und des geliebten Mädchens aus der Vielheit der individuellen Erscheinungen herausgezogen, und diesen Typus auch als Grundform des vielfach gemodelten englischen Maypole nachgewiesen; S. 190 ff. sind der Erntemai, S. 218 der Richtmai, S. 221 die Brautmaie, S. 155 der Leto als besondere, verwandte Typen beschrieben, sodann aber mit dem Maibaum zu einer gemeinsamen Klasse verknüpft. Ebenso verzeichnet Bk. 498 ff. die Kennzeichen des Sonnwendfeuers und bespricht sodann die Unterarten dieses Begriffs. In vorliegendem Bande sind S. 155—171 die bocksgestaltigen Korn- und Grasdämonen beschrieben, S. 171—173 werden damit verschiedene Arten von bocksgestaltigen Haus- und Feldgeistern und S. 113—155 süd- und nordeuropäische Waldgeister als Begriffe von nah verwandtem Inhalt zu einer größeren Gruppe verbunden, ob mit Recht, kann erst die systematische Durchforschung der Totalität des antiken und nordischen Volksglaubens ausweisen.

[3] Wie den Goliath, Ludwig XVI. und Mohrenkönig als den geköpften Maikönig Bk. 365, das Ringstechen als Wettritt nach dem Kranze des Maibaums Bk. 388. W. Schwartz lehrte uns das „Fortrücken" der Sagen kennen und unter den Wandlungen räumlicher und zeitlicher Scenerie die Substanz eines ursprünglichen Mythus herausfinden. Viele Trümmer echter Volksanschauungen sind erst aus der Auflösung der ätiologischen Sagen herauszulesen, welche durch sie veranlaßt sind (s. unten 229 ff. 339 ff.). Der Trieb zur ätiologischen Sagenbildung spielt eine der bedeutendsten Rollen in aller Mythologie. U. a. ist seine Betätigung in den aus Kunstwerken ent-

unvollständige beziehungsweise in verschiedene Zusammenhänge
eingefügte Exemplare zur gegenseitigen Erläuterung oder Ergänzung zu verwenden.[1] Zugleich aber mit dieser Aufstellung
der Typen muß schon jetzt für jeden einzelnen Fall oder für
jede Gruppe der Versuch einer sowol äußeren als inneren Chronologie (durch historische Zeugnisse und durch Beobachtung des
Verhältnisses der Entwickelungsformen) angestellt, und es muß
vorläufig damit begonnen werden, die Ablagerungsschichten der
verschiedenen kulturhistorischen Perioden in ihrer ganzen Ausdehnung zu verfolgen, ihre Einschlüsse (Entlehnungen) anzumerken,
und zu beobachten, was von andern Ueberlieferungen über, unter
oder neben ihnen liegt.

Bei allen diesen Verrichtungen kann die deutsche Mythenforschung des Hilfsmittels der Vergleichung mit den mythischen
Gebilden anderer europäischer und nichteuropäischer Völker nicht
entraten, noch sich der Beobachtung analoger Fälle entschlagen,
die mitten im Zusammenhange einer in der Gegenwart geübten

standenen Sagen des Altertums und des Mittelalters von G. Kinckel (Mosaik
z. Kunstgeschichte. Berl. 1876. S. 161—243) so eben ausführlich besprochen;
auch die Mehrzahl der Blumensagen und viele andere Pflanzensagen sind
lediglich ätiologisch. Schwartz verkennt diese Verhältnisse durchaus, wenn
er sich über L. Friedländer lustig macht (Jahrb. f. Phil. und Pädagog. IX,
1874, S. 180 ff.), weil dieser der [nur zu eng gegriffenen] Kategorie der
„Küstersagen" d. h. der im Kopfe der Periegeten entstandenen Legenden
einen großen Anteil an dem, was uns als griechische Mythologie überliefert
ist, zuschreibt.

1) So wird z. B. der niederlitauische Glaube von der Rache, welche die
Baumgeister üben, wenn man den Baum der Rinde beraubt (Bk. 12), durch
den franz. Aberglauben vom Wasserholunder (ebds.) erklärt. Beide Traditionen
erläutern sowohl viele Stücke der Volksmedizin, als namentlich die in Rechts-
formeln lange erhaltene Strafe für Baumschäler (Bk. 26 ff.) und den deutschen Glauben, daß ein Moosmännchen sterbe, wenn man vom Baum die
Rinde abdrehe (Bk. 75). Der irische Aberglaube, daß ein Baum verwelke,
wenn man ihm einen Traum sagt, läßt das Verbot der Holzfräulein (Panzer
II, 161. Bk. 75) verstehen; die Superstition, daß es regne, wenn man einen
Frosch köpft, erläutert das Froschtödten im Maikönigsspiel. (Bk. 355). Hiedurch findet auch die in dem Namen Froschschinder unvollständig erhaltene
Tradition (Bk. 356) Vervollständigung und Beleuchtung. Der vereinzelte
Name Hengeiß (unten 171) darf nach Analogie des in voller Breite erhal-
tenen Glaubens vom Kornbock ergänzt werden u. s. w.

Volksreligion befindlich sind. Sie bedarf dieser Hilfsmittel sowohl, um die Typen festzustellen, als um unser Eigentum von fremdem Gute unterscheiden zu lernen; nur darf niemals nach einer Schablone verfahren werden, und bloße Analogien oder Aehnlichkeiten und wirkliche Congruenzen sind sorgfältig auseinanderzuhalten.

Vor der Verwendung irgend eines fremdländischen Stückes zur Vergleichung müssen auch an diesem alle diejenigen Forderungen erfüllt sein, welche wir in Bezug auf deutsche Mythen aufstellten, und das um so entschiedener, wenn sie einer Mythologie angehören, welche ein so langes geschichtliches Leben hinter sich hat, wie die der Griechen und Römer. Hier muß es vor allem obliegen, den Kern, die anfängliche echte Volksvorstellung aus den umhüllenden Schalen zu lösen, und mit andern Volksvorstellungen darf nur diese Volksvorstellung, Gleichartiges mit Gleichartigem, in Vergleichung gebracht werden.

Der Widerstand ist groß, den die Eigenartigkeit und Lückenhaftigkeit des Stoffes und die tausendfältige Verschlingung der Erscheinungen einer Uebersetzung dieser Grundsätze in ihre tatsächliche Anwendung entgegenstellen. Mehr als auf anderen Gebieten liegt es hier in der Natur der Sache, daß erst aus vielen vergeblichen Versuchen allmählich das Richtige sich herausarbeitet und daß der Weg zur Wahrheit mit Irrtümern gepflastert ist. Darum ist die größte Vorsicht geboten und, was bleibenden Wert erlangen soll, bedarf einer längeren, allseitig und sorgsam prüfenden Vorbereitung.

Die methodische Grundlage für Forschungen der bezeichneten Art müßte ein *Urkundenbuch*, ein *Quellenschatz* der germanischen Volksüberlieferung abgeben, in welchem jede Tradition über das ganze Gebiet ihres Vorkommens bis auf dessen letzte Grenzen, und historisch rückwärts bis auf ihre erste Erwähnung verfolgt wird. Ein solches Unternehmen ist aber für jetzt noch weit schwieriger als die Sammlung und Bearbeitung der Geschichtsschreiber und diplomatischen Documente, weil es sich nicht um bereits zusammenhangende und mehr oder minder leicht datierbare große Contexte und deren kritische Behandlung, sondern um unzählige im Volksmund und der Literatur zerstreute, zeitlich schwer bestimmbare, Kleinigkeiten handelt, die erst in Zusammenhang gebracht werden sollen, und weil die dreihundertjährige Erfahrung fehlt, welche den historischen Monumentenwerken bereits zu festen Normen verholfen hat. Zunächst kann nur an einen Versuch mit einer kleinen Gruppe von Ueberlieferungen gedacht werden.

Sobald ich diesen Gedanken gefaßt hatte, machte ich 1860 der historischen Commission in München den Vorschlag mit „den mythischen und magischen Liedern" zu beginnen. Jedoch verhinderten äußere Verhältnisse sowohl die Ausführung dieses Planes, als die Fortsetzung meiner „Götterwelt," deren Beendigung sodann in Folge der Umwandlung meiner Anschauungen unterbleiben mußte. Unter dem Druck dieser Verhältnisse brach meine Gesundheit zusammen und ich sah mich genötigt, die begonnene akademische Lehrtätigkeit an der Berliner Universität einzustellen und mich nach der Provinz in die Pflege meiner Familie zurückzuziehen, wo meine Kräfte sehr allmählich wieder erstarkten. Jetzt vertauschte ich den ins Auge gefaßten Arbeitsstoff mit „den mythischen Gebräuchen beim Ackerbau," weil die Tatsache, daß in Schweden für den Oden, in Norddeutschland für den Wode die letzte Garbe auf dem Felde stehen blieb, eine Schicht von Ueberlieferungen anzeigte, welche einen sicher innerhalb des deutschen Heidentums stehenden Ausgangspunkt darbot. Zur Ausführung meiner Absicht habe ich nach und nach eine Anzahl bestimmter Fragen in Hunderttausenden von Exemplaren über ganz Deutschland und in die übrigen Länder Europas verbreitet. Es gelang mir, durch die Beteiligung fast sämmtlicher deutscher Schullehrerseminare und der vom Lande gebürtigen Primaner vieler Gymnasien, durch die landwirtschaftlichen Vereine und viele einzelne Personen, mit denen ich in Verbindung trat, ein sehr umfangreiches Material aus Deutschland zusammen zu bringen, ein minder umfangreiches aber wertvolles aus Holland (wo sich die Maatschappy der Nederlandske Letterkunde der Sache mit Eifer annahm), aus Schweden, Norwegen, Polen und verschiedenen Teilen Rußlands. Ich ergänzte die Sammlung durch eigene Aufzeichnungen aus meiner Umgebung und auf Reisen nach Schweden,[1] Holland, den russischen Ostseeprovinzen), so wie

1) Hier habe ich u. a. 1874 Gelegenheit gefunden unter Asbjörnsens Beistand die norwegischen Soldaten der kgl. Leibgarde, in Beglei-

durch die Literatur. Auch die mir bekannt gewordenen Ver-
öffentlichungen von Saat- und Erntegebräuchen während des
letzten Jahrzehnts (aus Oestreich, der Schweiz, Oesel, Bulgarien)
beruhen auf Sammlungen mit Hilfe meiner Frageblätter. Außerdem kamen mir die siegreichen Kriege 1864 — 1870 zu statten,
da sie viele bei dem Landbau aufgewachsene Männer als Kriegsgefangene in meine Nähe führten. Zuerst suchte und fand ich
die Gelegenheit, in Graudenz einige Hunderte von Dänen für meine
Zwecke auszuforschen; demnächst konnte ich trotz der unter den
Gefangenen herrschenden Cholera ein Vierteljahr lang täglich
abwechselnd in den Kasernen zu Danzig und im Lager bei Dir-
schau die dort eingelegten Angehörigen eines beträchtlichen Teils
der Völkerstämme des Kaisertums Oestreich ausbeuten, wobei
mir mehrere, ihrer jedesmaligen Regimentssprache wol kundige
und nach längerer Beobachtung mit Vorsicht ausgewählte Feld-
webelkadetten als Dolmetscher schätzbare Dienste leisteten. Endlich verschaffte mir der Krieg mit Frankreich die Möglichkeit,
mit Muße die mythischen Ackerbaugebräuche in Elsaß-Lothringen
und fast sämmtlichen Departements von Frankreich zu erfragen.
Die von Laisnel de Salle neuerdings in Berry aufgezeichneten
Erntegebräuche bestätigten die Zuverlässigkeit meiner Erhebungen.
Auf diese Weise gewann ich eine lebendige und reiche Anschauung
von der meinen Gegenstand betreffenden Tradition im nördlichen
und mittleren Europa bis an die nördliche Grenze der drei südlichen Halbinseln; die Sammlung in Griechenland ist im Beginne
begriffen. Die Bearbeitung des umfangreichen Stoffes, von der
ich in größter Kürze einige wenige Proben mitteilte,[1] bewährte
die Richtigkeit des Prinzipes, indem sie das Bild eines großen
zusammenhangenden, in fast allen seinen Zwischengliedern erhaltenen Anschauungskreises entrollten. Neben einer Fülle von
Sitten und sonstigen Aberglauben traten viele bis dahin unbekannte mythische Gestalten so vollständig und lebendig zu Tage,

---

tung eines schwedischen Gelehrten die Insassen einer schwedischen Kaserne
auszufragen.

1) Roggenwolf und Roggenhund. Danzig 1865. Aufl. 2. 1866. (Vgl.
unten S. 318—327]. Die Korndämonen. Berl. 1867. Vgl. Bk. 190—218.
(Erntemai); unten S. 155—171. 179—199. (Kornbock).

c*

wie bis dahin kaum irgendwo eine andere mythische Personification. Zugleich sind diese Gestalten einander so analog, daß
die noch nicht aufgefundenen Stücke der einen sich fast mit der
Sicherheit sprachlicher Flexionsformen oder osteologischer Analogien aus den vollständiger erhaltenen anderen ergänzen lassen.[1]
Wider Erwarten zeigte es sich aber, daß diese Traditionen
mit dem germanischen Sprachgebiet nicht aufhörten, sondern
weit in das Gebiet der Romanen, Kelten, Slaven und Litauer
hineinreichten, so jedoch, daß an einigen Stellen eine Grenze
sichtbar zu werden scheint, wo sie dünner werden und endlich ganz verschwinden. Die französische und norditaliänische
Form der Tradition zeichnet sich durch einige wenige fast
unmerkliche, aber bedeutsame Verschiedenheiten von den nämlichen Ueberlieferungen in Deutschland und dessen östlichen
und nördlichen Nachbarländern aus, und ich entdeckte darin
zu meiner Ueberraschung die Uebergangsformen und Mittelglieder, welche das Verständniß der ältesten griechischen
und römischen auf den Ackerbau bezüglichen Kulte mir auf-
schlossen. Iu Bezug auf ihr Verhältuiß zu den großen Kulturepochen betrachtet, erwies sich in den in Rede stehenden
Bräuchen oben aufliegend eine starke Schicht christlicher Symbolik, wie, wenn die letzte Garbe in Folge der Auffassung Christi
als himmlischen Weizens la gerbe de la passion heißt (Bk. 231 ff.),
oder den Tieren in der Christnacht in die Krippe gelegt wird.
Man sieht, wie mächtig und tief der christliche Vorstellungskreis
in das Gemüt des Volkes eingriff. Darunter liegt eine ganz kleine
Zahl von Ueberlieferungen des späteren germanischen oder slavischen Heidentums (letzte Garbe dem Oden - Wode geweiht; drei-
köpfiger Kornalter = Swantewit. Korndämon. S. 32). Aber
diese Formationen der beiden oberen Schichten sind augenscheinlich nur Umwandlungen einer in weit älterer Zeit erzeugten
Substanz, deren Produkte (Darstellung der anthropomorphen und
theriomorphen Korndämonen) in breitester Fülle erhalten sind.

---

1) Vgl. einstweilen den Alten (Korndäm. 23 ff.), die Kornmutter
(Kornd. 19 fl.), das Kornkind (Korndäm. 28 ff.), das Kornschwein (Roggen-
wolf. S. 1 ff.), den Roggenhund (Roggenwolf a. a. O.), den Kornwolf, den
Kornbock, den Kornkater (unten S. 172 ff.) Kornhahn (Korndäm. S. 13 ff.).

Sie berühren sich (was ich teils mit vollster Sicherheit, teils mit
sehr hoher Wahrscheinlichkeit nachzuweisen unternehmen darf)
mit den vorhomerischen und sonstigen allerältesten Agrarkulten
in Griechenland und Phrygien, denjenigen der Königszeit in Rom,
den vormosaischen in Palästina. In der Zeit des späteren germanischen Heidentums mögen sie schon außerhalb des herschenden Kultus gestanden haben und nur noch als altüberlieferte
Bräuche fortgeübt sein.[1] Ob sie aber bei den Vorfahren der
nordeuropäischen Völker entstanden, oder im grauen Altertum
etwa im Gefolge des Ackerbaus einwanderten, läßt sich noch
nicht erkennen. Ganz ähnlich steht in jeder Beziehung die Sache
hinsichtlich des *Maibaums* und der *Sonnwendfeuer*. Seien sie
entlehnt oder autochthon, so haben sich in ihnen die unwillkür-
lichen Schöpfungen einer von sinnlicher Frische der Auffassung
erfüllten fernen Jugendzeit der Menschheit breit und lebendig im
heutigen Volksglauben erhalten und den Sieg über die wol schon
mehr vergeistigten Kulthandlungen des Wodanglaubens behauptet.
Gradeso dauerten in Rom grade die ältesten Kulte aus der
Königszeit (Argeer, Octoberroß, Lupercalien) bis gegen das
fünfte Jahrhundert unter den christlichen Kaisern noch fort, als
längst die geistigeren Götterdienste der historischen Zeit der
Religion des Kreuzes zum Opfer gefallen waren. Sollte aber
diese Beobachtung, daß nur eine dünne Schicht späteren deutschen Heidentums in der heutigen Volksüberlieferung erhalten ist,
sich in weiterem Umfange bestätigen, so beruht unsere vorzüg-
lichste Hoffnung, außer den spärlichen Zeugnissen der ältesten
Geschichtsschreiber Urkunden und Sprachdenkmäler etwas Aus-
giebiges darüber zu erfahren, auf der Ausscheidung der mythischen Elemente aus der germanischen Heldensage. Möge es
K. Müllenhoff, der dieses Gebiet so gründlich, wie kein anderer
vor ihm, kennt und wie vielleicht niemand nach ihm es durch-
forschen wird, möge es ihm vergönnt sein, dieses wichtige Stück
seiner reichen Lebensarbeit zu vollenden und zum Gemeingute
zu machen.

---

[1] Dem widerspricht nicht, daß sie bei den alten Preußen gleich nach
der Bekehrung zum Christentum als Götterverehrung verboten werden
(Korndäm. 26.)

Da selbst bei einer objectiven Sammlung, wie die meinige,
noch mehr aber bei ihrer Einrichtung die stäte Mitwirkung eines
aprioristischen Elementes nicht auszuschließen ist, es aber darauf
ankommt, derselben als dem Anfang eines größeren Quellen-
schatzes in Form, Umfang und Anordnung möglichste Vollkom-
menheit zu geben, damit nicht ein verfehlter Beginn für die
künftige Weiterführung durch mich oder andere verhängnißvoll
werde, so sah ich mich zu einer Anzahl von Vor- und Nebenarbeiten
genötigt, die dann unwillkürlich z. T. zu selbständigen größeren
Untersuchungen heranwuchsen. So widmete ich, um über einige
auf den Ackerbaukultus bezügliche wichtige Zeugnisse mir Klar-
heit zu verschaffen, zwei Jahre lang der Sammlung, sowie
textkritischen und quellengeschichtlichen Erforschung aller *älteren*
Aufzeichnungen über litauische, preußische und lettische Mythologie. Diese Arbeit ist bis auf die letzte Feile .im Manuscript
vollendet. Aus der gleichen Ursache, d. h. aus dem Bestreben,
über die Stellung der Korndämonen und der auf sie bezüglichen
und anderer Gebräuche zu den nahverwandten Vorstellungen von
den Baumgeistern und der Baumseele und zu den durch die oben
S. XXXVI erwähnte Beobachtung an den französischen Traditionen
mir nahe gerückten Ackerbaukulten der alten Welt ins Reine zu
kommen, sind denn auch die in den beiden Teilen dieses Buches
und in den S. v genannten Aufsätzen niedergelegten Untersuchungen hervorgegangen. Ich betone, daß es mir bei den darin
angestellten Vergleichungen vorzugsweise darauf ankam, eine
Einsicht in die den nordeuropäischen gleichartigen Typen zu
gewinnen, nicht aber für die historischen Probleme verfrüht eine
Entscheidung zu suchen.

Daß ich die Veröffentlichung dieser Vorarbeiten der Sammlung der Ackergebräuche selbst vorangehen lasse, hat folgende
Gründe. Ich mußte wünschen zur Vervollständigung der Sammlung
noch Zeit zu gewinnen. Noch fehlt mir trotz aufgewandter Mühe
die Tradition einiger deutscher Landstriche, es fehlt noch sehr
an der wünschenswerten Ergänzung durch ältere literarische und
archivarische Zeugnisse (wie unten S. 319) und durch bildliche
Darstellungen der Gebräuche. Aus mehreren fremden Ländern
floß trotz stäts erneuter Anstrengung die Ausbeute nicht so reichlich als es erwünscht war. Und doch wollte ich selbst bei diesen

nicht auf ein gewisses Maß von Vollständigkeit verzichten, weil
grade aus ihnen nicht selten eine Aufklärung gewährende Con-
gruenz zu irgend einer bestimmten Form der Ueberlieferung zum
Vorschein kam, welche in Deutschland unter vielen Tausenden
von Aufzeichnungen nur einmal aufgetaucht war (vgl. z. B. den
Buirer und den Smolensker Erntebrauch Bk. 277 ff.). Die Wahrscheinlichkeit, zu dem erwünschten Materiale zu gelangen, beruht
aber auf der Fortsetzung der systematischen Erforschung auf Grundlage ebenderselben Fragen, welche der ganzen übrigen Sammlung
zu Grunde liegen. Zu Ausfüllung der angedeuteten Lücken mußte
ich wünschen, neue Teilnehmer und Helfer aus verschiedenen
Berufskreisen zu wecken. Deshalb veröffentlichte ich meine kleinen Schriften „Roggenwolf" und „Korndämonen". Die wissen-
schaftliche Presse des Inlandes beobachtete aber darüber (wie
auch bisher über den ersten Teil des vorliegenden Werkes) ein
fast tödtliches Stillschweigen; nur die Beistimmung der Akade-
mien der Wissenschaften zu Wien und Berlin, mehrerer wissenschaftlichen Versammlungen und einiger Stimmen des Auslandes
dienten meinem Streben zur Ermunterung. Da wagte ich denn
den Versuch, Interesse für meine Bestrebungen durch Darlegungen
anzuregen, welche den Zusammenhang derselben mit allgemeiner
gekannten und allseitiger geschätzten Wissensgebieten und ihren
Nutzen für dieselben nebenbei ins Licht zu setzen geeignet schienen. Sollte ich mich in meiner Hoffnung getäuscht haben? Für
den in der Provinz einsam Arbeitenden, der nie Gelegenheit hat,
sich über seine Studien mit Gleichstrebenden auszusprechen, ist
es doppelt niederschlagend, wenn seinem Rufe kein Echo wider-
hallt, keine zurechtweisende oder anerkennende Stimme ihm
Förderung gewährt. Wie es aber auch komme, unbeirrt werde
ich, so lange mir die äußere Möglichkeit nicht abgeschnitten
wird, fortfahren, die erfaßte Aufgabe und das begonnene Werk,
so weit meine schwachen Kräfte reichen, zur Vollendung zu
führen.

   Es bleibt mir noch die angenehme Pflicht, meinen verehrten
Freunden, Herrn Professor Dr. *Röper*, der mich bei vorliegender
Arbeit mit den Schätzen der Gymnasialbibliothek und seiner
eigenen Büchersammlung, nicht minder mit öfterer Auskunft aus
dem Schachte seines tiefen Wissens unterstützte, sowie den Herren

Gymnasialdirector a. D. Dr. *Lehmann* und Gymnasiallehrer
Dr. *Schömann* herzlichen Dank zu sagen, von denen der erstere
bei der Correctur des Ganzen, der letztere bei der Correctur
einiger Bogen mir wertvollen Beistand gewährte. Vor allen aber
gilt auch diesmal mein ehrerbietigster Dank E. h. Unterrichts-
ministerium, dessen hochgeneigte Unterstützung mir die Fortsetzung
meiner Arbeiten ermöglichte.

Möge die Zukunft in meinem Buche wenigstens einige Wert-
stücke entdecken, würdig genug, um in den bleibenden Besitzstand
der Wissenschaft überzugehen.

Danzig, den 1. November 1876.

Dr. W. Mannhardt.

Inhalt.

Drittes Kapitel.

Die wilden Leute der antiken Sage II.

Viertes Kapitel.

Erntemai und Maibaum in der antiken Welt.

Fünftes Kapitel.

Persönliche Vegetationsgeister in Jahrfestgebräuchen.

Sechstes Kapitel.

Sonnwendfeuer im Altertum.

A.

Orientalische und altrömische Sonnwendfeuer.

B.
Hirpi Sorani.

Kapitel I.

Dryaden.

§. 1. Blumenmägdlein, Rebenmädchen. Wer kennte nicht — sei es auch nur durch Vilmars oder Uhlands anmutige Wiedererzählung — die Märe von den *Blumenmägdlein* im Alexanderliede des Pfaffen Lamprecht (v. 5004 — 5205). Im schattigen Walde hatten sie ihre Stätte, den kalte Brünnlein durchrauschen und süßer Vogelgesang durchtönt. Wenn der Winter davonging und der Frühling erschien, wenn es zu grünen begann und die Blumen hervorkamen, dann sproßten aus dem Boden des Waldes in unübersehbarer Menge wundergroße Knospen hervor. Sie öffneten sich und aus jeder tauchte eine zarte Mädchengestalt, wie zwölfjährig anzuschauen; schöner war nie eine andere Blume und nie sah man an Frauen schöneres Antlitz, noch schönere Augen. Ihres Leibes ganzes Gewand war *fest an sie gewachsen*, an die Haut und an das Haar, an Farbe waren sie *genau den Blumen auf der Aue gleich*, rot und weiß, wie Schnee getan. Alle diese Hunderttausende wonniger Wesen *schwebten*, *spielten* und *sprangen* in zierlichem Reigen durch grünen Klee und kühlen Waldesschatten auf und ab und mischten wettstreitend in das Lied der Vögel ihren mehrstimmigen *Gesang*. Wer sie sah und hörte, der vergaß alles Herzeleid, das ihm je von Kindheit an geschehen, und er meinte genug zu haben an Freude und Reichtum sein ganzes Leben. Wehe aber den holden Mägdlein, wenn sie die schattige Waldeinsamkeit verließen; beschien ihrer welche die Sonne, von denen blieb keines am Leben. Wenn dann die Monate des Sommers vergangen waren, dann war alle Freude dahin, „die Blumen verdarben, die schönen Frauen starben, die Bäume ihr Laub ließen, die Brunnen das Fließen und die Vögel ihr Singen." Alexander und seine Helden gelangten an diesen wunderreichen Ort, schlugen ihr Gezelt im Walde auf und hatten ihre Freude an den seltsamen

Bräuten; hätten sie dort immer bleiben dürfen, sie wären genesen von aller ängstlichen Not und hätten nichts als den Tod gefürchtet. Drei Monate und zwölf Tage hatte die Lust gewährt, da sahen sie tagtäglich eine Blume nach der andern welken und allmählich alle die lieben schönen Frauen, mit denen sie in Wonne gelebt, dahinsterben. Traurig schied der König mit allen seinen Mannen.

Ein lieblicheres Bild der Sommerlust dürfte schwerlich jemals ersonnen werden, als dieses poetische Gemälde, dessen ästhetische Zergliederung eine Fülle einzelner Schönheiten offenbaren würde. Zu diesen rechne ich besonders, daß die Blumengeister eine wundersame Melodie in den Chor der Vögel ertönen lassen; der Einklang aller reinen Eindrücke auf das Gemüt des Menschen, die aus Farbe und Duft der Blüten, wie aus den Stimmen und Lauten des Waldes entspringen, ist damit auf das treffendste ausgesprochen. Auch ohne die Erzählung bis auf ihre erste Niederschrift zurückverfolgen zu können, werden wir nicht fehlgehen, wenn wir sie nicht für ein Erzeugniß subjectiver Reflection, sondern für den Ausfluß eines irgendwo einmal lebendigen *Volksglaubens halten, wonach der Blume eine Nymphe einwohnte, deren Leben an dem Leben der Pflanze haftete; wie diese im Lenz geboren, des Schattens und der Sommerwärme gleichzeitig bedürftig, welkt und stirbt sie ebenso im glühenden Sonnenstrahl, wie beim Nahen des Herbstes. Zugleich aber löste die Vorstellung den Blumengeist von der Pflanze ab; dieselben Wesen, welche mit der Blume zugleich entstehen und vergehen, treten zeitweilig aus derselben heraus. „Sie gingen und lebten"* nach den Worten des Gedichtes, *„sie hatten Menschen Sinn und redeten und baten, wie Mägdlein von zwölf Jahren, sie spielten, sprangen und sangen auf dem grünen Klee."* Diese doppelte Darstellung des der Blume innewohnenden Numens durch Weib und Pflanze entspricht genau dem bei nordeuropäischen Pflanzengeistern (Baumgeistern, Korndämonen) beobachteten Verhältniß. [1] Dürfte man die Erzählung von den Blumenmädchen, gleich der ganzen Episode des Alexanderliedes, in welche sie eingeschoben ist, auf eine

---

1) Bk. 603. 604. 609. 610.

griechische Quelle der alexandrinischen Zeit zurückführen, so
wäre somit für ein Land der hellenistischen Welt ein mit jenen
nordeuropäischen Anschauungen übereinstimmender Volksglaube
erwiesen, den der Urheber desselben benutzte. [1] Als ein indi-
rectes Zeugniß für den in letzter Instanz antiken Ursprung des in
Rede stehenden Reiseabenteuers erscheint die Wundergeschichte,
welche Lucian in seiner „wahren Geschichte", dem Urbilde von
Gullivers Reisen und Münchhausens Abenteuern (c. 8) auftischt.
Am jenseitigen Ufer eines Flusses, der Wein statt Wasser führte, so
berichtet der Dichter, stießen wir auf eine außerordentliche Art von
Weinreben. Unten am Boden bestanden sie aus einem sehr kräfti-
gen und dicken Stamm, *weiter aufwärts aber waren die Mädchen*, die bis auf die Hüften herab an allen Teilen vollkommen

1) Die Erzählung von den Blumenmädchen bildet bei Lamprecht einen
Teil der Epistel Alexanders an seinen Meister Aristoteles und seine Mutter
Olympias, findet sich jedoch in den uns bekannten Handschriften des Pseudo-
kallisthenes, Julius Valerius und liber de preliis nicht, so daß allem An-
scheine nach die griechisch-ägyptische Hauptquelle der mittelalterlichen
Alexanderromane sie nicht enthalten hat. Es bleibt somit ungewiß, woher
Lamprechts Gewährsmann Aubry von Besançon sie entlehnte. Auch in dem
Alexanderepos des Lambert li Tors ist sie benutzt. Cf.:

à l'entrée d'ivier, encontre le froidure
entront toutes en tière et muent lor faiture.
et quant estés revient et li clars tans s'apure,
à guise des flors blanques muent à lor nature.
celes qui dedens nessent sunt de l'cors la figure
et la flor qu'est dedens, si est lor vesteure etc.

Le Roumans d'Alixandre ed. Michelant S. 341 ff. Weißmann Alexanderl. II.
340 ff. Guil. de Turre spielt auf die Fabel an:

plus que las domnas, que aug dir
qu'Alixandres trobet et bruoill,
qu'eran totas de tal escuoill
que non podian ses morir
outra l'ombra del brouoill anar.

(Raynouard, choix de poesies des Troubadours II, 299). Es läßt sich hienach
bis jetzt nur soviel mit Sicherheit ersehen, daß die Sage von den Mädchen-
blumen im 12. Jahrhundert in einer uns noch unbekannten selbständigen
Quelle von Alexander erzählt wurde und wol von dort aus in die französischen Bearbeitungen des aus dem Pseudokallisthenes stammenden Stoffes ein-
gefügt wurde. Vgl. Weißmann a. a. O. I, p. XVI. J. Zacher Alexandri Magni
iter ad paradisum. Regiom. 1859, S. 14 ff. Hartczyck in Zachers Zeitschr. f.
d. Phil. IV, 167.

ausgebildet waren, ähnlich wie man die Daphne malt in dem
Augenblicke, da sie zum Baume wird. Aus ihren Fingerspitzen
sproßten Schößlinge, die voller Trauben hingen, und sogar um
ihre Köpfe schlangen sich statt der Haare Weinranken mit Laub
und Trauben. Freundlich grüßend kamen sie auf uns zu und
hießen uns willkommen. Die meisten sprachen griechisch, einige
auch lydisch und indisch. Sie küßten uns auch auf den Mund,
aber wer geküßt wurde, fühlte sich im Augenblick betrunken und
verwirrt. Daß man Beeren von ihnen abpflückte, litten sie nicht,
sondern schrien vor Schmerz laut auf, so wie man welche abrei-
ßen wollte. Als aber zwei meiner Gefährten sich völlig ihren
reizenden Umarmungen hingaben, konnten sie sich nicht wieder
losmachen, sondern wuchsen und wurzelten dergestalt mit ihnen
zu einem Gewächse zusammen, daß auch ihnen die Finger in
Schößlinge ausliefen und Weinranken sich um ihre Köpfe wanden.
Es wird nicht lange angestanden haben, so werden auch Trauben aus ihnen gewachsen sein. Diese Erzählung ist augenscheinlich eine geistreiche Parodie, wo nicht auf diese Episode der
Alexandersage, so doch auf eine nah verwandte Geschichte bei
einem griechischen Schriftsteller, da Lucians Absicht bekanntlich
dahin ging, die Wundererzählungen in der geschichtlichen und
geographischen Literatur durch selbsterfundene übertreibende
Seitenstücke zu verspotten. Die Parodie weist jedenfalls mittelbar hinter sich selbst und über ihr der Märe von den Blumenmädchen entsprechendes Vorbild auf eine dem letzteren vorauslie-
gende Volksvorstellung zurück.

§. 2. **Die Dryaden.** Unzweifelhaft betreten wir das Gebiet
des Volksglaubens mit der antiken Vorstellung von Beseelung der
Waldbäume durch Nymphen, welche, ebenso wie jene Blumenmädchen an das Leben des Gewächses gebunden, doch auch außerhalb desselben ein Dasein führen. Homer giebt von den Wald- und
Feldgeistern so wenige Züge, daß es einigen Forschern zweifelhaft
erschienen ist, ob zu seiner Zeit derjenige Begriff bestanden
habe, welcher in der späteren Literatur an den Namen der
Dryaden und Hamadryaden sich knüpfte. Zeus beruft die Götter
zum Olymp und keiner von den Flüssen blieb fern, noch von
den Nymphen, *welche die schönen* (heiligen) *Haine inne-
haben* (Νυμφάων, αἵτ᾽ ἄλσεα καλὰ νέμονται), und die Quellen
der Flüsse und *die kräuterreichen Marschen* (πίσεα ποιήεν-

τα), Il. XX, 7—9. Mit der pfeilschüttenden Artemis, die an der Jagd auf Eber und schnelle Hirsche sich vergnügt, spielen auf dem Taygetos und Erymanthos *feldbewohnende Nymphen* (νύμφαι ἀγρονόμοι), die Töchter des ägishaltenden Zeus. Od. VI, 105. Um den Grabhügel des Eetion *pflanzen Bergnymphen* die Töchter des ägishaltenden Zeus (νύμφαι ὀρεστιάδες, κοῦραι Διὸς αἰγιόχοιο) *Ulmenbäume.* Il. VI, 420. Kirke ist von Mägden umgeben, von denen die einen aus Quellen, die andern aus *Hainen*, die dritten aus Flüssen *entstehen* (γίγνονται δ' ἄρα ταίγ' ἔκ τε κρηνέων, ἀπό τ' ἀλσέων, ἐκ ϑ' ἱερῶν ποταμῶν οἵτ' εἰς ἅλαδε προρέουσιν. Od. X, 350 ff.) Wir lassen einstweilen diese homerischen Angaben, um in §. 5 auf sie zurückzukommen. Der sogenannte homerische Hymnus auf Aphrodite gewährt die folgende ausführliche Erörterung über das Wesen der Orestiaden. Die Liebesgöttin vertraut ihren Sohn, den kleinen Aeneas, der Hut und Pflege der Dämonen des Ida an. *Tiefbusige Nymphen* haben dieselben auf dem Berge ihr Lager, das göttliche große Waldgebirg ist ihre Wohnung (νύμφαι ὀρεσκῷοι βαϑύκολποι, αἳ τόδε ναιετάουσιν ὄρος μέγα τε ζάϑεόν τε). Weder den Menschen arten sie nach, noch den Unsterblichen. Lange zwar leben sie, sie genießen *unsterbliche Speise* und *mit Unsterblichen führen sie schöne Reigentänze auf; Seilene gatten sich ihnen und auch Hermes im heimlichen Winkel lieblicher Grotten. Zugleich aber mit ihnen, wenn sie geboren werden, entsprießen auf hohen Bergen aus der männernährenden Erde schöne Fichten oder Eichen. [Hochragend stehen diese da; man nennt sie Haine der Unsterblichen und nicht hauen die Menschen sie mit dem Stahle.] Wenn aber die Moira des Todes herantritt, so werden zuerst auf dem Erdreich die schönen Bäume dürr, die Rinde ringsum stirbt ab, abfallen die Aeste und zugleich verläßt die Seele der Nymphen das Licht der Sonne.* [1] Der

---

1) Hymn. i. Ven. Homer.:

v. 265 τῇσι δ' ἅμ' ἢ ἐλάται ἠὲ δρύες ὑψικάρηνοι
γεινομένῃσιν ἔφυσαν ἐπὶ χϑονὶ βωτιανείρῃ,
καλαὶ, τηλεϑάουσαι, ἐν οὔρεσιν ὑψηλοῖσιν.
[ἕστασ'] ἠλίβατοι τεμένη δέ ἑ κικλήσκουσιν
ἀϑανάτων, τὰς δ' οὔτι βροτοὶ κείρουσι σιδήρῳ].

Hymnus auf Aphrodite hat zum Inhalt die bereits episch verdunkelte Stammsage der unzweifelhaft längst gräcisierten Aenea-
den in den Städten der kleinasiatischen Landschaft Troas, von
einem jonischen Sänger in nachhomerischer Zeit bearbeitet. So
deutlich die Sage selbst in den Hauptsachen die Spuren phry-
gischer Mythologie zeigt, [1] und so wahrscheinlich ein klein-
asiatischer Ursprung des Liedes ist, wäre es zu weit gegangen,
alle ausmalenden Züge auf nichtgriechischen Ursprung zurückzu-
führen. Mithin gehört auch die Beschreibung der Baumnymphen
nicht mit Notwendigkeit dem Kreise der vom Dichter bewahrten
Reminiscenzen phrygischen Volksglaubens an, obschon die Erwähnung der Seilene dafür sprechen könnte. Auch der feinen Bemerkung Welckers, [2] der Dichter des Hymnus schildere die Natur
der Hamadryaden so ausführlich, als ob seiner Zeit und seinen
Kreisen die merkwürdige Anschauung und die Empfindung,
worauf sie beruhe, neu und befremdend genug erschiene, um
poetisch zu wirken, darf nur in soweit Wahrheit zugestanden
werden, als die schon reflectierende, vornehme und unzweifelhaft
großentheils städtische Gesellschaft, für welche der epische Sänger dichtete, längst entwöhnt war, sich die Pflanze als göttliches
Wesen zu denken, und daß ihr die Einführung dieser Vorstellung
aus dem Glauben der im Verkehr mit der Natur naiv gebliebe-
nen Landleute in die Poesie und zwar in ein unter göttlichen
und heroischen Wesen der grauen Vorzeit spielendes Idyll rüh-
rend und reizvoll erscheinen mochte; sicher aber hat der Rhapsode
die Anschauung nicht aus dem Seinen genommen, sondern entweder in der von ihm bearbeiteten troisch-äolischen Ueberlieferung, oder im lebendigen Glauben der Bevölkerung von Aeolis
oder Ionien vorgefunden. Die beiden offenbar eingeschobenen
Verse 268—9 bekunden, daß auch der Verfasser der interpolier-
ten Verse, doch sicher ein Grieche, die in Rede stehende Vor-

---

270 ἀλλ' ὅτε κεν δὴ Μοῖρα παρεστήκῃ θανάτοιο,
ἀζάνεται μὲν πρῶτον ἐπὶ χθονὶ δένδρεα καλά,
φλοιὸς δ' ἀμφιπεριφθινύθει, πίπτουσι δ' ἀπ' ὄζοι,
τῶν δέ θ' ὁμοῦ ψυχὴ λείπει φάος ἠελίοιο.

1) Vgl. darüber R. Thiele Prolegomena ad hymnum i. Ven. Homer. Halis
1872, 61 ff.

2) Griechische Götterlehre III, 57.

stellung als eine zu seiner Zeit lebendige kannte, aber in anderer
Form, nicht an jeden Baum geknüpft, sondern an die mit besonderer Ehrfurcht betrachteten Baumexemplare heiliger Haine,
welche niemand umzuhauen oder zu verletzen wagte, weil sie als
der Körper, die Hülle oder das Alterego der Baumnymphe galten.
Der Sache nach ganz genau entsprechen im europäischen Volksglauben haftende Vorstellungen. Auf dieselbe Weise, wie das
Leben der Nymphen im homerischen Hymnus, ist das Leben
czechischer und deutscher Baum- und Waldgeister, Moosleute,
Fanggen, Elfen an dasjenige ihres Baumes gebunden (Bk. 69.
89. 91. 75. 62. 124). Der Glaube an solche Baumgenien, ursprünglich auf alle Bäume bezüglich, schränkt sich auch im Norden allmählich auf die heiligen Haine ein (Bk. 29. 38. 39). Das
Beiwort βαθύκολποι tiefbusig, welches v. 258 den Nymphen
giebt, erinnert, da die Tiefe der Einbiegung eine entsprechende
Erhöhung der hervorragenden Weichteile des weiblichen Ober-
körpers voraussetzt, an die großen Brüste der deutschen und
skandinavischen Waldweiber (Bk. 147) und könnte immerhin ein
etwas edler gehaltener Ausdruck für die üppige Werdefülle der
Vegetation sein, wenn nicht der Dichter ein den Trojanerinnen
bei Homer zuständiges Epitheton in die Schilderung der auf dem
Ida hausenden Göttinnen einfach als Redeschmuck herübergenommen hat. Bäume, die als Doppelgänger, Wohnsitz oder Körper
des Baumgeistes gelten, dürfen nicht abgehauen werden (Bk. 35
bis 37. 10 ff. 60. 62. 57. 70. 71), ja man bittet den Baum um
Erlaubniß, ehe man ihn fällt, oder Holz von ihm abschneidet, und
wagt nicht einmal windbrüchige Aeste aus seiner Umgebung zu
entfernen (Bk. 35. 51).

Seit dieser — wie es scheint — ersten umständlicheren
Einführung der Baumnymphen in die griechische Literatur durch
den Hymnus auf Aphrodite begegnen wir ihnen darin mehrfach
wieder, ohne daß sich in jedem Falle wird ausmachen lassen, ob
die Schilderung durch literarische Tradition auf das pseudohomerische Gedicht oder durch eine selbständige Erhebung aus dem
Borne des Volkslebens auf wirklichen und fortdauernden Glauben
zurückgeht. Letzteres werden wir annehmen müssen, sobald uns
Spuren einer vom Hymnus abweichenden Vorstellung aufstoßen,
welche gleichwol aus inneren Gründen als echte Volksanschauung
sich zu erkennen giebt.

Nächst dem homerischen Hymnus ist Pindar für uns der
älteste Zeuge; aus einem seiner verlorenen Gedichte ist ein Vers
erhalten, in welchem er von Nymphen redet, *die das Ziel
eines baumgleichen Lebens erloßten, und auch der Name Dryaden, oder vielmehr Hamadryaden scheint für diese Nymphen
von ihm in Anwendung gebracht zu sein.*[1] Der Name Hamadryaden drückt eben die Vorstellung aus, daß Baum und
Nymphe zusammengehören, gleichzeitig entstehen und gemeinsam sterben, wie eine Glosse des Mnesimachos im Schol. zu
Apoll. Rhod. Argon. II, v. 478 ganz richtig sagt: *Ἀμαδρυάδες νύμφαι διὰ τὸ ἅμα ταῖς δρυσὶ γεννᾶσθαι ἢ ἐπεὶ δοκοῦσιν ἅμα ταῖς
δρυσὶ φθείρεσθαι.*

Nicht unwahrscheinlich dünkt mich eine Vermutung Meinekes, der mit leichter Aenderung den offenbar ungehörigen und
eingeschobenen Versen des Kallimacheischen Hymnus in Delum
79 – 85 hinter v. 40 des Hymnus in Cererem von demselben
Dichter eine Stelle giebt. Dadurch entsteht folgender wolbegründeter Zusammenhang (Hymn. in Cer. 25 — 40): In Dotion hatten
Pelasger der Göttin Demeter einen schönen, dichten, wolbeschat-
teten Hain geweiht, in dem Fichten, hohe Ulmen, Birnen und
liebliche Pfirsichen wuchsen. Vom Schutzgeiste seines Hauses
verlassen faßte einst Erysichthon den verderblichen Entschluß,
mit zwanzig Sklaven den Lustwald umzuhauen. Ein *Pappel-
baum* stand da, schlank und hoch, der den Himmel berührte,
und unter welchem die Nymphen *um die Mittagszeit tanz-
ten.* Dieser ward zuerst abgehauen und sein Aechzen sang den
andern ein unheilvolles Lied. (Hymn. in Del. 79 — 85): Sie aber,
die hier am Orte geborene *Melie* (νύμφη μελίη, αὐτόχθων), *die
bisher unter dem Baume getanzt hatte* (ὑποδινηθεῖσα), ließ
ab vom Reigen und entfärbte ihre Wangen, um den ihr gleich-
altrigen Eichbaum Pein erduldend, als sie dessen *Haupthaar*

---

1) Plutarch de defect. orac. 11 spricht von einigen Versen des Hesiod,
welche der Krähe neun Menschenalter, dem Hirsche vier Krähenalter, dem
Raben drei Hirschenalter, dem Phönix neun Rabenalter, den Nymphen, Zeus
Töchtern, zehn Phönixalter beilegen, und berechnet daraus die angebliche
Länge des Nymphenalters. Andere aber nähmen dafür eine weit geringere
Jahreszahl an: πλέον δ᾽ οὖ Πίνδαρος εἴρηκεν, εἰπὼν τὰς νύμφας ζῆν ἰσοδέν-
δρου τέκμωρ αἰῶνος λαχούσας, διὸ καὶ καλεῖν αὐτὰς ἁμαδρυάδας. Vgl. Plut.
Erot. 15. Schol. Apoll. Rhod. v. II, 478.

beben sah. Helikonierinnen, meine Göttinnen, o sagt mir, ob
wirklich die Eichen und Nymphen gleichzeitig entstanden?
*Die Nymphen freuen sich, wann Regen die Eichen wach-
sen macht, die Nymphen weinen, wann die Eichen keine
Blätter mehr haben.* (Hymn. in Cerer. 41): Demeter merkte,
daß ihr heiliges Holz verletzt war und sprach unwillig: Wer
haut mir in meine schönen Bäume? [1] Nachdem sie zuerst vergeblich in der Gestalt ihrer Priesterin versucht hat den Frevler
durch gütliches Zureden von seinem Vorhaben abzubringen, verwandelt sie sich in die furchtbare Gestalt der zürnenden Göttin,
und die Sklaven lassen erschreckt die Aexte in den Eichen haften. Der Bösewicht wird mit der Krankheit ewigen Hungers
bestraft. [2] Der Dichter schildert mit großen Zügen; kunstvoll
vervollständigt er (da die trockene Aufzählung in v. 28 — 29
nicht weiter fortgesetzt werden durfte, ohne prosaisch zu werden)
unsere Anschauung von der Reichhaltigkeit des Demeterhaines
dadurch, daß er uns nach und nach wissen läßt, auch Pappeln,
Eschen, Eichen gehörten zu dessen Insassen, aus gleichem Grunde
gebraucht er (Hymn. in Del. 80) *Melie* (Eschennymphe) synonym mit *Dryas* in der allgemeinen Bedeutung Baumnymphe und
läßt sie über die mit ihr geborene Eiche klagen, deren Wipfel
schon in ängstlichem Vorgefühl bebt, da sie die Pappel bereits
gefällt sieht, und die Dryaden aller übrigen Bäume weinen mit
ihr. — Eine ganz ähnliche Geschichte besingt Apollonios von
Rhodos in seinen Argonauten II, 471 ff. Schwerlich hat ihm
sein Feind Kallimachus bei der Erzählung zum Vorbilde gedient,
wie Spanheim will, den Stoff der Sage hat er sicherlich anderswoher; sie zeigt anscheinend eine neue und selbständige Auffassung der Baumnymphen. Des Paraibios Vater, im Begriff im
Haine von Thyne Bäume zu hauen, wird in klagendem und fle-
hendem Ton von einer Hamadryade (ἁμαδρυὰς νύμφη,) angerufen,
die ihr gleichaltrige Eiche, *auf* oder *in* (ἐπι) welcher sie so
lange gelebt hätte, nicht zu fällen. [3] Er achtet im Jugendüber-

---

1) Νύμφαι μὲν χαίρουσιν, ὅτε δρύας ὄμβρος ἀέξει
   Νύμφαι δ' αὖ κλαίουσιν, ὅτε δρυσὶν οὐκέτι φύλλα.

2) S. Callimachus ed. Meineke p. 185.

3) μὴ ταμέειν πρέμνον δρυὸς ἥλικος, ᾗ ἐπὶ πουλὺν αἰῶνα τρίβεσκε
δινεκές.

mut der Bitten nicht. Die des Baumes beraubte Nymphe straft
ihn selbst und seine Kinder mit Verlust der Habe und bitterer
Armut und wendet das Geschick erst, als der Sohn Paraibios
ihr einen Altar errichtet und versöhnende Opfer bringt. Hier
also ist die Nymphe *im Stamme*, oder *zwischen den Zweigen*
des Baumes wohnhaft gedacht;[1] mit dem Gewächse zugleich
entstanden, überlebt sie dasselbe doch; die Schädigung des von
ihr bewohnten Baumes hat den Verlust der Habe (d. h. wie sich
beim Landmanne wol von selbst versteht und im Sinne der älteren Sage den Tod der Heerden) des Freulers und seines Geschlechtes und ihre völlige Verarmung (Nahrungslosigkeit, Dahinschwinden) zur Folge. Das sind großenteils Züge, welche als
Varianten der im homerischen Hymnus vertretenen Vorstellung
auch in deutschen Sagen wiederkehren. Vgl. die i m Baume
hausenden oder *auf* dem *Baumstumpf* sitzenden Moosfräulein
Bk. 76. 83. 77. Vgl. 60. Daß freilich die Nymphe mit der
Pflanze zwar zugleich geboren wird, aber nicht zugleich mit ihr
stirbt, sieht nach einem Misverständniß der Ueberlieferung aus;
die ursprüngliche Sage wird nicht von einem völligen Abhauen
des Baumes, sondern nur von einem Hiebe in seinen Stamm
erzählt haben, es müßte denn angenommen sein, daß die Baumseele im Stubben fortlebte (vgl. Bk. 63). In Folge dessen sterben dem Täter die Haustiere, wie Bk. 12. 60. 53 Hühner und
Kühe, er hat Abgang in seinem Vermögen, er leidet Hunger und
verkümmert und sein Geschlecht dazu (Vgl. Bk. 51. 53. 61
Anm. 3). Diese Verkümmerung findet erst dann ein Ende, als
die Dryas mit Opfern bedacht wird, gerade so wie das bei
Beschädigung der schwedischen Eschenfrau empfangene Uebel
aufhört, sobald der Beschädiger ein Opfer von Milch oder Wasser über die Wurzeln des Baumes ausgießt, d. h. das verletzte
Numen des Gewächses wieder erquickt und zu Kräften bringt
Bk. 11.

　　Sind die Parallelen richtig, so werden wir auch in die Erysichthonsage zu einer klareren Einsicht zu gelangen vermögen.
Die Darstellung des Kallimachus würde — wenn sie allein uns
erhalten wäre — leicht zu dem irrigen Schlusse verführen, die
Sage sei von Hause aus eine Demetermythe und die um Erhal-

---

1) Auch Schol. Il. VIII, 20 erklärt die Hamadryaden *ἐπὶ τῶν δένδρων*.

tung ihres Baumes bangende Dryas sei nur zur dichterischen
Belebung des Stoffes nach dem Muster des homerischen Hymnus
in die von Verletzung des heiligen Haines der Getreidegöttin
handelnde Schilderung eingeführt. Nun sind uns aber nicht allein
Spuren einer früheren Niederschrift dieser Sage bei dem Mytho-
graphen Hellanikos (saec. V a. Ch.) und anderen,[1] sondern es ist
bei Ovid (Metam. VIII, 738 — 878) sogar eine vollständige Bearbeitung erhalten, welche trotz Einmischung ganz moderner Allegorien eine ursprünglichere Form der Sage aufweist, und ohne
Zweifel auf eine griechische, wenn nicht der Abfassungszeit, so
wenigstens dem Stoffe nach vorkallimacheische Dichtung (Nikanders Ἑτεροιούμενα?) als ihre Quelle zurückgeht. Im uralten Haine
der Ceres stand eine heilige Eiche:

> Stabat in his ingens annoso robore quercus,
> Una nemus: vittae mediam memoresque tabellae
> Sertaque cingebant, voti argumenta potentis.

*Unter diesem Baume pflegten die Dryaden festliche Reigen auf-
zuführen, oftmals umkreisten sie mit zum Tanz in einander
geschlungenen Händen den Stamm* (manibus nexis ex ordine
trunci circuiere modum), der fünf Ellen dick mit Riesenhöhe die
übrigen Waldbäume überragte. Erysichthon befiehlt den Baum
umzuhauen, und entreißt, als die Diener zögern, einem derselben das Beil. „Die Eiche soll fallen, und wäre sie selbst
eine Göttin." Als er die Axt schwingt, *seufzt der Baum* und verwundet *strömt er Blut aus:*

> Contremuit, gemituumque dedit Deoïa quercus:
> Et pariter frondes, pariter pallescere glandes
> Coepere ac longi pallorem ducere rami.
> Cujus ut in trunco fecit manus impia vulnus,
> Haut aliter fluxit, discussa cortice, sanguis,
> Quam solet, ante aras ingens ubi victima taurus
> Concidit, abrupta cruor e cervice profusus.

Als der Frevler dennoch von seinem Vorhaben nicht abläßt,

> Editus e medio sonus est cum robore talis:
> Nympha sub hoc ego sum, Cereri gratissima, ligno:
> Quae tibi factorum poenas instare tuorum
> Vaticinor moriens nostri solatia leti.

auf Bitten der gesammten Dryaden entsendet Ceres eine Oreade
zum Wohnsitz des Hungers auf dem eisigen Caucasus, um ihm

---

1) S. Preller Demeter und Persephone S. 331.

zu befehlen, daß er in Erysichthons Leibe Platz nehme. Das
geschieht und alsbald peinigt diesen das nagendste Hungergefühl;
er schlingt und schlingt unaufhörlich, aber die· Nahrung sättigt
nicht und verschlägt nichts; er ißt sich arm; als alles sein Gut
dahin ist, verzehrt er seine eigenen Glieder. — Deutlicher noch
als in der Paraibiossage ist in dieser Fassung der Erzählung
vom Erysichthon der Baum *die Hülle der Baumseele; daß
der verletzte Baum redet und Blut ausströmt*, ist ein echt
volksmäßiger, in der mythischen Vorstellung wolbegründeter Zug
(s. Bk. 34. 35. 36. 38. 40. 41. 42).[1] Keinesfalls also gehört der
Umstand, daß durch das Einhauen in den Baum die Nymphe
selbst verwundet wird, dem Scharfsinne des Ovid an, wie Lehrs[2]
wollte. Daß der von der Nymphe bewohnte Baum mit Binden,
Votivtäfelchen, Kränzen behängt im heiligen Haine stand, mag
schon einer sehr frühen Gestalt der Sage angehören. Es stimmt
dies mit der Interpolation im homerischen Hymnus; auch der
deutsche und slavische mit Kränzen, bunten Bändern und andern
Gegenständen behangene Sommer- und Maibaum, der von den im
Maileben Vegetationsgeister nachahmenden Paaren in festlichem
Reigen umkreist wird, wie die heilige Eiche von den Dryaden,
ist Sitz eines göttlichen Wesens. (Bk. 157. 160 ff. 181 ff.
311 ff.). In den Worten der sterbenden Nymphe sehe ich auch
noch eine Erinnerung an den natürlichen und richtigen Zusammenhang des Mythus bewahrt; Erysichthon wird von dem ihn
aufzehrenden Hunger befallen in notwendiger Folge seines an
der Nymphe verübten Frevels, der ursprünglich wie bei Kallimachus nur bis zu tödtlicher Verwundung, nicht bis zur völligen
Vernichtung gegangen sein wird. Da der Baum fortan verkümmert, welkt und dorrt, ergreift auch ihn Abzehrung, Mangel an
Nährfähigkeit, wie in dem Beispiel aus Skinnersåla. Bk. 62. 63.
Ein Erzähler, der das nicht mehr verstand, faßte diesen Mangel
positiv als nicht zu befriedigende Eßlust auf. Dem Volksglauben
nach ist die *Heißhunger* genannte Krankheit (griech. βούλιμος,
βουλιμία) oder die Polyphagie in der Tat mit Abzehrung iden-

---

1) Vgl. Plin. histor. natur. XII, 72. Humor et cortici arborum est, qui
sanguis earum intelligi debet, non idem omnibus. — Atque in totum corpori
arborum, ut reliquorum animalium, cutis, sanguis, caro, nervi, venae, ossa,
medullae, pro cute cortex.

2) Populäre Aufsätze aus dem Alterthum. Aufl.[2] Lpzg. 1875. S. 116.

tisch.[1] Später reflectierte man, daß unstillbarer Hunger eine
Strafe der speisegebenden Göttin Demeter sein müsse, und machte

1) Vgl. Dr. Hartliebs Buch aller verboten kunst 1455. p. 76ᵃ (Grimm
Myth.[1] LXVII): Das wissen die natürlichen ärzt wol und sprechen das ain
krankhait sei, die haißt bolismus oder appetitus caninus; die selb
krankhait mag man mit kainem essen oder trinken, dan allain mit artznei
erfüllen.² Wann alle speis gut ungedäwt durch den leibe, also verschwindt
das flaisch vnd die knochen bleiben in ir grösse, das macht das
chind so ungestalt, umb das haist man die chind wächselkind. Die von
Hartlieb beschriebene Krankheit ist die atrophia infantilis, (Paedatrophia,
tabes mesenterica s. scrophulosa), die Darrsucht (Ungedeihen, Behextsein,
Scrofeln), zu deren vorzüglichsten Symptomen Abzehrung, Abmagern, Dünn-
werden der Extremitäten und Schwinden der Muskeln bei stark aufgetriebe-
nem Unterleib und dabei häufig hoch gesteigerter Appetit (Heißhunger) besonders nach groben Speisen gehören; gleichzeitig schwellen
an Rücken, Brust, Schultern und Schenkeln die Talgdrüsen an, aus denen
man madenartige Wülste herausdrücken kann, die das Volk Mitesser,
Zehrwürmer nennt und für krankheiterzeugende Elbe hält, dergleichen
im Baume zu Hause sind. Diese Krankheit konnte füglich für eine vom
Baumgeist ausgehende Strafe gelten. (vgl. Bk. 68). Ganz verschieden sind
von dieser nur bei Kindern vorkommenden Krankheit der häufig mit allgemeiner Entkräftung verbundene Heißhunger, Bulimus (gr. βούλιμος, βουλιμία) und der auf Unempfindlichkeit der Magennerven beruhende
Mangel an Sättigungsgefühl, Vielgefräßigkeit (Polyphagia, appetitus
caninus) und die Erscheinungen der Wurmkrankheiten (Spulwurm, Bandwurm),
zu deren Symptomen Abmagerung und Blässe ohne äußere Veranlassung trotz guter Nahrung und unregelmäßiger mit Heißhunger ab-
wechselnder Appetit gehören. Vgl. H. E. Richter, Grundriß der inneren
Klinik. Lpzg. 1853. § 200 S. 292, § 602 S. 868, § 626 S. 909. Hartlieb
vermischt diese Krankheitsformen, wie denn überhaupt in älteren Zeiten ganz
verschiedene Uebel, zu deren Aeußerungen Heißhunger gehörte, für eins
gehalten sind. Vgl. üb. βούλιμος Plut. Symp. 6, 8 und Suid. v. βουλιμιᾷ I,
947 G. 1022 Bernhardy. Griechische Aerzte vermischten βούλιμος und πολυ-
φαγία. S. Bernard ad Theoph. Nonnum de curat. morb. c. 156. T. II, p. 16.
Wir werden es somit für sehr wahrscheinlich, ja für gewiß halten müssen,
daß der griechische Bauer erst recht die genannten Krankheiten nicht aus-
einanderhielt, und daß in seinem Kopfe der bei der Paedatrophie und den
Wurmzufällen mit Abmagerung verbundene Heißhunger einerseits zu einem
gewöhnlichen Zubehör der Abzehrung wurde, andererseits mit den stärkeren
Hungeranfällen der Polyphagie und des Bulismus sich vermischte. Wenn er
dann den Glauben hegte, daß der vermeintliche Parallelismus des Menschenlebens und Baumlebens den die Pflanze schädigenden Baumfrevler in demselben Grade dahinschwinden und auszehren mache, als der verletzte Baum
verdorre und absterbe, konnte sich leicht dieser Vorstellung das Symptom
der Vielgefräßigkeit zugesellen und in starker mythischer Uebertreibung die
Erysichthonfabel erzeugen.

nun den geschändeten Hain zu ihrem Eigentume, was um so eher geschehen konnte, als der Demeter und ihrer Tochter vielfach heilige Haine bei ihren Heiligtümern geweiht waren. Wir gelangen somit für die Erysichthonsage auf eine echte, einfache Volksvorstellung als Grundlage zurück; ob der Zusatz der Demeter durch Dichterhand, oder schon im Volksmunde gemacht wurde, wird sich nicht ausmachen lassen.

Mit dem Vorgänger Ovids übereinstimmend stellt auch Nonnus sich den Baum als die Behausung oder Hülle der Hamadryas, oder, wie er auch sagt, Hadryas oder *Melia* vor. Die kürzere Form Hadryas hat wol keinen Anspruch darauf, für ein altes, einst aus lebendiger Volkssprache geschöpftes Wort mit Präfix ά (α) nach Analogie von ά - πᾶς, ά - θρόος, ά - λοχος angesehen zu werden, der überkühne Wortbildner Nonnus hat offenbar nur der Metrik zu Liebe ganz willkürlich ἁμαδρυάς um eine Sylbe verkleinert. Nach Nonnus also *hat jeder Baum eine solche mit ihm zugleich entstandene und ihn bewohnende Nymphe, welche bei verschiedenen Gelegenheiten sich über die Wipfel desselben heraushebt,* [1] bei Waldverwüstungen aus ihm herauskommt, und den Baum beklagend sich zu den Najaden ins Gewässer flüchtet. Der „Spätling" Nonnus zeigt nicht selten Kenntniß volkstümlicher Sitten und Anschauungen. [2] Deshalb darf wol vergleichsweise auf jene deutschen Sagen hingewiesen werden, nach denen eine Seele den Baum so sehr, daß Blut in seinem Geäder umläuft, mit menschlichem Leben erfüllt, häufig aber als schwarzer Mann hinter dem Baume auftaucht. Bk. 42. Wie Nonnus die Dryade zu den Najaden flüchten lässt, ist das Seeweib des Mälar Schutzgeist der Klintatanne. Bk. 136. Auch sonst finden wir schon vor Nonnus die Dryaden den Najaden zugerechnet. [3] Das geht wol

---

1) Nonnus Dionys II, 92 ff.:

> Ἀδρυάδες δὲ
> ἥλικες ὠδύροντο λιπόσκια δένδρεα Νύμφαι
> καί τις ἐπιόρθοιο διχαζομένοιο κορύμβου
> σύγχρονος ἀκρήδεμνος Ἀμαδρυάς ἄνθορε δάφνης.

Derselbe spricht XIV, 212 von σιμφυέες Μελίαι δρυὸς ἥλικος Ders. XVI, 245: Ὡς φάτο (Μελίη) καὶ δρυὸς ἐντὸς ἵκανεν ὁμήλικος.

2) Vgl. W. Schwartz in Zs. f. vgl. Sprachf. XX, 207.

3) Wenn eine Zeitgenossin des Kallimachus, die Dichterin Myro, in einem Epigramm von den Dryaden als Töchtern (oder Mädchen) des Flusses

auf eine Volksvorstellung zurück, wonach Dryaden und Najaden
die belebenden Naturgeister der Bäume und des Wassers, als
gleichartige Wesen empfunden wurden, gradeso wie der deutsche
Volksglaube Roggenmöder und Watermöder (resp. Roggenmoem'
und Watermoem') neben einander nennt. Zu gleicher Zeit aber
scheint die Bezeichnung der Dryaden als Najaden den Anfang
der Entwickelung zu bezeichnen, welche auf neugriechischem
Boden dahin führte alle Nymphen mit dem Gemeinnamen der
Neraiden d. i. Wasserjungfern [1] zu belegen. Freie epische, auf
keinem Volksglauben beruhende Erfindung ist es dagegen, daß
Nonnus, Hamadryaden verfolgte Bacchantinnen schützend in ihren
Baum aufnehmen läßt, wie es auch nichts anderes als ein dem
Schauplatz der Begebenheit zu Liebe gewähltes, rührendes Bild
sein kann, wenn bei ihm Pentheus, in Gefahr *im Walde* von
den Mänaden zerfleischt zu werden, die νύμφαι Ἀμαδρυάδες um
Beistand anruft.

(ποταμοῦ κόραι) spricht, deren rosige Füße die Tiefen betreten, (Anthol.
Pal. VI, 189) so hat sie die bestimmte Scenerie eines Gewässers im Sinne, das
die Wurzeln der an seinem Ufer gedeihenden Bäume mit Lebenskraft tränkt.
Das Wasser ist gleichsam die Mutter der Vegetation, am Wasser gedeiht der
Pflanzenwuchs am üppigsten und vorzugsweise an Quellen, Bächen und Flüssen
stehende Baumexemplare wurden eben deshalb als Dryadenbäume geehrt.
Diese Vorstellungen mögen die Identifizierung der Dryaden mit den Najaden
wesentlich befördert haben. S. Pausan. VIII, 4, 12. Ἰρυάδας γὰρ δὴ καὶ
Ἐπιμηλιάδας τὰς ἑαυτῶν ἐκάλουν Ναΐδας. Bei Ovid Metam. I, 689 befindet
sich unter den Hamadryaden eine Naias, in ihrem Treiben der Diana ähnlich,
Satyrn stellen ihr nach; in Ovids Fast. IV, 251 tödtet Venus (d. i. Cybele)
die Baumnymphe, welcher Attes sein Herz geschenkt hatte: Naïda vulneri-
bus succidit in arbore factis. Illa perit. Fatum Naïdos arbor erat.
Auch Properz verschmilzt Dryaden und Najaden, indem er umgekehrt ersterer
an Stellen gedenkt, wo nach gewöhnlichem Sprachgebrauch die Najaden
erwähnt sein müssten. Cf. Lobeck de Nympharum sacris III, p. 399, Schoe-
mann Opusc. acad. II, p. 129. ff. Die griechischen Vorbilder dieser Dichter
müssen bereits mit der Verwechselung vorangegangen sein. Auch daß in den
beiden jüngeren Recensionen des Pseudokallisthenes Kalo, Alexanders natürliche Tochter, von ihrem Vater verstoßen, weil sie vom Wasser der Unsterblichkeit trank, zur Nereide wird, zeigt im 4. Jahrh. unserer Zeitrechnung
den im jetzigen griechischen Volksglauben vollendeten Entwickelungsproceß
bereits im Beginn, der die Nymphen der antiken Sage dem Namen nach
zu Neraiden d. h. Wassergeistern machte. Cf. J. Zacher Pseudokallisthenes.
Halle 1869. I, 141.

1) S. B. Schmidt, das Volksleben der Neugriechen. S. 98 ff.

Nicht ganz so sind die Erzählungen zu beurteilen wie die vermutlich auf Eumelos (760 v. Chr.) zurückgehende von Arkas, dem sich eine Hamadryas zu eigen gab, weil er *den Baum, in welchem die Nymphe geboren war*, vor der Gefahr, durch einen Bergstrom fortgerissen zu werden, vermittelst eines Dammes geschützt hatte (Charon von Lampsakos bei Tzetzes ad Lycophr. 480); oder die ganz ähnliche vom Knidier Rhoikos, den die Baumnymphe mit ihrer Liebe belohnte, da er den sinkenden Baum gestützt hatte, mit dem sie selbst im Begriff war unterzugehen (μέλλουσα συμφθείρεσθαι τῇ δρυΐ Νύμφῃ); ein Bienlein war ihr Liebesbote. Rhoikos verscherzte die Gunst der Hamadryade, als er einst in der Leidenschaft des Würfelspiels ihre Einladung unbeachtet ließ. (Charon v. Lampsak. in Schol. Apoll. Rhod. II, 481). Schon die homerische Dichtung kennt Liebesverhältnisse der Nymphen mit Sterblichen (Il, VI, 21. XIV, 444), in denen sich — wie in jenen Erzählungen des Charon von Lampsakos die unwiderstehliche Anziehungskraft des Waldes — der tiefe Eindruck reflectiert, den die Schönheit der quelldurchrieselten Aue auf das unverdorbene Gemüt ausübt. Noch näher aber vergleichen sich nordeuropäische Sagen, nach denen die Baumnymphe, das Holzfräulein mit einem sterblichen Manne in trauter, oft ehelicher Gemeinschaft lebt. Bk. 69. 79. 102. 103. 109. 112. 113 u. s. w.

Daß die Annahme, die Hamadryaden lebten in dem Baume selbst, oder entsprängen aus ihm, ein wirklicher, allgemeiner verbreiteter Volksglaube war, dafür lassen sich noch mehrere unmittelbare Beweise aufbringen. Dahin gehören außer dem im · Namen Dryaden und Melien liegenden Zeugnisse selbst mehrere Mitteilungen des Pausanias und Antoninus Liberalis. Nach der einen (Paus. X, 32, 6) erklärte, gegenüber den gelehrten Namensdeutungen der Schriftsteller, das *Volk* (οἱ ἐπιχώριοι) in der Umgegend von Tithorea in Phokis, dieser Name stamme von einer Nymphe Tithorea *von der Art, wie sie nach alter Sage bei den Dichtern sowol aus andern Bäumen, als auch ganz besonders aus Eichen entstanden (wuchsen).* [1]

---

1) οἷαι τῷ ἀρχαίῳ λόγῳ τῷ ποιητῶν ἐγέοντο ἀπό τε ἄλλων δένδρων καὶ μάλιστα ἀπὸ τῶν δρυῶν.

Ein ganz in der Nähe heimisches Seitenstück dieser Volkssage läßt sich mit unumstößlicher Sicherheit aus einer Erzählung herausschälen, welche Anton. Lib. XXX, 11 und Ovid Metam. IX, 327 den 'Ετεροιούμενα des Nikander entlehnten. Am Octa bei Amphissa in Lokris stand auf dem Felde neben einer Quelle ein kleiner Hain, bestehend aus einer Pappel und mehreren Fichten nebst einem τέμενος der Dryaden; dort fand zu gewissen Zeiten eine Feier statt, deren Hauptstück ein Wettlauf war (cf. Bk. 392 ff.), bei dem kein Weib zugegen sein durfte. In der Pappel und den Fichten schaute man die Göttinnen selbst als gegenwärtig an, glaubte jedoch, daß sie zu Spiel, Tanz und Gesängen aus dem Baumkörper zeitweilig hervorträten. Späterer Rationalismus sah in diesen Bäumen (dem Vorgange Bk. 39 ff. entsprechend) die Verwandlung eines Menschenkindes, der Tochter des Landeskönigs, die man dem Wortanklange an Dryaden zu Liebe mit dem Namen Dryope belegte, und bald war genealogisierende Gelehrsamkeit geschäftig aus den Ortsnamen der Umgegend die Geschichte dieser Verwandlung zusammenzufügen. Dem griechischen Gemeinbewußtsein wohnte eben in historischer Zeit die Neigung ein, die Stadt- und Inselnamen als Nymphen zu hypostasieren, (s. darüber Lehrs pop. Aufsätze Aufl. ² S. 121), an diesen Glauben knüpfte die erweiternde Combination der Schriftsteller an. Dryops, König am Octa (d. h. der Eponymus des Dryopis, später Doris genannten Ländchens), der Sohn des Flusses Spercheios, (der die nördlich angrenzende Landschaft der Aenianen oder Oetäer durchströmte) hat eine einzige Tochter Dryope, welche ihres Vaters Heerden weidend von den Dryaden liebgewonnen und zur Genossin ihrer Spiele gemacht wurde. (ἐπεὶ δὲ αὐτὴν ἠγάπησαν ὑπερφυῶς Ἀμαδρυάδες ἐποιήσαντο συμπαίκτριαν ἑαυτῶν καὶ ἐδίδαξαν ὑμνεῖν θεοὺς καὶ χορεύειν). Auch Apollo — der Hauptgott jener Landschaften — liebt sie und verwandelt sich, um sie zu gewinnen, in eine Schildkröte [deren Schale bekanntlich den Schallboden der Lyra bildete], dann, als sie diese in ihren Busen steckt, in eine Schlange (vgl. Orakelschlange) und wohnt ihr bei. Mit Andraimon (nach einigen z. B. Arist. bei Harp. Gründer von Amphissa, man zeigte daselbst das Grab dieses Heros) verheiratet, gebar sie vom Apollo den Amphissos (Eponymos der Stadt). Aus dem von Andraimon dem Apollo gebauten Tempel raubten sie die Dryaden, umhüllten sie

mit dem Holze der Pappel und machten sie zu einer der Ihrigen.
(Καὶ εἰς τοῦτο παροῦσαν τὸ ἱερὸν Δρυόπην ἥρπασαν Ἀμαδρυάδες
νύμφαι κατ' εὐμένειαν καὶ αὐτὴν μὲν ἀπέκρυψαν εἰς τὴν ὕλην,
ἀντὶ ἐκείνης αἴγειρον ἀνέφηναν ἐκ τῆς γῆς καὶ παρὰ τὴν αἴγειρον
ὕδωρ ἀνέῤῥηξαν. Δρυόπη δὲ μετέβαλε καὶ ἀντὶ θνητῆς ἐγένετο
νύμφη.) Amphissos aber errichtet zum Gedächtniß seiner Mutter
den Dryaden ein Heiligtum und gründet die noch bestehende
Feier (ἱερὸν ἱδρύσατο νυμφῶν καὶ πρῶτος ἀγῶνα ἐπετέλεσε δρόμου
καὶ ἔτι νῦν οἱ ἐπιχώριοι διαφυλάσσουσι τοῦτον, γυναικὶ δ' οὐχ
ὅσιον παραιτχεῖν.) Zwei Jungfrauen aber, welche die Metamorphose der Dryope mit angesehen, werden von den Dryaden
gleichfalls in Fichten verwandelt. Hier scheidet sich der wirkliche Volksglaube und der ins Dunkel einer unbekannten Vorzeit
sich verlierende Brauch leicht und reinlich von der nur auf-
getragenen Schminke pragmatischer Geschichtsdeutelei. Den
localen Volkssagen von Tithorea und Amphissa stelle ich als
nächste Analogie die Sage von Phigalia in Arkadien zur Seite,
wonach diese Stadt von einer gleichnamigen *Dryade* den Namen
haben sollte (Pausan. VIII, 39, 2). Diese Sage bewährt eine beim
gemeinen Mann in verschiedenen Teilen Griechenlands verbreitete
Neigung, den Ursprung der Landesbevölkerung von einer *Baumnymphe* abzuleiten, und in diesem Sinne wird auch *Melia*
als Gemahlin des Flußgottes Inachos und Mutter des Urkönigs von
Argos, Phoroneus, gegolten haben, Apollod. II, 1, 1, ehe Dichterhand sie, die Dryade, zur Okeanine ummodelte. Offenbart sich
in solcher Neigung eine dunkele Erinnerung an jenen uralten
Glauben, daß die ältesten Menschen aus Fels und Baum (ἀπὸ
δρυὸς καὶ ἀπὸ πέτρης) hervorgingen? (Bk. 7 ff. Schömann Op.
Ac. II, 136). Ein anderes Beispiel (Paus. VIII, 24, 4), in welchem
die Nymphe mit dem Baume fast vollständig in eins zusam-
menfällt, ist · aus dem Peloponnes. Auf einem Berge bei Psophis in Arkadien sah Pausanias *heilige Cypressen, welche niemand umzuhauen wagte;* Periegetengelehrsamkeit nannte sie
die Cypressen des Alkmaion, weil dieser in der Nähe begraben sein sollte; *das Volk aber hieß sie Jungfrauen (παρθένοι).*
Solche Vorstellung von Einheit der Nymphe und des Baumes ·
spiegelt sich auch noch in den Vergleichen ganz aufgeklärter
Dichter eines späten Zeitalters. Vgl. die Verse aus Nikanders
Thebais (150 v. Chr.):

χαὶ μὲν ἐπὸ Ζωναῖον ὄφος ἀφύς ἀμφί τι ᾳηγοί
ῥίζωθι διρίᾳησαν ἀνέστησάν τε χοφείαν
υία τι παφθενικαί.[1]

mit Vergils Aen. II, 626 — 631 :

Ac veluti summis antiquam in montibus ornum
Quum ferro accisam crebrique bipenuibus instant
Eruere agricolae certatim; illa usquo minatur
Et tremefacta comam concusso vertice nutat;
Volneribus donec paullatim evicta, supremum
Congemuit traxitque jugis avolsa ruinam.

Jener Volksglaube von Tithorea, Amphissa, Phigalia und Psophis bestätigt — was schon die mehrfach vorkommende Benennung Melie lehren konnte, — daß die Beseelung durch Nymphen nicht an eine einzelne Pflanzenart gebunden ist. Ein Epigramm des Agathias spricht von *Νύμφαι δενδρίτιδες* überhaupt. Der epische Dichter Pherenikos von Heraklea erzählte, daß die Feige von Syke der Tochter des Oxylos den Namen habe. Oxylos, (d. i. O-xyl-os Holzmann) der Sohn des Orias (Bergmann), habe nämlich aus der Umarmung seiner Schwester Hamadryas die Karya (Nuß), Balanos (Eichel), Aigeiros (Pappel), Ptelea (Ulme), den Ampelos (Weinstock) und die Syke (Feige) gezeugt und daher seien diese Hamadryaden geheißen, nach ihnen aber viele Bäume benannt worden.[2] Das ist natürlich keine mythische, sondern eine etymologische Sage, aber dieselbe setzt den Glauben voraus, daß auch andere Pflanzen, nicht allein Eichen und Eschen, von Dryaden erfüllt seien. Und in Wirklichkeit finden wir *Phi-lyra* (Linde), *Daphne* (Lorbeer), *Rhoiai*[3] (Granaten), *Helike* (Weide) als Namen von Nymphen in der griechischen Mythe genannt,[4] ohne daß man sich später ihres Dryadencharacters

1) Nicandr. Thebais fragm. XXXVI Lehrs et Dübner. Schol Nicandr. Theriac. v. 460.

2) *καὶ ταύτας Ἁμαδρυάδας νύμφας καλεῖσθαι καὶ ἀπ᾽ αὐτῶν πολλὰ τῶν δένδρων προςαγορεύεσθαι.* Athen. III, 14 f. 78 Casaub.

3) Eustath. ad. Od. VII, 115 *ὅτι δὲ 'Ῥοιαὶ ὁμωνύμως τῷ δένδρῳ καὶ αἱ περὶ αὐτὰς μυθικαὶ νύμφαι, δηλοῦται καὶ ἀλλαχοῦ.* Ders. ad. Od. XXIV, 340 *φῆττα Μαλιάδες, φῆττα 'Ῥοιαί, φῆττα Μελίαι ἐν οἷς νυμφῶν μὲν εἶσιν ὀνόματα τὰ θηλικά, τὸ δὲ φῆττα ἐπίρρημα τάχους δηλωτικόν.* Solcher Ausrufe bedienten sich die Mädchen bei Wettlauf und Spiel: *τὰς γὰρ νύμφας εὐφημοῦσαι θέουσι παροξένουσαι ἀλλήλας εἰς τάχος.* Pollux IX, 127. Erinnert werden darf an den Wettlauf zum Dryadenheiligtum bei Amphissa. o. S. 17.

4) Die umständlicheren Belege bei Schömann a. a. O. 128, Anm. 5.

2*

noch jedesmal bewußt war. Zuweilen hatte sich der alte Glaube
in die schon o. S. 17 hinsichtlich der Dryope erwähnte rationel-
lere Form umgesetzt, daß die Nymphe eine *in einen Baum ver-*
wandelte Sterbliche, Najade, Okeanine u. s. w. sei. So ward
Philyra zur Linde, Daphne zum Lorbeer. Die Motivierung der
Metamorphose fließt aus verschiedenen Anlässen, bei Daphne einfach aus ihrer Heiligkeit im Kulte Apollos, weswegen der Gott
sie liebt. Es ist kein Grund, die von Max Müller aufgestellte
auf sprachliche Metapher gegründete Deutung des Mythus auf
die vom Sonnengott getödtete Morgenröte hier, wo jeder tatsächliche Anhalt dafür fehlt, gelten zu lassen. (Vgl. Bk. 297).

§ 3. **Die Baumseele.** Wenn wir den aufgefundenen Spuren
folgen dürfen, so waren mehrere Varianten des Dryadenglaubens
unter den europäischen und kleinasiatischen Griechen dem Volke
vertraut. Dieselben stimmen im wesentlichen mit ganz analogen
Sagen und Sitten unter nordeuropäischen Völkern überein und
erklären sich wie die letzteren, sobald man als ihren Ausgangspunkt die Vorstellung von einer in verschiedener Weise und in
verschiedenen Abstufungen sich äußernden Beseelung des Baumes
erblickt, nicht aber mit Lehrs die Hamadryaden für jüngere, von
Dichterlaune eingegebene Individualisierungen des allgemeineren
Begriffs von Waldnymphen, welche in großem und freiem Style
Repräsentanten des inneren Naturlebens darstellen, erklärt.[1]
Einen Beweis für die Richtigkeit unserer Ansicht ergiebt der Umstand, daß auch im alten Griechenland eine Reihe solcher Vorstellungen nachweisbar ist, welche mit dem Dryadenglauben in
untrennbarer Verbindung stehend sich als Abwandlungen der Idee
Baumseele zu erkennen geben, keineswegs aber aus der Ver-
engerung des Begriffes Waldgeist abgeleitet werden können. Daß
der Baum beseelt sei, geht in den Glauben über, daß die Seele
(das Blut, d. i. das Leben) eines Verstorbenen in einen Baum
sich wandele und daß dieser bei Verletzungen blute. Diese Vorstellung war z. B. auf Geryon übertragen, von dem es heißt, daß
aus seinem Blute eine Art Kirschbaum entsproß,[2] oder eine Dop-

---

1) Popul. Aufsätze Aufl. ⁹. 114 ff. Auch schon Welcker Griech. Götterlehre III, 61 spricht sich „ausdrücklich" gegen Lehrs Auffassung aus.

2) De cujus sanguine dicitur arbor nata, quae vergiliarum tempore poma
in modum cerasi sine ossibus ferat. Serv. ad Verg. Aen. VII, 662.

pelfichte, welche Blut austräufte.[1] Als Aeneas auf dem Grabe
seines ermordeten Verwandten Polydorus Laubwerk zur Bekränzung der Altäre abhauen wollte, *flossen aus dem ersten
Baume, den er mit den Wurzeln aus dem Boden riß,
Blutstropfen hervor*, und befleckten die Erde, und immer weiter strömte schwarzes Blut aus den abgebrochenen Zweigen,
endlich ertönte aus dem Grabe ein Seufzer und eine Stimme:
„Was zerfleischest du mich Unglückseligen, der hier begraben liegt?
nicht fremd ist dir das Blut, das aus diesem Stamme fließt. Ich
bin Polydorus"[2] Vgl. Bk. 39—44. Wegen der Vorstellung, daß
das Leben, die Seele des Bestatteten in den sein Grab beschatten-
den Baum oder Hain übergegangen sei, war es demnach natürlich, daß die Athener jeden, welcher ein Bäumchen in einem
Heroon abhieb, mit dem Tode bestraften.[3] Das Alter und die
Volksmäßigkeit dieser Anschauungen bewährt die Erweiterung
derselben zu der auf dem Glauben an Beseelung der Pflanze
überhaupt, nicht allein des Baumes beruhenden Vorstellung, daß
die Seele (das Lebensprinzip) jedes Begrabenen in eine Blume,
ein Kraut, einen Strauch übergehe, und zu dem Brauche, Blumen
oder Bäume als Abbilder davon auf die Gräber der Angehörigen
zu pflanzen.[4] Derselbe Glaube und dieselbe Sitte bestand bei
den Römern.[5] In mehreren deutschen Sagen wird der Baumgeist
(z. B. derjenige der Kestenberger Eiche Bk. 41, so wie der des
Wildegger Birnbaums Bk. 42) für die Seele eines Menschen erklärt, der sich an dem Baume *erhenkt* hat. Dieser Zug begegnet gleichartigen Erzählungen in griechischer Sage. Phyllis,
Königin von Thracien, verlobt sich mit dem aus Troja zurück-
kehrenden Demophoon, Theseus Sohn, der ihr verspricht nach
Ordnung seiner Angelegenheiten in Athen zur Vermählung zurückzukehren. Da er lange ausbleibt, meint sie verschmäht
zu sein, sie *erhenkt sich mit einem Stricke* und wird *in einen
Mandelbaum verwandelt*, der keine Blätter trägt. Als Demo-

---

1) Philostr. imagg. I, 4.

2) Vergl. Aen. III, 19—47.

3) Ὅτι τοσοῦτον ἦν Ἀθηναίοις δεισιδαιμονίας· εἴ τις πρινίδιον ἐξέκοψεν
ἐξ ἡρώων, ἀπέκτεινον αὐτόν. Aelian var. hist. V, 17.

4) S. Bötticher Baumkultus der Hellenen S. 282 ff.

5) Bötticher a. a. O. 292. Preller Röm. Myth. 481 ff.

phoon ankommt, umarmt er den Stamm der sofort, als empfinde
Phyllis die Gegenwart des Geliebten, Blätter treibt.[1] Allem
Anscheine nach sind wir berechtigt hiezu die folgende Ueber-
lieferung zu stellen. Auf Rhodos gab es ein Heiligtum der Helena
Dendritis. Man erzählte, Helena sei nach dem Tode des Mene-
laos zur Königin Polyxo geflüchtet, sei aber auf deren Befehl
von verkleideten Dienerinnen im Bade überfallen und *an dem
Baume aufgehängt.* [2] Mit Recht vergleicht Bötticher [3] der
Helena Dendritis die „νύμφη δενδρῖτις" d. i. Baumnymphe, die
als göttliches Wesen und Baum zugleich gedacht wird, bei
Agath. 46. Er leitet daraus die folgende Erklärung ab. „Es gab
auf Rhodos ein Heiligtum der Helena Dendritis, also der Baum-
Helena, von einem Baume so genannt, welcher der Helena heilig
oder vielmehr Helena selbst war, die von ihm eben das Beiwort
Dendritis empfing. Helena lebte in dem Baume fort; der Baum
nahm das Wesen der Helena in sich auf." Es liegt wol auf der
Hand und geht aus der durchaus erkünstelten Anknüpfung an das
Epos hervor, daß der Name und die Geschichte der Helena hier
mit übler Gelehrsamkeit einer älteren an dem heiligen Baume
haftenden Sage aufgepfropft sind. Die Veranlassung dazu mag
die Aehnlichkeit mit einem im dorischen Mutterlande der Rhodier
verehrten Helenabaum gegeben haben, der vermutlich einmal
als die aus dem Grabe der Heroine emporgestiegene Seele derselben gegolten hat. Wenn nämlich Theokrit Id. XVIII die
Lakonischen Jungfrauen in dem Hochzeitliede zu Ehren des Menelaos und der Helena der letzteren geloben läßt, ihr zuerst einen
Kranz von erdwachsendem Lotos auf die Platane zu hängen und
Oel aus silberner Flasche unter dem Baume auszugießen, auf
dessen Rinde der Vorübergehende lesen werde „verehre mich,
ich bin der Helena Baum" (σέβου μ'. Ἑλένας φυτόν εἰμι): so ist
das unzweifelhaft mit Rücksicht auf die zur Zeit des Dichters
oder seines Gewährsmannes noch bestehende Sitte der Bekränzung
einer wirklichen Helena-Platane in der Umgebung Spartas gesagt,
welche wir uns am füglichsten zu Therapne, dem alten Sitze der

---

1) Servius ad Verg. Bucol. V, 10.

2) Pausan. 3, 19, 10.

3) Baumkultus der Hellenen S. 50.

vordorischen Könige, in dem gemeinsamen Heroon des Menelaos und der Helena, wo man Beider Grab zeigte,[1] zu denken haben.

§. 4. Wechselbeziehung zwischen Mensch und Baum.

Die Verschiebung der Vorstellungen Baumnymphe, Baumseele, im Baum wohnende oder eingekörperte Seele eines gestorbenen Menschen von einer zur andern ist möglich, weil ein lebendiger und häufig bis zur Annahme eines durchgreifenden Parallelismus gedeihender Vergleich zwischen dem wachsenden und welkenden Menschen und der Pflanze diesem ganzen Vorstellungskreise zu Grunde liegt. Nicht anders, als im nordeuropäischen Volksglauben, tritt die nämliche Anschauung auch schon bei den Alten hervor. Als Vergils Mutter mit ihm schwanger war, träumte sie, sie habe einen Lorbeerzweig geboren, der auf den Boden gefallen sofort festwurzelte und zu einem mit Blüten und Früchten erfüllten Baume emporschoß; am folgenden Morgen wurde sie von dem Dichter entbunden[2] (Vgl. Bk. 46). Entsprechend dieser bildlichen Auffassung des Kindes als grüner Baumzweig hatte man den Brauch als Doppelgänger des Neugebornen an der Geburtsstätte einen Baum zu pflanzen. (Vgl. Bk. 50). Auch dafür gewährt das Leben Vergils einen Beleg.[3] Ganze Familien hatten ihre Bäume, deren Gedeihen man als vorbedeutsam für ihr Schicksal ansah. Auf dem Landgut der Flavier vor der Stadt stand eine alte dem Mars geweihte Eiche. Als Vespasia, des Kaisers Vespasian Mutter, das erste Kind, ein Mädchen, gebar, trieb der Baum einen Schößling, der klein blieb und bald vertrocknete;

---

1) Pausan. III, 19, 9: Μενελάου δέ ἐστιν ἐν αὐτῇ ναὸς καὶ Μενέλαον καὶ Ἑλένην ἐνταῦθα ταφῆναι λέγουσιν. Vgl. Curtius Peloponnesos II, 236. 239.

2) Praegnans eo mater somniavit Maja, enixam se laurum ramum, quem contacta terra confestim cerneret evaluisse et excrevisse in speciem naturae arboris refertae variis pomis et floribus, ac sequenti luce cum marito rus propinquum petens ex itinere divertit atque in subjecta fossa partu levata est. Donati Vita Virgilii cap. I, §. 3. Virgilius Heynii cur. Wagner, Lips. 1830, p. LXXXII.

3) Et accessit aliud praesagium: siquidem virga populea more regionis in puerperiis eodem statim loco (der Stätte der Geburt) depacta ita brevi coaluit, ut multo ante satos populos adaequarit. Quae arbor Virgilii ex eo dicta atque consecrata est; summa gravidarum et fetarum religione suscipientium ibi et solventium vota. Donatus a. a. O. §. 5.

die kleine Neugeborene erreichte nicht das erste Jahr; als Vespasia darauf mit Sabinus, dem späteren Praefectus urbis, niederkam, war das wieder ein Zweig, diesmal ein starker und üppiger, der großes Glück vorbedeutete; bei der Geburt des künftigen Imperators entsproß ein dritter Zweig, einem Baume gleich, und die Haruspices weissagten, das Kind werde zum Throne gelangen [1] (Cf. Bk. 49. 50). Während seiner Aedilität wurde Vespasian vom Kaiser Caligula einer erniedrigenden Beschimpfung unterworfen, bald darauf stürzte auf seinem väterlichen Landgute eine Cypresse ohne ersichtliche Ursache zu Boden, richtete sich aber am folgenden Tage von selbst wieder auf. Als Vespasian zur Regierung kam, erinnerte er sich dieses Vorfalls und faßte ihn als ein Vorzeichen, welches ihm die Erhebung nach so schmählicher Erniedrigung habe vorbedeuten sollen; und fortan, falls nicht die Cypresse schon seit längerer Zeit als Schicksalsbaum der Flavischen Familie gegolten hatte, wurde sie für das Gedeihen des Kaiserhauses als vorbedeutend betrachtet. Man bemerkte, daß sie wenige Tage vor dem Tode des Domitian, mit dem das Haus der Flavier ausstarb, abermal umsank und sich nicht wieder erhob. [2] Auf des Augustus vejentischem Landgut bestand ein Lorbeerwäldchen. Aus diesem brach jeder Triumphator der Augusteischen Familie den Zweig, welchen er beim Siegeseinzuge in der Hand hielt, pflanzte ihn dann wieder in dem Wäldchen ein, und pflegte sein wol. Der so aufwachsende Baum starb aber, so erzählte man, jedesmal sobald der Tod dessen, der ihn gepflanzt hatte, herannahte, und als mit Nero die Augusteische Familie erlosch, verdorrte das ganze

---

1) Sueton. Vespas. 5. In suburbano Flaviorum quercus antiqua, quae erat Marti sacra, per tres Vespasiae partus singulos repente ramos a frutice dedit, haud dubia signa futuri cujusque fati: primum, exilem et cito arefactum, ideoque puella nata non perannavit: secundum, praevalidum ac prolixum, et qui magnam felicitatem portenderet: tertium vero instar arboris. Quare patrem Sabinum ferunt haruspicio insuper confirmatum renuntiasse matri: Nepotem ei Caesarem genitum.

2) Arbor quoque cupressus in agro avito sine ulla vi tempestatis evulsa radicitus atque prostrata, insequenti die viridior ac firmior resurrexit. Sueton. Vespas. 5. Cf. Tac. Hist. II, 78. Dio Cass. 66, 1. Arbor, quae privato adhuc Vespasiano eversa surrexerat, tunc rursus repente corruit. Suet. Domit. 15.

Wäldchen. [1] Wie das Schicksal von Familien schien dasjenige der Stände oder des Volkes mit dem Leben eines correspondirenden Baumes verknüpft. Im Heiligtum des Quirinus d. h. Romulus (dem Quirinal) — sagt Plinius XV, 36 — standen vor dem Tempel (aedes) zwei heilige Myrtenbäume, die patricische und die plebejische Myrte genannt. Die patricische hatte lange Jahre besseres Gedeihen und fröhliche Ausbreitung, so lange die Macht des Senates in Blüte stand; die mächtige plebejische stand dürr und traurig da. Als sie erstarkte, begann zur Zeit des Marsischen Krieges die Macht des Senates zu schwinden und zugleich welkte die Schönheit der patricischen Myrte dahin. Im Cimbernkriege — sagt Plinius — geschah den Quiriten das Wunderzeichen, daß eine Ulme im Haine der Juno zu Nuceria, welche ohne ersichtliche Ursache von selbst umzusinken und auf den unter ihr stehenden Altar zu stürzen drohte und welche deshalb ihres Wipfels beraubt war, sich von selbst wieder aufrichtete und fröhlich grünte, worauf alsbald die durch Niederlagen gebeugte Majestät des römischen Volkes sich von neuem zu erheben begann. [2]

Der auf römischem Boden somit scharf ausgeprägte Glaube einer mystischen Wechselbeziehung zwischen Baum und Mensch läßt sich auch unter den Griechen in mannigfachen Spuren nachweisen. Doch mag es ausreichen statt vieler ein hervorragendes Beispiel namhaft zu machen. Schon die älteste uns zugängliche Poesie der Hellenen vergleicht den Wuchs des Menschen dem Aufwuchs des Baumes, insonderheit des Oelbaums, der Palme, „ὁ δ' ἀνέδραμεν ἔρνεϊ ἶσος." Il. 18, 437. τὸν δ' ἐπεὶ θρέψαν θεοὶ ἔρνεϊ ἶσον. Od. 14, 175. Cf. Il. 17, 53. Od. 6, 163. Auf der Akropolis zu Athen im Heiligtume [3] des Landesheros Erechtheus und der stadtschirmenden Göttin (Athene Polias) befand sich nebst einem „Meer" genannten Salzwasserbrunnen ein heiliger Oelbaum, ἀστή, [4] sc. ἐλαία Stadtolive oder μορία

---

1) Sueton. Galba 1. Plin. hist. nat. 15, 39. 40.

2) Plin. hist. nat. 16, 57.

3) Vermutlich in dem westlich an das Erechtheion stoßenden Tempelhofe. S. W. Vischer Erinnerungen u. Eindrücke a. Griechenland, Basel 1857 S. 142. Bursian Geogr. v. Griechenl. I, 318.

4) ἀστή, ἐλαία ἡ ἐν ἀκροπόλει, ἡ καλουμένη πάγκυφος διὰ χθαμαλότητα. Hesych. s. v. "Ἐλεγον οὖν Ἀστὴν ἐλαίαν τὴν ἐξ ἀκροπόλεως, τὴν καὶ Ἱεράν.

Schicksalsolive (Substantivierung des Feminins von μόριος fata-
lis [1]) geheißen; man wähnte, daß an ihn das Geschick der Stadt
und des Landes geknüpft sei. Unzweifelhaft hat das als heilig
verehrte Exemplar im Laufe der Zeit mehrmals gewechselt,
beziehungsweise in Schößlingen sich selbst aus der Wurzel erneut,
er war in der Periode, aus welcher die Glossen o. S. 25 stam-
men, krumm und klein, aber man schrieb ihm immergrünende
Kraft zu.[2] Der wol schon in dem alten Erechtheusheiligtum

Eustath. ad Odyss Λ. p. 1383. Cf. Πάγκυρος ἐλαίας εἶδός τι κατακεκνηὸς
καὶ ταπεινὸν ἐν τῇ Ἀκροπόλει. Hesych. s. v.

1) Den Ursprung von μορί-α aus dem Adjectiv μόριος erweist der Accent (Vgl. Misteli Z. f. vgl. Spr. XVII, 161. 165). Dieses nur spät und vereinzelt in der Schriftsprache auftauchende Wort kann der älteren Volkssprache in Attika gleichwol geläufig gewesen sein; es steht zu μόρος und
μόριμος wie αἴσιος zu αἶσα und αἴσιμος. Auch in der Bedeutung trifft die
Analogie zu Μόρος entspringt aus W. μερ Anteil, Zuteilung erhalten [vgl.
μείρομαι nebst μέρος Anteil, μοῖρα aus μόρ-ια gebührender Anteil, Geschick,
μόρα Heerabteilung, μόρ-ιον Teilchen, μέρος Anteil], wie σπόρος Handlung
des Aussäens aus W. σπερ [σπείρω] säen, bedeutet also die Erlangung des
gebührenden Anteils, des vom Schicksal Zuerteilten, sei dieses Loß gut oder
böse. In der epischen Sprache ist μόρος freilich vorwiegend in schlimmer
Nebenbedeutung, ja geradezu für Todesloß gebraucht, aber das ist eine wesentlich durch den Stoff bedingte besondere Anwendung des allgemeineren
Begriffs, der z. B. in der Redensart ὑπὲρ μόρον (vgl. ὑπὲρ αἶσαν) noch deutlich vorliegt, wie denn auch μόριμος Il. XX, 302 von der Lebensrettung,
μείρεσθαι mehrfach von Erlangung der Ehre gesagt wird, während wir das
sinnverwandte αἶσα d. h. der gleiche, gebührende Anteil ebenso wol von Unglück und Tod, häufiger aber [in Folge seines Ursprungs aus ἴσος Curtius
Grundz.[3] 340?] in glückhaftem Sinne verwandt sehen. Dem lebendigen
Sprachgebrauch Altattikas dürfen wir die der Etymologie entsprechende neu-
trale Bedeutung „zur Erlangung des Lebensanteils, des Schicksalsloßes gehörig" für μόριος noch zutrauen, und wie das sinnverwandte αἴσιος mit den
Begriffen Donner, Vogel, Adler u. s. w. verbunden in die Bedeutung „das
Geschick verkündend, glückvorbedeutend" übergeht, konnte dem Athener der Baum, aus dessen Gedeihen er ein Vorzeichen und Wahrzeichen für
das gesunde Leben der Bürgerschaft entnahm, dessen etwaiger Fall den Staat
selbst mit Tod und Untergang bedrohte, mit gutem Rechte μόριος heißen.

2) Eurip. Jon. 1433. Ἔστι ἐν τῇ ἀκροπόλει ταύτῃ Ἐρεχθέος τοῦ γηγε-
νέος λεγομένου εἶναι νηός, ἐν τῷ ἐλαίη τε καὶ θάλασσα ἔνι ... ταύτην ὧν
τὴν ἐλαίην ἅμα τῷ ἄλλῳ ἱρῷ κατέλαβε ἐμπρησθῆναι ὑπὸ τῶν βαρβάρων· δευ-
τέρῃ δὲ ἡμέρῃ ἀπὸ τῆς ἐμπρήσιος Ἀθηναίων οἱ θύειν ὑπὸ βασιλῆος κελευό-
μενοι ὡς ἀνέβησαν ἐς τὸ ἱρόν ὥρων βλαστὸν ἐκ τοῦ στελέχεος ὅσον τε πη-
χυαῖον ἀναδεδραμηκότα. οὗτοι μέν νυν ταῦτα ἔφρασαν. Herod. l. VIII, 55.

neben dem Tempel stehende Baum gleicht dem in Gallien und
Pommern, Schweden nachgewiesenen (von einem Numen bewohnten) *Baume neben dem Götterhause.* Bk. 57. Es wird ursprünglich ein wilder Oelbaum gewesen sein; einen solchen, der
neben der den Nymphen geweihten Grotte auf Ithaka wuchs,
nennt schon der Fortsetzer in Odyss. XIII, 373 heilig (ἱερῆς
παρὰ πυθμέν' ἐλαίης), er kannte also unzweifelhaft heilige Oel-
bäume in ähnlicher Situation. [1] Als die Kultur der veredelten
Olive nach Attika kam, mag man den wilden Burgoelbaum mit
einem fremden Reise gepfropft haben. [2] Als später die Perser
die Stadt anzündeten, verbrannte mit dem alten Erechtheion auch
der heilige Oelbaum, aber bald darauf, angeblich schon am
nächstfolgenden Tage, hatte der Stumpf wieder einen ellenlangen
Schößling getrieben. Von diesem heiligen Baume war ein Able-
ger nach dem Platze der Akademie am Kephissos verpflanzt, von
dem 12 weitere Stecklinge, vielleicht als Schicksalsbäume der
12 Phratrien, ausgesetzt wurden. Diese Bäume, die sich später
zu einem ganzen Haine vermehrten, heißen auch μορίαι. Von
ihnen pflegte man das heilige Oel zu nehmen, das beim Feste
der Panathenäen in kunstvollen schönbemalten Hydrien den
Siegern als Preis zuerteilt wurde. [3] Von der μορία auf der

---

1) In der Nähe von Epidauros gab es noch zu Pausanias Zeit einen
heiligen Hain von wilden Oelbäumen, der Hyrnethion hieß und Schauplatz festlicher Begehungen war (vgl. E. Curtius Peloponnesos II, 425). Damals leitete man Ortsnamen und Fest ätiologisch von dem Schicksal einer
daher erschlosseneu Heroine Hyrnetho ab (Pausan. II, 28, 2 ff.). In Wahrheit wird hier, so vermute ich, der Versammlungsplatz einer Phyle Hyrne-
this gewesen sein, welche zwar für Epidauros nicht wie für Argos bewiesen
ist, aber doch mit O. Müller (Dorier II, S. 53. 72) angenommen werden darf.
Vgl. auch Bursian Geogr. v. Griechenl. II, 44. 56. 73. 75. Es bestand ein
Gesetz, wonach das windbrüchige Holz der heiligen Oliven und
andern Bäume des Hains von niemand fortgenommen, nach Hause
getragen und gebraucht werden durfte, sondern liegen bleiben
mußte (Pausau. a. a. O. 28, 3). Vgl. die genauen Uebereinstimmungen
Bk. 35, 3. Knüpfte einst an diese Bäume der Stamm sein Schicksal, wie
in Athen die ganze älteste Gemeinde das ihrige an den Burgölbaum?

2) Vgl. V. Hehn Kulturpfl. u. Haustiere, Aufl. [3] S. 95.

3) Μορίαι ἐλαῖαι ἱεραὶ τῆς Ἀθηνᾶς, ἐξ ὧν τὸ ἔλαιον ἐπαθλον ἐδίδοτο
τοῖς νικῶσι τὰ Παναθήναια. ἦσαν δὲ πρῶται ιβ' τὸν ἀριθμόν, αἱ μεταφυ-
τευθεῖσαι ἐκ τῆς Ἀκροπόλεως εἰς Ἀκαδημίαν. Suid. v. μορίαι. Ὁ δὲ Ἀριστο-
τέλης καὶ τοῖς νικήμασι τὰ Παναθήναια ἔλαιον τοῦ ἐκ μορίων γιγνομένου δι-

Burg sowol, als von den Morien beim Gymnasium der Akademie ging der Glaube, *daß derjenige, welcher es wage, in einen der Bäume zu hauen, sich selbst verwunde.* Man erzählte, einst habe Poseidon, erzürnt über den Sieg, den Athene durch die Pflanzung der heiligen Burgolive über ihn davongetragen, den Baum zu zerstören versucht. Er sandte deshalb seinen Sohn Halirrhotios, den Dämon des Wogengebrauses, ab, um den Oelbaum *abzuhauen.* Dieser schlug aber fehl, *traf seinen eigenen Fuß und starb.* [1] Es ist augenscheinlich, daß der ganze echte Grund dieser Sage einzig und allein die Vorstellung war, der heilige Burgölbaum, der Schicksalsbaum, das alter ego der Stadt, und seine Sprößlinge seien beseelte Wesen und deshalb haue nach dem Gesetze strenger Wiedervergeltung, wer ihren Fuß schädige, sich selbst ins Bein. Vgl. o. S. 24 und Bk. 26 ff. 603. Anm. 1. 36 ff. 105. 63. Als diese aus hohem Altertum herrührende Vorstellung in der Blütezeit städtischer Kultur und staatlicher Macht den Athenern unverständlich und befremdlich geworden war, aber gleichwol kraft der Gewohnheit ihr Dasein fristete, suchte man nach einer Erklärung für ihren Ursprung. Man mußte vermuten, daß die Erfahrung in einem bestimmten Falle dazu den Anlaß gegeben habe. Wenn man weiter fragte, wem daran gelegen sein konnte, die heilige Olive zu vernichten, so blieb der Blick auf Poseidon haften, der mit Athene um die Herrschaft von Attika streitend, als Wahrzeichen seines Besitzrechtes, jene Salzquelle beim Erechtheion geschaffen haben, aber der Göttin unterlegen sein sollte, als diese zum Zeugniß ihres besseren Anrechts den heiligen Oelbaum aufwachsen ließ. Offenbar war auch diese Sage eine ätiologische, zur

δοαϑαί φησι. Cf. Meursii Panath. c. 11 (Gronov. Thes. Gr. Ant. VII). Κυρίως μορία λέγεται ἡ ἱερὰ ἐλαία τῆς θεοῦ. ἐπιφέτειτο δὲ ἐν τῷ γυμνασίῳ δένδρα. Schol. Aristoph. Nubb. 1005.

1) Ἡττηθεὶς τῆς Ἀθηνᾶς ὁ Ποσειδῶν ἐπὶ τῇ τῆς ἐλαίας ἐπιδείξει, ἔπεμψε τὸν υἱὸν αὐτοῦ Ἀλιῤῥόθιον ταύτην τιμοῦντα. ὁ δὲ ἀναιρῶντας τὸν πέλεκιν, ταύτης μὲν ἡστόχησε· τὸν δὲ πόδα αὐτοῦ πλήξας ἐτελεύτησι, καὶ οὕτω μορία ἡ ἐλαία ἐκλήθη, ὡς μόρου παρεκτική. — Αἱ ἱεραὶ ἐλαῖαι τῆς Ἀθηνᾶς ἐν τῇ ἀκροπόλει μορίαι ἐκαλοῦντο. λέγουσι γὰρ ὅτι Ἀλιῤῥόθιος, ὁ παῖς Ποσειδῶνος, ἠθέλησεν ἐκκόψαι αὐτάς, διὰ τὸ ἐλαίας εὑρεθείσης κριθῆναι τῆς Ἀθηνᾶς τὴν πόλιν· ὁ δὲ ἀναιρῶντας τὸν πέλεκιν καὶ ταύτης ἀποτυχὼν ἔπληξεν ἑαυτὸν καὶ ἀπέθανε. καὶ διὰ τοῦτο μορίαι αἱ ἐλαῖαι ἐκλήθησαν. Schol. Aristoph. Nubb. 1005.

Deutung des Ursprungs der längst vorhandenen Burgolive und der Salzquelle (*Θάλασσα*) gebildet nach Analogie einer allgemeineren in verschiedenen Varianten verbreiteten Erzählung vom Streite der elementaren Gewalten des Wassers und der Erde um die griechischen Küstenstädte (Vgl. Welcker Griech. Götterl. II, 676 ff.). Daß aber diese Sage hier grade an die Burgolive sich heftete, scheint lediglich aus den Verhältnissen des sechsten Jahrhunderts begreiflich zu werden. Damals gedieh die von auswärts kommende Kunst der Veredelung der Obstbäume und ihr nutzbringender Anbau im Gegensatz zu anderen griechischen Landschaften in Attika zu so hoher Bedeutung und wurde in Concurrenz mit dem Ertrage der Schiffahrt so sehr Quelle des Nationalwolstandes, daß man solchen Segen stolz und dankbar als ein auszeichnendes Geschenk der Landesgöttin empfand.[1] Indem unter dem Einflusse dieses Bewußtseins jene Sage vom Kampfe des Landes und Meeres sich in localer Bestimmtheit umbildete und modernisierte, bot sie zugleich ein treffendes Material zur Erklärung des heiligen Baumes und der Quelle auf der Burg. Der beleidigte Meergott, dessen Streit mit Athene später ja auch dicht neben dem Erechtheion am westlichen Giebelfelde des Parthenon und unter den zwischen diesem Tempel und dem Erechtheion aufgestellten Weihgeschenken verewigt wurde,[2] und dessen Wogen man bei Südwinde in dem Salzbrunnen rauschen zu hören vermeinte,[3] mußte nun seinen Sohn, den Meeresbraus Halirrhotios abgesandt haben, den unweit stehenden Baum zu zerstören. Der Name Halirrhotios weist uns gleichfalls in das sechste oder das beginnende fünfte Jahrhundert als Entstehungszeit für die Sage, da grade in dieser Periode die Wörter *ἁλιρρόθιος, ἁλίρρωθος* von den Orphikern und Aeschylos modern gemacht wurden. Wenn dann aber die Erzählung in den Schluß ausläuft, *er hieb mit der Axt in den Oelbaum und sich in den Fuß*, so setzt dies die feste Ueberzeugung von derartiger Bestra-

---

1) S. V. Hehn a. a. O.

2) S. Michaelis Parthenon S. 179 ff. 5. 108.

3) ἀλλὰ τόδε ἡ ρέαρ ἐς συγγαφὴν παρέχεται κυμάτων ἦχον ἐπὶ νότῳ πνεύσαντι. καὶ τριαίνης ἐστὶν ἐν τῇ πέτρᾳ σχῆμα. ταῦτα δὲ λέγεται Ποσειδῶνι μαρτύρια ἐς τὴν ἀμφισβήτησιν τῆς χώρας φανῆναι. Pausan. I, 26, 6. Der Dreizack war natürlich erst in Folge der Sage angebracht.

*fung des Sacrilegs an der Burgolive als einen zur Entstehungs-
zeit der Sage lebendigen Glauben voraus.* Zugleich ist deutlich,
daß letztere den ursprünglichen Burgölbaum, nicht die Morien
der Akademie im Auge hatte.

Die Vorstellung des Parallelismus und einer gewissen mystischen Verknüpfung eines heiligen Baumes mit einem Menschen-
leben erhellt auch schon aus der Sage des Melampus, welche
bereits in die vorhomerische Zeit (Od. XV, 230 ff.) zurückreicht.
Ihre aus älteren Quellen geschöpfte Aufzeichnung bei Pherekydes
ist uns nur in einem doppelten Auszuge bei Apollodor und dem
Scholiasten zu Homer Odyss. XI, 289 (Pherecyd. Fragm. XXVI
Sturz) erhalten; von ersterem weist C. Robert (de Apollodori bibliotheca. Berol. 1873 p. 35 ff.) überzeugend nach, daß er zu
Nutz und Frommen der Schuljugend vorgenommene Auslassungen
und Abänderungen enthalte, so daß wir genötigt sind, durch Combination beider Excerpte die Erzählung des Pherekydes herzu-
stellen. Der Seher Melampus, welcher die Vögelsprache versteht, so lautete danach der Inhalt des Stückes, auf welches es
uns hier ankommt, verspricht dem Phylakos ausfindig zu machen,
weshalb sein Sohn Iphikles kinderlos bleibe, und ein Mittel zur
Abhilfe herbeizuschaffen. Melampus schlachtet dem Zeus einen
Stier und ruft alle Vögel zur Teilnahme am Mahle herbei. Alle
kommen mit Ausnahme des Geiers und werden von ihm nach
einem Heilmittel für Iphikles befragt; da keiner etwas weiß, holen sie auch den Geier. Dieser macht sofort die Ursache der
Schwäche des Königssohnes ausfindig. Als Phylakos einst Hammel machte [κριοὺς τέμνων ἐπὶ τῶν αἰδοίων], sah er, wie sein
noch junger Sohn Iphikles etwas Unzüchtiges beging. Voll Un-
willen drohte er dem Knaben, mit dem blutigen Messer ihm
ebenso zu tun, wie den Widdern, und da dieser erschrocken
floh, *stieß er die Schneide in einen danebenstehenden heiligen
Eichbaum;* Rinde wuchs seitdem darüber, Iphikles aber ver-
lor die Manneskraft. Werde das Messer nun herausgezogen,
der Rost abgeschabt und zehn Tage lang von Iphikles in
Wein getrunken, so werde letzterer einen Erben zeugen. So
sprach der Geier; es geschah nach seinen Worten und die Vor-
hersage erfüllte sich. Hier spielt der *Baum* deutlich die Rolle
eines Doppelgängers des Iphikles, er empfängt den für diesen
bestimmten Messerstich und derselbe hat dieselbe Wirkung, wie

wenn er den Körper des Menschen selbst getroffen hätte. Vgl.
Bk. 48 ff. 31. Anm. 1.

Solche Wechselbeziehung zwischen Mensch und Baum und
die Vorstellung von der Baumseele ließe sich auf altgriechischem
und italischem Boden, sowie unter den heute diese Länder bewoh-
nenden Völkern [1] noch viel weiter und in mannigfache Verzwei-
gungen des Grundgedankens hinein verfolgen, die beigebrachten
Zeugnisse reichen aber wol aus, um wahrscheinlich zu machen,
daß auch der Dryadenglaube aus dieser Wurzel erwachsen ist.
Wir kehren rückblickend noch einmal zu diesem zurück, um
sein Verhältniß zu dem Nymphenglauben im allgemeinen uns klar
zu machen.

§. 5. **Dryaden, Nymphen und Neraiden.** Wie immer es
mit der Vermutung bestellt sein möge, daß die unbekannte Quelle
der Sage von den Blumenmädchen einmal in einem Lande helle-
nischer Bevölkerung gerauscht habe (o. S. 4), so viel steht fest,
daß dieselbe ein fast ganz genaues Seitenstück zu dem Dryadenglauben bildet. Als Pflanzen werden die Mägdlein geboren, Blu-
menblätter sind ihr mitangebornes Gewand, mit den Pflanzen
sterben sie in Sonnenglut, aber losgelöst tanzen, spielen und

---

1) Vgl. beispielsweise die von Mattia di Martino aus Noto in Sicilien
gesammelten Zaubersprüche (s. J. v. Düringsfeld Ausland 1875 n. 3. S. 55)
mit Bk. 66. Man stößt einen Dolch in einen Baumstamm und spricht:

> La campana sona
> 'nta lu cori di tiziu ci va a tona;
> E cu gesti e cu palori
> 'sta cutieddu ci lu apizzu 'nta lu cori.

Die Glocke hallt und hallt im Herzen N. N's wieder und mit Geberden und
Worten steche ich ihm dieses Messer ins Herz. — Wird das Messer bei einem
Hause in den Boden gesteckt:

> Spiritu di ficu o diavuli di nuci
> tanti pampini siti, tanti diavuli vi faciti,
> In casa di chistu vi 'ne jiti,
> tanti tanti cci uni rati,
> muorto 'n terra lu lassati,
> no pi campari, no pi muriri,
> ma pi avillu ô vu vuliri.

Feigenbaumgeist, Nußbaumteufel, so viele Blätter ihr seid, zu so
vielen Teufeln werdet, fahrt in das Haus des N. N., keilt ihn gehörig durch,
laßt ihn für todt auf der Erde, nicht um zu leben, nicht um zu sterben, aber
um mir zu Willen zu sein!

singen sie auch im grünen Klee. Die Dryas lebt im Baume, ist
der als *αειθινος* bezeichnete (o. S. 18), beim Axthieb blutende
(o. S. 11) Baum selbst, führt aber zugleich Reigentänze und Gesänge um denselben auf. Beide Vorstellungen, diejenige von den
Blumenmädchen und die andere von den Baumjungfrauen sind
augenscheinlich nach *einem* Modell gebildet, oder vielmehr aus
einer Wurzel entsprossen, und zwar in einer Volksschicht,
deren naturwüchsige Anschauungen durch keine literarische Gelehrsamkeit getrübt waren. So dienen sie einander gegenseitig zur
Bewährung ihrer Ursprünglichkeit. Da mithin auch *Tanz und
Sang* als ein wesentlicher anfänglicher Bestandteil des durch
sie vertretenen Typus erkannt werden muß, gehen wir sicher
nicht irre, wenn wir darin die durch den griechischen Volksgeist
in die Sphäre des Schönen erhobene Vorstellung wiederfinden,
nach welcher in roherer Form *Windesrauschen*, *Sturm* und
Wirbelwind an und für sich oder unter dem Bilde von Tanz
und Musik gefaßt als die Lebensäußerung nordeuropäischer
Baum-, Wald- und Korngeister gedacht wurde (Bk. 43.
86. 87. 101. 116. 143. 604. 611). Die letzteren gewähren
überhaupt ein neues Analogon zu den Dryaden, indem auch
sie zunächst die *immanenten Psychen der einzelnen Aehren
sind*, *sodann aber in Menschen- oder Tiergestalt aus denselben heraus und neben sie hintreten*. Auch ihr weiteres Verhalten
ist lehrreich. Meistenteils nämlich erweitert sich der Getreidedämon zum Collectivgenius des ganzen Ackerfeldes oder des
Kornwachstums in der ganzen Landschaft, nicht selten zur Seele
der gesammten Kulturfrucht, ja der Vegetation überhaupt, und in
allen diesen Vorstellungsformen zeigt sich das Leben der Korngeister mehr oder minder deutlich erkennbar an das Leben der
Halme selbst gebunden (Bk. 609 ff.). Daneben aber taucht zuweilen als eine dritte Entwickelungsstufe die Anschauung auf,
daß der Dämon nicht dem Halme einwohnt und sein Lebensloß
teilt, sondern der Erzeuger desselben ist, so daß er nicht in den
zuletzt übrigbleibenden Aehren gefangen wird, sondern diese für
ihn auf dem Felde stehen bleiben (S. m. Korndämonen S. 7 ff. 31).
Genau so sehen wir im nordeuropäischen Volksglauben in den
Gestalten der Moosweibchen, Holzfräulein, wilden Weiber, Dames
vertes, Skogsnufvar, Ljeschic u. s. w. die Baumseelen unmerk-
lich in eine Schaar von Waldgeistern übergehen, Genien des

gesammten Waldes, mit ihrem Leben an diesen, zuweilen noch
an einzelne Bäume gebunden, bald nur noch in schwachen Spuren den Zusammenhang mit ·der Pflanze verratend, endlich zu
Geistern der Vegetation überhaupt sich erweiternd. Dieses nordische Gegenbild macht uns das Verhältniß der o. S. 5 erwähnten homerischen Waldnymphen zu den Dryaden anschaulich.
Die Orestiaden des Hymnus in Ven., welche mit den Bäumen zugleich geboren werden und sterben, entsprechen den deutschen
Moosweibchen, deren eines jedesmal stirbt, sobald man ein Bäumchen auf dem Stamme driebt (Bk. 75). Aus den kurzen Andeutungen in Homers Gesängen ersehen wir nicht, inwieweit und in
welcher Weise die Dichter derselben einer Beziehung der νύμφαι,
αἳ ἄλσεα καλὰ νέμονται oder ἀπ' ἀλσέων γίγνονται zu den Bäumen sich bewußt waren. Da aber ἄλσος in jenen Dichtungen
vorzugsweise von heiligen Hainen gebraucht wird, liegt es doch
nahe anzunehmen, daß gradezu die Dryaden solcher von dem
Axthieb gefreiten heiligen Baumgruppen (τεμίνη) gemeint waren,
wie sie die Verse 268 — 269 des Hymnus in Ven. (o. S. 5) vor
Augen führen. Ganz richtig sah Lehrs, daß jenes ἀπὸ ἀλσέων
γίγνονται (Od. X, 350) „elementares Entstehen aus den Wäldern"
zu bezeichnen scheine. [1] Wenn aber nach Il. VI, 420 Orestiaden
um das Grab des Eetion Bäume pflanzen, d. h. wachsen lassen,
so ist das freilich eine andere Stufe der Vorstellung, die Genien
haben nicht mehr in der Pflanze ihre Wohnung; daß aber grade
sie das Liebeswerk verrichten, verrät dem durch die o. S. 32
angeführten Analogien geschärften Auge sofort eine Spur dessel-

---

1) Popul. Aufs. Aufl. ᵃ. 115 Anm. Wenn derselbe aber gleichzeitig
behauptet, diese aus Wäldern und die andern aus Quellen und Flüssen ihren
Ursprung nehmenden Dienerinnen der Kirke seien keine Nymphen, sondern
etwas Besonderes der Zaubersphäre entsprechend, [er meint also wol Kobolde,
spiritus familiares, nach Art der aus Besen, bunten Lappen und allerlei In-
gredienzien verfertigten und belebten Zaubergehilfen, Alraune, Skratte, Til-
berar, Diharar u. s. w. nordischer Sagen], so widerspricht diesem Sophisma aufs
bestimmteste der Umstand, daß die Verrichtung dieser Wesen, die einfache
Hauswirtschaft, die Versorgung der Sessel und Tische mit Teppichen Speise
und Trank, keinerlei übernatürlichen Zwecken dient, in keiner Weise zauberhafte
Verwendung der Kräfte des Wassers oder der Wälder erfordert oder voraussetzt. Nein, es sind wirkliche Nymphen. Alles Auffällige erklärt sich auf die
einfachste Weise, indem der späte Dichter, welchem die Abenteuer des Odysseus bei Kirke angehören, ein Epigone jener aus der Eddapoesie so wol be-

ben Vorstellungskreises, der in den Orestiaden des Hymnus zu
Tage tritt. Sie handeln so nicht rein aus gemüttlichem Antrieb,
sondern weil es in ihrer Natur liegt, weil sie Schöpfer, Erzeuger
der Baumpflanze sind. Es entsprechen also die homerischen Orestiaden und Hainnymphen in der Tat der Gattung nach unseren
Holzfräulein, Dames vertes u. s. w. in deren verschiedenen Abstufungen. Daneben bestand ohne Zweifel der davon untrennbare
Glaube an Dryaden im engsten Sinne, d. h. an eigentliche
Baumpsychen, wenn auch nur noch local erhalten; nur mochte
dem Gemeinbewußtsein der aufgeklärteren städtischen, industriel-
len und ritterlichen Kreise, aus welchen das Epos hervorging,
und für welche die dem naiveren Landmanne noch nicht überall
aufgegangene Scheidung des botanischen Begriffs Baum und der
Anschauung der Bäume als begeisteter Wesen sich längst vollzogen hatte, die Vorstellung von Genien zusagender und geläufiger sein, welche in mehr allgemeiner Weise und in freierem
und größerem Style, d. h. ohne sofort erkennbare elementare
Gebundenheit das Leben und Weben der Bäume und des Waldes
repräsentieren.

Waldnymphen, auch im Namen unseren Holzfräulein vergleichbar, waren wol die δρυμίδες, Nymphen des Eichenwaldes
(δρυμός), welche Herodian aus einem Dichter anführt. [1] Ihnen
entsprechen wol die römischen *Virae querquetulanae* „nymphae praesidentes querqueto virescenti“ Fest. p. 261. Müller. Cf.
Preller Röm. Myth. Aufl. [1]. p. 88. Henzen Acta Fratr. Arval.
p. 145.

---

kannten Art, welcher bereits die aus früheren Vorbildern entnommenen
Motive sammelt und in mehr und minder mechanischen Aufzählungen
nebeneinanderstellt, den Einfall hatte, die Bedeutung seiner Heldin dadurch
hervorzuheben, daß er ihr Nymphen aus allen Gebieten der Natur zu Gefährtinnen gab. Auch Welcker Götterlehre III, 58 nennt in unausgesprochener
Zurückweisung von Lehrs die Dienerinnen der Kirke „drei natürliche Arten
von Nymphen, und darunter Hamadryaden, ohne etwas Zauberhaftes.“

1) Cramer Anecd. Gr. Oxon. p. 225, 1 Ὁμήρου ἐπιμέρισμ. κ. ὄνομα παρ-
ώνυμον ἀποτελεῖται ἀπὸ τῶν εἰς ις· ὀξύτονα· δρυμός Δρυμίς ἀφ' οὗ
Δρυμίδες νύμφαι.
Daß diese Drymiden in den Drymien der Neugriechen erhalten seien, wie
B. Schmidt Volksleb. d. Neugr. I, 130. Rhein. Mus. NF. XXVII, 634 gegen
Wachsmuth Götting. gel. Anz. 1872 S. 253. Rhein. Mus. NF. XXVII, 342 ff.
zu erweisen sucht, ist mir im höchsten Grade unwahrscheinlich.

Den deutschen Waldgeistern stehen Genien der niederen Pflanzenwelt auf Berghalden und Wiesen (Bk. 100) zur Seite, gradeso wie den Baumgeistern die Korndämonen; andererseits gehen Holzfräulein, Fangen, Selige und ihre Sippe einmal in Genien eines größeren Vegetationsgebiets, sodann in so leisen und unmerklichen Abwandlungen in Berg- und Feldgeister, Kobolde, Elbe aller Art (Bk. 154), ja in Meerfrauen (Bk. 122 ff.) über, daß die Schranke zwischen diesen verschiedenen Klassen von Wesen stäts flüssig erhalten wird, und niemals die Familienähnlichkeit zerstört. Wiederum dieselbe Beobachtung knüpft sich an die griechischen Waldgeister. Denn den Oreaden gesellen sich Nymphen der Wiesen (πίσεα ποιήεντα), λειμωνιάδες, (Sophocl. Philoct. 1454), der Waldschluchten und Täler, Ναπαῖοι, Αὐλωνιάδες, der Felder (νύμφαι ἀγρονόμοι) der Felsen (πετραῖοι); und diese sind abgesehen von ihrem Wohnsitz wieder so wenig von den Sumpfnymphen λιμνάδες, ἑλειονόμοι, Wassernymphen ὑγϱιάδες, μεϑιδριάδες, ποταμηΐδες, ἐπιποταμίδες, ἐπιποτάμιοι, πηγαῖαι, κρηναῖαι, κρηνίδες, endlich den Meernymphen ἅλιαι, ἁλιάδες, Νηρηΐδες, Ὠκεανίδες nach Art, Wesen und Verrichtungen, geschieden, daß — wie wir o. S. 15 sahen — Dryaden und Najaden ineinander rinnen konnten. Wenn nun die Nerciden unzweifelhaft die belebenden Elementargeister, die Psychen der Meereswellen, wenn die Flußnymphen, αἳ πηγὰς ποταμῶν νέμονται o. S. 4, die immanenten aber zugleich gleich den Blumenmädchen, Baumnymphen, Korndämonen (o. S. 32) aus ihrem Elemente hervortretenden über demselben in freier Bewegung waltenden Quellgeister waren, die erst weiterhin neben dem Quell oder Flusse ihren Wohnsitz nehmen, ἐπιποταμίδες werden, so wird ein ganz entsprechendes Verhältniß auch bei den meisten übrigen Nymphenklassen anzunehmen sein, während einige (z. B. die πετραῖαι) durch Analogiebildung hinzugekommen sein mögen. Alle diese Nymphen stehen auf einem gemeinsamen Boden, bilden eine und dieselbe große Gattung, tragen eine und dieselbe Physiognomie. und diese Gleichartigkeit beruht auf einem inneren Grunde. Alles spricht demnach dafür, die Psychen der Baumleiber, die Dryaden, von Anfang an unter ihnen vorhanden und zu den Oreaden in demselben Verhältniß wie die Potamiaden zu den Epipotamiaden zu denken. Die Aufenthaltsorte seiner Landnymphen, Haine und Grotten, liebte der Grieche mit sprudelndem Quelle belebt (o. S. 15), aber

3 *

unerweislich und unrichtig ist Welckers öfter von Andern wiederholte Hypothese, alle Nymphen seien ursprünglich Personificationen
von Quellen.

Die in den vorgetragenen Tatsachen ausgesprochene
Gleichung unserer Elbe mit den Nymphen verstärkt sich durch
die Uebereinstimmung einiger sehr characteristischer Züge. Wie
die *Nymphen, spinnen* und *weben* nicht allein andere Elbe, sondern auch die Baum- und Waldfräulein (Bk. 65. 76. 104. 107).
Wer die Nymphen erblickt, wird *sinnverwirrt, νυμφόληπτος.*[1]
Unter diesem Zustand verstand man ursprünglich wirkliche Geistes-
zerrüttung; wie aber dem Orientalen noch heute der Wahnsinnige
vielfach als gottbegeisterter Prophet und Heiliger gilt, diente
jenes Wort dem Griechen später zur Bezeichnung exstatischer
Begeisterung und Weissagung. In seiner ursprünglichen Bedeutung kommt das Ergriffensein von den Nymphen damit überein, daß auch im Norden, wer den Weg der Elben kreuzt,
krank, oder *irrsinnig* wird. (Bk. 62. 126. 140).

Auch der neugriechische Volksglaube, welcher bei mancher
unzweifelhaft slavischen Beimischung doch noch vielfach die alt-
griechische Volkstradition, nicht die Mythologie der Literatur
fortsetzt, zeigt uns dasselbe Bild. In Folge des o. S. 15 erwähnten, in dem Mittelalter zur Reife gekommenen Entwickelungs-
prozesses begreift der Neugrieche unter dem Namen Neraiden
oder Exotika alle Arten von Nymphen. Unter ihnen treten aber
noch vielfach kennbar die Dryaden hervor, deren Name *Δρυάδες*
nach Oikonomos noch heute auf Aegina, nach F. W. Sieber in
der Nähe von Goniais an den nordöstlichen Abhängen des kretischen Ida erhalten sein soll.[2] Auf Zakynthos hausen Neraiden
nach der bei den Bergbewohnern herschenden Vorstellung besonders in *Steineichen* (*πτεριάρια*), auch werden auf dieser Insel
die Löcher und Höhlungen (*κουφάλαις*) in den Stämmen großer
alter Olivenbäume als Wohnungen von Geistern betrachtet. In

---

1) Vulgo autem memoriae proditum est, quicunque speciem quandam e
fonte i. e. effigiem Nymphae viderint, furendi non fecisse finem, quos Graeci
νυμφολήπτους vocant, Latini lymphaticos appellant. Paul. p. 120.

2) Hier (in Cagnes) erfuhr ich, daß der Glaube an die Nereiden und
Dryaden noch nicht verloschen sei, indem man sie selbst noch zu nennen
wußte, doch vermengte man beide mit einander. Man müsse sie stäts, wenn
man einsam sei, loben, ihrer ja nicht spotten, besonders aber dem Echo

Arachoba nimmt man u. a. auch in *Feigenbäumen* Neraiden an. Doch setzt das Volk auch die in Gebirgen, Wäldern und Bäumen wohnhaften Neraiden gern in Beziehung zum Wasser und läßt sie an Quellen, Mühlbächen und Wassermühlen ihr Spiel treiben. (Schmidt a. a. O. 102). Hier vorzugsweise ruhen oder zeigen sie sich gern *um die Mittagsstunde* oder um Mitternacht, gradeso wie die Dryaden im kallimacheischen Hymnus (o. S. 8). Deshalb hütet sich der um die Mittagsstunde Vorübergehende scharf nach denselben hinzusehen (Schmidt a. a. O. 121), und man warnt davor, im Sommer übermittags sich am Wasser oder im Schatten von Bäumen, namentlich unter Platanen, Pappeln, Feigen, Nußbäumen und Johannisbrodbäumen aufznhalten oder gar dem Schlafe hinzugeben, weil man sonst leicht „von den Neraiden ergriffen" wird d. h. *einen Schlag* bekommt, in Folge dessen der Mensch *geistig* oder *körperlich erkrankt*, *Lähmung des Körpers* oder eines Gliedes, Verkrüppelung oder *Verlust des Verstandes* sich zuzieht. (Schmidt a. a. O. 119 — 120). Hier haben wir noch die einfache volkstümliche Grundform der Nympholepsie. Die Neraiden spinnen und weben, und eine in zahlreichen Ranken um die Bäume sich windende Schlingpflanze heißt τὰ ἀνεραϊδογνέματα oder νεραϊδονέματα Neraidengarn (Schmidt a. a. O. 106). Vgl. das Holzfräuleingarn Bk. 76. Wie die nordeuropäischen Korndämonen (Korndäm. 2. 19 Bk. 611) Baum- und Waldgeister in Sturm- und Wirbelwind ihr Leben kundtun (Bk. 149), gelten auch die Neraiden als Urheberinnen des alles mit sich fortreißenden *Wirbelwindes* (ἀνεμοστρόβιλος), *welcher in Griechenland, zumal im Sommer häufig einzutreten pflegt.* In ihm schreiten sie daher und reißen begegnende Menschen mit sich in die Lüfte. Sie berühren den Boden nur schwebend oder streifend mit der Sohle ihrer Füße, deren Spur man in den Kreisen erkennen will, welche der Wirbelwind im Sande bildet. In den an eine von ἐξωτικαῖς bewohnte Höhle in den pierischen Bergen angrenzenden Wäldern wagt niemand auch nur einen *Baum zu fällen*, und wenn auf den benachbarten Höhen sich Stürme bilden, so rufen

---

nicht nachäffen, weil sie sich dann besonders an Mädchen zu rächen pflegten; man müsse mit Achtung von ihnen sprechen, da sie auch Gutes, besonders Kindern erzeigten. F. W. Sieber Reise nach Kreta. Lpzg. u. Sorau 1823 I, S. 432.

die Bäuerinnen „Honig und Milch!" (μέλι γάλα) oder „Honig
und Milch auf euren Weg!", um die gefürchteten Wesen zu
beschwören. Wer sich der Höhle nähert, wird von *Wahnsinn*
befallen. Auf Korfu opfert man den Neraiden bei einem *plötzlichen staubaufwühlenden Wirbel* in Wirklichkeit Honig und
Milch. Vgl. das Opfer von Milch an den 'Baumgeist Bk. 11.
Auf Zakynthos sagt man vom Wirbelwinde „*die Neraiden tanzen.*" (Schmidt a. a. O. 123 — 125). Und wie unsere Waldgeister
in Hausgeister übergehen (Bk. 80), kehren auch die Neraiden
öfter in die Wohnung einer von ihnen begnadeten Familie ein
und verrichten alle Arbeit, so daß die Hausfrau morgens beim
Aufstehen alles fein und sauber gekehrt und geputzt findet; oder
spinnen am Rocken und *weben* am Webstuhl, oder sie verwirren das Garn (wie Frau Holle und Frau Berchte). Schmidt
a. a. O. 118.

Die nordeuropäischen Waldgeister werden nicht allein *weib-
lich* gedacht. Es giebt Moosmännchen und Moosweiblein, wilde
Männer und wilde Frauen; ebenso stehen den schwedischen
Skogsnufvar männliche Waldgeister der Skougman oder Hulte,
den männlichen russischen Ljeschie weibliche Lisunki zur Seite.
Der eine Teil solches Paares, der Mann oder das Weib, läßt
dann gewöhnlich entschiedener die meteorische Seite der Wald-
geisternatur hervortreten, so daß er fast wie eine reine Personification von Sturm und Wirbelwind sich ausnimmt. (Vgl. Bk. 87.
105. 127). Gradeso sind nun auch die Neraiden der Neugriechen
als die Frauen männlicher Dämonen oder Teufel gedacht (Schmidt
a. a. O. 108), welche dem Volke vielfach mit Wind und Wirbelwind zusammenfallen; daher der Ausdruck ἄνεμος für Teufel.
Schmidt a. a. O. 175. 177 — 78. Von ihnen meint man, daß sie
den Neraiden zum Tanz aufspielen und oft glaubt das Volk von
Arachoba von den Felshöhen des Parnassos herab ihre bezaubern-
den Weisen zu vernehmen (Schmidt a. a. O. 110). Im alten
Griechenland liefen nicht minder neben den weiblichen Waldnymphen männliche Waldgeister her. Mit ihnen haben sich die
Untersuchungen des nächstfolgenden Kapitels zu beschäftigen.

Kapitel II.

Die wilden Leute der griechischen und römischen Sage.

§ 1. Characteristik der wilden Leute. Die altgriechischen Sagengestalten der Kentauren und Kyklopen, die altrömischen der Silvane sind möglichst genaue Gegenbilder nordeuropäischer Waldgeister. Die im ersten Bande veröffentlichten Untersuchungen lehrten uns als die bezeichnenden Eigenschaften der *wilden Leute* in Deutschland, des Hulte und der Skogsnufvar in Schweden, der Ljeschie in Rußland, vorzüglich folgende kennen. Sie sind *berg*- oder *wald*bewohnende Wesen von oft riesiger Gestalt, deren ursprünglicher *Zusammenhang mit den Baumseelen* noch deutlich in mehreren Zügen hervorbricht (Bk. 147. 148), wie sie auch als Vegetationsgeister durch *ihre Kenntniß von Heilkräutern* für Pest und Viehsterben sich kundtun. (Bk. 81. 97. 106. 153); Wate hat von einem wilden Weibe die Kunst erlernt mit guten Wurzeln Wunden zu heilen. (Bk. 106 ff.). Von Kopf bis zu Fuß sind die Waldgeister mit Moos oder *mit rauhen zottigen Haaren* bewachsen. (Bk. 147. Anm. 2), *ihr langes Haupthaar* fliegt im Winde. (Bk. 148. Anm. 1). Zuweilen erscheinen sie in *Tier*gestalt. (Bk. 146. 147). *Im Winde, zumal im Wirbelwinde*, geben sie ihr Dasein kund. (Bk. 149 ff.). Die männlichen Waldgeister *tragen ausgerissene Tannen oder andere Bäume als Waffen in der Hand* (Bk. 86. 96. 105. 149), *mit entwurzelten Bäumen und aus dem Boden gerissenen Felsblöcken liefern sie einander Schlachten.* (Bk. 139). Die Verwüstungen der Orkane gelten dem russischen Bauer als Wirkungen dieser mächtigen Kämpfe der Waldgeister (Bk. 139. 149). Andererseits wird deren Umfahrt im Wirbelwinde als ein *Brautzug* aufgefaßt (Bk. 143) und fast insgemein sind sie *lüstern und weiberliebend* (Bk. 153). Durch *Feuerbrände* werden diese Dämonen vertrieben. (Bmk. 615. 133. 520).

§ 2. Kentauren. Im Gegensatz zu der neuerdings von
einem so tüchtigen Forscher wie W. Roscher[1] weitläufiger aus-
geführten Behauptung, daß die Kentauren ursprünglich nichts
weiter als die Personificationen wilder, von hohen Waldgebirgen
niederstürzender Bäche seien, spricht E. Plew als Ergebniß seiner
sorgsamen Prüfung dieser Ansicht[2] aus: „Bei unserer äußerst
geringen Kenntniß von den ersten Phasen des Kentaurenmythus
müssen wir uns wol mit der Annahme begnügen, daß die Phantasie der Griechen oder eines einzelnen Stammes derselben die
Vorzeit gewisser Gebirge, namentlich — wie es scheint — des
Pelion mit wilden tierisch rohen Gestalten bevölkerte, die erst
nach schweren Kämpfen durch die civilisierten Einwohner und
zwar durch deren berühmteste Helden, aus ihren Wohnsitzen
vertrieben und unschädlich gemacht waren." Eine erneute, nicht
bloß auf die Negative gerichtete Untersuchung der vorhandenen
Quellen dürfte diese von Plew entworfene Zeichnung zwar im allgemeinen Umriß bestätigen, doch im einzelnen weit lebendiger,
deutlicher und verständlicher machen.

Schon vor Homer waren die Kentauren aus Gestalten des
Volksglaubens Figuren epischer Dichtung geworden; einzelne von
ihnen umlaufende rein mythische Erzählungen in Episoden der
Heldensage verflochten und der frei weiterbildenden und nachahmenden poetischen Tradition anheimgefallen. Nicht jede solcher
Erzählungen hatte das volle Bild der mythischen Wesen, wie es
im Volksglauben der Heimat lebte, in sich aufgenommen; die
eine hatte diesen, die andere jenen Characterzug betont oder
breiter geschildert. Da aber die Geschichten außerhalb des Lo-
cals ihrer Entstehung reproduziert wurden, so hafteten in ihren
jedesmaligen Wiederholungen besten Falles nur diejenigen Züge
des ursprünglichen Porträts, welche in der ersten dichterischen
Bearbeitung zur Benutzung gekommen waren, bis durch Zusam-
mentragung und Vermischung der verschiedenen Angaben aus
verschiedenen Geschichten und Quellen eine meist Späteres und
Jüngeres, Echtes und Unechtes unentwirrbar vereinigende Ge-
sammtvorstellung zu entstehen pflegt. In den homerischen Gedichten wird vorzüglich auf zwei thessalische Volkssagen über

---

1) Jahrb. f. class. Phil. 1872. S. 421 ff.
2) Jahrb. f. class. Phil. 1873. S. 193 ff.

die Kentauren Bezug genommen, vom Kampf derselben mit den
Lapithen und von Cheiron als Lehrer der Arzneikunst. Beide
liegen uns aber weder in Ilias noch Odyssee vollständig, noch in
der Form des ursprünglichen Mythus vor, sondern sind nur in
Andeutungen erhalten, welche eine selbstständige bereits episch
entwickelte Ueberlieferung in Liedern zur notwendigen Voraussetzung haben.

Im Hause des Peirithoos, Königs der Lapithen, der nach
Il. XIV, 318 der Sohn des Zeus mit der Gemahlin des Ixion
war, verübte nach der Odyssee der hochberühmte Kentaur
Eurytion *im Weinrausch* arge Frevel, weshalb ihn die versammelten Helden (ἥρωες), das beleidigte Gastrecht rächend, vor
die Türe warfen, und ihm Nase und Ohren abschnitten. Daher
entstand der Streit zwischen den Menschen und den Kentauren[1]
Od. XXI, 295—303. Auf diesen Streit wird auch Il. I, 262 ff.
II, 742 ff. Bezug genommen; hier werden die Kentauren das
einemal als sehr stark (κάρτιστοι) und als φῆρες ὀρεσκῷοι geschildert; die andere Stelle nennt sie φῆρες λαχνήεντας. Sie sind
also von den Menschen unterschiedene, im Waldgebirg (ὄρος)
hausende Dämonen von *rauhbehaarter, tierartiger Gestalt*, von
der es nicht deutlich ist, ob der Theriomorphismus bloß in
der *zottigen* Haut, oder auch im Zusatze tierischer Glieder
zum Menschenkörper bestand. Und zwar ist das Peliongebirge
der Wohnsitz dieser Wesen, von da werden sie durch die
Lapithen schließlich zu den Aithikern auf das Pindusgebirge
an der westlichsten Grenze Thessaliens gegen Epirus hin vertrieben. Ihre Stärke denkt man sich so groß, daß ihre Bekämpfung selbst für die gewaltigsten Helden der an Kraft die
Mitwelt weit überragenden Vorzeit eine schwierige Aufgabe war.
Aus der volleren epischen Ueberlieferung, welcher diese Andeutungen in der homerischen Dichtung entnommen sind, entlehnt
auch noch Hesiod (Scut. Heracl. 178—188) eine Erwähnung des
Kampfes, aus welcher hervorzuheben ist, daß die Kentauren
als *Waffen Fichten in den Händen tragen.* (χρατέας ἐλάτας
ἐν χερσὶν ἔχοντες). Die Namen und Beiwörter, welche der Dichter
den auf dem Schilde abgebildeten Kentauren giebt, sind insofern
von mythologischem Wert, als sie nicht wie in ähnlichen Fällen

---

1) ἐξ οὗ Κενταύροισι καὶ ἀνδράσι νεῖκος ἐτύχθη.

beliebig aus dem Vorrate gebräuchlicher Personennamen ausge-
wählt sind, sondern in Wahrheit sämmtlich nach verschiedenen
Seiten hin die Auffassung wiederspiegeln, welche die Sänger des
älteren Epos von diesen Wesen hatten. Auf ihre Heimat im
Gebirge und ihr Treiben in Berg und Wald gehen die Namen
Petraios (Πετραῖος), *Ureios* (Οὔρειος), Koseformen etwa zu
Πειρόθιος, Πετρόνομος, Οὐρόβιος, Ὀρεσκῷος,[1] und *Dry - alos*
d. i. *Baumspringer*, wie Hipp-alos auf das Pferd springend.[2]
Dryalos wird Peukide (*Πευκείδης*) genannt, sein Vater hieß also
Peukeus,[3] d. i. Kosename wol zu *Πευκη-φόρος Fichtenträger.*
Weist derselbe auf die Bewaffnung der Kentauren mit Baum-
stämmen, so dürfte *As-bolos* = *'Ασί-βολος der am Werfen
Behagen findet*[4] von den (durch andere Quellen bezeugten)
Steinwürfen derselben hergenommen sein. *Arktos* entweder
schlechthin Bär, oder Verkürzung für Arktomenes, Arktosthenes[5]
vergleicht die Kentauren entweder von Seiten der Kraft oder des
Aussehens mit dem Waldtiere, denn λασιαύχι,ν *mit dicht-
behaartem, zottigem Nacken*, wie im homerischen Hymn. in
Merc. 224 der Kentaur heißt (ἴχνια — Κενταύρου λασιαύχενος), wird im Hymn. 6 in Bacch. 46 der Bär genannt (ἄρκτον
ἐποίησεν λασιαύχενα). Die behaarte Gestalt des Kentauren schildert ganz übereinstimmend das Beiwort μελαγχαίτης (vgl. κυανο-
χαίτης) mit *lose fliegendem, frei herabwallendem, schwarzem
Haupthaar*, das Hesiod Sc. Her. 186 dem *Mimas* erteilt,
dessen Name (*Μί-μα-ντ-ς* wie γί-γα-ντ-ς) den *begehrlich
Daherstürmenden* [vgl. μῶμαι begehre, μάσομαι suche zu be-
tasten, berühren, μέμαα verlange heftig, begehre, strebe vor-
wärts] bezeichnet und füglich ein treffender Hinweis auf die
Neigung der Unholde, Frauen zu rauben, gewesen sein könnte.
Der Name *Perimedes*, der in hohem Grade Ratkluge, endlich
vergegenwärtigt uns diese Dämonen gleichzeitig als Inhaber
manches Wissens von den verborgenen Kräften der Natur. (vgl.

----

1) Vgl. Fick, Griech. Personenn. Göttingen 1874. S. XXXVII. XXXIX.
2) Vgl. Fick a. a. O. S. 100.
3) Vgl. *Αἰγείδης, Ἀχιλλείδης, Ἀτρείδης* zu *Αἰγεύς, Ἀχιλλεύς, Ἀτρεύς.*
Zs. f. vgl. Sprachf. IX, 177.
4) Vgl. Fick. a. a. O. S. 16. Curtius Grundz.[3] 251.
5) Vgl. Fick a. a. O. XVIII ff.

Cheiron). Eine Variante der Sage vom Lapithenkampfe finden wir im Peloponnes an den dorischen Stammhelden Herakles geknüpft wieder. In einer aus allerlei Lappen zusammengeflickten jedoch wahrscheinlich schon vor Pisander (650 v. Chr.) entstandenen Heraklee,[1] welche Apollodor (Biblioth. II, 5, 4) auszugsweise wiedergiebt, werden die Kentauren, zu deren Namen *Agrios* (für Agriandros?) *der wilde Mann* [vgl. Hesiod. Theog. 1013 *Ἄγριος* = Faunus] und Elatos d. h. Elatophoros *Fichtenträger*[2] [falls nicht bloße Anwendung des grundverschiedenen Namens Elatos von *ἐλαύνω*[3] wegen des Gleichklangs mit *ἐλάτη* anzunehmen ist] gehören, *vom Geruche eines ihnen gemeinsam zuständigen Fasses Wein herbeigelockt,* das Pholos seinem Gaste Herakles zu Ehren öffnet. Sie geraten mit diesem in Streit und *kämpfen mit Baumstämmen und Felsstücken;* Herakles, aber jagte sie *durch Feuerbrände,* die er warf, zurück, die übrigen verfolgte er durch Pfeilschüsse.[4] Der Kentaur Pholos (Eponymus des Gebirges Pholoe auf der Grenze zwischen Arkadien und Elis) heißt der Sohn der *Melia* (also einer im Eschenbaume wohnenden Dryas) und eines Seilens; *er verzehrt alles Fleisch roh* und wohnt in einer *Berghöhle.* Der Dichter der Heraklee muß eine Vorlage gehabt haben, welche um mehrere Züge aus dem Bilde der Kentauren, und zwar um solche von sehr altertümlichem Gepräge (das Rohessen, Steinwerfen, Angelocktwerden durch den Geruch eines Weinfasses,

1) Vgl. J. H. Voss Mythol. Briefe II, Br. XXXIII. S. 267. Herakles führt noch Bogen und Pfeile und nicht die Keule, die Pisander in die Poesie einführte. Bernhardy gr. Literaturg. II,[2] 339. Pisander selbst behandelte auch wol diesen Gegenstand. Vgl. das aus ihm stammende Sprichwort *νοῦς οὐ παρὰ Κενταύροισι.* Hesych. — Außer bei Apollodor ist die oben erwähnte Heraklee z. T. ausführlicher, größtenteils aber flüchtiger und mit Einmischung eigener Gelehrsamkeit ausgezogen bei Diodor. Sic. Bibl. IV, 70.

2) Vgl. o. S. 42 Peuk-eus aus Peukophoros, und Fick S. 6.

3) Vgl. Elatos Freier der Penelope Od. XXII, 267. Trojaner Il. VI, 33 mit Fick u. a. O. 169.

4) *Ἀπιόντος δὲ οἴνου Ἡρακλέους, ἔφη δεδωκέναι τὸν κοινὸν τῶν Κενταύρων ἀνοῖξαι πίθον. θαρρεῖν δὲ παρακελευσαμένος Ἡρακλῆς, αὐτὸν ἤνοιξε, καὶ μετ' οὐ πολὺ διὰ τῆς ὀσμῆς αἰσθόμενοι παρῆσαν οἱ Κένταυροι πέτραις ὡπλισμένοι καὶ ἐλάταις ἐπὶ τὸ τοῦ Φόλου σπήλαιον τοὺς μὲν οὖν πρώτους τολμήσαντας εἴσω παρελθεῖν Ἄγχιον καὶ Ἄγριον Ἡρακλῆς ἐτρέψατο βαλὼν δαλοῖς. τοὺς δὲ λοιποὺς ἐτόξευσε διώκων ἄχρι τῆς Μαλέας.*

Wohnsitz in der Höhle, Vertreibung durch Feuerbründe) reicher
ausgestattet war, als die hesiodeische Darstellung des Lapithenkampfes. Dieselben sind um so weniger für archaisierende eitle
Erfindungen eines Dichters zu halten, als die Fabel auch in
anderen Teilen den Character echter Volkssage aufweist, wie
denn z. B. der Tod des Pholos einer solchen nachgebildet ist.
Letzterer hatte aus dem Leichnam eines Kentauren den Todes-
pfeil gezogen; während er sich nun wunderte, wie ein so kleines
Ding so große Männer hatte niederwerfen können, entglitt das
Geschoß seiner Hand, fuhr ihm in den Fuß und tödtete ihn
plötzlich. Hiezu vgl. die Sagen von Hackelberend, Oervarr Odd,
Sigurd Orkneyinga Jarl u. s. w.[1] Dagegen ist die Einmischung
des Cheiron augenscheinlich ein vermutlich erst vom Verfasser
der Heraklee herrührendes rein dichterisches Einschiebsel. Mag
denn nun die Erzählung von Pholos eine auf peloponnesischem
Boden gewachsene Localisierung des Mythus oder die bewußte
epische Nachbildung eines aus Thessalien stammenden Liedes
sein, in jedem Falle darf mit großer Wahrscheinlichkeit angenommen werden, daß ihr echter Volksglaube und echte Volkssage zu Grunde lag.

Nur in unbestimmten Ausdrücken deutet Homer (Od. XXI)
auf die Gelegenheit hin, bei welcher der Streit mit den Lapithen
entstand, und auf die Gräuel, welche ihn veranlaßten. Verschollene nachhomerische Epen, deren Inhalt Pheidias auf den
Metopen des Parthenon verwertete,[2] von denen uns aber Ovids

---

1) Grimm D. S. I, 399, 310. Myth.[4]. 901. W. Schwartz der heutige
Volksgl. Aufl.[4]. S. 55 ff. Simrock Handb. d. d. Myth. Aufl.[4]. S. 222.
Menzel Odin. 209.

2) Fünf Metopen der Südseite (Michaelis Parthenon T. III, 10. 12. 22.
25) und die sehr verstümmelte (IV, 29) stellen mit mannigfacher Abwechselung
frauenraubende Kentauren dar. Vgl. Michaelis a. a. O. S. 132. 135. 136.
Auch auf dem hintern Giebelfeld des Zeustempels zu Olympia war von der
Hand des Alkamenes unter des Pheidias Aufsicht und Anleitung die Hochzeit
des Peirithoos dargestellt; man sah den Eurytion, wie er die Braut erfaßt
hatte, ferner einen Kentauren, der eine Jungfrau, einen anderen, der einen
schönen Knaben fortschleppte. Pausan. V, 10. Vgl. Curtius Peloponn. II, 57.
Aus derselben Zeit rührte die Darstellung der Kentauromachie auf dem Friese
des Theseions zu Athen, wie des Apollotempels zu Phigalia, auch in letzterer
begegnet der Raub des Mädchens u. des Knaben. (O. Müller, Handb. d. Archäol.
§ 118. 119.)

und Vergils auszügliche Nachbildungen eine Vorstellung zu geben im Stande sind,[1] lassen den Streit auf der *Hochzeit* des *Peirithoos* mit Hippodameia und zwar darüber sich entspinnen, *daß die Kentauren im Rausche begehrliche Hände nach der Braut und ihren Gefährtinnen ausstrecken.*[2] Diese im rohen Character wilder Waldmenschen wolbegründeten Züge sind ein Erbstück aus der älteren Poesie[3] und waren ohne Zweifel in den von Homer benutzten ausführlicheren Schilderungen ausdrücklich genannt. Denn aus ihnen erklären sich am einfachsten und natürlichsten die kurzen, den Sagenstoff als bekannt voraussetzenden Andeutungen der Odyssee vom Bruche des Gastrechts auf einer von den namhaftesten auswärtigen Heroen und zugleich von dem ungehobelten Nachbar Kentaur besuchten Gesellschaft, ja die Erzählung des zu den jüngsten Erweiterungen der Ilias gehörigen Schiffskatalogs (II, 740 ff.) setzt — wenn ich nicht irre — gradezu die angegebene Fabel als ihr älteres Vorbild voraus. Der Dichter der Teichomachie (Iliad. XII, 127 ff.), dem es darauf ankam, auch die berühmten Lapithen am Kampf gegen Ilion teilnehmen zu lassen, hatte als deren Führer einen Sohn des Peirithoos erfinden müssen, da letzterer nach anderen Liedern (Il. I, 266) längst gestorben war. Wenn nun der Verfasser des Schiffsverzeichnisses diesen neugebackenen Polypoites grade an dem Tage geboren werden läßt, an dem der Vater an den

---

1) Vermutlich eine Theseis (vgl. Bernhardy Gr. Literaturg.[3]. II, 334), deren Verfasser vielleicht die o. S. 43 erwähnte Heraklee benutzte, war es, worauf die Metopen des Parthenon und Ovid Metam. XII, 210—535 zurückgehen, ein nächstverwandtes Gedicht ist von Vergil Georg. II, 454—57. Aen. VIII, 293—96 und Valerius Flaccus I, 140. 338 benutzt. Vgl. Michaelis a. a. O. S. 131 zu Met. 3 und Voss zu Verg. Georg. II, 454.

2) Diodor. Sic. IV, 70: Πειρίθους γήμας Ἱπποδάμειαν τὴν Βούτου καὶ καλέσαντος εἰς τοὺς γάμους Θησέα καὶ τοὺς Κενταύρους, φασὶ μεθυσθέντας ἐπιβαλέσθαι ταῖς κεκλημέναις γυναιξὶ καὶ βίᾳ μίσγεσθαι. Raptaturque comis per vim nova nupta prehensis. Eurytus Hippodamen, alii quam quisque probarant, Aut poterant rapiunt. Ov. Met. XII, 223—25.

3) Mindestens war die Lüsternheit bereits in der erwähnten vorpisandrischen Heraklee als Characterzug der Kentauren ausgesprochen. Der Kentaur Nessus will der Deïaneira Gewalt antun. Apollod II, 7, 6. Der Kentaur Eurytion (so hieß der Urheber des Lapithenkampfs) findet sein Ende, als er im Begriff steht sich an der Jungfrau Mnesimache zu vergreifen. Apollod. II, 5, 5. Muß eine derartige Handlung nicht schon nach der früheren Poesie in seinem Character gelegen haben?

Kentauren Rache nahm und sie zu den Aithikern vertrieb, so
beabsichtigte er augenscheinlich, in leicht erkennbarem Parallelismus dem Hochzeitstage der Eltern, an welchem durch Beleidigung
der Mutter der Frevel begangen war, als dem Ausgangspunkte
des Streites, den Geburtstag des Sohnes, an dem die Untat
gesühnt sei, als Ende des Kampfes entgegenzustellen.

Noch ein ursprünglicher Zug aus den älteren Bearbeitungen
des Lapithenkampfes scheint durch Pindar (Fragm. 147 Boeckh)
erhalten zu sein. Kaum hatten die Kentauren den Geruch des
männerbezwingenden Weines gespürt, *so stießen sie die weiße
Milch von den Tischen* (ἀπὸ μὲν λευκὸν γάλα χερσὶ τραπεζᾶν
ὤθεον) und berauschten sich aus silbernen Hörnern. Boeckh
vermutet, daß aus demselben Liede das Pindarische Fragment
148 übrig sei, wonach Kaineus in die Erde sinkt, *von den grünen Tannen des Kentauren getroffen* (χλωραῖς ἐλάταισι τυπείς).

§ 3. Cheiron. Neben den Liedern vom Lapithenkampfe
liefen andere aus thessalischem Volksglauben geschöpfte um, in
welchen die Kentauren als *kräuterkundige, krankheitheilende
Wald- und Berggeister* geschildert werden. Nach Il. XI, 830
bis 48 hat Achill von Cheiron, dem gerechtesten aller Kentauren, blutstillende, schmerzlindernde Heilwurzeln kennen gelernt. Nach Il. IV, 219 besitzt Machaon, der Arzt, des Asklepios Sohn, einen lindernden Wundbalsam, den einst dem Vater
verliehn der gewogene Cheiron. Diese Andeutungen setzen
frühere, ausführlichere Erzählungen von Cheiron voraus, dessen auf die geschickte Hand des Wundarztes deutender
Name, Abkürzung von Cheirisophos [1] oder einem anderen
mit χείρ zusammengesetzten Worte, *daraus entsprungen sein
muß, daß ihm selbst in einer Sage eine tätige Rolle als Nothel-
fer zugeschrieben wurde;* auch wird diese Sage zu den berühm-
testen und bekanntesten der alten Zeit gehört haben. So nur
konnte es geschehen, daß die Zunft der Asklepiaden, [2] welche
nach Ausweis der Geburtslegende des Gottes in Thessalien einen
ihrer ältesten Sitze hatte, und daselbst während des homerischen
Zeitalters oder doch bald nachher vorzugsweise in Trikka blühte, [3]

---

1) Fick Griech. Personenn. XXVI.
2) Ueber diese vgl. Häser Geschichte der Medizin I. Jena 1853. S. 26 ff.
3) Il. II, 729.

die chirurgische Seite ihrer Kunst, „den Brauch der linden Hand,"
auf das mythische Vorbild der im Besitze schmerzstillender Heilkräuter befindlichen Waldgeister zurückführte und dieselbe dadurch
zu adeln suchte, daß sie ihren Ahnherrn Asklepios zum Schüler
eines derselben machte.[1] Schon vor dem Aufkommen einer zünf-
tigen Betreibung der Heilungen als priesterlicher Kunst mögen
Familien, in denen die erprobte Anwendung vegetabilischer Haus-
mittel sich fortpflanzte, ihre Kenntniß mit Stolz und Ueberzeugung in die sagenhafte Vorzeit zurückgeleitet haben. Von einer
solchen Familie in Demetrias am Fuße des Pelion, hatte man
noch im vierten Jahrhundert v. Chr. Kunde, in ihr vererbten sich
von Vater auf Sohn gewisse Geheimmittel aus der Wurzel und dem
Kraut eines für Nervenleiden, Unterleibskrankheiten, Augenfluß
heilsamen kaum fußhohen Strauchs von dunkler Farbe, und deren
Anwendung. Sie rühmte sich der Abkunft von Cheiron und hielt
es für Ehrensache, mit ihrem Wissen jedem Bedürftigen unent-
geltlich zu dienen.[2] Mehrere für heilkräftig oder zaubermächtig
angesehene Pflanzen, an denen das Peliongebirge reich war,[3]
zeichnete man durch die Namen Χειρώνιον, Χείρωνος ῥίζα, κεν-
ταύριον (κενταύρειον, κενταυρίη, κενταυρίς) als solche, welche von
Cheiron oder den Kentauren überhaupt angewendet und empfoh-
len seien, aus.[4] Eine derselben war das Tausendgüldenkraut,
oder Fieberkraut (Centaurea Centaurium L.), das auf den Alpen

---

1) Chiron centaurus Saturni filius artem medicinam chirurgicam ex her-
bis primum instituit. Hyg. fab. 274. p. 150. Schmidt. Cf. alii (volunt reper-
tam) herbariam et medicamentariam a Chirone. Plin. hist. nat. VII, sect. 57.
Βαθυμῆτα Χείρων τράφε λιθίνῳ τ' Ἰάσον' ἔνδον τέγει, καὶ ἔπειτεν
Ἀσκλήπιον. Τὸν φαρμάκων δίδαξε μαλακόχειρα νόμον. Pind. Nem. III,
92. Vgl. Pyth. III, 1 ff.

2) Ταύτην δὲ τὴν δύναμιν ἐν τῶν πολιτῶν οἶδε γένος. ἢ δὴ λέγεται
Χείρωνος ἀπόγονον εἶναι   παραδίδωσι δὲ καὶ δείκνυσι πατὴρ υἱῷ καὶ
οὕτως ἡ δύναμις φυλάσσεται, ὡς οὐδεὶς ἄλλος οἶδε τῶν πολιτῶν· οὐχ ὅσιον
δὲ τοὺς ἐπισταμένους τὰ φάρμακα μισθοῦ τοῖς κάμνουσι βοηθεῖν ἀλλὰ προῖκα.
Τὸ μὲν οὖν Πήλιον καὶ τὴν Ἰημητριάδα συμβέβηκε τοιαύτην εἶναι. Dicaearch.
Fr. 60. Müller Fragm. Graec. hist. II, p. 263, 12 sqq.

3) Τὸ δὲ ὄρος πολυφάρμακόν τέ ἐστι καὶ πολλὰς ἔχον καὶ παντοδαπὰς
δυνάμεις τάς τε ὄψεις αὐτῶν γιγνώσκουσι καὶ χρῆσθαι δυναμένοις. Dicaearch.
Fr. 60. Müller Fr. hist. Graec. II, p. 262.

4) Nicandr. Theriac. 500. Dioscor. III, 57. 71. Theophr. hist. pl. IX, 12.
Plin. hist. nat. XXV, sect. 13. 14.

der Südländer drei Ellen hoch wächst.[1] Vom $N\varepsilon\iota\varrho\acute\omega\nu\iota\sigma\nu$ sagt
Dicaearch, die Wurzel dieses kleinen Strauches, der gerne im
Gebüsche wachse, habe die Kraft Schlangen fern zu halten, zu
vertreiben, oder unschädlich zu machen und durch ihren Geruch
zu tödten. Dem Menschen wegen seines thymianähnlichen Duftes
angenehm, heile das Kraut jeden Schlangenbiß.[2] Die Einsamm-
ler von Heilkräutern (Rhizotomen) übten auf dem Pelion denn
auch den frommen Brauch, die Erstlinge ihrer Ausbeute dem
Cheiron darzubringen;[3] sie werden einige Hände voll auf einen
Stein gelegt oder ins Gebüsch geworfen haben, wie der fränkische Bauer noch heute den Holzfräulein opfert (Bk. 77—79).

Früher als die Anknüpfung der ärztlichen Zunft an Cheiron,
mag auch die Vorstellung schon dagewesen sein, daß der Waldgeist den Landesheros selbst in der dem Helden so wichtigen
Kunst des Wundverbandes unterrichtet habe (Il. XI, 830 ff.); sie
erweiterte sich bald dahin, daß Cheiron der ganzen Pflege und
Erziehung des jungen Fürsten sich annahm, wie Regin des Sigurd. Schon Hesiod benutzte alte Lieder dieses Inhalts von Jason,
den Cheiron in seiner Höhle erzog,[4] er kannte sogar schon eine
jüngere Ueberlieferung, welche nun gar den Medeios, Jasons
Sohn, zum Zögling des Kentauren machte.[5] In ihr ist uns aber
das erste äußere Zeugniß für eine unzweifelhaft alte, aus früheren Dichtungen überkommene Vorstellung erhalten; Cheiron heißt
Philyrides, Sohn der Dryade Philyra, d. h. der Linde, grade
so wie Pholos o. S. 43 Sohn der Esche (Melia).[6]

---

1) Fraas Synopsis plantarum florae classicae. München 1845 S. 160.
Cf. Voss zu Verg. Georg. IV, 270.

2) Dicaearch Fr. 60. Müller Fragm. histor. Graec. II, p. 261.

3) $T\acute\varepsilon\mu\nu\iota$ $\mu\grave\varepsilon\nu$ $A\gamma\eta\tau\sigma\varrho\acute\iota\delta\eta$, $M\acute\alpha\gamma\nu\eta\tau\varepsilon\varsigma$ $\delta\grave\varepsilon$ $X\varepsilon\acute\iota\varrho\omega\nu\iota$, $\tau\sigma\acute\iota\varsigma$ $\pi\varrho\acute\omega\tau\sigma\iota\varsigma$ $\iota\alpha$-
$\tau\varrho\varepsilon\tilde\upsilon\sigma\alpha\iota$ $\lambda\varepsilon\gamma\sigma\mu\acute\varepsilon\nu\sigma\iota\varsigma$, $\dot\alpha\pi\alpha\varrho\chi\dot\alpha\varsigma$ $\varkappa\sigma\mu\acute\iota\zeta\sigma\upsilon\sigma\iota$· $\dot\varrho\acute\iota\zeta\alpha\iota$ $\gamma\dot\alpha\varrho$ $\varepsilon\dot\iota\sigma\iota$ $\varkappa\alpha\grave\iota$ $\beta\sigma\tau\acute\alpha\nu\alpha\iota$ $\delta\iota$'
$\dot\omega\nu$ $\dot\iota\tilde\omega\nu\tau\sigma$ $\tau\sigma\grave\upsilon\varsigma$ $\varkappa\acute\alpha\mu\nu\sigma\nu\tau\alpha\varsigma$. Plut. Symp. III, 1, 3.

4) $A\dot\iota\sigma\omega\nu$ $\ddot\sigma\varsigma$ $\tau\acute\varepsilon\varkappa\nu\vartheta$' $\upsilon\dot\iota\dot\sigma\nu$ $\dot I\acute\eta\sigma\sigma\nu\alpha$, $\pi\sigma\iota\mu\acute\varepsilon\nu\alpha$ $\lambda\alpha\tilde\omega\nu$,
          $\dot O\nu$ $X\varepsilon\acute\iota\varrho\omega\nu$ $\ddot\varepsilon\vartheta\varrho\varepsilon\psi$' $\dot\varepsilon\nu\grave\iota$ $\Pi\eta\lambda\acute\iota\psi$ $\dot\varepsilon\lambda\acute\eta\varepsilon\nu\tau\iota$.
Hesiod. fragm. 111. Cf. Pindar. Nem. III, 92. Schol. Pind. Nem. III, 92. Vgl.
Preller Gr. Myth.[2] II, 322 Anm. 1.

5) $M\acute\eta\delta\varepsilon\iota\sigma\nu$ $\tau\acute\iota\varkappa\varepsilon$ $\pi\alpha\tilde\iota\delta\alpha$, $\tau\grave\sigma\nu$ $\sigma\dot\upsilon\varrho\varepsilon\sigma\iota\nu$ $\ddot\varepsilon\tau\varrho\varepsilon\psi\varepsilon$ $X\varepsilon\acute\iota\varrho\omega\nu$ $\Phi\iota\lambda\upsilon\varrho\acute\iota\delta\eta\varsigma$. Hesiod.
Theog. 1001.

6) Vgl. Schömann opusc. acad. II, 128. Die spätere euhemeristische
Sage läßt Philyra in eine Linde verwandelt werden. Quidam Philyram in

Da vielleicht schon im hesiodeischen Zeitalter ein Lehr-
gedicht ὑποθῆκαι oder παραινέσεις Χείρωνος ἐπὶ διδασκαλίᾳ τῇ
Ἀχιλλέως entstand,[1] muß die im übrigen ziemlich spät bezeugte[2]
Fabel von Achilleus Erziehung beim Kentauren weit früher vorhanden gewesen sein; sie lief vermutlich neben der homerischen
Version, welche Phönix zum Pfleger des jungen Helden machte,
gleichzeitig her. Diese Vermutung scheint sich durch eine auf
echten Volkssagen von sehr altem Gepräge beruhende Peleis zu
bestätigen, welche den Cheiron mehrfach mit sehr bezeichnenden
Verrichtungen in die Handlung verflocht, und von deren wesent-
lichem Inhalt schon Hesiod Gebrauch machte, Apollodor sei es
nach diesem, sei es nach Akusilaos, einen dürftigen, aus einigen sonst erhaltenen Nachklängen derselben oder einer nächst-
verwandten Dichtung zu ergänzenden Auszug erhalten hat.

Die folgende Darstellung giebt den Inhalt der Erzählung
nach Apollodor mit gleichzeitiger Angabe der aus jenen anderen
Quellen sich ergebenden Berichtigungen und Ergänzungen. Peleus wird beim Könige Akastos von Jolkos, dem Sohne des Pe-
lias, an dessen Hofe er als Flüchtling weilt, von dessen Gemahlin Astydameia verläumderisch unehrenhafter Anträge beschuldigt.
Akastos scheut sich ihn zu tödten, sucht sich aber seiner zu ent-
ledigen, indem er ihn zur gefahrvollen Jagd auf die schädlichen
Raubtiere des Pelion überredet. Ergänzend tritt hier Schol. Aristoph. Nubb. 1063 ein: Ὁ δὲ κτείνει μέν, ὃν καθῆρεν, οὐκ ἠβου-
λήθη· ἐκβάλλει δὲ αὐτὸν εἰς τὸ Πήλιον, ὅπως ὑπὸ θηρῶν βρω-
θείη. οἱ δὲ θεοὶ διὰ τὴν σωφροσύνην δεδώκασιν αὐτῷ μάχαιραν
πρὸς τὸ ἀπαλέξειν τὰ θηρία.[2] Vgl. auch Zenobii Proverb. V,

---

florem conversam esse dicunt vel in arborem, unde liber philyrinus, quo coronae illigantur. Philargyr. ad. Verg. Georg. III, 93. Cf. Hygin. fab. 138
p. 16, 7 sqq. Schmidt nach dem Autor der Gigantomachie bei Schol. Apollon.
Rhod. I, 554 (Düntzer fragm. ep. p. 3). Dosith p. 71.

1) Pausan. IX, 31, 4 Cf. Bernhardy griech. Literaturgesch. II, 536.
Doch fehlt es im Altertum nicht an Stimmen, welche einen Zweifel gegen
ein so hohes Alter dieses Gedichtes aussprechen. Bergk Griech. Literaturg.
I, 1008. Auf dem im Zeitalter des Krösus geschaffenen Tron des amy-
kläischen Apollo war abgebildet, wie Peleus dem Cheiron den Achill über-
giebt. Pausan, III, 18. Vgl. Pindar. P. 7, 22. Eurip. Iph. A. 209. 709.
927. 1066. Preller Griech. Myth. II, 401.

2) Aus einer verwandten dichterischen Bearbeitung, welche aber das
Weib des Akast Hippolyte nennt, rührt der Auszug: Ὁ Ἄκαστος μηθὼν καὶ

20: μέγα φρονεῖ μᾶλλον, ἢ Πηλεὺς ἐπὶ τῇ μαχαίρᾳ. Μέμνηται ταύτης Ἀνακρέων καὶ Πίνδαρος ἐν Εὐμενικαῖς· φησὶ δὲ αὐτὴν ὑπὸ Ἡφαίστου γενομένην δῶρον Πηλεῖ σωφροσύνης ἕνεκα παρὰ θεῶν δοθῆναι· ᾗ χρώμενος πάντα κατώρθου καὶ ἐν ταῖς μάχαις καὶ ἐν ταῖς θήραις. Den erlegten Tieren *schneidet Peleus die Zungen aus* und steckt dieselben in seine Jagdtasche. Die *Hofleute des Akastos finden* die Körper der erlegten und *geben sie für ihre Jagdbeute aus*, während sie Peleus verlachen, weil er nichts erjagt habe. Der aber zieht die *Zungen* aus der Tasche und weist sich als den Erleger des Wildes aus. Da er so dem Zahne der Raubtiere entgangen, soll er den Bergunholden, den Kentauren, zum Opfer fallen. Akastos ersieht den Augenblick, *da Peleus auf dem Pelion in Schlummer gesunken liegt*, um demselben sein wunderbares Dolchmesser zu entwenden, verbirgt dasselbe unter einem Kuhfladen und schleicht sich hinweg. *Den allein gelassenen ergreifen die Kentauren und sind im Begriff ihn umzubringen, aber Cheiron rettet ihn* und verhilft ihm durch Nachsuchen wieder zu seinem alles erhauenden Dolche. Von diesem Teile der Sage sind uns auch einige Verse der hesiodeischen Darstellung durch Schol. Pind. N. IV, 95 erhalten (Fr. Cx. Göttling):

Ἤδε δὲ οἱ κατὰ θυμὸν ἀρίστη φαίνετο βουλή.
Αὐτὸν μὲν σχέσθαι, κρύψαι δ' ἀδόκητα μάχαιραν
Καλήν, ἥν οἱ ἔτευξε περικλυτὸς Ἀμφιγυήεις·
Ὡς τὴν μαστεύων οἶος κατὰ Πήλιον αἰπὺ
Αἶψ' ὑπὸ Κενταύροισιν ὀρεσκώοισι δαμείη.

In der älteren Ueberlieferung schloß sich hier wol unmittelbar an, daß der gerettete Peleus nach Jolkos ging und *allein, ohne Heer*, den bösen Akastos samnit dessen Mannen bewältigte, seine Stadt aber, die bisher zu Magnesia gehörte, den Thessalern dienstbar machte. [1] Apollodor schiebt diese Begebenheit hinter die Jugend Achills, um sie aus dem Pherekydes in jüngerer

---

λαβὼν αὐτὸν εἰς ἐρημίαν, καὶ τῶν ὅπλων γυμνώσας, ἀφῆκεν αὐτὸν καὶ ἀνεχώρησεν, εἰπών, Εἰ δίκαιος εἰ, σωθήσῃ· ὡς δὲ ἔμελλεν ὑπὸ θηρίων διαφθείρεσθαι οἱ θεοὶ μάχαιραν αὐτῷ ἐχαρίσαντο Ἡφαιστότευκτον δι' Ἑρμοῦ, καὶ οὕτως ἤγγε τὸν κίνδυνον. Aristoph. Schol. Nubb. 1063.

1) Pindar. N. III, 57 nach der o. S. 49 Anm. erwähnten Dichtung, welche die Hippolyte statt Astydameia darbietet: ὃς καὶ Ἰωωλκὸν εἶλε, μόνος ἄνευ στρατιᾶς. Cf. N. IV, 88: Ἰωλκὸν δὲ πῦρ ποδὶ λατρείαν Ἰωωλκὸν πολεμίᾳ χειρὶ προστραπὼν Πηλεὺς παρέδωκεν Αἱμόνεσσιν.

Form aufzunehmen, wonach Jason und die Dioskuren bei diesem Zuge Peleus Helfer waren. — *Cheiron rettete den Helden nicht allein aus Lebensgefahr, sondern half ihm auch das vom Geschick ihm bestimmte Glück zu erreichen, indem er ihn unterrichtete, wie er es anstellen müsse, um die Nereide Thetis*, welcher der durch Abweisung seiner Werbungen erzürnte Göttervater einen Sterblichen zum Gatten bestimmt habe, *zu fangen*. Peleus paßte den richtigen Augenblick ab, ergriff die Meerjungfrau und hielt sie trotz alles Widerstrebens fest; sie verwandelte sich in mehrere Gestalten: Feuer, Wasser und ein wildes Tier [nach einer von Sophocles benutzten Quelle in *Löwe*, *Schlange*, Feuer, Wasser],[1] doch er ließ nicht los, bis Thetis sich ergab und wieder menschliche Gestalt annehmend ihm folgte. Schon Homer deutet auf die Erzählung hin; Il. XVIII, 432 klagt Thetis:

> Ἐκ μέν μ' ἀλλάων ἀλιάων ἀνδρὶ δάμασσεν (Ζεὺς)
> Αἰακίδῃ Πηλῆϊ, καὶ ἔτλην ἀνέρος εὐνὴν
> Πολλὰ μάλ' οὐκ ἐθέλουσα.

Auf dem Pelion (in Cheirons Höhle) wurde das Beilager gehalten, [alle Götter waren zugegen] und Poseidon (als oberster Gebieter der Meermaid) schenkte zwei unsterbliche Rosse, *Cheiron aber einen gewaltigen Speer, eine Esche auf Pelions Gipfel gehauen*. Auch dieser Teil der Sage läßt sich aus Homer belegen. Vgl. Il. XVI, 867. XVII, 194. 443. XVIII, 84. XIX, 390. XXIII, 277. XXIV, 62, besonders XVI, 140 ff.:

> Πηλῆϊ, μέγα, στιβαρόν· τὸ [ἔγχος] μὲν οὐ δύνατ' ἄλλος Ἀχαιῶν
> Πάλλειν, ἀλλά μιν οἶος ἐπίστατο πῆλαι Ἀχιλλεὺς·
> Πηλιάδα μελίην, τὴν πατρὶ φίλῳ πόρε Χείρων
> Πηλίου ἐκ κορυφῆς, φόνον ἔμμεναι ἡρώεσσιν.

Schweigend verweilte Thetis bei dem Gatten. So legt meines Erachtens B. Schmidt Volksleben d. Neugriechen S. 116 ganz

---

1) Pindar. Nem. III, 60: καὶ ποντίαν Θέτιν κατέμαρψεν ἐγκονητί. Cf. Schol. Pind. N. III, 60: διωκομένη γὰρ ὑπ' αὐτοῦ μετέβαλλε τὰς μορφάς, ὁτὲ μὲν εἰς πῦρ, ὁτὲ δὲ εἰς θηρία. ὁ δὲ καρτερήσας περιγέγονε. Περὶ δὲ μεταμορφώσεως αὐτῆς καὶ Σοφοκλῆς . . . ἐν Ἀχιλλέως ἐρασταῖς (Fragm. Brunck III, p. 404):

> Τίς γάρ με μόχθος οὐκ ἐπιστάται; λέων
> .Ιράκων τε, πῦρ, ὕδωρ.

Vgl. Pind. N. IV, 100. Preller Gr. Myth. II, 398 Anm. 1.

richtig die Verse aus dem Troilus des Sophokles (Schol. Pind. N.
III, 60. Fr. Soph. Brunck. III, p. 452) aus:

> Ἔσμεν ὡς ἔσμεν ἀφ᾽ ὑάχχοντε γάμους
> Τῇ αυετομόῳῳ Θέτιδι σεμλικωτς πατε.

Als Thetis darauf einen Knaben geboren, wollte sie ihn unsterblich machen, verbarg ihn, von Peleus ungesehen, nachts im
Feuer und vertilgte so, was vom Vater her an ihm sterblich war.
Bei Tage salbte sie ihn mit Ambrosia.   Peleus aber belauschte
sie einst und schrie laut auf, als er seinen Sohn im Feuer zap-
peln sah.   Da verschwand Thetis und ging zu den Nereiden
zurück.   *Peleus brachte nunmehr den Knaben zu Cheiron.* Dieser nahm ihn wol auf und *nährte ihn mit der Leber von Ebern
und Löwen und mit dem Marke von Bären*, und hieß ihn Achilleus, da er vorher einen andern Namen führte. [1]

In dieser Erzählung weht der frischeste Hauch des höchsten
Altertums.   So glaubt noch heute der Wilde, daß die Kraft und
Gewandtheit des erlegten und verzehrten tierischen oder mensch-
lichen Gegners in ihn übergehen werde (Bk. 218); vor allem galt
von jeher Essen des Herzens als des Lebenssitzes bedeutsam;
Lokis Bosheit wird vom Genuß eines halbverbrannten steinharten
Frauenherzens abgeleitet. [2]   Da es nicht denkbar ist, daß ein
späterer Dichter diesen echt mythischen Zug erfand, rückt die
Fabel von Achilleus Erziehung durch Cheiron hoch in die Vorzeit hinauf.   Dieses Ergebniß gewinnt volle Sicherheit durch die
Wahrnehmung, daß auch die übrigen Teile der *durch Cheirons
wiederholtes Eingreifen in die Handlung als ein altes einmal zu-
sammengehöriges Stück charakterisierten Peleïs* (oder Achilleïs),
nämlich die Abenteuer bei Akastos und die Heirat mit Thetis
sich dem Kundigen als *echte Volkssagen darstellen.*   Die Wichtigkeit der Sache möge entschuldigen, daß wir den Beweis für
diese Behauptung als eine den Gang unserer Untersuchung über
die Kentauren einstweilen unterbrechende Episode in dieselbe hier
einschalten.

§. 4. **Die alte Peleïs.** Mit Recht ahnte Preller (Gr. Myth. [2] II,
396) in den Abenteuern des Peleus bei Akastos „märchenhafte
Züge einer altertümlichen Ueberlieferung, welche ursprünglich

---

1) Apollod. Bibl. III, 13, 2—7.
2) Hyndlul. 38. Simrock Handb. d. d. Myth. 2. Aufl. 332.

wol noch einen andern Sinn als den der gewöhnlichen Sage hatten." Sie zeigen auf den Heros Eponymos der Peliotis, den Peleus [1] (Hypokoristikon von Peliarchos, Peliokrates oder Peliomachos) übertragen [2] jenen uralten Mythus, welcher bei den Germanen einen Hauptteil der Sigfritsage und den Gehalt mehrerer Märchen [am nächsten kommt das Märchen von „den beiden Brüdern"], bei Kelten einen Teil der Tristansage bildete. Ein junger Held, Königssohn oder Jäger, kommt zu einer Stadt, wo grade eine Königstochter einem siebenköpfigen Drachen zur Beute ausgesetzt werden soll. Mit Hülfe *eines wunderbaren, auf dem Drachenberge vergrabenen, oder daselbst in einer Kapelle aufgehängten, alles erhauenden Schwertes, das er eben vor Beginn des Kampfes auffindet*, und das zu schwingen vermag, wer drei daneben gestellte, gefüllte Becher austrinkt,[3] besiegt er das Ungeheuer, schlägt ihm die sieben Köpfe herunter, *schneidet die Zungen heraus*, wickelt sie in ein Tuch und verwahrt sie wohl. *Matt und kampfmüde fällt er sammt der erlösten Jungfrau und den treuen Tieren, die sein Gefolge bilden (Löwe, Bär, Wolf), in Schlaf; darüber kommt der Hofmarschall zu*, schlägt dem Schlummernden das Haupt ab, bringt die Jungfrau zu ihrem Vater und *giebt sich für den Sieger aus*. Ihm wird als Siegespreis die Hand der Königstochter zugesagt. *Auf der Hochzeit aber erscheint der von seinen treuen Tieren mit einer Lebenswurzel vom Tode wieder erweckte Held, weist sich durch die Zungen als den echten Drachentödter aus*, und gewinnt die Braut.[4] In

---

1) Das nach seinem fruchtbaren Lehmboden [πηλός vgl. πᾶν δ' ἐστὶ τὸ ὄρος μαλακὸν γεωλοφόν τε καὶ πάμφορον. Dicaearch bei Müller F. hist. Gr. II, 261] benannte Gebirge Pelion gab Stadt und Landschaft an seinem Fuße Namen. Πηλιῶτις = Ἰωλκός; Πηλία und Πηλεύς die Stadt, welche später Demetrias hieß, ein einzelner Einwohner derselben Πηλεύς. Πηλεύς für Πηλιεύς, wie Πηλεύς f. Πηλιεύς; und Πηλία, Nymphe, der ein Hain am Fuße des Pelion bei der Mündung des Brychonflusses geweiht war (Dicaearch II, 7. Fr. 60, 7. Müller. Fr. Hist. Gr. II, 262) für Πηλιεία.

2) Erst als seine Sage berühmt wurde, können ihn die Nachbarn in der Phthiotis sich angeeignet und zu ihrem Könige gemacht haben: noch jünger ist offenbar die Anknüpfung an Aigina und Aiakos.

3) Vgl. Mannhardt Germ. Myth. 174. 216.

4) KHM. n. 60. 85. E. Meier Volksmärchen a. Schwaben n. 58 S. 204. Vgl. n. 1.

den schwedischen und norwegischen Varianten dieses Märchens [1] *erschlägt der Held drei Meertrolle* sammt ihren Hunden *mit Hilfe seines einen oder seiner drei alles niederreißenden Hunde* und *seines Schwertes, welches ein ganzes Heer auf einmal zu Boden streckt;* er hat es von einer Alten *zum Dank für die Wiedergabe ihres gestohlenen Auges* erhalten. *Er schläft nach* dem *Kampfe* auf dem Schoße der befreiten Königstochter *ein; ein Ritter* (oder Schneider), *der von ferne zugesehen, will sich den Siegespreis zuwenden, wird aber durch die ausgestochenen Zungen bzw. Augäpfel,* oder die in den Schiffen verborgenen Schätze der Trolle *widerlegt.* Hiemit im wesentlichen stimmt das litauische Märchen vom hörnenen Manne. [2]

Eine eigentümliche Abart dieser Sage bildet KHM. n. 91 „dat Erdmänneken." Dazu vgl. das oberhessische Sigfritmärchen bei Raßmann D. Heldens. I, 360 ff. Der Held wird im Walde durch *ein Erdmännchen, dem er den Bart in einen Baumspalt klemmt,* in die Tiefe unter die Erde zum Aufenthaltsorte dreier von einem siebenköpfigen Drachen gefangen gehaltener Königstöchter geführt. *Er findet hier ein zauberisches Schwert, das ein daneben stehender Trank ihn zu heben befähigt, erschlägt den Drachen* und *schneidet ihm die Zungen aus* (Raßmann I, S. 365). Seine Brüder bemächtigen sich der befreiten Jungfrauen, und *lassen ihn allein in der Unterwelt zurück.* Er entkommt jedoch von dort und bewährt sich mit den Drachenzungen als den rechten Sieger und Bräutigam.

Auch KHM. 101 „der gelernte Jäger" sei erwähnt. Ein Jäger tödtet drei Riesen, die in das Schlafgemach der im (zauberischen) Schlummer daliegenden Königstochter kriechen wollen, *mit dem daselbst vorgefundenen immer siegreichen Schwerte, schneidet ihnen die Zungen aus* und entlarvt damit nach Jahres-

1) Lillekort. Asbjörnsen Norske Folke - Eventyr. n. 24. Tr. Udg. 98 ff. Silverhwit och Lillewacker. Hyltén - Cavallius Schwed. Märch. übers. v. Oberleitner, Va. Der Halbtroll. ebds. IV.

2) Schleicher Lit. Lesebuch S. 118. Ders. Lit. Märchen u. s. w. Weimar 1857 S. 4—7. Auf die Verwandtschaft dieses Märchens mit dem Liede vom hürnen Sigfrit machte Schleicher aufmerksam im Sitzungsber. d. Wien. Akad. Octb. 1852, s. jetzt auch Edzardi in Bartsch Germania XX, 1875 S. 317 ff.

frist einen alten Hauptmann, welcher als angeblicher Riesentöd-
ter die erlöste Jungfrau heimzuführen im Begriff steht.
Beim *Haare* (beim Barte vgl. Nib. 468) *gefaßt und an die
Steinwand gedrückt* führt *Zwergkönig Engel* den jungen Helden
Seyfried zum Berge, wo der Riese Kuperan ein vom Drachen
entführtes Mägdlein hütet. *Seyfried besteht zuerst den Riesen, danach den Drachen, fällt dann aber vor Ermattung wie todt nieder,
neben ihm die Jungfrau, Engel aber holt eine Heilwurzel und
macht sie alsbald gesund* (Lied vom Hürnen Seyfried).

Bekanntlich hat die nämliche Mythe auch in den bretoni-
schen Sagenkreis von Tristan Eingang gefunden; in Gotfrits Gedicht wird sie (217, 35 — 272, 8) in wesentlicher Uebereinstimmung
mit Eilhart von Oberge c. 10 — 11 und dem englischen Gedichte
von Sir Tristram II, 21 — 45 [1] folgendermaßen erzählt. Ein *Drache
schädigt auf Irland Land und Leute* der Art, daß der König schwört
demjenigen, der ihn erlege, seine Tochter Isôt zur Frau zu geben.
Tristan *besiegt und tödtet das Ungeheuer* nach langem gefahrvollen Kampfe, *schneidet ihm die Zunge aus* und steckt sie in den
Busen; dann *sucht er in der Wildniß ein verborgenes Plätzchen,
um zu ruhen,* und wieder zu Kräften zu kommen; er war so
ermattet, daß er kaum leben konnte. Der aus der Drachenzunge
hervorbrechende Qualm raubt ihm vollends die Besinnung, bleich
und regungslos *liegt er wie ein Todter da.* Der *Truchseß des
Königs findet den Körper des Drachen,* und versetzt demselben
einige Hiebe; nachdem er vergeblich nach Tristan gesucht, um
*den Ermüdeten zu erschlagen, nimmt er als Drachensieger die
Hand der jungen Königin in Anspruch.* Doch die Königinnen,
Isôt und deren Mutter, schenken seiner Prahlerei keinen Glauben,
sie besichtigen mit Gefolge den Kampfplatz und entdecken *den
anscheinend entseelten Tristan,* meinen anfangs, *der Truchseß
habe ihn ermordet,* rufen ihn dann aber durch Entfernung der
Drachenzunge und *Einflößung eines Theriaks* (aus Pflanzen und
Honig bestehenden Gegengiftes) ins Leben und Bewußtsein zurück.
Von den Frauen heimlich ins Schloß geführt, wird er dem seine
Belohnung einfordernden Truchseß als Kämpe gegenübergestellt,
der durch die vorgewiesene Drachenzunge des Betruges überführt
den Zweikampf aufgiebt.

1) Vgl. R. Heinzel in Zs. f. D. A. XIV, 446.

Mehrfach hat der Drachenkampf ein Vorspiel oder ein Nach-
spiel von gleicher Bedeutung. Bei Meier a. a. O. n. 29 S. 101
erlöst Hans mit Hilfe einer Zauberflöte eine Prinzessin *im*
Walde nacheinander von drei Riesen, *denen er die Zungen und*
Augen nimmt. Nachdem er sich durch diese als den wahren
Riesenerleger legitimiert hat, soll er die erlöste Prinzessin nicht
eher heiraten, *bis er in einem verwünschten Kloster geschlafen,*
worin dreizehn Teufel hausen. Er tödtet auch diese und wird
König. — In einer neugriechischen Erzählung [1] findet man die
Märchen vom Erdmänneken und von den beiden Brüdern verbunden. Der Prinz erschlägt mit dem Zauberschwert in der
Unterwelt den drei goldige Jungfrauen bewachenden Drachen;
nachher *von seinen Brüdern daselbst im Stich gelassen* tödtet er
eine zwölfköpfige, brunnenverstopfende *Schlange, welche jede*
Woche ein Mädchen frißt, nachdem er zuvor auf dem Schoße
der dem Ungetüm als Opfer herausgeführten Königstochter
geschlafen hat. Ein Mohr giebt sich für den Sieger aus, *wird*
aber vom Helden durch Vorweisung der Drachenzungen wider-
legt. Aus einer Verbindung der nämlichen beiden Sagenstoffe
besteht auch Schott wal. Märch. n. 11 S. 144. Petru Firitschell
gelangt, *einem daumenlangen Zwerge folgend, den er beim Barte*
erwischt hat, in eine tiefe Höhle, wo ihn seine Brüder im Stiche
lassen. Hier erlegt er mehrere Drachen, später noch einmal
einen zwölfköpfigen Drachen, dem eine Kaiserstochter zum
Fraße dargebracht wird. *Nachdem er die zwölf Zungen ausge-*
schnitten, wird er, auf dem Schoß der Jungfrau *eingeschlafen,*
von einem Zigeuner getödtet; aber *durch ein heilkräftiges Schlan-*
genkraut wird er wieder ins Leben zurückgerufen. — Nach Haltrich (Siebenbürg. Märch. n. 24 S. 127 ff.) tödtet ein Knabe mit 3
wunderbaren Hunden in einer Räuberhöhle, *wo er ein Zauber-*
schwert findet, sechs Räuber (Abschwächung von Riesen); später
kommt er zu einer Stadt, wo er *eine Königstochter vom sieben-*
köpfigen Drachen erlöst, aber von dem Schweife des sterbenden
erschlagen wird. Die Hunde erwecken ihn mit Lebenswasser.
Die Lügen des Kutschers werden durch die Drachenzungen als
solche dargetan. — Haltrich n. 22 S. 112 verbindet KHM. n. 111
und n. 60. *Der Held erlegt einen Löwen, einen Bären, einen*

---

1) Hahn Griech. u. alb. Märchen n. 70 Bd. II. S. 49 ff.

Wolf und schneidet ihnen die Pfoten ab; hernach tödtet er mit dem Wunschschwert drei Hünen, welche ins Schlafgemach der Königstochter kriechen wollen; er schläft bei der Maid und nimmt als Wahrzeichen die Hünenzungen mit. Durch Pfoten und Zungen bewährt er sich späterhin als Sieger.

So kämpft auch Sigfrit im Liede vom hürnen Sigfrit zuerst mit dem Riesen Kuperau, dann mit dem Drachen. In KHM. n. 60 und Varianten folgt dem Streite des Helden mit den Drachen (Trollen) häufig als Nachspiel, daß eine Hexe (oder männlicher Troll, des zuvor Getödteten Bruder) *den Helden allein in einen Wald lockt,* durch List der Hilfe seiner Tiere beraubt und tödtet, worauf derselbe aber durch Lebenswasser wieder erweckt wird.

Unverkennbar wird durch die Uebereinstimmung mehrerer, in der gleichen Reihenfolge mit einander verbundener Züge (Kampf gegen Ungeheuer auf einem Berge, Erlangung eines sieghaften Zauberschwertes im Augenblicke des Kampfes, Ausschneiden der Zungen, Bewährung als Sieger durch dieselben, Schlaf auf dem Kampfplatz) die Identität der erwähnten Märchen und Heldensagen mit dem Abenteuer des Peleus dargetan; am deutlichsten tritt die Verwandtschaft der Traditionen wol bei der Tristansage hervor. Ebenso unverkennbar ist der Umstand, daß die griechische Sage teils unvollständig, teils in sehr abgeschwächter, den ursprünglichen Zusammenhang verrückender Form überliefert ist. Die wilden Tiere, zu deren Bekämpfung der Held eines überall sieghaften von Hephäst geschmiedeten Dolchmessers benötigt ist, hat man unzweifelhaft als übernatürliche, dämonische Wesen zu denken, dem ganzen Lande oder dem Königshause schädlich; wie hätten die Höflinge sonst ein so großes Interesse daran gehabt, sich die Beute zuzueignen? In der griechischen Sage treten mehrfach andere Tiere in der Rolle auf, welche sonst[1] der Drache spielt. Amphitryo zieht gegen den Teumessischen Fuchs aus, den Niemand ergreifen konnte; jeden Monat mußten die Thebaner dem Tiere einen Knaben vorwerfen, das sich durch Zerreißen Vieler zu entschädigen suchte, wenn einmal die

---

1) Vgl. z. B. Kychreus wird König von Salamis, weil er eine ungeheure Schlange (ὄφιν ὑπερφυῆ τὸ μέγεθος), welche die Einwohner verschlang, siegreich besteht. Apollod. III, 12, 7. Diod. Sic. Bibl. IV, 72.

bestimmte Lieferung unterblieb. Der Held gewinnt für sein
Unternehmen den Beistand des Kephalos oder vielmehr des demselben gehörigen Hundes, der alles, was er verfolgt, ergreifen
muß. [1] Hier ist der Fuchs ein genau zutreffendes Gegenstück
zu dem Drachen (oder Troll), der alle Jahr eine reine Jungfrau
haben muß, sonst verwüstet er das ganze Land (KHM. n. 60)
oder verzehrt täglich einen Christenmenschen (Basile Pentamerone I, 7, 7. KHM. III², 292), der Hund des Kephalos aber
zu dem unwiderstehlichen Hunde, der dem Helden unseres Märchens beim Kampfe Beistand leistet. [2] Es ist deutlich, daß der
Mythus in der überlieferten Gestalt der Amphitryonsage nicht zu
Ende gebracht, sondern von einem rationalistischen Erzähler, der
(mißverständlich) die gleiche, wunderbare Eigenschaft beider
Fabeltiere nicht zu reimen wußte, durch Annahme ihrer Verstei-
nerung mitten durchgeschnitten ist. Die Sage vom Teumessischen
Fuchs war in unverstümmeltem Zustande eine Variante von
KHM. n. 60. Für die Peleussage erwächst aus dieser Wahrnehmung
der Gewinn, daß wir in ganz analoger Weise die Jagd auf dem
Pelion als Kampf mit einem Ungeheuer in Gestalt eines wilden
Tieres aufzufassen uns berechtigt sehen, welches wol auch Landes-
kinder zum Fraße verlangte. Nach diesen Darlegungen wird die
Vermutung berechtigt sein, daß der *Schlummer*, in den Peleus fällt,
in der älteren Tradition unmittelbar auf den Kampf folgte und
durch die *Ermüdung* in Folge desselben motiviert wurde. *Dann
wird er auch von einem neidischen Höflinge im Schlaf getödtet und
durch Cheiron mit einer Heilwurzel wieder ins Leben zurückgerufen
sein*, und jetzt erst durch Vorzeigung der Zungen sich als Sieger
erwiesen haben. *So wird es erklärlich, wie man dazu kam, dem
Kräuterkenner Cheiron in dieser Sage eine Rolle zuzuteilen; wir
treffen hier augenscheinlich auf den Ausgangspunkt und das*

---

1) Apollod. II, 4, 6. 7. Pausan. IX, 19. 1. Suid. *Τελμισσια*.

2) S. Müllenhoff Schleswig-holst. Sag. n. 20 S. 452. Hyltén-Cavallius
Schwed. Märch. übers. v. Oberleitner n. 4 S. 64 ff. Basile Pentamerone I,
I, 7 (7). KHM. III², 292. In den meisten Versionen sind es drei Hunde
(z. B. Hyltén-Cavallius a. a. O. V, S. 78 ff. Haltrich Siebenbirg. Märch. n.24
S. 127 ff.) mit Namen wie Haltan, Greifan, Brich Eisen und Stahl. KHM.
III³, 101. Haltfest, Reiß zusammen, Horch. Hyltén-Cavallius XIII, 235 ff.
Vgl. Mannhardt Germ. Myth. 174. 216.

*Muster für alle weiteren Erzählungen von den Freundschaftser-
weisungen des Cheiron gegen Peleus; ja die größte Wahrscheinlichkeit spricht dafür, daß wir hier die einst hochberühmte,
später verschollene Sage aufgefunden haben, welche
Cheiron selbst den Namen gab.* (s. o. S. 46). Doch schon
auf thessalischem Boden hat die Sage ihre (vorhin S. 56 dar-
gelegte) Neigung zur Verstärkung durch gleichbedeutende Varianten bewährt, indem sie Peleus einen zweiten Kampf und zwar
mit den Unholden des Gebirges, den Kentauren, bestehen und
in Folge dessen in der bisherigen Fabel die erforderlichen Aen-
derungen eintreten ließ. Als Peleus schlief, bemächtigte sich
Akastos seines Zauberschwertes und legte sich in einen Hinter-
halt, um ihn damit, sobald er aufwachend es suche, zu ermorden.
Bald aber überlegte er, daß es genügend sei, ihm das Schwert
zu verstecken, und die Vernichtung des Wehrlosen dem Angriffe
der wilden Bergkentauren zu überlassen. Diese kommen, und
sind im Begriffe ihn zu tödten, aber Cheiron wehrt den Tod von
ihm ab. Diese Auffassung scheint mir als diejenige der alten
Peleis aus der Combination der beiden Dichterstellen Hesiod
Fragm. Cx. (s. o. S. 50) und Pindar Nem. IV, 95:

> Τᾷ δαιδάλῳ δὲ μαχαίρᾳ
> φώτευέν οἱ θάνατον
> Ἐκ λόχου Πελίαο παῖς.
> Ἄλαλκε δὲ Χείρων.

hervorzugehen. Hier ist der Tod des Peleus in ein Bedroht-
werden durch Akastos abgeschwächt. (Vgl. Tristan). Die Her-
einziehung der Kentauren setzt den noch lebendigen Volksglauben
voraus, daß der waldige Rücken des Pelion von den menschen-
mörderischen Berggeistern bewohnt sei. Das zweite Buch der
Ilias ist schon der Widerhall einer grübelnden Zeit, welche den
Widerspruch zwischen der hellen historischen Wirklichkeit, dem
Nichtvorhandensein der Kentauren auf diesem Local, und der
Sage durch Annahme ihrer Vertreibung auf den Pindus rationa-
listisch auszugleichen suchte, gradeso wie der norddeutsche Bauer
vermeint, daß der alte Fritz die Zwerge über das schwarze
Meer, Napoleon und seine Franzosen die Kabautermännchen oder
auch allen Spuk, Gott weiß wohin, aus dem Lande getrieben
haben.[1]

---

1) Kuhn, Nordd. Sag. n. 189, 2. S. 163 nebst Anm.

Vom Tode wieder auferweckt wird Peleus der echten Sage gemäß *allein*, als einzelner Held nach Jolkos gezogen sein, die Zungen vorgewiesen und Rache geübt haben. (Vgl. o. S. 50). Der Verfolg des Epos schließt nun eine andere auf das Leben des Peleus übertragene echte Volkssage, die Heirat des Helden mit der Thetis, an. Noch heute wird dieselbe Sage auf Kreta von den Neraiden erzählt, welche die Stelle der antiken Nymphen, unserer Elfen, einnehmen. In der Eparchie Pediada befindet sich eine Höhle ὁ Νεραϊδόσπηλος genannt, der ein klarer Quell entströmt. Hier pflegten die Neraiden zu Zeiten nachts nach der Musik zu tanzen, welche ein Bursch aus Sgourokepháli auf der Laute machte. In eine von ihnen verliebt faßte er einst, von einem alten Weibe unterwiesen, als morgens der Hahnkrat nahte, die Ersehnte bei den Haaren und hielt sie fest, obwohl sie sich in einen *Hund*, eine *Schlange*, ein *Kameel* und in *Feuer* verwandelte, bis der Hahn krähte, und die übrigen Neraiden verschwanden. *Da nahm sie ihre menschliche Gestalt wieder an* und folgte ihm, gebar ihm auch einen Sohn, *sprach aber nie ein Wort*,[1] bis der Gatte einst Miene machte das Kind *in den Backofen zu werfen*. Da verschwand sie mit dem Knaben.[2]

Die nachfolgende Erörterung wird erweisen, daß wir in der kretischen Erzählung nicht einen Nachhall der Brautwerbung des Peleus sondern einen Elfenmythus vor uns haben, von welchem auch die antike Heldensage nur Localisierung war. Schon die Alten bemerkten die Verwandtschaft unserer Thetissage mit den Verwandlungen des Proteus, des Meergreises, der aus den Fluten gestiegen, von Menelaos festgehalten, in einen *Löwen*,

1) Auch dieser Zug (s. o S. 52) ist echt und alt. Nach einer englischen Sage, welche Walter Map, der Freund Königs Heinrich II., in seiner zwischen 1180—1193 verfaßten Schrift nugae curialium von dem berühmten angelsächsischen Ritter Edric dem Wilden (Lappenberg Gesch. Englands II, 76) erzählt, hat derselbe im Walde tanzende Waldfrauen belauscht, eine derselben ergriffen und nach langem Kampfe siegreich mit sich fortgeschleppt. Drei Tage ist sie ihm völlig zu Willen, spricht aber kein Wort, am vierten öffnet sie den Mund, um ihn mit holdseliger Rede zu grüßen und ihm Glück zu verheißen, so lange er sie nicht schelte. Als er dies einst in Uebereilung tut, ist sie verschwunden. S. G. Philipps Walter Map. Wien 1853. S. 67. Vgl. Bk. 116.

2) B. Schmidt, Volksleben der Neugriechen. Lpzg. 1871. S. 115 ff.

Pardel, Drachen, Eber, in Wasser, Feuersglut und einen Baum
sich umgestaltet, bevor er sich ergiebt, und aus dem Schatze
seines Wissens die an ihn gestellten Fragen beantwortet. (Odyss.
IV, 365—570). In einer von Pherekydes ausgezogenen Heraklee
fiel dem Nereus dieselbe Rolle zu. Dem nach den goldenen Aepfeln
ausziehenden Herakles offenbaren die Nymphen des Zeus und der
Themis am Eridanos, wie er den Nereus im *Schlaf* überraschen,
und obwohl derselbe *in Feuer, Wasser und allerlei Gestalten
sich wandelt,* fesseln könne. Nereus zeigt dann den Weg zu den
Hesperiden. (Apollod. II, 5, 11, 6. Cf. Pherek. Fragm. 30.
Göttling. Schol. Apollon. 4, 139, 6. Hier ist bewußte Nachahmung
im Spiel.[1]) Eine andere antike Variante dieser Sage knüpft sich
an Dionysos. Von ihm berichteten die Ἑτεροιούμενα des Nikander
(bei Antonin. Liber. Praef. 10), die Töchter des Minyas von

_____

1) Nur eine spätere Uebertragung aus Analogie der Sagen vom Proteus
und Thetis möchte ich auch in derjenigen vom Achelous erkennen, nach
welcher der Flußgott im Ringkampfe um Deianeira mit Herakles, sich in
einen Stier, eine Schlange, einen Mann mit Stierhaupt wandelt,
wobei ihm der Gegner zuletzt ein Horn abbricht. Soph. Trachin. 18 ff. (Vgl.
Ovid Metam. IX, 8—86 nach Nikanders Metamorphosen oder dessen Aetolica).
Denn bei Apollodor, der vielleicht auch hier wie vielfach aus Pherekydes
schöpft, und bei Hygin ist noch die ältere Gestalt der Sage erhalten, daß
Achelous, der gemeinen Vorstellung von den Flußgöttern entsprechend, sich
in einen Stier und nur in diesen verwandelt. Apollod. II, 7, 5. Hygin
fab. 31). Onehin verrät sich die ganze Geschichte der Deianeira in jedem
Zuge als das gekünstelte Machwerk eines nachhesiodeischen Heracleen-
dichters, der das Wesen der in den älteren Heracleen als Gegner des Zeus-
sohnes auftretenden Kentauren mißverstand und, um seine Vorgänger zu über-
bieten, die Geschichte vom vergifteten Hemde erfand, den Kentauren ganz
gegen dessen Natur in der Rolle eines Flußgottes, als eine Art Wate, tätig
sein ließ und mit einem wahrscheinlich lediglich aus Hesiod (Theog. 341)
entlehnten Flußnamen beschenkte. In der alten Sage vom Tode des Herakles war dessen Verbrennungstod noch nicht durch die Qualen des Nessus-
hemdes motiviert. Vgl. auch Jacobi Myth. W. B. 396). Daß auch die Dichtung
der Kyprien, Nemesis habe vor Zeus in verschiedene Gestalten sich gewandelt,
die Erzählung eines hesiodeischen Fragments, Poseidon habe seinem Sohne
Periklymenos die Gabe der Metamorphose in alle Tierarten verliehen, endlich
die ganz junge Ausschmückung der Erysichthonsage, des Hungernden Tochter
habe, um diesem Unterhalt zu schaffen und durch ihren Liebhaber Poseidon
dazu befähigt, in den verschiedensten Verwandlungen sich selbst verkauft,
daß alle diese Angaben aus den Sagen von Thetis und Proteus verstandes-
mäßig abgeleitet sind, bedarf wol keines Beweises.

Orchomenos widersetzten sich der Einführung des Bakchoskults, bis Dionysos selbst in Gestalt eines Mädchens vor sie trat mit der Ermahnung, die Weihen des Gottes nicht zu vernachlässigen. Als sie darauf nicht achteten, *erschien ihnen der Gott in verschiedenen Gestalten als Stier, als Löwe und Panther* und von ihrem Webstuhl floß Nektar und Milch. Erschreckt beschlossen sie den Gott durch ein Opfer zu versöhnen. Das Loß zerrissen zu werden traf Leukippes Sohn. — Offenbar sind auf dem langen Wege vom Ursprunge bis zu Nikander einige sehr wesentliche Züge abhanden gekommen. Wie Thetis und Proteus nur durch Zwang festgehalten sich in so und so viel Gestalten wandeln, wird auch Dionysos in seiner Verkleidung von den Minyaden festgehalten sein, um seinem schwärmerischen Rasen als Bakchantin Einhalt zu tun; und auch die Reihe der Metamorphosen läßt mehrere vermissen, welche sonst nicht zu fehlen pflegen. Diese Ansicht wird vollkommen bestätigt durch eine Variante bei einem älteren Schriftsteller, in den Bakchen des Euripides. Pentheus *will dem nach Theben gekommenen Dionysos Fesseln anlegen;* plötzlich sieht er einen *Stier* vor sich; er wirft ihm Schlingen über Knie und Klau'n, da leuchtet *Feuerschein* und scheinbar steht das ganze Haus in Flammen, vergeblich wird es von oben bis unten *mit Wasser begossen*; nun stellt sich wieder *Dionysos* den Augen des Königs dar, der sticht nach ihm, doch fährt das Schwert durch leere Luft. Endlich stürzt Bakchos zorngemut das ganze Haus in Trümmer. Wage nimmer ein Sterblicher wider einen Gott zu kämpfen! Noch vollständiger zählt v. 1015 die in der Sage, welche Euripides frei benutzte, aufgenannten Verwandlungen auf. Der Bakchenchor ruft beim Herannahen des Pentheus, der den Mänaden Einhalt tun will, dem Gotte zu

> Φάνηθι ταῦρος, ἢ πολύκρανος γ' ἰδεῖν
> Δράκων, ἢ πυριφλέγων
> Ὁράσθαι λέων.

Erschein' als Stier, erschein' vielhauptig anzuschaun
Ein Drach' und, in strahlender Glut
Das Anlitz, ein Leu!

In Gedichten, die Nonnus ausschrieb (40, 41), wechselte Dionysos als *Untier, Feuer, Baum* und *Wasser*. In allen diesen Ueberlieferungen begegnet uns ein geisterhaftes Wesen, welches von einem Sterblichen zu diesem oder jenem Zwecke festgehalten sich

demselben durch mehrere Metamorphosen in Tiere,[1] zumal eine
Schlange (Thetis, Neraide, Proteus, Dionysos), *Feuer* und Wasser
zu entziehen sucht und entweder den Bann bricht, oder sich
ergeben muß und nun auf einige Zeit leibhaftige Menschengestalt
und Menschentum annimmt.

Den griechischen Traditionen treten interessante nordeuropäische zur Seite. So oft Janet, Gräfin von March, an einer
gewissen Quelle, neben der sie einen weißen Zelter stehen sieht,
Rosen pflückt, erscheint der Ritter, dem das Roß gehört, und
verbietet ihr das Pflücken [der Rosenstock ist die Hülle seiner
Seele]. Sie liebt ihn und wird von ihm Mutter. Er giebt sich
ihr als Tamlane, Graf von Murray, zu erkennen, der als acht-
jähriges Kind von den Elfen geraubt und mit Abstreifung von
Leib und Gliedern zu einem der Ihrigen gemacht sei. Alle sieben
Jahre ziehe er mit den Elfen zur Hölle, wo der Teufel ein Opfer
verlange; in der nächsten Mainacht sei er dazu ausersehen. Janet
könne ihn retten, wenn sie soviel Mut und Liebe besitze, ihn
den Elfen zu entreißen. Sie solle um Mitternacht den Zug der
Elfen erwarten. Sie werde ihn dann an gewissen Zeichen erkennen, *vom weißen Rosse herabziehen*, sie werde ihn *in ihre
Arme schließen* und *dürfe ihn nicht daraus loslassen, wenn er
sich auch nacheinander in Schlange, Molch, Feuer und glühendes
Eisen verwandele*. Er tue ihr nichts zu leide. Dann möge sie
ihn in ein Faß mit *Milch*, und nachher *ins Wasser werfen*, aber
auch da noch festhalten, denn er werde zu einem *Aal* und einer
Kröte, sodann zu einer *Taube* und zuletzt zu einem *Schwan*
werden; hierauf aber müsse sie ihren grünen Mantel über ihn
werfen, denn er werde nun wieder ein Mensch und nackend
sein, wie er zur Welt gekommen. Als Janet dieses alles buch-
stäblich erfüllte, bekam sie ihren Tamlane wieder, die Elfen-
königin aber ließ aus dem Gebüsche ihre lauten Klagen über den
Verlust des schönen Jünglings ertönen. Dies der Inhalt einer
schottischen Ballade.[2] Eine andere Fassung der Ballade enthält
nur die Verwandlungen in eine *Eisscholle, Feuer, Schlange,*

---

1) Die Stiergestalt wird, so scheint es, beim Dionysos allein erwähnt.
Das hängt offenbar mit seinem gewöhnlichen Beinamen Stier oder Stier-
gestaltiger (ταῦρος, ταυρόμορφος) zusammen und ist von diesem in die oben
behandelte Verwandlungsfabel hineingetragen.
2) W. Scott Minstrelsy of Scottish borders T. II, p. 193.

Schwan.[1] — Nah verwandt sind die vielen deutschen Sagen von der schatzhütenden weißen Frau oder Jungfrau, deren Erlösung d. h. dauernde Rückkehr zur Menschengestalt und zu menschlicher Art und Lebensweise (Grimm D. S. I, S. 17. u. 18) davon abhängt, daß ein reiner Jüngling sie dreimal küßt, obwohl sie sich während dessen in fremde Gestalten, *Schlange* (Drache), *Kröte* (Frosch) resp. *Jungfrau*, *Bär*, *Ochse* (Kuhn Westf. Sag. I, 242, 276) oder *Frosch*, *Wolf*, *Schlange* (Müllenhoff Schleswigh. Sag. S. 580, 597), oder *Frosch*, *Schlange*, *Feuerdrache* (Baader I, S. 198) *wandelt*.[2] In den meisten Sagen mißlingt die Erlösung.

Am auffallendsten ist es jedoch, daß sogar der Eintritt jeder menschlichen Seele in die Leiblichkeit von den nämlichen Erscheinungen begleitet gedacht wurde. Ungetaufte Kinder werden im heutigen Griechenland die Knaben Drache ($\delta\varrho\acute{a}\varkappa o\varsigma$, $\delta\varrho\acute{a}\varkappa o\nu\tau\alpha\varsigma$), die Mädchen Drachin ($\delta\varrho\acute{a}\varkappa\alpha\iota\nu\alpha$, $\delta\varrho\alpha\varkappa o\tilde{\iota}\lambda\alpha$, $\delta\varrho\alpha\varkappa\acute{o}\nu\tau\iota\sigma\sigma\alpha$) genannt; man muß bei ihrem Anblick sofort ausspeien und Knoblauch sagen,[3] wie man zu tun pflegt, um Behexung abzuwenden, alles empfangene Schlimme von sich auszustoßen. Die auffällige Benennung erhält ausreichendes Licht durch die Angaben, welche der Freiherr J. W. Valvassor zu Wagensperg in Crain in seiner Ehre des Herzogtums Crain 1689 uns über den Aberglauben in seiner Heimat hinterlassen hat. „In einem gewissen Distrikt auf dem Karst, oder an der Poig hat sichs zuweilen zugetragen, daß, wann es mit einem schwangeren Weibe bis an die Geburt gelanget, anstatt eines Kindes eine *Schlange* von ihr gekommen. Solche Schlange wird mit Ruten gestrichen und in ein Schaff voll Wasser getrieben (welches zu dem Ende mitten in die Stuben hingesetzt ist) und mit Rutenstreichen so lange angehalten, *bis sie in das Wasser geht*. Alsdann soll man allerlei Handwerker und sonst auch Leute, oder vielmehr Aemter der Leute und

---

1) Aytoun Ballads of Scotland I, p. 7. Allingham Ballad - Book. K. Knortz Schott. Balladen. S. 51.

2) Vgl. Myth.³, 921. Wolf Beitr. z. D. Myth. II, 247. Rochholz Zs. f. D. Myth. IV, 289. Ders. Naturmythen 160, 8. Stöber Elsäss. Sag. S. 346, 277. Wucke Werrasag. II, S. 132. Pröhle Harzs. 217, 2. 177. Birlinger aus Schwaben I, 263, 274. Panzer II, 154, 239. Zingerle Sagen u. Märchen a. Tirol 223, 397. In Ulrichs von Zazikhoven Lanzelet v. 7815 ff. erlöst der Held eine Königstochter von Tile (Thule), welche verzaubert ist, so lange eine Schlange zu sein, bis sie der beste Ritter küsse.

3) C. Wachsmuth, das alte Griechenland im neuen. Bonn 1864. S. 34. 62.

mancherlei Stände, auch sogar geistliche, nacheinander benennen, nebst Befragen, was das Kind künftig werden wolle. Als zum Exempel: Wirst du ein Schuster, Schneider, Kürschner, Barbier, Rechtsgelehrter, Pfarrer u. s. w. werden? Bei jedwedem Amtsnamen gibt man der Schlangen mit der Ruten einen Streich, *bis sie sich verwandelt in ein Kind*, welches hernach einmal zu solchem Handwerk, Amt, oder Würde und Stand gelangt, bei dessen Nennung und Namen die Schlange zum Knäblein sich verbildet hat. *Es soll oft geschehen, daß die Schlange verschwindet* und alsdann findet sich auch kein Kind mehr. Man sagt auch für gewiß, es soll noch auf den heutigen Tag auf dem Karst ein Geistlicher am Leben sein, welcher gleicher Gestalt geboren worden. Es ist noch ein altes Weib am Leben, welches zweimal bei solcher Verwandlung soll gegenwärtig gewest sein. Als ich im Juni 1685 auf dem Karst war, schickte ich nach demselbigen Weibe, daß ich solches von ihr selber möchte vernehmen, sie war aber nicht daheim." Valvassor gesteht nun von dergleichen Verwandlungen viel gehört, aber niemals Augenzeugen gesprochen zu haben, er würde die Sache verschwiegen haben, wenn ihn nicht folgende Stelle in den vor 22 Jahren geschriebenen „Annales Norici" des gelehrten M. Bauscher dazu veranlaßt hätte, dem Gerüchte Gewicht beizulegen. „In einer adligen Familie in dieser Landschaft des Karst — sagt Bauscher — *gewinnen alle Kinder, wenn sie aus Mutterleibe kommen, ein Schlangengesicht, oder Schlangengestalt. Sobald aber das Kind zum erstenmale gewaschen wird, legt es das Schlangenangesicht ab und entdeckt seine menschliche Gestalt*, die zuvor mit einer Schlangenform verlarvt war. Solches scheinet nach einem Muster des ersten erbsündlichen Fleckens zu riechen."

Zur Darlegung des mutmaßlichen Gedankenzusammenhangs der vorstehenden Superstitionen erlaube man mir einige Sätze aus meinen „Germanischen Mythen." Berlin 1858. S. 310 zu wiederholen. „Das neugeborne Kind galt, so lange es die heidnische Wassertaufe, mit welcher die Namengebung verbunden war, noch nicht empfangen, oder noch keine menschliche Speise genossen hatte, als Seele. Der menschliche so wie jeder andere Körper wurde als ein Gewand gedacht, das die Seele anzieht, (lib-ham, altn. lik-hamr). Das Band zwischen der Seele und dem Leibe galt fürerst noch als lose." —

„Weil die Verbindung mit dem Körper noch nicht Halt gewonnen hat, ist das Kind bis zur Taufe, die im Volksaberglauben die Stelle der heidnischen Wasserbegießung vertritt, der Vertauschung mit Wechselbälgen ausgesetzt d. h. in Gefahr, von den Geistern (Nixen, Unterirdischen, Zwergen, wilden Weibern) ohne weiteres wieder in ihre Gemeinschaft gezogen und durch einen nur anscheinend mit menschlicher Körperlichkeit behafteten Geist, eine zur vollen Menschheit nicht durchgedrungene Seele (Kretin) ersetzt zu werden."[1] Dem entsprechend scheint man angenommen zu haben, daß ebenso wie in den Sagen von Thetis, Proteus, Tamlane und von den verwünschten weißen Frauen ein zu zeitweiliger oder dauernder Annahme menschlicher Leiblichkeit gezwungener Geist (Dämon) vor seiner Verkörperung u. a. in die Gestalt einer *Schlange* (Thetis, Proteus, Neraide, Tamlane, weiße Frau) sich wandelt, schließlich auch in *Wasser* sich umgestaltet (Thetis, Proteus) oder *ins Wasser geworfen wird* (Tamlane), ebenso auch die zum Austritt aus der Geisterwelt und zum Eintritt in den Menschenkörper bestimmte Seele jedes Sterblichen zuvor als *Schlange* sich darstelle, ehe sie nach dem *Durchgang durchs Wasser* zu fester und dauernder Verkörperung gelange. Hiermit vgl. die buddhistische Erzählung im Teluguwerke Dhermangada Cheritra (Mackenzie, Collection I, 324. Benfey Pantschatantra I, 254. § 92). Die Frau des Dharmangada, Königs von Kanakapuri in Kashmir, *wird von einer Schlange entbunden.* Dieses wird verheimlicht und bekannt gemacht, sie habe einen Sohn geboren. Der König von Suvâshtra bietet diesem seine Tochter zur Frau. Dharmangada nimmt sie an, um das Geheimniß nicht zu verraten. Das Mädchen kommt nach Kashmir, und als sie reif ist, fragt sie nach ihrem Manne. *Man giebt ihr die Schlange.* Obgleich sehr bekümmert, pflegt sie sie, und führt sie nach den heiligen Orten. In dem letzten, den sie besucht, erhält sie den Befehl, *die Schlange in den Wasserbehälter zu setzen. Nachdem sie es getan, nimmt die Schlange die Gestalt des Mannes an,* und die Frau kehrt mit diesem vergnügt nach Kashmir zurück. Hier sind die beiden Verwandlungen des Geistes in die Schlange bei der Geburt und bei der Heirat mit einander combiniert. Zur Bestä-

---

1) Den Versuch eines Beweises für obenstehende Sätze s. Germ. Myth. 311—313.

tigung des Gesagten gereicht es, daß die Rückverwandlung des
zum Menschen gewordenen Geistes oder Albs in Geisternatur
mit den nämlichen Erscheinungen verbunden ist. Dies lehrt sehr
deutlich die älteste Gestalt der Melusinensage, wie sie um das
Jahr 1211 Gervasius von Tilbury in seinen Otia imperialia I, 15
(Liebrechts Gervasius S. 4 ff.) aufschrieb. Raimund Herr von
Russet bei Trets unweit Aix in der Provence trifft am Ufer des
den Burgberg bespülenden Flusses einmal eine herlich gekleidete
Jungfrau auf kostbar geschmücktem Zelter, die sich ihm zur Ehe
gelobt, wenn er verspreche, *sie niemals nackt zu sehen*. Nach
vielen Jahren bricht der bis dahin überaus glückliche Gatte sein
Wort und stürmt in das Badegemach seiner Frau. Quid moror,
erepto linteo, *quo balneum operitur*, miles ut uxorem nudam
videat, accedit, *statimque domina in serpentem conversa*, misso
sub aqua balnei capite, *disparuit, nunquam visa imposterum nec
audita*, nisi quandoque de nocte, cum *ad infantulos suos visi-
tandos reniebat*, nutricibus audientibus, sed ab ejus aspectu semper arctatis. Hier also verwandelt sich die Waldfrau oder
Brunnenfrau, als sie durch den Bruch des Versprechens gezwungen
wird, die Leiblichkeit wieder abzustreifen und zu den Geistern
zurückzukehren, in eine vollständige Schlange. In gleichzeitigen
anderen Localisierungen desselben Mythus erscheint dann freilich
die Vorstellung, daß die mit Menschen vermählten Elben von Zeit
zu Zeit die Sehnsucht oder Notwendigkeit fühlen, auf kurze Zeit
die Fesseln der angenommenen Menschengestalt abzustreifen [vgl.
die Skogsfru Bk. 135], aber noch immer ist es *eine ganze Schlange*,
in deren Aussehen der freigewordene Geist sich hüllt. So erzählt
um 1205 Helinand, (bei Vincentius Bellovacenis Spec. natur. II,
127. Liebrecht Gervasius S. 66): In Lingonensi provincia quidam
nobilis *in sylvarum abditis* reperit mulierem speciosam preciosis
vestibus amictam, quam adamavit et duxit. Illa plurimum balneis
delectabatur, in quibus visa est a quadam puella *in serpentis
specie se volutare*. Incusata viro et deprehensa in balneo nunquam deinceps comparitura disparuit et adhuc durat ejus pro-
genies. [1] Wie das Wasserbad dazu gehörte, um in menschlichen
Körper eingehen zu können, mochte es auch zur Abstreifung desselben von Seiten der Geister für erforderlich gehalten werden.

---

1) Vgl. die Sage von Henno bei Walter Map. (Phillpps a. a. O. S. 69.)

Erst in späteren Versionen und Bearbeitungen der Melusinesage (vgl. Dunlop Gesch. der Prosaromane übers. v. F. Liebrecht 406. 544. Anm. 475. Nachtr. 544 [1]) *ist die Verwandlung der Elbin in eine Schlange durch die Mischgestalt aus Mensch und Fisch (oder Schlange) ersetzt.*

Den unmerklichen Uebergang dieser Sagenfamilie in andere Formen und ihre Verwandtschaft mit denselben (z. B. den Sagen und Märchen von den *Schwanjungfrauen*, Tierkindern u. s. w.) erweisen die von Benfey Pantschatantra I, S. 254 — 269 zusammengestellten Beispiele.

Wie vieles auch so noch immer dunkel bleibt, und wie manches Stück der vorstehenden Auseinandersetzung der Berichtigung bedürftig sein mag, wie endlich das gegenseitige Verhältniß, die Urform und Grundbedeutung der angezogenen Ueberlieferungen sich herausstelle, in jedem Falle ergiebt sich mit Sicherheit die Brautwerbung des Peleus um Thetis als eine echte Volkssage und zwar als eine Elfensage, welche *durch das Epos* zur Helden- und Göttersage aufgebauscht, beziehungsweise in dieselbe verflochten ist.

Schwieriger ist die Entscheidung, ob auch der Zug in echter Sage begründet sei, daß Thetis vom Peleus plötzlich sich trennte, weil dieser sie durch *seinen Aufschrei* unterbrach, als sie den jungen Achilleus Nachts *ins Feuer hielt. Das plötzliche Verschwinden* [2] ist völlig dem echten Mythus gemäß. So verschwindet Melusine oder die mit einem sterblichen Manne vermählte Selige, sobald derselbe ihren Namen, oder sonst das Geheimniß ihres Ursprungs erfährt oder *sich einfallen läßt sie zu schelten* (vgl. Bk. 103 — 104; ferner o. S. 60 Anm. und Alpenburg, Alpensagen 312, 330). Die Bearbeitung der Peleussage, welche Sophokles in den „Ἀχιλλέως ἐρασταῖς" zu Grunde legte, enthielt denselben Zug. „Σοφοκλῆς δὲ ἐν Ἀχιλλέως ἐρασταῖς φησιν ὑπὸ Πηλέως λοιδορηθεῖσαν τὴν Θέτιν καταλιπεῖν αὐτόν." (Schol. Aristoph. Ald. Nubb. 1068; p. 443 F. Didot.) Im Aigimios, einem den Sagenkreis des Herakles behandelnden Gedichte der hesiodeischen Zeit, war erzählt, daß Thetis ihre von Peleus geborenen Kinder in einen Kessel siedenden Wassers warf, um zu erproben, ob sie

---

1) Vgl. Liebrecht in Zeitschr. f. vgl. Sprachf. XVIII, 56—66.
2) Vgl. Aristoph. Nubb. 1067: καὶ τὴν Θέτιν δ᾽ ἔγημε διὰ τὸ σωφρονεῖν ὁ Πηλεύς. κᾆτ᾽ ἀπολιποῦσα αὐτὸν ᾤχετ᾽.

unsterblich seien; mehrere seien dabei umgekommen, den Achilleus aber habe Peleus gerettet, indem er verbot, ihn in den Kessel zu werfen. [1] Das scheint doch wol nur eine Abwandlung der andern Sage, welche übereinstimmend mit Apollodor (o. S. 52) Schol. Aristoph. Nubb. 1068 folgendermaßen erzählt: φασὶν ὅτι τοὺς γινομένους παῖδας ἐκ τοῦ Πηλέως ἡ Θέτις λαμβάνουσα περιέκαιε τὸ θνητὸν αὐτῶν σῶμα βουλομένη, αὐτοὺς ἀθανάτους ποιεῖν· καὶ πολλοὺς ἔκαυσε καὶ τὸν Ἀχιλλία οὖν τεκοῦσα ἐπέθηκεν εἰς τὸ πῦρ. καὶ γνοὺς ὁ Πηλεὺς ἐβόησεν. ἡ δὲ λυπηθεῖσα ἐχωρίσθη. [2] Die Uebereinstimmung dieser Erzählung von Thetis und Achilleus mit der im sogenannten homerischen Hymnus von Demeter und ihrem Pflegling Demophoon erzählten könnte leicht zu der Annahme führen, daß erstere eine Nachbildung der letzteren sei, da nicht unwichtige Gründe für die Vermutung sprechen, daß die eleusinische Legende durch einen Kultakt veranlaßt wurde. Wir werden bei späterer Gelegenheit das richtige Verhältniß kennen lernen. Einstweilen macht schon der offenbar identische, nur fälschlich auf den Vater bezogene Zug der kretischen Volkssage, daß die Neraide verschwindet, als das Kind in den Backofen geworfen wird, noch mehr aber die folgende persische Parallele augenscheinlich, daß die fragliche Tradition echte Volkssage war. Ein Kaiser von China rettet auf der Jagd eine weiße *Schlange* aus Lebensgefahr und trägt sie in sein Kabinet. Am nächsten Morgen hat sie sich in eine wunderliebliche Peri verwandelt, welche ihm als Dank Schätze, Wissen geheimer Arzeneikräuter, endlich ihre eigene Schwester zur Gattin anbietet. Dieselbe wird unter der Bedingung sein Weib, daß er sie nie nach den Ursachen ihrer Handlungen frage. *Als sie den ersten Sohn geboren, flammt ein helles Feuer vor der Tür auf; sie wickelt das Kind in ein Tuch und wirft es in die Glut. Das zweite Kind wirft sie einer Bärin in den Rachen,* und bei ausbrechendem Kriege zerschneidet sie mitten in der Wüste die Brodsäcke und Wasserschläuche. *Jetzt bricht der Gemahl in Scheltworte und Verwünschungen aus.* Die Peri erklärt, der Mundvorrat sei von einem Verräter vergiftet gewesen, das erste

---

1) Schol. Apollon. Rhod. IV. 814. Schol. Arist. Ald. Nubb. 1068 p. 443. F. Didot.

2) Vgl. Apollon. Rhod. IV, 866 ff. Schol. Il. XVI, 36. Lykophron v. 178 et Schol.; Ptolem. Hephäst. VI, p 331. Heyne ad Apollod. III, 13, 6.

Kind war nicht lebensfähig, die Bärin aber des zweiten Amme.
Sogleich erscheint letztere mit dem reichgeschmückten Pflegling;
die Peri, zu zart, um mit Menschen zu leben, ist entflohen. [1]

Nach diesen Analogien bin ich überzeugt, daß auch die Ver-
brennungsgeschichte zur Schilderung der Jugend des Achill in
der alten Peleis gehörte. Da es aber nicht wol abzusehen ist,
wie *neben* derselben und ihren *literarischen* Sprossen sich noch
selbständig die Kenntniß einer ebenfalls noch aus echter Volksüberlieferung geschöpften Variante erhalten haben sollte, so wird
man anzunehmen haben, daß der von Sophokles hervorgehobene
Umstand, Thetis sei durch die Scheltworte ihres Gatten zur
Flucht bewogen worden, auch einen Teil der Darstellung im
Peleusepos bildete, und hier, wie in jener persischen Sage, die Erzählung von der Feuerprobe des Kindes abschloß. Obwohl in
den homerischen Gesängen mehrfach (Il. I, 396. XVI, 574) darauf hingedeutet ist, daß Thetis jahrelang im Hause des Gatten
wohnte, sehen wir sie doch nicht bei diesem, der nach Il. XIX,
420. IX, 394. 400. XVIII, 331. 431 als hochbetagter Greis noch
lebt, sondern bei ihren Schwestern im Meere weilen und von
dort aus hilfreich hervorkommen, so oft es sich um das Wohl
und Wehe ihres geliebten Sohnes Achilleus handelt. Wir haben
guten Grund ersteres für eine epische Abschwächung, letzteres für
das Ursprünglichere und zwar für jene durch die epische Behandlung
nur wenig verdunkelte Form des Mythus zu halten, welche uns
auch bei Melusine, den seligen Fräulein, todten Wöchnerinnen
u. s. w. mehrfach entgegentritt, daß die von dem Manne plötzlich
geschiedene Elbin, Verstorbene u. s. w. noch wiederkehrt, um ihre
Kinder zu pflegen. Bk. 103. 104. Vgl. KHM. III³, 21 nr. 11.
Hyltén-Cavallius Schwed. Volksm. übers. v. Oberleitner VII,
S. 147. Vgl. die neuerdings aufgenommene Neraidensage aus
Euboea, der Nachbarschaft Thessaliens, bei Hahn Neugriech.
Märch. nr. 83 (II, S. 82 ff.). Ein Mann hat eine Neraide dadurch
in seine Gewalt bekommen, daß er ihr die Flügel wegnahm, die
sie beim Tanzen auf einer Tenne abgelegt hatte. Als ihr Sohn
fünf Jahr alt ist, giebt er ihr einmal die Flügel wieder und sofort
verschwindet sie mit dem Ausruf: „lebe wohl, Mann, achte auf

---

1) Hammer-Purgstall, Rosenöl 162—164. J. W. Wolf Beitr. z. D.
Myth. II, 262 ff.

unser Kind." Täglich kommt sie, wenn ihr Mann weggegangen ist, wieder ins Haus, backt Brod für ihn, speist das Kind und besorgt alle Geschäfte. Dann fliegt sie auf den Acker und begrüßt ihren dort arbeitenden Gatten, ist aber niemals zu bewegen wieder in seinem Hause zu wohnen. Dies gleicht ganz dem Verhältniß der Thetis zu Peleus.

Die Volkssage von der Heirat des Peleus ist mit dem Verschwinden der Thetis eigentlich zu Ende; das zur Fortsetzung der epischen Handlung angeschobene neue Stück kündigt sich durch ein abermaliges Auftreten des Cheiron an, und verrät dadurch die Hand derselben Rhapsodenschule, welche zuerst die Hochzeitsgeschichte mit dem Tier- oder Drachenkampfe des Peleus verband. Wenn nun ein wesentlicher Teil seines Inhalts sofort als sehr altertümlicher Volksaberglaube in die Augen springt (o. S. 52), erlaubt dann die Gesellschaft, in welcher dieser Bericht über die erste Erziehung des Achillens sich befindet, auch nur einen Augenblick an seinem eigenen Alter zu zweifeln? Ob der von Pindar (Nem. III, 75—91 Böckh) bewahrte Zug, daß der siebenjährige Held von Cheiron gelernt hatte, Eber und Hirsche *schnell wie der Wind* (ἴσος ἀνέμοις) im Laufe einzuholen, ohne Hund zu fassen und auf starkem Arm seinem Lehrmeister zuzutragen, ebenfalls alt und bereits im Epos ausgesprochen, ja der Ausgangspunkt des homerischen Beiworts πόδας ὠκύς (Iliad. X, 58) gewesen sei, ist bei dem Mangel äußerer Zeugnisse nicht mit Gewißheit zu sagen; es trägt aber auch diese Angabe noch so sehr den Character derselben von Bergesluft und Waldesduft durchwürzten Naturpoesie, wie die Erzählung von der Ernährung mit Bärenherzen, daß wir sie unbedenklich derselben noch von lebendiger Kenntniß des Wesens der Kentauren durchdrungenen Zeit, wie das vorhin analysirte Peleusepos, zuzuschreiben und aus Uebertragung einer den Kentauren beigemessenen Eigenschaft, der Schnellfüßigkeit, auf den Zögling zu erklären geneigt sein werden. [1] Daß übrigens die erste Erziehung des Thetissohnes in

---

[1] Nach Bergk (Griech. Literaturg. I, 1008) entnahmen die fraglichen Verse aus der Einleitung des dem Hesiod zugeschriebenen Lehrgedichts Χείρωνος ἀποθῆκαι ihren Stoff, welches ein Kritiker des Altertums, Stephanus von Byzanz, für unecht d. h. nachhesiodeisch erklärte. Selbst wenn letzteres richtig ist, darf vermutet werden, daß grade die epische Einleitung des Lehrgedichts älteren Vorbildern nacherzählt war.

der Tat nur eine Fortsetzung und Ergänzung der Heiratsge-
schichte des Peleus und ein Werk desjenigen Geistes war, welcher die dieser zu Grunde liegende Volkssage zum Heldenepos
machte, geht auch aus dem Namen Achilleus hervor, wenn die
im Folgenden vorgetragene Vermutung über seine Bedeutung zutreffend wäre. Derselbe ist ein Hypokorisma auf -eus, und weist
auf einen mit ἀχιλλ- anlautenden Vollnamen zurück, ich nehme
an etwa Ἀχιλλα-γένης oder Ἀχιλλό-γονος; in dem ersten Wort-
teil aber suche ich eine Ableitung (*ἀχίλι, *ἀχίλλα) von *ἄχις
Schlange (Grundform von ἔχις, skr. ahis, lat. anguis, ahd. unc),
gebildet wie ὀργίλος zornig von ὀργή, τροχίλος Strandläufer von
τρόχος, στρόβιλος Kreisel, Wirbelwind von στρόβος, oder ein
einfaches Deminutivum wie ναύτιλος von ναύτης. Als Schlangen-
frau oder Schlange konnte die gefangene und wieder verschwun-
dene Nereide bezeichnet werden, insofern die Verwandlung in die
Schlange die hauptsächlichste ihrer geisterhaften Gestalten war (vgl.
die deutschen weißen Frauen o. S. 61), als Schlangenkind ihr
zurückgelassenes Söhnchen. Diese Bezeichnung [1] mag aus der
noch einfacheren Volkssage in das Epos herübergenommen und
zu einem Namen geworden sein, an den sich mythische Züge
ansetzten. Zunächst wol der, daß der von einem der gewaltigsten Helden und einer Elfin erzeugte Sohn eine Steigerung der
Kräfte enthielt, „*noch stärker und gewaltiger wurde als der Vater.*" So lautete jedenfalls die einfache Formel im Volksmund,
welche unter der Hand der Sänger dahin umgestaltet ist, es sei
der Thetis geweissagt, sie werde einen Sohn gebären, der größer
werde, als sein Vater, sodann, Zeus habe um solcher Weissagung
willen auf ihr Bett verzichtet und sie einem sterblichen Manne
gegeben. Wer diesen Darlegungen beistimmt, — und es möchte
schwer halten eine andere gleich sehr aus der Sache fließende
psychologische Genesis des in Rede stehenden Sagenzuges ausfindig zu machen — [2] gesteht zugleich ein, daß die Gestalt des

---

1) Vgl. die Bezeichnung starker Hans, Askeladden u. s. w. im Märchen.

2) Zwar ist Pindar der erste erhaltene Zeuge, welcher von einem Streite
des Zeus und Poseidon um den Besitz der blühenden Nereustochter erzählt;
da habe Themis den Götterbeschluß (προτρομένον) verkündet, der Meeresgöt-
tin sei es bestimmt, von einem Sohn zu genesen stärker als der Erzeuger (φέρτερον γόνον οἱ ἄνακτα παρὸς τεκεῖν κρείττω πατήρ θεόν), es sei deshalb ihre Vermählung mit einem sterblichen Manne, dem frommen Peleus,
anzuraten, als dessen Gattin sie einen Sohn gewinnen werde, der zwar an

Achilleus in der Sage späteren Ursprungs war, als die des Peleus, während sonst nicht selten umgekehrt der Vater erst um des
Sohnes willen erdichtet wurde. *Der Landesretter und Unhold-
besieger Peleus muß den Hellenen in Thessalien einmal ein hohes,
von göttlichem Lichte umflossenes Ideal des Heldentums* von der
Würde und Bedeutung eines deutschen Sigfrit gewesen sein.
Man erkennt dies an der Helligkeit der Strahlen, mit denen noch
der Abglanz seines Ruhmes Cheirons Haupt umspielt; Homers
Darstellung läßt die Größe des Heros kaum mehr ahnen. Unter
solchen Umständen ist es erklärlich, daß der vom localen Epos
erfaßte und fortgetragene Schluß seiner wunderbaren Heirats-
geschichte: „*das zurückgelassene Kind der Neraide wurde noch
größer, als der Held der Helden, sein Vater, war,*" zu einem
treibenden Keime sich ausbildete, welcher hernach in großen

Kraft der Arme dem Ares, an Schnelligkeit den Blitzen gleich sein, aber im
Kampfe dahin sinken werde. Diese Ueberlieferung entstammt aber derselben
von Pindar benutzten epischen Quelle über die Taten des Peleus, welche auch
sonst mehrere sehr alte und echte Züge bewahrt hat (o. S. 49. S. 50) und
ihre Hauptstücke liegen augenscheinlich der Rede der Thetis Il. XVIII, 431 ff.
Cf. 85 zu Grunde. Denn das Verhältniß beider Erzählungen zu einander ist
so, daß entweder die pindarische sofort oder allmählich aus den kurzen Andeutungen bei Homer herausgesponnen ward, oder dieser den Kern der von Pindar
wiedererzählten Sage gekannt und in kurzen Andeutungen [Betonung einerseits
der Sterblichkeit des Mannes, dem Zeus die Thetis wider ihren Willen
mit Zwang unterwirft, andererseit der Stärke und des kurzen Lebens des
Sohns] darauf angespielt haben muß. Die Priorität der vollständigeren pinda-
rischen ihrem wesentlichsten Inhalte nach geht aber daraus hervor, daß sie
das richtige Motiv für den von Zeus gegen Thetis ausgeübten Zwang bewahrt
hat. In der Tat war der in Rede stehende Zug nicht eine baare Erfindung
der nachhomerischen Epiker. Niemandem hatte es einfallen können, aus
blauer Luft zu erfinden, Zeus oder Poseidon [der hier nur wieder als Ober-
herr der Nereiden in die Fabel hineinkommt] hätte durch Verbindung mit der
untergeordneten Halbgöttin ein höheres und stärkeres Wesen, als er selbst,
erzeugen müssen. Wie viele Liebschaften des Zeus mit Nymphen und Göttinnen
bleiben ohne solche Folge? Und worin hätte bei der Nereide die größere Gefahr
bestehen sollen? Ganz anders verhielt es sich mit Peleus, wenn er mit einem
Weibe höherer Ordnung sich verband. Bei ihm allein hatte die Rede vom
φθόνος χόλος Sinn, die nachmals die Epiker zur Pointe machten. War sie
aber einmal vorhanden, so konnte leicht, sobald der Stolz der Nordachäer
fragte, warum ihr großer Held denn nicht ein Kind von Zeus sei, die Vermählung des Peleus wenigstens als eine Veranstaltung des Göttervaters
betrachtet und für dessen Handlungsweise der bei Pindar genannte Grund
gefolgert werden.

gemeingriechischen Epos fruchtbar aufging und herlich emporwuchs.　Denn als im Laufe der griechischen Völkerwanderung,
welche der Einbruch der Dorier in den Peloponnes eröffnete, den
zuerst an Kleinasiens Nordwestküste angesiedelten Aeolern aus
dem Peloponnes, unter denen damals die Sage von Zerstörung
Trojas nach zehnjähriger Belagerung durch Helden verschiedener
griechischer Stämme aber unter Anführung des peloponnesischen
Königsgeschlechts der Atriden entstand, als diesen südachäischen
Stämmen Nordachäer aus Thessalien nachrückten, [1] trugen letztere
mit sich zugleich den Namen Achills hinüber in Verbindung mit
einer noch unausgeführten Anweisung auf wundersame Helden-
größe.　Freilich die Zeit war vorbei, man stand in einer zu lichten,
durch historische Tat und mancherlei im Contact mit der Fremde
gewonnene Kenntniß aufgeklärten Kulturepoche, um noch an der
Uebertragung wunderbarer, dem wirklichen Leben grell wider-
sprechender Mythen auf den Namen des Helden Gefallen zu finden.　Im Gegensatz zu Peleus blieb die ganze Geschichte Achills
mit Ausnahme jener ersten Kindheit leer von jedem *alten und
echten mythologischen* Inhalt. [2]　Dagegen mußte der Wunsch an
dem ruhmvollen Kampfe um Troja auch teilgenommen zu haben,
sich naturgemäß zum guten Glauben umgestalten, der *Held über
alle Helden*, ἔξοχος ἡρώων (Il. XVIII, 56) habe die Großtaten, die
man zu Hause nicht aufnehmen konnte, hier in der Fremde verrichtet; er mußte den *hervorragendsten* Anteil an jenem Kriege
gehabt haben.　Aber Troja war zerstört; und er nicht der Zerstörer?　Nach der bereits feststehenden Sage vollbrachten die
Atriden diese Tat.　Nun ja, Achilleus war vor der Endkatastrophe
gefallen.　War er nicht Oberanführer, noch Zerstörer, worin

---

1) Hinsichtlich dieser Verhältnisse und über die Entstehung der Sage
von Troja verweise ich auf Müllenhoffs epochemachende Forschung in s. Altertumsk. I, 1870 S. 8—30.

2) Die Erzeugung auf dem Pelion, die Fußschnelligkeit und der frühe
Tod Achills reichen nicht hin, um in diesem mit Müllenhoff (a. a. O. S. 24)
die Personification eines Waldstroms zu erkennen, der nach kurzem, raschem
Laufe vom Pelion sich ins Meer stürze (und solche hohle Allegorie hätte die
Kraft in sich getragen, die Idee des Helden κατ' ἐξοχήν zu erwecken?),
noch weniger sein Tod in Jugendfülle und seine (bekanntlich erst der jüngsten Sagenbildung — Preller Gr. M. II, S. 436 Anm. 1 — angehörige) Unver-
wundbarkeit, um mit M. Müller (Essays, Lpzg. 1869, II, S. 95 ff.) in ihm
den allabendlich in jugendlicher Kraft sterbenden Sonnenball wiederzufinden.

bestand dann seine Großtat? Er hatte den Haupthelden und
Verteidiger Trojas, den Erhalter (Hektor) getödtet. Durch diese
natürlichen Schlußfolgerungen bildeten sich die Hauptmomente
der Achilleussage. Wie die Vorstellung vom Zorn des Achill
(μῆνις) als eine notwendige Folge aus dem Gegensatz hervorging,
in den die für ihren Achill begeisterten und für seinen Ehrenan-
teil an Trojas Unterwerfung mit Entschiedenheit der Ueberzeugung eintretenden Nordachäer von Anfang an gegen die älteren
Ansprüche der Atriden geraten mußten, darüber wolle man Müllenhoffs scharfsinnige Auseinandersetzung a. a. O. 26 nachlesen.

Mithin war die Gestalt des Achilleus kein Gebilde des Mythus, sondern einzig und allein des epischen Gesanges, eine reine
Schöpfung der ethischen Mächte, welche die Brust des Hellenen
in seiner Heldenzeit bei der Besiedelung Kleinasiens in höchster
Erregung bewegten.

Die wichtigen Schlußfolgerungen, die wir im Begriff sind
aus den bisherigen Darlegungen zu ziehen, veranlassen uns den
Inhalt der letzteren noch einmal rückblickend zu überschlagen.
Der Vorgänger, aus welchem Apollodor die drei Erzählungen von
des Peleus Kampf mit den Ungeheuern, vom Raube der Thetis
und von Achills frühesten Jugendtagen bei Cheiron schöpfte und
seinem im Anfange des zweiten Jahrh. n. Chr. compilierten Com-
pendium der griechischen Mythologie einverleibte, war schwerlich sein Hauptgewährsmann Pherekydes, obwol dieser grade
die unmittelbar vorausgehenden und unmittelbar nachfolgenden
Notizen hergegeben hat. [1] Vielmehr wird an ein Excerpt aus
Hesiod (vgl. o. S. 49) oder aus einem anderen älteren Dichter zu denken sein, der wiederum einem noch älteren, seinem Stoffe nach in
das vorhomerische Epos hineinreichenden Vorbilde nachdichtete.
Zu solchem Schlusse berechtigt der Umstand, daß jene drei Sagen
der Hauptsache nach vor Homer bekannt gewesen sein müssen,
da sie den kurzen Andeutungen desselben über des Peleus Schicksale zu Grunde liegen: der Kampf mit den Ungeheuern und die
Lebensrettung durch Cheiron, weil daraus der Name und die

---

1) S. Robert de Apollodori bibliotheca Berol. 1873 S. 67. Vgl. Apollod. III, c. 13 S. 1. §. 1 — S. 2. §. 3 p. 342—43. Heyne. Pherecyd. Fragm. 3.
Göttling. p. 71—79 (Schol. Pind. Nem. 4, 81. Tzetzes ad Lycophr. 175.
Schol. Hom. Il. u. 175). Apollod. III, 13 S. 7. — Pherecyd. Frag. 3. Göttling. p. 80. Schol. Pindar. Nem. 3, 55.

ganze Gestalt des Cheiron und dessen Auffassung als δικαιότατος Κενταύρων (Il. XI, 830) und als lebenslänglicher Freund des Peleus erst hervorging (o. S. 59). Erst nachdem diese Geschichte sich fixiert hatte und im epischen Gesange, der in Thessalien, der ältesten Stätte griechischer Kultur und der Mutter sowol des olympischen Göttersystems als des ritterlichen Wesens, besonders lebhaft war,[1] bereits verschiedene Wandlungen erlitten hatte (o. S. 53), konnte es einem Rhapsoden einfallen, nun auch eine Elfensage auf Peleus zu übertragen und dem Cheiron als seinem Freunde eine Rolle dabei beizumessen. Der Raub der Thetis nun, das Beilager auf dem Pelion und das Verschwinden der Nereide nach der Geburt des Achilleus dienen den homerischen Gesängen ebenfalls zur Voraussetzung, da nur daraus mehrere Aeußerungen des Helden zu seiner Mutter, ihr Sträuben gegen die erzwungene menschliche Heirat, sowie die Geschenke und die Gegenwart der Götter bei der Heirat und das in der Ilias geschilderte Verhältniß der Thetis zu Gatten und Sohn sich erklären (Vgl. o. S. 70). Eine neue aus des Peleus und Cheirons Freundschaftsbunde fließende Zudichtung ist erst hienach in dem Stücke von Achills Erziehung bei Cheiron hinzugetreten. Auch sie war Homer unzweifelhaft bekannt. Ich darf darüber Th. Bergk Gr. Literaturg. I, 348 reden lassen: „Wenn Homer den Achilles unter allen Heroen durch das Beiwort schnellfüßig auszeichnet, so gab dazu die homerische Dichtung selbst keinen Anlaß, man sieht, Homer hat dieses characteristische Beiwort *von früheren Dichtern überkommen, welche die Jugendzeit des Helden und die Kämpfe schilderten*, die der frühreife Knabe in der Pflege des Kentauren Cheiron mit den gewaltigen Tieren des Waldes bestand, wo ebenso die ungewöhnliche Schnelligkeit, wie die Körperkraft des Achilles hervortrat. — (Hesiod oder wer sonst das Spruchgedicht Χείρωνος ὑποθῆκαι verfaßt hat, mag solche alte Lieder noch gekannt haben.) — Andere Lieder mochten von der Vermittlung des Peleus mit der Thetis melden.“ Auch die Heilkunst (s. o. S. 46) lernte Achill wol am ehesten vom Cheiron, wenn er dessen Zögling war. Und endlich kommt hinzu, daß die rein äußerlichen Mittel, durch welche Cheiron seinem Schutzbefohlenen moralische Eigenschaften beizubringen sucht (Herzessen o. S. 52), eine

---

1) Th. Bergk, Griech. Literaturg. 1872 I. 310 ff. 317 ff.

hinter der Weltanschauung des homerischen Zeitalters weit zurückliegende Auffassung der Dinge verraten. Während also die
homerischen Andeutungen sich vollständig als Nachhall der bei
Apollodor aufbewahrten, der echten Volkssage noch ganz nahe
stehenden Tradition erklären, *konnte diese nimmermehr umgekehrt
aus der homerischen Ueberlieferung erwachsen.* Wenn nun alle
drei als vorhomerisch nachzuweisenden Sagen in dem apollodo-
rischen Stücke unmittelbar mit einander vereinigt nebeneinander-
stehen und zwar der Art, daß dreimal Cheiron augenscheinlich
in den Vordergrund tritt, so liegt es nahe, darin eine bewußte
künstlerische Anordnung zu erblicken, und es dürfte vielleicht die
Vermutung nicht allzukühn sein, daß ein günstiges Geschick uns
in diesen zusammengehörigen Stücken durch eine Anzahl unbekannter Mittelglieder hindurch den Inhalt einer altthessalischen
Rhapsodie, eines vorhomerischen Peleusliedes mit einiger Treue
erhalten habe.

Wie dem nun auch sei, die festgestellten Tatsachen gewähren einige überraschende Einblicke in das Leben des griechischen
Heldengesangs vor der Ausbildung der großen Nationalepik.
*Einfache mythische Volkssagen, nach Art, Form und Umfang
genau solchen kurzen Erzählungen* (Märchen oder Sagen) *entsprechend, welche jede nordische Sagensammlung als noch heute
im Volksmunde lebendig ausweist, waren die Keime, aus welchen
unter Dichterhänden die Heroengestalt des Peleus und seiner Angehörigen allmählich emporwuchs.* Zuerst speziell Magnesia und dem
Peliongebirge angehörig und der dort im localen Gesange gefeierte
Held ward er von den Hellenen in Phthia aufgenommen und zum
eigenen Nationalheros und Landeskönig gemacht, sodann mit den
genealogischen Localsagen auch noch anderer Landschaften in Verbindung gesetzt. Seine Schicksale erleben so im thessalischen
Epos mehrfache Umwandlungen, ehe seine Sage, in das große
homerische Nationalepos verpflanzt, ihrem Hauptstamme nach
erstirbt, aber in der Gestalt des Achilleus einen zu üppigstem
Wachstum gedeihenden Seitenzweig treibt. So lassen sich z. B.
in Entwickelung der Sage von seiner Verbindung mit Thetis noch
folgende Ringe deutlich unterscheiden: 1) Peleus umarmt die
geraubte Meermaid in einsamer Waldgrotte. 2) Regelrechte
Schließung einer legitimen Ehe daselbst, Cheiron und Poseidon
geben Geschenke. 3) Glänzende Vermählungsfeier; alle Götter

sind zugegen, Apoll spielt 'die Lyra. *Jene Volkssagen, welche den Kern der Peleussage bildeten*, decken sich mit einer Elfensage und einem sogenannten Sigfritsmärchen. *Hier liegt ein unumstößlicher Beweis gegen Benfeys Behauptung vor, daß die Märchenstoffe durchweg buddhistischen Ursprungs und in verhältnißmäßig später Zeit nach Europa gelangt seien.* Ein anderes Beweisstück glaube ich in meinem Aufsatze über „lettische Sonnenmythen (Bastian - Hartmanns Zeitschrift für Ethnologie VII, 1875 S. 235 — 243) geliefert zu haben, indem ich dartat, daß die älteste Aufzeichnung einer noch heute in Südeuropa (Griechenland, Rumänien, Südrußland) weit verbreiteten Märchenfamilie in dem altägyptischen Roman von den beiden Brüdern Batau und Anepu erhalten ist. Von nicht geringerem Gewicht dürfte die Beobachtung sein, daß *grade dieselben Sagenstoffe es waren*, welche beim ersten Erwachen höherer Kultur von Griechen und fast zweitausend Jahre später unter ähnlichen Verhältnissen von Germanen und Kelten aus der Tiefe der Volksseele heraufgehoben und zum Ausgang und Mittelpunkte epischen Gesanges gemacht wurden, ein Anzeichen dafür, daß eben vor und bei dem ersten Zusammenstoß mit der christlichen Kultur die Germanen, eben vor dem Eintritt ihrer Völkerwanderung und des fruchtbaren Austausches mit der höheren vorderasiatischen Civilisation die Griechen von den nämlichen geistigen Mächten bewegt, von einer sehr ähnlichen Weltanschauung erfüllt waren.

§. 5. **Gestalt der Kentauren.** Nach langer Abschweifung kehren wir zur Untersuchung über das Wesen der Kentauren zurück. Wenn unsere Untersuchungen in dem Punkte die Wahrheit trafen, daß Achilleus kein Gebilde des Mythus, sondern einzig und allein des epischen Gesanges war, so sind wir berechtigt, die Ursache seiner *Schnellfüßigkeit* (o. S. 71) nicht aus seinem Wesen, sondern wie die Kenntniß der Heilkunst aus dem Vorbilde seines Lehrmeisters Cheiron abzuleiten und da kein Grund vorhanden ist, weshalb diesem die genannte Kunst oder Eigenschaft individuell zukommen sollte, *dieselbe folgerichtig als ein Zubehör der Kentauren überhaupt anzusehen* (Vgl. a. o. S. 76). Einen charakteristischen Zug bewahrt der sogenannte homerische Hymnus auf Hermes. Der neugeborno Gott hat dem Apollo Rinder gestohlen; um ihre Spur zu verwischen, trieb er sie rückwärts; *er selbst aber band sich jungbelaubte Zweige von Tama-*

risken und Myrten mit allem Blätterwerk unter die Füße. Als
nun später Apollo die dadurch entstandenen Eindrücke im Sande
sieht, erstaunt er über die *riesengroßen seltsamen Fußspuren:*
„Das sind keines Mannes Schritte, noch eines Weibes, noch gehören sie Löwen, Bären oder Wölfen an. *Ich will doch nicht
fürchten, daß sie einem Kentauren eignen,* der mit schnellen
Füßen so gewaltig einherschreitet (οὐδέ τι Κενταίρου λασιαύχενος
ἔλπομαι εἶναι, ὅστις τοῖα πέλωρα βιῇ ποσὶ καρπαλίμοισιν)."
Hymn. in Merc. 219 ff. Man schrieb also zur Zeit des Dichters
den Kentauren ungeheure, ungestalte Füße zu, welche mit jenen
um eine breitere Grundfläche herum sich verästelnden Baum-
zweigen wenigstens annähernd verglichen werden konnten.
Näheres läßt sich über diese Anschauung nicht sagen; sie erinnert aber an mancherlei nordischen und sonstigen Volksglauben
hinsichtlich der Füße von Waldgeistern und andern Dämonen.
So ist es gefährlich in die Spur des russischen Waldgeistes
Ljeschi zu treten, doch verdeckt er dieselbe mit Sand oder Laub.
Bk. 140. Beim peruanischen Waldgeist wird der Abdruck seiner
ungleichen Füße als unheimlich und gefahrbringend hervorgehoben. Bk. 144. Die *wilden Leute* der deutschen Sage haben
häufig Ziegenfüße oder *Gansfüße,* den letzteren könnten die
beschriebenen Kentaurenfüße ähnlich erscheinen.

Einen solchen Vergleich machte augenscheinlich niemand,
der die Kentauren nach der Weise der späteren Kunstwerke als
Mischgestalten aus menschlichem Oberkörper und tierischem Unterkörper mit vier Pferdefüßen sich vorstellte. Von der Kunst aus
drang letztere Darstellungsweise seit dem sechsten Jahrhundert
auch in die Poesie und die durch sie bewirkte Fortbildung der
alten Sage ein und verdrängte jede abweichende Vorstellung über
das Aussehen der Kentauren. Es ging ihr aber in der älteren
griechischen Kunst eine andere Auffassungsweise vorher, wonach
der Kentaur vom Kopf bis zum Zeh die Gestalt eines Mannes
hatte, dem rückwärts die hintere Hälfte eines Pferdes an-
gewachsen war. [1] Das älteste Kunstwerk dieser Art, von
dem wir Kunde haben, war die Darstellung des Cheiron als

---

1) Nachweisungen über solche Darstellungen auf Vasen von Clusium
und Volci, Bronzen, Gemmen und Reliefs bei O. Müller Handbuch d. Archäol.
d. Kunst, 1835 §. 389, 2 S. 684. Roß archäol. Aufs. S. 104.

Trösters Achills nach dem Tode des Patroklos auf der zur Aufbewahrung heiliger Gewänder bestimmten Lade im Heratempel
zu Olympia, welche angeblich das Weihgeschenk eines korinthi-
schen Fürsten aus dem Hause des Kypselos im siebenten Jahrhundert v. Chr. gewesen ist.[1] Auch die von Herakles mit Pfei-
len verfolgten Kentauren (Pholossage) auf derselben Bildfläche
müssen die gleiche Gestalt getragen haben, da sonst Pausanias
die Abweichung angemerkt hätte. Der Verfertiger des Kastens
war somit der erste nicht, der die Kentauren so abbildete; die
typische Verwendung der Mischgestalt setzt eine bereits vorauf-
gegangene längere künstlerische Tradition voraus. Quelle der
Künstler war die Poesie; doch in dieser suchen wir einen deutlichen Anlaß der in Rede stehenden Darstellungsform vergebens;
weder Homer, noch Hesiod oder irgend welche andere auf uns
gekommene Bruchstücke der älteren Epik schildern die Kentauren als Halbrosse, noch enthalten die aus dem alten Epos abgebildeten Kentaurensagen irgend eine Situation, welche die Dämonen als solche zu zeichnen Veranlassung geben konnte. Zwar
heißen die Kentauren Tiere (φῆρες, Il. I, 268. II, 743) und dabei haben sie Hände, mit denen sie Bannstämme schwingen
(Hesiod. sc. Herc. 187). Im übrigen werden sie nur durch die
Beiwörter μελαγχαίτης (Hes.), λασιαύχην (Hymn. in Merc.), λα-
χνήεις (Hom.) mit dunkelm herabwallenden Haupthaar (Mähne?),
mit zottigem Nacken, rauhhaarig characterisiert. Wollte man
diese Epitheta auf Tiergestalt deuten, so würde sich zwar auch
eine Zwitterform der Kentauren, und zwar eine den indischen
Kinnaras oder Kimpurushas ähnliche (Menschen mit menschlichen
Armen und Pferdekopf), nicht aber diejenige der griechischen
Kunst (Pferde mit menschlichem Vorderleib) ergeben. Eine so
eigenartige und ungewöhnliche Vorstellung wäre schwerlich —
und am wenigsten in der absichtlich ausmalenden Beschreibung
Hesiods — durch die obigen Beiwörter allein und ohne weiteren
Zusatz, d. h. mit Verschweigung der Hauptsache ausgedrückt
worden. Da außerdem die Wörter χαίτη, αὐχήν häufiger vom
Haupthaar und Nacken des Menschen, als von der Mähne und
dem Halse der Tiere gesetzt werden, liegt kein Grund vor jene

---

[1] Pausan. V, 17, 2. 19, 2. Vgl. J. J. Schubring de Cypselo Corinthior.
tyranno. Gotting. 1862 p. 24—29.

Epitheta in theriomorphischem Sinne zu verstehen [1] und es wird deshalb wol bei der zuerst von J. H. Voß, Myth. Br. II, n. 33 ansgesprochenen Deutung sein Bewenden haben, daß die Bezeichnung Tiere bei Homer nur auf Tierähnlichkeit gemünzt war, daß die Sänger des alten Epos dabei nur eine etwas wildere, durch zottigen Haarwuchs am ganzen Leibe, vorzüglich an Kopf und Nacken entstellte Menschengestalt im Sinne hatten.

Woher kam dann den Bildnern die kentaurische Mischgestalt? Wir antworten auf diese Frage mit dem ehrlichen Geständniß des Nichtwissens, vermuten aber, daß eine verschollene Sage dazu Veranlassung gegeben hatte, welche neben den auf uns gekommenen Kentaurensagen herlaufend, und für sich Gegenstand epischer Bearbeitung geworden, einen oder mehrere Kentauren vielleicht in Folge einer bestimmten Situation derartig geschildert hatte, daß in der Zeichensprache der Kunst die nachmals durch Generalisierung für die Darstellung auch aller übrigen Kentaurensagen maßgebend gewordene Zwiegestalt als der getreueste Ausdruck dieses Gedankens gelten konnte.

Die Betrachtung einiger Analogien wird vielleicht für das Verständniß unseres Falles förderlich sein. Auf dem Kypseloskasten waren mehrere Menschen - und Tiergestalten mit fremdartigen Zutaten dargestellt, Artemis und die Rosse sowohl des Pelops als diejenigen der Thetis mit Flügeln, Boreas mit Schlangenfüßen und vermutlich ebenfalls mit Flügeln (s. Voß Myth. Br. I, Br. 35 p. 239), Ker mit Krallen an den Händen, der personifizierte Schrecken (Phobos) als Mann mit Löwenkopf. Hier überall waren die fremden Gliedmaßen der allegorische Ausdruck einer dem dargestellten Wesen innewohnenden Eigenschaft. Manche dieser Zeichen mögen zuerst von den nach einem Notbehelf suchenden Bildnern eingeführt sein, vielfach aber hatte diesen die Poesie bereits vorgearbeitet, sei es durch Vergleiche, welche ihnen Anregung gewährten, sei es durch Phantasiegebilde, welche den Gedanken bereits in anschaulichen Gestalten verkörperten.

---

1) Durch diese Bemerkung und das Ganze unserer obigen Auseinandersetzungen erledigt sich J. H. Vossens irrige Ansicht, zur neueren Fabel gehörten die Kentauren im Hymn. in Merc. v. 224 mit ihrem haarigen Nacken und unmenschlichen Fußspuren, wodurch Halbrosse angezeigt würden.

So gingen die Flügel, welche der göttlichen Jägerin Artemis, den in der Wettfahrt siegenden göttlichen Rossen des Pelops, dem über Land und Meer schwebenden Gespanne der Nereiden zur Bezeichnung wunderbarer Schnelligkeit beigelegt wurden, unzweifelhaft in letzter Instanz auf Vergleiche im Epos, wie Hymn. hom. in Cer. v. 43 von Demeter „σεύατο δ' ὥστ' οἰωνός" zurück. Die Keren haben bereits auf dem Schilde des Herakles bei Hesiod als dahinraffende Todesgöttinnen Krallen, aus demselben Grunde die Moiren und Achlys (tiefe Bekümmerniß). Vgl. Mannhardt Germ. Myth. S. 626). Boreas wird noch von Tyrtaios als laufend geschildert; die Drachenschwänze an Stelle der Füße auf dem Kypseloskasten setzen eine andere poetische Auffassung gewisser Erscheinungen des Naturereignisses voraus, und Lieder, in denen das geschah, müssen damals neben anderen, welche Boreas ganz menschlich schilderten, hergelaufen sein. Aehnlich, meine ich, werde die Zwiegestalt der Kentauren die Versinnlichung einer dem Wesen derselben einwohnenden Eigenschaft sein, welche eine nur noch in fernen Nachwirkungen fortlebende Dichtung hervorgehoben hatte. Vielleicht ist es nicht zufällig, daß auf dem Kypseloskasten grade Cheiron als Halbroß uns begegnet, daß eine schon vom Logographen Pherekydes nacherzählte genealogische Mythe zur Erklärung speziell dieser seiner Mißgestalt ersonnen war. War Cheiron etwa Träger jener verschollenen Sage, aus welcher der Roßleib der Kentauren entnommen ist? Er war ja der Lehrer des fußschnellen (ποδώκης, ποδάρκης, πόδας ὠκύς) Achillens und soll diesen darin unterwiesen haben, „schnell wie der Wind," ἴσος ἀνέμοις, das Wild im Lauf einzuholen. Der Vergleich schnelles Laufes mit dem Winde war und blieb den Griechen sehr geläufig (vgl. die Worte ποδάνεμος, ἀελλόπους, ἀελλόπος, πνοίησιν und Ποδάνεμος); Tyrtaios I, 3 bekennt, den unkriegerischen Mann nicht zu achten:

> Nein, und wär' er Kyklopen an Riesenwuchs und Gestalt gleich,
> Siegt' er im Laufe sogar über den thrakischen Nord.

In einer Gigantomachie und demnächst bei Pherekydes, Dositheos und Hygin [1] ist die Sage erzählt, Kronos habe sich in ein Roß

---

1) Pherec. Fragm. 33. Schol. Apoll. Rhod. I, 554. II, 1233. Cf. Daontzer fragm. ep. p. 3. Dosith. p. 71. Hygin. f. 138, p. 16. Schmidt. Schol. Apoll. Rhod. II, 1235.

verwandelt und mit der Philyra den Kentauren Cheiron erzeugt.
Diese Ueberlieferung setzt die Halbroßgestalt des Cheiron voraus,
zu deren Erklärung die ganze Erzählung ersonnen scheint. Die
Erfindung schmeckt nach dem Zeitalter der Göttergenealogien
resp. Hesiods; Kronos, der Herscher einer noch halb chaotischen
Urzeit, ist der Vater, damit nicht *Zeus* eine unmenschliche
Mißgestalt erzeugen soll. Eine ähnliche, aber offenbar noch spätere Dichtung läßt die Roßkentauren aus der Begattung des
Ixionsohnes Kentauros mit magnesischen Stuten hervorgehen. So
las Pindar (Pyth 2, 78 ff.) in irgend einem Gedichte; aber ohne
Zweifel war dies ein zugedichteter Zug, erst in junger Zeit einer
älteren Mythe ganz lose angefügt, welche vom Kentauros berichtete, ohne seine Roßgestalt zu kennen, oder zu erwähnen.

Die Mythe lautet nach Pindar und Scholien folgendermaßen:
Ixion (nach Aischylos des Antion, nach Pherekydes des Peision,
nach einigen des Ares und nach Asklepiades des *Phlegyas* Sohn)
hat Dia, die Tochter des *Deioneus*, geheiratet, der mit Gewalt das Brautgeschenk vom Schwiegersohne eintreibt. Dafür
rächt sich dieser, indem er eine Grube gräbt und mit Feuer füllt
(διορίξας βόθρον καὶ πλιρώσας πυρός), in welche er den treulos
zum Schmause geladenen Deioneus *fallen läßt.* Derselbe verbrennt (εἰσελθὼν εἰς τὴν πυρὰν ἔνδον ἔπεσε καὶ κατεκαίθη). Niemand habe den Ixion vom Morde reinigen wollen, nur Zeus
erbarmte sich seiner, entsündigte ihn, führte ihn in den Himmel
und nahm ihn sogar zu seinem Tischgenossen. Doch der Schänd-
liche vergaß die Woltat und trachtete der Hera nach. Da schob
Zeus eine der Götterkönigin ähnliche *Wolke* unter. Ixion umarmte sie stürmisch (τὸν δὲ Ἰξίονα θεασάμενον ἐφορμῆσαι καὶ
παρακλιθῆναι) und aus beider Verbindung ging ein *wilder*
(ἄγριος) und wunderlicher (τερατώδης) Kerl hervor, den man
Kentauros hieß. Nachmals fesselte Zeus die Füße und Hände
des Ixion auf *ein ewig sich drehendes Rad*, indem er ausrief, es
zieme sich, Woltätern mit Gutem zu vergelten, nicht ihnen zu
schaden. Pindar legt diese Sentenz dem *„am flugschnellen
Rad allwärts im Kreise gerollten"* [1] Ixion in den Mund als
eine Mahnung, die er nach der Götter Gebot allem Volke zuru-
fen muß. Es ist deutlich, daß Pindar die Fabel als bekannt

---

1) Ἐν πτερόεντι τροχῷ παντὰ κυλινδόμενον. Pind. Pyth. II, 40.

6 *

voraussetzt, und daß schon frühere Dichter (Simonides? Bakchylides?) dieselbe als Beispiel für einen ethischen Satz bearbeitet
hatten. Das weist auf noch ältere Quellen zurück. Weiter hinauf führt kein äußeres Zeugniß, der Widerspruch gegen Homers
Angabe, der Ixion zum Vater des Peirithoos macht, scheint sogar auf den ersten Blick die ganze Erzählung zu einer neueren
Erfindung zu stempeln. Eine genauere sachliche Analyse ergiebt
jedoch, wie es scheint, überzeugend das Alter derselben und
ihren Ursprung aus einem Naturmythus.

Die Verflechtung Ixions auf ein ewig rollendes Rad ist eine
so singuläre Strafe, daß sie als epische Entwickelung aus der
Verschuldung des Heros nicht verstanden werden kann, vielmehr
wird sie den Kern der Fabel gebildet haben,[1] um den sich das
Uebrige anspann. Und in der Tat hat dieser Zug alle Vermutung des Alters und der Echtheit für sich, wenn man erwägt,
daß bei Homer des Ixion Sohn mit offenbarer Anspielung auf
eine Eigenschaft des ˙Vaters *Peiri-thoos* der *Ringsumläufer*[2]
heißt; wenn Il. 14, 318 Zeus sich rühmt, denselben mit des
Ixions Ehegemahl erzeugt zu haben, so setzt dies als frühere
Sagengestalt die wirkliche Vaterschaft des Ixion voraus; nur der
Wunsch, das Ansehen des Helden Peirithoos noch zu vergrößern,
hatte einen Rhapsoden veranlaßt, den Göttervater einzumengen.
Berechtigt uns diese frühe Spur des Mythus nach verschiedenen
Analogien an ein zu Grunde liegendes Naturbild zu denken, so
bietet sich von selbst eine Erklärung, auf welche schon alte Dich-
ter verfallen waren, deren einer dem Logographen Pherekydes
als Gewährsmann diente. Asclepiad. Fragm. 3; Schol. Pind. Pyth.
II, 39: προϊστοροῦσι δέ ἔνιοι, ὡς καὶ μαντίη ὁ Ἰξίων ὡς καὶ
Φερεκύδης· καὶ τὴν ἐπὶ τοῦ τροχοῦ κόλασιν αὐτῷ παρεγκεχειρηκα-
σιν· ἐπὸ γὰρ δινῆς καὶ θυέλλης αὐτὸν ἐξαρπασθέντα

---

1) Der Name Ixion ist wol Hypokorisma einer zweistämmigen Form, etwa
Ἀξί-στροφος auf dem Rade, mit der Achse herumgedreht. Vgl. Ficks Auseinandersetzungen über die Bildung der griech. Eigennamen auf -*ωρ*. Per-
sonennam. S. XXXIV. Schon Kuhn (Herabk. 69) und Bréal (le mythe d' Oedipe
10) nahmen den Anlaut von Ixion als Schwächung von a; nach ihnen liegt
eine Form Ἰξίον = skr. Akshivan, Achsenträger, Radmann (vgl. gr. ἄξων
Achse, ἅμ-αξα, Wagon, skr. akshas, lat. axis, ahd. ahsa) zu Grunde. Vgl.
auch Curtius Grundz.[5] 643 Anm.

2) Vgl. Pott Zs. f. vgl. Spr. VII, 93.

ᾐ ϑαρῆναί ϕασιν. Ixion war der Wirbelwind, das Rad die Umdrehung einer Trombe (o. S. 38). Ein Knabe aus Zoppot bei Danzig beschrieb mir 1864, sein Vater habe auf der Chaussee nach Koliebke ein *feuriges Rad* mit großem Geräusch „schisch! schisch!" in horizontaler Lage fliegend sich fortbewegen gesehen. Der deutsche Volksglaube behauptet, im Wirbelwind sitze der Teufel, ein Hexenmeister oder eine Hexe; sobald man ein Messer, Hut oder Mütze hineinwerfe, höre er auf [vgl. das Abschießen der Kanonenkugel, u. S. 86 Anm. unt.]; der Hut sollte Oberherrschaft über den Dämon begründen (vgl. RA. 148 ff. Bk. 392), das Messer denselben verwunden.[1] Dann fällt nach manchen Sagen der Zauberer oder die Hexe nackt, oder mit *ausgestochenem Auge* aus dem Wirbel herab. Dem Neugriechen schreitet oder tanzt im Wirbelwinde die Neraide (o. S. 37 ff.) oder der Teufel, der daher auch ὁ ἄνεμος heißt.[2] Ganz ähnlich sehen wir im Typhôs auch schon eine griechische Verbildlichung des Wirbelsturms als ein persönliches, unholdes Wesen, dem bei plötzlichem Sturm, Stoßwind, Wirbelwind (καταιγίς, ἐριώλη, στροβίλωδης ἄνεμος) — aller dieser Vorsteher war Typhôs, Typhôn — das Opfer eines schwarzen Lammes gebracht wurde, damit er aufhöre (Schol. Arist. Equ. 511. Ran. 847).[3] In den homerischen und hesiodei-

---

1) Vgl. Mannhardt Götterwelt d. d. u. nord. Völker 99. Kuhn nordd. Sag. 454, 405. 406.

2) Schmidt Volksleben der Neugriechen 175. 177.

3) Da es für unsere Untersuchung von Wichtigkeit scheint, lasse ich eine Beschreibung des Naturphänomens aus dem Munde der Alten und nach neueren wissenschaftlichen Beobachtungen folgen. Plin. histor. nat. II. cap. 48: Nunc de repentinis flatibus qui exhalante terra coorti, rursusque dejecti, interim obducta nubium cute, multiformes existunt. Vagi quippe et ruentes torrentium modo tonitrua et fulgura edunt. Majore vero illati pondere incursuque, si late rupere nubem, procellam gignunt, quae vocatur a Graecis Ecnephias (ἐκνεφίας). Sin vero depresso sinu arctius rotati effregerint, sine igne hoc est sine fulmine vorticem faciunt, qui Typhon vocatur, id est vibratus Ecnephias. Defert hic secum aliquid abruptum e nube gelida, convolvens, versansque, et ruinam suam illo pondere aggravans, et locum ex loco mutans rapida vertigine: praecipua navigantium pestis, non antennas modo, verum ipsa navigia contorta frangens, tenui remedio aceti in advenientem effusi, cui est frigidissima natura. Idem illisu ipso repercussus, correpta secum in caelum refert, sorbetque In excelsum. Quod si majore depresso nubis eruperit specu, sed minus lato, quam procella, nec sine fragore Turbinem vocant, proxima

schen Gestalten Typhôeus und Typhaon ist die Personification
dieser Naturerscheinung mit der poetischen Auffassung des Vul-
cans vermischt.   Auch der Araber sicht im Wirbelwind einen
Dschin, wirft ein Stück Eisen hinein und ruft: „Eisen, o *Unse-
liger!*“ (Bk. 132 Anm. 1).   Wie leicht also konnte es geschehen,

---

quaeque prosternentem.   Idem ardentior, accensusque dum furit, Prestor
vocatur, amburens contacta pariter et proterens. Hiezu vergl. man die
Schilderung bei Martins, Trombes terrestres in Poggendorfs Annal. 81, 444.
Schmid Meteor. 1860 S. 552, der wir aus Arago's wertvoller Zusammenstellung vielfacher Einzelbeobachtungen (Werke, Lpzg. 1860. B. XVI, S. 254 bis
286) noch einige Züge hinzufügen. „Nicht selten geht der Windhose ein
Gewitter voraus oder begleitet sie.“   Fast immer entwickelt sie sich aus
einer Wolke, die sich in Form eines Kegels oder Schlauches der Erde nähert.
Das Aussehen dieser Wolke gleicht dem Rauche einer Feuersbrunst oder
eines mit Steinkohlen gespeisten Ofens und fast immer bemerkt man
darin unter Begleitung von Blitzen [daraus hervorsprühenden Flammen,
Feuerkugeln, Funken], heftig wallende und wirbelnde Bewegungen. Fast
alle Beobachter haben beim Herannahen der Windhose ein starkes Geräusch bemerkt, vergleichbar mit dem Dröhnen eines schweren Lastwa-
gens auf steinigem Damm oder eines Eisenbahnzugs [„Den raschen Lauf
der Trombe begleitete ein Geräusch, wie das Rollen eines galoppirenden
Wagens über das Steinpflaster; die Explosion der Feuer- und Dampfku-
geln hörte sich an, wie das in Intervallen rasch aufeinanderfol-
gende Geknatter von Flintenschüssen und der stürmische Wind ließ
dazu ein entsetzliches Pfeifen vernehmen“]. Der Weg der Windhose über
die Erdoberfläche ist mit Trümmern bezeichnet, Bäume werden entwur-
zelt und gestürzt, verdreht, zerspellt und zugleich ausgedörrt, [Steine und
Felsblöcke weit hinweggeschleudert, Gebäude zertrümmert, erschüttert, ab-
gedeckt, Sand, Erde, Pflanzen, Dachziegel, Heuschober, Kornhaufen,
zuweilen Menschen und Tiere vom Wirbel ergriffen, zerstreut und Strecken
weit durch die Luft fortgeführt]. Das Phaenomen ist von einem sehr stinkenden schwefelartigen Geruch begleitet. Die Wirbelsäule hat nicht
selten das Aussehen eines von einem starken Luftstrom bewegten Bandes
oder die Gestalt einer mehrere Hundert Schritte langen Schlange. Während des Wirbelsturms herrscht nicht selten völlige Dunkelheit. [„Die Sonne
soll, wie die meisten Zuschauer versichern, um diese Zeit gar nicht geschie-
nen haben.“ „Die Säule verbreitete sich an der Oberfläche der Erde und
ließ einen sehr schwarzen Rauch ausströmen, welcher die ganze Ebene bedeckte und eine solche Finsterniß erzeugte, daß die Bewohner der umliegenden Anhöhen glaubten, die Commune von St. Seurin sei ganz verschwunden und vom Meteore verschlungen worden.“] Sobald aber die Trombe sich
zerteilt, tritt plötzlich Windstille und Sonnenhelle ein, und zugleich
schweigt der Donner, der vorher von allen Seiten des Firma-
mentes vernehmbar gewesen ist. Man kann die Windhose zerreißen,
wenn man eine Kanonenkugel oder Flintenkugeln dahinein abfeuert.

daß der Glaube, in der Trombe sitze ein böser Dämon, in die
Vorstellung von einem unseligen Geiste umschlug, der verwünscht
sei, im Rade oder auf einem Rade sich zu drehen. Mit dieser
Deutung stimmen alle Einzelheiten des Mythus auf das vollstän-
digste und beste zusammen. Das Phänomen berührt und ver-
düstert den Himmel und kann, wie des Typhôeus Ansturm gegen
Zeus lehrt, als ein Angriff auf die höchste Himmelsmacht (hier
Hera) aufgefaßt werden, aber die *Wolke* schiebt sich unter, welche
jedesmal von oben sich herablassend den Beginn des Schauspiels
bildet, woher der griechische Name ἐπτεγίας (o. S. 85). Ihr
steigt vom Erdboden ein Wirbel entgegen, so daß die ganze Erscheinung als Vermählung zweier Wesen aufgefaßt werden konnte,
wie in Rußland, wo der Wirbelwind der Brautzug des Ljeschi
oder der Tanz des Ljeschi mit seiner Braut genannt wird
(Bk. 143). Jene von Ixion umarmte Wolke konnte aber auch
Dia, die himmlische, genannt werden, und aus dem *Dampf* und
den *feurigen* Entladungen, welche das Phaenomen des Wirbel-
sturmes jedesmal begleiten, erklärt sich von selbst, weshalb *Dei-
on-eus* (doppeltes Hypokorisma eines mit δίἶο-ς, sengend, bren-
nend, verzehrend [vgl. δίἶον ἀῖρ] zusammengesetzten Namens,
wahrscheinlich *Διῖα ρεος*)[1] von seinem Schwiegersohne in der
mit Kohlen gefüllten Grube *verbrannt* wird; ja sogar die *Grube*
hat in der Wirklichkeit ihr Vorbild, insofern die Säule des Wir-
belwinds, wo sie die Erde berührt, jedesmal eine *Vertiefung
bewirkt*.[2] Ursprünglich bestand die Legende aus zwei Erzählungen, in deren einer Nephele, in deren anderer Dia das Weib
des Ixion hieß. Zu welcher von beiden die Bestrafung des Ixion
mit dem Wirbelrade gehörte, wie und wann die Durchdringung

---

1) Cf. Pott Zs. f. vgl. Sprachf. VII, 91. VIII, 428.

2) Vgl. das Phaenomen, Assonvalle bei Boulogne 6. Juli 1822 Mittags.
Mehrere Wolken von verschiedenen Seiten sammelten sich zu einer einzigen Wolke, die den ganzen Horizont überdeckte. Aus dieser senkte sich
alsbald ein Kegel dichten Dampfes von der bläulichen Farbe des brennenden Schwefels herab, dessen Grundfläche auf der Wolke ruhte, während
die Spitze sich zur Erde senkte, bald darauf eine von der Wolke ge-
löste sich drehende Masse bildete. Diese erhob sich mit dem Geräusch einer explodierenden Bombe und ließ auf der Erde eine Vertiefung in Gestalt einer kreisförmigen Höhlung von 8 Meter Umfang
zurück.

derselben mit ethischen Motiven und ihre Vereinigung vor sich
ging, ist nicht mehr auszumachen.

Der Sohn der Wolke und des Wirbelwindes, *Κένταυρος*,
muß selbst eine meteorische Erscheinung sein, sei es, daß er eine
bloße Wiederholung gewisser Wesensseiten des Vaters, wie
Φαίθων des *Ἥλιος*, war, oder daß man schwächere Windtrom-
ben von geringer Ausdehnung und weniger verderblicher Wirkung,
wie sie bei heißen Sommertagen häufig über Aecker und Wald
tanzen, als Kinder eines stärkeren Wirbelsturms ansah, oder daß
der die Trombe begleitende oder ihr nachfolgende sonstige Luftzug als ihr Sprößling betrachtet worden ist. Hiemit dürfte sich
auch die Etymologie des Wortes *κέντ-αυρος* als Luftstachler,
Luftansporner vertragen, insofern der im Wirbel oder im Luftzug
inwohnende Geist die Luft anspornt, zum Laufe antreibt (Vgl.
κένσαι, Il. XXII, 337 vom Anspornen der Pferde, *κεντέω*, *κέν-*
τρον). Vielleicht wäre sogar die Auffassung als „*Roß-ansporner*"
erlaubt, wenn mit Kuhn und Ebel Zs. f. vgl. Spr. IV, 42; V,
392 ein Substantiv, *αῦρος*, Renner, Pferd = skr. arvan, aus dem
bei Grammatikern angeführten Adj. *αῦρος* = *ταχύς* und *αῦροι*,
λαγωοί Lobeck Aglaoph. II, 848 erschlossen werden dürfte. Diese
Deutung empfiehlt sich doch wol noch eher als A. Kuhns nach
eigenem Geständniß auf lauter sprachlichen Ausnahmen beruhende
Gleichstellung von Kentauros mit dem indischen *Gandharva*,[1]
zumal da auch die ausführlich begründete sachliche Uebereinstimmung bei näherer Prüfung unter den Händen verschwindet. Denn

---

1) Cf. Zeitschr. f. vgl. Sprachf. I, 514 – 512, bes. S. 514 – 516. Vgl.
Kuhn Herabkunft des Feuers S. 132. 173. 253. – Ixion wird dabei (Zs. f. vgl.
Spr. I, 535) auf das Sonnenrad, Cheiron wird als Beiname des Sonnengottes
wegen der Sonnenstrahlen nach Analogie von hiraṇyapāṇi, (goldhandig) für
den indischen Helios Savitar und von *ῥοδοδάκτυλος* *Ἥώς* (a. a. O. 536), der
nach jungen Quellen von Cheiron als Lehrer der Jagd geführte Bogen wird
auf den Regenbogen (Herabkunft S. 253), die von den silbernen Kentauren
auf dem Schilde des Herakles geschwungenen goldenen Fichten werden (Zs.
f. vgl. Spr. I, 540) als die hinter Wolken hervorbrechenden Sonnenstrahlen
(vgl. engl. beam) gedeutet. Kuhns Hypothese hat mannigfache Zustimmung
gefunden (z. B. bei W. Schwartz Urspr. d. Myth. S. 10. Ebel Zs. f. vgl. Spr.
V, 392. A. Maury, histoire des religions de la Grèce antique S. 202. Bréal,
le mythe d'Oedipe S. 10); sprachliche Bedenken erhob schon Pott Zs. f. vgl.
Spr. VII, 88. S. auch Fick, die Spracheinheit der Indogermanen S. 153.
Uebereinstimmend mit Kuhns Deutungen hatte Lauer System d. gr. Myth. 280
Ixion für eine Epiphanie des Apollon erklärt.

wenn Gandharva die hinter der Wolke und den Nebeln verborgene *Sonne* ist (Kuhn a. a. O. 518 ff.), so entspricht dem auf Seite
der Kentauren kein Zug. Die Uebereinstimmungen, daß die
Gandharven nach Trunk und Weibern lüstern und Sammler heil-
kräftiger Kräuter, dazu die Gatten der Apsarasen, d. h. der Was-
ser- oder Wolkenfrauen sind, wozu ich nach Atharvav. IV, 37, 11
bei Muir Orig. Sanser. Texts. V, S. 309 noch füge, daß sie gleich
Hunden oder Affen haarig erscheinen, während eine Abart von
ihnen, die Kinnaras (d. h. Halbmenschen) als Männer mit Pferde-
köpfen geschildert werden, diese Uebereinstimmungen reichen
unter den erörterten Umständen nicht hin, um das Urteil der
historischen Identität beider Wesen zu begründen, so lange die
Grundvorstellung — so viel wir erkennen können — auseinan-
dergeht. Die Natur der Kentauren als Windgeister, Dämonen
des Sturms und Wirbelwindes bestätigt sich dagegen durch die
von ihnen *als Waffen geschwungenen Bäume* und *im Kampf ge-
schleuderten Felsstücke* (o. S. 11 ff.), während auch ihre *langen und
wirren Haare* ein auch sonst den Sturmgeistern eigenendes Attri-
but sind (Bk. 148). In einem Dithyrambos, welchen Aristophanes
Nubb. 336 verspottet, war die Rede von *den Locken* (πλόχαμοι) des
hundertköpfigen Typhôs.[1] Als Windgeister mochten die Kentauren
endlich *fußschnell* genannt (vgl. die πόδες ἀχάματα des Typhôeus
Hes. Theog. 824, o. S. 86) und roßfüßig, roßgestaltig, sich in ein
Roß wandelnd, oder auf einem Roß reitend geschildert werden.
Der russische Waldgeist Ljeschi kreischt, lacht, klatscht, *bellt*
wie ein Hund, *brüllt* wie eine Kuh [auch Typhôeus brüllt wie
ein Stier, und helfert wie Hündlein], sodann *wiehert er wie ein
Pferd.* Bk. 139. Der vom Roß entnommene Name *Κένταροι,*
Luftsporner, läßt beinahe vermuten, daß man sich die Kentauren
u. a. auch als *Sturmreiter* gedacht habe.

Wie fügt sich zu diesen Deutungen die homerische Angabe,
daß Ixion und Peirithoos *Lapithen*, die Lapithen aber Menschen
(ἄνδρες) waren im Gegensatze zu den Kentauren, die von ihnen
aufs heftigste bekämpft wurden? Macht nicht die früher bezeugte

1) Ταῦτ᾽ ἄρ ἐποίουν ἐγρων Νεφελᾶν σιφαπυάχλαν δαῖον ὁρμάν,
πλοχάμους δ᾽ ἑχατογχεφάλα Τυφῶ, ηρημαινούσας τε θυέλλας. Rudra,
der Sturmgott, heißt ebenso der Gelockte (kapardhin, keçi), auch die
Gandharven einmal windhaarig, vayukeçan.

und innerlich bewährte Genealogie Ixion - Peirithoos Lapitheukönig
die später auftauchende Ixion - Kentauros von vornehcrein unglaub-
würdig? In dem Falle nicht, wenn die zuerst bei Pindar auftauchende Mythe als eine einst neben Homer herlaufende gleichalte
Variante der ersteren Sage sich erweisen ließe. Und das tut sie
wirklich, wie es den Anschein hat. Um es gleich herauszusagen,
auch die Lapithen waren kein wirkliches „halbmythisches" [1]
Volk, sondern ganzmythische Gestalten, ursprünglich Personifizierungen von Sturmerscheinungen, und deshalb konnte ihnen derselbe Ahnherr zugesprochen werden, wie den Kentauren. Wenn
Peirithoos den Herumläufer bedeutet, mithin ein *Doppelgänger*
Ixions ist, müssen auch die Lapithen im allgemeinen derselben
Art gewesen sein. _Λαπ-ίϑ-αι (gebildet wie ἐρ-ιϑ-ος, Lohn-
arbeiter von αρ Curtius Grundz. [2] S. 306) entsprießt dem Stamme
λαπ, reißen, raffen, zerstören, welcher in λαΐ-λαψ, απος (λαι-,
λα - verstärkende Vorsatzpartikel) Sturmwind mit Regen erhalten ist, von Düntzer (Zs. f. vgl. Spr. XII, 12 ff.) auch in λαπάζω,
ά-λαπάζω, ausleeren, zerstören und plündern (Il. II, 367. XXIV,
245 u. s. w.) gesucht wird. Es ist eine Nebenform von ῥαπ,
griech. gewöhnlich ἁρπ -, wozu lat. rapio, rapax, griech. ἁρπαξ,
ἁρπαλέος und der Name der raffenden Sturmgöttinnen Ἅρπυιαι.
Eine Nebenform wiederum der Wurzel rap war rup, brechen,
zerreißen, wohin lat. rumpo, griech. λυπ-έω, betrübe, skr.
lump.-ami, breche, verderbe. S. Curtius Grundz. [2] S. 238. 240.
Mithin stehen die *Lapithen* den *Harpyien* etymologisch und auch
wol dem Wesen nach ganz nahe. Dies führt uns zu einer kurzen
Untersuchung über diese Halbgottheiten.

Die *Harpyien* des griechischen Altertums entsprechen genau
gewissen Gestalten unserer deutschen Sagen. Bei Homer sind
sie *Göttinnen* des Sturmes, welche unversehends Menschen aus
Gesicht und Gehör wegraffen; Telemach und Eumaios geben
ihnen des Odysseus Entführung Schuld. [2] Dieselbe Meinung erhellt
aus der Rede der Penelope Od. XX, 63 ff., wo sie den Wunsch
ausspricht, ein Sturmwind (ϑύελλα) möge sie in die Höhe raffen
(ἀναρπάξασα) und, weit hinweg über dämmernde Pfade fortschrei-
tend, sie dahintragen und hinwerfen, wo kreisend die Flut des

1) Bursian Geogr. v. Griechenland I, 45.
2) Νῦν δέ μιν ἀκλειῶς Ἅρπυιαι ἀνηρείψαντο. Od. I, 241. XIV, 371.

Okeanos ausströmt. So hätten einst die Sturmwinde (ϑύελλαι) des Pandareos Töchter in die Höhe gerissen. Der verwaisten Kinder hätten Athene, Artemis, Here und Aphrodite gepflegt und ihnen alle bei Frauen begehrenswerten Eigenschaften mitgeteilt. Als nun Aphrodite sie vermählen wollte, *hätten die Harpyien die Mädchen geraubt*, und den Erinnyen dienstbar gemacht. Hesiod Theog. 267 denkt sich die Harpyien *Sturmfuß* und *Schnellfliegerin* (Aello, Hypokorisma wol von Aellopus, Sturmfuß Okypete) als *schöngelockte* (ἠΰκομοι) Göttinnen (vgl. o. S. 89), welche mit der Fittige Schwung des Windes Anhauch und himmlische Vögel erreichen. In die Argonautensagen war ferner der alte, schon von Hesiod[1] behandelte Mythus von Phineus verflochten. In der sehr altertümlichen Form, welcher Apollodor I, 9, 21 folgt, lautet er der Hauptsache nach folgendermaßen: Der *geblendete* Phineus wurde von den Harpyien belästigt, welche, sobald ihm der Tisch gedeckt war, vom Himmel *mit Geschrei* herabflogen, die meisten *Speisen wegraubten* und die übrigen Brocken mit solchem *Gestank behaftet* zurückließen, daß sie zum Essen untauglich waren. Vom Schicksal war ihnen bestimmt durch die *Boreaden* umzukommen, diesen hinwiederum selbst zu sterben, wenn sie mit der Verfolgung nicht zum Ziele gelangen könnten. Als nun die Nordwindsöhne *Zetes* und *Kalaïs*, mit den Argonauten nach Thracien gekommen, die Not des Phineus sahen, rissen sie ihre Schwerter heraus und verfolgten die Harpyien durch die Luft bis zu den *strophadischen* Inseln, die, vorher Echinaden genannt, ihren Namen daher bekamen, daß hier die eine Harpyie, nachdem die andere schon abgefallen war, umkehren wollte; als sie aber gegen das Ufer kam, fiel sie vor großer Ermattung mit ihrem Verfolger zugleich nieder. Die von Hesiod benutzte Fassung der Sage scheint mehrere Eigentümlichkeiten gehabt zu haben. Er erzählte (Strab. VII, p. 463. C.), die Harpyien hätten Phineus in ein fernes Land, das der Milchesser *(durch die Luft) entführt* (τὸν Φινέα ὑπὸ τῶν Ἁρπυιῶν ἄγεσθαι „Γλακτοφάγων εἰς αἶαν ἀπήναις οἰκί᾽ ἐχόντων"), wozu Heyne Observ. ad Apoll. I, 9, 21 bemerkt: Ceterum Hesiodeam narrationem habemus adhuc in Orphicis quae hinc illustranda v. 675.

---

1) Fragm. CLXXXIX (dazu vgl. Kirchhoff im Philol. XV, 10 und Bergk n. Jahrb. f. Phil. 1873, 39, 6) und CCXI, p. 294. 299. Göttling.

6. 7: αὐτὰρ ἐπιζαφελὴς Βορέης στροφάδεσσιν ἀέλλαις
ἁρπάξας, ἐκάλυψεν ἐπὶ δρμὰ ανχνὰ καὶ ἴλας Βιατορίης, ἵνα
κῆρ' ἀλοὴν καὶ πότμον ἐπίσπῃ. In den hesiodeischen Eoeen,
welche die Blendung des Phineus damit motivierten, daß er
Phrixos den Weg gezeigt habe, war die *Beraubung des Mahles
durch die Harpyien* mit sehr altertümlichen Zügen geschildert,
„εἰς τὰς πνοάς ἔτρεχον,“ „in die Windhauche *liefen' sie*" (die
Harpyien) Schol. Apoll. Rhod. II, 178 ff. 276 ff.; wozu die Beschreibung des Theognis (um 540 v. Chr.) Paraen. v. 534
stimmt:

> ὠκύτερος δ' εἴησθα πόδας ταχέων Ἁρπυιῶν,
> καὶ παίδων Βορέου, τῶν ἄφαρ εἰσὶ πόδες.
> Ob du auch hurtiger wärst, wie die fußgeschwinden Harpyien,
> Oder des Boreas Söhn', eilend mit flüchtigem Fuß.

Für εἰς τὰς πνοάς ἔτρεχον hätte gesagt werden können und ist
auch wol einmal gesagt εἰς τὰς στρόφαδας sc. ἀέλλας (vgl. o.
Z. 1). So offenbart sich auf einmal, durch welches Mißverständniß man dazu kam, die Verfolgung der Harpyien bis zu den
gleichnamigen Strophadeninseln gehen zu lassen. — Zuweilen
nehmen die windschnellen Harpyien *Roßgestalt* an. Homer
erwähnt Il. XVI, 149 ff. die unsterblichen *Rosse* des Achilleus, welche
die Harpyie Fußschnell (*Ποδάργη*) dem Westwind gebar, als sie
auf der Wiese am Okeanos *geweidet.* Die Bildersprache dieser
Mythen blieb völlig durchsichtig. Die Harpyien sind eine weibliche Personwerdung einer milderen Form der nämlichen Naturerscheinung, deren furchtbarste Gestaltung eine andere griechische
Landschaft als den männlichen Dämon Typhoeus auffaßte, d. h.
des Menschen mit sich fortreißenden Wirbelwindes, der ja auch
bei Neugriechen als Lebensäußerung der Neraide gedacht wird
(o. S. 37). Ganz genau entsprechen deutsche und nordische Auffassungen. In den Niederlanden sagt man, wenn Wirbelwinde auf
Erden wüten und alles mit fortreißen, *die fahrende Mutter halte ihre
Umzüge.*[1] Am Niederrhein heißt es, im Wirbelwind sitze eine
böse Hexe,[2] ebenso im Lechrain. Die Hexen können einen
Sturmwind erregen, in dessen Windgüspeln sie sich dann ver-
bergen, und *Getreide oder Heu* mit sich fort nach Hause führen.[3]

---

1) J. W. Wolf Niederl. Sag. 1843 S. 616. n. 518.
2) Kuhn Westf. Sag. II, 93.
3) Leoprechting Lechrain S. 15. 101.

In Westfalen denkt man beim Wirbelwinde an *mehrere dämonische Weiber*, „da fliegen die Buschjungfern" (Bk. 86). Seit alten Zeiten heißt der einem Gewitter vorausgehende Wirbelwind in Deutschland *Windsbraut*, Windis prût oder das „*fahrende Weib*." Vgl. „*Lief spûlnde* als ein windis brût durch daz gras." [1] „Die Windsbraut ist *Vorläuferin einer Witterung, eines Unwetters, das kommen wird.* Den Staub treibt sie wie Rauch von großem Feuer in die Höhe und führt ihn weit fort." [2] Geht man voraus nicht auf die Seite, so *nimmt sie einen mit.* — Jemand war unterwegs; da kam die Windsbraut daher. Er ward zornig und rief: „Komm nur wieder, du Hexe" und warf sein Messer hinein. *Da nahm ihn der Wind mit und führte ihn zweihundert Stunden weit.* Hier harrte seiner im Wirtshause ein Mann mit einem Auge; der zeigte ihm sein Messer und sagte: „Schau, das zweite Auge hast du mir ausgestochen!" Er warnte ihn für die Zukunft und *ließ eine Windsbraut kommen, die ihn wieder heim führte.* [3] In Schweden wird dieser Wirbelwind als ein Mädchen (Thors pjäska) gedacht, das dem Blitz vorherläuft (Bk. 128), oder als ein Trollweib, eine Skogsnufva (Waldfrau), welche der gute Vater (Gofar), d. i. der Donner, *verfolge* (Bk. a. a. O.). Diese Vorstellung wendet sich zuweilen dahin, daß der personifizierte Sturm, König Oden, hoch zu Roß, mit seinen Jagdhunden, und begleitet vom Donner der Trollfrau nachjage, sie endlich erlege und quer über sein Roß hänge (Bk. 137 ff.). Dieser schwedischen entsprechen zahlreiche deutsche Sagen, in welchen *vom wilden Jäger oder von den wilden Jägern* (den Geistern des Sturmes) ein gespenstiges Weib (Wetterhexe mit roten fliegenden Haaren, weißes Weib) die Buhle des Verfolgers, oder eine ganze Schaar wilder Frauen, Unterirdischen u. s. w. verfolgt werden. Jemand sieht ein Weib ängstlich *vorüberlaufen*, bald darauf stürzt ein Reiter, der wilde Jäger mit seinen Hunden, ihr nach, und es dauert nicht lange, so kehrt er wieder und hat die Frau, welche nackt ist, quer vor sich auf dem Pferde liegen. [4]

---

1) Myth. [4]. 598. 599.

2) Schönwerth aus der Oberpfalz II, 112.

3) Schönwerth a. a. O. 115.

4) Vgl. W. Schwartz der Volksgl. u. d. a. Heidentum Aufl. [2] S. 22 ff. 43 ff. Bk. 82 ff. 86. 105 ff. 109 ff. 112, 115. 116. 121. 122 ff. 128. 149 ff

In Mecklenburg jagt Fru Wauer die unterirdischen oder *weißen Weiber*. Einst kam Mutter Warncke in Sukow aus der Backkammer und hatte eben *den Teig eingesäuert*, um am anderen Morgen zu backen. Da hörte sie in der Lowitz das Getöse der wilden Jagd und im Nu waren die Hunde da, drangen groß und klein mit „Juckjack huuch!" in die Backkammer, fielen über den Teig und schlürften, als ob sie bei der Tranktonne wären. Die alte Frau rief in ihrer Angst: „Nu frett dat Düwelstüg mi all den Dêg up!" Zu gleicher Zeit gab Fru Wauer ein Hornsignal und die Meute stürzte zur Tür hinaus. Neugierig schielte Mutter Warncke aus der Tür und sah Fru Wauer hoch zu Roß *die beiden weißen Weiber mit den Haaren zusammengeknüpft vor sich über dem Pferde hängend.*[1] Auch sonst heißt es von der wilden Jagd: „Läßt man die Tür auf, so zieht der Wode hindurch, und seine Hunde *verzehren* alles, was im Hause ist, sonderlich den *Brodteig*, wenn eben gebacken wird.[2] Von der wilden Jägerin Frick wird erzählt, daß sie einem Bauer, der mit Mehlsäcken von der Boitzenburger Mühle kam, begegnete. In seiner Herzensangst schüttete er seine Mehlsäcke den anstürmenden Hunden dahin, die sogleich darüber herfielen und *alles Mehl auffraßen.* Auch in einem norwegischen Märchen *nimmt der Nordwind einem Burschen dreimal das Mehl weg*, wie es in manchen Gegenden Sitte war, bei starkem Winde einen Mehlsack auszustäuben, um den Wind zu füttern.[3] Vom Wirbelwinde im Frühjahr sagt der Schwede: „Der Troll ist draußen *Saat zu stehlen*" (Bk. 128). In Franken ruft man, wenn der Wirbelwind etwas von Heu oder *Getreide* in die Luft und mit sich fortgedreht hat, der vermeintlich im Wirbel steckenden Hexe (Truhte) zu: „Du Luder, *hast doch etwas mitgenommen.*"[4] In Böhmen heißt der Wirbelwind Raråšek. Er ist ein boshafter Geist, der die Menschen neckt und ihnen schadet, *indem er plötzlich die Garben vom Felde wegträgt.* Oft ist er so stark, daß er dem Menschen unvermutet in die Augen fährt und ihn *des Augenlichts beraubt.*[5]

— - - -- -

1) Niederhöffer Mecklenburgs Volkssagen III, S. 191.

2) Müllenhoff Schleswig-holst. Sag. n. 500 S. 372.

3) W. Schwartz a. a. O. 25—27.

4) Reynitsch Truhten, und Truhtensteine 1802 S. 78.

5) V. Grohmann Aberglauben und Gebräuche aus Mähren S. 15, 73.

Nach diesen Analogien wird wol kein Zweifel sein, *daß die Mythe von Verfolgung der Harpyien durch die Boreaden eine griechische Variation der germanischen von Verfolgung der Trollweiber, Holzfräulein, weißen Frauen, u. s. w. durch die wilden Jäger, Oden u. s. w. war;* und daß zu ihr der Kampf des Zeus mit Typhoeus sich grade so verhält, wie zu der ihr entsprechenden deutschen Sage die Feindschaft Thors gegen die Trolle, des Donners gegen die Waldweiber, Riesen u. s. w. (Bk. 109. 128). Die Blendung oder Blindheit des Phineus (des Himmels? Himmelsriesen?[1]) erklärt sich durch die Verdeckung des Sonnenlichtes (o. S. 86) beim Phänomene des Wirbelsturms. Der Raub der Speisen scheint mir aus dem Fortführen des Getreides vom Erntefelde durch den Wirbelwind, oder aus Sagen, welche jenen deutschen von Ausschüttung des Mehls parallel gingen, *jedenfalls aus der Vorstellung von Gefräßigkeit des Windes (Wirbelwindes)* notwendig hervorgegangen.[2] Sollte der Zug, daß die Harpyien, indem sie das Mahl des Phineus entrafften, zugleich die übriggelassenen Brocken mit *übelriechendem Unrat besudeln,* welchen Apollonius (Argon. II, 189 ff. 228 ff. 270 ff.) vorträgt, noch auf alte und echte Quellen zurückgehn, so ließe er sich füglich auf den nach dem Aufhören des Wirbelwindes bemerkbaren *stinkenden* Schwefelgeruch (o. S. 86) deuten.[3] — Endlich hat auch die Verwandlung der Harpyie in ein Roß nordeuropäische Analoga. Beweisend wäre schon die Anführung eines Volksausdrucks in Masuren. Wenn der Wirbelwind so stark ist, daß auch Erde aufgerührt und mitgeführt wird, so sagt man: *„Ein Pferd fliegt durch die Wolken.“*[4] Wir sind aber sogar im Stande, wenigstens an einer besonderen Form der in Rede stehenden nordeuropäischen Ueberlieferungen noch beide Hauptzüge der Harpyiensage (die im Sturme verfolgten Weiber und deren Roßgestalt) beisammen nachzuweisen. Die im Sturme gejagte Frau, dieser unselige Geist, wurde vom regen Gewissen des christlichen Volkes in die Seele der größten Frevlerin am Heiligen, der Pfaffenhure umgedeutet. Bald ist nun von einer

---

1) Vgl. W. Schwartz, Ursprung der Myth. 199.
2) Vgl. W. Mannhardt Götterwelt S. 100.
3) Vgl. auch W. Schwartz Ursprung S. 197.
4) Töppen Abergl. a. Masuren. Aufl. 2, S. 34.

einzelnen Concubina sacerdotis die Rede, welche ein wilder Jäger
verfolgt, bald (wie bei den Harpyien) bilden Verfolger und Verfolgte eine ganze Schaar. Diese Pfaffenköchinnen heißen aber
auch die *Reitpferde* des Teufels, der sie nach manchen Sagen
mit Hufeisen beschlagen läßt. Sie werden also auch als *Rosse*
(= Wirbelwinde) gedacht.[1] Beide Vorstellungen combinirt die
Sage, daß *die wilden Jäger* (das wilde Gjaid) in einem schiffs-
artigen Schlitten, vor den die in der Christnacht mit Hufeisen be-
schlagenen Seelen böser Dienstmägde als Pferde gespannt sind,
die Wildfrauen jagen. Bk. 120.

Wenn der Name die Lapithen den Harpyien äußerlich verwandt erscheinen läßt, so zeigt der „*Ringsumläufer*" Peirithoos
nun auch ihre innere Verwandtschaft. Sie sind gleichsam männliche Harpyien, eine schwächere Auflage des (ursprünglichen)
Typhöeus oder Typhaon. Typhaon wird von Hesiod als ὑβρι-
στής ἄνομος (oder ἄνεμος) bezeichnet (Theog. 307), grade so
bedeutete λαιλίζω sich übermütig betragen, λαιλοτής ein Prahler.
In Böhmen sagt man, im Wirbelwinde fahre die *Braut*, die sich
der Teufel von der Erde holt, in Masuren: „*der Teufel fährt
zur Hochzeit*,"[2] in Rußland ist der Wirbelwind die *Vermählung*
des Waldgeistes und der *Tanz* desselben mit seiner Braut (Bk.
143); in Deutschland hieß die Erscheinung seit alters auch
Windsbraut, Pfaffenhure, *Concubina* sacerdotis. Halten wir dazu,
daß die Kentauren als Waldgeister *lüstern* sind (o. S. 39. 45),
daß dem russischen Bauer *die Verwüstungen der Orkane aus*

---

1) Vgl. Bk. 120. 123 Anm. 4. German. Myth. 711. Wolf Beitr. II, 143.
145. Noch ein Beleg aus Frankreich: „Nos moissonneurs appellent ser-
vantes de prêtres ces soudaines et violentes bouffées de vent qui, par un
temps calme, surviennent tout à coup, soulèvent, chassent devant elles, et
emportent en tourbillonnant, souvent à de grandes distances, les javelles des
champs, les andains des prés, la poussière des chemins. Laisnel de la Salle,
Croyances et légendes du centre de la France II, 133. „Une meschine de
prestre, perseverant et mourant en pechié, est chevalet au dyable."
„Quant vous veez un cheval si terrible, qu'il ne veult souffrir qu'on monte
sur lui, on ne veult entrer en un navire ou sur un pont, distes luy en
l'oreille ces parolles: Cheval, aussi vray que meschine de prestre est cheval
au dyable, tu vueilles que je monte sur toy. Et tantost il sera paisible, et
en ferez vostre volonté. Évangiles des quenouilles Saec. XV (Nouv. éd. p. P.
Janet. Paris 1855. p. 133. 90). Vgl. auch Schottmüller die Krügerin von Eichmedien. Bartenstein 1875.

2) Grohmann Abgl. a. Böhm. S. 35, 195. Töppen Abgl. a. Masuren.[2] 34.

*dem Kampfe der Waldgeister (Liesowiki) gegen einander entsprin-
gen, wobei die Kämpfer hundertjährige Baumstämme und viertau-
send Pfund schwere Felsstücke auf Entfernungen von hundert
Werst gegeneinander schleudern,*[1] sowie daß nach neugriechischer
Vorstellung die Ortsgeister in den Stürmen einander wütende
Schlachten liefern:[2] so liegen nun die Elemente völlig klar, aus
denen die Sage von der *Hochzeit* des Peirithoos, von dem bei
dieser erfolgten Angriff der Kentauren auf die Braut, und von
dem Kampfe zwischen Lapithen und Kentauren entsprossen ist.
Die beiden Gegner in diesem Streite waren also ursprünglich
gleichartig,[3] Lapithen und Kentauren synonym, oder doch höchstens so verschieden wie Wirbelwind und Sturm,[4] und daher
konnten sie in zwei verschiedenen Sagen sehr wol als Kinder desselben Vaters genannt werden. Mit der Verflechtung der Sage
ins Epos beginnt der Prozeß der Vermenschlichung, welcher an
beiden Teilen in ungleichem Maße, an den Kentauren sehr un-
vollkommen, an den Lapithen aber fast vollständig sich vollzogen
hat, weil für letztere als folgenreicher Factor der Humanisierung
die Gemeinschaft mit den geehrtesten Helden der Vorzeit (Theseus u. s. w.) wirksam wurde, welche die der Naturgrundlage
des Mythus vergessene Dichtung nach und nach ihnen als Helfer zugesellte.

1) Bk. 139. Afanasieff poet. Naturansch. II, S. 333. Vgl. Um Alt-
bunzlau sagt man, wenn ein starkes Gewitter ist und die Winde gegeneinander wehen, „die bösen Engel streiten wider einander" und der ge-
meine Mann um Aussig erklärt sich den Hagel daraus, daß böse Geister sich
in der Luft bekämpfen. Sie schleudern Mühlsteine gegen einander, die auf-
einanderstoßend in tausend kleine Stückchen zerspringen und als Hagelkörner
herunterfallen. Grohmann Abergl. a. Böhmen S. 33, n. 183. 184.

2) S. Schmidt Volksl. d. Neugriechen S. 189. In Rumelien kämpft der
Meergeist mit dem Geiste einer tausendjährigen Platane. Wenn einer
besiegt wird, sterben in der Nachbarschaft viele Menschen. Auf dem Gipfel
des Parnasos liefern sich die verschiedenen Ortsgeister dieses Gebirges tobende
Schlachten, und von diesen leiten die Arachobiten die Schneestürme ab.

3) Die Gleichheit würde noch stärker hervortreten, wenn die bei Eustath.
ad Hom. p. 102, 2 erhaltene Etymologie eines Grammatikers (Herodiana? Ahrens Dial. Dor. 160), Peirithoos habe den Namen (Ringsumläufer), weil
Zeus in Roßgestalt werbend dessen Mutter umkreiste, auf eine
ältere und echte Ueberlieferung gebaut wäre. Doch beruht dieselbe wahrscheinlich auf einer bloßen Verwechselung der Lapithen mit den roßleibigen
Kentauren von Seiten eines gelehrten Grüblers.

4) Oder wieFangga und wilder Mann (Bk.89), Skogsfru und Hulte (Bk.127).

Nunmehr sehen wir uns ausgerüstet, durch eine einfache Zusammenstellung der an den Kentauren wahrgenommenen Eigenschaften die im Anfange unseres Aufsatzes ausgesprochene Behauptung ihrer Einerleiheit mit unseren *wilden Männern* zu erhärten. Die Kentauren sind *Berg-* und *Waldgeister;* das Peliongebirge, welchem sie am nächsten zugehören, war besonders waldreich (vgl. *Πήλιον ελήεν* o. S. 48),[1] nicht minder die Pholoe, wohin die Verpflanzung der Sage ihren Sitz übertrug. Aus Bäumen nahmen sie ihren Ursprung, Cheiron aus der Linde, Pholos aus der Esche (o. S. 43. 48), ganz ähnlich sind die Fanggen Kinder der Stutzföhre, Rohrinde, oder sie heißen selbst wie diese Waldbäume (Bk. 89. 91). Die Kräuter des Waldes und Gebirges wuchsen unter ihrer Obhut. Im Luftzuge, der den Wald belebt, äußerten sie sichtbar ihr Dasein, sei es, daß derselbe in Sturm und Wirbelwind zu furchtbarer Größe anschwillt und alles mit sich fortreißt, sei es, daß er als sanfterer Hauch den Wanderer umfächelt. Darum sind die Kentauren einerseits schreckhafte Unholde, welche Felsblöcke und entwurzelte Bäume als Waffen schleudern; auch das Geschenk Cheirons an Peleus, die auf dem Pelion geschnittene Esche, welche kein gewöhnlicher Sterblicher als Lanze heben kann, ist noch epische Verwertung dieses Zuges. Es lag daher nahe, daß eine andere Auffassung die Kentauren vom Wirbelsturm (Ixion) abstammen ließ. Andererseits aber erweisen sie sich dem Menschen freundlich und hilfreich. Diese Seite ihres Wesens hat ihren typischen Ausdruck gefunden in Cheiron, dessen Name, wenn wir recht sahen, mit der rettenden Tat einer Todtenerweckung in einer berühmten Heldensage zusammenhing, und daher zum leuchtenden Vorbilde ärztlicher Kunst, ja der Lebensrettungen und Auferweckungen des Asklepios wurde. Wie die deutschen wilden Leute und andere im Winde waltende Wesen waren sie von rauher, mit langen Haaren behangener Gestalt; dazu passen ihre riesigen unförmlichen, den Waldgeist anzeigenden Füße im hom. Hymnus (o. S. 79); daß spätere Bildner sie als Halbrosse darstellten, muß auf eine verlorene Sage zurückgehn, in welcher ein Kentaur als Roß oder teilweises Roß geschildert war. Grade so erscheint die den Kentauren nah verwandte Harpyie bei Homer gewöhnlich als Weib,

---

1) Vgl. Bursian Geogr. v. Griechonl. I, 97.

in einer Stelle als weidendes Roß. Das Roß ist eine Gestalt des
Wirbelwindes (o. S. 95); der russische Waldgeist Ljeschi *wiehert
wie ein Pferd* (Bk. 139); beim Umzug der wilden Jagd hört man,
wie unten im Walde die Eichen krachen, oben in der Luft die
Hunde bellen, die Wagen rollen, die *Rosse wiehern*. [1] Da über-
dies die nordischen Wald- und Windgeister teils ganz, teils teilweise in zeitweiliger Tiergestalt erscheinen, der *vollen* Kuhgestalt
der dänischen Waldfrau der *Kuhschwanz* der schwedischen Skogsnufva und norvegischen Huldra (Bk. 126. 128 ff.), der vollen
Geißgestalt der Delle Vivane (Bk. 116) die Bockshörner und
Bocksfüße der Dialen und Ljeschie (Bk. 95. 138) entsprechen,
der in Baiern zuweilen *Windsau* genannte Wirbelwind in Thüringen und Franken auch Süstért, Schweinezagel, Sauzagel angeredet wird:[2] so sehen wir durch diese Analogie zahlreicher Bei-

---

1) Myth. [3] 877, Schwartz Der heutige Volksglaube. Aufl. 2 S. 29. Ein
romanisches Seitenstück der Kentauren ist der zumeist boshafte südtirolische
Orco (Bk. 110. 338), der bald als Mensch, bald als Roß erscheint.
Häufig zeigt er sich als Kugel (Alpenburg Myth. 74, 16. Staffler Tirol II,
2, 294. S. v. Hörmann Mythol. Beitr. a. Wälschtir. 12 ff.) oder als Knäuel
(Schueller Sag. a. Wälschtir. 219. VI, 6); er entführt Bauern, die ihm nach-
spotten, zwei Stunden weit durch die Luft fort (Alpenb. Myth. 74, 17) und
hinterläßt beim Verschwinden einen ekelerregenden Gestank (Alpenb. Myth.
73, 15. Staffler a. a. O.). Diese Züge führen unverkennbar auf eine Personification des Wirbelwindes hin; grade so stürzen die schwedischen Trolle vor
dem Donner flüchtend (Bk. 128. 149) in Gestalt einer Kugel oder eines
Knäuels, oder eines Tiers vom Berg auf die Wiesen hinab; gleich hinterher schlägt der Blitz ein (Afzelius Sagohäfder I, 10. Grimm Myth.[3] 952.
Rußwurm Eibofolke II, §. 380) und die norveg. Huldro fahren ebenfalls sau-
send daher wie graue Garnknäuel. Asbjörnsen Huldreeventyr I, 51, vgl. 47.
Als Tiergestalten des Orco werden Hund, Geiß, Lamm, Esel genannt; am
liebsten jedoch erscheint er als Pferd mit feuersprühenden Hufen (Alpenburg M. 72, 14), als Kaufmann, der später plötzlich als weißes Pferd da-
steht (Schneller a. a. O. 218, VI, 1), als weidendes Roß, das zum Besteigen
einlädt. Wagt dies jemand, so verlängern sich die Beine des Gauls dergestalt immer höher und höher, daß der erschreckte Reiter aus schwindelnder
Höhe kaum mehr den Erdboden unter sich sieht, und dann gehts in sausen-
dem Galopp in die grausesto Wildniß über Stock und Block, bis der unglück-
liche Phaethon aus seiner Luftregion niederstürzt und an Gesicht und Händen zerschunden sich aus dem Dorngestrüpp herauswindet (Staffler a. a. O.
v. Hörmann a. a. O.).

2) Vgl. Panzer Beitr. z. D. Myth. II. 216. Schwartz Der Volksgl. Aufl. [3]
S. 61. Mannhardt Roggenwolf. Aufl.[3] S. 1.

spiele von Roßleib, sonstigem Tierkörper oder tierischer Beimischung zu menschlichem Körper als Ausdruck für das Wesen
mehrerer den Kentauren nahverwandter Naturgeister die Bedeutung und Entstehung des von der bildenden Kunst fixierten Ken-
taurentypus, so gut, als wir es noch irgend hoffen konnten,
verdeutlicht.   Wie die Skogsnufvar und Ljeschie durch angezündete Holzstücke verscheucht werden (Bk. 133. 615), so bekämpft Herakles die Kentauren mit Feuerbränden, die er auf sie
schleudert (o. S. 43).[1]

Soweit die Kargheit unserer Quellen einen Schluß erlaubt,
mag der Unterschied zwischen Lapithen und Kentauren, wenn
ein solcher ursprünglich bestand, darin zu suchen sein, daß
erstere Personificationen des Wirbelwindes an sich waren, letztere
in sich die Beziehung auf das Local und die Pflanzenwelt des
Berges und Waldes trugen, sie waren Berg- und Waldgeister
und die Bewegungen der Luft ihre Lebensäußerung. . Typhaon
oder Typhoeus und die Harpyien sind mit den Lapithen gewissermaßen Synonyma, mythische Ausdrücke für gewisse Formen
des Wirbelwindes, aber unzweifelhaft in anderen griechischen
Landschaften gewachsen.   Grade so ist dem Neugriechen der
Wirbelwind hier eine Neraide (o. S. 37), dort der Teufel (o. S. 38).
Zwar die Ueberlieferung Il. XVI, 151, daß die Harpyie Podarge
des Achilleus unsterbliche Rosse geboren, scheint auch die Harpyien schon der vorhomerischen Sage am Pelion zuzuweisen.
Allein wenn auch die Ersetzung der als Urform der Sage zu
erschließenden Erzählung, daß Peleus in verschwiegener Wald-
nacht des Pelion mit seiner schönen Gefangenen sich vermählte,
durch eine Hochzeitfeier in Cheirons Höhle einer frühen Er-

---

1) So in der von Apollodor bewahrten Tradition. Erst in der, wie
schon die Kentaurennamen zeigen, abweichenden und jüngeren Dichtung,
welche Diodor IV, 12 (nach dem Kyklographen Dionysios von Samos?) aus-
zog, sind die Feuerbrände von Herakles auf die Kentauren übertragen. Die Vertreibung der Dämonen durch Feuerbrände blieb aber im griechischen Volksglauben lebendig. In den jüngeren Interpolationen des Briefes Alexanders
an Olympias beim Pseudocallisthenes werden nackte schwarzbehaarte Menschenfresser, welche die Macedonier mit Knütteln und Steinen anfallen, durch
Feuer vertrieben. Zacher Pseudocallisthenes. Halle 1867, S. 137 (33).
138 (34). Noch der neugriechische Volksglaube schreibt vor, durch einen vor dem
Hause aufgesteckten Feuerbrand die Kallikantsaren fern zu halten. Schmidt
Volksl. d. Neugr. S. 150.

weiterung des ältesten Peleusepos (o. S. 51) angehört, wobei
Poseidon als Herr der Nereiden und zugleich der Winde und
Wogen (*Ποσειδῶν Ἵπτιος*) zwei wunderbare, windschnelle Rosse,
Cheiron des Peleus Retter und Freund als baumschwingender
Kentaur die wuchtige Esche schenkend genannt wurden, so fällt
die weitere Entwickelung der Hochzeitgeschichte, die Heranzie-
hung aller Götter, namentlich des Apollo und der Musen, der
Eris u. s. w. der späteren Weiterbildung des Epos zu (o. S. 77).
Eine solche von Homer bereits vorausgesetzte und vielleicht schon
in Europa vollzogene Erweiterung der alten Tradition ist denn
auch der Zug, daß die Rosse, welche nach dem Sinne der ursprünglichen Dichtung ihre wunderbaren Eigenschaften als Schöpfungen oder Gaben des Poseidon besitzen, dieselben nun erst
als Zeugungen des Zephyros und der Harpyia empfangen haben
sollen. Höchst wahrscheinlich jedoch entstand diese Umdich-
tung nicht mehr in unmittelbarer Nähe des Pelion; schon in kur-
zer geographischer Entfernung aber konnte allenfalls noch in Thessalien selbst statt der männlichen Personification des Wirbelwindes in den Lapithen die weibliche Harpyia herschender Volksglaube sein. Auf diese Weise löst sich die bedenkliche und für
eine einzelne Landschaft unwahrscheinliche Vielheit gleichbedeu-
tender Personifizierungen desselben Meteors (Kentauren, Typhaon, Typhôeus, Ixion, Peirithoos, Lapithes, Harpyia) in kleinere Reihen teils durch landschaftlichen Entstehungsort, teils
durch sachliche Nuancen unterschiedener Varianten auf.

Durch die gegebenen Nachweise hoffe ich einer ausführlichen
Widerlegung der Ansichten meiner Vorgänger überhoben zu sein.
Uebrigens vereinigte sich die neuere Forschung bereits in dem
Gedanken, daß die Kentauren Personificationen von Naturgewal-
ten waren. Ueber Kuhn ist o. S. 88 berichtet. Klausen (Aeneas
und die Penaten 495 ff.), Hartung (Relig. u. Myth. der Griechen
II, 34), W. Roscher (Jahrb. f. class. Phil. 1872 S. 421) erklärten
sie für baumentwurzelnde Bergströme; Preller (Griech. Myth. [3]
II, 16) schwankte zwischen Gießbächen und Stürmen; W. Schwartz,
obgleich er Kuhns Zusammenstellung mit den Gandharven billigt,
sieht in den Kentauren doch ausschließlich Gewittererscheinungen.
Demgemäß ist ihm sowol Philyra das „Wetterbaum" genannte
Wolkengebilde, um welches Kronos im Gewittersturm buhle
(Urspr. d. Myth. 170), als auch Ixions *Rad* das „*rollende* Blitz-

feuer" (a. a. O. 83); die Roßfüße des Kentaurs Cheiron gehen auf
den *hallenden* gleichsam galoppierenden *Donner* (a. a. O. 165).
Blitze sind auch die himmlischen Heilkräuter, welche Cheiron
austeilt (a. a. O. 179); der *Blitz* ist die Esche, welche Cheiron
dem Peleus als Lanze schenkt (a. a. O. 141) u. s. w.!!!

Der Unterschied meiner Auffassung von diesen Deutungen
W. Schwartz's beruht, abgesehen von der nach ersterer notwendigen Scheidung jüngerer und älterer Ueberlieferungen, nicht
allein auf der Annahme verschiedener Naturgrundlagen der auf
solchen beruhenden mythischen Bilder, sondern weit mehr noch
darin, daß ich überhaupt die Kentauren nicht für Personifizierungen atmosphärischer Erscheinungen schlechthin, vielmehr für
Wald- und Berggeister erkenne, als deren Lebensäußerung jene
meteorischen Vorgänge angesehen wurden. Die Genealogien Philyra - Cheiron und Melia - Pholos, von denen die letztere
möglicherweise der ersteren einfach nachgebildet sein könnte,
sind nur ein schwaches Band, welches diese Wald- und Berggeister mit der Pflanzenwelt verbindet, sie mit den Seelen der
Waldbäume identisch erscheinen läßt; aber die folgende Analogie
kann lehren die Stärke dieses Bandes durchaus nicht zu unter-
schätzen. Im Gouvernement Archangel stritten sich zwei Ljeschie
mit einem dritten um Teilung der Waldgaben, warfen ihn nieder
und banden ihn. Ein Jäger, der zufällig auf ihn stieß, befreite
ihn. Aus Dankbarkeit trug der Waldgeist seinen Retter *mit einem
Wirbelwinde* aus der Fremde in das Vaterland, trat für ihn als
Rekrut ein und machte eine schwere Dienstzeit durch. [1] Im wesentlichen dieselbe Geschichte erzählt der Este vom *Baumelf,*
der vor dem Gewitter flieht ('Trombe vor dem Wetter Bk. 128),
zugleich *in den Wurzeln der Birke Sitz und Wohnung hat,* und
seinen Retter durch die Luft gedankenschnell aus der Fremde in
die Heimat sendet (Bk. 68). Hier sind deutlich Baumgeist, Waldgeist und Personification des Wirbelwindes identisch. Und grade
so schreibt der Neugrieche, der gerne Teufel und Wirbelwind
identifiziert, das *Einschlagen des Blitzes in große Bäume*
der Absicht Gottes zu, die darin hausenden Dämonen zu vernichten. [2]

---

1) Afanasieff poet. Naturansch. der Russen II, 335.
2) Schmidt Volksleben der Neugr. S. 33.

§. 6. **Kyklopen.** Unzweifelhaft haben die Kentauren als Gestalten des wirklichen Volksglaubens nur locale Geltung gehabt; erst die Kunst machte sie zum Gemeingut der griechischen Welt. In anderen hellenischen Landschaften erwuchsen andere Gegenbilder der nordeuropäischen *wilden Leute*; wir nennen die Kyklopen, Pane, Satyrn, denen sich die griechischen Seilene, die italischen Faune und Silvane anschließen.

Meine Behauptung, daß die *Kyklopen* den Wald- und Berggeistern der griechischen Sage einzureihen und den *wilden Leuten* der nordeuropäischen Volksüberlieferung, den Kentauren der thessalischen an die Seite zu stellen seien, gründet sich auf nachstehende Tatsachen. Von den nordischen Berggeistern wird mehrfach berichtet, daß sie *einäugig* seien. So hat der russische *Ljeschi* nur *ein Auge* (Bk. 94. 139), woher schon Afanasieff auf seine Verwandtschaft mit den Kyklopen schloß; er ist es, der — wie wir gesehen — in Sturm und Wirbelwind sein Dasein bemerkbar macht; er hütet aber auch, günstig gestimmt, *die im Walde grasende Heerde des Dorfes.* [1] Giebt ihm im Gouvernement Olonetz der Hirte bei Sommeranfang keine Kuh zu eigen, so wird er böse und verdirbt die ganze Heerde. [2] Nach andern soll der russische Waldgeist, wie Hexen und Feuerdrachen, den Kühen die Milch aussaugen. — In Norwegen glaubt man, daß im Herbste, wenn Hirt und Heerde die Sommerweide (sæter) auf dem Gebirge verlassen, die *Huldren* (das Huldrefolk) mit ihren *Kühen* (Hulderkyr, Hulderfe, Huddekrætur) und Hirtenhunden (Huddebikkjer) von den still gewordenen Plätzen und Sennhütten Besitz nehmen, [3] sie, denen man Sommers im Walde begegnet, wie sie (Männer wie Weiber) hinten durch langen Kuhschwanz entstellt, bei rauhem Wetter ihre Heerde, schwarzgraue Kühe oder Schafe, vor sich her treiben, oder (den Melkeimer in der Hand) an der Spitze derselben einhergehen. Sie wohnen Sommers in *Höhlen*, finden besonderes Gefallen an Frauen und sind einerseits, wie der schwedische Hulte (Bk. 127) und die nieder-

---

1) Gedächtnißbuch des Gouvernem. Archangelsk auf das Jahr 1864 bei Afanasieff poet. Naturansch. II, 332. Bk. 141.

2) Bk. 141. Afanasieff a. a. O. nach Daschkoff Beschreibung des Gouvern. Olonetz.

3) Asbjörnsen Norske Huldreeventyr 1, 1859, S. 77 ff.

rheinischen Holden (Bk. 154) erweisen, die nächsten Verwandten
der Skogsnufvar, seligen Fräulein und wilden Leute, während sie
andererseits in kinderabtauschende, hügelbewohnende Unterir-
dische und seebewohnende Wassergeister übergehen. [1] Grade so
erzählt man nun auch in den Tiroler Alpen von den „*Alpabütz*,"
welche alljährlich im Herbst, wenn die letzte Kuh bei der Abfahrt das Gebiet der Alpe verläßt, die traulichen Deihjen (Alp-
hütten) beziehen, dort sennen und käsen, brühen und Milchkübel
fegen und wieder in *Wälder* und Töbler (Schluchten) zurückflie-
hen, sobald bei der Auffahrt die erste Kuh von neuem ihren
Fuß auf die Alpe setzt.   Im Ultentale in Tirol heißen diese Geister nach den zur Käsebereitung dienenden Hütten auf den Almen (Kaser), *Kasermandl*.   Im übrigen denkt man sie sich entweder einzeln auf der Alpe hausend, und dann führen sie den
Namen von den Almen, z. B. Huttlabutz, Novabutz, Bolzifenzer-
wibli nach den Alpen Huttlas, Nova, Balzifenz; oder sie kehren
in Haufen über Winter in die Kaser und Sennhütten ein.   Da
hört man denn am St. Martinsabende das Geläute von Almschel-
len und das Geklingel der Geißglöcklein; oft vernimmt man den
Almgeist oder Alberer *heftig lärmen*, *er wirft mit Steinen um
sich*, oft arbeitet er still in der Hütte, „er tut abkasen," „Seine
Eigenheit ist," sagt ein Bericht vom Kasermandl auf der Hochalm im Unterinntal, „nächst der, daß er auf der Alm aufzieht,
wenn das Vieh abzieht, sich *durch Lärmmachen auszuzeichnen*."
Das tut er den ganzen Winter hindurch, aber auch im Sommer
läßt er sich hören und macht oft in dunkeln Nächten einen Lärm,
wie die wilde Jagd, um die Almhütten her, mit Schellenge-
läute, Peitschengeknalle, und es ist, als sprengten *Hunderte von
wilden Pferden* gegen die Hüttentüren, bisweilen verläßt er auch
die Alm und geht gegen die Talweiden zu.   So hörten ihn am
10. Aug. 1854 mehrere Grenzjäger, die in der Sennhütte auf der
Hochalm übernachteten.   Es entstand ein furchtbares Getöse
außerhalb der Hütte, wie wenn die wilde Jagd vorbeiziehe.   Es
war, als würden alle Kühe um die Hütte gejagt und auch die
Rosse, denn es war ein stätes Schellenläuten und Stampfen.
Auch der als Kaser gekleidete kopflose Almputz auf der Alpe

---

1) Vgl. Faye Norske Sagn S. 39. 42.   Müllers Sagabibliotheck. übers. v.
Lachmann S. 274.   Germ. Myth. 8.

Verwall nimmt von der Alpe erst Besitz, wenn die Heerde abgezogen ist, *aber an Vorabenden gefährlicher Gewitter läßt er
sich auch im Sommer wahrnehmen und heult, wie das Sausen der
Windsbraut.* Sichtbar wird er als Mensch, grau vom Kopf bis
zu Fuß, *wie wenn er ganz in Baumbast gewickelt wäre*; oder in
Tiergestalten, z. B. als Hund, Katze, Roß. Als einer einmal
beim Einwintern auf die Fludrigaalm in Vorarlberg wieder hin-
aufstieg, um noch etwas aus der Alphütte zu holen, da saß da
auf dem Boden eine *schwarze Katze*, hatte eine Maultrommel in
der linken Pfote und spielte darauf. Das war der Alpbutz, der
also zuweilen in Katzengestalt erscheint grade so wie in andern
tirolischen Landschaften die Fanggen (Bk. 89 fl. 146. 147). Ein
andermal aber eignet ihm zeitweise Roßgestalt, wie den Kentauren. Ein Heuer, der mit seinem Kameraden in einer Barga auf
dem Heustocke übernachtete, ließ, mit Respect zu vermelden,
einen Wind streichen und rief: *„der gehört dem Bargabutz.“* Da
rauschte es rückwärts im Heustock und *ein schwarzer Roßkopf
mit feuersprühenden Augen* hob sich aus dem Heustocke. Die
Tiergestalt wechselt aber wie beim Ljeschi mit Menschengestalt,
ja letztere ist die gewöhnlichere. Eine Ueberlieferung bewahrt
sehr altertümliche Züge. Einst kehrte ein Wildschütze im Spätherbste bei der verlassenen Klapfbergeralpe im Ultentale ein, um
droben zu übernachten, da hörte er in der Nacht alsbald ein Kasermandl in die Nähe kommen und verbarg sich in einer Ecke der
Hütte. *Das Kasermandl öffnete die Türe, trat herein und hatte
nur ein einziges großes Auge mitten auf der Stirne.* Das Mandl
machte Feuer an, kochte schwarze Speise, aß sie, verweilte
ziemlich lange Zeit beim Feuer, löschte es endlich aus, reinigte
das Kochgeschirr, ging hinaus ins Freie und war verschwunden.[1]
Da haben wir also aus Rußland und Tirol je ein Beispiel eines
*heerdehütenden, melkenden oder käsenden Berg- oder Waldgeistes
mit dem einen Auge vorn auf der Stirn*, und die vorstehende
Zusammenstellung sowie die breiteren Ausführungen in Kap. II
des Baumkultus lassen wol keinen Zweifel darüber bestehen, daß
beide, der einäugige Ljeschi und das *einäugige Kasermandle*,

---

1) Zs. f. D. Altert. XI, 171 ff. Vonbun Beitr. z. D. Myth. Chur 1862,
S. 71—78. Alpenburg, D. Alpensagen. Wien 1861, S. 265, 277. Alpenburg
Mythen 171, 34. 178, 46. 162, 25. 175, 43.

Einzelgestalten einer zusammengehörigen, in mannigfachen Nüancierungen abgestuften Reihe gleichartiger Dämonen sind, der auf griechischem Boden auch die Kentauren zugezählt werden müssen. Da nun, wie das Verhältniß der riesigen Fanggen zu den zwerghaften Waldfänken und Fenggen lehrt (Bk. 94), bei den Wald - und Berggeistern der Unterschied der Körpergröße keinen Unterschied des Wesens begründet, so liegt es nahe, den homerischen Kyklopen (Odyss. IX) *Polyphemos* (*Röpenkêrl,* Bk. 127 Anm. 2) zu vergleichen, den *Einäugigen*, der (wie die wilden Männer entwurzelte Tannen) einen wilden Olivenbaum als Keule trägt, und im Gebirge seine Schafe und Ziegen hütet, melkt und Käse macht. Nicht Menschen sieht er ähnlich, sondern dem bewaldeten Gipfel eines einsam ragenden Felsgebirgs. Zu Menschenfressern werden in der Sage zuweilen auch andere Berg - und Waldgeister (vgl. den rom. orco, huorco, fr. ogre „je sens la chair fraische," Myth. ² 459, o. S. 99; die Bregostane, Bk. 113, L. v. Hörmann Myth. Beitr. 4, der wilde Mann; Alpenb. Myth. 26). Verstärkt wird unsere Berechtigung, den Kyklopen Polyphemos und seine Sippschaft mit den wilden Leuten, Almputzen, Ljeschie, Huldre der nordeuropäischen Tradition zusammenzustellen, durch den Umstand, daß noch ein anderer Zug seiner Sage sich grade bei unsern *wilden Leuten* und verwandten elbischen Wesen wiederfindet. Von einem Menschen mißhandelt nennen sie dessen vermeintlichen Namen: *„ich selbst"* als Täter (Bk. 94. 95), wie Odysseus den Niemand; eine estnische Variante, welche den Ausruf: „Selbst tats," dem *seiner Augen beraubten Feldteufel* beimißt (Myth. ² 979), verbürgt die Identität mit der Polyphemossage. Der uralte Mythus vom Fortgange eines Sommergottes in die Unterwelt für den Winter, seine Wiederkehr übers Meer her im Frühling und die Befreiung seiner verlassenen, inzwischen von winterlichen Mächten, zudringlichen Freiern umworbenen Gattin [1] ist im meerumschlungenen Griechenland frühzeitig zur Sage eines Heros der Seefahrt, Odysseus, d. h. des Führers, geworden, auf den jonischen Inseln localisiert, sodann in den troischen Sagenkreis verflochten und zum beliebten Thema epi-

---

1) Bk. 444 ff. W. Möllers Nieders. Sag. 396—407. Steinthal in Zs. f. Völkerpsychol. VII, 82.

schen Gesanges gemacht. [1] Das Abenteuer bei dem Kyklopen
bildete eine der frühesten Erweiterungen der Erzählung von Odysseus Fahrt, die Beschreibung desselben machte schon einen Bestandteil des ältesten von Kirchhoff als „der alte Nostos" bezeichneten Stückes der uns erhaltenen homerischen Odyssee aus. An
und für sich aber hat es mit dem Mythus und der Person des
Odysseus nichts zu tun, sondern ist anderswoher auf ihn übertragen. [2] In der Tat ist uns in verschiedenen Aufzeichnungen aus
Frankreich (historia septem sapientum, Dolopathos Saec. XII.
XIII), Turkestan (Korkuds Geschichte der Oghuzier saec. XIII.
XIV.), Arabien (Sindbads Reisen), Serbien (Wuk Märchen), Siebenbirgen (Obert), [3] eine Fassung erhalten, welche der griechischen möglichst nahe stehend in einigen Stücken (wohin namentlich der Zug zu rechnen ist, daß der Held in die Haut eines
Widders hineinschlüpft) die der homerischen soeben vorangehende
Entwickelungsstufe der Tradition vergegenwärtigt. [4] Dieser Fas-
sung fehlt die List, womit sich Odysseus einen irreleitenden Namen (Niemand) beilegt, sie ist reicher um den Zusatz des am
Ring oder Stabe haftenden Zaubers, durch welchen der geblendete Riese den entflohenen Helden beinahe dennoch in seine Gewalt gebracht hätte; sie bezeugt als schon alte Bestandteile die
Blendung eines menschenfressenden Riesen mit *einem Stirnauge*
(Depé Ghöz heißt Scheitelauge) und die Flucht des Täters in
Gestalt eines Bocks aus der vom Riesen gepflegten *Heerde.* Es
wäre ja nun sehr wol möglich, daß diese Geschichte ursprünglich gar nicht griechisch, sondern in vorhomerischer Zeit aus der
Fremde entlehnt wäre; allein die einäugigen Kyklopen sind auch
sonst der griechischen Sage bekannt, so daß sie Haft und Halt
im Volksglauben gehabt haben müssen. Nach der Vorstellung
der Kreise, aus denen die ältesten Bestandteile der Odyssee
herrühren, standen die Kyklopen mit den unholden Giganten und
mit den Phaiaken, dämonischen Wesen von menschenfreundlichem

---

1) Cf. Müllenhoff, D. Altertumskunde I, 31. 42.

2) W. Grimm die Sage von Polyphem S. 18 ff.

3) S. W. Grimm die Sage von Polyphem. (Abhandl. der Berl. Akad. d.
Wiss. 1857.) S. 4—16.

4) W. Grimm a. a. O. 18. 20. 23.

Sinne, unsern Lichtelben vergleichbar,[1] in nahem Zusammenhang und waren gleich ihnen den Göttern nahestehend (Od. VII, 55 ff. 206); ja die Kyklopen sind stärker als die Götter (φέρτεροι Od. IX, 276) und Verächter derselben; ihr Wohnsitz ein von den Menschen geschiedenes, geräumiges mythisches Land, *Hypereia* das Oberland, wo ehedem auch die Phaiaken ihre Nachbarn waren (Od. VI, 4), zu deren seligem von allen Gütern der Kultur verschönten Wunschleben sie jedoch als Vertreter äußerster Rohheit und wilden Naturzustandes in schroffem Gegensatz stehen. Aus allen diesen Stücken geht jedesfalls soviel hervor, daß die Kyklopen nicht eine ungewöhnliche Art wilder Menschen, sondern übernatürliche Wesen von älterem Datum als die Götter waren. Ich vermag nicht mit Müllenhoff (a. a. O. 47) in ihnen Personificationen der wilden und wüsten Naturgewalt Poseidons zu erblicken, vielmehr vermute ich, daß der von Odysseus geblendete Polyphemos erst deshalb zum Sohne des Poseidon und der Meernymphe Thoösa, Phorkys Tochter, gemacht ist (Od. I, 70), um in dem Zorne des Vaters einen Grund zu haben für die Zertrümmerung der Schiffe des Helden und seine in der ursprünglichen Sage begründete alleinige Ankunft bei Kalypso. Hesiod (Theog. 139 ff.) trägt eine ganz abweichende Genealogie vor. Aus der Verbindung von Himmel und Erde (Uranos und Gaia) entsprießen die drei Kyklopen mit dem Herzen voll Uebermut, Blitz, Donner und Wetterstrahl (Brontes, Steropes und Arges), welche dem Zeus den Donner schenkten und den Donnerkeil schmiedeten; in allem übrigen waren sie den unsterblichen Göttern ähnlich, nur trugen sie mitten auf der Stirn ein einziges Auge. Unzweifelhaft hat Klausen recht, wenn er diese hesiodeische Form der Kyklopen für im ganzen älter ansieht, als die homerische,[2]

---

1) Dies ist das Ergebniß, welches die von Gerland (Altgriech. Märchen in der Odyssee. Magdeburg 1869, S. 10—16) angestellte Vergleichung der Phaiaken mit den indischen Vidyâdharen zu ergeben scheint; einen engeren Zusammenhang der beiden letzteren Dämonengeschlechter kann ich ebenso wenig einsehen, als eine nähere Verwandtschaft zwischen dem Märchen von Saktideva und dem Inhalt der Bücher X—XII der Odyssee (Gerland a. a. O. 17 ff.). Preller (Griech. Myth.³ I, 517) und Müllenhoff (D. Altertumsk. I, 47) suchen in den Phaiaken die guten Geister der Schiffahrt, Personificationen der guten Fahrwinde.

2) Die Abenteuer des Odysseus aus Hesiodus erklärt. Bonn 1834, S. 2 ff.

mit der sie bei aller Abweichung doch die characteristische Ausrüstung mit dem Stirnauge und die übermütige, freche Gesinnung
gemein haben, ein Epitheton, das aus Hesiods Darstellung sich
nicht erklärt, sondern noch eine breitere, von dem Dichter ver-
schwiegene Ueberlieferung von ihnen voraussetzt. [1] Eine Verbindung des homerischen Zuges der Wesenähnlichkeit mit den Giganten und des hesiodeischen der Kunstfertigkeit tritt in den Sagen
zu Tage, wonach entweder Kyklopen oder Giganten für die Baumeister aus verschollener vorhistorischer Vorzeit übriggebliebene-
ner als Riesenwerk erscheinenden Städtemauern oder Schatzkam-
mern ausgegeben wurden. [2] Hesiod schöpfte entweder schon aus
einer Titanomachie, oder seine Darstellung wurde bald nachher
in einer solchen benutzt, von der uns Apollodor Bibl. I, 1, 2.
2, 1 eine Vorstellung bewahrt hat. Danach waren die Kyklopen
sammt den Hekatoncheiren von ihrem Vater Uranos in den Tar-
taros geworfen, Zeus befreite sie, indem er ihre Wächterin Kampe
tödtete, und sie gaben dafür ihm Blitz, Donner und Donnerkeil
zum Kampfe gegen Kronos, dem Pluton einen unsichtbar machen-
den Helm, dem Poseidon den Dreizack. Erst der neueren nachhesiodeischen Dichtung gehört die Verbindung der Kyklopen mit
Hephaistos an, der in allen älteren Quellen ohne Gehilfen, und
zwar allerlei kunstvolle Werke, aber nicht den Blitzstrahl schmiedet, und am allerwenigsten in der Tiefe feuerspeiender Berge
(Actna u. s. w.) seine Werkstatt hat, sehr natürlich, wenn unser
an einem anderen Orte (Zs. f. Ethnologie 1875 S. 322) versuchter
Nachweis recht hätte, daß Hephaistos ursprünglich der im Morgen-
rot die Sonne schmiedende Himmelsschmied gewesen sei. Wir
dürfen mithin diese secundären Sagen bei Seite lassen, und uns
auf die Erörterung der Frage beschränken, wie Homers und Hesiods Kyklopen zu vereinigen seien. Wir antworten mit Schömann
a. a. O., beide gehen aus einer dritten, älteren Form hervor. Sowol die Analogie des einäugigen russischen Ljeschi und des Tiroler Kasermandl zum homerischen Polyphem, als die Verfertigung
der Blitze durch die hesiodeischen Kyklopen, sowie deren Ver-

---

1) Falls nicht etwa, wie Flach will (System der hesiodeischen Kosmo-
gonie S. 27) die Verse Theog. 142 — 146 durchweg unecht sind.

2) S. die Belege in G. F. Schömanns Schediasma de Cyclop. Opusc.
Acad. IV. Berol. 1871, S. 326 ff.

Hechtung in den Titanenkampf weist auf meteorische, mit elek-
trischen Entladungen verbundene Phaenomene, auf Gewitterstürme
und Wirbelwinde als eine Naturgrundlage ihres Wesens hin. Von
solchen konnte ebensowol gedichtet werden, daß sie Zeus Blitz
und Donner liefern, als sie als Lebensäußerungen von Berg - und
Waldgeistern aufgefaßt werden konnten. Was aber bedeutet ihr
kreisförmiges oder radförmiges Stirnauge und seine Vernichtung?
Man könnte die deutsche Sage zur Erläuterung heranziehen, daß
jemand durch ein in den Wirbelwind hineingeworfenes Messer
dem darin sitzenden Dämon ein Auge *ausstach*,[1] d. h. das Phänomen aufhören machte. Dürfte man das, so böte sich eine ziemlich einfache Erklärung des Auges in Form eines Kreises· oder
Rades. Wir sahen bereits bei Ixion, daß der Grieche die Erscheinung des *Wirbelwindes* als *feuriges Rad* auffaßte (o. S. 85). Ebensowol, als sich daraus in Verbindung mit dem Glauben an seine
Natur als dämonisches Wesen die Vorstellung eines auf's Rad
Gebundenen entwickelte, konnte daraus ein andermal die Meinung
von einem Riesen entstehen, dessen hauptsächlichstes Glied ein
gewaltiges Rad oder *rollendes Auge*[2] sei. Damit wäre der Kyklop den Kentauren und den Wald - und Berggeistern der nordeuropäischen Sage[3] in der Tat ganz nahe gerückt und zugleich
erklärt, warum der Ljeschi und das Kasermandl auch nur ein
Auge haben. Ganz anders freilich haben meine nächsten Vorgänger die Frage zu lösen versucht, was unter dem *Kreisauge* oder
Radauge zu verstehen sei. W. Grimm antwortete darauf, die
Sonne, das Weltauge, das den Kyklopen als Zeichen ihrer göttlichen Abkunft geblieben sei. Ihm haben sich namhafte spätere
Forscher angeschlossen. Man darf jedoch nicht behaupten, daß
durch diese Deutung ein Verständniß der Sage erreicht wäre.
Wenn das Auge die Sonne sein soll, wer war denn der geblen-
dete Riese, wer der ihn verstümmelnde Held? W. Schwartz sagt,

---

1) Schönwerth, aus der Oberpfalz II, 113.

2) Vgl. Hesiod. Theog. 826 vom riesigen Typhoeus „*ἐκ δέ οἱ ὄσσων
ϑεσπεσίης κεφαλῆσιν ὑπ' ὀφρύσι πῦρ ἀμάρυσσεν.*"

3) Vgl. den Grinkenschmied, welcher wie ein feuriger runder Korn-
scheffel den Knecht verfolgt, der ihm seinen Braten aufgegessen hat. Kuhn
Westf. Sag. I, S. 91 u. 89 und den Alke, welcher in Gestalt eines glühenden
Rades, wie in Blitz hinter dem hersaust, der ihm zugerufen hat: „Alke,
gehst du mit?" Ebds. S. 33 n. 33*.

ersterer sei der Himmelsriese (also der Himmel selbst), mit dem
Sonnenauge, der im Gewitter geblendet werde,[1] im Sturm und
Wetter auf die verschiedenste Weise sich bekunde,[2] im Wetter-
leuchten sein Schmiedefeuer blinken lasse, als dessen Funken die
Sterne (?) gefaßt seien,[3] während er im „sich auftürmenden"
Unwetter die Wolkenburg aufrichte, sich als Baumeister erweise.[4]
Diese Auffassung wird weder der homerischen, noch der hesiodeischen Sage gerecht. Denn wenn der Himmel im Unwetter des
Gesichts beraubt, d. h. der Sonne Schein ausgelöscht wird, wie
wäre er dann zugleich als Menschenfresser aufgefaßt? Und wenn
andererseits der Himmel selbst im Gewitter tobend, frevelnden
Uebermut beweisend, den Donnerkeil schmiedet, wie kann es da
heißen, daß er die Sonne als Auge trage, und daß er dem lichten Himmel, Zeus, zum Titanenkampfe die Waffen liefere? Kaum
liegt hier derselbe Fall vor, wie in der Herakles- und Simson-
sage, in welcher die Tödtung des Löwen einen Sieg der Sonne
über die Sonne, die Ueberwindung des verderblichen Sonnendä-
mons durch den segnenden Sonnengott, der heißen Glutsonne der
Hundstage durch den milderen Schein des Spätsommers bedeuten
soll. Auch Kuhn's Deutungen führen nicht zu einem befriedigen-
den Verständniß. Er meint doch auch wol den Himmel selbst,
wenn er den Kyklopen für den sonnenäugigen Riesen erklärt, der
morgens seine Schafe, d. h. goldige Lichtwolken austreibe, nachts
dieselben in eine finstere Höhle, den Nachthimmel, einpferche[5]
und dieselbe mit einem Stein, dem Ball der untergehenden Sonne,
zuschließe.[6] Eine andere Erklärung wird Herabkunft S. 69 vorgetragen. Der gefräßige Kyklop („Radauge") sei gleich dem
gefräßigen, versengenden Dämon der Inder, dem Çusbna, dem
Austrockner (d. i. der verzehrenden ausdörrenden Gluthitze des
Hochsommers), der *das Sonnenrad* besitzt oder gestohlen hat, und
welchem Indra, mit den Rossen des Windes herbeieilend, im Gewitter dasselbe entreißt.[7] Ich halte die vorhin von mir vorge-

1) Sonne, Mond und Sterne I, 83.
2) Urspr. der Myth. 17.
3) Sonne, Mond und Sterne 105.
4) Urspr. d. Myth. 16.
5) Entwickelungsstufen der Mythenbildung S. 141.
6) A. a. O. S. 150.
7) Vgl. auch Hartung Griech. Myth. II, 89 ff., der u. a. an den drei-
äugigen Zeus ἑρκεῖος zu Argos erinnert.

tragene Deutung für wahrscheinlicher, glaube aber, daß ein end-
giltiges Urteil noch verfrüht sein würde, so lange nicht die möglicherweise analogen Sagen von den Dorftieren (Hund, Kalb
u. s. w.) mit *Augen gleich einem glühenden Teller* oder *runden
Fenster* [1] und deren etwaige Verwandtschaft mit den beiden vieräugigen Hunden des Yama, den Sarameyau,[2] und der vieräugigen
Augenhündin Stikjenitza [3] der Albanesen, sowie die Mythen vom
einäugigen Fisch und einäugigen Tier der wilden Jagd [4] in ihrer
Bedeutung an sich und in ihrem Verhältniß zur Kyklopensage
klar liegen.

1) Rochholz Aargausagen II, S. 36 n. 265ᵇ. 38 n. 265 r. Vgl. 37 n. 265 p.
Stöber Elsäss. Sag. 30, 24.   Schambach-Müller Niedersächs. Sag. S. 194
n. 210, 2. 195 n. 212, 2. Schmitz Sag. d. Eifel II, 34. Schambach-Müller
S. 196, n. 214, 3. Schmitz a. a. O. II, 36. Colshorn Märchen u. Sag. Han-
nov. 1854, S. 114 n. 35. Vgl. auch den Vegetationsdämon, die Glosw.

2) Muir Original Sanscrit Texts Vol. V, S. 294. Kuhn in Haupt Zs. f.
D. Altert. VI, 125 ff. Derselbe Zs. f. vgl. Spr. II, 314 ff. M. Müller Vorles.
üb. Wissensch. d. Spr. II, 438.

3) Hahn albanesische Studien S. 162. Ders. Neugriech. und alban. Märchen II, S. 110 n. 95.

4) Kuhn Westfäl. Sag. I, S. 324. 326 ff.

Kapitel III.

Die wilden Leute der antiken Sage II.

§. 1. **Faunus und die Faune.** In Besprechung der antiken Gestalten, welche unsern wilden Leuten wesenähnlich sind,
wenden wir uns nun der zumeist bocksgestaltigen Gesellschaft der
Faune, Silvane, Pane, Satyrn, sowie ihren Verwandten, den Seilenen, zunächst aber den beiden erstgenannten zu. Auch sie sind
Wald- und Feldgeister, welche mit ihren nordischen Vettern
in mehr als einem Zuge übereinstimmen. Den Nachweis dieser
Uebereinstimmung im Einzelnen geben wir am Ende der ganzen
Reihe, nachdem wir die griechischen und italischen Dämonen zunächst für sich betrachtet haben werden. Die italischen Bauern
erzählten bald von einem einzelnen Dämon *Faunus*, bald von
einer ganzen Schaar von *Fauni* oder, wie sie bei den Umbrern
hießen, *Fōnes* (Zusammenziehung aus Faunes), d. i. die Holden,
Gnädigen, vom Verbalstamm fav- (favere) mit Suffix no (vgl. le-
nis, seg-nis, pro-nus) abgeleitet. Vgl. umbr. fō-ns gnädig,
günstig.[1] Diese Wesen waren Waldgötter.[2] Als Waldgott hat
Faunus nach einigen den göttlichen Schwarzspecht, den Picus,
zum Vater[3] und die Dryaden sind die Gespielinnen der Faune.[4]
Horaz schildert den Anteil der Natur an dem winterlichen Feste
des Faunus, den ländlichen Faunalien im December, mit den an

---

1) Aufrecht und Kirchhoff Umbr. Sprachdenkm. II, 139. Bugge in Zs.
f. vgl. Spr. III, 41.

2) Fones dei silvestres. Gloss. Isid. Mart. Cap. II, 167. Ruricolae sil-
varum numina Fauni. Ovid. Metam. VI, 392. Picus und Faunus heißen sil-
vestria numina, di nemorum. „Di sumus agrestes et qui dominemur in altis
montibus. Ovid. Fast. III, 303. 309. 315.

3) Fauno Picus pater. Verg. Aen. VII, 48.

4) Quin et Silvanos Faunosque et deorum genera silvis, ac sua numina,
tanquam et caelo, attributa credimus. Plin. hist. nat. XII, 2. Semideae
Dryades Faunique bicornes. Ovid. Heroid. IV, 49. Et vos agrestum praesen-
tia numina, Fauni, ferte simul Fauuique pedem Dryadesque puellae. Verg.
Georg. I, 10.

den Gott gerichteten Worten: „Spargit agrestes tibi silva fron-
des" (Od. III, 18). Der Wald war somit der Faune eigentlicher
Aufenthalt, doch zeigten sie sich nicht selten auch in den
Getreideäckern. Die Landleute in der römischen Campagna
wollten sie häufig auf der Waldweide oder auf den Feldern erblicken,[1] *deren Früchte durch ihren Einfluß Gedeihen hatten.*"[2]
Deshalb macht die Sage auch zu Faunus Sohn den Stercutius
(Plin. hist. nat. XVII, 6), oder setzt ihn selbst zu Mars, dem agrarischen Gotte, ins Sohnesverhältniß.[3] Hier auf den Feldern hat
er seine Wohnung in der Erde.[4] Auf den Feldern sonnt er sich
in heißer Mittagsstunde, es ist unheilvoll ihn zu belauschen oder
zu stören.[5] Für gewöhnlich sind die Faune unsichtbar, nur die
geistersichtigen Hunde (vgl. Myth.[2] 632. Odyss. XVI, 160),
und unter diesen zumal weibliche Erstgeburten nehmen ihrer
wahr.[6] Eine genaue deutsche Parallele dieses Glaubens ist Bk.
406 nachgewiesen. Wenn sie sich aber zeigen, so bemerkt man
an ihnen *halbtierische Gestalt, Ziegenhörner und Geißfüße.*[7]
Ihr Haupt umkränzt gerne, der Natur der Waldgötter entsprechend,
ein grüner Fichtenzweig. Als Waldgeister segnen und behüten
sie die im Walde weidende Heerde, als Waldgeister werden sie
auch durch einige in der römischen Sage bereits ziemlich verdunkelte Züge characterisiert. Im stillen Urwalde, zumal zwischen
Bergen, schallt jeder Laut, sei es das Geräusch eines brechen-
den oder sich reibenden Astes oder Stammes, die Stimme eines
Tieres, oder Windespfeifen im hohlen Baum doppelt, ja vielfach
verstärkt und oft vernimmt man unvermutet sporadische, uner-

---

1) Plures autem existimantur esse etiam praesentes. Idcirco rusticis per-
suasum est incolentibus eam partem Italiae, quae suburbana est, saepe eos in
agris conspici. Probus z. Verg. Georg. 1, 10.

2) Quidam Faunos putant dictos ab eo, quod frugibus faveant. Serv.
Verg. Georg I, 10.

3) Dionys. Hal. I, 31.

4) Faunus infernus dicitur deus — — Nam nihil est terra inferius, in
qua habitat Faunus. Serv. Verg. A. VII, 91.

5) Nec nos videamus Faunum medio quum premit arva die. Ovid.
Fast. 4, 761.

6) Et ab ea (cane) quae femina sit ex primipara genita Faunos cerni.
Plin. H. N. VIII, 40, 62.

7) Daher heißen Faunus und die Faune semicaper. Ov. Fast. IV, 752,
V, 101. Cornipes Ov. l. l. II, 360. Quatiens cornua Faunus Ov. l. l. III,
312. Capripedes Fauni. Plin. H. N. Fauni bicornes. Ov. Heroid. IV, 49.

klärliche, durch das Grauliche der Einsamkeit schreckhaft gemachte Töne, durchdringende Schreie,[1] welche die Phantasie
des Wanderers bei den verschiedensten Völkern als einen Ruf,
oder als höhnisches Lachen des Waldgeistes aufzufassen pflegt.
Der brasilische Indianer schreibt dem Curupira oder wilden
Manne jene 'unerklärlichen Töne zu; der Peruaner glaubt, daß
der Waldgeist Uchuclachaqui den Reisenden in erlogener Gestalt
in die Oede des dunkelsten Dickichts locke und zuletzt mit *Hohn-
gelächter* verschwinde (Bk. 143 ff.). Wenn im Sturmwetter das
Knarren der Aeste, das Krachen der Stämme wiederhallt, vernimmt der russische Bauer kein Echo, sondern *den Ruf* der
Ljeschie, welche einen unvorsichtigen Jäger oder Holzhauer auf
gefährlichen Grund zu verlocken trachten und zu Tode *kitzeln*,
sobald sie ihn in ihrer Gewalt haben (Bk. 139). Der Waldmann
(Skougman) in Schonen führt Menschen in die Irre und *lacht*
dann: ha! ha! ha! Wenn der Berguhu im Walde sich hören
läßt, sagt man, der Skougman sei draußen und *schreie* (Bk. 127).
In deutschen Sagen entspricht ein Waldgeist, der von einem Rufe
hehe! oder hoho! den Namen Hoimann (Oberpfalz), Heimann
(Böhmen), das Homännchen, de Röpenkêrl (Westfalen) führt
(Bk. a. a. O.). Ganz so schrieb man dem in verschiedene Gestalten sich wandelnden Faunus die spukhaften Bilder zu, die
den Wanderer im Zwielicht der Waldschluchten äffen, sowie die
gespenstischen Laute im Rauschen des Laubes und der Blätter.[2]
Aus dem Walde, zumal in der Morgenstille plötzlich hervorbrechende Töne wurden auf ihn zurückgeführt, woher die Sage
rührt, daß des Faunus Stimme, die Feinde erschreckend, den
Römern in der Schlacht zu Hilfe gekommen sei.[3] In andern

---

1) So tönt z. B. der Schrei der Waldelster, das Geschrei des Fal-
ken u. s. w.

2) Vgl. Schwegler Röm. Gesch. I, 215.

3) Cf. Dionys. Halicarn. V, 16 vom Kampfe der Römer mit den Söhnen des Tarquinius. Aruns und Brutus sind gefallen, die Römer denken
daran das Lager zu verlassen. Τοιαῦτα δ' αὐτῶν διανοουμένων καὶ διαλεγο-
μένων πρὸς ἀλλήλους, περὶ τὴν πρώτην που μάλιστα φυλακήν, ἐκ τοῦ δρυ-
μοῦ, παρ' ὃν ἐστρατοπεδεύσαντο, φωνή τις ἠκούσθη ταῖς δυνάμεσιν ἀμφοτέ-
ραις γεγονυῖα, ὥσθ' ἅπαντας αὐτῆς ἀκούειν, εἴτε τοῦ κατέχοντος τὸ τέμενος ἥρωος, εἴτε τοῦ καλουμένου Φαύνου. τούτῳ γὰρ ἀνατιθέασι τῷ
δαίμονι Ῥωμαῖοι τὰ πανικὰ καὶ ὅσα φάσματα ἄλλοτε ἀλλοίας ἴσχοντα μορ-
φὰς εἰς ὄψιν ἀνθρώπων ἔρχονται, δείματα φέροντα, ἢ φωναὶ δαιμόνιοι τα-

8*

Ueberlieferungen sind die ahnungsvollen Stimmen des Waldes zu
prophetischen Verkündigungen des Faunus geworden, dessen
Orakelsprüche man im Walde und unter Bäumen zu erlauschen
sucht; und wenn es heißt, daß die Faune in den Wäldern die
ältesten (saturninischen) Verse gesungen hätten, wer verkennte
darin das uralteste aller Lieder, das die Wipfel der Eichen und
Buchen im Winde rauschen? [1]   Als Waldgeister endlich stellen
sich die Faune dar durch ihre enge Verbindung und gelegentliche Identifizierung mit den Silvani, [2] mit denen sie auch die
Eigenschaft der Weiberliebe teilen. [3] Vorzugsweise scheint man
die letztere den unter Feigenbäumen oder in Feigenbäumen hausenden Faunen nachgesagt zu haben. [4] Aus griechischer Dichtung und Kunst dürfte entlehnt sein, daß die Faune die flüchti-
gen Nymphen haschen. Beängstigende Träume und Alpdrücken
wurden ebenfalls dem Faunus beigemessen. Eine merkwürdige
Tradition aus später Quelle, von der es zweifelhaft bleibt, ob
sie aus altem römischen Volksglauben stammt, oder dem einheimischen Aberglauben von Provinzialen entnommen ist, setze ich
gleichwol hieher, da sie sich mit dem deutschen Glauben an die
Hollen, Holden (Bk. 14 Anm. 3. 65. 154 Anm. 1) eng berührt.
Der Anonymus de monstris c. 6, [5] den Berger de Xivrey ius

φάττουσαι τὰς ἀκοάς, τούτου φασὶν εἶναι τοῦ θεοῦ τὸ ἔργον. ἡ δὲ τοῦ δαί-
μονος φωνὴ θαῤῥεῖν παρεκελεύετο τοῖς Ρωμαίοις ὡς νενικηκόσιν, ἐπὶ πλείους
εἶναι τοὺς τῶν πολεμίων ἀποφαίνουσα νεκρούς. Cf. adjiciunt miracula huic
pugnae; silentio proximae noctis ex silva Arsia ingentem editam vocem; Silvani vocem eam creditam. Liv. II, 7. Saepe Faunorum voces exauditae
saepe visae formae deorum quemvis non aut hebetem aut impium praesentes
deos confiteri coegerunt. Cicer. Nat. Deor. II, 2, 6. Saepe etiam in proeliis
Fauni auditi. Cicer. Div. I, 45.

1) Vgl. Preller Röm. Myth. 338.

2) Hunc Faunum plerique eundem Silvanum a silvis — dixerunt. Aurel.
Vict. orig. gent. Rom. 4.

3) Multique se expertos vel ab eis qui experti essent, de quorum fide
dubitandum non est, audisse confirmant, Silvanos et Faunos, quos vulgo
incubos vocant, improbos saepe exstitisse mulieribus et earum appetisse et
peregisse concubitum. Aug. C. D. l. XV, 23.

4) Vel incubones vel satyros vel silvestres quosdam homines, quos non-
nulli Faunos ficarios vocant. Hieronym. in Is. V, 13, 21. Vgl. o. S. 31
den spiritu di ficu.

5) S. Berger do Xivrey traditions tératologiques p. 20. Vgl. p. XXXIV
und 16. Liebrecht Gervasius v. Tilbury S. 76.

6. Jahrhundert setzt, giebt an: *Fauni nascuntur de vermibus, natis inter lignum et corticem*, et postremo procedunt ad terram et suscipiunt alas et eas amittunt postmodum *et efficiuntur homines silvestres*. Et plurima cautica de iis poetae cecinerunt. Zweimal im Jahr beging man dem Faunus zu Ehren ein Fest, einmal beim Herannahen der Wintersonnenwende, an den Nonen des Dezembers (Dez. 5). Dann kam das ganze Dorf zu festlichem Tanz auf dem Anger zusammen, ein Böcklein wurde zum Festmahl geschlachtet, der Weinschlauch zum Festtrunk geöffnet und der alte Altar mit Weihrauch bestreut. Menschen und Tiere feierten von aller Arbeit. Dann flehte der Landmann, daß Faunus gnädig über seine Grenzen und sonnigen Felder gehen und den jungen Anwuchs der Herde schonen möge. Alles freut sich, sagt der Dichter, das Vieh hüpft auf kräuterreicher Weide, das Lamm fürchtet nicht den Wolf und der Wald streut dem Gotte seine Blätter. [1] Mit Recht entnimmt Preller dieser Schilderung die Andeutung, daß des Faunus Gunst den Viehstand vermehre, sein Zorn, wenn er nahe, Seuche unter den Tieren hervorbringe. Das zweite Faunusfest hatte im Beginne des Frühlings statt. Am 15. Februar hielten die in Bocksfelle gekleideten Luperci, vermutlich irdische Abbilder von Faunen, einen Umlauf um die palatinische Altstadt. Wir kommen in einem eigenen Aufsatze auf diese aus den frühesten Tagen Roms herrührende Begehung zurück. In späterer Zeit sehen wir, vermutlich anderswoher, das Faunusfest in Rom in noch anderer Form eingebürgert. In dem im Jahre 196 v. Chr. erbauten Faunustempel auf der Tiberinsel wurde, offenbar in Nachahmung ländlicher Sitte, am 13. Februar (Id. Febr.) ein Opfer begangen. Eine Volkssage erzählte, daß aus einem vom Dickicht mächtiger Steineichen umschatteten Quelle am Fuße des Aventin Picus und Faunus zu trinken pflegten. Numa, der von ihnen das Geheimniß herauslocken will, den Blitz zu sühnen, *stellt mehrere mächtige, mit Wein gefüllte Becher hin und wartet mit zwölf erlesenen Jünglingen in naher Höhle versteckt, bis die beiden Waldgötter den duftigen Trank gefunden und versucht haben und davon berauscht ins Gras gesunken sind.* Schnell legt man ihnen Fesseln an und nötigt so die Erwachten, die Zauberformel mitzuteilen, durch welche Jupiter vom Himmel

---

1) Horat. Od. III, 18.

herabgelockt wird, den Numa dann durch seine Schlauheit dahin
bringt, das Menschenopfer aufzugeben. Diese Gestalt der Sage
(bei Arnobius V, 1, 7. Ovid. Fast. III, 285. 344. Plutarch Num.
15) stammt aus dem zweiten Buche der Annalen des Valerius Antias,
eines Zeitgenossen des Sulla, der wahrscheinlich wieder aus Cal-
purnius Piso Frugi, einem Historiker der gracchischen Zeit,
schöpfte. [1] Selbst die aufklärerische Richtung dieses Autors hat
die schlichte Einfalt der weit älteren zur Erklärung der Fulguri-
talgebräuche aus echtem mythischen Material geformten Sage
nicht vernichtet. Plutarch verwebt in seine Darstellung noch eine
zweite unabhängige, aber sichtlich volkstümliche Version der
Sage aus unbekannter Quelle, wonach Numa den Waldbronnen
selbst mit Wein mischte und von den gefangenen Dämonen unmittelbar das Geheimniß der Blitzsühnung erfuhr. Fassen wir
rückblickend die erläuterten Züge zusammen, so stellen sich uns
die Faune als Waldgeister dar in teilweiser Tier- (Geiß-) Gestalt
(cf. Bk. 146); die Stimmen des Waldes, zumal die Windhauche,
sind ihre Lebensäußerung (cf. Bk. 127 ff. 139. 143 ff. 149); sie
behüten und bringen zu Gedeihen die im Walde weidende Heerde
(cf. Bk. 96 ff. 141), sie fördern aber auch das Wachstum der
Kulturfrucht auf den Aeckern (cf. Bk. 148 ff.). Sie sind lüstern,
stellen den Frauen nach (cf. Bk. 152 ff.). und gehen in den nächt-
lich drückenden Alp über.

§. 2. **Silvanus und Silvane.** Noch entschiedener als die
Faunen charakterisieren sich schon dem Namen nach Silvanus und
die Silvane als Waldgeister. Zwar die Quellen, aus denen wir
diese Wesen kennen lernen, sind ebenso wie bei den Faunen
großenteils sehr jungen Datums, Dichtungen und Inschriften der
römischen Kaiserzeit. Es ist somit wol begreiflich, daß mehrfach
nicht die ursprünglichen, sondern durch historische Verhältnisse
modifizierte Formen der Ueberlieferung in den auf sie bezüglichen
Kultusgebräuchen und Sagen uns entgegentreten, doch hat uns
die Gunst des Schicksals auch einige Stücke aufbehalten, welche
uns den älteren Zustand deutlich erkennen lassen. Vergil (Aen.
VIII, 601) nennt Silvanus einen Gott des Viehs und der Aecker
(arvorum et pecoris deus) und sagt, schon die ältesten Einwohner von Latium hätten ihm einen heiligen Hain und einen Fest-

---

1) Cf. Siebald de Val. Ant. p. 20. Peter die Quellen Plutarchs S. 167.

tag (lucum et diem) geweiht. Erläutert wird diese Nachricht, durch ein altes Opferritual, welches Cato (R. R. c. 83) auf- bewahrt. „Das Gelübde für *die Rinder, daß sie wohl seien,* sollst du also tun. Dem *Mars Silvanus* sollst du *in einem Walde* unter Tags für jedes Stück Rind geloben drei Pfund Dinkel und vier Pfund Speck und vier Pfund von den Knochen gelöstes Fleisch und drei Nösel Wein. Das kannst du in ein Gefäß tun und den Wein kannst du gleichfalls in ein Gefäß tun. Das Opfer kann ein Sklave oder ein Freier verrichten, das ist einerlei. Wenn das Opfer verrichtet ist, soll er (den Anteil) gleich eben- daselbst verzehren. Ein Weib darf bei diesem Opfer nicht zuge- gen sein und nicht zusehen, wie es geschieht. Dies Gelübde kannst du, so du willst, alljährlich wiederholen." [1] Man identi- fizierte also Silvanus mit Mars als agrarischem Gotte oder hielt ihn seinen Wirkungen nach für nah verwandt mit diesem, den der Römer zur Zeit der Saatblüte, die Opfertiere um das Ge- treidefeld herumführend, *um das Wachstum und Gedeihen* (gran- dire et evenire sinas) *der Gewächse,* sowohl des Getreides und der sonstigen Früchte, als auch der Weinstöcke und Gesträuche, zugleich aber um die Gesundheit der Heerden und Hirten, und das Wolsein der eignen Person, Familie und Hausgenossenschaft anrief. [2] Ganz die nämliche Verbindung von Pflanzen, Menschen und Tieren tritt in deutschen Gebräuchen hervor, z. B. bei dem sogenannten Schlag mit der Lebensrute (Bk. 269 — 278), bei den Frühlings- und Sommerfeuern (Bk. 521), und bei Maibaum und Erntemai; auch in den römischen und griechischen Begehungen der Lupercalien, Palilien und Thargelien begegnet — wie wir sehen werden — dieselbe Erscheinung. In allen diesen Ce- remonien handelt es sich um den Parallelismus des Wachstums bei Menschen, Tieren und Pflanzen und um Uebertragung der

---

1) Votum pro bubus, ut valeant, sic facito. Marti Silvano in silva interdius, in capita singula boum votum facito farris adorei libras III et lardi p. IV s. et pulpae p. IV s. vini sextarios tres. Id in unum vas licoto conjicere, et vinum item in unum vas liceto conjicere. Eam rem divinam vel servus, vel liber licebit faciat. Ubi res divina facta erit, statim ibidem consumito. Mulier ad eam rem divinam ne adsit, nevo videat, quo modo fiat. Hoc votum in annos singulos, si voles, licebit vovere. Cato R. R. LXXXIII.

2) Cato R. R. CXLI.

Vegetationskräfte auf Wesen mit willkürlicher Bewegung. Es ergiebt sich aus diesen Analogien, daß Silvanus nicht allein deshalb Hirtenstelle bei den Weidetieren vertrat, [1] und dem Zahne des Wolfes wehrte, [2] weil auch der Italer ursprünglich sein Vieh auf Waldlichtungen grasen ließ, [3] wie er denn auch gleich anderen Waldgeistern (Bk. 117. 131. 141) das Wild des Waldes als Herr befehligt und dem Jäger Jagdglück verleiht oder versagt; [4] sondern es muß in seinem Wesen gelegen haben, Wachstumskräfte zu verleihen. Aus diesem Grunde wurde er in dankbarer Gesinnung bei Erntefesten nächst Tellus als derjenige, welcher dem Korne Gedeihen verlieh, mit einem Opfer bedacht, indem man ihm Milch darbrachte, [5] die man unzweifelhaft über die Wurzeln des ihm heiligen Baumes oder Haines ausgoß (cf. Bk. 11). Wie die Holzfräulein in Franken, denen die Erstlinge der Früchte geopfert werden (Bk. 77 ff.), Vegetationsgenien des Waldes, Personificationen von Bäumen oder Baumcomplexen sind (Bk. 75 ff.), werden auch Silvanus und die Silvane von diesem Begriffe ausgegangen und in einzelnen hervorragenden Baumexemplaren oder

---

1) „Magne deus, Silvano potens sanctissime pastor" Hentzen Inscr. Lat. n. 5751.

2) Luporum exactor heißt er in einem Fragment des Lucilius (Nonius Marc. p. 110, Cf. Demster zu Rosini antiqq. Rom. p. 184). So ruft auch die finnische Hauswirtin in ihren langen Gebeten bei Entlassung der Heerde den (mit grünem Pelz aus Baummoos und hohem Hut aus Föhrennadeln bekleideten) Waldgott Kuippana oder Tapio an, er möge seinen Hunden, den Wölfen, Eicheln und Schwämme in die Naslöcher stecken, damit sie nicht nach der Heerde schnuppern, er möge ihnen Ohren und Augen verstopfen und verbinden, oder noch besser sie fern von den Weideplätzen mit goldgeschmückter Fessel in Waldeshöhlen festbinden. Kalewala R. XXXII, 493 ff. Schiefner.

3) Saltum Gallus Aelius l. II significationum . . . ita definit. Saltus est ubi silvae et pastiones sunt. Fest. p. 302. Cf. Roscher Apollon und Mars S. 67.

4) Vgl. die Weihinschrift eines Jagdfreundes, des Praefecten Ctetius Veturius Micianus zu Stanhope in Britannien: Silvano invicto Sacrum ob aprum eximiae formae captum, quem multi antecessores ejus praedari non potuerunt. Donati I, p. 40, 4. Orelli n. 1603.

5) Hor. Epist. II. 140 ff.:

Condita post frumenta, levantes tempore festo
Corpus et ipsum animum spe finis dura ferentem,
Cum sociis operum pueris et conjuge fida,
Tellurem porco, Silvanum lacte piabant.

Baumgruppen verkörpert gedacht sein. Deswegen liebte man
es bis in späte Zeit, das Bild des Gottes unter einem Baume
aufzustellen oder aus einem solchen hervorwachsen zu lassen. [1]
Vermutlich hatte jedes Grundstück in alter Zeit hinter dem Hofe
oder auf der Grenze einen solchen Baum oder Hain, der den
Silvan vorstellte, oder ihm geweiht war und vermöge jenes o.
S. 23 ff. beobachteten Glaubens an einen Parallelismus des Baum-
und Menschenlebens als alter ego, Lebens- und Schicksalsbaum
der auf dem Grundstück wohnenden Familie und ihrer Haustiere
galt (vgl. Bk. 51 und den Hain des Mahjas kungs Bk. 52). Mit
der Zeit wurde dieser eine Silvanus nach den (nur scheinbar)
verschiedenen Seiten seiner Wirksamkeit in drei differenziert.
Wir erfahren nämlich aus einer Stelle in den Schriften über die
Feldraine, daß jede Besitzung (possessio) drei verschiedene Silvane hatte, den *Haussilvan* (S. domesticus), der für Haus und
Hof Sorge trug, den *Flursilvan* (S. agrestis), dem der Schutz
der Heerden und Hirten befohlen war, und den *Grenzsilvan* (S.
orientalis), dem auf der Zusammengrenzung zweier oder mehrerer Grundstücke, deren Marken von dort ausgingen (oriebantur),
ein ganzer Hain geweiht zu werden pflegte. Man hat sich vor-
zustellen, daß drei Standbilder des Gottes nebst dem betreffenden
Baume, das eine beim Hause, das andere auf der Flur, das dritte
auf der Grenze zu sehen waren. Diese Angabe der Feldmesser
wird durch die Inschriften vielfach bestätigt und ergänzt. ' Die-

---

1) Ein Simulacrum Silvani stand z. B. unter einem Feigenbaum beim
Saturnustempel auf dem Capitol; als der Baum durch seine Ausbreitung das
Bildwerk umzustürzen drohte, entfernte man ihn nach einem von den Vestalinnen, den Hüterinnen des heiligen Staatsheerdes, gebrachten Opfer im J.
d. St. 260 (= 494 v. Chr.). So erzählt Plinius h. n. XV, 18, 20. Eine zu
Aixme gefundene Inschrift (Orelli n. 1613) redet den Gott an: Silvane sacra
semicluse fraxino. Vgl. das Bildwerk bei Millin Mythol. Gallerie, Berl. 1836,
Tab. CXVI n. 289. Silvan mit Tannzapfen gekränzt, einen großen Tannen-
ast in der einen, eine Sichel oder Gartenmesser in der andern Hand, Weintrauben und Baumfrüchte im Mantel tragend, steht neben einem Altar, bei
dem der Hund der Laren liegt, unter einem Tannenbaum, der mit einem
Kranze geschmückt ist. Bauern bringen ein Opfer. Cf. ähnliche Darstellungen auf dem Marmor 28 der antiken Sculpturen des Berliner Museums
bei Bötticher Baumkultus der Hellenen Taf. II. Fig. 6; Clarac Mus. Pl. 259,
Fig. 567. Bötticher a. a. O. Taf. VI. Fig. 16. 17; Moses Collection Pl. 52.
Bötticher a. a. O., T. VI, F. 16; Gerhard ant. Bildw. T. 42. Bötticher a. a. O.
T. X, F. 32.

selben reden ebenfalls von dem *Silvanus domesticus* (Or. n. 1601.
4960. Hentzen n. 5746), *casanicus* (Or. 1600), oder *villicus*, und
zwar rufen sie ihn an als *Erhalter* (conservator. Hentzen n. 5742),
Behüter (Custos), *Heilgeber* (Salutaris, Or. 1609), *Wiederhersteller*
der Gesundheit oder des Vermögens (restitutor, Hentzen 5750)
einzelner Personen [1] oder ganzer Familien,[2] als deren Zugehörige
die Verwalter und Freigelassenen derselben sich mit einrechnen.[3]
Die Bewahrung auf Reisen und die glückliche Zurückführung zur
Heimat wird ebenfalls als Werk des Silvanus angesehen [4] (Bk. 48).
Die Bezeichnung Silvanus domesticus wechselt auch mit einem
vom Namen des Grundeigentümers oder des Gutes hergenomme-
nen Beiwort (Silvanus Staianus, Sinquas, Pegasianus, Caesarien-
sis, Caminensis u. dgl.).   Den Silvanus agrestis erkennen wir
wieder in dem *Silvanus lar agrestis* einer römischen Inschrift;[5]
daß er Gras und Kräuter auf der Viehweide wachsen läßt, drückt
wol der Name Silvanus (h)erbarius [6] aus.   Den Silvanus orientalis meint Horaz, wenn er Epod. II, 22 vom Silvanus tutor finium
redet, und der Divus Sylvanus portae Romanae zu Venafrum [7]
wird in dieselbe Kategorie gehören.   Als in einem großen Teile
Italiens die Latifundien der römischen Großen den kleinen Grund-

---

1) Silvano custodi Papirii. Hentzen n. 5743. Silvano domestico pro S.
T. (pro salute) T. Flavi Crescentis. Orell. n. 1601.

2) Cf. Silvano Flaviorum. Hentzen n. 5748. Numini domus Augustae
et san(cti Silvani) salutaris sacrum. Orell. n. 1596.

3) Diese errichten Bild und Altar des Gottes öfter für das Gedeihen
ihrer Herrschaft. Hentzen n. 5751. Pro salute et incolumitate indulgentis-
simorum dominorum Marcio Lib. proc. sacris eorum judiciis gratus Silvano
Deo praesenti effigiem loci ornatum religionem instituit consecravitque libens
animo. Or. 1608. Haec ego quae feci dominorum causa salutis et mea pro-
quo meis orans vitamque benignam officiumque gerens fautor tu dexter adesto.
Hentzen 5751.

4) Pro salute et reditu L. Turselli Maximi, L. Tursellius Restutus
L(ibertus) Silvano Casanico vot. lib. solvit. Orell. n. 1600; cf. n. 1612. 1587;
cf. das Bildwerk mit der Dedication „Silvano D. D.“, worauf eine Herme
des Gottes unter der ihm heiligen Fichte, daneben als Weihgeschenk, unzweifelhaft für die glückliche Rückkehr von gefahrvoller Handelsreise, ein
Ballen Kaufmannswaare und ein Hermesstab dargestellt sind. Moses Collect.
Pl. 52. Bötticher Baumkultus Taf. VI, 18.

5) Orelli n. 1604. Vgl. dazu Hentzens Bemerkung.

6) Hentzen n. 5747.

7) Hentzen n. 5745.

besitz verdrängten und Land und Stadt mit weitläuftigen Park-
und Gartenanlagen füllten, wurden die Bäume und Haine, Sta-
tuen und Kapellen des Silvanus in die neuen Gründungen mit
aufgenommen und, indem sie im allgemeinen ihren alten Platz
hinter dem Hause oder auf der Grenze des Grundstücks behaupteten, den veränderten Zwecken und Verhältnissen angepaßt.
An die Stelle der einheimischen Waldbäume traten jetzt vielfach
die aus der Fremde entlehnten [1] Gartengewächse Pinie und Cypresse; Silvanus wurde nun neben Priapus zum Schützer der
Gärten. [2] Schon früher mag man ihn mit einer entwurzelten
Fichte oder einem anderen Waldbaum in der Hand sich vorgestellt haben, wie die griechischen Kentauren und deutschen wilden Männer, und aus gleichem Grunde. Denn daß auch die Geräusch verursachenden Bewegungen und Windhauche im Walde
als Lebensäußerungen des Silvanus gefaßt wurden, geht aus dem
Umstande hervor, daß man plötzliche Laute ihm, wie dem Faunus, zuschrieb. [3] Die als Waffe getragene, sturmentwurzelte
Fichte oder Tanne wurde unter dem Einfluß der neuen Verhältnisse zu einem Bäumchen umgedeutet, das der sorgsame Pfleger
der Gärten mit der Wurzel ausgehoben hat, um es an einen
geeigneteren Ort zu verpflanzen. [4] Eine andere Deutung, welche
aufkam, um die Cypresse in der Hand des Gottes zu erklären,
ging dahin, Cyparissus sei der Liebling Silvans, ein schöner
Knabe, gewesen, welcher aus Gram über den Tod seiner zah-
men Hirschkuh starb und vom Gotte in den Baum gleiches Namens verwandelt wurde, den derselbe, um sich zu trösten, stets
in der Hand trägt. [5] Das ist aber nur eine Uebertragung aus

---

1) Vgl. V. Hehn Kulturpflanzen und Haustiere 1870, S. 192 ff. 205 ff.

2) Vgl. Silvane sacra semicluse fraxino et hujus alti summe custos hor-
tuli. Orell. n. 1613; cf. 1596. Hor. Epod. 2, 21 ff.

3) Livius I, 7. o. S. 115 Anm. Cf. Valer. Max. VIII, 5. Ingens repente vox proxima silva Asia, quae ore Silvani in hunc pene modum
emissa traditur: uno plus Hetrusci cadent, Romanus exercitus victor abibit.
Martial nennt Silvanus tonans von dem donnerlauten Hall seiner Stimme
im Walde X, 92, 5: Semidocta villici manu structas tonantis aras horri-
dique Silvani.

4) Verg. Georg. I, 20: Et teneram ab radice ferens Sylvane cupressum.
Servius Comm. l. l. Quidam Sylvanum primum instituisse plantationes dicunt. Cf. das Weintrauben und Obst tragende Bild des Silvan o. S. 121 Anm.

5) Servius zu Verg. Georg. I, 20.

der älteren griechischen Sage, welche Apollon an Stelle des Silvanus nennt.[1] Und weil die Cypresse den Alten auch ein Symbol der Trauer war und vor dem Sterbehause aufgepflanzt wurde,[2]
so wurde der Cypressenbaumträger Silvanus zum Schutzgott von
Sterbeladen, Verbindungen, die unter dem Namen collegia oder
sodalitia dendrophororum zum Zwecke gegenseitiger Unterstützung
bei Begräbnissen zusammengetreten.

Man glaubte, daß die Silvane die Wöchnerin belästigten und
Kinder raubten (vgl. Bk. 153), ohne Zweifel, um sie zu sich in
den Wald zu tragen, wie unsere Elben, wilden Weiber (Bk. 108).
Mulieri fetae post partum tres deos custodes commemorat adhi-
beri (Varro), *ne Silvanus deus per noctem ingrediatur et vexet;*
eorumque custodum significandorum caussa tres homines noctu
circumire limina domus et primo limen securi ferire, postea pilo,
tertio deverrere scopis, ut his datis culturae signis deus Silvanus
prohibeatur intrare, quod neque arbores caeduntur ac putantur
sine ferro, neque far conficitur sine pilo, neque fruges coacer-
vantur sine scopis; ab his autem tribus rebus tres nuncupatos
deos, Intercidonam a securis intercisione, Pilumnum a pilo, De-
verram a scopis, quibus diis custodibus contra vim dei Silvani
feta conservaretur. Es muß einer späteren Gelegenheit aufbehalten bleiben, diesen Glauben und Brauch zu deuten; nur so viel
dürfte ohne weiteres klar sein, daß Varros Auffassung an mehreren Unrichtigkeiten leidet. Intercidona und Deverra und in
diesem Zusammenhange auch Pilumnus sind lediglich Personificationen, Schutzgottheiten, der von den drei Männern als Averrun-
cation geübten Tätigkeiten des Durchhauens der Schwelle, des
Schlagens mit der Mörserkeule und des Ausfegens, welche die
Averrunzierenden in einer einzelnen Verrichtung dramatisch nach-
bildeten, nicht Götter von selbständiger und umfassenderer Bedeutung. Das Durchhauen der Schwelle soll dem Silvan unmöglich
machen, darüber hineinzukommen, das Ausfegen den etwa schon
ins Haus gedrungenen bösen Zauber hinausschaffen. (Cf. die zahlreichen ähnlichen Indigitalgötter. Preller Röm. Myth. 572 bis

1) Servius zu Verg. Aen. III. 64. 680. Ovid. Metamorph. X, 106—142.
Cf. Philostrat. Vit. Apoll. I, 16. Vgl. die Sage von Daphne o. S. 20.

2) Servius zu Verg. Aen. II, 714. Plin. Hist. nat. 16, 60. Festus p. 63.
Bötticher Baumkultus S. 488.

596). Jedenfalls liegt also der Gegensatz des wilden Waldes, in den Silvanus die Neugebornen zurückzuholen sucht, und der davon befreienden Tätigkeit des die Kulturfrucht erbauenden Landmanns mindestens nicht in der Weise in den von Varro beschriebenen Handlungen ausgedrückt, wie er meint. [1] Höchstens könnte die Androhung, den Silvan mit dem *Kornquetscher* zu zerstoßen, auf eine Vermischung des ersteren mit *Korndämonen* (vgl. die Holzfräulein und den Waldmann, Bk. 77. 410) hindeuten. — Wie die Kentauren langhaarig, die wilden Leute der deutschen, die Ljeschie der russischen Sage mit rauhem Haarwuchs, wird auch Silvan als zottig *(horridus)* gedacht,

---

[1] Varro bei Augustin Civ. D. VI, 9. Nur eine andere Form desselben Gebrauches ist es, wenn man, so lange bis das Kind vom Boden erhoben, für lebensfähig erklärt, vom Vater anerkannt war, im Hause dem Pilumnus und Picumnus' ein Lectisternium bereitete, als einen Sitz, worauf ruhend sie den Silvan vom Säugling abwehren sollten. Varro de vit. pop. Rom. l. Cap. Non. s. v. Pilumnus: Natus si erat vitalis ac sublatus ab obstetrice statuebatur in terra, ut auspicaretur rectus esso, diis conjugalibus Pilumno et Picumno in aedibus lectus sternebatur. Serv. ad Verg. Aen. X, 76. Varro Pilumnum et Picumnum deos esse ait eisque pro puerpera lectum in atrio sterni, dum exploretur an vitalis sit qui natus est. So brennt in deutschen Bauernhäusern ein Licht neben der Wiege, bis das Kind getauft ist, damit die Unterirdischen, Zwerge, die Roggenmuhme u. s. w. es nicht abtauschen. Ganz dasselbe geschah bei den Römern, und dieser Handlung stand eine Göttin Candelifera vor. Pilumnus, d. h. der mit der Mörserkeule Versehene oder der Keulenschwinger (vgl. Zeyß Zs. f. vgl. Spr. XVII, 419. 420) ist uns auch noch sonst bezeugt als eine von den Bäckern verehrte Gottheit, eben die Personification des Kornquetschens zum Brotbacken. Servius ad. V. A. IX, 4. (Invenit usum Pilumnus pinsendi frumentum, undo et a pistoribus colitur.) Das Zusammenauftreten mit ihm, wie die sprachliche Form machen gewiß, daß wir auch in Picumnus nichts anderes als eine analoge Personification einer averrunzierenden Tätigkeit zu suchen haben, zu deren Verständniß uns jedoch mit dem Etymon, wovon es abgeleitet ist, das Material verloren gegangen ist. Denn in Wahrheit erfahren wir aus der römischen Literatur außerdem keinen echten Zug über den lediglich den Göttern der Indigitamenta angehörenden Gott Picumnus. Nur eine falsche Etymologie hat die römischen Antiquare schon vor Varro verleitet, ihn mit Picus zu identifizieren, und dessen Beinamen Sterquilinus auf ihn (Serv. a. V. A. IX, 4), ja auf Pilumnus (Serv. a. Aen. X, 76) zu übertragen. Das Verhältniß ist noch durchsichtig selbst in der Notiz des Nonius Marcellus s. v. Picumnus: Picumnus est avis Marti dicata, quam picum vel picam vocant (die falsche Combination) et deus qui sacris Romanis (in dem angeführten Brauch) adhibetur.

ein rechtes Abbild des Waldes. [1] Wie bald von einem Faunus,
bald von einer Gesellschaft der Faunen die Rede ist, sprach man
auch von vielen *Silvanen*, [2] sowie von weiblichen Waldgeistern,
Silvanae (Orell. 2103), Sulevae (Or. 2101. 2099), Suleviae Or.
2100), welche zuweilen Feldnymphen, *Campestres* (Or. 2101.
2102) oder Nymphen der Kreuzwege, Quadriviae, Quadribae
(Or. 2103) gesellt sind.

§. 3. Faune und Silvane im romanischen Volksglauben.

Als ein noch heute lebender Nachklang dieser antiken Elementargeister müssen die wilden Leute, *gente salvatica*, in Nordita-
lien bezeichnet werden. Um Mantua werden sie beschrieben als
Geister, *halb Mensch, halb Tier*, mit einem Schwanze hinten,
welche die Menschen mit sich forttragen und auffressen (Bk. 113);
schon im frühen Mittelalter werden feminae *agrestes, quas Silva-
ticas vocant*, genannt, welche Liebschaften mit sterblichen Männern suchen (Bk. 113). In Wälsch-Tirol heißt der wilde Mann
l'om Salvadegh, d. i. homo silvaticus oder *Salvang*, d. i. Silvanus,
Salvanel oder Salbanel, d. i. Silvanellus.   Die Form Salbanel
hat bereits in einer antiken Inschrift „Silbano sacrum" (Marini
atti II, 367. Or. 1617) ein Vorbild.   Der Salvanel in Valsugana
läßt Leute, die in seine Fußtapfen geraten, im Wald in die Irre
gehen. *Er raubt wie Silvanus* (o. S. 124) *kleine Kinder, besonders
Mädchen*, nährt sie in seiner Höhle und behält sie mit ungemeiner
Liebe bei sich.   Er stiehlt gern den Hirten die Milch.   Einst
setzte der Bestohlene ihm zwei mit Wein gefüllte Milchgefäße
hin; er trank, wurde berauscht, gefangen und gebunden, lehrte
den Hirten gegen seine Freilassung Käse machen und rief im
Verschwinden: „hättest du mich noch ein wenig festgehalten, so
hätte ich dich gelehrt aus Milchabguß Wachs zu machen." [3]
Diese möglichst genau mit der altrömischen Sage von Picus und

---

1) **Horridi dumeta Silvani** Hor. Od. III, 29, 22 silva dumis horrida,
Hor. Vgl. Martial X, 92, 5; o. S. 39. 41 und die Bildwerke.

2) **Calybe Silvanis** v. s. l. m.   **Marin. atti delli fr. Arv.** II, p. 543.
Orelli n. 1616. Quin et Silvanos Faunosque et deorum genera silvis ac
sua numina tanquam et caelo attributa credimus. Plin. H. n. XII, 1, 2.

3) **Bk.** 113. C. Schneller Märchen und Sagen aus Wälsch-Tirol. Inns-
bruck 1867, S. 214 ff. Vgl. L. v. Hörmann Mythol. Beiträge a. Wälsch-Tirol.
Innsbr. 1870, S. 3.

Faunus übereinstimmende Sage erweist die Identität der gente silvatica, der Salvanelli u. s. w. mit den antiken Faunen und Silvanen. Auch als Baumeinwohner zeigt sich noch der Salvanel, insofern man im Etschlande von krankhaften Stellen am Baume sagt, derselbe habe den Salvanel. Und wenn um Mantua eine menschlich gestaltete Puppe im Saatfeld „*Salvancllo*" heißt, so ist das genau der Silvanus agrestis, o. S. 121. Auch sonst finden sich nämlich Spuren, daß die Popanze oder Vogelscheuchen im Saatacker ursprünglich nicht sowol aus nüchtern praktischen Zwecken hervorgegangene Schreckmittel für die Vögel gewesen sind, sondern daß sie Darstellungen des Vegetationsdämons waren, der in positiver und negativer Richtung zugleich wirksam Ungeziefer vertreibt und Wachstum fördert. So wird in Königswartha Kr. Bautzen die den Korngeist darstellende beim Ausdrusch der letzten Roggengarbe aus einem mit Stroh umwundenen Holzkreuz gefertigte Menschenfigur, der Alte oder Stary, bis zum Frühjahr verwahrt und dann mit Rock und Hut bekleidet und mit einem Besen in der Hand ins Krautfeld gesteckt. — In Fassa stellte man sich die Salvegn (Plur. v. Salvang), *welche gern Kinder abtauschten*, von Ansehen wie große Affen vor, stark, haarig und mit langen Nägeln an den behaarten Fingern.[1] Die wilden Weiber heißen in Wälsch - Tirol Bregostane, Enguane oder Delle Vivane. Ein Mann von Mazin hatte eine solche gefangen und sie willigte ein, sein Weib zu werden, wenn er sie nie *Geiß* nennen wolle. Sie gebar ihm Kinder und unter ihren Händen mehrte sich der Wohlstand des Hauses, bis nach 5 Jahren der Gatte sie bei einem Wortwechsel *Geiß* schalt. Da entstand im Zimmer ein *Staubwirbel*, in dem sie verschwand.[2] Offenbar glaubte man, daß diese Wesen, wenn sie in ihrer wahren Gestalt sichtbar würden, die Gestalt einer Geiß zeigten, oder daß sie sich zeitweilig in eine solche zu wandeln vermöchten. Vermutlich leben die Faune und Silvane auch in der lebendigen Volksüberlieferung Mittel- und Süditaliens fort, doch ist es mir noch nicht gelungen, darüber Auskunft zu erhalten.

§. 4. **Pan und Pane.** Unzweifelhaft richtig war die bereits von den Alten gemachte Annahme, daß der griechische Pan und

1) L. v. Hörmann a. a. O.
2) Hörmann a. a. O. S. 8.

die Pane den Silvanen und Faunen der Hauptsache nach identisch seien. „Wir haben," sagt darüber Welcker [1] treffend, „in
Pan bei den jüngsten Nachrichten, da Homer und Hesiod ihn
nicht einmal kennen, einen der ältesten Götter auf altgriechischem Boden, zum Teil die einfachsten Anschauungen der ältesten Zeit, zum Teil armselige Volksvorstellungen." Seine früheste Erwähnung in einem dem Epimenides (um 600 v. Chr.) zugeschriebenen Verse lehrt ihn uns als eine locale, aber schon
auswärts bekannt gewordene Mythengestalt der Arkader kennen.
Pan und Arkas werden als Brüder bezeichnet. [2] Auch Simonides
(490 v. Chr.), Pindar (490 v. Chr.), Pausanias, Dionysios nennen
ihn Arkader, Arkadiens Herscher, der Arkader ältesten und
geehrtesten Gott. Erst nach der Schlacht bei Marathon ist der
Kult des Pan nach Athen verpflanzt [3] und von hier aus wurde
der Gott in Griechenland allbekannt, mit mehreren der nationalen Götter in Verbindung gesetzt und auf verschiedene Weise
in die genealogischen Systeme eingereiht. [4] Nach Böotien scheint
ihn Pindar gebracht zu haben, der ihn schon der phrygischen
Göttermutter zugesellt. In den dionysischen Thiasos aufgenommen ward er und sein Geschlecht ein beliebter Gegenstand der
Kunst. Aus diesen späteren Quellen muß auf sein ursprüngliches
Wesen zurückgeschlossen werden. Am reinsten und altertümlich-
sten zeigt dasselbe noch der sogenannte homerische Hymnus auf
Pan. Zwar ist diese Dichtung, welche uns Pan ebenfalls schon
als Maskenfigur in den dionysischen Festtänzen kennzeichnet, nur
die mit Geist und Feinheit freierfundene humoristische Nachahmung älterer, zu heiligem Gebrauche bestimmter, die Geburts-

---

1) Götterlehre I, 452.
2) Schol. Theocr. I, 3. Schol. Rhes. 36. Welcker a. a. O. 453.
3) Herod. II, 145. Voss. myth. Br. I, 13.
4) S. dieselben bei Jacobi Handwörterbuch d. gr. u. röm. Myth. II,
694 Anm. *. Unter diesen Genealogien beruht diejenige, welche Pan zum
Sohne der Penelope, sei es mit Hermes (Herod. II, 145. Schol. Theocr. I,
123. Verg. Aen. II, 43), mit Odysseus (Serv. Verg. Georg. I, 16. Schol. Theocr.
a. a. O.) oder mit allen (πάντων) Freiern (Duris. Schol. Lyk. 772. Schol. Theocr. I,
3) machte, nach Meinekes treffender Bemerkung (Anal. Alex. p. 159) lediglich
auf etymologischer Spielerei mit dem Gleichklang der Namen. Man sieht,
wie fernab von jeder Wahrheit die Deutung von W. Schwartz (Sonne, Mond
und Stern, 70—71) liegt, Pan sei ein Namen des gehörnten Blitzes, den
Penelope, die spinnende Sonnengöttin, gebäre.

legende irgend einer Gottheit mit religiösem Ernste verherr-
lichender Rhapsodien. [1] Der Dichter kannte aber noch den
Volksglauben von Pan und benutzte den Contrast desselben mit
der höher entwickelten Vorstellung von den Olympiern zur Komik. Uns gehen nur die Spuren der volksthümlichen Ueberlieferung in dem Mythus an. Pan war danach zunächst und* eigentlich Waldgeist oder Baumgott, wie ihn denn ein von Macrobius
aus unbekannter Quelle ausgehobenes griechisches Zeugniß
geradezu τὸν τῆς ὕλης κύριον nennt. [2] Deshalb macht ihn der
Dichter zum Enkel eines Dryops, wie denn auch ein Fichten-
kranz auf dem Kopf oder ein Fichtenzweig in der Hand zu
seinen Attributen in der künstlerischen Darstellung gehört; und
eine ihm geheiligte Eiche oder Fichte pflegt neben seinem Heiligtum zu stehen. [3] Auf baumbewachsenen Wiesen (ἀνὰ πίση
δενδρίεντα) treibt er sich mit tanzliebenden Nymphen um, er
wandelt hin und her durchs dichte Gebüsch (φοιτᾷ ἔνθα καὶ
ἔνθα διὰ ῥωπήϊα πυκνά). Doch geht er bereits über in das Numen der Bergwildniß überhaupt; alle beschneite Höhen, Bergfir-
sten und Felsenpfade gehören ihm und eine Berghöhle ist seine
Wohnung, weshalb ihm später als Kultstätten in Marathon,
Athen, Delphi u. s. w. Grotten eingerichtet wurden. Als Waldgeist
ist er Gebieter und Jäger des Wildes [4] und zugleich Schützer und

<hr>

1) Vgl. Welcker Gr. Götterl. II, 660.

2) Hunc deum (Pana) Arcades colunt appellantes τὸν τῆς ὕλης κύριον.
Macrob. Saturn. I, 22.

3) Διαβάντι δὲ τὸν Γαράτην καὶ προσελθόντι σταδίους δέκα Πανός ἐστιν
ἱερόν, καὶ πρὸς αὐτῷ δρῦς ἱερὰ καὶ αὕτη τοῦ Πανός. Pausan. VIII, 54, 3.
Pans unter einer Pinie stehendes Bild, dem ein mit Fichtenlaub bekränzter
Bock, Kränze und Trauben geopfert werden. Longus II. 24. 31. Vgl. die
Pansherme unter einem Baume. Gerhard antike Bildw., T. 48. Bötticher
Baumkultus S. 148.

4) Ἀγρεύς· ὁ Πὰν παρὰ Ἀθηναίοις, ὡς Ἀπολλόδωρος. Hesych. s. v. —
Wenn keine Jagdbeute da war, peitschten die Arkadier sein Bild. Theocr.
7, 107. Wie die seligen Fräulein und andere wilde Weiber das Wild, welches
sie nicht dem Jäger preisgeben wollen, vor dem Geschosse desselben in ihren
Grotten bergen (Bk. S. 100. 131 — 132), so erzählt Aelian, in Arkadien gebe
es auf dem Gipfel des Lykaion einen dem Pan heiligen Ort, Αὐλή (Hof) geheißen. Alle Tiere, welche dahin gleichsam hilfeflehend fliehen, nimmt der
Gott auf und schützt ihr Leben. Denn die verfolgenden Wölfe wagen es

Mehrer des auf den Waldwiesen weidenden Viches, wo Krokos
und Hyazinten duften. Besonders die letztere Eigenschaft wird
an ihm hervorgehoben. Der Hymnus nennt ihn *νόμιος θεός*;
Pindar heißt ihn Genossen der Böcklein (Fragm. 18), Platon
(Krat. p. 280ᵈ) Ziegenhirt; von des Daphnis sorgfältig gepflegter
Heerde, der der junge Hirt die Hörner salbt und die Haare
kämmt, äußert Longus, man hätte meinen können, eine heilige
Heerde des Pan zu sehen. [1] Das bocksfüßige und gehörnte Bild
des Pan unter der Pinie hat in der einen Hand eine Syrinx, in
der andern einen springenden Bock. [2] Auch die Heerden von
Menschen stehen zuweilen unter der Pflege Pans. Als Feinde
die Schafe und Ziegen des Daphnis weggetrieben, erscheint der
Gott dem Feldherrn im Traum und schilt ihn, daß er Tiere, die
unter seiner Obhut seien, geraubt habe. [3] Auch der Bienenstöcke
nimmt Pan sich an, die der Hirt im Walde aushebt [4], und Milch
und Honig bringt man ihm als Opfer dar (vgl. o. S. 38).
Abends spielt er die Syrinx, seine Erfindung; [5] kein Vogel über-
trifft ihn, der im Frühling in den Zweigen hüpfend süßen Klagegesang flötet. Mit dem Pan singen und tanzen die lautsingenden
Nymphen und um den Berggipfel tönt der Widerhall. Wer er-
kennte nicht in dieser Schilderung den vergeistigten Reflex der
nämlichen Naturerscheinung, welche ein feiner Naturbeobachter,
Berthold Sigismund, im Thüringer Walde folgendermaßen ver-
nahm? „Abends nach Sonnenuntergang sang der Wald sein
Abendlied, schöner als je. Die Vögel waren verstummt, kein
Lüftchen regte sich. Da ließ sich von fern ein leises Murmeln
hören, wie ein ernster Männerchor. Die tiefen Töne wogten in
schwankenden Accorden auf und nieder, wie wenn eine Windharfe
rauscht, endlich schwollen sie zum Brausen einer vollen Orgel
an. *Es tönte wie ein ernster feierlicher Gesang*, gleich als wolle

------

nicht das Asyl zu betreten. Aelian Hist. anim. XI, 7. Pan nährt das Wild
auf den schneewipfeligen Bergen; daher nennt ihn ein Lied des Kastorion
θηρονόμος.

    1) Hirtengesch. IV, 4.
    2) Ebendas. II, 24.
    3) Ebendas. II, 27.
    4) Anthol. Pal. IX, 226. Welcker Götterl. II, 662. Theokr. 5, 53.
    5) Pausan. X, 32, 5. Welcker a. a. O. II, 664.

der Wald das tiefe Geheimniß aussprechen, das in allem Lebenden und Wachsenden verschleiert liegt."[1] Wenn nach einem
platonischen Epigramm Pan mit seiner Syrinx die Baumnymphen
(Hamadryaden) und Quellnymphen (Hydriaden) zum Tanzen
bringt, wenn er die Pitys, die personifizierte Fichte, geliebt
haben soll,[2] so ist deutlich zu erkennen, wie man im Sausen des
Windes, der die Bäume tanzen macht, seine Gegenwart spürte.[3]
Dann buhlt er, gleich Faunus, um die *Dryaden*, woher er auch,
gleich sonstigen Waldgeistern, als lüstern, geil, befruchtend, *κήλων*
(Kratinos), *πολύσπορος*, *πάνσπορος*, geschildert wurde; Heraklit
braucht *πατείειν γυναῖκας* im Sinne von beschlafen. Auch jene
plötzlichen, oft erschreckenden Töne und Widerhalle des Waldes
(o. S. 114) schrieb man Pan zu,[4] und plötzlicher Schrecken hieß
daher ein panischer.[5] Sein Zorn bewirkt Irrsinn[6] (vgl. o. S. 36).

Die Gestalt, in welcher die städtischen Künstler Pan aus
dem Volksglauben der Bauern überkamen, war nach Herodot II, 46
die eines Menschen mit Bocksbeinen und Bocksgesicht, d. h. er trug
Booksschenkel und Geißfüße, sowie zwei Hörner auf dem Kopf und

---

1) B. Auerbachs Volkskal. 1860. S. 129.

2) Longus II, 39 *ἠράσθη μὲν Πίτυος, ἠράσθη δὲ Σύριγγος, παύεται δὲ
οὐδέποτε Δρυάσιν ἐνοχλῶν καὶ Ἐπιμηλίαι νύμφαις παρέχων πράγ-
ματα.* Aristides I, 249. Jebb sagt: bei den Dichtern hallen die Pane und
Satyrn auf den Bergen und um die Bäume sich ergötzend in der Sommerzeit als die musikalischsten der Götter.

3) Vgl. M. Müller Essays II, 142: „Gab es irgendwo in Hellas eine
mit Fichten bedeckte Seeküste, wie die Küste von Dorset, so mochte wol ein
griechischer Dichter, der ein Ohr hatte für das weiche klagende Gespräch
des Windes und der zitternden Fichten und ein Auge für die Verwüstung,
die ein wilder Nordwind anrichtete, seinen Kindern von den Wundern des
Waldes erzählen und von der armen Pitys, der Fichte, um die Pan, der
sanfte Windhauch, wirbt und die vom eifersüchtigen Boreas, dem Nordwinde,
niedergestreckt wird." Vgl. auch Welcker G. L. II, 666—67.

4) Cf. Apollod. bei Schol. Eur. Rhes. 36: *τὰ ὄρη καὶ αἱ νάπαι καὶ
πάντα τὰ ἐπαντρα τῶν ὀρῶν ἐστιν ἠχώδη, ποικίλων καὶ παντοδαπῶν φωνῶν
ἐν τοῖς ὄρεσι γινομένων ὑπό τε κυνηγῶν καὶ ζώων ἡμέρων τε καὶ ἀγρίων·
ἤχοι δὲ μιμητικοὶ γίνονται τούτων. ὅθεν πολλάκις τινὲς τὰ μὲν σώματα τῶν
φωνούντων οὐχ ὁρῶντες, αὐτὴν δὲ μόνην τὴν προσπίπτουσαν φωνὴν φασὶ
Πᾶνα σὺν ταῖς νύμφαις ἐν τοῖς ἄντροις μετ' αὐλῶν καὶ συρίγγων φωνεῖν.*

5) *Πᾶν νομεῦσιν ἀγαθὸς διὰ τὸ νόμιον, καὶ κυνηγοῖς διὰ τὸ ἄγριον.
Τοῖς δὲ λοιποῖς ἀκαταστασίας καὶ θορύβους σημαίνει.* Artemidor. II, 37.

6) Eurip. Med. 1162. Welcker G. L. II. 669. Anm. 57.

9*

einen oft tierischen Gesichtsausdruck,[1] wie er auf vielen erhaltenen Denkmälern zu sehen ist.[2] Auch der homerische Hymnus bezeichnet ihn als αἰγιπόδης, διχέρως, Aristophanes Ran. 232 als κεροβάτης, Simonides als τραγόπους, und mehrfach wird er als Αἰγίπαν bezeichnet. Den übrigen Stücken der Tiergestalt gesellt sich zuweilen ein Schwanz hinzu. Noch näher an tierisches Wesen streift das dem Bock zukommende Beiwort αἰγιβάτης, welches Theokrit IX, 433 dem Pan beilegt; übereinstimmend stellt ihn eine in Neapel befindliche Marmorgruppe dar, wie er sich mit einer Ziege begattet.[3] Vermutlich dachte man sich ihn ursprünglich als ein zuweilen ganz ziegengestaltig erscheinendes Wesen mit menschlichem Bewußtsein. Als ein geisterhaftes Wesen bekundet sich Pan auch dadurch, daß er wie Faunus dem Alp, Ephialtes, gleichgesetzt wurde.[4] Schon Aeschylus, Sophokles und Aristophanes kannten eine ganze Klasse von Πᾶνες oder Πανίσκοι, bocksgestaltige Waldteufel und Dämonen, die in allen Stücken dem einen Pan ähnlich von den bildenden Künstlern häufig auch mit Weib und Kind beschenkt wurden. Es ist kein Beweis vorhanden, daß diese mehreren Pane nicht aus volkstümlicher Quelle geflossen seien.[5]

Es liefen verschiedene Volkssagen um, nach denen Pan und die Pane im Gebirge oder auf einem am Meere liegenden Vorgebirge Vorübergehende angerufen haben sollten. Eine solche Volkssage gab Veranlassung, daß vor der Schlacht bei Marathon Pheidippides, der nach Sparta gesandte Herold, da die Lacedämonier den Ausmarsch aufschoben, den Athenern Mut machte, indem er vorgab, am Parthenischen Gebirge bei Tegea sei ihm Pan begegnet, habe ihn angerufen und gesagt, daß er den Athenern gewogen sei und bei Marathon für sie kämpfen

---

1) Herod. II, 46: γράφουσί τε δὴ καὶ γλύφουσι οἱ ζωγράφοι καὶ οἱ ἀγαλματοποιοὶ τοῦ Πανὸς τὠγαλμα, κατάπερ Ἕλληνες, αἰγοπρόσωπον καὶ τραγοσκελέα.

2) Vgl. Wieseler zur Kunstmythol. Pans. Götting. Nachrichten d. Gesellsch. d. Wissensch. 1875 n. 17, S. 433 — 78. Ebenders.: Ind. lect. aest. Georg. Aug. 1875. Commentatio de Pane et Paniscis.

3) S. O. Müller Handbuch der Archäologie § 387, 4.

4) Hesych.: Πανὸς σκότος οἷον νυκτερινὰς φαντασίας. Artem. II, 34: Ἑκάτη καὶ Πὰν καὶ Ἐφιάλτης. 37: ὁ δὲ Ἐφιάλτης ὁ αὐτὸς εἶναι τῷ Πανὶ νενόμισται.

5) Schol. Theocr. IV, 62. Aristoph. Eccles. 1069. Cic. Nat. Deor. 3, 17.

werde. [1] Nachahmung einer solchen Volkssage ist auch erkennbar in der Erzählung des Longus, wie die Flotte der Methymnäer
nach einem Raubzuge in das Gebiet der Mytilenäer bei einem Vorgebirge Anker warf. Da hörte man am Lande Schlachtgetöse und von
dem sehr schroffen Felsen, der das Vorgebirge krönte, ward furchtbar wie Drommetenhall der Ton einer Syrinx vernommen; um die
Mittagszeit aber erschien Pan dem Feldherrn selbst im Traum und
mahnte ihn, seinen Schützling, eine geraubte Jungfrau sammt ihrer
Heerde herauszugeben. Als dies geschehen, tönte die Syrinx
wieder vom Felsen her, aber nicht mehr furchtbar kriegerisch,
sondern hirtlich. [2] In die Reihe solcher noch spät umlaufenden
Volkssagen gehört auch die von Plutarch [3] aufbewahrte Erzählung,
welche ich um der Wichtigkeit willen, die sie für unsere Unter-
suchung erweisen wird, ganz hieher setze. Der Rhetor Aemilia-
nus, ein durchaus ernsthafter Mann, pflegte zu erzählen, sein in
Chäronea ansässiger Vater Epitherses habe in der Absicht, nach
Italien zu fahren, ein schwerbeladenes Kauffahrteischiff bestiegen.
Als sie in die Nähe der Echinaden, gegenüber Akarnanien,
gekommen waren, trat Windstille ein und sie kreuzten bis zu den
Paxinseln (weiter nördlich gegenüber Epirus). Viele von den
Fahrgästen wachten auf Deck, während andere nach aufgehobener
Tafel noch beim Weine saßen. Da hörte man plötzlich von der
Paxinsel her eine Stimme, welche zu aller Verwunderung einen
gewissen Thamus mit Namen rief. Dieser Thamus war ein ägyp-
tischer Steuermann, dem Namen nach den wenigsten Mitreisenden
bekannt. Er schwieg auch, als er zum zweitenmale gerufen
wurde. Als aber der Ruf zum drittenmale ertönte, antwortete er,
und nun sprach die Stimme in erregtem Tone: *„Wenn du nach
Palodes kommst, melde, daß der große Pan gestorben ist"* (ὅταν
γένῃ κατὰ τὸ Παλῶδες ἀπάγγειλον, ὅτι Πὰν ὁ μέγας τέθνηκε).
Alle waren bestürzt, so erzählte Epitherses, und stritten darüber,
ob man den Auftrag ausführen müsse oder nicht. Thamus aber
entschied, wenn guter Wind wehe, wolle man, ohne ein Wort
zu sagen, vorüberfahren; wenn aber Windstille eintrete, werde er
melden, was er gehört habe. Als man nun nach Palodes kam,

---

1) Herod. VI, 105. Pausan. II, 28, 4.
2) Longus II, 26 — 28.
3) Plutarch de defect. orac. XVII. Moralia II, 490 Wyttenbach.

lag das Meer spiegelglatt da und kein Lüftchen regte sich. Da
stellte sich Thamus auf das Hinterteil des Schiffes und rief,
gegen das Land hin blickend, wie er gehört hatte: „*der große
Pan ist todt.*" (Ὁ μέγας Πὰν τέϑνηκεν). Kaum hatte er geendet, *so hörte man ein lautes Wehklagen nicht von einer, sondern
von vielen Stimmen.* Wie aber wol geschieht, wenn viele Zeugen
zugegen sind, der Kaiser Tiberius hörte von der Sache, ließ
Thamus holen und glaubte seine Erzählung so fest, daß er seine
Hofgelehrten befragte, was das für ein Pan sein könne, und sie
entschieden, es müsse der Sohn des Hermes und der Penelope
(o. S. 128) sein. [1] Wir werden es später (u. S. 148) bestätigt
finden, daß Epitherses nur einer älteren Volkssage dadurch
Interesse zu verleihen suchte, daß er sie in der Gegenwart loca-
lisierte und als sein eigenes Reiseabenteuer erzählte. In dersel-
ben war unzweifelhaft der Ausdruck ὁ μέγας Πάν in demselben
Sinne gemeint, wie Zeus μέγας ϑεῶν βασιλεύς, der Perserkönig
Oberkönig, Großkönig, μέγας βασιλεύς genannt wird, als der
Ober-Pan, der große Pan zum Unterschiede von der untergeordneten Schaar der Panisken. Zu einer Deutung des materiellen
Inhalts der Sage selbst gebricht uns das Material. [2]

Fassen wir alle Züge der populären Gestalt des Pan zusammen, so erscheint er als bocksgestaltiger „die geheime Lust und

---

1) Dieser Zusatz zur Volkssage entsprang daher, daß Kaiser Tiberius
als Liebhaber spitzfindiger mythologischer Gelehrsamkeit allbekannt war. Vgl.
Sueton Tibor. 70: Maximo tamen curavit notitiam historiae fabularis usque
ad ineptias atque derisum; nam et grammaticos, quod genus hominum prae-
cipue, ut diximus, appetebat, ejusmodi fere quaestionibus experiebatur, quae
mater Hecubae, quod Achilli nomen inter virgines fuisset, quid Sirenes can-
tare sint solitae. Es war Sitte, Naturseltsamkeiten den Kaisern zu senden oder
zu melden; dem Tiber berichtete man aus Lissabon, ein Triton sei gesehen worden. Plin. H. N. IX, 9. Friedländer Sitteng. R. 1873. I, 43.

2) Mit diesen tatsächlichen Nachweisen werden auch alle bisherigen
Erläuterungen der Erzählung hinfällig. Welcker (Götterl. II, 671) meinte,
ein weitblickender Heide, der den nahenden Untergang des großen Pans,
d. h. des Allgotts, anders gesagt des Pantheismus der neuplatonischen Philo-
losophie wie der vulgären flachen Auffassung des Heidentums, gegenüber der
neuen christlichen Bewegung der Geister ahnte, habe dem Edelstein dieses
tiefsinnigen Gedankens die Anecdote als kunstreiche Einfassung gegeben.
Preller (Gr. Myth.³ I, 616) glaubt, das seltsame Märchen erkläre sich aus
der in Plutarchs Zeit natürlichen Geneigtheit, den älteren Wald- und Berg-
Pan des arkadischen Volksglaubens neben dem jüngeren All-Pan der Philosophie für einen sterblichen Dämon nach Art der Nymphen zu halten.

das dunkle Grauen der wilden Waldeinsamkeit,"[1] wie die üppige
Wachstumsfülle des Waldes darstellender Waldgeist, der in einen
Dämon der Vegetation und des Lebens im ganzen Waldgebirge
übergehend bald als Einzelgestalt, bald zu einem Schwarme ver-
vielfältigt erscheint. Denn er ist Befruchter, und in Trözen verehrte man ihn unter dem Namen Λύτήριος, weil er der Obrig-
keit daselbst Heilmittel gegen die Pest gezeigt, sich als Lebens-
erhalter erprobt hatte.[2] Die Verallgemeinerung seines Wesens
zu einer Personification des gesammten Lebens im Waldgebirge
spricht sich deutlich im Volksglauben aus, daß bei der Gluthitze
der südlichen Mittagssonne von der Jagd ausruhend der Gott,
gleichsam die Natur selbst, schlafe; niemand darf ihn stören und
der Hirt scheut sich die Syrinx zu blasen.[3] Nur muß diese
volksthümliche Anschauung streng geschieden werden von der
durch Orphiker aufgekommenen philosophischen Deutung Pans
als Allgottes, welche aus einem etymologischen Irrtum entsprang.
Πάν, Gen. Πανός hat nur mittelbar etwas mit πᾶς, Gen.
παντός zu tun, ist auch nicht mit M. Müller a. a. O. von pu reinigen als Name des fegenden und reinigenden Windes abzuleiten und einer hypothetischen Sanskritform pavan gleichzu-
stellen, sondern muß (nach der Analogie von μήν, μηνός, Monat,
aus Wurzel mâ, messen) von dem Stamme pâ, hüten, schützen,
weiden, mit der Nebenform pan, nähren, abgeleitet sein, welche

1) Cf. O. Müller Handbuch der Archäol. S. 378 §. 387.
2) Pausan. II, 32, 5.
3) Theocr. Id. I, 15. 18. Dieser Vorstellung vergleicht sich zunächst
die czechische von der Polednice u. dem Poledniček. Die Polednice (Mittagsfrau,
von poledno, Mittag) wird in der altböhmischen Glosse von Wacehrad als
Dryas bezeichnet (Hanka Zbirka p. 6) und noch Krolmus hörte von seinem
Großvater, daß in der zantischen Linde bei Bieziuka, unter der alle Früh-
lingsspiele gehalten wurden, eine Polednice oder wilde Frau, eine bald
gute, bald böse Alte wohne und zuweilen unter vielem Glanze aus derselben
herauskomme. Nach der gangbaren Vorstellung aber ist die Polednice ein
Waldweib, das nur um die Mittagsstunde ausgeht und im Walde oder
auf dem Erntefelde Wöchnerinnen ihre kleinen Kinder fortholt oder verwech-
selt. Ebenso durchsucht der Poledniček Mittags zwischen 11—12 die Felder
und Wälder. S. Grohmann Sagen aus Böhmen S. 111. Ders. Abergl. aus
Böhmen S. 13. Auch die deutsche Sage kennt eine Mittagsfrau Ên-ongermöer
(von onger = d. i. nudorn die mittlere Stunde zwischen Sonnenaufgang und
Mittag), welche in den Getreidefeldern umgeht. Eine Parallele a. Japan s. Ausland 1875 n.48. S. 952. Vgl. a. Schelling Phil. d. Offenb. Werke 1858. II,3. S.439.

in den gr. Worten πῶϋ, Heerde, ποά, Gras, eigentlich Weide,
ποίμην, Hirt, παν-ί-α, Fülle und in lat. pa-sco, weide, pa-
bulum, Weide, pan-is, Brod, pen-us, Nahrung, Vorrat steckt. [1]
Der Name Πάν bedeutet sonach den Hirten (vgl. den wilden
Küher, wilden Geißler. Bk. 96) oder den Nahrungsgeber,
genau mit dem von uns entwickelten sachlichen Inhalt der an ihn
geknüpften Vorstellung übereinstimmend.

§. 5. Satyrn. Auf das nächste mit den Panen verwandt,
ursprünglich vielleicht nur eine argivische Variante derselben,
waren auch die Satyrn Elementargeister der Wälder und Berge
von halbtierischer Gestalt. [2] Ihre älteste Erwähnung weist auf
Argos als ihre Heimat hin. Hesiod [3] nennt sie „das Geschlecht
der nichtsnutzigen und durchtriebenen Satyrn‟ (γένος οὐτιδανῶν
Σατύρων καὶ ἀμηχανοεργῶν) nämlich Enkel des Urkönigs von
Argos, Phoroneus, von dessen Tochter sie sammt den Nymphen
der Berge und den Kureten entsprossen. Die Zusammenstellung
mit den Kureten, den Waffentänzern im kretischen Zeuskultus [4]
(Κουρῆτές τε θεοὶ πολυπαίγμονες ὀρχιστῆρες) macht wahrscheinlich, daß der Dichter die Satyrn bereits als Characterrollen in
irgend einem Thiasos, die Verbindung mit den Bergnymphen,
daß er sie zugleich noch als Nachbildungen elementarer Dämonen
kannte. Hiemit stimmt die Nachricht, daß in Korinth unter der
Regierung des Tyrannen Periander (v. Chr. 625 — 585) Arion dem
an den Dionysosfesten gesungenen Dithyrambos, dem Vorläufer
der Tragödie, eine derartige Einrichtung gegeben habe, daß der
bis dahin seinen Standort beliebig wechselnde Chor einen festen
Platz in einer geordneten Festversammlung erhielt und von *den
dramatischen Rollen der Satyrn* unterschieden wurde, denen man
nun einen versifizierten Text in den Mund legte. [5] Mithin müssen

---

1) Vgl. Curtius Grundz. Aufl. 2 S. 244. Preller Griech. Myth. Aufl. 3.
I, S. 611.

2) Vgl. Preller Griech. Myth. Aufl. 3 ed. Plew. I, 599.

3) Fragm. bei Strabo X, 471. Cf. Preller a. a. O. 540. Anm. 3. Σάτυρος ὄρειος δαίμων. Kallistr. 1.

4) Vgl. Preller a. a. O. 540 ff. Hermann gottesdienstl. Altert. Aufl. 2.
§. 29, 21. §. 67, 27.

5) Λέγεται καὶ τραγικοῦ τρόπου εὑρετὴς γενέσθαι καὶ πρῶτος χορὸν στῆ-
σαι καὶ διθύραμβον ᾆσαι καὶ ὀνομάσαι τὸ ᾀδόμενον ὑπὸ τοῦ χοροῦ, καὶ Σα-
τύροις εἰσενεγκεῖν ἔμμετρα λέγοντας. Suidas. Vgl. Bernhardy Griech. Literaturg. II, 575 ff.

schon vor Arion im 7. Jahrhundert im nördlichen Peloponnes die
Festgenossen und Chöre, welche den Dionysos an seinen Festen
feierten, in ihren Verkleidungen vorzugsweise Satyrn nachgeahmt
und dargestellt haben. [1] Auch noch später blieben sie Haupt-
figuren der dionysischen Pompe, [2] sie führten dabei einen aus
bocksähnlichen Sprüngen bestehenden Tanz, σίκιννις, auf, wovon
sie σκιρτοί, Springer [3] zubenannt wurden. Ihr Wesen spricht
sich in Volkssagen aus, die noch in später Ueberlieferung aus
älteren Quellen zu uns herübertönen. Argos stellte sich einem
Satyr, der den Arkadern Beleidigungen zufügte und ihre Heerden wegtrieb, entgegen und tödtete ihn. [4] Danaos schickt bei
großer Dürre seine Töchter in den Wald, um Wasserquellen auf-
zusuchen. Die eine von ihnen, Amymone, schreckt dabei einen
Hirsch auf, ihr Pfeil verfehlt aber sein Ziel und trifft einen im
Gebüsch schlafenden Satyr. Derselbe springt in die Höhe und
begehrt dem Mädchen beizuwohnen. [5] Apollonius von Thyana
kommt in Aethiopien an ein Dorf, wo ein Satyr den Weibern
nachstellt. Er geht zum Komarchen und erbietet sich, den
Unhold zu bannen. „Wenn die Dorfleute Wein haben, sagt er,
wollen wir ihn dem Satyr mischen." Dieser Rat gefiel und man
schüttete 4 aegyptische Amphoren Wein in den Trog, aus welchem die Schafe zu trinken pflegten. Dann rief Apollonius den
Satyr bei Namen und fügte heimlich einige Verwünschungen
hinzu. Der Satyr wurde nun zwar nicht sichtbar, aber man
merkte, wie der Wein im Troge abnahm. „Spenden wir dem
Satyr," sagte Apollonius, als das Gefäß leer war, „er schläft
schon." Und mit diesen Worten führte er die Dorfleute zur
Nymphengrotte, welche nur hundert Schritte vom Dorfe entfernt
lag, zeigte ihnen darin den schlafenden Dämon, hieß sie aber
denselben weder schlagen noch schelten, denn er werde jetzt von

1) Vgl. Bernhardy a. a. O. 572. Pauly Realencyclop. s. v. Tragödie.

2) Συγχορευταί Διονύσου Σάτυροι. Aelian var. hist. III, 40. Σκιρτη-
τῆς Σάτυρος. Mosch. Id. VI, 2.

3) Cornut. C. XXX, daraus Malela II, p. 17. Cedren. p. 24 B. Lobeck
Aglaoph. 1311. Hermann gottesd. Altert. Aufl. ³ §. 29, 20. Ueber den Sikin-
nis vgl. Wieseler das Satyrspiel, Göttingen 1848 S. 51 ff. 62 ff.

4) Apollod. Bibl. II, 1, 2, wol nach des Hellanikos Phoronis.

5) Apollod. II, 1, 4.

selbst aufhören ihnen Streiche zu spielen.[1] Das ist, auf Apollonius übertragen, im wesentlichen dieselbe Volkssage, welche wir vorhin (o. S. 117) von Numa und Faunus erzählt fanden. Wenn sie nicht von Faunus oder Silen entlehnt ist, zeugt sie für die alte Verwandtschaft der Satyrn und Faune. Philostratos fügt hinzu, er habe auf Lemnos einen Mann gekannt, dessen Mutter es mit einem Satyr zu tun gehabt haben sollte, weil er einen dicht behaarten Rücken hatte, der wie ein auf dem Leibe angewachsenes Tierfell ($\nu\varepsilon\beta\varrho\ell\varsigma$) aussah, dessen Vorderzipfel über der Brust zusammengefügt seien.[2] In den Darstellungen der frühesten Kunst dürfen ebenfalls noch aus dem Volksglauben oder den auf diesem beruhenden Darstellungen der älteren Dionysosfeste herrührende Motive vermutet werden. Auf den sehr alten Münzen von Thasos umarmt der Satyr eine Nymphe oder verfolgt die vor ihm fliehende,[3] wie denn auch die ältere Vasenmalerei die Satyrn gern als Nymphenräuber darstellt. Die Gestalt der Satyrn in der Kunst war die vermenschlichte von Böcken; kräftige Gliederformen, gemeines, in der älteren Zeit stäts ein langbärtiges Gesicht voll niederer Sinnlichkeit oder Bosheit, Plattnasen, ziegenartige Spitzohren, zwei Knollen, sogenannte Ziegenwarzen ($\varphi\ell\varrho\varepsilon\alpha$) am Halse, zuweilen sprossende Hörner, tierisch geformte Geschlechtsteile, hinten ein Schwänzchen. Dazu hatten wol die Masken im Mummenschanz der Dionysosfeste ein erstes Vorbild gegeben. Bei diesen indeß sehen wir in den Darstellungen des daraus abgeleiteten attischen Satyrdramas noch viel deutli cher die Bocksgestalt bewahrt. Nach Pollux und nach Ausweis mehrerer uns erhaltener Abbildungen bestand das Hauptstück derselben, die σατυρικὴ ἐσϑής aus einem Schurz von Ziegenfell mit Phallus (αἰγῆ, ἣν καὶ ἰξαλῆν ἐκάλουν καὶ τραγῆν[4]).

---

1) Philostrati vita Apollonii VI, cap. 27, p. 123. Kayser.

2) U. a. O. Wenn Macrobius Saturn. I. 16 erzählt: „in hoc monte Parnaso — ubi et Satyrorum, ut afferunt, frequens cernitur coetus et plerumque voces propriae eorum exaudiuntur,“ so muß es eher für wahrscheinlich gehalten werden, daß hier Verwechselung mit den Pauen vorliegt.

3) O. Müller Handb. d. Archäol. u. Kunst 78 §. 98, 3.

4) Pollux onomast. IV, 118. Vgl. Wieseler das Satyrspiel, Göttingen 1848. Monum. de Inst. di corresp. arch. III, T. 21. Wieseler Theatergebäude u. Denkm. Taf. VI, 2.

Die Satyrn werden daher auch gradezu als τίτυροι [1] oder τράγοι, Böcke, [2] als θῆρες oder φῆρες [3] bezeichnet. Ja der Name σάτυρος soll gleich τίτυρος Bock bedeuten. [4] Die Vergleichung dieser Tatsachen wird uns das Geständniß abnötigen, daß die Zeugnisse über die ursprüngliche Gestalt und Bedeutung der Satyrn zwar noch viel lückenhafter sind, als die auf den Pan bezügliche Tradition, daß aber dieselben hinreichen, um mit Wahrscheinlichkeit auch in ihnen theriomorphische peloponnesische Waldgeister erkennen zu lassen. Mit der Bocksgestalt mag aber dem Volksglauben nach in den Aufführungen der Dionysien Roßgestalt und pferdeartige Maske gewechselt haben, da in den älteren Kunstdarstellungen der Schwanz des Satyrs häufig ein Roßschweif ist. [5]

§. 6. **Bocksgestaltige Wald- und Feldgeister im heutigen Griechenland.** Wie die Faune im Volksglauben der Italiäner als gente salvatica u. s. w. fortleben, bestehen Pane und Satyrn auf dem Boden des heutigen Griechenlands ebenfalls noch in mannigfachen Gestalten des lebendigen Volksglaubens fort. Im epirotischen Zagori ist der Gamotzaruchos ein ziegenbockartiger Unhold mit Hörnern auf dem Kopf, langem, bartvollem Kinn, von Haaren umstarrten Augen und meckernder Stimme, der Schwangere und Wöchnerinnen verfolgt und stößt, jungen Mädchen Gewalt antut. [6] Die auf dem Parnaß weidenden Hirten glauben an einen Dämon, der die Hasen und wilden Ziegen hütet und schützt; auf Zakynthos soll derselbe noch heute Πάνος oder Πάνιος genannt als Vorsteher der Ziegen betrachtet und in den Höhlen und Schluchten der Berge wohnhaft gedacht werden.

---

1) *Τίτυροι* Satyre. Eustath. Il. 18 p. 1214. Schol. Theocr. 7, 172. ὅτι οἱ συγχορευταὶ Διονύσου Σάτυροι ἦσαν, οἱ ἐπ' ἐνίων Τίτυροι ὀνομαζόμενοι Ael. Var. hist. III, 40. Laconum lingua tityrus dicitur aries major, qui gregem anteire consuevit. Servius ad Verg. Bucol. Ecl. 1.

2) *Τράγος Σατύρος* διὰ τὸ τράγον ὦτα ἔχειν. Bei Aeschylos Fragm. 219 (p. 38) wird ein Satyr angeredet: τράγος γένειον ἆρα πενθήσεις τάχα. Bock, Bock, du wirst dir gleich den Bart verbrennen.

3) Euripid. Cycl. 620. Galen bei Hippokr. Epid. 6.

4) Plin. hist. n. VIII, 60 und Solin 27 nennen Satyre eine Art zahmer Affen, die beim Theophrast charact. VI Tityre heißen.

5) Bei Bekk. Anecd. Gr. p. 44 wird der Satyrschwanz als ἱππουρὶς bezeichnet.

6) B. Schmidt, das Volksleben der Neugriechen 1871. B. I, 154—55.

Zuweilen mit ihm identifiziert, zuweilen von ihm geschieden wird der mit dem Namen λάβωμα (Schaden, Verderben) bezeichnete Dämon, der in Gestalt eines Bockes mit langem Barte die Ziegen zu besteigen und dadurch ihren raschen Tod herbeizuführen pflegt. [Vgl. den *Πὰν αἰγιβάτης* o. S. 132.] Man entzieht ihm die Tiere durch Versetzung in eine andere Gegend. Auch im Peloponnes ist das Laboma den Schafen gefährlich; es besteigt dieselben jedoch nächtens in Gestalt eines Hundes oder einer *Katze*.[1] Nach dem Glauben der Moreaten, welche das sogenannte Pentadaktylon, einen Teil des alten Gebirges Taygetos in Lakonika bewohnen, tanzen auf dem Gipfel des Berges Skardamyla drei Mädchen von bezaubernder Schönheit mit *Ziegenfüßen* beständig im Kreise umher. Jeder, der sich ihnen nähert, muß sie umarmen und wird darauf zur Strafe für seine Frechheit von der Höhe des Berges in den Abgrund gestürzt.[2] Auf Rhodos wiederum hausen nach der Vorstellung des Landvolks *in den Wäldern* Dämonen und ein dortiger Bauer antwortete auf die Frage, wie sie aussähen, er glaube, sie hätten *Ziegenbeine und Ziegenschwänze* und seien ähnlich den auf griechischen Vasen gemalten Figuren.[3] Die Albanesen in Griechenland hinwiederum haben die Dämonen brotomorphisiert und sind nun überzeugt, daß es Menschen von großer Stärke *mit Ziegenschwänzen oder kleinen Pferdeschwänzen* gebe. So tief wurzelt dieser Volksglaube, daß mehrere Leute, mit denen von Hahn sprach, behaupteten, solche Leute gesehen zu haben.[4]

§. 7. Seilene.   Die Albanesen sind wahrscheinlich Ueberbleibsel der Illyrier, welche den geographischen wie ethnographischen Uebergang bilden zu dem phrygischen Stamme, der zu beiden Seiten des Hellespont angesessen neuerdings von Fick seiner Sprache nach als dem europäischen Zweige der indogermanischen Familie angehörig nachgewiesen wurde. Bei ihm scheinen die Seilene den Panen und Satyrn der Griechen entsprochen zu haben. Die älteste Nachricht von ihnen findet sich im homeridischen Hymnus auf Aphrodite, von dem schon oben

---

1) Schmidt a. a. O. 156. Der übliche Ausdruck ist μαρμαλάει τὰ γίδια, derselbe, den man von wirklichen Böcken braucht.
2) Firmenich *Τραγούδια Ρωμαϊκα*. Berlin 1840 S. 57.
3) Newton Trav. a. Discover. I, 211. Schmidt a. a. O. 111.
4) v. Hahn albanes. Studien S. 163.

S. 6 erwähnt ist, daß sein neuester Erklärer, R. Thiele, ihn
auf Grund troisch- (phrygisch-) griechischer Sagen im 9. Jahrhundert v. Chr. in Gergythium bei Kyme an der kleinasiatischen
Küste verfaßt sein läßt. [1] Die Seilenen, heißt es da, und Hermes
begatten sich im Dunkel der Grotten mit den (Baumgeistern)
bergbewohnenden Nymphen, welche zugleich mit den Eichen
entstehen, aufwachsen und sterben. [2] Scheiden wir das Local der
Liebeswerbung in den Grotten als späteren epischen Zusatz des
die mythologische Anschauung nicht mehr verstehenden Dichters
aus, so bleibt hier dieselbe Vorstellung, wie wenn Pan die Pitys
umfreit. Den wilden Männern der Tiroler (o. S. 39), den Faunen und Satyrn dagegen begegnen die Seilene in der Sage von
der Weinberauschung, die zuerst Bakchylides (Fr. 2) um 450
v. Chr. erwähnt, Theopomp aber, der in Karien um 350 v. Chr.
schrieb, im achten Buche seiner Philippischen Geschichten zur
Einkleidung für seine lehrhafte Dichtung benutzte. Nach ihm
wurde Seilen von den Hirten des König Midas im Weinrausch
gefesselt; und so gezwungen offenbarte er dem Könige sein
geheimstes Wissen, er sang ein Lied über den Ursprung und die
Beschaffenheit der Welt, [3] und beschenkte ihn mit dem Satze,
daß es für den Menschen am besten sei, nicht geboren zu werden, nächstdem aber sobald als möglich zu sterben, [4] offenbar
die Umwandlung einer älteren, einfacheren Fabel, in welcher der
mitgeteilte Weisheitssatz mehr populärer Natur war. Einen
verblaßten Rest einer einfacheren Form der Sage bewahrt Philostratos. Als Midas Eselsohren bekam, habe ein Satyr (Silen)
singend und blasend das Geheimniß in die Welt hinausposaunt.

---

1) R. Thiele Prolegg. ad hymn. in Vener. Halis 1872 p. 79.

2) Hymn. in Vener. 257—275.

3) S. Servius ad Verg. Bucol. VI, 13. 26. Cf. Aelian Var. hist. III, 18.
Dem elenden Lose der Menschen ließ Theopomp den Seilen die sentimentale
Idylle der Meropis, eines glückseligen Landes am fernsten Erdrande gegen-
überstellen. Ueber diese Dichtung Theopomps und ihre Stellung in der Literatur s. Rhode, der griechische Roman. Leipzig 1876. 201 ff. Nach dem
Vorgange des Theopomp läßt Vergil Ecl. VI, 13 ff. den beim Gelage
eingeschlafenen Silen, dem im Rausche der Kranz vom Kopfe gefallen,
von zwei Satyrn gefunden und mit aus dem Kranze geflochtenen Fesseln
gebunden werden, worauf er, um sich zu lösen, ihnen in begeisterndem Liede
den Ursprung der Welt singt.

4) Cicero Tuscul. I, 48, 114.

Midas aber hatte von seiner Mutter gehört, wie man solchen Gesellen zur Vernunft bringen könne, er ließ die Quelle neben der Königsburg mit Wein füllen und schickte den Spötter dahin. Dieser trank und wurde gefangen. [1] An mehreren Orten in Phrygien zeigte man Midasbrunnen, welche der König, um den Seilen zu fangen, mit Wein gemischt haben sollte, so zu Ankyra,[2] zu Thymbrium zwischen Keramus und Tyriacum.[3] Die phrygische Bevölkerung in Makedonien endlich verlegte den Schauplatz der Begebenheit in die sogenannten Gärten des Midas am Berge Bormios, wo die sechzigblättrige süßduftende Rose ohne menschliches Zutun aus dem Boden sproßte.[4] Unzweifelhaft erweisen diese Zeugnisse, daß die Sage von der Gefangennehmung des trunkenen Silen den Phrygern nicht bloß angedichtet, sondern in ihrem Volksglauben heimisch war. Die Verwandtschaft der Seilene mit den Satyrn geht auch daraus hervor, daß erstere schon früh aus kleinasiatisch-griechischer Ueberlieferung in das Satyrdrama übernommen und den Satyrn als eine besondere Art beigesellt wurden.[5] Der Seilen galt für einen greisen Satyr[6] und behielt als solcher den phrygischen Namen πάππος, Papa, Großpapa.[7] Und zwar unterschied man deutlich, wie den Oberpan (ὁ μέγας Πάν, o. S. 134), so den Papposilen, den greisen Vater der Satyrn, als bestimmte Person von der Mehrzahl der andern Silene.[8] Auf Bildwerken trägt Seilen eine zottige, enganschließende, den ganzen Körper bedeckende Kleidung von Ziegenfell. So sieht man an einer Statue der Villa Albani Anagyriden (Beinkleider) von Ziegenfell und einen bis zu den Knien herabreichenden Chiton aus gleichem Stoff mit langen bis an die

---

1) Philostr. Vit. Apoll. a. a. O. p. 124.

2) Pausan. I, 4, 5.

3) Xenoph. Anab. I, 2, 13. Hier wird aber statt des Silens ein Satyr genannt.

4) Herod. VIII, 138. Cf. Conon narrat. 1. Nicander Fr. 74, 11 ff.

5) Gerhard del Dio Fauno p. 17.

6) Σατύρων ὁ γεραίτατος. Eurip. Cycl. v. 103. Cf. 85. 274. 436. 601.

7) Polluc. onomast. V, 132: σατυρικὰ δὲ πρόσωπα Σατυρὸς πολιός, Σάτυρος γενειῶν, Σάτυρος ἀγένειος, Σιληνὸς πάππος. τ'ἄλλα ὅμοια τὰ πρόσωπα, πλὴν ὅσοις ἐκ τῶν ὀνομάτων αἱ παραλλαγαὶ δηλοῦνται, ὥσπερ καὶ ὁ πάππος Σιληνὸς τὴν ἰδέαν ἐστὶ θηριωδέστερος.

8) Lanzi de vasi ant. dip. dissert. II, §. 6. in Opusc. raccolt. da accad. Ital. Vol. I, p. 96. Gerhard ant. Bildw. Text. S. 299. O. Müller Handb. d. Archäol. §. 386, 5. Wieseler Satyrsp. S. 29.

Hand herabgehenden Aermeln.[1]   Eine Gemme bei Wieseler,
Denkm. d. Bühnenwesens, beweist, daß diese Kleidung für die
Silenen der Bühne angewendet wurde. Die Silenstatue im Palast
Giustiniani alle Zechere in Venedig hat am Leibe lauter kleine
Zotteln.   Auch in der Literatur ist oft von einem ringsum zottigen (μαλλωτός, ἀμφίμαλλος) Chiton der Seilene die Rede.[2] Wieseler glaubt, daß man anfangs rohe haarige Felle zur Bekleidung
des Seilen im Drama verwandte, später dieselben aus Wolle mit
künstlich gearbeiteten Haaren nachahmte.[3]   Wir werden darin
vielleicht den Rest einer Vorstellung erblicken dürfen, welche
sich den Seilen gleich den deutschen wilden Männern (Bk. 147),
Kentauren u. s. w. als einen zottigen, behaarten Waldgeist dachte.
Nach Wieseler ist dieser zottige Anzug der χορταῖος χιτών, der
als Bekleidung der Seilene im Satyrspiel mehrfach erwähnt wird,[4]
indem er ihn mit dem vorhin genannten χιτὼν ἀμφίμαλλος, μαλλωτός identifiziert und annimmt, der Ausdruck habe ursprünglich
einen Anzug bedeutet, der für den Viehhof oder Weideplatz im
Freien paßte (vgl. ἀγοραῖος χιτών), also einem Hirten (vgl. oben
S. 130. 136) zukam.   Es bleibt jedoch zu erwähnen, daß
andere Gelehrte[5] durch den μαλλωτός, ἀμφίμαλλος, χορταῖος χιτών
verschiedene Kleidungsstücke bezeichnet glauben, und daß hinsichtlich des letzteren die Ansicht aufgestellt ist, derselbe sei die
spätere Nachbildung eines in den ältesten Aufführungen für den
Seilen gebräuchlich gewesenen Anzugs, welcher aus einem eng-
anschließenden Gewand *mit darauf genähten Gräsern* (χόρτος)
bestanden habe.[6]

§. 8. **Bocksgestaltige Wald- und Feldgeister in semitischen Ländern.**   Die ethnographischen Grenzen des Indogerma-

---

1) Clarac Musée de Sculpt. T. V, pl. 874. A. 2221. Wieseler Denkmäler
des Bühnenwesens T. VI, 8.

2) Ἐσθὴς δ' ἦν τοῖς Σιληνοῖς ἀμφίμαλλοι χιτῶνες. Aelian var. hist.
III, 40.

3) Wieseler Satyrspiel 101.

4) *Καὶ χορταῖος χιτὼν δασύς, ὃν οἱ Σιληνοὶ φοροῦσιν.* Pollux IV, 118.

5) Caes. Scaliger de com. et trag. CXIII im Thesaur. Graec. antiqu.
VIII, 1521. Welcker Zeitschr. f. Gesch. u. Anal. d. alt. Kunst S. 535 A. 19.
Schneider Theaterwesen S. 166.

6) Casaubon. p. 107 ff.   H. Stephan, Thesaur. V. VII, p. 10680. London. Toup opusc. crit. P. II, p. 53 ff.   Welcker zu Theogn. p. XI, Nachtr.
z. aeschyl. Trilog. 214.

nentums überspringend finden wir bocksgestaltige, offenbar den
Faunen, Panen und Satyrn ähnliche Feldgeister auch im semitischen Asien verbreitet. Das Wort saîr, Bock, Plur. seîrîm
bezeichnet dem Hebräer einen Feldgeist, der zwischen Nesseln
und Disteln in lautloser Wildniß seinen Ruf ertönen läßt[1] und
der einst mit religiöser Scheu geehrt sein muß, da mehrfach die
heidnischen Götter, denen Israel nicht opfern soll, in verächt-
lichem Sinne mit dem Namen der im Aberglauben fortdauernden
Seîrîm belegt werden.[2] Aus syrischem oder babylonischem
Volksglauben lehrt uns das entsprechende Wesen Jamblichus
kennen, der ein Zeitgenosse des Lucian und Apulejus in Syrien
geboren, aber in Babylon erzogen war, und seinem dortigen
Pflegevater den Stoff zu den ἰστορίαι Βαβυλωνιϰαί verdankte.
In diesen erzählt er, wie zwei Liebende, Rhodanes und Sinonis,
vor König Garmus von Babylon fliehend auf einer Wiese Zuflucht
suchten. Hier zeigte sich plötzlich ein gespenstiges Ungetüm
einem Bocke ähnlich (τράγου τι φάσμα), welches die Sinonis zu
umarmen strebte. Mit Zurücklassung ihres Kranzes floh sie von
der Wiese, um seinen seltsamen Anträgen zu entgehen.[3]

§. 9. Verwandte nordeuropäische Waldgeister. Viel
entschiedener gleichen den Faunen, Panen und Satyrn nordeuropäische Wald-, Feld- und Pflanzengeister, über deren Natur wir
eingehender und noch unmittelbar aus volkstümlichen Quellen
unterrichtet sind, so daß sie vorzüglich geeignet erscheinen zu
einer Vorstellung von dem Urbild und der Grundbedeutung der
gräco-italischen Dämonen uns zu verhelfen. Wir wiederholen

---

1) Vgl. Jes. 34, 14 von der Zukunft Edoms. „Und Dornen schießen auf
in seinen Palästen, Nesseln und Disteln in seinen Wegen. Und er wird der
Schakale Behausung, ein Gehöfte für die Straußen. Da treffen sich die
wilden Katzen und Wölfe, ein Feldteufel (saîr) ruft dem andern zu.
Dort, wie nirgend sonst, rastet das Nachtgespenst (lilith, ein Unhold, in
Gestalt eines schöngestalteten Weibes, der besonders den Kindern nachstellt)."
Cf. Jes. 13, 21. Baruch 4, 35. Offenb. 18, 1.

2) 3 Mos. 17, 17 ; 2 Chron. 11, 15 ; 5 Mos. 32, 17. Ueber die richtige
Auffassung dieser Stellen s. Baudissin Studien z. sem. Religionsgesch. Lpzg.
1876. I, S. 129. 136—139.

3) Passow Corp. script. erot. 1, p. 31 ff. Photii excerpt. e Jambl. hist.
Bab. cap. 3. 4. . Vgl. auch Grenzboten Jahrg. XXX, 1871, n. 46 S. 762. 764.
Dunlop., Gesch. d. Prosadicht. übers. v. Liebrecht S. 6. Rhode, der griech.
Roman, Lpzg. 1876 S. 361 ff.

hier in größter Kürze für unsern gegenwärtigen Zweck neu grup-
piert und etwas vervollständigt, was wir über sie Bk. Kap. II ausführlich auseinandergesetzt haben. Am auffälligsten zeigt sich die
Uebereinstimmung bei den russischen Waldgeistern (Bk. 138—143).
Der Ljesebak, Ljesowik, Liesnik, Lisun, Polisun oder Ljeschi
der Waldgeist (von ljes Wald abgeleitet) erscheint oft und gern
von Ansehn wie ein Bauer im ungegürteten Kittel von Schaffell,
zeigt er sich aber in seiner wahren Gestalt, *so bemerkt man an
seiner Stirn zwei Hörner, am Unterkörper Bocksbeine, am Kopf
und Körper zottige Haare von grüner Farbe* [vgl. den χιτὼν
χορταῖος o. S. 143??], *an den Armen lange Klauen.*[1] In manchen
Gegenden heißen die Waldgeister Waldhospodare. In der Nähe
von Rjäsan (Großrußland) sagt man, daß in den Wäldern solche
Czarki (Herscher) *mit goldenen Hörnern* wohnen.[2] Der Ljeschi
oder Lisun kann seine Statur beliebig ändern, oft ist er so groß
als die Bäume, oft so klein als das Gras. Nach der Versicherung
der Weißrussen ist sein Wuchs nämlich abhängig von der Höhe
derjenigen Bäume, in deren Nähe er geht oder steht, auf Wiesen
macht er sich den Gräsern gleich.[3] In den Gouvernements Kieff
und Tschernigoff unterscheidet man den Lisun, einen Riesen von
aschgrauer Farbe, und den Polewik, der der Höhe des im Felde
wachsenden Kornes gleichkommt und nach der Ernte so klein
geworden ist als die übriggebliebenen Stoppeln. Mit andern
Worten, die Ljeschie sind als die Lebensgeister der Bäume selbst
zu denken, denen die Geister der Getreidehalme, die Polewiki
parallel gehen. Hieraus erklärt sich auch der Volksglaube, daß
die im Walddickicht lebenden Ljeschie mit den ersten Nacht-
frösten im October in die Erde sinken und für den ganzen Winter
verschwinden, um im Frühjahr wieder aus der Erde hervorzu-
kommen, als wären sie gar nicht fort gewesen.[4] Der Ljeschi
äußert sein Leben im Winde oder Sturm, zumal beim Wirbelwinde. Im Sturme fährt er daher, wie Silvanus und die Kentauren mit einem entwurzelten Baumstamm bewaffnet. Wenn

1) Daschkoff Beschr. d. Gouvern. Olonetz 217 ff Terentschtschenko VI, 128.
Abeff 234. Afanasieff poet. Naturansch. II, 334.
2) Abeff 234. Riäzan Gouvernementszeitung 1846, 16. Moskauer Beobachter 1837 Mai, B. II, 247. Afanasieff Naturansch. II, 332.
3) Afanasieff II, 330. Kayssarow Vers. e. slav. Myth. S. 71.
4) Afanasieff II, 326.

beim Unwetter das Echo das Krachen der Aeste wiederhallt, vernimmt der Bauer darin den Pfiff des Waldmanns; der prickelnde,
Sandkörner aufwirbelnde Wirbelwind gab Veranlassung zur Vorstellung, dass der Ljeschi Holzhauer oder Jäger verlocke und
zu Tode kitzele. ¹   Zumal wenn er sich vom Walde trennt, (also
wol im Herbste) wird er rasend, zerbricht Bäume wie sprödes
Rohr, vertreibt alle Tiere aus ihrem Lager und es heult an
diesem Tage im Walde fürchterlicher Wind. ²   Der Ljeschi entführt ·gerne sterbliche Jungfrauen und schließt mit ihnen eheliche
Verbindungen; die Wirbelwinde gelten im Archangelschen als
Tänze solcher Paare bei ihrer Vermählung, oder als der Brautzug des Waldmanns mit der Waldfrau (Lisunka). Vgl. das Verschwinden der Geiß gescholtenen wälschtirolischen Waldfrau im
Wirbelwinde (Bk. 116) und o. S. 32. Mitleidige Menschen, welche
sich der rauhhaarigen Kinder annehmen, werden von ihnen mit
Kohlen beschenkt, die sich nachher in Gold verwandeln. Wald-
weidende Heerden schützt der Ljeschi, wenn er dem Hirten
gewogen ist, er vernichtet dieselben oder saugt den Kühen die
Milch aus, wenn er zürnt. Im Gouvernement Olonetz schenkt ihm
deshalb jeder Hirte bei Sommeranfang eine Kuh, damit er nicht
böse werde und alle Tiere vernichte, im Gouvernement Archangelsk hütet er, wenn es gelang ihn zu gewinnen, selber die
Heerde. Das Wild des Waldes steht unter seiner Obhut und er
ist es, von dem das Glück des Jägers abhängt.

Wer sicht nicht, daß die Uebereinstimmung des Ljeschi mit
dem Pan und den Panen so vollkommen als möglich ist? Diese
russische Ueberlieferung leitet aber hinüber zum Verständniß des
Einsseins der antiken Waldgeister mit germanischen, welche
nicht mehr oder nicht grade in Bocksgestalt auftreten, sondern
die Ueberreste anderer Tierformen aufzeigen, im Uebrigen aber
auf unzweideutige Weise ihre Wesensgleichheit mit der gesammten
Gevatterschaft der Faune und Pane kundgeben. Aehnlich dem
Ljeschi ist der schwedische Waldmann (Skougman) für gewöhnlich so groß als ein Mann, stiert man ihn aber an, so wird er
so hoch als ein Haus. Oft hört man ihn im Walde schreien oder
lachen: ha! ha! ha! Er ist sehr sinnlich und strebt nach Ver-

1) Afanasieff II, 325. Kayssarow a. a. O.

2) Sacharoff Skazanija Russkago naroda II, 60 — 61.

bindung mit christlichen Frauen. Sein Weib ist die im Wirbelwind umfahrende, in Tierfelle gekleidete, hinten mit einem *Kuhschwanz* ausgerüstete Waldfrau (Skogsnufva), die in der Sage
viel bedeutsamer hervortritt als ihr Mann. Ihr *Kuhschwanz* darf
als Anzeichen davon betrachtet werden, daß man sich einst die
Kuh als genuine theriomorphische Form der Skogsnufva gedacht
hat. (Bk. 126 — 138).

Ebenso spielen in der deutschen Volksmythologie die Waldweiber die erste Rolle unter den Waldgeistern, die unter dem
Namen Moosleute, Buschleute, wilde Leute, Fanggen bekannt
sind und gleich dialektischen Varianten den russischen Ljeschi
entsprechen.

Im Voigtlande kennt man sie als Moosleute, die Frauen als
Holzfräulein, Buschweibchen. Ihr Leben ist an das Leben der
Waldbäume gebunden; mit jedem Stämmchen, das man abdreht,
stirbt eines von ihnen. Frauen, die ihnen ihre Waldkinder mitleidig säugen, schenken sie Baumrinde, die sich in Gold ver-
wandelt. Sie walten in der Vegetation des Waldes, aber auch
der Segen des Ackers ist ihr Werk und man läßt für sie die
letzten Korn- Flachs- Grashalme auf dem Felde liegen. Im
Wirbelwinde fliegen die Buschjungfern. Sie gehen in Hausgeister
über und helfen den Bauern bei den Feldgeschäften. (Bk. 74 — 86).
Bei den Czechen stehen den Waldmännern (lešni mužové), *welche
Mädchen rauben* und sie zwingen mit ihnen in Ehe zu leben,
Waldjungfern (lešni panny) oder *wilde Weiber* (divé ženy) zur
Seite, die — wie Pan — die *Musik lieben* und in der Luft leiden-
schaftliche Tänze ausführen. Mit Mädchen tanzen sie wol den
lieben langen Tag; Knaben, die in ihre Gewalt kommen, *kitzeln
sie zu Tode*, wie der Ljeschi (o. S. 146). Blätter, die sie schenken,
wandeln sich in Gold (vgl. o. S. 146 u. 147 Z. 17. Bk. 86). Die
hessischen Wildmänner gehen entweder *baumgroß* über die Berge
und rütteln an den Wipfeln des Waldes, oder sie wandeln, sich
klein machend, zwischen den Schachtelhalmen einher. Ihre
Frauen steigen oftmals in Mondnächten in die Lüfte. Ihre
Kleidung *ist grün und rauh, gleichsam zottig, ihr* Haar lang
und aufgelöst. Oder sie zeigen sich fast ganz unbekleidet, *wie
Tiere am ganzen Körper behaart.* Auch sie unterstützen die Einwohner der benachbarten Dörfer bei den Ackergeschäften. Sie
kennen heilsame Kräuter, namentlich solche, welche gegen die

10*

Pest gut ;sind. (Vgl. Pan Lyterios o. S. 135) Bk. 87. In Tirol heißen die Wildfrauen Fanggen. Sie sind ungeheure Gestalten, *am ganzen Körper behaart*, ihr schwarzes Haupthaar hängt voll Baumbart (lichen barbatus); ihr Wamms besteht aus Baumrinde und ihre Schürze bildet ein Wildkatzenfell. Sie sind an den Wald, ja an bestimmte Bäume gebunden; mit dem Walde oder Einzelbaume gehen auch sie zu Grunde und demgemäß führen sie auch Namen wie *Hochrinta* (Hochrinde), *Rachrinta* (Rauhrinde), *Stutzforche* (Stutzföhre). Daneben weist der Name *Stutzemutze* (Stutzkatze), der ebenfalls bei den Fanggen geläufig ist, darauf hin, daß man sie sich auch in der Tiergestalt von Wildkatzen dachte. Der Gemahl der Fangga ist der *wilde Mann*, der riesenhaft *einen mächtigen entwurzelten Baumstamm* in der Hand tragend im Sturm durch die Lüfte fährt. Auch die Fangga äußert ihr Leben im Wirbelwind. Wie der Ljeschi, die hessische Waldfrau *zu Tode kitzelt*, reibt sie, kommen kleine Buben in ihre Gewalt, dieselben an alten dürren Bäumen, bis sie zu Staub geraspelt sind. Auch stiehlt sie, wie Silvanus, Kinder aus der Wiege. Andererseits gehen auch die Fanggen in Hausgeister über, treten bei Menschen in Dienst und helfen ihm bei der Arbeit. Nach allem diesem kann kein Zweifel sein, daß die Fanggen und ihre Gatten, die Wildmänner, den Ljeschie entsprechen. Wenn es nun andererseits richtig ist, daß die letzteren dem Geschlecht der Pane gleichstehen, so müssen nach einem unfehlbaren mathematischen Satze auch die Fanggen diesen dem Wesen nach entsprechend sein. Und in der Tat finden wir dieselbe Sage, welche Epitherses (o. S. 133) von Pan erzählte, unter dem oberdeutschen Volke von Fanggen und Wildfrauen berichtet (Bk. 90 — 93). Aus den vielen Varianten der deutschen Tradition wollen wir hier nur einige wenige mitteilen. Bei einem Bauer in Flies ständ eine unbekannte, riesenstarke Dirne in Dienst, welche aber nichts vom Christentum wußte. Einst vom Markte nach Hause kehrend kam der Bauer durch den Bannwald, die Joche der verkauften Oechslein über die Schulter gehängt. Da hörte er aus der Mitte des Waldes eine sehr laute, unbekannte Stimme „*Jochträger, sag' der Stutzkatze die Hochrinde sei todt!*“ Darauf ward alles wieder still. Als der Bauer zu Hause beim Abendessen das Abenteuer erzählt, springt die Magd mit dem Geschrei „*meine Mutter ist todt*“ vom Tische auf und ist bald

im Bannwalde verschwunden, wo sie das Geschäft der Mutter,
Kinderstehlen u. s. w. fleißig fortsetzt. [1] Noch viel deutlicher
stimmt die folgende Version mit der Pausage überein. Einem
Bauern in Tirol bot eine Magd ihre Dienste an, unter deren
Händen sein ganzes Hauswesen, besonders der Viehstand, wie
mit einer Fülle von Segen überschüttet gedieh. Einst saßen sie
beim Mittagessen, als dreimal eine unsichtbare Stimme durchs
Fenster ertönte: *Salome komm!* Die Magd sprang auf und verschwand und *sogleich wich der Segen vom Hause.* Einige Jahre
später ging ein Metzger um Mitternacht durch den Hohlweg von
Saalfelden im Pinzgau. *Da rief eine Stimme aus der Felswand:
Metzger, wenn du bei der langen Unkener Wand vorbeikommst,
so rufe in die Spalte hinein „„Salome ist gestorben!““* Noch
vor Tagesanbruch an die lange Wand gekommen ruft er das
Aufgetragene dreimal hinein. *Da ertönte aus der Tiefe des Berges
ein lautes vielstimmiges Wehklagen und Jammern,* und der Metzger eilte voll Schrecken seines Weges. [2] Dieselbe Geschichte
wird durch alle deutschen Gaue von Tirol und Baiern bis in die
dänisch redenden Landschaften Nordschleswigs hinauf erzählt;
die handelnden Personen derselben sind wilde Weiber, Holz-
weiblein, Buschmännchen oder auf dem Felde unter der Erde
wohnende Zwerge. In ihrem Munde lautet die Nachricht bald
„die Mutter Pumpe ist todt" oder „der König ist todt," was
noch näher an den Ausruf „ὁ μέγας Πὰν τέθνηκε" heranreicht.
Knüpft diese Erzählung sich vorzugsweise an die wilden Weiber,
so wird von den wilden Männern eine Mythe erzählt, welche sie
den Fannen, Satyrn und Seilenen gleichstellt. Die wilden Männer
werden in Tirol, Vorarlberg, der Schweiz bald riesig, bald klein
und in Hauskobolde oder Zwergmännchen übergehend, immer
aber als *von großer Körperstärke, ganz behaarten Leibes und
mit Tierfellen bekleidet* geschildert, eine mit den Wurzeln ausgerissene Tanne in der Hand tragend. Sie treiben *Heerden von
Kühen oder Geißen in den Wald* und hüten den Menschen,
welchen sie wolwollen, hoch oben im Gebirge das Vieh, weswegen sie oft als *wilde Geißler* oder *wilde Küher* bezeichnet
werden. Morgens treibt man ihnen bis vors Dorf zu einem Steine,

---

1) Alpenburg Mythen u. Sagen S. 67.
2) Panzer Beitr. z. D. Myth. II, 48—63. Vgl. hinten den Nachtrag z. d. S.

auf den man von Zeit zu Zeit als Lohn einige Käse hinlegt, die Heerde zu, abends kommt dieselbe mit strotzendem Euter zurück. Entweicht der wilde Mann, so geht mit ihm *der Wolstand und Segen des Dorfes verloren*. Den stäts Schweigenden suchten Mutwillige zur Mitteilung seiner Geheimnisse zu bewegen, indem sie ihn berauschten. Meist ist es ein *Mittel gegen die Pest* was ein Bauer ihm entlocken will; der füllt deshalb die Höhlung seines Lieblingsplatzes mit Wein. Er kommt, kostet nach längerer Zeit neugierig und vorsichtig. Endlich lustig geworden, wird er von dem aus dem Versteck Hervorspringenden überrascht und nach dem Heilmittel befragt. „Ich weiß es wohl, sagt er, Bibernell und Eberwurz, aber das sage ich dir noch lange nicht." Oder man füllt zwei Brunnentröge mit Wein, den einen mit rotem, den andern mit weißem. Der Waldfänke trinkt von letzterem, da er die Farbe des Wassers hat, wird im Rausch gebunden und soll als Lösegeld seinem Peiniger die Kunst aus Milchschotten Gold zu bereiten oder ein anderes seiner Geheimnisse verraten. Losgebunden findet er sich schelmisch mit einer Wetterregel ab. Auch diese Sage ist in mannigfachen Varianten verbreitet (Bk. 96 — 98. 112. 113). Sie stimmt genau zu den von Faunus, dem Satyr und Seilen erzählten antiken Ueberlieferungen o. S. 117. 118. 137. 138. 141. 142; in weiterem Kreise zu denjenigen Formen der o. S. 60 ff. behandelten Elfensage, in welchen der Meergreis gebunden und zur Weissagung gezwungen wird.[1]

Endlich wird von einem Fenggaweibchen (in Unterengadin von einer *ziegenfüßigen* Diale) und einem schlauen Bauer, der sich listiger Weise *Selb* nennt, dieselbe Geschichte erzählt, welche Homer an den Kyklopen Polyphem und Odysseus knüpft (Bk. 94 o. S. 106).[2] Es kann nicht daran gedacht werden, daß diese Sagen von der Todankündigung, von der Gefangennehmung im Weinrausch und von der Ueberlistung des Geschädigten durch den Namen Selb (= Niemand) aus Plutarch, Ovid, Homer in die deutsche Volksüberlieferung gekommen sein sollten. Denn erstens würden sie aus gelehrter Quelle stammend nicht eine so

---

1) Vgl. auch die entsprechende aus Indien stammende altfranzös. Sage von Merlin. (Val. Schmidt Straparola p. 336 ff. Liebrecht und Benfey, Orient und Occident I, 341—351. Rhode der griech. Roman 204, Anm. 3).

2) Vgl. auch Rhode a. a. O. S. 173.

einfache, naive und vielfach eigenthümliche Gestalt aufweisen,
zweitens nicht so weit verbreitet und jedesmal an elbische Wesen
und nur solche geknüpft sein, noch würden sie drittens in einem
und demselben Sagenkreise (von den Wildleuten) beisammen
gefunden werden. Wer bis dahin hätte jemals die Kenntniß und
das Interesse gehabt, aus der Literatur der Alten, und zwar aus
entlegenen Schriftstellern diese Stücke als zusammengehörig herauszulesen, auf den Panen und ihrer Sippe wirklich entsprechende
Wesen der deutschen Volksmythologie zu übertragen und so dem
gemeinen Manne zu erzählen?' Und wenn dies an einem Punkte
geschehen wäre, wie ließe sich erklären, daß bei der Weiter-
verbreitung von da auch die Weiterübertragung auf echte verwandte Mythengestalten erfolgte? Somit müssen wir annehmen,
daß diese Geschichten sich auf mündlichem Wege seit den Zeiten
des Altertums fortgepflanzt haben, und niemand kann die Möglichkeit leugnen, der unseren Nachweis der Identität der Peleussage mit dem Märchen von den zwei Brüdern anerkennt. [1] Zum
Ueberfluß aber kommt dieser Auffassung noch eine andere schla-
gende und sichere Analogie zu Hilfe. In Valsugana knüpft sich
an den wilden Mann genau dieselbe Sage, welche die Edda von
Thórr und seinen Böcken zu berichten weiß (Bk. 116). Ist hier
eine literarische Vermittelung noch gewisser ausgeschlossen, als
bei den Parallelen jener antiken Sagen, zumal da diese Erzählung nur die Variante einer in den Alpen weitverbreiteten
ganz eigenthümlichen, aber aus der nordischen Mythenform keinesfalls abzuleitenden Sagenversion ist (Germ. Myth. 57 — 62); haben
wir also hier ein sicheres Beispiel der ursprünglichen Uebercin-
stimmung eines mindestens im 10. Jahrhundert in Norwegen ver-

---

1) Hiezu stimmen die vielfachen Nachweise echt volksmäßiger Märchen-
trümmer in der griechischen und römischen Literatur, welche Friedländer in
seinem Aufsatze über „das Märchen von Amor und Psyche und andere
Spuren des Volksmärchens im Altertum." Sittengesch. R. I, 1873. S. 509 ff.
und Rohde der griechische Roman Lpzg. 1876, a. m. O. (s. das Inhaltsverz.
u. Märchen) gegeben haben. Hinzuweisen ist ferner auf die von mir dargelegten Uebereinstimmungen des aegyptischen Märchens von Batau und Anopu
mit K. H. M. n. 88 (Bastian-Hartmanns Zs. f. Ethnologie 1875. S. 235 ff.) und
der von Ovid bearbeiteten griechischen Voksssage von der Klytia mit deutschen und rumänischen Volksagen und Volksliedern. (Klytia in Virchows
u. Holtzendorffs Sammlung gemeinnütziger Vorträge. Heft 39. Berlin 1875).

breiteten heidnischen Mythus mit der Tiroler Volkstradition von
heute: so ist anzuerkennen, daß nichts hindert, ganz analog auch
die nahe Verwandtschaft jener altrömischen und tirolischen Sagen
auf Rechnung alter Mythengleichheit zu setzen. Schon, daß der
wilde Mann in den Fesselungssagen als Geißler oder Küher auftritt, wie Pan als νόμιος, sichert denselben Selbständigkeit und
Altertümlichkeit gegenüber den römischen und griechischen Versionen, die von diesem Zuge in dieser Ueberlieferung nichts
wissen.

Die soeben erörterte Uebereinstimmung in den genannten
Sagen festigt nun das schon vorher gewonnene Ergebniß, daß
die Pane, Faune, Satyrn und Seilene (resp. Kyklopen) den wilden
Leuten der nordeuropäischen Sage aufs nächste und engste verwandt sind, mythischen Wesen, welche aus Geistern der Bäume
zu Genien des Waldes, ja zu Kornwuchs befördernden Vegetationsgeistern überhaupt sich erweitern, im Winde ihr Leben und
Dasein äußern, bei menschenartigem Bewußtsein ganz oder teilweise die Gestalt von Tieren (z. B. Böcken, Kühen, Katzen) führen,
endlich vielfach in Hauskobolde oder zwergische Feldgeister
übergehen. Und wenn irgend etwas die Glaubwürdigkeit dieses
Resultates noch verstärken kann, so ist es einmal der Uebergang,
den die norditalische Gente salvatica und die geißgestaltigen Delle
Vivane (o. S. 127) zu den wilden Leuten der alten Griechen und
Römer machen, sodann der Umstand, daß im Schweizer Jura
Zwerge und Zwerginnen, die Härdleute, Erdleute oder Heiden-
leute, welche im Walde Berghöhlen bewohnen und wie die Holz-
leute und wilden Leute daraus hervorkommend den Menschen bei
den Feldarbeiten helfen, übrigens aber mit langen Mänteln stäts
die Füße bedeckt halten, sobald man ihnen aber Asche oder
Kleie hinstreut, den Abdruck von Entenfüßen oder *Geißfüßen* oder
je eines Menschenfußes und eines Geißfußes zurücklassen. [1]
Gradeso erzählt man in Schottland von den Uriskin, Waldgeistern
von einer Gestalt, welche zwischen Geiß und Mensch die Mitte

---

1) Grimm Myth.⁴ 419, Anm. ** Vgl. Grimm D. S. n. 149. Rochholz
Aargau. I, 270, 184ᵇ. 280, 193, 12. Rochholz Naturmythen S. 103. 123.
Daß dabei diese Wesen noch immer als Geister gedacht seien, geht aus
mannigfachen Analogien hervor. Vgl. Tylor Anfänge der Cultur II, 198.
Zingerle Sitten² 227, 1790.

hält. Sie wohnen in unzugänglichen Waldhöhlen, kommen aber gerne zu den Menschen, um Dienste als Hausgeister zu leisten.[1] Und auch das estnische Epos Kalewipoeg schildert *Erdmännchen* (Härjapôlwelase poeg) in ganz ähnlicher Weise:

1) Walter Scott, Lady of the Lake Cant. III. (Works Frankf. u.M. 1834. p. 102):

> By many bard in Celtic tongue
> Has Coirnan-Uriskin been sung,
> A softer name the Saxons gave
> A cal'd the grot the Goblin-cave.

Dazu die Anm. (p. 429): Coir-nan-Uriskin. This is a very steep and most romantic hollow in the mountain of Ben-venue, overhanging the southeastern extremity of Loch-Katrine. It is surrounded with stupendous rocks and overshadowed with birchtrees mingled with oaks, the spontaneous production of the mountain, even where its cliff appear denuded of soil. The name litterally implies the corri or Den of the wild or shaggy men. Perhaps this may have originally only implied its being the hount of a ferocious banditti. But the tradition has ascribed the Urisk, who gives name to the cavern, a figure between a goat and a man, in short howewer much the classical reader may be startled, precisely that of the Grecian Satyr. The Urisk seems not to have inherited with the form the petulance of the silvan deity of the classics: his occupations on the contrary ressembled those of Miltous Lubber Fiends or of the Scottish Brownies, though he differed from both in name and appearence. „The Urisks, says Mr. Graham, were a sort of lubberly supernaturals, who like the Brownies could be gained over by kind attention, to perform the drudgery of the farm, and it was believed, that many of the families in the Highlands had one of the order attached to it. They were supposed to be dispersed over the Highlands, each in his own wild recess, but the solemn stated meetings of the order were regularly held in the cave of Ben-venue." Hiermit vergleiche man die Aussage von Reginald Scot (Discoverie of Witchcraft 1655, II. c. 4). Ein Brownie Namens Luridan bewohnte lange Jahre die Insel Pomona, die größte der Orkneys in Schottland, und ersetzte die Stelle einer Magd mit bewunderungswürdiger Emsigkeit bei den Familien, bei welchen er zu spuken pflegte, indem er ihre Zimmer kehrte, ihre Schüsseln wusch und Feuer anmachte lange vorher, ehe sie morgens aufstanden. Nach 70 Jahren müsse er seinen Platz an Balkin, den Herrn der nördlichen Berge abgeben, dieser sei wie ein Satyr gestaltet, habe 12000 Weiber und Kinder aus dem Geschlechte der nördlichen Elfen, welche die Höhlen in den Felsen von Southerland, Catanes und den umliegenden Inseln bewohnen. Mit diesen Sagen wird der schottische Volksglaube in Verbindung stehen, daß die Ziegen ein gutes Einvernehmen mit den Elfen haben, deren gute Bekannte sind, und mehr wissen, als man glauben sollte. Grimm Ir. Elfenmärch. XL.

> Da aus tiefem Rasengrunde
> Stieg hervor von Furcht befangen
> Mit geheimnißvollen Schritten
> Einer von dem Zwerggeschlechte,
> Mochte drei der Spannen messen,
> Trug am Hals ein goldnes Glöckchen,
> Kleine Hörner hinterm Ohre,
> Unterm Kinn ein Ziegenbärtchen.[1]

Die Erzählung, in welcher dieser Zwerg handelnd auftritt, ist identisch mit dem Märchen „dat Erdmänneken" K. H. M. n. 91. Vgl. K.H.M. III³, 162. Raßmann D. Heldens. I, 360—373 und o. S. 51. Bemerkenswert ist das goldene Glöckchen am Halse des Zwerges, das der Kalewide im Verfolg demselben abnimmt, und auf seine Stirne schlägt, worauf *„gleich als käm' der Donneralte, als ob Aike* (der Donnergott) *selber käme,"* das Zwerggebilde mit krachendem Gepolter in der Erde Schoß hinabführt (v. 625 — 683). Diese Schelle des estnischen Erdmännchens gleicht dem Glöckchen auf der Zwergenmütze in den Zwergsagen von Rügen.[2] Sie bewährt einerseits die Selbständigkeit der estnischen Ueberlieferung und stellt andererseits den estnischen Dämon zu den schwedischen im *Wirbelwind* umfahrenden *vom Donner verfolgten* Trollen und Skogsnufvar (Bk. 138). In Norwegen spricht man von *Hügelböcken (Houbukke).* „Sie haben — sagt der Berichterstatter — ihren Namen von den Hügeln, in denen sie sich aufhalten; sie kommen nach dem Begriffe des gemeinen Volkes *ganz überein mit den heidnischen Satyrn oder Waldgeistern.* Daß man ihnen *in alten Tagen Speise hinsetzte,* gleichsam opferte, ist noch bekannt genug."[3] Ist auch die Geißgestalt nicht ausdrücklich bezeugt, weist auf ein den Hügelböcken ähnliches oder gleiches Wesen dennoch deutlich hin eine gotländische Ueberlieferung, die Lovén beibringt: Wettis tanquam Diis terrestribus *libarunt sine dubio*

---

1) Kalewipoeg verd. v. Bertram Dorpat 1861, XVII, v. 423 ff. S. 553. Vgl. S. 546—567. Vgl. a. Blumberg Quellen und Realien des Kalewipoeg S. 15.

2) S. E. M. Arndt Märchen und Jugenderinnerungen. Berlin 1818. Keigthley Mythologie der Feen und Elfen übers. v. O. L. B. Wolf 1, 378.

3) (Hans Ström) Physisk og oekonomisk Beskrivelse over Fogderiet Söndmör i Bergens Stift. Soroe 1762, S. 537. Vgl. den Bock der Trolle Odmanns Bahuslän S. 224. Myth.² 426. Hov, im zweiten Teil von Zusammensetzungen houg (altn. haugr) ist eine kleine Erhöhung auf der Erde, ein kleiner Hügel, in Telemarken eine größere Erhöhung, ein kleiner Berg.

varii generis esculenta et *caprarii hodierni* retinuerunt morem.
Nam, cum in pascuis coenantur, *portiunculas panis, casci alio-
rumque* Wettis sive *Goda-Helt-Nisz* seponunt et cespite vivo
superstitione tegunt, ne pecori vel gregibus noceant implacata et
laeva numina. [1]

§. 10. **Bocksgestaltige Korn- und Feldgeister in Nordeuropa.** Wir sahen die Waldgeister einerseits im Winde ihr
Leben kundgeben, andererseits mit ihrem Leben an das Leben
der Waldbäume gebunden, gleichsam als Genien, Beseelungen
derselben auftreten, sodann ihre Wirksamkeit nicht bloß im Wald-
wuchs, sondern auch im Getreidewachstum äußern. Es gab
Ljeschie des Waldes und Ljeschie des Kornfeldes (o. S. 145) und
auch sonst ergeben sich die bald anthropomorphischen bald theriomorphischen Getreidegeister in der deutschen Ueberlieferung
den Waldgenien als wesensgleich (Bk. 603 ff.). So heißt die den
Getreidedämon darstellende letzte Garbe in der Gegend von
Eisenach *Waldmann* (Bk. 410); in St. Pölten ob dem Wiener
Walde warnt man die Kinder nicht ins Korn zu gehen, darin
hause der *Waldteufel*, der sie vom rechten Wege ab in die Irre
führe. Mehrfach heißt es, der Hemann (Bk. 127, o. S. 115) fahre
im Winde durchs Korn und weile zwischen den letzten Halmen
des Ackers, woher auch die letzte Garbe nach ihm benannt wird
(Böhmen, Mähren, Oestreich). In Aurich in Ostfriesland warnt
man, wie sonst vor dem Schotenhund, Weizenbeller, Kornmops,
vor den *Kiddelhunden* im Kornfeld, welche Kinder zu Tode
kitzeln, wie die wilde Frau, Fangga und der Ljeschi (o. S. 146.
147. 148). Mithin ist es deutlich, daß wir in dem bocksgestaltigen Getreidedämon den Bruder oder nächsten Anverwandten
des bocksgestaltigen Waldgeistes zu suchen haben. Dieses Wesen
tritt in einer reichen Fülle von Ueberlieferungen hervor. Zunächst
macht es sich auch *im Windeswehen* bemerkbar und zwar entweder als einzelner Dämon, oder zu ganzen Scharen. Wenn das
Korn in Wellen auf- und abwogt „*jagen sich die Böcke,*" „*treibt
der Wind die Böcke durchs Korn,*" „*weiden da die Böcke,*" und
man erwartet eine sehr günstige Ernte. (Umgegend von Königs-
berg, Lyck, Oletzko, Prov. Preußen). Bei Sensburg und Kreutzburg (Pr. Preußen) heißt es dann, „der Haferbock sitze im Hafer-

---

[1] Lovén Dissertatio gradualis de Gothungia. Londini Gothor. 1745. S. 20.

feld, der Kornbock im Roggenfelde," und bei Gardelegen sagt
man vom wogenden Korn „dat Koarn *buckt.*" In diesen Redensarten macht sich dasselbe Verhältniß zwischen dem einen Kornbock und mehreren Getreideböcken geltend, welches zwischen
Faunus und Faunen, Pan und Panen obwaltet. [1]

——— — —

[1) Hängt mit diesen Vorstellungen zusammen, daß dem Litauer am
kurischen Haff der Südostwind *ožinnis* (trumpas ožinnis Ostsüdostwind, ilgns
ožinnis Südsüdostwind) d. h. der böckische, vom Bock ausgehende heißt?
Auch Wolken werden als Böcke gefaßt. Bei Oschersleben heißen schwarze
Massenwolken de Murrkater, Bullkater, aber auch de Bockkerl (Bockmann).
Zu Untrup Amt Rhynow Kr. Hamm Rgbz. Arnsberg nennt man die leichten
Wolken, welche bei heißen Tagen nach und nach aufsteigen, Gewitter-
böcke. Damit stimmt die Benennung Thórs bockar für diese kleinen
schwarzen Wetterwolken im Dialekt der Insel Gotland (C. Säve om de nor-
diska Gudenamnens Betydelse. Upsala 1860, p. 78) überein. Cf. Thórs Böcke
Tanngrisnir und Tanngniostr. Kinderlieder, welche die Auffassung der Wolken
als Böcke zu enthalten scheinen, habe ich nachgewiesen. Germ. Myth.
390—91. Dazu vgl. Bk. 116. Bemerkenswert ist die Sage vom Holzenberg
(Baselland). Auf demselben läßt sich zuweilen zur Zeit der Ernte eine
Ziege hören, welche fürchterlich brüllt; dann stellt sich jedesmal
schlechte Witterung ein. (Leuggenhager, Volkssagen a. Kanton Baselland. Basel 1874, S. 99). Da im Baselland Erzählungen von Witterungs-
wechsel ankündigenden Geistern sehr verbreitet sind, und jedesmal Töne von
sich gebende Geister des Sturmes (Schloßherr, der den Kopf zum Berge heraus-
steckt und schreit; a. a. O. S. 111; luftfahrende Männer 117, Schimmelreiter
118, wilde Jäger 118, Geister in der Kutsche u. s. w. 96) oder als Windper-
sonificationen bekannte Tiere (bellender Hund 15, Pferd 115) als solche
genannt werden, wird auch diese brüllende Geiß eine Naturauffassung des
dem Gewitter vorangehenden Windstoßes (Windsbraut) oder Wirbelwindes
sein. Diese Auffassung scheinen zwei andere Sagen aus Baselland (a. a. O.
65. 37) zu festigen. Ein schwarzer Mann in altmodischer schwarzer Tracht
mit breitkrämpigem Hut geht auf dem Fußweg unter der Alp von Sissach,
Reiser ausziehend und in kleine Stücke zerteilend. In einem kleinen Gehölz purzelt er den Abhang kopfüber hinab und hinauf und geht dann
an das vorige Geschäft. Bald folgt ein schwerer Gewitterregen. — Zu Häfel-
fingen schreitet bei der Heuernte ein unbekannter Mann in grauem Kittel
mit breitrandigem Hute daher, grußlos an Kindern vorbei und scheinbar in
die Sense des am Wege mähenden Bauern hinein, der nichts von der
Erscheinung sieht, welche bald darauf verschwindet und durch ein mächtiges
Gewitter abgelöst wird. (Vgl. bei einem während der Ernte heraufziehenden
Gewitter pflegt der aargauische Bauer zu seinen im Acker helfenden Kindern
zu sagen: „Buben macht schnell, der schwarze Mann kommt!" Rochholz Sag. a. d. Aargau I, 198). Aufs nächste stellt sich die Häfelfinger Sage
zu der schwedischen bei Afzelius Sagohäfder I, 10 (übers. v. Ungewitter I, 23),
wonach die Bergtrolle beim Gewitter in allerhand Gestalten, besonders in

Andererseits warnt man die Kinder ins Kornfeld zu gehen,
um *die blauen Kornblumen* (Cyanus centaurea) abzupflücken, oder
in die Erbsenbeete, um Schoten zu naschen, denn da sitze oder
liege der *Roggenbock* (Gardelegen), *Kornbock* (Mohrungen, Neuhaldensleben, Ilsenburg, Kr. Wernigerode), *Haferbock* (Gardelegen), *Arftenbuck*, Erbsenbock (Mohrungen, Wanzleben, Verden,
Stade, Grafsch. Hoya), *Bohnenbock* (Göttingen, Lüneburg), die

Gestalt großer Kugeln oder Knäuel vom Berge heruntergerollt gekommen
Schutz bei den Heumähern gesucht hätten, welche die Gefahr wol erkennend
sie stäts mit den Sensen von sich abgewehrt, wobei es denn oft vorgekommen,
daß der Blitz herabgefahren und die Sensen zertrümmert, worauf der Kobold
mit kläglichem Gewimmer in den Berg zurückgeflohen." (Vgl. o. S. 99).
Diese Erscheinung ist deutlich die Trombe, deren rauchwolkenartiger Anfang
das sich herabsenkende Knäuel darstellt. Die Bauern wehren den Dämon mit
der Sichel ab, wie sonst durch Messerwurf oder Kanonenschuß (o. S. 86, 110);
die Heuernte ergiebt sich aus der Jahreszeit. [Man sieht, wie ungegründet
die von W. Schwartz aufgestellte Deutung des Knäuels auf das dicke Blitz-
ende (?) und der Sichel auf den Regenbogen war. Schwartz Urspr. d. Myth.
S. 136. Der Volksglaube Aufl.² S. 44]. Nun aber erwäge man die folgende
Erzählung aus Litauen. Der als Lehrer Schleichers bekannte Schullehrer
Kumutatis in Groß Kakschen teilte mir mit, seine Nachbarin habe ihm erzählt,
als ihre Mutter noch ein unverheiratetes Mädchen war, wurde auf den Som-
merwiesen an einem schwülen Sommertage Heu geharkt. Während dessen
stieg ein Gewitter auf; und als es schon ganz in der Nähe der Harker war,
kam ein Ziegenbock gelaufen, mitten durch die Leute, welche aber den
Bock seiner Schnelligkeit wegen mit den Blicken nicht verfolgen konnten.
Unmittelbar darauf kam ein Jäger, grün gekleidet, und fragte die Leute, ob
sie nicht einen Ziegenbock gesehen. Kaum hatte der Jäger sich in der
ihm angedeuteten Richtung von den Leuten entfernt, so fuhr ein heftiger
Wetterschlag in einen Heuhaufen, zündete ihn an und verbrannte ihn. Ein
Mann in Puskeppeln sah vor dem Gewitter einen großen schwarzen Hund
durchs Dorf ins Feld laufen, worauf alsbald ein heftiger Blitzschlag folgte,
der den grausig heulenden Hund erschlug, wobei der Bauer bemerkte „ach
Gott sei Dank! da ist wieder ein Teufel todtgeschlagen!" Sind hienach Thors
Böcke, die gotländischen Thors bockar und der litauische und Baselländische
Ziegenbock deutlich Naturbilder bald für die dem starken Gewitterausbruch
vorangehenden Winderscheinungen (Windsbraut, Wirbelwind), bald für
die voraufgehenden Wolkenbildungen, so darf an eine Uebertragung von einem
Bilde aufs andere gedacht werden, und da werden wir den oft schon mit
feurigen Phaenomenen gemischten Winderscheinungen den Vorzug geben.
(Vgl. o. S. 99 den Oreo). Hier ist nun auch der Punkt, wo sich die schon
von Preller auf die „Wetterwolke" gedeutete Aegis des Zeus an die von uns
behandelten Vorstellungen anschließt. Vgl. auch die estnischen Erdmännchen
o. S. 154.

Habergeiß (Ramsau Obersteiermark), der *Nickelbock* (Neuhaldensleben) und nehme sie mit, stoße oder tödte sie. Der Name
Nickelbock weist auf Verwechselung oder Vermischung des Kornbocks mit dem Nix des den Acker durchrieselnden Baches. Zuweilen braucht man den Ausdruck *Bohnenbock* auch dann, wenn
Kinder davor gewarnt werden, in ein *Weizenfeld* oder *Roggen-
feld* zu laufen. (Fallersleben, Lüneburg, Weeke bei Göttingen).
In der Altmark schreckt man vom Kornfelde zurück, indem man
sagt: *de Bockkerl* sitt'r *inne un nimmt dick midde*, womit denn,
noch augenfälliger an Pan erinnernd, die um Zusmarshausen
(Kr. Schwaben und Neuburg) gebräuchliche Redensart, die Kinder
vom Verlaufen in den *Wald* abzuhalten, parallel geht „*da sei
der Bockemä*" (Bockmann); und hiezu gesellt sich die schon im
16. Jahrhundert nachweisbare Kinderscheuche *Bockelmann.*[1] Durch

---

1) Vgl. Grimm D. W.-B. II, 224 aus Seb. Franck Heillosigkeit 33:
„Pan wird geacht der gott sein, der die leut erschreckt und förchtig macht,
den die Kinder Bockelmann oder Bercht heißen." A. Bastian (der
Mensch II, 113) führt aus Luther folgende Stelle an: „Da droben in der
Luft schweben die bösen Geister, wie die Wolken über uns, flattern und
fliegen allenthalben um uns her, wie die Hummeln in großen unzähligen
Haufen, lassen sich wol auch sehen in leiblicher Gestalt wie die Flammen
daherziehen in Drachengestalt oder andern Figuren, item in Wäldern und
bei dem Wasser, da man sie siehet wie Böcke springen oder börnen
wie die Fische." Von diesem Bockelmann handelt die Sage bei Panzer
II, 59. Ein bocksfüßiger Teufel in grüner Jägerkleidung kam jedesmal
aus dem Walde, so oft eine gewisse Bauermagd auf einer Wiese bei Nürnberg
heuen sollte, schäkerte und liebelte mit ihr und besorgte inzwischen unsichtbar das Grasschneiden, so daß sie nichts anderes zu tun hatte, als das Heu
einzuraffen. Der Pfarrer gab ihr zwei Kräuter auf der Brust zu
tragen, die vertrieben ihn. Oft strich er um ihr Haus und jammerte
„Wireutla und Mireutla, das bringt mich um mein schöns Bräutla." So
helfen die Holzfräulein (Bk. 79), Wildfräulein (Bk. 88), Seligen (Bk. 104. 107)
beim Heuen und Kornschneiden und die Kräuter Dorant (antirrhinum) und
Dorant (origanum) werden getragen, um Nixen und Kobolde davon abzuhalten, Kinder zu vertauschen (vgl. Wuttke Abergl.² §. 56. 135. 576. 581);
Kümmel vertreibt die Moosleute (Bk. 75). Somit erweist sich der Inhalt
obiger Sage als echt volkstümlich und höchstens leicht beeinflußt, nicht etwa
abgeleitet von den spätmittelalterlichen Vorstellungen der Theologen und
Juristen von einem bocksgestalteten Teufel, welche aus den seit Mitte saec. XIII
(Vgl. Nicola v. Pisa s. Piper Mythol. u. Symbol. d. christl. Kunst I, 1, 495.
405) aufgekommenen Kunstdarstellungen des Teufels als antiker Satyr in die
Literatur (Matth. Parisiensis histor. maj. ad a. 1100, bei Soldan Gesch. d.
Hexenproz. S. 150), im 15. Jahrh. in das Gewebe der den Ketzern und Hexen

Metonymie vom Getreidedämon heißt die *blaue Kornblume* selbst landschaftlich *Ziegenbock oder Ziegenbein*,[1] sie muß als eine Erscheinungsform jenes Geistes gegolten haben und sollte deshalb nicht gebrochen werden. Daß man den Getreidebock als einen wirklich wesenhaften und wirksamen Dämon fürchtete oder ehrte, geht aus der Vorstellung hervor, daß der bis dahin im Acker verborgene, beim Schneiden des Getreides aber zum Vorschein kommende es verschulde, wenn ein Arbeiter (Arbeiterin) während der Ernte, zumal in den ersten Tagen derselben, krank wird oder hinter seinen Genossen aus Schwäche, Ermüdung, Trunkensein zurückbleibt. Dann ruft man letzterem (ihr) zu, oder sagt von ihm (ihr): „*De Austbuck het em (är) stött*" „d. i. der Erntebock hat ihn (sie) gestoßen," „*er hat sich vom Kornbock stoßen lassen*" (allgemein Mecklenburg-Strelitz, Hannover, Lüneburg). Namentlich gebraucht man diese Redeweise von einem Mädchen, das während der Erntezeit erkrankt.[2] Junge Dirnen, die zum erstenmale binden, warnt man in Mecklenburg „Laß dich nicht vom Erntebock stoßen (lât di nich von'n Austbuck stöten). Wird eine von Aufregung, Hitze u. s. w. wirklich krank, so hört man „*de Austbuck het är unnerkrägen*" und kommt eine Magd in interessante Umstände und zwar so, daß nach der Rechnung, welche jede Kameradsch unfehlbar anstellt, die Ursache davon in der alle Sinne aufregenden Zeit der Roggenernte zu suchen ist, so lautet der Spottruf „*Du hest di wol von'n Austbuck 'n Ding stäken läten*" oder „*di het wol de Austbuck wat unnere Schört stäken.*" Siehe da, das Seitenstück zum Faunus ficarius (o. S. 116) und seinen weiberfreundlichen Collegen Pan, Satyr und Seilen! Neben dem Getreidebock gab es auch, wie wir sehen werden, einen bocksgestaltigen Dämon des Grases. Zuweilen wird

---

vorgeworfenen, erträumten Beschuldigungen gerieten. Soldan Gesch. d. Hexenproz. 161. 205. Vgl. auch Blomberg, der Teufel u. s. Gesellen i. d. bildenden Kunst S. 25. 32.

1) Heinsius volkstüml. W.-B. der d. Spr. S. 1757. Eine ähnliche Metonymie ist vielleicht der Name Bockahoru Bockshorn für das Mutterkorn secale cornutum (Möller Ordbog ofver Hallandska Landskapsm. Lund 1858), da auch die sonstigen Namen desselben Kornmutter, Wolf, Hundebrod auf Korndämonen (Kornmutter, Kornwolf, Kornhund) zurück zu weisen scheinen. S. Mannhardt Roggenwolf S. 22 ff.

2) Uetze bei Lüneburg: „deck het de Kornbuck stött." Vgl. Heyse Punschendörp S. 231 Smidten het de Austbuck stött.

derjenige, der bei der Heuernte auf diesen gestoßen ist, so zu
sagen mit ihm identifiziert. So spotten die Esten auf der Insel
Dagden an der russischen Ostseeküste, wenn beim Schnitt ein
Arbeiter mit den andern nicht Strich halten kann „se on Ole-
päwa ois, mis numa päle jääb" d. i. *das ist des Olewstags Böckchen*, welches auf der Mast bleibt.[1] Olewstag d. h. St. Olafstag
(29. Juli)[2] ist ein altes Erntefest, dann feierte man den Schluß
der Heumahd und den glücklichen Beginn der Kornernte.[3] Dann
schlachteten die Esten und Finnen unter sehr altertümlichen Ceremonien ein Tier, meistens ein Lamm,[4] ohne Zweifel zuweilen

1) Holzmayer Osiliana. Verhandl. d. estn. Gesellsch. zu Dorpat. B. VII,
S. 115.

2) Holzmayer a. a. O. S. 64 neunt irrtümlich Juni 29. statt Juli 29.
(10. August n. St.).

3) Vgl. Finn Magnussen (den förste November og den förste August,
to kalendariske Undersögelser Khvn. 1829, p. 77 ff.): „Der 29. Juli ist ein
St. Olaf geweihtes Hauptfest im ganzen Norden. Auf ein älteres gleichzeitiges
Erntefest gründete sich wol die Legende, daß der König kurz vor seinem
Tode durch Gebet und Besegnung ein von Pferden niedergetretenes Kornfeld
in ein üppig gedeihendes umwandelte. Die norwegischen Kirchengesetze ver-
ordnen eine Kornlieferung an den königlichen Heiligen unter dem Namen
Olafskorn (Olafs-korn, Olafs-told, Olafs-penge) — ohne Zweifel als Ab-
gabe von den ersten Früchten des Feldes — um davon in der Domkirche zu
Drontheim, der Landeshauptkirche, Messen für Frieden und Fruchtbarkeit
lesen zu lassen. Am Abend vor diesem großen Nationalfest begann auch der
sogenannte Olafsfrieden (Olofsfreden) oder Erntefrieden (Höstens Helig-
hed, Hösthelgen), der bis Michaelis dauerte, begleitet von großen Märkten,
die an manchen Orten bis Michaelis währten. In Oesterbotn wird am Olafs-
tage der Slåtterost (Mäherkäse) bereitet, ein Käse, mit welchem die Haus-
leute zur Feier des Schlusses der Heuernte bewirtet werden. In Schweden
und Norwegen hat seit uralter Zeit um diese Tage ein Gastgebot und Trink-
gelage stattgefunden, das in beiden Reichen Slåtöl, Slättöl u. dgl. hieß und
zugleich als Dankfest für die vollbrachte Heuernte und froher Bettag für die
Kornernte diente.

4) Die Esten auf Oesel halten für unerläßliche Pflicht am Olaustage
(Olewi-pä) in jedem Hofe ein eßbares Tier zu schlachten: „denn, sagen sie, am
Olaustage muß das Messer blutig gemacht werden." Holzmayer a. a. O. 64.
In Wierland und Allentacken wurde ein Lamm (Olewi-lammas) geschlachtet,
dessen Blut den Schutzgeistern des Hauses geopfert wurde; die Eingeweide
brachte man auf den Ukkostein (Opferstein des Donnergottes), das Fleisch
verzehrte das Hausgesinde. Boecler-Kreutzwald der Ehsten abergl. Gebr.
S. 87. Die Karelen in Finnland braten am Olewstage, an welchem sie von
aller Arbeit ruhen, ein ganzes Lamm, das ohne Messer getödtet ist, und
dessen Knochen nicht zerbrochen werden dürfen. Es ist seit dem Frühjahr

ein Ziegenböckchen. Man wird die Vorstellung gehabt haben,
daß das am Olewstage verzehrte Lamm oder Böckchen den Vegetationsdämon des Grases darstelle, der beim Schluß der Heuernte
zum Vorschein komme und als segnendes Heiltum von den Hausgenossen genossen werde, weswegen kein Fremder am Mahle
teilnehmen darf. Verlangsamt sich ein Mäher, so hat er schon
vorher unerwarteten Widerstand gefunden, er ist auf den Dämon
gestoßen. Gleiche Vorstellungen muß es bei der Kornernte gegeben haben. Denn abgeleitet daher ist es, daß man zu Fisch-
hausen im Samlande zu dem Schwächsten bei irgend einem Spiele
oder zu demjenigen, der am wenigsten vom Spiele versteht, sagt:
du gehst für Haferbock. Nicht minder nennt man in der Grafschaft Glatz einen rohen und ungeschickten Menschen *Häberbock.*
In der Gegend von Braunsberg (Ermeland) sputet sich deshalb
beim Haferbinden ein jeder, *damit ihn nicht der Kornbock stoße.*
Am meisten jenem estnischen Olafstagsbrauche ähnlich ist der
folgende norwegische. In Oefoten schneidet bei der Kornernte
jeder sein bestimmtes Stück (Fei); und wenn nun einer, der in
der Mitte steht, später fertig wird, so schneidet (skjærer) der
andere sein Stück und man sagt von ihm, dessen Stück geschnitten wurde, er bleibe auf dem Holme (Insel) [1] stehen (han bliver
staaende paa Holme). Ist er ein Mann, so tut man, *als locke
man einen Bock* (kalder man paa Bukken) „*kille Bukjen!*"[2],

nicht geschoren. Wird es auf den Tisch getragen, so spritzt man mit Baum-
zweigen von Eller oder Föhre Wasser über die Türschwelle und setzt etwas
von der Mahlzeit in einen Winkel oberhalb der Bank am Tischende (für die
Hausgeister), einen andern Teil schüttet man aufs Feld und neben die
Birkenbäume, welche dazu ausersehen sind im nächsten Jahre als Mai-
stangen beim Mittsommerfest ins Gehöft (Bk. 159 ff.) gepflanzt zu werden. Die
Eingeweide werden in die Erde vergraben. Kein Fremder darf vom Fleische
kosten. Diese Gebräuche, sagt Finn Magnussen, gehörten höchst
wahrscheinlich zu dem ersten oder vorläufigen Erntefest der
Finnen. Finn Magnussen a. a. O. 78. Ders. Lexicon mythol. 830. Nach
Lencquist de superst. vet. Fenn. 31 heißt das Lamm willa-wuona (Wollelamm).

1) Holm 1. eine Insel, 2. ein Fleck, der sich von der umliegenden Erde
unterscheidet. Z. B. ein Grasplatz auf einem Acker, ein Stück unabgemähte
Wiese u. s. w. Aasen.

2) Kille aus kidla Zicklein ist Lockwort, womit man Geiße zu sich
ruft. (Aasen). Vom Schafbock gebraucht findet sich das Wort als Koseform
„liebes Böckchen" in Björnstjern Björnsons Arne. Bergen 1858. S. 40.
„killebukken, lammet mit."

ist er ein Mädchen, so stellt man sich, *als locke man die Geiß*
„kille gjeita!"

Der im Ackerfelde sich aufhaltende Getreidebock wird von
den Schnittern bis in die letzten Halme verfolgt und in diesen
oder beim Schneiden oder beim Binden der letzten Garbe ergriffen. Er ist natürlich ein unsichtbares Wesen, wird aber gerne
auch äußerlich dargestellt. Man ruft deshalb der Binderin der
letzten Garbe zu, *in der Garbe sitze der Bock* (Kreutzburg Ostpreußen). In der Gegend von Straubing (Niederbayern) sagt man
von demjenigen, der das letzte Getreide schneidet, je nach der
Fruchtart „*er hat die Korngeiß, Weizengeiß, Habergeiß.*" Dem
letzten der Korn- oder Weizenhaufen (Mandel) werden zwei
Hörner aufgesetzt; derselbe heißt dann *der gehörnte Bock* (Grafe-
nau bei Straubing Niederbayern). Im Hundsrückviertel in Oberöstreich heißt es bei jeder Getreidesorte, sei es auch Korn oder
Weizen, von demjenigen, der beim Abmähen der Stoppeln den
letzten Sensenhieb führt, *er hat die Habergeiß.* Wenn in Gab-
lingen (Schwaben) das letzte Haferfeld eines Bauerhofes geschnitten wird, *schnitzen die Schnitter aus Holz eine Geiß.* Durch die
Nasenlöcher und das Maul stecken sie in entgegengesetzter
Richtung je zwei Haferähren (Haberspitz) und auf das Genick
eine. Auf dem Rücken der Geiß liegt von den Hörnern bis zum
Schweif eine Blumenkette, an welcher noch andere Blumenketten
befestigt sind, die über den Leib herabhangen. Die Geiß wird
auf den Acker hingestellt und heißt *die Habergeiß.* Wenn die
Schnitter das letzte zwischen zwei Furchen liegende Ackerbeet
(Strang) schneiden, beeilt sich jeder zuerst fertig zu werden.
Wer der letzte ist „*bekommt die Habergeiß.*" [1]

Es ist ganz natürlich, daß auf die letzte Garbe, in welcher
der Bock ergriffen wird, der Name derselben übergeht. So heißt
in Schweden (Umgegend von Linköping) die erste Garbe, welche
in die Scheuer gelegt wird, (also die oberste, letzte des letzten
Erntewagens) an manchen Orten *Vorherresbock*, Herrgottsbock.
Verlangt ein Neugieriger den Bock zu sehen, so umklammert
man ihm mit den Händen den Kopf und hebt ihn in die Höhe. [2]

---

1) Panzer Beitr. z. d. Myth. II, 232, 426.
2) In gleicher Weise verfährt man, indem man ein Kind fragt „har
du sett herrans höns? Hast du die Herrgottshühner (Marienkäfer vgl.

Im Tale der Wiesent in Oberfranken heißt die letzte Garbe, die auf dem Acker gebunden wird, *der Bock* und man sagt sprichwörtlich „der Acker muß einen Bock tragen." [1] Im Kreise Rheinbach Rbgz. Köln heißt die letzte Einfuhr die *Mahlegeiß, Mahldegeiß* oder *Mahdgeiß.* Eine Garbe wird aufrecht gestellt, mit Bändern und Blumen, Taback, Weißbrod und Branntweinflaschen als Lohn für die Arbeiter geschmückt. In Spachbrücken Großhrzt. Hessen heißt die letzte Handvoll, die geschnitten wird, *Geiß,* und wer sie schneidet, muß viel Gespötte darum erdulden. Und ebenso wird im Ostkreis des Herzogtums Altenburg der Schnitter der letzten Handvoll Winterfrucht damit geneckt, daß er „*die Ziege"* geschnitten habe.

In vielen Gegenden wird die letzte Garbe nur dann, wenn sie unvollständig gerät, also kleiner ist als die anderen, *Bock* (Kr. Schleusingen Rgbz. Erfurt; Kreutznach, Wetzlar Rbgz. Coblenz; Kr. Neustadt, Dieburg, Lindenfels Prov. Starkenburg im Großhrzgt. Hessen; Aemter Welzen, Diez, Usingen in Nassau), in Mittelfranken *Bock, Böckla* (Böckchen) genannt. [2] Entweder läßt man es auf den Zufall ankommen, ob die Garbe klein wird und betrachtet dies dann als ein gutes Vorzeichen für das Gedeihen der Frucht im nächsten Jahr:

> heuer a Böckla,
> s' nächst Jahr a Schöckla! (Oberfranken).

Der karge Ertrag in diesem Herbste giebt Anwartschaft auf einen größeren in der Zukunft. Wenn alle Garben klein geraten,

meine Germ. Myth. 243—255 und meinen Aufsatz Lettische Sonnenmythen in Bastian-Hartmanns Zeitschr. f. Anthropologie VII. 1875, S. 98, 209, 211, 217, 232, 296) geschn? Arwidsson Svenska Formsanger III, 494. In Holstein fragt man das Kind „Willst du Bremen sehen?" Wenn es ja antwortet, faßt man es mit beiden Händen am Kopf oder den Ohren und hebt es in die Höhe. Schütze Schleswigholst. Idiotik I, 152. Handelmann Volks- und Kindersp. S. 40. In der Oberpfalz „zeigt man einem Paris," indem man ihn „knirren läßt" d. h. schreien macht dadurch, daß man ihm die Finger hinter den Ohren eindrückt. Schmeller Bair. W.-B. II, 375 (Aufl.² I, 1353). Bremen und Paris stehen hier höchst wahrscheinlich an Stelle eines mythischen Ortes.

1) Panzer Beitr. z. d. Myth. II, 228, 422.

2) Vgl. jedoch auch den metaphorischen Gebrauch von Bock 1. für den kleinen Kohlenmeiler der am Schlusse des Brandes aus den Resten des großen gebaut wird, 2. im Bergbau für einen Rost, der nicht den gewöhnlichen Erzgehalt hat, unvollständig ist. Grimm D. W.-B. II, 204.

der heißt „*der Bockbinder*" (Kr. Friedberg Oberhessen). Oder
man richtet es mit Absicht so ein, daß auf jedem Acker die
zuletzt gebundene Garbe kleiner werde, als die anderen. Fragt
man dann den Bauer, wie groß seine Ernte sein werde, so antwortet er: „so und so viel Garben, Haufen und *Böcke*," [1] letztere
zeigen die Zahl der bestellten Aecker an (Oberbeerbach Prov.
Starkenburg Großhrzgt. Hessen). Auch giebt man der letzten,
absichtlich dünneren Garbe mitunter *die Gestalt eines Bocks*
(Sonnenburg Meiningen) und sagt: „*der Bock sitzt drin*" (Eisfeld
Meiningen). Der Name *Bock* geht von der *letzten Garbe* auch
über auf die Schwaden oder Haufen, in denen das Getreide einstweilen auf dem Felde zu liegen oder stehen kommt. Sechs Gelege werden zu *einem Bock* zusammengestellt und dieser später
mittelst Strohseils zu einer Garbe zusammengebunden (Wünschen-
suhl bei Eisenach). Oft besteht der *Bock* nur aus zwei Gelegen,
die Arbeit des Aufsetzens heißt „*böckeln*"; oder das mittelste
Gelege ist *Bock* und in den letzten Bock wird ein grünes Reis
gesteckt (Unterellen a. d. Elda). In der Kreisdirection Dresden
bleibt (Oelsnitz bei Großenhain) das Haidekorn in Schwaden
liegen und wird dann in „*Böckchen*" gesetzt. Um Krems (Niederöstreich) setzt man auf 9 nebeneinandergestellte Garben die zehnte
als Hut. Diese Form der Aufstellung bezeichnet man als *Kornbock* oder *Bockerl*. [2] Eine andere Uebertragung der Benennungen
des dämonischen Getreidenumens findet statt auf die Personen,
welche die letzten Halme geschnitten, resp. die letzte Garbe
gebunden haben. Der Binderin ruft man zu „*du bist Austbock*"
(Amt Grabow Mecklenburg). In der Gegend von Uelzen (Hannover) beginnt das Fest des Großaust mit *dem Bringen des Ernte-
bocks*, d. h. *die Schnitterin*, welche die letzte Garbe band, wird
mit Stroh umwickelt, mit einem Erntekranz gekrönt und so auf
einer Schiebkarre ins Dorf gefahren, wo alsbald ein Rundtanz
beginnt. Auch um Lüneburg wird die Binderin des Letzten mit
einem Aehrenkranze geziert und *Kornbock* geheißen; ganz ähnlich führten in Unterfranken (Gerolzheim) Schnitter und letzte
Garbe den gleichen Namen *Bock*. Auch in Kanton St. Gallen

---

1) Nach Grimm D. W.-B. II, 204 heißt irgendwo Bock auch die erste
Armvoll Getreide, die man nach Beendigung des Schnitts aufsetzt; es ist wol
die letzte geschnittene.

2) K. Landsteiner Reste des Heidenglaubens in Niederöstreich S. 65.

(Gem. Henau) ruft man *Korngeiß, Roggengeiß* oder einfach *Geiß* *(Goaß)* die Person, welche auf dem Ackerfelde die letzte Handvoll Aehren schneidet, welche zuletzt ablegt oder den letzten Erntewagen in die Scheuer führt. Im Bezirk Tobel (Thurgau) wird sie *Kornbock* geheißen, gleich einer Geiß *am Halse mit einer Almglocke behangen*, im Triumphe umhergeführt und mit Getränk überschüttet. Auch in Kr. Graz (Steiermark) ist *Kornbock, Haberbock* u. s. w. der Schnitter des Letzten. In der Regel verbleibt der Name *Kornbock* u. s. w. seinem Träger ein ganzes Jahr bis zur nächsten Ernte, gradeso wie der Maigraf, Maikönig seine Würde ein Jahr lang behält. (Vgl. Bk. 606. 612).

Der in den letzten Halmen des Ackerfeldes erhaschte Bock (Geiß) überwintert nach einer Vorstellung auf dem Gehöfte des Bauern. Danach hat die Feldmark jedes Ackerwirts ihren besonderen Getreidedämon. Nach anderer Betrachtungsweise ist derselbe jedoch das Numen des gesammten Kornwuchses. Durch die vollendete Ernte von dem Acker des einen Landmanns vertrieben flüchtet er natürlich in das noch unabgemähte Feld des zunächst Wohnenden. Dies wird symbolisch in der Erntesitte auf der Insel Skye an der schottischen Küste dargestellt. Der Grundbesitzer, welcher zuerst mit dem Kornschnitte fertig wird, sendet einen Mann oder ein Mädchen zu dem nächsten Nachbar, der noch nicht fertig ist, mit einem Bund Aehren; dieser schickt dasselbe, sobald er fertig wurde, zu seinem Nachbar, der noch ungeerntete Felder hat, und so fort, bis im ganzen Dorfe die Ernte vollendet ist. Jenes Aehrenbund heißt *goabhir - bhacagh* d. i. *die lahme Geiß.*[1] *Lahm* heißt die Geiß, weil dem Dämon durch das Fortnehmen des Getreides ein Teil seiner Kraft entzogen wurde. Wenn im Böhmer Walde zwei Hausbesitzer zugleich einfahren, so wetteifern sie zuerst nach Hause zu kommen. Wer zuletzt ankommt, dem setzen die Dorfbursche in der folgenden Nacht aufs Haus *die Habergeiß, eine kolossale Strohfigur in Gestalt einer Ziege, die von einem Ende des Daches bis zum andern reicht.* Darauf sitzt ein kolossaler Strohmann, in der einen Hand eine Geißel, in der andern einen Knüttel.[2]

---

1) Gentlemans Magazine. February 1795, p. 124 bei Brand pop. antiqu. ed. Ellis. II, 24.

2) J. Rank aus dem Böhmerwalde S. 110.

Der Kornbock ist die Seele, das Numen der Pflanze und kann deshalb, wie die Dryas, bald in und mit derselben lebend, bald aus ihr heraus und neben sie hin heraustretend vorgestellt werden. Im ersteren Falle modifizieren sich die bisher betrachteten Anschauungen dahin, daß der Dämon nicht nach der Ernte fortlebend, sondern mit dem Korne zugleich sterbend, durch die Sichel oder Sense getödtet gedacht wird. Im Kreise Bernkastel (Rbz. Trier) wird durchs Loß bestimmt, in welcher Reihe die Schnitter auf einander folgen. Der erste heißt der Vorschnitter, der letzte *der Schwanzträger.* Vorsichtig teilt man das Feld in gleiche Gänge ein, damit der eine nicht mehr zu tun bekommt als der andere. Holt ein Schnitter seinen Vordermann ein, so schneidet er rasch an ihm vorbei und biegt dann so um, daß für diesen ein kleiner bloßgelegter Streifen (die Insel jenes norvegischen Berichtes o. S. 161) übrig bleibt, „*die Geiß.*" Das begegnet nur unbeholfenen oder unaufmerksamen Schnittern. Hat man aber einem „*die Geiß geschnitten,*" so bleibt dieser den ganzen Tag dem Gelächter ausgesetzt und muß spitzige Reden hören. Ist *der Schwanzträger* so weit vorgedrungen, dann „*schneidet er der Geiß den Hals ab.*" In der Dauphiné (Umgegend von Grenoble) schmückt man vor Beendigung des Kornschnitts eine *lebendige Ziege mit Blumen und Bändern*, und läßt sie in das Feld laufen. Die Schnitter eilen hinterher und suchen sie zu haschen (sie stellt ja den vor der Sichel entweichenden theriomorphischen Korndämon dar). Ist sie gefangen, so hält die Bäuerin sie fest, indeß der Bauer *ihr den Kopf abschneidet.* Vom Fleische wird die Erntemahlzeit ausgerichtet. Ein Stückchen desselben pökelt man ein *und bewahrt es, bis zur nächsten Ernte wieder eine Ziege geschlachtet wird.* Dann essen *alle* Arbeiter davon. Noch denselben Tag verfertigt man aus dem Ziegenfell ein Mäntelchen, *manteau,* das der mitarbeitende Hausherr zur Erntezeit stäts tragen muß, wann Regen oder schlechtes Wetter eintritt. Bekommt ein Arbeiter Kreuzschmerzen u. dgl., so giebt man statt des Herren ihm das Mäntelchen zu tragen.

Doch ist es auch damit der Verschiedenheit der Auffassungen nicht genug. Eine neue Anschauung läßt den beim Kornschnitt eingefangenen Dämon im Getreide der Scheuer sich verstecken und erst beim *Ausdrusch* im letzten Gebunde zum Vorschein kommen. Deshalb wiederholen sich beim Dreschen alle jene

Züge, welche wir beim Kornschnitt beobachteten. Bemerkenswert scheint die Sitte von Tiefenbach (Oberpfalz). Die Habergeiß zeigt nämlich; sobald der Moment des Ausdreschens naht, ihre eigene Gegenwart an. Am Tage, bevor das letzte Getreide ausgedroschen wird, macht sich der Oberknecht *eine hölzerne Geiß*, hängt sie sich an einem Bande über die Schulter und nimmt sie zwischen die Beine. Er selbst verkleidet sich und bedeckt sich und die Geiß mit einem großen Mantel, so daß man seiner Füße nicht ansichtig wird, und es den Anschein hat, als reite er wirklich auf der Geiß. So reitet er zuerst zur Bäuerin und meldet ihr, daß morgen ausgedroschen werde, sie also zum „Ausdrisch" (Festmahl bestehend aus Mehlspeise von 4 Getreidesorten) sich richten möge. Dann zieht er von Haus zu Haus, ruft zum Fenster hinein „*Hobagouß!*" und benennt dabei die Bauern, bei denen gedroschen wird.[1] Eigentlich jedoch ist der Bock in dem zum Ausdrusch kommenden Getreide verborgen. Dies sagt deutlich die Sitte bei der Buchweizenernte zu Marktl und Umgegend in Oberbayern. Die Garben werden unter den Aehren gebunden und aufrecht hingestellt. Die Garbe heißt *Halmbock* oder auch nur *Bock*. Die Halmböcke werden auf freiem Felde in einen großen Haufen zusammengelegt und dann von zwei einander gegenüberstehenden Drescherreihen ausgeklopft, wobei sich die Nachbarn gegenseitig unterstützen. In dem während der Arbeit gesungenen Liede heißt es:

> Däl däl inn halm drin
> däl däl is dr Halmbock drin,
> däl däl hän i einigschaut,
> däl däl wars laut.[2]
>
> d. i.
>
> Dort, dort im Halme drin
> Dort, dort ist der Halmbock drin;
> Dort, dort hab' ich hineingeschaut,
> Das war ein schöner Anblick!

Wenn der letzte *Bock* auf den Haufen geworfen wird, sagen sie:

---

1) Schönwerth a. d. Oberpfalz I, S. 402.

2) Vgl. Schmeller W.-B. I, 347 (N. Ausg. I, 475) dä-l, dä-n dort, damals. Ebendas. II, 515—16 (N. A. I, 1530) laud, laut auffallend, woltönend, schönschmeckend, schön anzusehen, prächtig.

Hab' mer emal nix mêor ghabt,
habms uns en alte gâos herbracht
und en bock âch!
Hopsasa!
d. i.
Haben wir einmal nicht mohr gehabt,
Da haben sie uns 'ne alte Geiß hergebracht
Und 'n Bock auch.
Hopsasa!

Dieser letzte Bock wird mit einem schönen Kranze von Amberten (Ampferstauden? Laubbirken? betula ovata?) *Veilchen und andern schönen Blumen sodann mit einer Schnur von Kuchen behängt* und schön in die Mitte des ausgedroschenen Haufens geworfen. Nun fallen einige darauf und reißen das Beste heraus, andere aber schlagen mit ihren Drischeln zu, daß es oft schon blutige Köpfe gesetzt hat. Dieses Dreschen des *letzten Halmbocks* heißt κατ' ἐξοχήν Drasch; dabei läßt jede der einander gegenüberstehenden Reihen ihre Drischeln zu gleicher Zeit fallen, *indem in gereimten gegenseitigen Spottreden ein Teil dem andern vorwirft, was jeder sich das Jahr über hat zu Schulden kommen lassen.* [1] Im Oberinntal (Tirol) wird der letzte Drescher *Bock* genannt. [2] Wer in Tettnang (Würtemberg) bei der letzten Kornlage, bevor dieselbe gewendet, den letzten Streich mit dem Flegel tut, heißt *der Bock.* Man sagt „*der hat den Bock verschlagen!*" Wer dann nach dem Umwenden den allerletzten Schlag tut, wird *die Geiß* genannt. [3] Hier wird deutlich ein Paar von Korngeistern, *Bock* und *Ziege*, als Inwohner des abgeschnittenen Getreides gekennzeichnet. In Fruchtlaching a. d. Spitze des Chiemsees wird [um anzudeuten, daß er das Numen des Kornes darstelle] ein Knecht, der „*Haring*" d. i. *magere Person, in die zuletzt ausgedroschene Garbe gebunden* und dann mit Peitschenhieben auf der Tenne umhergetrieben. Mager heißt er augenscheinlich, weil der Dämon durch Verlust der Körner seine Fülle verloren hat, dünn wird, wie ein ausgenommener Häring. In einigen Orten des Bezirks Traunstein (Oberbayern) pflegen sich *bei dem auf das Dreschen folgende Mahl einige Personen zu vermummen, und besonders den Kindern nachzusetzen, schließlich dieselben, falls sie als brav*

---

1) Panzer Beitr. z. D. Myth. II, 225—229, 421.
2) L. v. Hörmann, der heber gât in litum 35, 68.
3) E. Meier Sagen a. Schwaben S. 445, 162.

*befunden werden, mit Obst und Spielsachen zu belohnen. Diese
Vermummten heißen Habergeiße.* Das ergriffene Korntier wird dem *Nachbar* zugeschoben. Im
Franche Comté (Dép. Jura) setzen die jungen Leute sofort nach
beendigtem Ausdrusch dem Nachbar, der noch nicht fertig ist,
eine Ziege von Stroh (chèvre de paille) auf den Hof. Er muß
das Geschenk mit einer Gegengabe von Wein oder Geld entgel-
ten. Bei Ellwangen (Neuenheim) in Würtemberg *verfertigt man
beim Dreschen aus dem letzten Gebunde Korn einen Bockel*
(Bock), *indem vier Stecken die Füße, zwei Stecken die Hörner
bilden und eine mit Stroh ausgestopfte Zipfelmütze untergebunden
wird.* Wer den letzten Streich mit dem Flegel macht, muß diesen Bock dem noch dreschenden Nachbar in die Scheune werfen;
wird er dabei erwischt, so bindet man ihm den Bockel auf den
Rücken. Zu Indersdorf in Oberbayern werfen nicht minder die
Dienstboten, wenn sie früher ausgedroschen haben, dem Nachbar
meckernd einen aus Stroh geformten Bock in die Scheuer. Der
dabei erwischte Knecht (oder Magd) wird im Gesicht geschwärzt
und ihm der Bockel auf den Rücken gebunden.[1] Bei Zabern
(Elsaß) dagegen setzen die Nachbarn demjenigen, der gegen sie
8 — 14 Tage mit dem Dreschen im Rückstande ist, *einen wirklichen ausgestopften Ziegenbock* oder Fuchs vor die Tür. Statt
des wirklichen Tiers stellt dann im Mühlviertel (Oberöstreich)
eine symbolische Miniaturgestalt den Korndämon dar, indem man
nach Beendigung des eigenen Ausdrusches dem noch unfertigen
Nachbar als „*Habergeiß*" einen ausgehöhlten, *mit Weizenkörnern
gefüllten*, mit drei Spänchen als Füßen versehenen Erdapfel
schickt.[2] Diese *dreifüßige* Habergeiß entspricht der schottischen
lahmen Geiß o. S. 165.

Endlich tritt auch hier beim Dreschen die Vorstellung ein,
daß durch dasselbe die Korngeiß des alten Jahres getödtet werde.

---

1) Panzer Beitr. z. D. Myth. II, 224, 420.

2) Bemerkbar sind antike Analogien. Die Athener opferten dem Herakles Alexikakos statt des entflohenen Ochsen einen Apfel (μῆλον) mit 4
Zweigen (κλάδοι) als Beinen und zwei Hörnern. (Zenob. Cent. V, 22.) Die
Lokrer ἀπορούντες ποτὲ βοὸς πρὸς δημοτελῆ θυσίαν, σικύοις ὑποθέντες
ξύλα μικρὰ καὶ σχηματίσαντες βοῦν, οὕτω τὸ θεῖον ἐθεράπευσαν. (Zenob. Cent. V, 5.) Vgl. Hermann Gottesd. Altert. Th. II, c. II. §. 25, 14. Vgl.
die Darstellung des Todes in Nürnberg. Bk. 412.

Im Bezirk Traunstein (Oberbayern) meint man von der letzten
Hafergarbe, *in ihr stecke die Habergeiß, die so letz* (verkehrt,
nicht geheuer) *ist.* Abgebildet wird diese, indem man einen
alten Rechen aufstellt, einen alten Topf als Kopf darüber stülpt
und ein altes Leintuch darauf hängt. Den Kindern wird die
Aufgabe gestellt, *„die Habergeiß zu erschlagen.“* Selbst hiemit
ist der Kreis der auf den Dämon bezüglichen Vorstellungen noch
nicht beendigt. Auch *die* Wendung nimmt die Vorstellung von
ihm, daß das Korn eigentlich sein Eigentum, seine Nahrung sei
und daß er in der Ernte von den Menschen darum beraubt
werde. Nach dieser Vorstellung bleibt er über Winter auf dem
Felde, und so wird völlig verständlich sein, weshalb man noch
vor 20 — 30 Jahren zu Wannenfeld bei Gardelegen und zwischen
Salzwedel und Calbe die letzten Halme unabgeschnitten auf dem
Acker stehen ließ mit den Worten: *„Dät sall de Buck beihol-
len!“* (Das soll der Bock behalten!) Wenigstens ein kleiner
Rest soll ihn gegen das Verhungern schützen. Nach sicheren
Analogien dürfen wir diese Vorstellung dahin ergänzen, daß der
Bock dem Bauern über Winter in die Scheune falle und sie von
Korn leer fresse, wenn ihm dieser Rest nicht bleibe. [1]

Ein Unbekannter, *Fremder*, welcher an einem Erntefelde
vorüberging, kam in den Verdacht, für den entweichenden
Getreidedämon gehalten zu werden. Hieraus möchte ich die
süderditmarsische Sitte erklären, daß alle zur Erntezeit auf dem
Felde Beschäftigten, wenn ein Fremder vorbeikommt, wie aus
einer Kehle: „Hôrbuck! Hôrbuck!“ schreien. Im Schleswigschen
(Eiderstedt, Husum, Tondern) ertönt beim Rappsaatdreschen, das
meistenteils auf dem Felde geschieht, derselbe Ruf, falls der
Fremde nicht seinen Hut zieht.

Schon vorhin lernten wir den Kornbock als nächstverwandt oder
identisch mit dem im Wachstum des Waldes waltenden Bocke kennen.
Dasselbe Ergebniß gewährt eine niedersächsische Sitte. Zu Sievern
bei Stade binden einige Leute am Weihnachtsabend Stroh um ihre
Obstbäume. Man nennt dieses Verfahren: *„de Böm bi den Buck
bringen“* und erhofft davon einen besonders ergiebigen Frucht-
ertrag. Damit stimmt die westfälische Redensart: *„de Böm
böcket,“* wenn der Wind in den Zwölften so recht mit den Bäu-

---

1) M. Korndämonen S. 8. 32.

men geht, nun gebe es im nächsten Jahre reichlich Obst, sowie
die schwäbische und westfälische: „die Bäume rammelt, es
giebt wieder Obst." [1] (Cf. Rammel Schafbock und „der Bock
rammelt" aries, caper coit.) Hier haben wir das genaue Gegenbild des im Winde um die tanzenden Dryaden werbenden Pans
(o. S. 131), der mit den Baumnymphen buhlenden Seilene
(o. S. 141).

Es war sicherlich nur Zufall, daß bis jetzt so geringe Spuren des Grasbocks oder Heubocks neben dem Baum- und Kornbock in unsern Quellen aufgetaucht sind. Auf dem Schwarzwalde
heißt der letzte Wagen Heu die Heugeiß. Nachher werden
Kuchen gebacken, an Wein Ueberfluß aufgetragen, damit „die
Heugeiß" recht getrunken werden könne; man lädt Bekannte,
besonders auch die Mähder, zum Schmause ein. [2] Nach diesem
Brauche dürfen wir den Grasbock um so gewisser nach Analogie
anderer Grasdämonen (Heupudel, Heukatze, Heunockel, Heuhahn,
Grummetkêrl u. s. w.) voraussetzen, als J. Grimm D. WB. II, 204
Bock auch als figürliche Bezeichnung für einen Heuhaufen anführt.
Hiemit stimmt die zu Rimberg von Weibsleuten, welche beim
Grasschneiden, Heumachen oder sonst auf dem Felde beschäftigt,
dabei müßig zusammenstehen oder sitzen und plaudern, gebrauchte
Redensart: „den Bock schinden." Die Metapher will sagen, den
Bock langsam und schmerzhaft statt durch tüchtige Arbeit schnell
und leicht zu Tode zu bringen. [3]

Wir sahen o. S. 138. 152 ff., daß die Waldgeister in Hausgeister
übergingen. Denselben Vorgang können wir bei den Korndämonen beobachten. Der Geist des Wachstums, der Vegetation, der
in Feld und Wald tätig ist, wird eben auch in Haus, Viehstall
und Kornscheuer segnende Wirksamkeit entfaltend gedacht. Was
den Kornbock insbesondere betrifft, so heißt in Dänemark der
Hausgeist, Nisse, Gaardbuk (Hofbock), Husbuk (Hausbock).
Man muß also ehedem geglaubt haben, daß der in Haus und
Hof waltende spiritus familiaris zeitweilig in Bocksgestalt sichtbar werde, wie anderswo der kornbringende Kobold als Katze,
Hund, Hahn, Huhn oder Schlange sich sehen läßt. Der Gaard-

1) Kuhn westfäl. Sag. II, 116, 356. E. Meier Sag. a. Schwab. 258, 288.
Woeste in Zeitschr. f. D. Myth. 1, 394.
    2) Birlinger Aus Schwaben 1874. II, 333.
    3) Schmeller WB. I, 151. N. A. I, 204.

buk füttert die Pferde im Stall und trägt durch die Luft seinen
Verehrern die Kornähren zu, die er der Scheuer eines bei ihm
in Ungnade stehenden Nachbars entnimmt. Dadurch verhilft er
ihnen zu großem Reichtum. Man setzt ihm als Opfer eine
Schüssel Grütze hin mit einem tüchtigen Stück Butter in der
Mitte. [1] Eine Volkssage in Aistrupsogn erzählt von ihm genau
dasselbe, was die Tiroler Sage (o. S. 148) von der Fanggin, die
griechische (o. S. 133) von Pan berichtet. Auf einem Hofe hielt
sich ein *Husbuk* auf. Die Leute versäumten niemals ihm Abends
Grütze hinzusetzen und ihn aufs beste zu pflegen. Zum Lohne
dafür glückte ihnen alles vortrefflich, und Geld strömte ihnen von
allen Seiten zu. Eines Abends, als der Mann über einen Bach
heimkehrte, trat ein kleines Männlein an ihn heran und sagte:
„*Sage doch Alfod, wenn du heimkommst, daß Vatfod todt ist.*"
Als der Mann das zu Hause erzählte, erhob sich der Husbuck,
rief aus: „Ist Vatfod todt, so muß ich heim. Lebt wohl, habt
niemals Mangel!" und verschwand. Diesem *Husbuk* entsprechend
hat in einer Thüringer Sage ein von einem alten Weibe zu
Frauenbreitungen in einer Schachtel unter einem Birnbaum ver-
grabener Kobold von kohlschwarzer Leibesfarbe, glühende *Teller-
augen* (vgl. o. S. 112), *Bockhörner* und Pferdehufe. [2] In Strauß-
berg besaß ein Weber Kobolde, die ihm während der Nacht die
Arbeit fertig stellten. Als die Dienstmagd einmal durch die Tür-
ritze schaute, sah sie *zwei Ziegenböcke am Webstuhle sitzen.* [3]

---

1) Sv. Grundtvig Gamle Danske Minder i. Folkemunde I, 155, 203,
142, 171. 138, 160. 126, 130.

2) L. Bechstein Sagenschatz des Thüringer Landes. IV. Hildburghau-
sen 1864, S. 138.

3) Kuhn märk. Sag. S. 191 no. 180. Die Richtigkeit der obigen Zusammenstellungen scheint nicht wenig dadurch bewährt zu werden, daß dieselben
Stücke von der Katze, als Gestalt des Vegetationsdämons, ausgesagt wiederkehren. Nur ganz kurz, mit wenigen Beispielen belegt, sei diese Reihe hier
vorgeführt. Die Waldgeister, Fanggen (Bk. 89. 90) und wilden Weiber
(Bk. 112) werden zeitweilig als Katzen gedacht. In Eisfeld (Herzogt. Meiningen) sagt man, wenn Kinder auf dem Felde sind, und nicht folgen wollen: „die Holzkatze kommt!" und auf dem Fichtelgebirge schreckt man
die Kinder mit dem Waldgeist „Katzenveit" (Der Katzenveit kommt!
Myth. [3] 448). Im Bremischen sagt man, wenn der Wind im Getreide geht:
„die Windkatzen laufen im Getreide," „die Wetterkatzen sind im
Korn." Gradeso heißt es im Saterlande, wenn im Frühling und Sommer die

Wir verstehen jetzt die von J. Grimm DWB. II, 203 angeführte und mit Beispielen belegte fränkische und schwäbische

Sonne heiß aufs feuchte Moor scheint, „de Ssummerkatten löpe" (Strakerjan
II, 89, 375). Bullkater, Wetterkatze sind weitverbreitete (zumal pomme-
rische) Benennungen für Wind- und Wetterwolken. In der Provinz Sachsen
sagt man dafür auch Murrkater, schwarze Kater, „da kommt ein
schwarzer Kater herauf," „da steht ein Murrkater," bei Liegnitz: „ach die
grauen Wolken, die sind die rechten Katzen." In der Propstei bei Kiel
warnt man die Kinder davor, ins Korn zu gehen, „da sitze der Bullkater drin," während in einigen Orten des Eisenacher Oberlandes bei gleicher
Gelegenheit vor der Kornkatze gewarnt wird. (Die Kornkatze kommt und
holt dich. Merkers bei Tiefenort. Der Kornkater geht im Korn. Kr. Butt-
stedt.) Der faule Schnitter soll nicht mit der beliebten Formel: „die Katze
will mir auf den Buckel springen," die Mühen der Arbeit beklagen
(Zürich). Im Kr. Freistadt in Schlesien wird beim Abmähen der Aehren
„der Kater gehascht." Auch beim Dreschen heißt hier derjenige, der den
letzten Flegelschlag tut, „der Kater." In der Gegend von Lyon heißt die
letzte Garbe und das Erntemahl le Chat. Um Vesoul sagt man beim Abern-
ten des Letzten, „man halte die Katze beim Schwanz" (nous tenons
le chat par la queue). Zu Briançon (Dauphiné) wird im Anfang des Aehron-
schnitts eine Katze mit Bändern, Blumen und Aehren herausgeputzt und
geschmückt. Sie heißt „le chat de peau de balle." Wird während der
Ernte ein Arbeiter verwundet, so legt man die Katze zu ihm, damit sie ihm
die Wunden lecke. Am Tage, wenn man das Letzte schneidet, putzt man
die Katze abermals mit Bändern und Aehren; man tanzt und ist fröhlich.
Nach beendetem Tanz wird die Katze von den Mädchen feierlich der Blumen
und Aehren entkleidet. Bei Amiens sagt man statt die Ernte beendigen „on
va bouffer (tuer) le chat." Wenn das Letzte geschnitten ist, tödtet der
Eigentümer nach altem Herkommen auf dem Hofe eine Katze. Wer in Grüne-
berg in Schlesien beim Ernten, namentlich beim Kornabschneiden zuletzt for-
tig wird, ist Kater. Derselbe wird bei der Domanialernte mit Roggen-
halmen und mit grünen Reisern umbunden und ausgeputzt und mit
einem langen geflochtenen Schwanz versehen. Sämmtliche Erntearbeiter halten hinter ihm ihren Einzug vom Felde auf den herschaftlichen
Hof. Oft wird ihm zur Gesellschaft eine Kitsche (Katze) beigegeben; die
ebenso ausgeschmückt ist. Beide werden übrigens immer durch männliche
Personen dargestellt. Ihre Hauptaufgabe ist, den in Weg und Sicht
Kommenden, namentlich Kindern, nachzulaufen und sie mit einer großen Rute zu hauen (Englien und Lahn der Volksmund I, 1868 S. 235, 8).
Und diese selbe Gestalt ging wieder zu Weihnachten um. E. M. Arndt (Erinnerungen a. Schweden, Berlin 1818 S. 367 berichtet (doch wol aus Pommern),
daß in „Nordteutschland" zu Weihnachten, den schwedischen Julböcken ähnlich, Masken auftreten, welche „mit einem mit Sand und Steinchen gefüllten
Beutel und einer herzhaften Birkenrute bewaffnet auch Mädchen-
und Knabenschrecken sind, und mit der gräulichsten Zusammensetzung den

Redensart: „der Bock gehet jemanden an," welche einerseits
soviel bedeutet als: „die Not ist groß," andererseits: „er hat

Namen Bullkater (Arndt übersetzt Stierkater) führen." In mehreren Orten
des Kreises Franzburg, Rgbz. Stralsund, ruft der Drescher seinem neugieri-
gen Kinde zu: „warte, der Scheunkater wird dich kriegen!" und in den
nämlichen Orten geht zu Weihnachten der Bullkater, d. i. ein Mann
mit einer fürchterlichen Larve, auf einem Ziegenbock reitend, in die Häuser.
In Pouilly (Gegend von Dijon) wird die letzte Garbe nicht ausgedroschen,
sondern überm Kamine aufgehängt und bleibt da, bis sie ganz schwarz
geworden ist. Unter das letzte Korn, das zum Ausdrusch kommt,
legt man eine lebendige Katze und schlägt sie mit dem Dreschflegel todt (gewöhnlich richtet man es so ein, daß der Drischelschluß auf
einen Samstag fällt), um das Tier am Sonntag als Festbraten zu verschmau-
sen. In Norwegen im Stift Bergen sagt man an manchen Orten, wenn das
Dreschen sich dem Ende zuneigt, unter dem noch übrigen Getreide liege ein
Tier, ohne daß noch man die Gestalt desselben anzugeben wüßte, während in
anderen Orten die erste auf die Tenne gelegte Garbe, also die zuletzt zum
Ausdrusch gelangende Logkatton (Tennenkatze), Vorherresbuk (Herr-
gottsbock) oder Stögubben (der Stadelalte) heißt. Verlangt jemand die
Dreschkatze (Logkat) zu sehen, so legt man den Dreschflegel um
seinen Hals und kneift ihn damit. Anderswo geschieht dies mit jedem,
der beim oder kurz nach dem Ausdreschen des letzten Gebundes auf die
Dreschdiele kommt. Man nennt das „at give Laavekat," „han faar
Laavekatten." — Der Kornkatze steht wiederum eine Heukatze zur Seite.
„Heukatze" heißt in schwäbischen Orten das Fest der Sichelhenke (Meier
Schwäb. Sag. S. 439. Birlinger, aus Schwaben II, 333). Katzen sind Gestalten des
getreidezutragenden Kobolds. Derselbe zeigt sich am Himmel als feuriger Streifen, auf Erden als schwarze Katze (Kuhn Nordd. Sag. Gebr. 206). Nach Stender
soll auch der lettische Kornalp in Gestalt einer schwarzen Katze von seinen Wirten gehalten werden. Vgl. die Sage von der Katze, die nach Begehr ihres Herrn
Mäuse, Roggen oder Gold bringt. Müllenhoff Schlesw.-Holst. Sag. n. 281. Hexen
und Hausgeister lieben Katzengestalt; Katzen wie Hausgeister heißen Hinz, Hin-
zelmann; einen Katzebutz, Katzebutzerole wies J. Grimm (Myth. ⁸ 474), einen
Kazroll ich (Zs. f. D. Myth. II, 197) nach. — Dieselbe Geschichte, welche wir oben
an den Gaardbuk geknüpft sahen, ist bereits Bk. S. 93 aus England und Deutschland von der Katze nachgewiesen. Vgl. noch: Ein Bauer bei Tabor in Böhmen erschlug seinen alten Kater, worauf die junge Katze das Haus verließ
und an der Brücke dem vorüberfahrenden Postillion zurief: gehe in jenes
Wirtshaus und sage dem Kater, er möchte heut Nacht zur Leiche kommen,
der Mirermauer (alter Kater) sei gestorben. Der Postillion vollzog staunend
den Auftrag. Des Wirten erschlagener Kater war verschwunden, erschien
seinem Mörder aber jedesmal, so oft er durch einen Wald ging, in
Gestalt eines großen Mannes mit breitkrämpigem Hut und langem Stabe.
Vernaleken Mythen u. Bräuche, 1859, S. 26, 8. Ein Mahlgast aus Dubna, der
in die Kreseyner Mühle ging, sah am Berge Rohatee eine große Schaar Katzen,

viel Geld eingenommen," „er hat recht Glück gehabt." Ganz
ähnlich geht der Getreidehahn in den unter Huhngestalt weizen-
speienden Drachen, oder, was dasselbe ist, in den als Hahn
resp. Huhn erscheinenden korn- oder geldtragenden Kobold über.[1]
Wenn dieser Dämon und die ihm entsprechenden Geister ihren
Besitzer oder Verehrer reich machen, ihrem Verächter aber die
Scheuer ausleeren, um die Frucht ersteren zuzutragen, so stimmt
das genau zu dem Zuge, daß der Korndämon dem Bauer, der
ihm nicht etwas von der Ernte als Speise auf dem Felde stehen
läßt, die Scheune leer frißt.[2] Andererseits erscheint der korn-
stehlende oder kornbringende Kobold (Stepke) oftmals so entschieden identisch dem das Heu oder die Aehren vom Felde ent-
führenden, dem befruchtenden Gewitter oder dem die Ernte ver-
nichtenden Hagelwetter voraufgehenden Wirbelwinde, daß der
im Wind sein Leben bekundende Korndämon auch von dieser
Seite her bis auf das engste mit dem Drachen oder Kobold sich
berührt. Aus der zürnenden oder schädlichen Aeußerung dieser
Naturmacht möchte ich daher die Sage vom Pilwiz entstanden
glauben, der wie Waldgeister im Baume (pilbisbaum) seinen Sitz
hat (Myth.[3] 442), im Stall die Pferde besorgt, ihnen die Mähnen
flicht, zugleich aber mit einer Sichel an den Füßen die reifenden
Getreideäcker durchschreitet. Auf dem Teil des Feldes, den er
umgrenzt hat, werden die Halme braun, alle Aehren körnerleer,
oder alle Körner fliegen beim Dreschen durch die Luft in seine
Scheuer, oder in die des Bauern, dem er als Hausgeist dient,
wenn er nicht euhemeristisch als Zauberer, sondern sachgemäßer
als elbisches Wesen aufgefaßt wird.[3] Der Bilwisschnitt heißt

aus der ein Kater ihm zurief: „Sage dem Wau, er solle morgen zum Begräbniß kommen." In der Mühle erzählt er dies dem Altgesellen, da springt ein
alter Kater vom Gesimse und führt durchs Fenster auf Nimmerwiedersehn.
Krolmus Staročesk. povést. II, 42. Grohmann Sag. a. Böhmen S. 227. Ein
Webergeselle zu Bamberg stand mit der großen grauen Katze seines Meisters in besonders gutem Einvernehmen. Sie war ein Teufel, der für den
Gesellen die Arbeit tat. Als der Meister einmal Nachts in die Werkstube
guckte, sah er die Katze am Webstuhl sitzen und mit ihren Füßen das
Schifflein rasend hin- und herwerfen. Panzer II, 59, 76.

1) S. Korndämonen S. 18 ff. 41 Anm. 54.
2) Korndämonen S. 8. 25. 32.
3) Vgl. Myth.[3] 441—445. Simrock Handb. d. d. Myth.[3] 459. Feifalik
in Zs. f. österr. Gymnas. 1858 S. 406 ff.

auch *Bocksschnitt*,[1] weil der Bilwisschnitter *auf einem Bocke reitend* und *Hörner* wie der Teufel auf dem Kopfe durch den Roggen reitet; wo er reitet, gehört alles sein. Oder er schwebt über den Aeckern, *die Schnittsichel am Geißfuße*, und wo der Fuß anstreift, werden die Aehren bis zur Hälfte des Halmes ab, dieser aber schwarz.[2] Der Kornbock oder halbbockgestaltige Korngeist selber — so scheint es — schafft in seinem Zorne das Gegenteil seiner sonstigen Wirkungen, taube Aehren oder Krankheit der Halme. Der *Bockreiter* ist nichts als ein von der Gliedermischung abweichender Versuch, den Anthropopathismus des Getreidebocks zur Anschauung zu bringen.

Stellt der *Bockschnitter* — falls wir Recht haben — die Kehrseite der Vorstellungen vom kornzutragenden Kobolde dar, so begegnet uns namentlich in der Schweiz und Frankreich *die Ziege* ganz in der Rolle des die Geschicke des Hauses und der Familie bewachenden Hausgeistes. So erscheint am Fenster des Schlosses von Gümoens im Canton Waadt jedesmal eine *weiße Ziege*,[3] so oft den Bewohnern der Landschaft ein freudiges Ereigniß bevorsteht.[4] Nicht selten haben ganze Dörfer einen gemeinschaftlichen Gemeindekobold, „servant." Derjenige des Waadtländischen Dorfes Belair wälzte sich bald *als Kugel* (vgl. o. S. 99. 157) rings um den Kirchhof, bald ließ er sich in Gestalt eines kopflosen Schimmels, *einer Geiß* oder eines ungeschwänzten Hundes sehen.[5] Auch in anderen Gegenden glaubt man an solche tiergestaltige Geister der Gebäude und der Gemarkung, genii loci, nur daß ihre Bedeutung als Schutzgeister nicht mehr so erkenntlich auf der Hand liegt. Sie treten oft als Bockreiter oder Böcke auf. Zwischen Sissach und Thürnen

---

1) Schmeller WB. I, 151. N. A. I, 201. Myth.⁴ 445.

2) Schönwerth Aus der Oberpfalz I, S. 427. 429. Panzer Beitr. z. d. Myth. I, S. 240, 266. II, 209, 370.

3) D. Monnier et A. Vingtrinier traditions populaires comparées. Paris 1854, S. 679.

4) Hiezu vgl. die Sage, daß zu Vallorbe (Neufchatel) eine Fee mit einer Heerde weißer Ziegen aus dem Berge herauskommt, um ein fruchtbares Jahr anzukündigen, ihre Tiere sind schwarz, wenn Mißwachs eintreten soll. Monnier a. a. O.

5) Vulliemin Canton de Vaud 2. Abt. 2. p. 37 bei Rochholz Aargaus. I, 130.

(Canton Baselland) reitet eine *weißgekleidete Jungfrau auf einem Ziegenbocke* den Bach entlang mit fliegenden Haaren im Mondschein.[1] Im Hügel bei Zunzgen (Baselland) hält sich eine *goldene Jungfrau mit einem Ziegenbock* auf, auf welchem sie am Weihnachtsmorgen an den Bach reitet, sich wäscht und die Haare strählt.[2] In der Johanniskirche der Neustadt zu Wernigerode zeigt sich ein *Ziegenbockreiter*, besonders um *Weihnachten*, winkt den Kindern aus der Kirche und reitet ins Johannistor.[3] Auf dem Schloßberge bei Ilsenburg sieht man bei hellem Tage einen *Bockreiter*. Das Volk hält dafür, er sei der Geist eines ungerechten Gerichtsherrn.[4] Auf dem Knüppeldamm bei Stolberg geht ein Ziegenbock um und zupft Kinder am Kleide, die dann dahinsiechen und sterben.[5] Auf Worms (Insel an der estnischen Küste) begegnete einem von der Jagd heimkehrenden Bauer *ein schwarzer Ziegenbock*, der sich in einen schwarzen Kerl verwandelte.[6] Auf der Iburg in Baden sahen zwei holzlesende Mädchen am Schlosse ein *Geißböcklein* stehen, das sich zu ihnen gesellte und sie nach Art der Waldgeister stundenlang im Walde irre führte. Erst, als sie die Schuhe umkehrten, verschwand er.[7] Im Kulzermoos in der Oberpfalz *verführt eine Geiß die Leute und verschließt sich dann in die Erde*.[8] In einem kleinen *Birkenwäldchen* um Tiefenbach stoßen sich zwei Geißböcke, so daß man meinen sollte, es müsse einer von ihnen auf dem Platze bleiben.[9]

An diese Sagen schließt sich wieder eine niederdeutsche Redensart. In Schleswig-Holstein (Ditmarschen, Eiderstedt) sagt man, wenn ein Mädchen beim Torfstechen eine Karre mit Torf umfallen läßt: „*de Moorbuck het ür stött*" (Vgl. o. S. 159: de Austbuck het ür stött). Bei Burg (Ditmarschen) heißt es, wenn jemand am Abend seine tausend Torfziegel nicht fertig brachte,

---

1) Lenggenhager Volkssagen aus Baselland S. 70.
2) Ebend. S 86.
3) Pröhle·Sagen des Unterharzes 68, 172.
4) Pröhle a. a. O. 111, 287.
5) Pröhle a. a. O. 169, 445. Vgl. 109, 272.
6) Rußwurm Eibofolke II, S. 267. §. 389, 5.
7) B. Baader Volkssagen a. Baden. Karlsruhe 1851, S. 128, 141.
8) Schönwerth a. d. Oberpfalz III, 193.
9) Schönwerth a. a. O. 194.

„*de Moorbuck het em stött.*" Im Budjadingerlande (Oldenburg) ist *Moorbuck* Schimpfwort.

So führt eine geschlossene Kette von Analogien ohne Unterbrechung von den bocksgestaltigen Waldgeistern und Korngeistern zu den Hausgeistern und von diesen zu den Waldgeistern und Feldgeistern zurück. Ueberall treten Aehnlichkeiten mit Faunus und seiner Sippe hervor. Vollständigere Kunde würde noch mehrere derselben zu Tage fördern. Denn auch was noch zu fehlen scheinen könnte, ist einmal dagewesen. Auch das *Alpdrücken* ist, wie Faunus o. S. 116 und den Panen o. S. 132 in ehemals slavischen Distrikten Deutschlands einem *bockgestaltigen* Wesen zugeschrieben worden. Im Altenburgischen (Pöchau und Stolpen) nennt man ein Gespenst „*Bocksmärte.*" [1] Märte aber oder Drût ist der Menschen, Tiere, Bäume, Steine reitende oder drückende Windgeist, der im Winde (Wirbelwinde, Drûtenwinde) daherfährt, Haare und Mähnen verwirrt (Marklatt) und *Bäume* oder *Kornhalme* beständig zittern, verkümmern, verdorren macht, wenn er darauf ausruht. [2] Dieser Menschen und Bäume reitende Windgeist vermittelt den um die Dryaden buhlenden Pan mit dem Ephialtes (o. S. 131). Die Märte oder der Mâr heißt polnisch mora, czech. masc. morous, fem. mûra Plur. moruzzi. Von ihm sagt der altböhmische Glossator Wacehrad (mater verbor.): „*moruzzi pilosi, qui a Graecis panites a Latinis incubi vocantur, quorum forma ab humana incipit, sed bestiali extremitate terminatur.*" Nach Krok II, p. 360 bei Hanush Wissensch. d. slav. Mythus S. 332 werden die moruzzi vom Volke als *Waldgeister* „*leśj*" (lies leschi) bezeichnet.

Wie ich (Bk. 177 ff. 492 ff. 515. 516 ff.) erwiesen zu haben glaube, hatte die in deutschen, skandinavischen, slavischen und keltischen Landen heimische Sitte, zu Fastnacht, Ostern, Maitag oder Johannis ein großes Feuer anzuzünden, ringsumher zu tanzen und *einen Baum*, Kräuter, oder *lebende Tiere*, die Vertreter von Getreidedämonen darin zu verbrennen, den Sinn einer Darstellung des Durchgangs der Vegetation durch das Feuer der Sommersonne. Das Passieren *der Menschen oder Tiere* durchs Feuer wird häufig durch ein bloßes Erscheinen bei demselben

---

1) Kuhn Nordd. Sag. 520. XV.

2) Mannhardt German. Myth. S. 45 ff. 712.

dargestellt (Bk. S. 494. 524). Dahin gehört augenscheinlich auch
der Volksglaube in Norland (Schweden), daß beim Mittsommerfeuer sich öfter *ein Bock* oder *eine Ziege* sehen läßt, von dem
(der) man meint, es sei der *Puken* (Teufel, kornzutragende Kobold).[1]
Im Harze hieß ehedem das Osterfeuer *Bockshorn*,[2] wie ich nicht
zweifle, weil man ehedem das Horn eines Bockes in die Flamme
warf, als Ausdruck des Glaubens, daß aus dem abgehauenen
Gliede (Reste) des im Herbste getödteten Getreidedämons durch
Einfluß der Sonnenwärme des Frühjahrs sich die ganze Gestalt
desselben beleben und zum Wiederaufleben gelangen werde.

§. 11. **Andere Tiere Stellvertreter des Kornbocks.** Der
Kornbock wurde als ein geisterhaftes Wesen gedacht; man
glaubte jedoch, daß derselbe mehrere Gestalten annehmen könne.
Die blauen Kornblumen (o. S. 159), mehrere Insekten und Vögel
scheinen als Gestalten gegolten zu haben, unter denen der Getreidebock zeitweilig dem Auge sichtbar wird. So heißt die grüne
Heuschrecke (locusta acridium) in Holstein und Mecklenburg *Austbuck*,[3] in der Altmark Prov. Sachsen (Kr. Gardelegen, Salzwedel,
Wanzleben u. s. w.) *Hawerbuck*. Die langfüßige Kornspinne (pha-
laugium opilio) ist *Mä-bock* (Pr. Sachsen Kr. Oschersleben),
Hafergeiß Habergeiß (Pr. Sachsen Kr. Jericho, Rgbz. Coblenz,
Oberfranken, Oberpfalz, Niederbayern u. s. w.) genannt. Wenn
ihr Gewebe zu Anfang der Ernte oben an den Aehren sitzt, steigt
das Korn im Preise, sitzt es am Wurzelende, so fällt der Korn-
preis. In Meiningen nennt man ein vom Berichterstatter nicht
näher bezeichnetes Insekt *Kornbock* und in Ichtershausen bei Gotha
ebenso ein kleines schwarzes Tierchen, das in der ausgedroschenen Frucht, wenn sie lange auf dem Speicher gelegen hat, sich
einfindet und dieselbe hohl frißt; wol in beiden Fällen der
schwarze Kornwurm (calandra granaria), der anderswo auch
Kornwolf genannt wird. Diese Benennungen (Kornbock, Kornwolf) gehen auf die Vorstellung von dem die Scheuer ausfressen-
den Getreidedämon zurück.[4] Dagegen ist es kaum zweifelhaft,

1) Dybeck Runa 1844 S. 22.

2) S. Jacobs der Brocken und sein Gebiet S. 168—169. 211 belegt diesen
Namen durch urkundliche Zeugnisse.

3) Vgl. Schiller zum Tier- und Kräuterbuche des meklenburg. Volkes
II, 18.

4) S. o. S. 170. Roggenwolf Aufl.², S. 10—21. Korndämonen S. 8.

daß der gleichlautende Name der Beccassine, Heerschnepfe (scolopax gallinago) *Hawerzég* (Pommern, Mecklenburg) *Hawerzicke* (Kr. Jericho II Pr. Sachsen, Kr. Czernikow Rgbz. Bromberg), *Hâwerbuck*, Hawerbock (Altmark, Angeln, Flensburg, Kr. Gardelegen, Wolmirstedt u. s. w.), *Habergeiß*, Habergâes (Kr. Neuhaldensleben; Kr. Ottweiler Rgbz. Trier, Bayern, Zürich u. s. w.) nicht von Hause aus oder unmittelbar in diese Reihe gehöre. Der Vogel hat nämlich mit dem Getreide nichts zu tun; seinen Vergleich mit dem Ziegengeschlecht verdankt er ganz offenbar dem Umstande, daß das Männchen zur Begattungszeit bei heiterem Wetter sich in ganz enorme Höhe in die Luft schwingt, und dort mit den Flügeln ein dem fernen Meckern eines Bockes ähnliches Geräusch hervorbringt, weshalb er als Erforscher der höchsten Regionen Regen und nahendes Unwetter verkünden soll und auch *Gottesziege, Himmelsziege,* Donnersziege, lit. Perkuno ahsis, oželis, Dēvo ožys, Dangaus ožys, lett. Pêrkona kasa genannt wird. Es ist möglich, aber nicht erweislich, daß in heidnischer Zeit diese Benennungen eine Beziehung auf den persönlichen Himmelsgott oder Donnergott enthalten haben. Der erste Compositionsteil *hawer (haber)* aber soll nach J. Grimms Erklärung (G. d. D. Spr. 35) das alte Wort ags. häfer, altnord. hafr Bock, lat. caper bewahren, so daß Hafer-bock eine nicht beispiellose Tautologie enthielte.[1] In diesem Falle muß freilich der süddeutsche Name *Habergeiß* für den Vogel erst nachträglich aus Haberbock gebildet sein, wo nicht das dem lat. haedus, hoedus Laut für Laut entsprechende *gaiß* auch hier ursprünglich ohne Unterschied des Geschlechts ein Tier des Ziegengeschlechts bezeichnete.[2] Die kleine Eule (strix aluco, strix ortus) wird ihren Namen *Habergeiß* (Kr. Gardelegen, Kr. Delitsch, Naumburg, Bayern, Tirol) auf gleiche Weise wegen des meckernden Tons ihrer Stimme erhalten haben. Sicher aber ist, daß diese Benennung für die beiden Vögel mißverständlich sehr leicht sowohl etymologisch mit der Getreideart in Zusammenhang gebracht, als auch mit dem Glauben an den Getreidebock zusammengebracht werden konnte. Hiezu lud einmal der Umstand ein, daß ja auch der Kornbock, die Habergeiß z. T. in Wind und Wetter, speziell in *dem Gewitter*

---

1) Vgl. auch Schiller a. a. O. I, 8.

2) Doch ist goth. gaits bereits Femin.

vorhergehenden Wirbelwinde sein Leben kundgebend gedacht
wurde, mithin außer dem Einklang der Namen zwei verwandte
Vorstellungen von vorneherein sich anzogen (Vgl. Bk. 250), andererseits mußte die Verbindung um so gewisser zu Stande kommen,
wenn die Volksphantasie schon vorher ohnedies geschäftig gewesen
war, den wirklichen Vogel in ein geisterhaftes Wesen umzu-
schaffen.[1] Der Sumpfschnepfe (Hâwabuck) legt man z. B. in der
Altmark den Ruf unter, den man *meckernd* hersagt: Is Hâwa all
süt? Ik häw mîn all mäht! (Ist der Hafer schon gesät? Ich
habe meinen schon gemäht). In Oberdeutschland erzählt man sich
viel von der gespenstigen Habergeiß. Um Nüziders im Walgau
sagt man, sie sei ein Vogel mit gelbem Gefieder und der Stimme
einer Geiß. Derselbe werde *beim Beginne der Maienzeit* nur den
Blicken bevorzugter Sterblicher sichtbar und seine meckernde
Stimme sei so gut ein Frühlingsbote, wie der Ruf des Kuckuks.
Andere sagen, die Habergeiß habe im *Ganzen die Gestalt einer
Geiß*, aber *Pferdefüße*[2] und *ein Maul, das einer halbgeöffneten
Hanfbreche gleiche*, noch andere halten die Habergeiß für eine
junge Gemse mit Flügeln.[3] Dem Steiermärker gilt sie für das
Gespenst einer Ziege, mit welcher ihr Herr sich vom Felsen in
den Abgrund stürzte, als sein Gläubiger dem Armen dieses sein
einziges Gut entreißen wollte. Sie verkündet mit ihrem Gekrächze
Unglück.[4] Nach andern aber ist sie ein *Vogel mit drei Füßen,
der sich gewöhnlich in den Feldern hören läßt. Wer ihren Ruf
nachäfft, den sucht sie nachts heim.* Oft erscheint der Teufel
in ihrer Gestalt (Steiermark, Kärnthen).[5] Sie entspricht keinem
wirklichen Tier. Im Auswärts (Frühjahr) hört man sie nachts
plärren, wie eine Geiß (Oberöstreich). Noch andern aber ist sie
die Seele eines verstorbenen Menschen, der in Gestalt einer Ziege
in den Kornfeldern um das Sterbehaus sich aufhält, und dort um
die Geisterstunde so lange umgeht, bis die nächste Leiche her-

---

1) Mehrere abergläubige Vorstellungen an die Heerschnepfe geheftet
sind verzeichnet Myth.[2], 168. Zeitschr. f. d. Myth. III, 221 ff.

2) Die Stimme der Strix aluco spielt wol zuweilen auch in einen dem
Gewieher ähnlichen Laut über, wie das der Heerschnepfe, die dem Skan-
dinavier nicht Donnerziege, sondern dän. myrehest, schwed. horsgjöck, isl.
hrossagaukr (Pferde-Kukuck) heißt.

3) Vonbun Beitr. z. d. Myth. a. Churrhätien S. 110.

4) Zeitschr. f. d. Myth. I, 244.

5) Weinhold Weihnachtspiele S. 10.

ausgetragen wird (Reichenau Kr. unter dem Wiener Walde).[1]
Oder sie soll eine verwunschene Jungfrau sein, die in Gestalt
einer *weißen Geiß in den Getreidefeldern*, namentlich zur Erntezeit kläglich schreit, auch wol der Teufel selber, der als *schwarze
Geiß* umgehe (Erzherzogt. Oestr. Umgegend v. Krems).[2] Auch
der Tiroler beschreibt die Habergeiß als einen verwünschten
Menschen, als ein Wesen halb Vogel halb Geiß, als einen „Vogel
der wie ein Mann aussieht," welcher Leuten, *die nachts zum
Fenster herausschen, tüchtige Ohrfeigen giebt*. Sie wohnt auf der
höchsten Steinwand. *Ihre Eigenschaften berühren und vermischen
sich teils mit derjenigen der wilden Jagd, teils mit denen der Hausgeister, fliegenden Drachen und des Bilsenschnitters*. Das Jauchzen
der wilden Jagd und das Schreien der Habergeiß soll man nicht
nachäffen, sonst kommen sie herbei. Die Habergeiß jagt dem
Nachrufer nach, zerkratzt oder frißt ihn und verfolgt ihn bis an
seine Haustür, die er nur mit Not vor sich zuschlägt. (Vgl. die
Sagen vom wilden Jäger resp. Nachtraben). Sie hängt sich ihm
als blutiges Fell vor die Türe, wie der wilde Jäger ein Viertel
des Jagdtieres an die Türpfosten des Nachrufers heftet. Im
Erzherzogtum Oestreich nennt man mehrfach die Habergeiß als
Teilnehmerin der wilden Jagd, des Zuges der Perchtl; der Teufel
reitet auf ihr. Auch der niederöstreichische Glaube, daß sie bei
starkem Gewitter (Hagel u. s. w.) *das schon geschnittene Getreide
von einem Acker auf den andern fremden trage*, zeigt ebenso-
wohl Sturm, Hagelschlag und Wirbelwind als ihr Element, wie
er an den getreidetragenden Drachen erinnert. Im Oetztal stellen
sich die Leute die Habergeiß gradezu als *glühenden Drachen* vor.
Schreit sie vor Ave Marialäuten, so bedeutet es Glück, später
Unglück; schreit sie im Spätherbst, so kommt *langer Winter und
große Heunot*. Wo sie hinkommt, bedeutet es Unsegen und Unrat,
das Korn verdirbt, die Kühe magern ab, geben keine Milch und
haben *verfilzte Mähnen*.[3]

---

1) Entstand wol aus Verschmelzung des Korndämons Habergeiß mit der
Eule (strix aluco), die auf dem Baum vor dem Sterbehause sitzend die baldige
Leiche ansagt und erwartet. Bei Meran sagt man, der Ruf der Habergeiß
(strix aluco) verkündige baldigen Todesfall. Zingerle Sitten[2] 81, 679.

2) Landsteiner Reste des Heidenglaubens S. 66.

3) Mündl. — Zingerle Tiroler Sitten[2] S. 80—82, u. 671—682. Zeitschr.
f. d. Myth. I, 211. III, 30, 15. Alpenburg Mythen 385. Landsteiner a. a. O.

Es bestätigt sich somit, daß mehrere Stücke, (der Name Habergeiß, der Aufenthalt im Kornfelde, die Lebensäußerung in Wind und Wetter, die Berührung mit fliegenden Drachen und Hausgeistern u. s. w.) dem gespenstigen Vogel und dem bald segnend, bald zürnend waltenden Getreidebocke gemeinsam waren, welche zu einer Verschmelzung von beiden führen mußten. Mehrere Züge z. B. die an die *lahme Geiß* (o. S. 165) erinnernde *Dreifüßigkeit*, das einer Hanfbreche ähnliche Gebiß mit langen, scharfen Zähnen mögen die Vorstellungen vom mythischen Vogel direct den Vorstellungen von dem Korndämon Habergeiß und dessen bildlichen Repräsentationen entlehnt haben. Dagegen weisen die letzteren wiederum den Einfluß des Glaubens an den gespenstigen Vogel mehrfach auf das deutlichste auf. Es ist die Volkssitte, in der wir das Produkt der angedeuteten Mischung kennen lernen.

§. 12. **Dramatische Darstellungen des Vegetationsbocks.** Nicht allein auf dem Erntefelde und der Dreschdiele, sondern auch unabhängig davon liebte man den Getreidedämon sich durch Darstellung zu vergegenwärtigen, zumal in feierlichen Umzügen *während des Frühjahrs* und um die *Wintersonnenwende*, durch welche der Wiedereinzug der segnenden Mächte des Sommers in die verödete Natur veranschaulicht werden sollte.

In Steiereck und Mühlviertel (Erzherzogt. Oestr.) ist die Hauptfigur des Fastnachtumzuges ein Ungetüm, gebildet durch zwei Männer, welche unter hochemporgehaltener Plahe gehen, worauf ein *Geißkopf* sitzt. Ein dritter führt die Ziegengestalt; mehrere Wagen folgen, von denen die übrigen allerlei komische, bucklige oder kropfige Masken tragen, *einer ganz mit grünen Tannen oder Fichtenzweigen bedeckt* einen Strohmann enthält, der an der Donau ins Wasser geworfen wird. [1] Diese Wassertauche ist — wie ich Bk. a. m. O. ausführlich erörterte — ein Regenzauber. Kein Zweifel, daß die ganze Begehung den im Lenze wieder ins Land einziehenden Vegetationsdämon darzustellen bestimmt war. In Böhmen (Kr. Tabor) geht um die Faschingszeit die *Habergeiß* um. Sie wird verschieden dargestellt z. B. als Mensch, der *ganz in Stroh eingehüllt ist*, drei Füße, einen *Menschenkopf mit Hörnern*, zuweilen aber auch noch einen langen *Schnabel* zeigt. Die Einhüllung in Stroh macht abgesehen von

---

1) A. Baumgarten das Jahr und seine Tage. Linz 1860, S. 19.

den weiterhin anzuführenden norddeutschen und skandinavischen Parallelen gewiß, daß dieser Faschingsumzug mit der analogen Darstellung auf dem Erntefelde und der Dreschtenne (o. S. 168) zusammenhängt, daß nicht das Vogelgespenst, sondern der Getreidedämon Habergeiß dargestellt werden sollte; aber ersteres wirkte mit, die rohe und vielleicht von Anfang an schnabelartige Darstellung der Schnauze in diejenige eines wirklichen Schnabels umzuformen. Noch durchgreifender ist dies in Tirol geschehen, wenn zu *Fastnacht* und *Weihnachten* als *Habergeiß* ein ganz *in Stroh* gekleideter Bursch von Haus zu Haus geleitet wird, der mit *rot- oder buntangestrichenem Storch- oder Spechtschnabel* und gleichartig gefärbtem Strohschwanz ausgerüstet einem Vogel ähnlich sieht. *Seine Begleiter tragen ein großes Netz als Vogelfänger.* Solche Darstellung der Habergeiß als Vogel hat jedoch nur beschränkte Verbreitung. In der Kreisdirection Leipzig (Wernersdorf) gingen früher zu Fastnacht *in Getreidestroh* gehüllte Personen von Tür zu Tür, wo man ihnen Bratwürste, Speck und andere gute Sachen schenkte. Diese Personen hießen *Habergeiß* und *Erbsenbär*. *Der Erbsenbär wird von uns durch positive Zeugnisse späterhin als Korndämon nachgewiesen, mithin spricht die größte Wahrscheinlichkeit dafür, daß auch seine Begleiter Schimmelreiter und Geiß,*[1] *ja selbst der gleich zu erwähnende Nicolaus (Klaas, Ruklaas, Knecht Ruprecht u. s. w.) dieselbe Bedeutung haben.*[2] Wie in Leipzig und Bühl der irrtümlich hin-

---

1) In Bühl (Würtemberg) füllt man zu Fastnacht einen Sack mit Streu und Häcksel, an dem man mit den Zipfeln des darüber gehängten weißen Lakens einen **Pferdekopf** mit langen Ohren befestigt und wie ein Pferd aufzäumt. Dieser Schimmel heißt der Gol isch* Bock (Meier Schwäb. Sag. 372, 3). Im Münstertal (Elsaß) dagegen zogen die Weiber in der Fastnacht maskiert mit einem lebendigen aufgeputzten Bock und einem schellenbehangenen Pferde, das zwei Fässer Wein trug, durch die Straßen, und kein Mann durfte sich vor Abend selbst an den Fenstern sehen lassen. Der Brauch wurde im Jahr 1681 auf Anregung des Pastors Forster abgeschafft (Curiosités d'Alsace. Colmar 1861, I, p. 82 bei W. Hertz deutsche Sage im Elsaß. 1872, S. 26). Hiermit mag zusammenhangen, daß in der Gegend von Saulgau der in April Geschickte mit dem Rufe Aprillenbock! Aprillenbock! verfolgt wird (Birlinger Volkstüml. a. Schwaben II, 93, 122).

2) St. Niclas (Ruhklas, Aschenklas u. s. w.) ist in diesen Gebräuchen mit nichten der kinderliebende Bischof von Myra und deshalb auch in dessen Legende kein Anhaltspunkt für die Entstehung der Sitte zu finden, sondern

* Golisch wol Abkürzung von gollatblech, riesig.

eingetragene Anklang an den Vogel fehlt, im Elsaß das lebendige Tier über die reine Ziegengestalt keinen Zweifel läßt, treffen

die einfache Personification des Kalendertages, 6. Dezember.
Solche Personificationen sind im europäischen Volksglauben sehr gewöhnlich.
In Rumänien glaubt man an gütige Wesen Swinta maica Duminica, swinta
maica Mercuri, swinta Maica Vinire oder Paraskeve, d. i. heilige Mutter
Sonntag, Mittwoch und Freitag, von denen man manche Sagen erzählt (Toll-
hausen i. d. Didaskalia. Frankf. 1841, Nov. 25. Arthur Schott im Ausland 1849,
n. 231. Ders. Walach-Märchen n. 11. 23. 25. J. K. Schuller Kolinda Her-
mannstadt 1860, S. 12). Gradeso werden in Schweden der Donnerstag und
Freitag (Thorsdag, Fredag) als Thor und Frigg personifiziert. In der Nacht
von Donnerstag zu Freitag muß jedes Spinnrad ruhen, denn dann spinnen
Thoregud och Frigge darauf. (Hyltén-Cavallius Wärend och Wirdarne
I, S. 188), wo offenbar nicht der Asathor und Odins Gemahlin sondern der
Person gewordene Donnerstag und Freitag zu verstehen sind. In Oberdeutschland ist der Donnerstag (Pfinztag) zu einem mythischen Wesen, die Pfinze,
geworden. „Dominae Habundiae vulgariter Pfinzen." Schmeller W.-B.² 439.
Die Russen haben aus dem Worte pjatnica Freitag eine Heilige, Pjatnica
(spr. Pjatnitza), gemacht, welche zornig sei, wenn die Leute ihr Fest nicht
halten. An einem gewissen Festtage führt man in Kleinrußland eine Frauens-
person mit fliegenden Haaren als Pjatnica in Kirchenprozession herum.
J. Glenking Gebr. d. griech. Kirche (deutsch 1773) p. 398. Wie in den bisher angeführten Beispielen die Wochentage, sind auch hervorragende Heiligentage des Kalenders zu Personen geworden, deren Namen dann natürlich mit
dem Namen des Heiligen zusammenfallen, ohne mit seinem Wesen und seiner
Legende etwas gemein zu haben. Wir nennen zuerst *Berchta, Perchta,*
welche bisher mit Ungrund nach Grimms Vorgang für eine Göttin
unserer heidnischen Vorfahren gehalten worden ist. Vielmehr ist
sie lediglich die Personification des Epiphanientages (Berchtentag, Berchten-
nacht) und ihr steht eine ganz analoge Gestalt in der italiänischen Fee Be-
fania, Befana d. i. Epiphania zur Seite. [Für Berchte bietet die reichhaltigste
Lese älterer Zeugnisse Schmeller-Frommann W.-B.² I, 269—272, über
Befana vgl. H. Usener im Rhein. Museum XXX, p. 197]. Am 6. Januar
(Epiphania Domini, festum trium regum, adoratio magorum) feiert die Kirche
die Anbetung der drei Weisen aus dem Morgenlande, welcher auf dem Fuße
der bethlehemitische Kindermord folgte. Deshalb ist leicht einzusehen, woher der Volksglaube die Perchtl in der Perchtennacht umziehen läßt,
in endloser Reihe von einem Heere zarter, ungetauft verstorbe-
ner Kinder gefolgt, denen der fromme Bauer mitleidig einen Tisch mit
Speise hinsetzt (Alpenburg Mythen Tirols S. 48). Diese Kinderseelen sind
dann vielfach in Schretzlein, Heimchen u. s. w. umbenannt. Aus der einen
von deutschem in slavischen Volksglauben übergegangenen (Zs. f. d. Myth.
IV, 387) und weit verbreiteten Perchta sind dann vielfach mehrere Perchteln,
Froberte u. s. w. geworden, bei denen der Zusammenhang mit dem Kalendertage sich verdunkelt hat. Im Baierwalde glaubt man eine Personification

wir in Obersteiermark deutlich die Ziege, die Korngeiß, für sich.
Hier geht nämlich die Habergeiß zur *Weihnachtszeit* in der

der Zwölften oder Rauchtnächte (d. i. der Tage zwischen Weihnachten und
Neujahr) „die Rauhnacht," welche durch eine vermummte stark verhüllte
Weibsperson dargestellt wird. Schmeller W.-B.² II, 14. Der 13. Dec. St. Lu-
cia, der im Mittelalter für den Tag der Wintersonnenwende galt [„Vitus et
Lucia sunt duo solstitia" „Lucia bringt die längsten Nacht" Schmeller W.-B.²
1549] ist ebenfalls zu einer mythischen Person geworden, Lucia, Lutz
Schmeller I, 1549. Rank a. d. Böhmerwalde S. 137. Aus Fronfasten d. i. den
Quatembern hat man eine Frau Faste gemacht (Schwaben; Schweiz. Myth.²
742). Als männliche Personificationen von Kalendertagen im Volksgebrauch
sind von uns bereits der Walber (von Walpurgis) Bk. 312. 316, Georg
Bk. 313. 316. 317, St. Johannis Bk. 468, St. Stephan Bk. 404. (Vgl.
meinen Aufsatz „Die lettischen Sonnenmythen in Bastians Zs. f. Ethnologie
VII, 1875, S. 95) nachgewiesen. Auch Bartel, der am Bartolomäustage
(24. Aug.) die Brombeern beschmutzt d. h. weißblau färbt und den Kohl-
pflanzen die Häuptchen einsetzt (Kuhn Nordd. Sag. 400, 113. Wuttke Abergl.²
§. 665), Martin (Pelzmärten u. s. w.) in den Martini- und Adventsgebräuchen
sind keinesweges die Heiligen, oder gar Wodan; wenn Martin auf dem Schimmel reitet, so geschieht dies, weil und wann in der Zeit des Martinstages
(11. Nov.) der erste Schnee fällt. (Vgl. Weinhold Weihnachtspiele S. 7). Die
Ansätze zu solchen Personificationen der Kalendertage kann man vielfach in
den Wetterregeln der europäischen Völker beobachten. Z. B.: Die heiligen
drei Könige kommen zu Wasser oder gehen zu Wasser. (Brandenb.). St. An-
tonius macht die Brücke und St. Paulus (25. Jan.) zerbricht sie. (Venedig).
Sant Bastia la viola en má d. i. St. Bastian das Veilchen in der Hand.
St. Mathias schickt Saft in den Baum. St. Agnes treibt die Lerchen aus
der Stadt. St. Dorothee bringt den meisten Schnee. St. Severin wirft den
kalten Stein in den Rhin, St. Gertrud mit der Maus holt ihn heraus u. s. w.
(S. Reinsberg-Düringsfeld, das Wetter im Sprichwort 1864, S. 64 ff.). Und
wie die Wochentage und Heiligentage erleiden auch Monate und Jahreszeiten
eine ähnliche Personification; Père Mai, Reine Maia, russ. Jarilo (Frühling)
u. s. w., slav. Leto (Sommer) sind (Bk. a. a. O.) von uns als solche besprochen;
wir glauben an den betreffenden Stellen zugleich nachgewiesen zu
haben, daß mit diesen Personificationen der Jahreszeiten und Kalendertage sich ältere mythische Vorstellungen aus dem Kreise der
Vegetationsdämonen, der Sagen vom wilden Heer u. s. w. verbunden haben. Einmal zu Gestalten des Volksgebrauchs geworden haben
sie durch Attraction und Assimilation ähnlicher Gebräuche dann häufig ihre
Stelle im Kalenderjahr verrückt, ihr Gebiet rückwärts oder vorwärts erweitert.
Berchta, die Person gewordene Epiphania, und St. Martin, der Dämon des
10. Novembers, gehen auch in der ganzen Advents- und Weihnachtszeit (als
Perchtel, Pelzmärte u. s. w.) um. Auf gleiche Weise ist denn auch St. Niklas
in den Advents- und Weihnachtsumzügen für den Person gewordenen
Nicolaustag (6. December) zu erachten, der mit dem um die Win-

Begleitung des *Nikolo* um. Sie wird durch vier Männer gebildet, welche sich aneinander halten und mit weißen Kotzen bedeckt sind. Der vorderste hält *einen hölzernen* Geißkopf empor, dessen untere *Kinnlade beweglich ist*, und *womit er klappert* (Weinhold Weihnachtsp. S. 10). Im Böhmerwalde wird ebenfalls eine mit übergebreitetem Leintuch und durchstehenden Hörnern *als Ziege maskierte Person* von einer Art Niklo herumgeführt, hier aber entlehnt sie ihren Namen Luzia von der Personification des Heiligentages (12. Dec.); sie ermahnt die Kinder zum Beten, beschenkt gute mit Obst und droht den schlimmen, sie werde ihnen den Bauch aufschlitzen und Stroh und Kieselsteine hineinlegen (J. Rank a. d. Böhmerwalde S. 366). In Oberöstreich ist die Darstellung ganz ähnlich. Auch hier tritt die *Habergeiß* im Gefolge des Nikla auf und zwar am Vorabende seines Tages (am 5. Dec.). Um sie darzustellen nimmt man eine Plahe über sich und darunter zwei Stäbe, womit man bald vorwärts, bald rückwärts, bald in der Richtung nach oben, bald wieder nach unten herumschiebt, so daß das Ungeheuer bald Hörner, Kopf und Hals zu verlängern, oder zu verkürzen, bald den Hinterleib mannigfaltig zu verändern

---

tersonnenwende wieder ins Land einziehenden Vegetationsdämon verschmolzen ist. Letzteres ersieht man deutlich aus der oftmaligen Einhüllung in Erbsenstroh, wie sonst in Pelz, so wie aus der Ausrüstung mit obstgefülltem Korbe oder Sack und Gerte oder Rute. Darin gleicht er genau dem zu Weihnachten umgehenden, mit einer Birkenrute bewaffneten Bullkater (o. S. 174), der doch von dem der Ernteprozession voranschreitenden Kornkater, der den Getreidedämon vorstellt, nicht getrennt werden kann. Gegen diese Auffassung des Rauhklas, Aschenklas, Niclas kann auch der in einigen Gegenden (Böhmen, Halle, Insel Usedom) demselben zustehende Name Knecht Ruprecht nicht ins Feld geführt werden. Die von Kuhn (Zs. f. d. Altert. V, 482 ff.) aufgestellte und seitdem allgemein angenommene Meinung ist nicht zu halten: „kein Knecht sei in dem alten Pelzträger verborgen, sondern, wie schon der Name verkündet, ein ruhmglänzender Gott (Hruodperaht), niemand anders als Wodan." Vielmehr werden wir auch in Ruprecht eine dem Niclas, Pelzmärten u. s. w. analoge Figur (vielleicht ursprünglich männliche Personification des Berchtentages; vgl. in der Schweiz Bertholdstag d. i. Jan. 3.) zu suchen haben. Die Gerte (Rute), welche Ruprecht, Pelzmärte, Niklo u. s. w. (wie der Bullkater o. S. 173) in der Hand führen, um die Begegnenden, namentlich Kinder, zu schlagen, ist nichts anders, als die auch vom Maikönig geführte, Wachstum hervorbringende Lebensrute (Bk. 365. 366), welche lediglich aus Mißverständniß umgedeutet wird in das pädagogische Instrument des Schulmeisters. Vgl. die russ. Pfingst- und Sonnwendpersonificationen Rusalky und Koljada. Miklosich Rusalien. Wien 1864.

scheint. In jenem Bühler Fastnachtumzug (o. S. 184 Anm.) ist die
Habergeiß mit dem Schimmelreiter zu einer Gestalt verschmolzen.
Dasselbe geschieht im Weihnachtsbrauche in mehreren Gegenden
mit dem Erbsenbär. Um Krakau besteht der Weihnachtsumzug
aus drei Gestalten. Ein Mann ist *ganz in Ziegenfelle gehüllt und
auf einen Schiebkarren gesetzt, die beiden anderen sind in Erbsenstroh* eingebunden. Merkwürdigerweise wird nun der in Felle
gehüllte Mensch *Erbsenbär* (grochowej niedźwiedź) genannt, vor
jedem Hause, wo man anlangt, *brummt* er, und *wird dies Brum-
men zuerst von einem Mädchen gehört, so soll es bald heiraten.* [1]
Bei Marburg in Steiermark tritt noch ein dritter Geselle als Factor
in den Verschmelzungsprozeß mit ein. *Wer beim Dreschen den
letzten Schlag macht*, heißt *Wolf.* Alle Knechte laufen eiligst aus
der Scheuer heraus und lauern ihm auf, hüllen ihn, wenn er
herauskommt, in Stroh *in Gestalt eines Wolfes und führen ihn
so im Dorfe herum.* Den Namen Wolf behält er bis Weihnachten.
Dann steckt man ihn in ein Ziegenfell, hüllt ihn übrigens in Erbsenstroh und führt ihn als Erbsenbär an einem Stricke von Haus
zu Haus. *Hier liegt (wie beim Kornkater o. S. 173 ff.)
ein neuer, sicherer Beleg für den Zusammenhang,
die Identität, des nach der Ernte angestellten, den
Korndämon darstellenden Umgangs und des Um-
zugs in der Weihnachtszeit vor.* — In Böhmen (Neuhaus)
besteht der Nikolausumgang aus vielen Masken. Da giebt es
zwei Bischöfe (Vervielfältigung des einen h. Nikolaus, der Personification des Heiligentages) Soldaten, Husaren, Teufel, Kamin-
feger, Quacksalber, Schacherjuden. Den Kern- und Mittelpunkt
des Aufzuges aber bilden die folgenden Figuren. Einer scheint
auf einem künstlichen Schimmel zu reiten, ein zweiter *auf einer
ähnlichen Ziege*, der dritte und vierte endlich erscheinen in bären-
artiger Gestalt, behangen mit mannigfachen Glocken und Schellen,
mit denen sie unaufhörlich läuten. Dem Haufen werden Aepfel

---

1) Man erzählt sogar eine Geschichte, um die sonderbare Mischgestalt
zu erklären. Vor jedem Hause wiederholen die Führer, dies sei der Erbsenbär, der den Sohn Gottes erschrecken wollte. Ein Müller hatte sich nämlich
den übeln Spaß erdacht an einem Weihnachtsabend das Jesukind zu ängstigen.
Er steckte sich in ein Ziegenfell und umwand sich mit Erbsenstroh.
Zur Strafe wurde er in einen Bären verwandelt. Der Umzug geschehe zum
Andenken an diese Begebenheit.

und Nüsse vorhergetragen, welche die Bischöfe an die guten
Kinder verteilen. Gewöhnlich geht diesem Zuge noch ein Vorläufer voraus, der in das Zimmer tretend den Hausvater fragt,
ob der h. Niklas kommen dürfe, und ihn, füllt die Antwort
bejahend aus, hereinruft. Nun giebt es vielerlei Spaß. Der
Handelsjude stiehlt etwas aus dem Hause, bietet es dann zum
Verkauf dem Hauswirt an und dieser muß sein Eigentum mit
Geld auslösen. In reicheren Häusern bekommen die Niklasum-
gänger *Getreide*, überall aber *Flachs*. Auch verkleiden sich *drei
junge Leute* als Engel, Teufel und *Bock*. Letzterer hat die Aufgabe, die Kinder, welche nicht beten können, mithin vom Engel
nicht beschenkt werden, *auf seine Hörner zu heben*, so daß der
Teufel ihnen *einige Schläge mit seiner Rute geben kann*, ein Scherz,
den sich übrigens selbst die erwachsenen Knaben und Mädchen
gefallen lassen müssen. [1]

Unter anderem Namen finden wir *Geiß* und *Bär* auf der
Insel Usedom wieder. Hier ziehen am Weihnachtsabend die
Knechte mit Schimmelreiter, Erbsenbär und dem *Klapperbock*
von Hof zu Hof. Letzterer ist ein Mensch, der eine Stange trägt,
über welche eine *Bockshaut* gespannt wurde, mit daran befind-
lichem hölzernem Kopf, an dessen unterer Kinnlade eine Schnur
befestigt ist, so daß, wenn der Tragende daran zieht, die beiden
Kinnladen klappernd zusammenschlagen. Mit dem Klapperbock
werden die Kinder, die nicht beten können, gestoßen. [2] In Ilsenburg (Harz) geht zu Weihnachten der *Habersack*, ein in Stroh
gehüllter Mensch, *den Kopf mit Hörnern geziert*. [3] In Natangen
(Ostpreußen) ziehen am Sylvesterabend ein Schimmel, *ein Bock*
und ein Mensch umher. Der Bock ist ein mit Tüchern verhange-
ner Kerl, welcher mit einem Flachsschwanz versehen eine *Ofengabel reitet, deren Zinken Hörner darstellen*. Er stößt immer
den mitziehenden bucklichen Kerl. [4] Bei den Deutschen in Preuß.
Litauen heißt *Neujahrsbock* ein mit Pelzen behangener Bursch,
der in die Häuser dringt und daselbst seine Fratzen treibt. In
manchen Ort sind der Schimmelreiter und *Neujahrsbock* zusammen-
geflossen, insofern jemand den letzteren darstellt, indem er einen

1) Reinsberg-Düringsfeld, Festkalender a. Böhmen S. 528. 529.
2) Kuhn Nordd. Sag. 403, 126.
3) H. Pröhle Harzbilder 51.
4) Reusch in N. Preuß. Provinzialbl. Kgbg. 1848, Bd. VI, S. 220, 55.

Pferdeschädel an zwei Stöcke bindet, die er an seinem Halse befestigt, in den Augenhöhlen des Kopfes aber Lichter anbringt, sodann seinen ganzen Körper mit zwei Laken bedeckt und auf einer langen Stange reitend sich im Dorfe zeigt (Neuendorf bei Tilsit). Die Litauer in Pr. Litauen haben die Maske auch, aber die Entlehnung bezeugt der abgezogene Name derselben zaidynė d. h. Spiel. Merkwürdig ist der Gebrauch in der Umgegend von Gniewkowo bei Inowrazlaw. Dort gehen nämlich am Dreikönigstage ein *in Erbsstroh gehüllter Bär*, eine in *Haferstroh gehüllte Ziege* und ein mittels Werg und eines Leintuches, so wie mit langem Holzschnabel hergestellter Storch, suchen die Bewegungen dieser Tiere nachzuahmen, und führen Tänze auf, wofür sie in jedem Hause ein Geschenk erhalten. Eine ganz singuläre Gestalt nahm der Umzug im Entlibuch (Canton Luzern) an. Am Donnerstag Abend in der vorletzten Woche vor Weihnachten sammeln sich die meisten Junggesellen und Jungmänner jeder Pfarre in ihren Dörfern, oft mehr als 100 starke Burschen, und verabreden das Dorf, welches das Ziel ihres Ausflugs werden soll. Mit Kuhglocken und Ziegenschellen, Kesseln und Pfannen, Peitschen und Blechen, Alp- und Waldhörnern bewaffnet, dazu schreiend und brüllend vollführen sie einen betäubenden Lärm, mit dem sie über Berg und Tal nach dem bestimmten Orte ziehen, wo *in froher Erwartung* die Jünglinge des Dorfes zu ihrem Empfange bereit stehen. In der Mitte des Zuges, oder wol vielmehr an dessen Spitze, befand sich das Posterli, ein mythisches Wesen, welches durch einen Burschen in Gestalt einer alten Hexe, *einer alten Ziege* oder eines Esels, bisweilen durch eine Puppe dargestellt wurde, welche dann auf einem Schlitten mitgefahren und in einer Ecke des fremden Dorfes zurückgelassen wurde.[1] Da dieser Umzug offenbar nur eine eigentümliche Form des Bk. 539—543 erörterten, zur Hervorbringung besseren Gras- und Kornwuchses geübten Berchtenlaufens, da ferner der Empfang im fremden Dorfe ein freudiger war, werden wir in diesem Brauche nicht mit Usener[2] die Austreibung des alten Jahres, sondern den Einzug oder Umzug des Vegetationsdämons erkennen,

---

1) J. Stalder Fragmente über Entlebuch. Zürich 1797, I, 101 ff. Vernaleken Alpensagen S. 346.
2) Usener Italische Mythen. Rhein. Museum XXX, S. 198.

von dem man durch den Lärm die feindlichen wachstumhindern-
den Geister verscheuchen wollte, und den man im Nachbardorfe
absetzte, wie bei der Ernte die Kornpuppe beim Nachbar (o. S. 165),
weil die Nachbarn eigentlich verpflichtet waren, ihn weiter zu
bringen. Der Name Posterlijagen für den Brauch und die Darstellung als alte Hexe oder alte Ziege bleiben bei dieser Auffassung als zufällig oder jüngeres Mißverständniß außer Acht
gelassen. Und in der Tat, sobald das Volk den · Umzug bei
erloschenem Verständniß ins Komische und Schreckhafte um-
deutete, lag es nahe statt der (erwachsenen) Ziege überhaupt
eine recht alte und garstige Geiß zu wählen und die Hexe so
abschreckend als möglich zu bilden; das Vorangehen im Zuge
mußte dann als Gejagtwerden erscheinen. Zu dem Entlibucher
Brauch stellt sich die Tiroler Sage, daß zu Küssen sich vor
einigen Jahren die eigentliche Percht (der Genius der Perchtennacht) am h. Dreikönigsabend unter die Perchtelläufer gemischt
habe. Sie gab sich durch einen Riesensprung übers Brunnenhaus
zu erkennen und man sah ihre Bocksfüße. [1]

Viel lebendiger ist die Darstellung des Getreidebocks unter
dem Namen Julbuck noch in Skandinavien geblieben. Hier hat
man noch entschiedene Erinnerungen an die eigentliche Bedeutung desselben bewahrt, indem man noch sehr wol weiß,
daß die Julböcke in den Julspielen Darstellungen geisterhafter
Wesen seien, welche bald Jolasveinar (Weihnachtsbursche), bald
Jolabukkar, Julebokkar genannt werden. [2] Die Jolesveinar sollen
ihren Aufenthalt in Hügeln und Bergen haben und nicht größer
als die Zwerge sein (Mo in Helgeland). Gradeso hörte H. Ström
im vorigen Jahrhundert im Stifte Bergen, die Masken des Julebuk und der Julegjed seien Nachahmungen der Hügelböcke
(o. S. 154). In Mandal (Stift Christiansand) sagt man, der Julbock halte sich Sommers in den Wäldern auf, aber jeden Tag
kommt er ein Stückchen näher; Weihnachtsvorabend (lille Jul-
aften 23. Dez.) ist er in der Badstube, Weihnachtsabend (24. Dez.)
im Stubenwinkel, wo er darauf ausgeht die Julgrütze zu schmecken

---

1) Zingerlo Sitten² 129, 1150.

2) Vgl. Aasen W.-B.: Jolebukk m. og Jolegeit f. Maske eller mas-
keret Person i Juleleg. Jolasveinar pl. Vætter, som besøge Gaardene i
Juletiden; Jolasveinar Hardanger, paa Sündmör Julebokkar.

und die kleinen Kinder fortzunehmen, welche in die Stube kommen. Ist ersteres geschehen, so geht er wieder fort. In Söndmöre nähert sich die Julgeiß (Julgjed; man hört hier selten oder nie Julebukken) *von den Bergen her* langsam dem Gehöft, das sie am Weihnachtsabend erreicht; ihre Gegenwart kündigte sich durch ein eigentümliches Brennen der Lichter an. In Nordmöre heißt es, daß der Julebuk, der im allgemeinen einem Bocke gleiche, um Mitternacht eintreffe, wo er *hinter dem Ofen* (wie ein Hausgeist) Platz nehme. Setzt man ihm dann kein Abendbrod dorthin, so verwüstet er alles in der ganzen Stube. In Mandal glaubt man denn auch nicht vergnügt sein zu können, ohne dem Julbuk eine Schale Julgrütze und eine Schale Julbier hinter den Ofen zu setzen, grade wie sonst dem Tomtegubbe. Vernachlässigt trinkt derselbe die Bierfässer im Keller leer und füllt sie mit Wasser, und in der Speisekammer verzehrt er die Julgrütze (Grebstad). Wer nicht zu Julabend *neue Kleider* bekommt oder irgend etwas *Neues*, wird von den Julesveinar fortgeholt. Dasselbe sagt man von der *Julegjed* am Weihnachtsabend und vom *Nytaarsbuk* (Neujahrsbock) am Neujahrsabend (Saltdalen). In diesen Schilderungen ist der Zug von dem langsamen Herankommen des Dämons und die ·Forderung, etwas Neues zu bekommen, deutlich einer Personification des Jultages und Neujahrs entlehnt, daß aber in der Tat dennoch der Getreidebock gemeint sei, geht aus der Sitte in Ibestad hervor, *in der Julnacht etwas von Stahl* (Axt, Messer u. dgl.) *in die Scheune zu legen, um den·Julbuk und die Julgjed zu verhindern hineinzukommen, und vom Heu zu speisen. Geschehe das, so werde man den ganzen Winter hindurch Futtermangel und Unglück mit dem Vieh haben.* Das nämliche wird vom Getreidedämon ausgesagt, wenn man ihm den geringen Winterunterhalt auf dem Felde zu lassen verabsäumt hat (o. S. 170). Auch in Schonen wußte man im 17. Jahrhundert noch von den geisterhaften Urbildern der Julböcke. Ein Bericht a. d. J. 1730 sagt: „Vor 40 Jahren lagen hier in den Kirchspielen Gessin und Eskilstorp im Oxinhärad die Julspiele dem Volke sehr am Herzen; man pflegte da Julböcke von schrecklichem Ansehn auszurüsten. Da haben ein Ritter und mehrere junge Leute, des Bockes Führer, einen solchen abends in eine Spielstube gebracht. Doch nicht lange hatten sie ihren Spaß mit ihm getrieben, als die Lichter erloschen und man im

Mondschein einen andern, *größeren und viel furchtbarern Bock zu sehen bekam, der den Kornschober vor dem Fenster immer auf und ab, auf-. und ablief*, ein Anblick, von dem der eine oder der andere der Alten noch jetzt nicht ohne Schauder berichten kann."[1] Das war der wahre Julbock gewesen, der Kornbock im Getreideschober, der die Nachäffung seiner Person übel nahm. Seinem Ursprunge entsprechend war denn der Julbock auch noch vielfach in Kornhalme gekleidet. In Bergslagshärad (Oerebro-Län in Schweden) führte man ehedem [jetzt geschieht es nur noch selten] *den Julbock herum, ganz in Getreidehalme gehüllt, mit den Hörnern eines Bocks oder einer Ziege auf dem Kopf.* Er glich so einem Bock, nur war er beträchtlich größer.

Anderswo aber wird der Julbock meistenteils mittels einer Vorrichtung fast genau so, wie die Habergeiß in Oberdeutschland, der Klapperbock in Usedom u. s. w. dargestellt. Bei den Dänen beschreibt ihn Sorterup[2] „capri Jolenses, qui olim machinâ quadam, capro simili at nolis crepitantibus tonante, sed *clavâ tundente* instructa inter Danos repraesentari soluerunt." In dieser oder einfacherer Gestalt bildet der Julbock (oder die Julziege resp. beide) eine stehende Figur in der zu allerlei lustigem Spiel dienenden Festversammlung zu Weihnachten, der sogenannten Weihnachtstube (Julestue), von der wir durch L. Holbergs lebendige Schilderung in seinem 1724 zuerst aufgeführten einaktigen Lustspiel „Julestue"[3] eine anschauliche Vorstellung zu gewinnen in Stand gesetzt sind. Der alte grämliche Hausherr Hieronymus will am Weihnachtsabend nichts von einer Julstube wissen und ohrfeigt den Knecht, der bereits als *Julbock* vermummt im Hause umherläuft. Die ganze Familie ist höchst betrübt; bei der Bescherung erlaubt er auf Bitten der Kinder die Julstube dennoch. Die Nachbarn kommen, man beginnt Pfänderspiele, der Knecht tritt als Julbischof auf, endlich spielt man Blindekuh u. s. w. Der Ausputz dieses dänischen *Julebuk* (resp. der Julegjed d. i. Julgeiß, wo sie auftrat) bestand darin, daß ein junger Bursch

1) Dybeck Runa 1844. S. 64.

2) Prodromus calendarii ethnici medii aevi (Msc.) ap. Finn Magnussen lex. myth. 643.

3) L. Holbergs udvalgte Skrifter udgivne ved Rahbeck Bd. II, 157—192. VI, 322—363.

(Mädchen), in ein zottiges Fell oder weißes Laken gehüllt und
mit zwei Hörnern an der Stirn versehen, die Stimme des Bocks
nachahmte und durch seine Sprünge und Narrenstreiche die Gesellschaft belustigte. Besonders fuhr der Julbock über *die Dirnen und Kinder her*, um sie zu erschrecken oder zu stoßen,
oft hatte er auch eine lange Rute und geißelte sie damit; der
dabei gesungene Spielreim ist nicht erhalten.[1] Eine eigentümliche
Form der Sitte schildert Finn Magnussen, Eddalœre III, 328.
Man *schwärzte* einem Burschen das Gesicht (Bk. a. v. O.), band
ihn in ein Laken ein, gab ihm einen Schwanz und einen mit
brennenden Lichtern besetzten Stock in den Mund. In der Julstube ringsum laufend erhielt er Aepfel und Nüsse.

In Norwegen spielt man Weihnachtsabend Julbock (agjeres
Julebuk). Dies geschieht in Mandal der Art, daß jemand sich
eine Stange verschafft, so lang als er selbst, sich dann eine
bewegliche Kinnlade verfertigt, rot färbt und oben an der Stange
befestigt, die vorne mit einer Gabel, hinten mit einem Schwanze
versehen wird. Er setzt sich in reitender Stellung darauf und
über das Ganze werden Tierfelle gespannt. Er paßt es gerne ab,
grade dann anzukommen, wenn die Julgrütze auf dem Tische
steht. Es gehört dazu, den „Julbock" mit Schnaps, Julbier und
einigen Löffeln Grütze zu traktieren. In Ibestad war der Darsteller des Julebuk in ein Fell gehüllt und hatte einen mit
großen Zähnen besetzten adlermäßigen Schnabel, auf den große
Augen und bunte Streifen und Büsche gemalt waren, damit es
recht prächtig aussehen sollte. Er ging in gebückter Stellung
über die Diele, schielte nach allen Seiten hin, und es sah aus,
als wolle er mit seinem Schnabel die Umstehenden hauen. Hier
begegnen wir wieder einer Art Vogelgestalt. Aus einem Dorfe
bei Mandal ist noch eine andere Art der Darstellung des Julbocks bezeugt. Man verfertigte aus einem Baumstock das Bild
eines Bockes, welches die Jugend in der Weihnachtsnacht vor
dem einen oder vor dem anderen Hause aufstellte, so daß es
das erste war, was dessen Einwohner am Weihnachtsmorgen zu
Gesicht bekamen. Siehe da, ein Seitenstück zur Aufstellung der
den Korndämon darstellenden Puppe vor dem Hause (o. S. 169)!

---

1) Vgl. die wertvollen Mitteilungen von H. Handelmann, Weihnachten
in Schleswigholstein. Kiel 1866. S. 67—76.

Und auf einem Hofe, Annex zu Mandal, war es gebräuchlich,
zu Weihnachten *einen Julebuk auf Papier zu zeichnen*, der einen
Reiter und sein Roß angreift, und dieses Bild während der Julspiele an die Wand 'zu hängen, wo es zwanzig Tage lang verblieb. ¹ Wieder ein Beweis, daß man sich bewußt war, die Jul-
bukmaske stelle ein geisterhaftes Wesen dar, dessen Gegenwart
man durch die Abbildung während der ganzen Festzeit sich zu
veranschaulichen suchte.

Aus Schweden vermag ich ziemlich ausführliche Nachrichten
mitzuteilen, welche die Identität der Maske des Julbocks mit
derjenigen des Klapperbocks und der Habergeiß außer Frage
stellen. E. M. Arndt beschreibt sie nach eigener Anschauung so:
„Junge Leute oder Knechte zogen sich das Fell eines Bockes an,
und setzten sich seine Hörner auf, und so fuhren sie über die
jungen Dirnen und Knaben her um sie zu erschrecken, auch wol
mit Ruten zu geißeln und mit den fürchterlichen Hörnern zu
stoßen." ² In Westerbottn stellt man den Julbock dar, indem man
einen beim Teerschwälen gebrauchten Quirl an das Ende eines
Felles bindet, so daß die rohe Gestalt eines Hauptes herauskommt. Im Kreuz befestigt man eine andere Ecke des Felles
an eine Ofengabel vermittelst einer an ihr festgemachten Gerte.
Auf die Ofengabel, dieselbe mit einer Hand festhaltend, steigt
rittlings ein Bursche, der mit der andern Hand den Teerquast
mit dem Fellhaupt hält und nun mit dem übrigen Teile des Felles
ganz verhüllt wird. So ausgerüstet wandert der Julbock in der
Gesellschaft herum und von seiner Geschicklichkeit die Maske
zu bewegen hängt das Ergötzen der Zuschauer ab. ³ Auch bei
den Inselschweden an der russischen Ostseeküste (Dagoe, Nuckoe)
verkleiden sich die jungen Kerle als Julbock, indem sie sich von
Stroh zwei Hörner und einen langen Schwanz verfertigen und
eine Decke über den Kopf ziehen, kommen brummend in das
Zimmer, ergreifen einige Kinder, schleppen sie ins Vorhaus

---

1) Diese Notiz wie einen Teil der übrigen Nachrichten über den norwegischen Julbock entnehme ich der handschriftlichen Sammlung des verstorbenen Lehrers Storaker zu Mandal auf der Universitätsbibliothek zu
Christiania.

2) E. M. Arndt, Aus Schweden 1818, S. 367.

3) Dybeck Runa 1844, S. 119.

und lassen sie nach einiger ausgestandener Angst wieder frei.[1]
Von den Schweden ist die Sitte zu den Esten übergegangen.
Auf der Insel Oesel nehmen die jungen Kerle am Weihnachtsabend ein Krummholz, binden an das eine Ende einen Badequast,
an das andere Ende einen *Bockkopf* fest, hängen es an einer
Schnur so über die Schultern, daß sie rittlings darauf sitzen, und
hüllen sich selbst in einen umgekehrten Pelz ein. Diese Ver-
mummung heißt *Joulosak* (*Weihnachtsbock*). So gehen sie in die
Gesinde (*Bauerhöfe*), *wo junge Mädchen sind, treiben mit ihnen
allerhand Scherze*, werden aber auch oft genug recht arg von
denselben mitgenommen. Besonders lustig ist es, wenn sich in
einem Gesinde mehrere Böcke begegnen.[2] Auf der Insel Dagden
macht ebenfalls ein in allerlei Kleider vermummter, auf einem
Krummholz rittlings sitzender Mensch den Weihnachtsbock (Jou-
lopuk).[3] In Willstad wickelt man Weihnachtsabend nach dem
Abendbrod, während der sogenannte Engeltanz (ängladansen) aufgeführt wird, *um eine gute Flachsernte zu erzielen*, einige *Halme*
des während der Feiertage den Fußboden bedeckenden langen
Weizen- oder Roggenstrohs (*Julstrohs*) zusammen und verfertigt
daraus *die Gestalt eines Bockes*, den man mitten unter die
Tanzenden wirft, indem man ihnen zuruft, sie *sollten den Julbock
fassen* (sägande, at de skulle taga julabocken). In Dalarne hat
man denselben Brauch, sagt aber statt Julbock *julgumse* (Julwidder).[4] Das gleicht sich wieder genau den Ernte- und Drescher-
sitten, wobei man auffordert, das Getreidetier zu haschen, oder
eine dasselbe darstellende Kornpuppe dem Nachbar in die Scheune
zu werfen mit den Worten „da habt ihr den Wolf, Bock u. s. w."
In Upland (Langtora Säteri) verfertigt man aus den Halmen des
Weihnachtsstrohs *Bocksfiguren mit Hörnern und Füßen* zum Spiel-
zeug für die Kinder.

Eine eigentümliche Wendung nimmt der Brauch im südlichen
Schweden (Schonen, Blekingen, Oeland u. s. w.). Der von zwei
Führern in der Gesellschaft rings umhergeleitete Bock wird *er-
schlagen* und *lebt wieder auf* unter dem Gesange eines Liedes,

---

1) Rußwurm Eibofolke II, 96. §. 296.
2) Holzmayer Osiliana. Verhandl. der estnischen Gesellschaft zu Dorpat.
1872. S. 56.
3) Ebds. S. 114.
4) Hyltén-Cavallius Wärend och Wirdarne II, LIV. Tilläg §. 124.

dessen Text von Strophe zu Strophe die einzelnen Akte der
Handlung mit einem Commentar begleitet. Die in Blekingen
gebräuchliche Version erzählt, die Führer hätten den Bock auf
der Höhe der hohen Bergeswand getroffen, da stand er so böse
und schüttelte seinen Bart. Weil er Brod fraß (?), legten sie
auf ihn einen *roten Mantel*. Einer drohte, *der andere schlug ihn*,
der Bock fiel nieder zur Erde. Sie legten auf den Bock einen
blauen Mantel, weil das Tier grau war, sie legten auf ihn einen
weißen Mantel, *weil der Bock Leiche war*. Sie legten auf ihn
einen gelben Mantel, weil die Weihnacht kommen sollte. Doch
ehe er in Salz gelegt wurde, *sprang der Bock auf und schüttelte*
seinen Bart, und er schlägt sein Haupt durch die fünfte Mauer.
Bei den letzten Worten des Liedes erhebt sich der todte Bock
vom Boden und erzeugt durch Sprung und Anprall großen Wirr-
warr und Jubel unter den Versammelten.[1] Der Oeländische Text
des Liedes läßt die den Julbock begleitenden zwei Bauern, Vater
und Sohn, ein Lied anstimmen, wie das Boot gebaut wird, wie
sie das Vieh auf die Weide treiben, wie sie den Bock (auf der
Gebirgswiese) aufspüren und erlegen. *Dabei feuert der Sohn die*
Pistole ab und ruft: paff! Der Julbock fällt wie todt nieder.
Dann geht das Lied weiter, wie der Bock eingehüllt und nach
Hause gebracht wird, *dort aber wieder auflebt*. Der Refrain ist:
„so laden sie den Bock ins Boot.“ Beim letzten Verse springt
der Julbock wieder auf und beginnt umherzutoben.[2] Es scheint
ursprünglich das Wiederaufleben des in der Ernte getödteten
Vegetationsbockes, oder des gestorbenen Jahresbockes gemeint
gewesen zu sein. Um das Wiederaufleben zu veranschaulichen,
mußte vorher die Tödtung dargestellt werden. Auf den gleichen
Gedankenkreis leiten auch noch andere Stücke des Weihnachts-
brauches. So jene aus dem *Julstroh* gefertigten Bocksfiguren,
insofern das Julstroh im Frühjahr auf die Aecker gestreut der
Saat Gedeihen, um die Obstbäume gebunden denselben große
Tragfähigkeit geben soll. Außerdem backt man zu Weihnachten
in Dänemark und Schweden Weihnachtstollen aus feinem Mehl,
welche den Namen *Julbock*, *Julgumse* (Julwidder) oder *Julgalt*
(Juleber) führen und entweder die Gestalt des entsprechenden

---

1) Dybeck Runa 1844, S. 119.
2) Arvidson Svenska Fornsångor III, 525.

Tieres haben, oder ein Abbild desselben auf ihrer Oberfläche tragen. *Dazu wird mehrfach das Korn der letzten Garbe verwandt.* Der Kuchen steht, mit Schinken, Butter, Käse, Bier und Branntwein auf den Tisch gesetzt, daselbst bis St. Knut. Häufig wird er, *bis zur Säezeit aufbewahrt, teils unter das auszustreuende Saatkorn gemengt, teils genossen und den Pflugochsen zum Essen gegeben* [1] *in Hoffnung einer glücklichen Ernte* und persönlichen besseren Wolseins und Gedeihens. Der dieser Sitte zu Grunde liegende Gedanke ist ja augenscheinlich der, daß mit den aufsprossenden Getreidepflänzchen der neuen Aussaat der Kornbock wieder ersteht. Da nun der Julbuk-Kuchen offenbar nicht von der Julbuk-Maske getrennt werden darf, haben wir in demselben einen neuen Beweis dafür, daß die Julböcke und ihre deutschen Verwandten Klapperbock und Habergeiß in der Tat — wie wir aus verschiedenen gewichtigen Gründen schließen zu müssen glaubten — Getreidedämonen darstellten.

Von diesem Ergebniß aus fällt erwünschtes Licht auf mehrere verdunkelte Stücke des ganzen Brauches. Zunächst nämlich ist deutlich, daß der Umgang der Julböcke von Haus zu Haus und in die Stuben hinein ursprünglich kein bloßer Spaß war, daß er einen ernsten religiösen Zweck verfolgte; mithin muß er den Vegetationsbock nicht als furchbares, im Zorne schadendes Ungeheuer sondern als segnenden, den Menschen und den Tieren Gedeihen, Wachstum, Vermehrung verleihenden Dämon zur Zeit seiner Wiedereinkehr ins Land mit der Wintersonnenwende gemeint und gefeiert haben. Hierauf aber weist noch weiter sehr deutlich der Zug, *daß das Mädchen heiraten soll, wenn sie zuerst den in Ziegenfell gehüllten Umgänger hört*, und daß der Julbock in Schweden sich vorzugsweise *an junge Mädchen wendet* und mit ihnen Scherz treibt. Mit den hier zu Grunde liegenden Ideen hängt es nämlich höchst wahrscheinlich zusammen, daß auch auf *Hochzeiten* (Bulkesch in Siebenbirgen) ein Geißtanz aufgeführt wird, wobei ein *als Geißbock ausgekleideter, mit einem Plumpsack versehener Vortänzer* allerlei Sprünge und Bewegungen

---

1) Mündl. Arndt Erinnerungen a. Schweden S. 365. Ueber die dänische Sitte vgl. Finn Magnussen lex. myth. p. 779: Julogalt sive aper Jolensis vel otiam capor Jolensis, dictus Julbocken, qui panes deinde ad sementis tempus servati tunc ab operariis et equis religiose consumi debuerunt.

vormacht, welche seine Gespielen genau nachahmen müssen, wenn sie nicht seinen Plumpsack fühlen sollen.[1] Verschiedene tatsächliche Beobachtungen über die Rolle des Plumpsacks im Kinderspiel, welche an dieser Stelle zu erörtern zu weit führen würde, nötigen mir die Vermutung ab, daß dieser Plumpsack *an die Stelle jener Rute* (Lebensrute) getreten sein möge, welche wir gewöhnlich in der Hand des Knechts Ruprecht, Niklas u. s. w. (o. S. 184), mehrfach in der Hand des *Julbocks* antreffen.

Wie ganz unwillkürlich und aus sich heraus die Gestalt des Getreidebocks zur dramatischen Darstellung hindrängte, geht auch daraus hervor, daß dieselbe in mancherlei Kinderspiele Eingang fand. Zu Ichtershausen bei Gotha erzählten alte Leute von 70 Jahren aus ihrer Jugend von einem Spiele *„der Kornbock,"* bei dem sich *Kinder in Stroh einhüllten.* Im Gerichtsamt Plauen (Kr.-Dir. Zwickau) ist im Reigen „kling, klang kloria!"[2] das „Königstöchterlein" durch den Kornbock ersetzt. Ein Mädchen setzt sich. Ihren Oberrock halten die übrigen Mitspieler, einen Kreis bildend, mit ihren zwei Händen fest. Ein Kind geht ringsumher und singt:

> Ringel, ringel dorne.
> Wer sitzt in diesem Korne?
> Das kleine Kornböckolein,
> Man kann es kaum ersehen.

Ist das Lied zu Ende, so schlägt der Umgehende dem zunächststehenden Kinde eine Hand vom Rocke ab. Sind alle Hände frei, so muß der Kornbock aufspringen, um von den Uebrigen nicht gehascht zu werden. Auch in einem sonst ganz anders lautenden Abzählreim[3] treffen wir in Steiermark den *Haberbock* wieder:

> 1. 2. 3
> pipa papa pei,
> pipa papa Haberkorn!
> Zehn Kinder sind geborn.
> Liegt der Fisch
> Auf dem Tisch,
> Kommt der Katz und frißt den Fisch.
> Hasel nudel Schock,
> Komm' heraus Haberbock!

---

1) J. Haltrich, zur deutschen Tiersage. Kronstadt 1855. S. 8. Anm. 13.
2) S. Mannhardt Germ. Myth. S. 492. 504.
3) Mannhardt in Zs. f. D. Myth. IV, 438.

Derjenige, auf den die letzte Silbe trifft, ist *Haberbock* und muß
die andern haschen.

§. 13. Die wilden Leute der griechisch-römischen Sage.

Schlußbetrachtungen. Wenn vorstehende Untersuchungen ein
stichhaltiges Ergebniß lieferten, so waren die bocksgestaltigen
Geister der antiken Welt, Pane, Satyrn, Faune unseren Waldgeistern und wilden Leuten, die im Winde ihr Leben äußern,
identisch und da diese von den bocksgestaltigen Korndämonen
nicht zu trennen sind, in weiterem Sinne auch den letzteren. *Sie*
sind Dämonen des Wachstums, welche wie ihre nordischen Ver-
wandten z. T. in Feldgeister übergehen. Wir vermögen dieses
Resultat in Bezug auf die Faune und Satyrn noch durch einen
neuen Umstand zu festigen. Wir sahen o. S. 117, daß dem Faunus zwei Feste (eines im *Februar* das andere im *Dezember*)
gefeiert wurden, bei dem ersteren fand eine Begehung statt,
deren Teilnehmer, die Luperci, vermutlich Faune darstellten,
gradeso wie Satyrmasken an den Dionysosfesten auftraten. Zu
Athen erhielten noch in später historischer Zeit die im *Poseideon*
(*Dezember*) begangenen ländlichen oder kleinen Dionysien und
Lenäen und die im Elaphebolion (*März*) gefeierten großen Dionysien in vielfach gewandelter Form die Erinnerung an ein Winter-
fest und ein Frühlingsfest des Vegetationsgottes Dionysos fest,
bei welchen unzweifelhaft einst ebenso, wie bei dem Erntefest
der Weinlese, die Satyrn als Masken der Pompe eine Rolle
spielten. Denn offenbar dieser Umstand war die Veranlassung,
daß man auch die ausgebildeten theatralischen Vorstellungen der
Tragoedie u. s. w. auf diese Feste verlegte. Wir werden mit großer
Wahrscheinlichkeit vermuten dürfen, daß besonders in der Jahreszeit, wann die Sonne wiederkehrt, um die Wintersonnenwende
und Frühjahr (Februar, März, Fastnacht) die antiken wie die
nordeuropäischen Vegetationsdämonen gegenwärtig gedacht und
festlich gefeiert wurden. Unsere Untersuchungen haben schon
dargetan und werden es noch weiter dartun, daß $\varkappa\alpha\tau$' $\dot{\varepsilon}\xi o\chi\dot{\eta}\nu$
die Vegetationsdämonen die ausgesprochene Tendenz zeigen, in
lebendiger dramatischer Darstellung dem nach Berührung des
Göttlichen sehnsüchtigen Volke vergegenwärtigt zu werden. (Vgl.
Pfingstquak, Maikönig, Wilde Mann Bk. Kap. IV; Erntebock,
Roggenwolf, Halmstier, Kornkater, Erbsenbär u. s. w.). Schon
auf dem Erntefelde beginnt in Nordeuropa diese Darstellung, sie

setzt sich *freier geworden* im Weihnachtsumgange fort. So wird
es erklärlich, wie die Alten dazu kamen ihre Satyrn als dramatische Figuren zunächst des Erntebrauchs, sodann des Mittwinter-
und Frühlingsfestes im Gefolge des der Vegetation vorstehenden
Gottes Dionysos zu schaffen, und zugleich wird es deutlich, daß
unsere *Habergeiße, Klapperböcke und Julböcke die lebendigen
Gegenbilder, aus gleicher Wurzel hervorgewachsenen Seitenstücke
zu den halb bocksgestaltigen Gesellen bilden, deren Gesange die
Tragödie ihren ersten Ursprung und Namen verdankt.* Ob und
inwiefern diese Wahrnehmung auch der Aesthetik von Nutzen sein
und dazu dienen könne, ein tieferes Verständniß der Grundlagen
des dramatischen Kunstwerks zu gewinnen, diese Frage zu erörtern muß einer anderen Gelegenheit vorbehalten bleiben. Be-
achten wir, daß in Skandinavien die dramatische Darstellung
der Vegetations böcke zur Mittwinterzeit im Kampf um das Dasein
allein den Platz behauptet hat [woneben nur in schwachen Spuren
noch die Julsveinar, Julbagge (Julwidder), Julgalt (Juleber)
bemerkbar sind], während sie in Deutschland zwar mit Schimmelreiter, Erbsenbär, Knecht Ruprecht die Bühne teilen, aber die
Repräsentation anderer Korndämonen (z. B. des Kornkaters, Korn-
stiers, Roggenwolfs) bei gleicher Gelegenheit bis auf ganz vereinzelte Fälle zurückgedrängt haben: so wird durch diese Analogie vollkommen ersichtlich, wie es möglich war, daß auch in
Griechenland Pane und Satyrn auf den ersten Blick scheinbar
eine so vereinzelte Stellung einnehmen.

Doch ist diese Isolierung wirklich nur scheinbar. Wir wiesen
ja nach, daß die halbroßgestaltigen Kentauren, vielleicht auch
die Kyklopen, mit Satyrn und Panen in eine Reihe gehören.
Zwar nur geringe Spuren waren es, welche bei ihnen auf einen
Zusammenhang mit der Vegetation hindeuteten (o. S. 48. 98); viel-
mehr drängt sich die Beziehung zu Wind und Wetter so in den
Vordergrund, daß man sie gradezu als Personificationen von
Wirbelwinden und Stürmen aufzufassen versucht sein könnte.
Allein diese Tatsache steht in keinem Widerspruch zu unserer
Behauptung. Kein Stück im ganzen Kreise unserer Unter-
suchungen ist sicherer begründet, als dieses, daß sowohl die
Baumgeister und *Waldgeister* (Bk. 42. 43. 149 ff.), als auch die
Korndämonen im Wetter und vorzüglich im Windwirbel ihr Leben
äußern. Der vom Donner verfolgte Wirbelwind ist zugleich Baum-

elf (Bk. 68. vgl. o. S. 102). Und auch bei den Korndämonen tritt
die Windnatur oft so stark hervor, daß sie auf den ersten Augenblick die Hauptsache, der Grundbegriff zu sein scheinen kann,
wie denn in der Tat der Roggenwolf zuerst von diesem Gesichtspunkte aus von mir behandelt wurde. Dieses mythische Tier,
welches in der letzten Garbe drin sitzt, beim Schneiden oder
Dreschen aus derselben hervorspringt, also Genius des Kornes
ist,[1] läßt in den Redensarten „*he rârt (brüllt) as en Roggenwulf,
he fritt as'n Roggenwulf*" und in einem von Windstille handelnden Kinderspiel[2] gradezu nur seine andere Eigenschaft als Sturm-
geist blicken. Ebenso ist das im Winde umgehende, wie im
Halme drin sitzende Roggenschwein von der Windsau auf keine
Weise zu trennen. Wer aber nur die Sagen von dem im Wirbelwinde fahrenden Teufel, dem Sauschwanz, Sûstêrt (Sausteiß)
Windsau, Duivels zwijntje kennt, gewinnt keine Ahnung von
diesem Zusammenhang. Die Kornmutter, welche in den Wind-
tromben daherführt, sieht der fahrenden Mutter und der von dem
wilden Jäger gejagten Frau zum Verwechseln ähnlich; diese verraten durch nichts, daß sie mehr als reine Windwesen seien.
Der Volksglaube, so werden wir sagen dürfen, stellt eine enge
Verbindung des Pflanzengenius und des Windgeistes zu einer
Persönlichkeit her, in der bald die eine, bald die andere Wesens-
seite deutlicher hervortritt. Daneben bemerken wir auch Pflanzen-
dämonen und Windgeister, in welchen je einer der beiden Fak-
toren jenes Produktes noch unverbunden verharrte, oder wieder
aus der Verbindung herausgelöst ist; im letzteren Falle zuweilen
nicht ohne irgend ein Stückchen oder Merkmal der einstigen Vereinigung mitzuführen und an sich zu tragen. So darf es uns
nicht Wunder nehmen, daß bei den Kentauren das vegetative
Element gegen das meteorische fast ganz zurücktritt, und daß sie
mit Geistern in Verbindung stehen (Lapithen), welche (wie die
Harpyien) nur im Winde ihre Wirksamkeit entfalten.

Die Mythologie kennt theriomorphische Wesen verschiedener
Art und verschiedenen Ursprungs. Ein Grundfehler bei Guber-
natis ist es, sie allzuausschließlich als Sonnenapotypome gefaßt
zu haben. Sichere Beispiele einer Verbildlichung der Sonne in

---

1) Mannhardt Roggenwolf[2] S. 33 ff.
2) Roggenwolf[2] S. 16—19. 44.

Tiergestalt sind aber z. B. das Sonnenroß,[1] der Sonnenwidder,[2] der Sonnenhirsch (Solarhjörtr), Sonnenschwan, auch wol der goldborstige Eber Freys. Wolkenrinder sind nicht bloß den Indern eigen, sondern auch in deutschem Volksglauben nachweisbar.[3] Die Sonnenrosse (Alsvidr und Árvakr) laufen in germanischer Mythe ebenso neben der Auffassung des Windes als Pferd einher, wie die Rosse des Helios neben der roßgestalteten Harpyie (o. S. 92) in griechischer Sage; ein drittes roßgestaltiges Naturbild ist die Personification der Wogen fließender Gewässer als Rosse, wenn der Nix als Roß aus den Fluten steigt, oder in Schweden von vielen Wasserrossen (Vatnhestar)[4] die Rede ist. Neben der Wolke als Kuh, der Verbildlichung des Tages oder der Sonne als weiße oder bunte Kuh,[5] werden auch Wasserwellen mythisch als *Rinder* (waterbulls) appercipiert,[6] was genau der Stierbildung der Flüsse bei den Griechen entspricht.[7] Auf die Verbildlichung des Mondes sei an diesem Orte nicht eingegangen, noch weniger auf die Veranschaulichung geistiger Begriffe, wie Stärke, Klugheit u. s. w. durch Tiergestalten.[8] Wenn somit aus sehr verschiedenen Anlässen Theriomorphosen, die in der Mythologie eine Rolle spielen,[9] entsprungen sind, so haben doch kaum irgendwelche andere theriomorphische Bildungen eine gleiche

---

1) S. Mannhardt, Lettische Sonnenmythen in Bastians Zs. f. Ethnologie und Anthropologie VII, 1875, S. 93—96.

2) Ebendas. S. 243 ff. 310.

3) Mannhardt Götterwelt S. 89. German. Myth. 4 ff. Die an diesen beiden Orten beigebrachten nur teilweise zutreffenden Nachweise ergänzen folgende unmittelbare Zeugnisse. Zu Derenburg (Kr. Halberstadt) heißt ein leichtes flockiges Gewölk Lämmergewölk; haben die Wolkenteile größere Ausdehnung, so spricht man von Himmelskühen. Um Kremsmünster (Oestreich) hört man statt Lämmchen Kuh „die Küh' stehn als still" d. i. die Wolken bewegen sich nicht. Regenwolken — Ochsen (Rakow Kr. Grimmen Rgbz. Stralsund). Leichte Wolken Schafe, dunklere Kühe, ganz dunkle Ochsen oder Bullkater (Görslow Amt Schwerin).

4) Hyltén-Cavallius Wärend och Wirdarne I, S. 424 ff.

5) Lettische Sonnenmyth. S. 308. Daher wol die westpreußische Redensart „Weiß Gott und die bunte Kuh" d. i. „Weiß Gott und die allsehende Sonne, der allsehende Tag.

6) Mannhardt Germ. Myth. 7 ff.

7) Preller Griech. Myth.[2] I, 448. 449.

8) Vgl. Mannhardt Götterwelt S. 17.

9) Vgl. Mannhardt a. a. O. S. 17.

Aktivität im Volksglauben und Volksbrauch aufzuweisen, wie die
derartigen Personificationen der Wind- und Wettererscheinungen
und des Pflanzengeistes. Der strenge Parallelismus und die enge
Verbindung beider legt nun den Gedanken nahe, daß beide einen
gleichen Ursprung haben. Es kann die Frage entstehen, ob
nicht der Glaube an die Tiergestalt zunächst an und aus gewissen Erscheinungsformen des Windes, zumal des Wirbelwindes
(schneller Lauf, wiehernder Laut der Trombe — Pferd, Heulen, Bellen des Windes — Hund, springende Bewegung, meckernder Laut —
Ziege, erdaufwühlende Gewalt — Schwein u. s. w.) sich entwickelte,
bei der Verbindung mit den Pflanzengeistern das Produkt mit
übernommen wurde, und bei abermaliger Trennung der Elemente,
wo eine solche geschah, als Rest der Vereinigung an den Baum-
und Korndämonen haften blieb. Doch ist das vorläufig nur ein
Gedanke, dessen Beweis oder Widerlegung im jetzigen Augenblicke mir noch verfrüht erscheint.

Mit größerer Zuversicht darf ich als Frucht unserer Unter-
suchungen den Satz aussprechen und für bewiesen erachten, *die
Dryaden, Nymphen, Nereiden, Kentauren, Satyrn,
Pane, Seilene, Faune der Alten sind unsere Elbe.*
Von Windgeistern durch Baum-, Wald- und Korngeister führt
eine zusammenhangende Kette von Uebergängen zu Berg- und
Feldgeistern, Kobolden, Zwergen und Mahrten. Mit unsern
Waldgeistern und wilden Männern sind die Pane, Faune, Kentauren und ihre Sippschaft ebenso eins, wie die Baumgeister mit
den Dryaden; und von letzteren leitet eine ganz ähnliche Reihe
zu den Nymphen und neugriechischen Neraiden, deren Umfahrt
im Wirbelwinde (o. S. 37. 38) wieder an die Windgeister, an Skogsnufvar und an Kentauren anschließt. Wer erwägt, daß auf
griechischer Seite das Material der alten Volkssage nur in lückenhaften Bruchstücken erhalten blieb, während die Mittelglieder
verloren gingen, und wer zugleich die notwendige Verschiedenheit
der individuellen Ausgestaltung gleicher Grundgestaltungen in An-
schlag bringt, wird die Uebereinstimmung mit dem nordeuropäischen Elfenglauben überraschend groß finden.

Wie unsere Wald- und Korngeister auf der einen Seite mit
den Windgeistern in engster Verbindung stehen, nach einer zweiten hin in Kobolde und Zwerge sich verlieren, erweitern sie sich
nach einer dritten Richtung zu Dämonen der von den Phasen des

Jahreslaufs bedingten Vegetation überhaupt und nehmen als solche
häufig das Aussehen von Personificationen der Jahreszeit oder
bezeichnender Abschnitte oder Momente derselben an. In diesem
Falle stoßen oder rinnen sie zuweilen sogar mit ähnlichen Natur-
bildern des Wassers oder der Sonne zusammen. Man sehe später, was von uns bei anderer Gelegenheit über die schwedische Korn-
sau, die Gloso, und Freys goldborstigen Eber, sowie das zu
Weihnachten oder Neujahr im Traum erscheinende *goldene
Schweinchen* vorgetragen werden wird. Der Mythus vom Raube
und nachherigen Verschwinden der elbischen Braut ist in altgrie-
chischer Sage (Thetis) an ein Wasserwesen, im Norden vielfach
an Waldfrauen, aber auch an die Valkyren geknüpft, als deren
letzte, wenn auch tief zurückliegende Naturgrundlage man vielleicht einige Ursache hat die Sonne anzusehen. [1] Ebenso haftet
die Erzählung von Selbgetan, Utis gleichmäßig an Kyklopen,
wilden Weibern, Nixen (o. S. 106. 150. Bk. 94). Mehrere Züge
unserer Waldgeister- und Zwergsagen, z. B. die aus dem Acker
oder See emporsteigenden Kuchen, sowie von den durch die Zwerge
während der Nacht geschmiedeten Schüsseln und Waffen wird
man vielleicht anders, als ich es Bk. S. 80 getan habe, aus der
Sonnenmythologie deuten müssen. [2] Auch einige der Vorstellungen, die in der *Legende* des Stephanstages ausgeprägt sind,
ergeben sich sicher als Sonnenmythen, [3] während die *Gebräuche*
dieses Tages Zusammenhang mit den dem Gedankenkreise der
Vegetationsdämonen angehörigen Frühlings- und Erntegebräuchen
zeigen (Bk. 403). Unter den Elben giebt sich eine ganze Klasse,
diejenige der Lichtelfen (Liósálfar) als Personificationen von Lichterscheinungen zu erkennen. Ist aus diesen Tatsachen irgend ein
Gegenbeweis gegen unsere bisher vorgetragenen Theorien abzuleiten? Mit nichten, *sondern nur dies werden wir daran zu fol-
gern haben, daß die Wind- und Pflanzengeister keinesweges
allein und isoliert als constante, starr gewordene Arten dastanden
und dastehen, sondern als halbflüssige Gebilde inmitten eines
lebendigen Kreises aus heterogenen Anlässen auf ähnliche Weise
vollzogener mythischer Apperceptionen, welche fortwährend auf*

---

1) Mannhardt Lett. Sonnenmythen S. 320.
2) Lett. Sonnenm. 101. 102. 321.
3) Lett. Sonnenm. S. 95.

einander einwirkten, sich gegenseitig anzogen oder abstießen, einem mannigfachen Assimilierungs- oder Mischungsprozesse unterlagen, oder zu Neubildungen und Umbildungen nach Analogie vorhandener, Macht gewinnender Vorstellungen Veranlassung gaben. Es ist für den Forscher schwer, in vielen Fällen unmöglich, die einzelnen Elemente reinlich zu sondern, weil die Wirklichkeit eben in einem Ineinanderrinnen des ursprünglich Verschiedenen ihr Bestehen hat.

Dies zeigt sich natürlich noch auffälliger, wo einzelne mythische Volkssagen durch freie Dichtung zu längeren epischen Sagenreihen mit einander verbunden und verschmolzen werden. Wenn irgend eine der von mir vorgetragenen Vergleichungen, scheint mir die o. S. 90 ff. gegebene Deutung der Phineussage in ihrer ältesten Gestalt auf das großartige Naturphänomen des Gewittersturms gesichert. Diese Sage muß längere Zeit für sich bestanden haben, ehe die Boreaden und mit ihnen Phineus und die Harpyien einerseits in die Argonautensage hineingezogen und verflochten wurden, deren Grundstock sich allem Anscheine nach aus dem Zusammenfluß mehrerer auf das Leben der *Sonne* bezüglicher poetischer Bilder kristallisierte, [1] und ehe andererseits der Name der Boreaden die Attraction der verwandten attischen Sage von Boreas und Oreithyia veranlaßte. Denn ursprünglich war *Zήτης*, dor. *Ζάτας*, der *Sturmwind* (Contraction von *Ζα-ήτης*, *Ζαάτας*, d. i. *δια-αήτης*. Vgl. *αήτης* Il. XIV, 254. *ζάει πνεῖ Κύπριοι*. Curtius Gr. E. [2] 544) sicherlich *Ζήτης Βορεάδης*, d. i. *αήτης βορέω* genannt ohne Beziehung auf die Erzählung, daß der Nordwind vom Ilissosufer die *Oreithyia "die auf den Bergen Daherbrausende"* [3] entführte. Es war dies offenbar eine gleichbedeutende Variante der Mythe von Verfolgung der *fahrenden Frau*, der Harpyie u. s. w. durch den Sturmgott; wobei wir den Uebergang dieses Wirbelwindwesens in eine echte Berg- und Waldnymphe (Oreade, Orestiade o. S. 33) genau ebenso beobachten können, wie beispielsweise bei den weißen Weibern (Bk. 122 ff.). Erst später können *Ζήτης* und sein Bruder Kalais [3] genealogisch

---

1) S. m. Aufsatz „Lettische Sonnenmythen in Bastian - Hartmanns Zeitschrift f. Ethnologie VII, 1875, S. 281 ff.

2) Vgl. *άνεμος σὺν λαίλαπι θύων.* Od. XII, 400. *ἀνέμων θύουσιν ἀήται* Hes. O. e. D. 519, *θύ-ελλα, ἀνέμοιο θύελλα.*

3) Diesen wie *Ἀρισταῖς, Εἰρήναῖς, Ἑστιαῖς* gebildeten Kosenamen wage ich nicht zu erklären.

zu Söhnen dieses Paares gemacht sein. — Auch der Thetissage liegt eine Volksüberlieferung von schlichtester Form zu Grunde, wie ein Held die *Wasssermuhme* raubte (o. S. 60 ff.): Thetis, Θέτις, ΘΗΤΙΣ, [nach dem von Fick (Bildung der griech. Personen. S. LVI) vorgetragenen Gesetze vielleicht abgekürzt aus *ΚΥΜΟ - θέτις*, *Ἀλοθέτις* oder *ῙΔΑΤΟ - θέτις* [1]] bewahrt die ältere Form des durch Aspiration später gemodelten Wortes τιθίς, *Muhme*, *Tante*; lit. dēdė, Muhme, Tante; vgl. θεῖος, Oheim; lit. dēdas Oheim (cf. Curtius Gr. Etym. 2. 229. Lobeck ad Phryn. p. 1). Hier, wie beim Boreaden Ζήτης steht die Bezeichnung des göttlichen Wesens noch ganz auf appellativer Stufe. Von der Wärme des Herzens eingegeben war θέτις zutraulicher Ehrenname, ganz genau dem deutschen *Muome*, muomila, *Watermöme*, Wassermuhme für die weiblichen Elementargeister des Wassers,[2] und *Kornmuhme*, *Roggenmuhme* für den Korndämon entsprechend; während *Τηθύς*, Name der Gemahlin des Okeanos (abgekürzt aus *Κϱυοτηθύς*, *Ἀλοτηθύς?*), die *Alte*, *Nährmutter*, Wasseralte eine Variation des Wortes τήθη Großmutter und eine Parallele zur deutschen *Watermôder*, lettischen *Jurasmâte*, Meeresmutter, estnischen *Wete-ema*, Wassermutter, finnischen *Weene-ukko*, Wasseralte darstellte. Diese Sage wurde durch Association mit dem *aus ganz anderen physischen Anregungen entstandenen* Mythus vom Kampfe mit den Ungeheuern verbunden, dessen Held (dahin glaube ich jetzt meine o. S. 53 vorgetragene Namensdeutung modifizieren zu müssen) den durch eine delphische Inschrift bezeugten Namen *Πηλε-κλέας* (Curtius Grundz.[2] 430), d. i. *der Weithinberühmte*, oder einen ähnlichen, abgekürzt *Peleus*, führte. *Die Gleichheit des Anlauts in den Namen Peleus und Pelion veranlaßte die Localisirung der Begebenheit auf letzterem Gebirge.* Erst die Vereinigung der Mythe vom Raube der Wassermuhme mit der nun in Raum und Zeit fixirten Heldensage vom Peleus und zugleich das durch das siegreiche Vordringen der jüngeren appellativen Form τηθίς für Muhme bewirkte Vergessen der älteren Form θητίς machten Θέτις zum vollen Eigennamen. Und noch weit später, erst in

---

1) Vgl. homer. *ἁλο-σύδνη* Meerestochter, *Ὑδατο-σύδνη* (Kallimachos) Wassertochter, Nereide.

2) Myth.[3] 458.

Folge des ausgebildeten Epos, entstand der *Kult* der Thetis im Thetideion und am Sepiasstrande.

Mit diesen allgemeinen Betrachtungen sei die Untersuchung über die wilden Leute der griechisch-römischen Sage beschlossen, welche einzig darauf hinausging, soweit es möglich, die ursprüngliche Gestalt derselben im naiven Volksglauben aufzufinden und durch den Nachweis ihrer Uebereinstimmung mit nordeuropäischen Analogien ins Licht zu setzen. Wir mußten uns dabei versagen, die mannigfachen, übrigens zu großem Teile durchsichtigen Sproßformen aufzuführen, welche die dargelegten elementaren Anschauungen im Munde des Volks oder der Kunstdichter eingingen, wie wenn Pan Vater des Krotos (Getöse) oder Geliebter der Echo genannt, oder wenn die Aehnlichkeit der durch Geräusch in Wäldern und Schluchten (die *Πανικὰ κινήματα*) scheu gewordenen Heerden mit dem plötzlichen Grauen, der leeren Angst und Verwirrung (*θόρυβος, ταραχὸς Πανικὸς*), welche zumal im Dunkel der Nacht kämpfende Heerhaufen nicht selten ergreifen und in die Luft treiben, zu Erzählungen Anlaß gab und weitergebildet wurde, wie Pan in dieser und jener bestimmten Schlacht seinen Freunden zu Hilfe kam oder die feindlichen Massen durch Muschelblasen, Zuruf u. s. w. in Verwirrung brachte. Ausgeschlossen blieb auch die Erörterung der mannigfachen und immer reicher werdenden Entwickelung, welche der Character dieser Wesen im Drama und der bildenden Kunst erfuhr. Doch möchte ich mir hierüber wenigstens einige andeutende Bemerkungen gestatten.

§. 14. **Die antiken Wildleute in der Kunst.** Schon im homerischen Zeitalter hatte der griechische Volksgeist, insoweit er in der Poesie sich offenbarte, die Stufe der Naturreligion überwunden; seine Götterwelt ist von ideellem Gehalt durchdrungen, besteht aus wesentlich ethischen Gestalten, in denen das physische Substrat, welches ihren Ursprung bedingte, oft wenig oder gar nicht mehr deutbar, vom Gemeinbewußtsein sicher nicht mehr verstanden, nur als elementare Bildung noch fortdauerte. Jeder historische Fortschritt war zugleich ein Fortschritt zur Humanität, vermehrte den an Wert steigenden Gehalt der geistigen Beziehungen, welche an diese anthropomorphischen Wesen sich knüpften, bis sie schließlich zu Grunde gehen mußten an dem Widerstreit der in ihnen lebendigen Idee mit der Eierschale ihres physisch-geistigen Ursprungs, die sie unabstreifbar mit sich herumzutragen verurteilt waren. *Erst nachdem der Werdeprozeß der olympischen Gottheiten in der Hauptsache längst vorüber war, traten die Pane, Satyrn, Seilene, Kentauren, die im niederen Volksglauben weit treuer den Zusammenhang mit der poetischen Naturanschauung bewahrt hatten, aber dafür leerer an geistigem Inhalt geblieben waren, in den städtischen Kult und in die Literatur ein.* Gewissermaßen vergleichbar erscheint es, daß erst tausend Jahre nach dem Beginne einer deutschen Literatur die Gestalten des wilden Jägers, der hochzeitfeiernden Zwerge, des gemsenhütenden Berggeistes durch Bürger, Göthe, Schiller aus den Tiefen der bis dahin unbeachteten Volkssage in die Poesie eingeführt wurden. Eine notwendige Folge des dargestellten Verhältnisses war es, daß die wilden Leute zwar an dem Prozesse der Vergeistigung teilnahmen, aber fortdauernd in weitem Abstande hinter den Olympiern zurückblieben, und mit wenigen Ausnahmen [1] niemals zu so lebendiger, freier und individueller Characterausbildung gelangten, wie diese. Gleich unseren Kobolden allzusehr mit dem Gewichte der Materie behaftet und doch voll Anspruches auf religiöse Verehrung ließen sie durch das Erbteil tierischer Körperteile den Contrast mit dem Adel göttlicher Wesenheit als Komik empfinden, und empfingen daher großenteils in Dichtung und bildender Kunst als Beigabe ihrer Eigentümlichkeit einen Zug von Schalkheit, Ironie oder Humor, der im Kultus und naiven Glauben der Landleute — wie noch Longus zeigt — natürlich nicht oder wenig hervortritt. Zwar in einigen dunkeln Reminiszenzen dauerte die Kenntniß der objectiven Naturanlässe fort, welche die Bildung ihrer Gestalt im Volksgeiste beeinflußt hatten, doch im allgemeinen verdichtete sie sich zu Spiegelbildern der wilden ursprünglichen, von der Herrschaft der Kultur gebändigten und unterworfenen, aber noch nicht veredelten Natur als Prinzip,[2] weiterhin wurden sie zu ideellen Typen

---

1) Vgl. Cheiron, der einzig durch die im Epos gegebene Rolle als Retter des Peleus und die dadurch hervorgerufene Auffassung als δικαιότατος Κενταύρων von seiner Sippe getrennt und mit der auf mannigfache Weise fruchtbar gewesenen Triebkraft zu ethischer Veredelung ausgerüstet wurde.

2) Nicht unzutreffend sind Schellings Bemerkungen (Philosophie der Offenbarung. Werke II, 3. 1858. S. 438. 439. 437): „Silenos ist das mild und zahm gewordene, eben darum seiner selbst bewußte und sich selbst mit

jener auch im höchsten Kulturleben nie aussterbenden Menschengattung, welche, von Naturkraft strotzend, die Schranke der
Sinnlichkeit und des niederen Geisteslebens nicht zu durchbrechen,
in das Reich der Ideen und wahrer Humanität nicht vorzudringen
vermag. Sie dienen deshalb den Vertretern der letzteren als
Folie; so die Kentauren als Barbaren dem Heldenideale (vgl. die
Metopen des Parthenon u. s. w.), die Satyrn, Pane, Seilene dem
Dionysos und seinen Mänaden. Was veredelte Menschen begeistert, weckt ihnen nur sinnliches Behagen (vgl. den Faun Barberini). Oft sind sie roh, feige, gemein, immer nur auf ihren
augenblicklichen Nutzen bedacht (vgl. d. Kyklops des Euripides);
nicht selten auch behende, aufgeweckt, lustig, munter in Einfällen, in ländlichen Scherzen, dabei lüstern, üppig, einem Teile
nach gutmütig, wolgefällig, freundlich, aber zeitlebens an den
Spielen, Tändeleien, Vergnügungen der Jugend haftend. Diese
Menschenart führt die Kunst vor, wenn sie in jugendlicher Freude,
unerfahrener Lüsternheit und Neugier hier einen Satyr mit unendlichem Appetit die süße Traube kosten, dort ein Fäunchen die
Nymphe belauschen und haschen, einen anderen mit kindischem
Vergnügen die Flöte blasen läßt. So offenbaren Maler und Bildhauer Gestalten dieser Art von großer Schönheit. Aber indem
sie hier ein Schweifchen, dort ein Hörnchen sprießen, ein spitzes
Ohr lauschen, die Zunge lüsten lassen, und jene Wesen dadurch
schon ihrer Art nach zum gaukelnden Sprunge, zur lüsternen
Fröhlichkeit gemacht zeigen, zeichnen sie dieselben zugleich aus
als der reinen Menschheit nicht ganz würdig. *Unser* Auge würde
vielleicht nicht beleidigt, wenn ein *ganz menschlicher* Jüngling
mit einer Nymphe scherzt, das Auge der Griechen ward es.
Die Gestalt eines Jünglings war heilig, aber ein Satyr durfte so
scherzen und tändeln. Diese characteristische Unterscheidung, die

---

Ironie betrachtende wilde Prinzip." „Pan, das Inwohnende der nun gewordenen beruhigten Natur, jenes unsichtbar Webende, das der Mensch in der
Stille der Wälder, in dem Schweigen der Fluren um sich empfindet, eben
darum vorzüglich der Gott der Landleute, der Hirten und aller, die in freier
Natur ein einsames Geschäft verrichten. Es ist der nicht mehr gefürchtete,
mild gewordene, dessen ehemalige Wildheit eben darum nur noch gleichsam
scherzhaft, mit Ironie dargestellt wird, wie er selbst durch seine Ironie alle
Götter ergötzt." „Die Satyri und Tityri stellen das Bild jenes ϑηριωδῶς
ζῆν dar, jenes tierähnlichen Lebens, von welchem die Menschheit durch
Dionysos befreit worden."

Begierden solcher Art gleichsam an die Grenze der menschlichen Natur rückte, war höchst sittlich gedacht, und die reine menschliche Natur, insonderheit der menschliche Jüngling ward durch sie hoch geehrt.

Dem aufmerksamen Leser wird nicht entgangen sein, daß ich in den letzten Sätzen, großenteils mit seinen eigenen Worten, wenig beachtete Gedanken Herders (Briefe zur Beförderung der Humanität, Samml. 6. Br. 69) wiederhole, an welche zu erinnern nicht ganz überflüssig schien. Man vgl., was derselbe a. a. O. über die Seilene, Kentauren und Kyklopen ausführt. Wie die Kunst den Humanisierungsprozeß weiterführte, indem sie Seilene und Satyrn, endlich sogar die Pane immer weiter vermenschlichte und ins Schöne verklärte, aber trotzdem den angedeuteten Character nicht austilgte, dies zu erörtern liegt außer unserer Aufgabe.

Es ist nun bemerkenswert, daß auch der nordeuropäische *wilde Mann* insofern eine den wilden Leuten der griechischen Sage analoge Entwickelung durchgemacht hat, als auch er in der Kunst und Heraldik des Mittelalters zum Typus der durch Rittertum und edle Weiblichkeit bezwungenen rohen Kraft geworden ist (Bk. 339), wie denn auch seine Darstellung als Maske bei Festlichkeiten, höfischen Schaustellungen z. T. auf diesen Gedankenkreis hinausließ. Nur in seiner völligen Loslösung von dem Boden der herschenden Volksreligion und in den Geschicken der mittelalterlichen Kunstgeschichte liegt es begründet, daß er sich in eine abstracte und abgeblaßte Allegorie verflüchtigte und nicht zu der mannigfaltigen und lebensvollen Characteristik gelangte, welche die Gestalten seiner antiken Geschlechtsverwandten in immer steigendem Maße erfuhren.

Kapitel IV.

Erntemai und Maibaum in der antiken Welt.

§. 1. Erntemai und Maibaum in Nordeuropa. Dryaden sind die typischen Gegenbilder der deutschen Baumgeister. Die Oreaden, Kentauren und Kyklopen, sowie die Sippschaft der Faune, Satyrn, Pane, Seilene und Silvane entsprechen ihrem Wesen nach vollkommen nordeuropäischen Waldgeistern, in denen allmählich der Begriff der Baumseele sich nahezu bis zur Unkenntlichkeit verflüchtigt, oder gegen Personificationen von Wettererscheinungen als Lebensäußerung dieser Dämonen fast gänzlich zurücktritt. Die sonstigen mythologischen Gebilde, welche wir im ersten Bande dieses Werkes als Ausflüsse oder als bald nahes bald entfernteres Zubehör der Vorstellung Baumpsyche erörterten, hatten unter den Völkern des Altertums ebenfalls Vertreter. Auf den nachstehenden Blättern sollen zwei derselben, der *Erntemai* und der *Maibaum*, einer eingehenderen Betrachtung unterzogen werden.

Auf dem letzten *Erntewagen* pflegt man im westlichen Deutschland und dem größeren Teile von Frankreich einen *grünen Baum* oder *Baumzweig* heimzufahren, der mit *bunten Bändern* oder Papierstreifen, häufig auch mit farbigen Hals- oder Taschentüchern, sowie allerhand Kleidungsstücken (Bk. 192. 193), mit allen möglichen *Getreidecarten, Nüssen* (Bk. 195. 199. 205), auch wol *Aepfeln, Birnen, Blumen* (Bk. 205. 204. 201 Anm.), *Kuchen* oder anderem Backwerk, *Eiern*, verschiedenen Confitüren (Bk. 200. 202. 203), zuweilen sogar mit Wurst, Schinken, Tabacksrollen, Ringen, Nadeln (200) behangen ist. Nicht selten werden auch *Flaschen mit Wein* (Bk. 203. 204. 205. 200) oder mit *Bierkrügen* an diesem Baumzweig befestigt, welcher die Namen *Mai*, Erntemai, Harkelmai, bouquet de la moisson" zu führen pflegt. Er wird häufig während der Ernte auf dem abzumähenden Ackerfelde selbst eingepflanzt. Bei der Einfahrt prangt er inmitten derjenigen Garbe, welche *zuletzt gebunden* oder *zuletzt aufgeladen* wurde, oder ohne diese auszeichnende Stelle auf dem mit den letzten Garben einer bestimmten Fruchtart oder der gesammten Ernte heimkehrenden *Fuder*, oder man läßt ihn, mit einem Kranze geschmückt, *dem Wagen vorauftragen*; oder es sitzt ein Knecht oben auf dem Fuder und schwingt den mit Kranz und Bändern verzierten Tannenbaum in der Hand (Bk. 197. 202. 192). Zu Hause angekommen wird der Erntemai vom Hauswirt feierlich empfangen und *an der Einfahrt der Scheune, über der Tür oder dem Tor*, an Dach, First, Giebel des Hauses oder der Scheune, unter dem Rauchfang des Herrenhauses, vor den Türen, oder auf dem Kornschober (Bk. 197. 198. 202. 205. 204. 206) aufgesteckt, und *verbleibt hier ein ganzes Jahr, bis sein Nachfolger ihn ersetzt*. Was bei diesem Wechsel mit den alten Maibüschen geschieht, darüber besitze ich keine Angaben. Wie aber die ihnen entsprechenden am Palmsonntage oder Maitag aufgepflanzten Maibüsche bei Gelegenheit ihres Austausches nach Jahresfrist an manchen Orten feierlich *verbrannt* werden (Bk. 566), werden auch sie ehedem auf diese Weise, nachdem sie ausgedient, dem profanen Gebrauche für immer entzogen sein. Der *Erntemai* und die ihn einbringenden Arbeiter werden sodann (es ist dies ein Regenzauber) *mit Wasser begossen* (Bk. 197) oder *mit Wein besprengt* (Bk. 194. 207). Beim Aufstellen und Einfahren des Maibusches lassen die Arbeiter ein lautes *eigentümliches Jauchzen* oder *Gejuchze*, das häufig eher wie ein Klagegeheul klingt, hören (Bk. 191. 199. 202). In Form eines einfachen grünen Busches oder Baumes, der auf der letzten Fuhre, oder in der letzten Garbe steckt, ist übrigens auch im östlichen Deutschland der Erntemai viel häufiger zu belegen, als ich früher annahm.

Die vorstehenden Gebräuche beziehen sich auf die Einbringung der letzten Fuhre irgend einer Frucht. Eine etwas andere Form nimmt die Sitte bei dem der Einerntung aller Früchte folgenden *allgemeinen Erntefeste* im Spätherbste an. In Chlumetz Kr. Gićin in Böhmen z. B. ladet der Gutsherr bei Ueberbringung der aus mehreren der allerletzten Schwaden der ganzen Jahresernte verfertigten großen Garbe, der „Baba," die Arbeiter auf den nächsten Sonntag zum Erntefest ein. Dann läßt er auf einer Wiese eine hohe, glatte Stange (Abschwächung des grünen am

Stamm beschälten Baumes. Bk. 169) in die Erde stecken und
mit wertvollen Sachen als Uhren, Kleidern, Geld, Hüten, seide-
nen Tüchern behängen und die Arbeiter danach *klettern*.
An verschiedenen Orten findet dasselbe an einem weiter hinausge-
schobenen Zeitpunkte nach der Ernte oder an dem mit der Kirch-
weih verbundenen allgemeinen Erntedankfest im October oder
November statt. In vielen Dörfern des Königreichs und der
Provinz Sachsen geschieht die Aufpflanzung dieses *Maibaums*
im Ausgang September oder Anfang October, man schmückt ihn
mit bunten Bändern, Tüchern, Kleidern, Kuchen, Obst und *stellt*
einen Wettlauf danach an (Bk. 191), was damit übereinstimmt,
daß in manchen Gegenden nach der als Korndämon (Alter, Kornstier u. s. w.) benannten resp. ausgestatteten *letzten Garbe* die
Schnitter um die Wette laufen (Bk. 396).

Bis ins Einzelne hinein ließ sich der Erntemai als eine Abart
des „Sommers" (Bk. 156) oder Maibaums nachweisen (Bk. 208 ff.),
welcher, beim Erwachen des Frühlings aus dem ergrünenden
Walde geholt, mit *bunten Bändern, Tüchern, Backwerk, Eiern,*
Weinflaschen geziert als *Lebensbaum* der Gemeinde auf dem Dorf-
platz oder einzelnen Personen *vor der Tür* oder auf dem Dach
ihres Hauses aufgesteckt und hier längere Zeit, *meistens ein Jahr*
bewahrt (Bk. 161 ff.), vorher mehrfach inmitten einer größeren Anzahl von Trägern *kleinerer grüner Zweige in gabensammelndem*
Umgang von Haus zu Haus getragen wird (Bk. 162). Sofern
aus den Gebräuchen selbst auf die ihnen zu Grunde liegende
Idee ein Schluß gemacht werden kann, stellen der Maibaum und
Erntemai das der Pflanzenwelt einwohnende Numen, den Genius
des Wachstums, δύναμις αὐξητική dar. Daher rührt die Ausschmückung des Baumes oder Zweiges mit allerlei Früchten und
Gebäcken, daher die Aufrichtung als Amulet an Haus oder
Scheuer (Bk. 211 ff.).

§. 2. **Die Eiresione und das Pyanepsienfest.** Dem nordeuropäischen Erntemai entsprach — fast könnte man sagen, mit
photographischer Genauigkeit — die *Eiresione* der Griechen.
Ein paar gelegentliche Anspielungen des Aristophanes (Equit. 729.
Vesp. 398. Plut. 1054) gewähren die ältesten Zeugnisse für den
Brauch. Ihnen verdanken wir, daß die Grammatiker der alexandrinischen Periode (Commentatoren und Lexilogen) mehrfach
einander ergänzend oder berichtigend, aus der Literatur der

Atthidographen und Heortologen einige ausführlichere Notizen darüber zusammentrugen, welche jedoch nur in den lückenhaften Auszügen teils der Historiker und Lexicographen der römischen Kaiserzeit, teils der byzantinischen Aristophanesscholiasten des 4.—5. Jahrhunderts durch Vermittelung der späteren Scholiensammlungen und der Wortschätze eines Photius, Harpokration, Hesych, Suidas u. s. w. auf uns gekommen sind. So wenig es noch möglich ist, jedes einzelne Stück in dieser Fülle von Scholien und Glossen ihrem ersten Verfasser zurückzustellen und in ihrem gegenseitigen Verhältniß genau zu bestimmen, lassen sich doch unter ihnen mehrere und verschiedene literarische Ueberlieferungen mit Sicherheit aussondern und z. T. bis ins fünfte oder vierte Jahrhundert v. Chr. zurückverfolgen.

Wie andere Völker (im Altertum u. A. die Hebräer und Römer) begingen die Griechen ein zwiefaches oder dreifaches Erntefest, nämlich ein Fest des Erntebeginns im Anfang der Einheimsung der ersten reif gewordenen Früchte im Mai, sodann ein zweites Erntefest nach Beendigung der gesammten Getreideernte und nach dem Beginn des Dreschens zwischen Ende Juli und Anfang September, endlich zwei Monate später ein allgemeines Dankfest für Bergung sämmtlicher Korn-, Obst-, Weinerträge des Jahres, dem dann noch zuweilen gegen die Zeit der Wintersonnenwende im Dezember eine Wiederholung des letzteren (vgl. z. B. die Consualien, Saturnalien und Opalien am 12., 15., 17.—21. Dezember in Rom) folgte. Nach diesen Festen waren mehrfach Monate benannt, so im jonisch-attischen Kalender in Athen, Delos, Paros, Tenos nach dem Früherntefeste der *Thargeliön* (Mai — Juni), nach dem allgemeinen Erntedankfest im October—November der *Pyanepsiön* (Athen) oder Kyanepsiön (Samos, Kyzikos). Bei allen genannten Völkern wiederholt sich die Erscheinung, daß diese Naturfeste in einer verhältnißmäßig jungen Zeit zu Gunsten einer ethisch-historischen Auffassung umgedeutet und in Erinnerungstage eines sagenhaften Ereignisses der nationalen Urgeschichte verwandelt wurden. [1] Athen hatte

---

1) Dieselbe Erscheinung, welche u. a. auch bei dem hebräischen Früherntefest (Pesach) und herbstlichem Erntedankfest (Laubhüttenfest) zu Tage tritt, und der Ausfluß eines weitgreifenden psychologischen Gesetzes ist, wiederholt sich in nordischem Brauche. Die Kölner Holzfuhrt wurde als historischer Gedenktag des erdichteten Sieges eines römischen Statthalters Marsi-

(wahrscheinlich erst in der Epoche lebhaft angeregten attischen Selbstgefühls gleich nach den Perserkriegen) die beiden Ernte-feste der Thargelien und Pyanepsien mit dem Andenken an den (mythischen) Zug des Theseus nach Kreta verschmolzen, und diese Beziehung spielt selbsverständlich eine bedeutende Rolle in den späteren Berichten, aus denen wir jene Feste kennen lernen.

An einem der ersten Tage des Pyanepsion fand die Begehung der Oschophorien statt. Sie bestand zunächst aus einer feierlichen Prozession. *An der Spitze des Chores*, der für die Gelegenheit geeignete (oschophorische) Lieder sang, *gingen zwei in weibliche Stola gehüllte Jünglinge* (κατὰ γυναῖκας ἐστολισμένοι), *welche einen mit reifen Trauben behangenen Rebzweig* (κλῆμα ἀμπέλου κομί-ζοντες μεστὸν εὐθαλῶν βοτρύων) *trugen.* [1] Außerdem fand ein *Wettlauf* von Epheben aus den reichsten und vornehmsten Familien [2] statt. Jede Phyle stellte dazu zwei Söhne noch lebender Eltern. Die Läufer *trugen fruchtbeladene Reben*, und wer siegte, erhielt einen aus Wein, Oel, Honig, Mehl und Käse bereiteten Fünftrank und durfte am Komos des Chores teilnehmen. [3] Als der Ausgangspunkt beider Festakte wird ein Dionysostempel, als das Ziel das Heiligtum der Athene Skiros im Hafen Phaleros

---

lius, der Erfurter Walperzug als Erinnerung an die Zerstörung der Dienst-burg gefeiert (Bk. 375. 376). Ebenso beliebt war die ätiologische Erklärung der Volksbräuche aus der heiligen Geschichte. Die Aufrichtung des Maibaums vor den Haustüren am Aposteltage des h. Philippus (2. Mai) gab den Rumä-nen zu folgender Legende Veranlassung. Als die Juden St. Jacobus, dessen Fest auf den ersten Mai fällt, enthauptet hatten, wollten sie an St. Philip-pus ein Gleiches tun. Ihr Vorhaben ward jedoch zu Schanden, weil der Baum, den man als Erkennungszeichen vor sein Haus gesetzt hatte, Tags darauf vor allen Türen Jerusalems aufgeschossen gefunden wurde. W. Schmidt das Jahr u. s. Tage. Hermannstadt 1866 S. 12. Hiezu vgl. die Erklärung Adventbrauches o. S. 188 Anm.

1) Proklus Chrestom. bei Photius bibl. c. 239 p. 322. Hermann G. A. §. 56, 10. 11. Plutarch. Thes. 23 erzählt, Theseus habe zwei den Mädchen möglichst ähnlich gemachte Jünglinge mit sich nach Kreta geführt: ἐπεὶ δὲ ἐκαρτέλθεν αὐτόν τε πομπεῦσαι καὶ τοὺς νεανίσκους οὕτως ἀμπεχομένους ὡς τὴν ἀμπέχονται τοὺς ὤσχους φέροντες.

2) Hesych. s. o. ὠσχοφόρια.

3) Aristodemus περὶ Πινδάρου III bei Athenaeus XI, 62, p. 1111. Din-dorf. Proklos a. a O. Hermann G. A. §, 56, 11.

genannt, neben welchem, offenbar hievon, ein Platz den Namen Oschophorion führte. [1]

Es bleibt ungewiß, wie das Verhältniß beider Begehungen zu denken sei. Am wahrscheinlichsten jedoch ging der Wettlauf voran, *welcher über die Teilnahme am Festzuge entschied (καὶ ὁ νικήσας . . κωμάζει μετὰ χοροῖ*. Athen. a. a. O.); der Austeilung des Fünftranks und dem damit verbundenen Trankopfer folgte sodann die Pompe, der Festzug selbst, der seines heiteren Charakters wegen und, weil er ja dem Dionysos galt, bei Athenäus als Komos bezeichnet ist. *Ein Herold mit bekränztem Stabe schritt vorauf, hinter ihm die beiden Jünglinge in weiblicher Tracht*, sie allein trugen jetzt, in der Prozession, die Rebzweige, oder größere als die andern und hießen vorzugsweise Oschophoren; endlich die übrigen 7 Sieger des vorangegangenen Wettkampfes, so daß alle 10 Phylen vertreten waren und *dadurch die Begehung als eine zum Heil gemeiner Bürgerschaft angestellte religiöse Handlung charakterisierten*. Vom Augenblicke der Libation an ertönte der Ruf: *Eleleu! Ju! Ju!*, unter dessen fortwährender Wiederholung der Umgang sich der Stadt zuwandte [2] und wahrscheinlich am Tempel des Dionysos sein Ziel fand.

Um die nämliche Jahreszeit, möglicherweise am nämlichen Tage, und zwar am siebenten Pyanepsion hatte der Umzug mit der *Eiresione* statt. Außer einer, wie es scheint, offiziellen Prozession *zum Apollotempel* fanden private Umzüge statt. Auf die letzteren bezieht sich die bei Porphyr. de abstinentia II, 7 aus Theophrast und in den offenbar auch aus letzterem stammenden Schol. Arist. Equ. 729, Schol. Arist. Plut. 1054 erhaltene nur scheinbar widersprechende Notiz, die gottesdienstliche Begehung gelte dem Helios und den Horen, [3] die sich ganz einfach aus dem

1) Hesych. s. v. ὠσχοφόριον.

2) Diese Darstellung ist auf den sicheren Rückschluß aus der ätiologischen Legende bei Plutarch Theseus c. 22 gegründet: Proklos a. a. O. ist unrichtig oder ungenau.

3) Porphyr. de abstin. II. 7: Οἷς μαρτυρεῖν ἔοικε καὶ ἡ Ἀθήνησιν ἐπὶ τὸν δρομέτην πομπὴ Ἡλίου καὶ Ὡρῶν. Πομπεύει γὰρ ἐλαιόσια ἄγρωστις ἐπὶ προχρίων ἡγουμένης, ὅσπερα, ἄρτς [l. ἀκρόδρυα?] μεμάχελα, χριθαί, ἄρτοι, παλάθη, ἡγητρία ἀλειτον προχύτων καὶ κρατῆρος οἶνος, ὀρθοσιάτας, χύτρος. Schol. Arist. Equ. 729: Πυανεψίοις καὶ Θαργηλίοις Ἡλίῳ καὶ Ὡρας ἑορτάζουσιν Ἀθηναῖοι. φέρουσι δὲ οἱ παῖδες τοὺς τε θαλλοὺς ἐρίοις

Umstande erklärt, daß ein gottesdicnstlicher Akt bei einem
bekannten Heiligtum in der privaten Pyanopsien- wie Thargelien-
feier nicht vorkam, Apollo aber, den in seiner Eigenschaft als
frUchtereifenden Sonnengott die Prozession verherlichte, seit der
Zeit des Aeschylos und Euripides ganz gewöhnlich mit Helios für
eins gehalten wurde, während die Analogie des sogenannten
homerischen Eiresioneliedchens v. 4 — 5 es als eine naheliegende
Möglichkeit erweist, daß in attischen Gesängen bei dieser Gelegenheit Horen und Chariten gefeiert wurden. Somit konnte ein
Schriftsteller, der im Augenblick nur die privaten Eiresionen im
Auge hatte, ohne großen Verstoß gegen die Wahrheit, statt Apolls
Helios und die Horen nennen.

Ueber die öffentliche Feier belehrt uns eine Ueberlieferung,
welche durch eine unmittelbar und unverkürzt aus dem Original
oder wahrscheinlicher bereits in einem Auszuge von Eustathius
zu Il. XXIII, p. 1283, 6 und Suidas s. v. *εἰρεσιώνη* überkommene
Glosse des Rhetors Pausanias, der sein rhetorisches Lexicon unter
Hadrian verfaßte, [1] sodann durch die Glossen *πυανόψια* (resp.
πυανέψια) bei Harpokration Hesych, *εἰρεσιώνη*, Etymol. Magn.,
ἀλλαχοῦ δὲ λέγεται, Eustath. a. a. O., Suid. v. *εἰρεσιώνη*, endlich
durch Plutarchs Theseus Cap. XVIII u. XXII vertreten ist. Plutarchs und seines Zeitgenossen Pausanias gemeinsame Quelle
stellte bereits die Aussagen mehrerer Schriftsteller vergleichend
zusammen; was letzterer über den Ursprung des Eiresione-
gebrauchs bei Unfruchtbarkeit aus Krates, die Parallelstelle im
Etym. Magn. s. v. *εἰρεσιώνη* (s. u. S. 219 ff.) aus Lykurgos meldet, [2]

πεϱιειλημένοις, ὅϑεν εἰϱεσιῶναι λέγονται καὶ τούτοις πϱὸ τῶν ϑυϱῶν
κϱεμῶσιν. ἐξήϱτητο δὲ τῶν ϑαλλῶν αἱ ὧϱαι. Cf. Schol. Arist. Plut. 1051:
*Πυανεψίοις καὶ Θαϱγηλίοις Ἡλίῳ καὶ Ὥϱαις ϑύουσι Ἀϑηναῖοι· φέϱουσι δὲ οἱ
παῖδες τὰ πϱοκατειλεγμένα ἀκϱόδϱυα καὶ ταῦτα πϱὸ τῶν ϑυϱῶν κϱε-
μῶσι. κατά τι δὲ χϱηστήϱιον πϱὸς ἀποτϱοπὴν λιμοῦ ταῦτα ἐποίουν.*
Hemsterhuys bemerkte, daß τὰ πϱοκατειλεγμένα ἀκϱόδϱυα als „ante recen-
siti et enumerati fructus,“ nicht als „illa prius electa fragum
genera“ aufzufassen, und daß dieser Ausdruck bei Theophrast sich auf die
uns von Porphyrios erhaltene Aufzählung beziehe. Für die Zusammengehörigkeit beider Fragmente bei Porphyrius und im Schol. Arist. spricht auch
das in beiden Stücken gebrauchte Präsens.

   1) W. Rindfleisch de Pausaniae et Aelii Dionysii lexicis rhetoricis. Regiom. Pr. 1866, p. 10.
   2) S. Sauppe in Orator. attic. Turici 1850, p. 272.

zieht ersterer mit Uebergehung dieses Namens zu dem Vorherigen. Die erwähnten Glossen aber verraten denselben Ursprung, wie die z. B. bei Harpokration durch die Artikel προκώνια, πέλανος u. s. w. vertretene Klasse, in welcher uns der Redner Lykurgos (κατὰ Μενεσαίχμου, περὶ ἱερείας u. s. w.) um 340 v. Chr., die Heortologen und Atthidenschreiber Apollonios aus Acharnae, Demon aus Athen (περὶ θυσιῶν) um 306 v. Chr., Krates aus Athen, περὶ τῶν Ἀθήνησι θυσιῶν) als benutzte Gewährsmänner entgegentreten. Wenn wir nun einigen Grund haben zu vermuten, daß diese Glossen durch Ciceros Zeitgenossen Didymus in die lexilogische Literatur kamen, dieser aber für sie ebenfalls schon eine eine ältere Schrift excerpierte, so wird bei letzterer nicht ohne Wahrscheinlichkeit an die Atthis des Ister, eines Sklaven dann Freundes des Kallimachos (zwischen 248 — 224 v. Chr.), eine Compilation der Angaben verschiedener Autoren über attische Altertümer, gedacht werden dürfen, die Gilbert [1] als unmittelbare Quelle des plutarchischen Theseus zu erweisen einen höchst beachtungswerten Versuch gemacht hat. Aus ihm muß denn auch die Glosse des Pausanias geflossen sein. Ister aber folgte in seiner Schrift vorzugsweise der Atthis des Philochoros [2] (zw. 320 bis 260 v. Chr.), indem er aus andern Schriftstellern, zumal den übrigen Atthidographen, eine Anzahl ihm geläufiger Notizen in sein Werk aufnahm. Cap. 22 des Theseus (Oschophorien und Eiresione) beruht aber nach Gilbert entschieden seinem Hauptteile nach auf Philochoros. [3] Da aber dieser sich ohne Zweifel vielfach ohne

---

1) Philologus XXXIII, 1873, S. 47 — 50.

2) Ueber d. s. Böckh. Berl. Akad. d. Wissenschaft H. Ph. Kl. 1832, p. 1 — 30. Gilbert a. a. O. 53 ff. Vgl. M. Haug die Quellen Plutarchs, Tübingen 1853, S. 14.

3) a) Pausanias bei Eustath. ad Il. XXII, p. 1283, 6 (cf. Suidas s. v. εἰρεσιώνη): Ἐν δὲ τοῖς Παυσανίου κεῖται ταῦτα· εἰρεσιώνη, θαλλὸς ἐλαίας, ἐστεμμένος ἐρίῳ, προσκρεμαμένους ἔχων διαφόρους ἐκ γῆς καρπούς· τοῦτον ἐκφέρει παῖς ἀμφιθαλής καὶ τίθησι πρὸ θυρῶν τοῦ Ἀπόλλωνος ἱεροῦ ἐν τοῖς Πυανεψίοις· λέγεται γάρ, φησι, Θησέα, ὅτε εἰς Κρήτην ἔπλει, προσχόντα Δήλῳ τῇ νήσῳ διὰ χειμῶνα εὔξασθαι Ἀπόλλωνι κατασώσαντα κλάδοις ἐλαίας, εἰ τὸν Μινώταυρον κτείνας σωθῇ, καὶ θυσιάσειν. καὶ γοῦν τὴν ἱκετηρίαν ταύτην κατασώσας ἐνιῆσαι λέγεται χείρας ἀθύρας καὶ ἔτνους καὶ βωμὸν ἱδρύσασθαι· διὸ καὶ Πυανέψια λέγεσθαι οἷον κυαμέψια, διὸ τὸ πυάμους πρότερον τοὺς κυάμους καλεῖσθαι· ἤγουν δὲ ἐπ' ὅτι ταῦτα καὶ ἐπὶ ἀποτροπῇ λιμοῦ· ἦδον δὲ παῖδες οὕτω· „εἰρεσιώνη σῦκα φέρει καὶ πίονας ἄρτους καὶ

Nameusnennung des Materials seiner Vorgänger bediente, die seit geraumer Zeit sich auf factische Ausmittelung der attischen Altertümer in Mythen, Sagen, Opfern, Festen, Gebräuchen und Denkwürdigkeiten gelegt und dafür in ihren Atthiden ein ansehnliches Material zusammengebracht hatten (Müller Fragm. hist. Gr. II, Prolegg. p. 85), so reicht die erste Niederschrift der in Rede stehenden Ueberlieferung sicher bis ins vierte, vielleicht bis ins fünfte Jahrhundert zurück.

μέλιτος κοτύλην καὶ ἔλαιον ἐπιχρῆσασθαι, καὶ κύλικα εὔζωρον, ἵνα μεθύουσα καθεύδῃ." μετὰ δὲ τὴν ἑορτὴν ἔξω ἀγρῶν τιθέασι παρὰ τὰς θύρας. Κράτης δέ φησιν, ἀφορίας ποτὲ κατασχούσης Ἀθήνας θάλλοις καταστέψαντας ἐρίοις ἱκετηρίαν ἀναθεῖναι Ἀπόλλωνι. b) Plutarch. Thes. c. XVIII: Γενομένου δὲ τοῦ κλήρου παραλαβὼν τοὺς λαχόντας ὁ Θησεὺς ἐκ τοῦ Πρυτανείου καὶ παρελθὼν εἰς Δελφίνιον ἔθηκεν ὑπὲρ αὐτῶν τῷ Ἀπόλλωνι τὴν ἱκετηρίαν. Ἦν δὲ κλάδος ἀπὸ τῆς ἱερᾶς ἐλαίας ἐρίῳ λευκῷ κατεστεμμένος. Εὐξάμενος δὲ κατέβαινεν ἕκτῃ μηνὸς ἐπὶ θάλασσαν ἱσταμένου Μουνιχιῶνος, ᾗ καὶ νῦν ἔτι τὰς κόρας πέμπουσιν ἱλασομένας εἰς Δελφίνιον. C. XXII: Θήσας δὲ τὸν πατέρα τῷ Ἀπόλλωνι τὴν εὐχὴν ἀπεδίδου τῇ ἑβδόμῃ τοῦ Πυανεψιῶνος μηνὸς ἱσταμένου· ταύτῃ γὰρ ἀνέβησαν εἰς ἄστυ σωθέντες. Ἡ μὲν οὖν ἕψησις τῶν ὀσπρίων λέγεται γενέσθαι διὰ τὸ σωθέντας αὐτοὺς εἰς ταυτὸ συμμῖξαι τὰ περιόντα τῶν σιτίων καὶ μίαν χύτραν κοινὴν ἑψήσαντας συνεστιαθῆναι καὶ συγκαταφαγεῖν ἀλλήλοις. Τὴν δὲ εἰρεσιώνην ἐκφέρουσι κλάδον ἐλαίας ἐρίῳ μὲν ἀνεστεμμένον, ὥσπερ τότε τὴν ἱκετηρίαν, παντοδαπῶν δὲ ἀνάπλεον καταργμάτων διὰ τὸ λῆξαι τὴν ἀφορίαν, ἐπᾴδοντες· „Εἰρεσιώνη σῦκα φέρει καὶ πίονας ἄρτους καὶ μέλι ἐν κοτύλῃ καὶ ἔλαιον ἀναψήσασθαι, καὶ κύλιχ' εὔζωρον, ὡς ἂν μεθύουσα καθεύδῃ." c) Etymol. Magn. 303, 18 ff. 868 Gaisf.: Εἰρεσιώνη. Ἐπηνέχθης . . κλάδος ἐξ ἐρίων ἔχων στέμματα, κλῶνας καὶ ἰσχάδας καὶ τῶν καθαρῶν ἀκροδρύων ὁρμαθούς. Ἡ θάλλος ἐστὶν ἐλαίας πάντες τοῖς (l. παντοδαποῖς) καρποῖς ἔχων ἀπῃρτημένους καὶ στέμμα λευκὸν καὶ φοινικοῦν. Προετίθετο δὲ ἱκεσία τῷ Ἀπόλλωνι ἐκείνῃ τῇ ἡμέρᾳ, ᾗ οἱ περὶ Θησέα σωθῆναι δοκοῦσι. Καταχύσματα δὲ καὶ κύλικα οἴνου κεκραμένην καταχέοντες αὐτῆς ἐπιλέγουσιν. „Εἰρεσιώνη σῦκα φέρει καὶ πίονας ἄρτους, καὶ μέλιτος κοτύλην καὶ ἔλαιον ἀποψῆσασθαι, καὶ κύλιχ' εὐζώριο, ἵνα μεθύουσα καθεύδῃ" — Δικαίαρχος δέ φησιν ἀφορίας γενομένης Ἀθηναίοις τοῦτο ἐπιτελεσθῆναι κατὰ χρησμὸν ὑπὲρ ἱκετηρίας. d) Eustath. a. a 0.: Ἀλλαχοῦ δὲ λέγεται καὶ ὅτι στέμμα λευκὸν καὶ φοινικοῦν ἀπῄρτητο τοῦ θαλλοῦ καὶ ὅτι προετίθετο ἱκεσία τῷ Ἀπόλλωνι καθ' ἣν ἡμέραν οἱ περὶ Θησέα σωθῆναι δοκοῦσι, καὶ ὅτι καταχύσματα καὶ κύλικα οἴνου κεκραμένην ἐπιχέοντες αὐτῆς ἐπιλέγουσιν τὴν ῥηθεῖσαν ᾠδήν. e) Harpocration s. v. Πυανόψια. Δικαίαρχος ἐν τῷ κατὰ Μενεσαίχμου, καὶ ἡμεῖς Πυανόψια ταύτην τὴν ἑορτὴν καλοῦμεν· οἱ δ' ἄλλοι Ἕλληνες Πανόψια, ὅτι πάντες εἶδον καρποῖς τῇ ὄψει. Ἀπολλόνιος καὶ σχεδὸν πάντες οἱ περὶ τῶν Ἀθήνησιν ἑορτῶν γεγραφότες, Πυανεψιῶνος ἑβδόμῃ τὰ Πυανόψια Ἀπόλλωνι ἄγεσθαί φασι. διιν δέ φασι λέγειν Πυανέψια καὶ τὸν μῆνα Πυανεψιῶνα. πύανα γὰρ ἕψουσιν ἐν αὐτοῖς καὶ ἡ εἰρεσιώνη ἄγεται. Cf. Suid. s. v. Πυανεψιῶνος.

Nach dieser also trug (ἐκφέρει) ein Knabe, dem beide Eltern noch lebten (παῖς ἀμφιθαλής), wir wissen nicht mehr von welchem Punkte aus, einer Prozession voran *einen mit wollenen Bändern und allen möglichen Feldfrüchten behangenen Oelzweig* bis zum *Apollotempel* und pflanzte oder hing ihn hier vor dessen Tür auf. Die Prozession wird der offiziellen Feier gemäß aus ernsten, angesehenen und grundbesitzenden Männern, die dem Knaben folgten, bestanden haben. In der Tat zeigt der einzige attische Kalender in bildlicher Darstellung, der aus dem Altertum auf uns gekommen ist,[1] als Bezeichnung des Pyanepsion den mit der Eiresione ausgerüsteten Epheben, dem ein Mann in reiferen Jahren hinten nachfolgt. Der eine Eupatride ist unzweifelhaft nur der Vertreter einer ganzen Schaar, da der Künstler gezwungen war, sich in knappster Andeutung mit so wenigen Figuren als möglich zu behelfen, wie denn eine derartige artistische Kurzschrift der Weise athenischer Reliefplastik überhaupt entsprach.[2] Zu dieser im öffentlichen Interesse einhergetragenen Eiresione mag zu Zeiten ein Zweig von der heiligen Burgolive, der Moria, verwandt sein (vgl. o. S. 25 ff. S.220 Anm.). Doch zeigt der soeben erwähnte bildliche Kalender nach Böttichers Angabe einen Lorbeerzweig, und einen solchen nennt auch ein Scholion (Schol. in Arist. Plut. 1054) als abwechselnd mit der Olive: εἰρεσιώνη θαλλὸς ἐλαίας ἢ δάφνης, ἐξ ἐρίων σιμπεπλεγμένος ἔχων ἄρτον ἐξηρτημένον καὶ κοτύλην etc.

Von der öffentlichen unterschied sich die private Begehung dadurch, daß jeder Grundeigentümer, welcher Ackerbau und Obstkultur betrieb, — denn nur von solchen, nicht von allen, nicht von den nur mit städtischen Grundstücken angesessenen Bürgern wird der Brauch geübt sein — *die Eiresione vor der Tür seines Hauses aufpflanzen und dort ein Jahr lang stehen oder hängen ließ. Nach Jahresfrist wurde die vertrocknete mit einer frischen vertauscht.*[3]

---

1) Es ist ein Relief, welches einst als Zophoros eines antiken Gebäudes diente, später in die Westwand des Gotteshauses der Panagia Gorgopiko in Athen eingelassen, incorrect von Lebas (Voyage archéologique en Grèce etc. Pl. 21. 22) und genauer von Bötticher (in Philologus XXII, Göttingen 1865) publiziert wurde.

2) Vgl. Michaelis Parthenon S. 208.

3) *Ταύτην δὲ τὴν εἰρεσιώνην πρὸ τῶν οἰκημάτων ἐτίθεντο οἱ Ἀθηναῖοι καὶ κατ' ἔτος αὐτὴν ἤλαττον.* Schol. in Arist. Plut. 1054:

Auf diese Verhältnisse beziehen sich verschiedene Anspielungen des Aristophanes. Demos, der vor seiner Haustür Geschrei und — wie er meint — zu Tätlichkeiten ausgearteten Zank gehört hat, tritt mit den besorgten Worten hervor:

> Wer sind die Schreier? Fort von meiner Tür!
> Den Segensölzweig (Eiresione) habt ihr mir herabgerupft!

Er fürchtet, daß bei der Rauferei seine Eiresione von der Tür herabgerissen und als Schlaginstrument benutzt sei.[1] In den Wespen läßt sich der eingesperrte Philokleon an einem Seile zum Fenster hinaus, Bdelykleon rät dem Sosius, um dies zu verhindern:

> Flink steig' ans andere Fenster hinauf, und hau ihn hier mit den
>   Zweigen,
> Dann rudert er wol mit dem Hintern zurück, von der Eiresione
>   getroffen.[2]

Im Griechischen enthält die letzte Zeile ein sehr wirksames Wortspiel, welches auf dem Gleichklang von Eiresione mit ciresia, das Rudern, beruht. Im Plutos endlich wird von einem alten Weibe, das einem schwärmenden Jüngling zurief, ihr nicht mit der Fackel nahe zu kommen, gesagt:

> Nun da hat sie Recht!
> Denn wenn sie auch ein einzger Funke nur ergreift,
> Zu Asche brennt sie wie ein alter Segenszweig.[3]

Einen besseren Zunder gab es in der Tat kaum, als die vertrocknete und ausgedörrte Eiresione, wenn sie das Jahr hindurch ihren Platz behauptete Der Dichter spricht davon aber wie von einer allgemein gemachten Erfahrung; augenscheinlich wurde die ausgediente Eiresione nicht auf den Müllhaufen geworfen, sondern

---

ἄλλοι δέ φασιν ὡς λοιμοῦ ποτε ἐνσκήψαντος Ἀθηναίοις, ἕκαστος πρὸ τῶν θυρῶν ἔστησαν εἰρεσιώνας εἰς ἀποτροπὴν τοῦ λοιμοῦ. καὶ διέμενεν εἰς ἐνιαυτόν. ἦν καὶ ξηρανθεῖσαν πάλιν κατ' ἔτος ἐποίει ἑτέραν χλοάζουσαν. Ibid. Cod. Reg.

1) Equit, 729: τὴν εἰρεσιώνην μου κατεσπαράξατε. Schol.: τὸ δὲ κατεσπαράξατε εἶπεν ἐπειδὴ ἀλλήλους ὤθουν.

2) Vesp. 398: ἀνάβαιν' ἀνύσας κατὰ τὴν ἑτέραν καὶ ταῖσιν φυλλίσι παῖε, ἤν πως πρύμνην ἀνακρούσηται, πληγεὶς ταῖς εἰρεσιώναις. Schol.: Ἐπεὶ κλάδοις τισὶ παρακελεύεται παίειν αὐτὸν τοῖς πρὸ τῆς οἰκίας· διὰ τοῦτο ταῖς εἰρεσιώναις εἶπε . . εἰρεσιώναις δὲ ἁπλῶς τοῖς ξηροῖς κλάδοις.

3) Plut. 1054: ἐὰν γὰρ αὐτὴν εἰς μόνος σπινθὴρ λάβῃ ὥσπερ παλαιὰν εἰρεσιώνην καύσεται. Schol. παλαιὰν: κατάξηρον.

aus Ehrerbietung durch Feuer vernichtet. Der Aufpflanzung der Eiresione im (städtischen?) Herrenhause ging aber ein Umgang mit derselben auf dem Dorfe und den Aeckern vorher.[1] Die Ausschmückung der Eiresione war begreiflicherweise bei den einzelnen Prozessionen kleinen Verschiedenheiten unterworfen. Bald war sie ein sehr großer Ast (εὐμεγέθης κλάδος) mit vielen Bändern oder Binden (vittae, stemmata), bald ein kleiner Zweig (θάλος) mit einem Bande geschmückt (Etym. Magn. 303. s. o. S. 220). Die Farbe der Bänder war vorherrschend weiß und rot.[2] Außerdem umwanden abwechselnd rote und weiße Wollenfäden, wie es scheint, den Schaft des Baumzweiges,[3] auch

_____

1) Wenn Pausanias o. S. 219 zuerst von einem einzigen Knaben spricht, der die E. zum Apollotempel trägt, später ein Liedchen erwähnt, das mehrere Knaben bei Umtragung der E. singen (ᾖδον δὲ παῖδες οὕτω·), und endlich fortfährt: „μετὰ δὲ τὴν ἑορτὴν ἔξω ἀγρῶν τιθέασι παρὰ τὰς θύρας," so ist es klar, daß hier in dem stark abkürzenden Auszuge des Lexicographen zwei verschiedene Teile seiner Vorlage, die Schilderung. der öffentlichen und diejenige der privaten Begehungen, in eins geworfen sind. Schon die Mehrheit der singenden Knaben gehört der letzteren an; mehrere Knaben sind es, weil jeder Prozession von Gutsangehörigen je ein παῖς ἀμφιθαλής vorausschreitet. Wenn aber nach dem Feste die E. außerhalb der Aecker oder ländlichen Besitzungen, d. h. in den Herrenhäusern der Güter oder in städtischen Häusern der Gutsherren zur Aufbewahrung vor die Tür gehängt wird, so muß das Fest selbst, d. h. hier die Prozession, der Umgang mit dem Segenszweige, im Gegensatz dazu innerhalb der Aecker oder Landgüter vollzogen sein und schon deshalb die Erklärung von Meursius (Graec. fer. L. V. in Gronovii Thes. antiqn. Gr. T. VII, p. 847) verworfen werden, die vor dem Apollotempel aufgepflanzte Eiresione sei nach dem Feste von dort entfernt und vor den Privathäusern aufgesteckt. Wie vielfach müßte dann jene eine E. geteilt sein! Oder unberechtigter Weise müßten aus der einen durch die Ueberlieferung bezeugten Prozession zum Apollotempel deren sehr viele gemacht werden.

2) ᾿Η θάλος ἐστὶν ἐλαίας παντοδαποὺς καρποὺς ἔχον ἀπηρτημένους καὶ στέμμα λευκὸν καὶ φοινικοῦν. Etym. Magn. 303. s. o. S. 220. ᾿Αλλαχοῦ δὲ λέγεται καὶ, ὅτι στέμμα λευκὸν καὶ φοινικοῦν ἀπ ήρτητο τοῦ θαλλοῦ. Eustath. s. o. S. 219. Dieses Stemma war also der Art aufgehängt, daß es vom Zweige herabhing.

3) Darauf bezieht sich, was der Scholiast zu Statius Thebais II, 736 berichtet, wenn er von der (von uns später zu besprechenden) Eiresione am Panathenäenfeste redend, „in qua omnium frugum pomorumque primitias obligabant," diese Beigaben mit roten und weißen Fäden angehängt nennt (purpureis nexibus supra dicta pendebant, quae tamen interjecta duobus pedibus candida fila discriminabant). Hiemit stimmt die Angabe in Schol. Arist.

waren alle möglichen reifen Früchte daran gehängt.[1]   Falls die
o. S. 218 ausgesprochene Ansicht über die Aussage des Theophrast begründet ist, so muß außer Früchten des Erdbeerbaumes
(μιμαίκυλα), Bohnen (ὄσπρια), Gersten- und Weizenähren (κρι-
θαί, πυροί), Wicken (? εἰλυσπόα ἄγρωστις), runden Kuchen
(φθοῖς) und aufrechtstehenden Gebäcken (ὀρθοστάται) von Ger-
sten- und Weizenmehl auch das so beliebte Confekt aus den in
länglicher Form zusammengepreßten Kernen von Steinobst, Wein-
beeren oder Pinienäpfeln (πυρηνίων ἡγιρία, l. ἡγητηρία) und aus
Feigen παλάθη ἡγητηρία) zuweilen zu diesem Schmuck der Eiresione gehört haben;[2] wenn aber auch Kochtöpfe nebst Inhalt
(χύτροι) als Gegenstände der Umführung (πομπή) genannt werden, so halte ich für wahrscheinlicher, daß diese — wie sich
nachher ergeben wird — nebenher getragen wurden. Der Scholiast des Statius erwähnt auch Aepfel unter den Anhängseln.
Dagegen sagte der Astronom Hipparch (128 — 102 v. Chr.), dem
Homer jede Kunst und jede Wissenschaft zuzusprechen, wäre
grade so, wie wenn jemand der attischen Eiresione Aepfel und
Birnen, die sie nicht tragen kann, zuspräche.[3] Ein sicheres
Zeugniß für die Ausrüstung des Segenszweiges gewährt das Bruch-
stück eines launigen Liedchens, welches vor Aufhängung desselben am Herrenhause von seinem Träger gesungen wurde:

> Eiresione ist da! Herbstfeigen trägt sie und fette
> Kuchen und Honig im Napf und Oel die Glieder zu salben.
> Lauteren Weins ein Becherchen auch, um trunken zu schlummern.[4]

Equ. 729: κλάδος ἐλαίας ἐρίοις περιπεπλεγμένος ἀναδεδεμένος,
und Schol. Arist. Plut. 1054 in der entsprechenden Ueberlieferung abgekürz-
ter: κλάδος ἦν ἐρίοις πεπλεγμένος. Ebenso Theophrast o. S. 217: θαλλοὺς
ἐρίοις περειλημένος.

1) Pausan. b. Eustath. p. 1283, o. S. 210: θαλλὸς ἐλαίας, ἐστεμμένος
ἐρίῳ προςκεχραμένος ἔχων διαφόρους ἐκ γῆς καρπούς. Dafür Suidas
in der näml. Glosse: παντοδαποὺς τῶν ἐκ γῆς καρπῶν. Schol. Arist. Equ.
729, vgl. o. S.218: κλάδος ἐλαίας ἐρίοις περιπεπλεγμένος ἀναδεδεμένος ἐξήρ-
τητο δὲ αὐτοῦ ὡραία πάντα ἀκρόθυρα.

2) Auch δρῦς Eichen werden genannt, offenbar hs. Verderbniß. Dr. G.
Schömann macht mich aufmerksam, daß ἀκρόθυρα zu lesen sein dürfte.

3) Strabo 16 Casaub.

4) Εἰρεσιώνη σῦκα φέρει καὶ πίονας ἄρτους
    Καὶ μέλι ἐν κοτύλῃ καὶ ἔλαιον ἀποψήσασθαι,
    Καὶ κύλιξ εὔζωρος, ἵνα μεθύουσα καθεύδῃ.

Außer Kuchen und Feigen sehen wir also *Gefäße* mit *Flüssigkei-
ten, Honig, Oel, Wein* an den Baumzweig gehängt, der nach
Ausweis des o. S. 221 erwähnten Reliefs in annähernd wagerech-
ter Lage über die Schulter zurückgelehnt getragen wurde. [1] Den
Inhalt der an Schnüren herabhangenden Gefäße *goß man bei
Beendigung des Umgangs über die Eiresione selbst aus.* [2] Diese
Ceremonie hat das Liedchen im Sinn, indem es die Eiresione
personifiziert, die über sie ausgeschütteten Flüssigkeiten Honig,
Oel und Wein gleichsam als Gebrauchs- und Genußmittel derselben auffaßt und ihr schalkhaft für das Jahr, welches sie auf dem
ihr nunmehr anzuweisenden Platze verharren soll, einen guten
Schlummer in süßem Räuschlein anwünscht. Im „Landmann"
des Timokles, eines als Feinschmeckers berüchtigten Dichters der
mittleren Komödie, hatte jemand das *mit frischen und getrock-
neten Feigen, mit Oel und Honig besetzte* Tischtuch scherzhaft
seine alles produzierende Landwirtschaft genannt, welche ihm
jegliche Fruchtfülle herzutrage; ein anderer erwiederte im Hin-
blick darauf, daß dieser Ertrag nicht an Ort und Stelle gewachsen sei, man könne das wol eher eine Eiresione nennen. [3] Nach

---

Pausan. ap. Eustath. et Suid.; Schol. Aristoph. Plut. 1054. Eqnit. 729;
Etym. Magn. 303; Plutarch Thes. XXII; Mich. Apostol. proverb. XXI, 24.
Phavoriu 240ᵇ. Die beiden ersten Verse auch Clemens Alex. Strom. 9, 33,
Pott. 1) γέρειν Plutarch. σῦκα φέρει καὶ μῆλα Schol. Clem. Alex. p. 9, 33,
Pott. 2) καὶ μέλι ἐν κοτύλῃ. Schol. Aristoph. Plut. et Equ.; Plutarch, Suid.,
Phavorin., Apostol., Clemens. μέλιτος κοτύλην Eustath., Etymol. Magn.
ἀποψήσασθαι Etym. Magn., Schol. Arist. Plut. 1054, Suid., Apostol. ἀνα-
ψήσασθαι Plutarch, Schol. Arist. Equ. 729, Clemens. ὑποψήσασθαι Phavorin 240. ἐπικρήσασθαι Eustath. 3) κύλικα εὔζωρον Eustath. κύλικ' εὔζωρον Suid., Plutarch., Schol. Arist. Plut. Equ. ὅπως Suid. καθείδῃς Suid.

1) Schol. Arist. Plut. 1054: θαλλὸς ἐλαίας ἢ δάφνης ἐξ ἐρίων συμπε-
πλεγμένος ἔχων ἄρτον ἐξηρτημένον καὶ κοτύλην· ἔστι δὲ μέτρον [ὃ
τὸν καλούμεν ἡμίχεστον] καὶ σῦκα [καὶ πάντα τὰ ἀγαθά]. ταύτην δὲ τὴν εἰρεσιώνην πρὸ τῶν οἰκημάτων ἐτίθεντο οἱ Ἀθηναῖοι καὶ κατ' ἔτος αὐτὴν
ἤλαττον. εἰώθει δὲ παῖς ἀμφιθαλὴς ἀμφ' αὐτῇ ταῦτα λέγειν „εἰρεσιώνη σῦκα
φέρει" etc.

2) Καταχέσματα δὲ καὶ κύλικα οἴνου κεκραμένην καταχέοντες αὐτῆς ἐπιλέγουσιν. Etym. Magn. s. o. S. 220. Cf. Eustath.: καὶ ὅτι καταχύσματα
καὶ κύλικα οἴνου κεκραμένην ἐπιχέοντες αὐτῆς ἐπέλεγον τὴν ῥηθεῖσαν
ᾠδήν. —

3) Clem. Alex. Strom. L. IV, Cap. II. §. 7. P. 566 Pott. Αἴτ/κα οἱ
στρωματεῖς ἡμῶν κατὰ τὸν γεωργὸν Τιμοκλέους τοῦ κωμικοῦ
σῦκ', ἔλαιον, ἰσχάδας,

15

dem Glossokomon des Geschichtsschreibers Menekles, eines Zeitgenossen des Ptolomaeus Physkon (145 — 118 v. Chr.), bucken
die Athener Lyra, Napf (Kotyle), Rebzweig und wieder andere
in Formen gegossene Kuchen von kreisförmiger Gestalt und häng-
ten sie an die Eiresione. Dieses Gebäck hieß Diakonion oder in
der Mehrzahl Diakonia.[1] Auch bei anderem Anlaß und anderswo
(z. B. zu Patara in Lykien) wurden dem Apollon in heiliger Kiste
als Weiheopfer Kuchen in Gestalt seiner Attribute *Leier*, *Bogen*
und *Pfeile* zugetragen.[2] Während somit die der Eiresione ange-
hängte Lyra die athenische Eiresione als Darbringung an Apollo
bewährt, waren die aus Teig geformte Kotyle und Rebzweige
nur ein jüngerer Ersatz für einen wirklichen mit Trauben behangenen Ast und das wirkliche mit Honig oder flüssigem Inhalt
erfüllte Gefäß, welche jenes Liederbruchstück uns kennen lehrte.
Beide Formen des Brauches können in Attika neben einander
bestanden haben.[3]

Die in der Schilderung des Theophrast (o. S. 217. 224)
als Gegenstände der Pompe erwähnten Kochtöpfe (Chytren) beziehen sich unzweifelhaft auf diejenige Handlung, welche dem Pya-
uepsienfeste den Namen gab und somit als dessen Hauptveran-
staltung aufgefaßt wurde.[4] Es wurden nämlich nach vollendetem

---

μέλι προςοδεύουσι, καθάπερ ἐκ παμφόρου χωρίου. δι' ἣν εὐκαρπίαν ἐπιφέρει.
σὺ μὲν εἰρεσιώνην οὐ γεωργίαν λέγεις.

1) *Διακόνιον.* οἱ μὲν τὴν τοῦ πλακοῦντος κρηπῖδα. *Μενεκλῆς δὲ*
ἐν τῷ Γλωσσοκόμῳ ταῦτα εἴρηκε περὶ αὐτοῦ· Ἀθηναῖοι τῷ Ἀπόλλωνι τὴν
καλουμένην Εἰρεσιώνην ὅταν ποιῶσι, πλάττοντες λύραν τε καὶ κοτύλην καὶ
κλῆμα καὶ ἄλλ' ἄττα κυκλοτερῆ πέμματα, ταῦτα καλοῦσι διακόνιον· λέγεται δὲ
ἐπί τινος ἐγκρατοῦς. ὁμοίως δὲ καὶ Ἀμερίας διακόνια τὰ κατὰ τὴν Εἰρεσιώνην τῷ Ἀπόλλωνι πλασσόμενα πέμματα. Suid.

2) Stephan. Byz. s. v. *Πάταρα.*

3) Von mehreren Arten Kuchen spricht auch das Scholion Arist.
Plut. 1054: Εἰρεσιώνη στέμματα πρὸ τῶν πυλῶν περιειλημένα πλακουν-
τικοῖς τισι κολλύροις καὶ ἄλλοις τοιουτοτρόποις τοῖς τε ὡραίοις
καρποῖς καὶ ἐλαίας ἀποκεκραμένα.

4) *Πυανόψια* ἑορτὴ Ἀθήνησιν Ἀπόλλωνος. ὠνομάσθη δὲ καὶ διὰ τὸ
ἑψόμενον ἔτνος τῶν κυάμων· τὸ γὰρ ἔτνος καὶ τὴν ἀθάραν πύανα καλοῦσιν·
ἀφ' οὗ καὶ μήν ἐστι Πυανεψιὼν λεγόμενος. Πυανεψιὼν μὴν Ἀθήνησι δ',
ἐν ᾧ καὶ τὰ πύανα ἕψεται, εἰς τιμὴν τοῦ Ἀπόλλωνος. πύανα δὲ πάντα τὰ ἀπὸ
γῆς ἐδώδιμα ὀσπριώδη, ἃ συνάγοντες ἕψουσιν ἐν χύτραις, ἀθάραν ποιοῦντες. Photius; Harpokrat.

Eiresioneumzug *verschiedene Getreidearten und Hülsenfrüchte
zusammengekocht und aus einem Topfe von den Hausgenossen
gemeinsam verzehrt.* Diese Weise der Pyanepsienmahlzeit geht
aus ihrem Spiegelbilde in der ätiologischen, d. h. zur Erklärung
ihres Ursprungs erfundenen Legende deutlich hervor. Der Rhetor Pausanias (o. S. 219) drückt sich darüber so aus. Nachdem
Theseus von Kreta rückkehrend mit den Geretteten ans Land
gestiegen, *schmückte er die Eiresione aus,* kochte dann Töpfe mit
Weizen - und Gemüsebrei ($\chi\acute{\iota}\tau\varrho\alpha\varsigma$ $\dot{\alpha}\vartheta\acute{\alpha}\varrho\alpha\varsigma$ $\varkappa\alpha\grave{\iota}$ $\check{\epsilon}\tau\nu o\nu\varsigma$) und errich-
tete einen Altar. Plutarchs Bericht, der auf die nämliche Quelle
zurückgeht, wie der des Pausanias, mithin zur Ergänzung und
Verdeutlichung des letzteren verwandt werden darf, sagt, die
Begleiter des Theseus hätten nach ihrer Rettung und Heimkehr
*die übriggebliebenen vegetabilischen Lebensmittel untereinander-
gemischt in einem gemeinsamen Topfe gekocht und in gemeinsamer
Mahlzeit mit einander verzehrt* (s. o. S. 220). Nach Sosibios bei
Athen. XIV, 648 und Hesych. waren die pyanoi ein *aus allen*
möglichen Erdfrüchten, einer „*Panspermie,*" gekochter süßer Brei.[1]
Wie es nach Theophrast den Anschein hat, wurde die zum Pya-
nepsienfestmahl verwandte, Getreide - und Gemüsefrüchte umfas-
sende Panspermie bei dem feierlichen Umzuge in Kochtöpfen,
wie sie auch sonst zur Bereitung religiös geheiligter Speisen dienten (Schol. Arist. Pac. 924), der Eiresione (an der diese Töpfe
doch wol nicht aufgehängt werden konnten) hinterhergetragen und
demnächst verzehrt.

---

1) '$E\sigma\tau\grave{\iota}$ $\delta\grave{\epsilon}$ $\tau\grave{o}$ $\pi\nu\acute{\alpha}\nu\iota o\nu$, $\dot{\omega}\varsigma$ $\varphi\eta\sigma\iota$ $\Sigma\omega\sigma\acute{\beta}\iota o\varsigma$, $\pi\alpha\nu\sigma\pi\epsilon\varrho\mu\acute{\iota}\alpha$ $\grave{\epsilon}\nu$ $\gamma\lambda\nu\varkappa\epsilon\tilde{\iota}$ $\dot{\eta}\psi\eta$-
$\mu\acute{\epsilon}\nu\eta$. Athen. XIV, 648. Für $\pi\acute{\nu}\alpha\nu o\nu$ kam auch die Nebenform $\pi\nu\sigma\alpha\nu\acute{\iota}\alpha$ vor.
Vgl. Hesych.: $\pi\nu\sigma\acute{\alpha}\nu\iota\alpha$, $\pi\alpha\nu\sigma\pi\epsilon\varrho\mu\acute{\iota}\alpha$ $\grave{\epsilon}\varphi\vartheta\acute{\eta}$. Für gewöhnlich gebrauchte
man die Ausdrücke $\pi\acute{\nu}\alpha\nu o\nu$, $\pi\acute{\nu}\alpha\nu\alpha$, $\pi\acute{\nu}\alpha\nu o\iota$, $\pi\nu\acute{\alpha}\nu\iota o\nu$ für das $\check{\epsilon}\tau\nu o\varsigma$, nämlich
für eine Speise von $\check{o}\sigma\pi\varrho\iota\alpha$ (s. o. S. 226), d. h. von solchen Erdfrüchten,
welche nicht zum Brodbacken verwandt werden. (Cf. $\check{o}\sigma\pi\varrho\iota\alpha$ $\grave{\epsilon}\varkappa\epsilon\tilde{\iota}\nu\alpha$ $\tau\tilde{\omega}\nu$
$\varDelta\eta\mu\eta\tau\varrho\iota\alpha\varkappa\tilde{\omega}\nu$ $\sigma\pi\epsilon\varrho\mu\acute{\alpha}\tau\omega\nu$, $\grave{\epsilon}\xi$ $\tilde{\omega}\nu$ $\check{\alpha}\varrho\tau o\varsigma$ $o\grave{\upsilon}$ $\gamma\acute{\iota}\nu\epsilon\tau\alpha\iota$. Galen. de aliment.
facult. p. 314, 14. Bas.) Und zwar war die Mischung aus verschiedenen
Fruchtarten wesentlich. So Theognost. Can. 23: $\pi\tau\acute{\nu}\alpha\nu o\iota$ $\mu\acute{\iota}\gamma\mu\alpha$ $\pi\alpha\nu\tau o$-
$\delta\alpha\pi\tilde{\omega}\nu$ $\dot{o}\sigma\pi\varrho\acute{\iota}\omega\nu$. Doch wird $\pi\acute{\nu}\alpha\nu o\nu$ auch von Getreidebrei, speziell Wei-
zenbrei ($\dot{\alpha}\vartheta\acute{\alpha}\varrho\alpha$) gebraucht. $\pi\nu\alpha\nu\acute{o}\psi\iota\alpha$ — $\delta\iota\grave{\alpha}$ $\tau\grave{o}$ $\dot{\alpha}\vartheta\acute{\alpha}\varrho\alpha\varsigma$ $\grave{\epsilon}\psi\epsilon\tilde{\iota}\nu$ $\ddot{\alpha}$ $\varkappa\alpha\lambda o\tilde{\upsilon}\sigma\iota$
$\pi\acute{\epsilon}\alpha\nu\alpha$. Hesych. Cf. Hegesander b. Athen. IX, S. 406 D.: $\tau\tilde{\eta}\varsigma$ $\tau\tilde{\omega}\nu$ $\pi\nu\varrho\tilde{\omega}\nu$
$\grave{\epsilon}\psi\acute{\eta}\sigma\epsilon\omega\varsigma$ $\grave{\epsilon}\pi\iota\nu o\eta\vartheta\epsilon\acute{\iota}\sigma\eta\varsigma$ $o\acute{\iota}$ $\mu\grave{\epsilon}\nu$ $\pi\alpha\lambda\alpha\iota o\grave{\iota}$ $\pi\acute{\nu}\alpha\nu o\nu$, $o\acute{\iota}$ $\delta\grave{\epsilon}$ $\nu\tilde{\nu}\nu$ $\dot{o}\lambda\acute{o}\pi\nu\varrho o\nu$ $\pi\varrho o\sigma\alpha\gamma o$-
$\varrho\epsilon\acute{\nu}o\nu\sigma\iota\nu$. Vgl. Ahrens Rhein. Mus. XVII, 343.

15*

Nur die in den Aristophanesscholien bewahrte Stelle des Theophrast (o. S. 217) sagt ausdrücklich aus, daß auch *an dem Früherntefeste der Thargelien im Mai* zu Ehren des Helios und der Horen eine Umtragung der Eiresione stattgefunden habe. Die Richtigkeit dieser Angabe wird indessen durch unabhängige Zeugnisse aus anderen Gegenden stark gestützt. Der Monat Thargelion hatte seinen Namen von den Thargelien (*Θαργήλια*), d. h. dem in ihm gefeierten Feste des mit Helios identifizierten Apollo, auf welches diese Benennung von den dabei dargebrachten Weihegaben übergegangen war. Man nannte also Thargelien (*Θαργήλια*) einmal die *Erstlinge* der bis dahin zum Vorschein gekommenen Früchte (*ἀπαρχὰς τῶν φαινομένων, τῶν πεφηνότων καρπῶν*); diese trug man in besondere Bündel gebunden prozessionsweise umher (*ἀπαρχὰς ποιοῦνται καὶ περικομίζουσι*),[1] wobei Reigentänze nicht fehlten (*ἵσταντο δὲ ἐν αὐτῇ καὶ χοροί*[2]); sodann eine *Panspermie*, eine Schüssel mit Brei aus den Erstlingen verschiedener Fruchtarten zusammengekocht.[3] *Endlich hieß θάργηλος ein mit Wolle umwundener Oelzweig, den man als Bittzweig an den Thargelien einhertrug,*[4] und das aus der neuen Ernte zuerst gebackene Brod (resp. Kuchen). Letzterer Sprachgebrauch dehnte sich auch auf das erste vom Ausdrusch im Hochsommer gemachte und, wie es scheint, stark mit Sesam versetzte Brod aus.[5] Wir treffen hier also auf einen genauen Parallelismus zu den Pyanepsien, Benennung des ganzen Monats nach dem Namen des

---

1) Θαργήλια Ἀπόλλωνος ἑορτή. καὶ ὅλος ὁ μὴν ἱερὸς τοῦ θεοῦ. Ἐν δὲ τοῖς θαργηλίοις τὰς ἀπαρχὰς τῶν φαινομένων ποιοῦνται καὶ περικομίζουσι. ταῦτα δὲ θαργήλιά φασι. Hesych. cf. Harpokr. Suid. s. v. θαργήλια.

2) Suid. s. v. θαργήλια.

3) Καὶ ὁ θάργηλος χύτρος ἐστὶν ἀνάπλεως σπερμάτων. Hesych. s. v. Θαργήλια. — Θαργήλια ... καὶ ὁ τῶν σπερμάτων μεστὸς χύτρος ἱεροῦ ἑψήματος. ἥψουν δ' ἐν αὐτῇ ἀπαρχὰς τῷ θεῷ τῶν πεφηνότων καρπῶν, ὀνομαζομένῳ ἀπὸ τοῦ θέρειν τὴν γῆν, τῷ αὐτῷ ὄντι τῷ Ἡλίῳ. Suid. s. v. nach Küsters Emendation.

4) Καὶ τὴν ἱκετηρίαν ἐκάλουν θάργηλον. Hesych. s. v. θαργήλια.

5) Παρεῖδε δὲ τοῦτον ὁ Πλειψίας ὥσπερ καὶ τὸν θάργηλον, ὃν τινες καλοῦσι θαλύσιον — Κράτης δ' ἐν δευτέρῳ Ἀττικῆς διαλέκτου θάργηλον καλεῖσθαι τὸν ἐκ τῆς συγκομιδῆς πρῶτον γενόμενον ἄρτον — καὶ τὸν σησαμίτην. Athen. III, 8. p. 114 C. Vgl. θαλύσια αἱ τῶν καρπῶν ἀπαρχαί. θαλύσιος ἄρτος ἀπὸ τῆς ἅλω πεττόμενος πρῶτος. Hesych.

Festes, Umführung der zuerst geschnittenen Früchte, Genuß eines Breies aus Vermischung mehrerer Fruchtarten, Umhertragung eines mit Wolle bewickelten Baumzweiges. Da der letztere Thargelos hieß, wie die ersten Erntebündel, läßt sich mit Sicherheit annehmen, daß er in dem nämlichen Festzuge, wie diese, seinen Platz gehabt haben wird. Natürlich entbehrte er des reicheren Schmucks der erst später reif gewordenen Baum- und Hülsenfrüchte, im übrigen entspricht er deutlich der Eiresione der Pyanepsien.

§. 3. **Actiologische Legenden über den Ursprung der Eiresione.** Auf das nämliche Ergebniß, das Vorhandensein der Eiresione bei den Thargelien wie bei den Pyanepsien führt die Analyse der ätiologischen Sagen über den Ursprung der Eiresione. Von diesen sind als solche, die nicht erst späterer Buchgelehrsamkeit ihr Dasein verdanken, sondern aus lebendiger Kenntniß des bestehenden Brauches flossen, zwei zu verzeichnen, welche die Pyanepsieneiresione mit der athenischen Beschickung des delischen *Thargelienfestes* in Verbindung bringen.

Die erste derselben liegt scheinbar in dem aus Krates (o. S. 220) erhaltenen Auszuge in ihrer einfachsten Form vor. Als in *Attika* einst Mißwachs (ἀφορία) herrschte, hatten die Athener in Folge eines Orakelspruchs dem Apoll den mit Wollbändern umwundenen Bittzweig (ἱκετηρία) aufgestellt. [1] *Dieser Erzählung liegt augenscheinlich einzig und allein der Glaube zu Grunde, daß die Eiresione Hungersnot, Mißwachs abwehre und verhüte, als δύναμις αὐξητική für die nächste Ernte wirksam sei.*

Auffälligerweise aber setzt das Etymol. Magnum in dem gleichlautenden Abschnitt des Artikels εἰρεσιώνη (o. S. 220) den Namen des Lykurgos an die Stelle des Krates. Das erklärt sich vielleicht als Aenderung eines Glossators, welcher wahrnahm, daß Lykurgos etwas Aehnliches ausgesagt hatte. Oder Krates hatte den Lykurgos ausgeschrieben [2] und der dem Pausanias wie dem Etym. M. zu Grunde liegende Context citierte beide Gewährsmänner neben einander. In letzterem Falle aber wäre die

---

1) Vgl. λιμοῦ γὰρ ἐνσκήψαντος ἀνεῖλεν ὁ θεὸς τὰς εἰρεσιώνας πρὸ τῶν θυρῶν κρεμάσαι. Schol. Arist. Plut. 1054.

2) Dies ist die Meinung Sauppe's. S. Bait. et Sauppe Orator. Att. II, 272.

Beschränkung des Mißwachses auf *Athen* ungenau und auf die Darstellung des Lykurgos nicht ganz zutreffend. Denn dieser hatte zwar dieselbe Legende, aber in einer erweiterten und künstlicher ausgebildeten Gestalt erzählt, nach welcher die Hungersnot nicht allein Attika, sondern die ganze bewohnte Erde betraf. Die erwähnte Aeußerung lesen wir in den Fragmenten einer Rede, durch welche Lykurgos seinen Feind Menesaichmos in Bezug auf die alljährlich zu den Thargelien nach Delos entsandte Theorie der Gottlosigkeit anklagte.[1] Der Angeklagte verteidigte sich mit der von den Alten gemeinhin für eine Ausarbeitung des Deinarch ausgegebenen, von Dionysios für ein eigenes Werk des Menesaichmos erkannten Gegenrede *περὶ τῆς Δήλου θυσίας*, welche anhub *ἱκετεύομεν ὑμᾶς καὶ* u. s. w. Obwol der ganze Vortrag des Lykurg auf die delische Theorie und die delischen Heiligtümer abzielte,[2] nimmt unter den erhaltenen zehn Fragmenten die Hälfte Bezug auf den uns beschäftigenden Gegenstand.[3]

---

1) S. Boeckh Erklärung einer attischen Urkunde über das Vermögen des apollinischen Heiligtums auf Delos, S. 15 Anm. 4. Abhandl. d. Berl. Akad. d. W. 1834. Bait. et Sauppe Orat. Att. II, 270.

2) Cf. Sauppe a. a. O.: etiam hoc patet, totam Lycurgi orationem ad sacra Deliaca pertinuisse.

3) Wir geben in Folgendem eine Zusammenstellung dieser Bruchstücke, insoweit des Lykurgos eigene Worte erhalten sind, in der Ordnung, welche sie uns im Zusammenhange der Rede gehabt zu haben scheinen. 1) *Δήλιασται οἱ εἰς Δήλον θεωροί· Λυκοῦργος κατὰ Μενεσαίχμου.* Harpokr. 2) *Λυκοῦργος ὁ ῥήτωρ μέμνηται τοῦ Ἀβάριδος ἐν τῷ κατὰ Μενεσαίχμου λόγῳ λέγων, ὅτι λιμοῦ γενομένου ἐν τοῖς Ὑπερβορέοις ἦλθεν ὁ Ἄβαρις ἐν τῇ Ἑλλάδι καὶ ἐμαθήτευσε τῷ Ἀπόλλωνι· καὶ ἐδιδάχθη παρ' αὐτοῦ τὸ χρησμολογεῖν. καὶ οὕτω χρωτῶν τὸ βέλος ὡς σύμβολον τοῦ Ἀπόλλωνος (τοξότης γὰρ οὗτος ὁ θεός) περιῄει χρησμολογῶν πᾶσαν τὴν Ἑλλάδα.* Eudocia Viol. p. 20. Schol. Gregor. Nazianz. in catal. bibl. Bodleianae p. 51. *Ἄβαρις ὄνομα κύριον. λοιμοῦ δέ φασι κατὰ πᾶσαν τὴν οἰκουμένην γεγονότος ἀνεῖλεν ὁ Ἀπόλλων μαντευομένοις Ἕλλησι καὶ βαρβάροις τὸν Ἀθηναίων δῆμον ὑπὲρ πάντων εὐχὰς ποιεῖσθαι. πρεσβευομένων δὲ πολλῶν ἐθνῶν πρὸς αὐτοὺς καὶ Ἄβαριν ἐξ Ὑπερβορέων πρεσβευτὴν ἀφικέσθαι λέγουσιν.* Harpokr. 3) *Λυκοῦργός φησιν ἐν τῷ κατὰ Μενεσαίχμου· „Καὶ γὰρ νῦν πολλὰς καὶ μεγάλας ὑμῖν τιμὰς ὀφείλω. καὶ ζηλῶ παρὰ πᾶσιν Ἕλλησι μαντευομένοις τὸν Δία προηγόσιεν ποιήσασθαι.* Suid. v. *προηγόσια.* Sauppe's wahrscheinliche Verbesserung dieser verdorbenen Stelle lautet: *Καὶ γὰρ νῦν πολλὰς καὶ μεγάλας ὑμῖν τιμὰς ὀφείλουσιν [ἐξ οὗ ποτ'] ἀνεῖλεν ὁ θεὸς ἅπασιν Ἕλλησι μαντευομένοις τὸν δῆμον προηγόσια ποιήσασθαι [τῇ Δηοῖ ὑπὲρ ἁπάντων].* 4) *εἰρεσιώνη. Λυκοῦργος δέ φησιν, ἀφορίας γενομένης Ἀθηναίοις τοῦτο* (die Umtragung der Eiresione) *ἐπι-*

Der Zusammenhang der von Lykurgos vorgebrachten Legende scheint danach der folgende gewesen zu sein. Ueber die ganze Welt war eine Hungersnot oder Pest hereingebrochen. Durch dieselbe aus seinem Vaterlande vertrieben kam der Hyperboräer Abaris nach Griechenland, lernte vom Apollo die Weissagung und reiste umher; durch seinen Mund erteilte der Gott den ihn befragenden Barbaren und Hellenen die Antwort, die Plage werde aufhören, wenn die Athener für alle ein Vorpflügeopfer ($\dot{\eta}$ προη-ροσία) darbrächten. Dies geschah und das Uebel nahm ein Ende. Daher, d. h. weil die Athener die Procrosia darbrachten, (in Nachahmung dessen) bringen die Athener noch jetzt das Opfer zur Abwehr des Hungers, der Pest, indem sie die mit allen Früchten behangene Eiresione aufpflanzen. Dieses Fest nannten die Hellenen Panopsia, weil sie alle Früchte mit Augen sahen, die Athener sagen dafür Pyanepsia. Für ihre Tat schulden die Hellenen den Athenern große Ehren und deshalb senden (oder sandten) sie als Dank die Erstlinge aller Früchte nach Attika.

Die zweite Legende, als deren älteren Aufzeichner wir vermutlich Philochoros bezeichnen dürfen (s. o. S. 219), kommt uns zur Anschauung durch Combination des Lexicographen Pausanias

---

τελεσθῆναι κατὰ χρησμὸν οἷον ἱκετηρίας. Etym. Magn. p. 303, 34. Cf. Anecd. Oxon. Crameri II, p. 436. 5) Πυανόψια. Ἀνκοῦργος ἐν τῷ κατὰ Μενεσαίχμου· καὶ ἡμεῖς Πυανόψια ταύτην τὴν ἑορτὴν καλοῦμεν, οἱ δ' ἄλλοι Ἕλληνες Πανόψια, ὅτι πάντας εἶδον τοὺς καρποὺς τῇ ὄψει. Harpokr. Hiemit vgl. man Schol. Aristoph. Equ. 729: Πρὸ δὲ τῶν θυρῶν ἱστᾶσιν αὐτὴν (sc. εἰρεσιώνην) εἰσέτι καὶ νῦν. ποιοῦσι δὲ τοῦτο κατὰ παλαιόν τι χρηστήριον· οἱ μὲν γάρ φασιν ὅτι λιμοῦ, οἱ δὲ ὅτι καὶ λοιμοῦ τὴν πᾶσαν κατασχόντος οἰκουμένην, χρωμένων τίνα ἂν τρόπον παύσαιτο τὸ δεινόν, τὴν λύσιν ταύτην ὁ Πύθιος ἐμαντεύσατο, εἰ προηρόσιον ὑπὲρ ἁπάντων Ἀθηναῖοι θύσειαν· θυσάντων οὖν τῶν Ἀθηναίων τὸ δεινὸν ἐπαύσατο. καὶ οὕτως ὥσπερ χαριστήριον οἱ πανταχόθεν τοῖς Ἀθηναίοις ἐξέπεμπον τῶν καρπῶν ἁπάντων τὰς ἀπαρχάς. ὅτε δὴ καὶ Ἄβαριν φασι τὸν Ὑπερβόρειον ἐλθόντα θεωρὸν εἰς τὴν Ἑλλάδα, Ἀπόλλωνι θη-τεῦσαι καὶ οὕτω συγγράψαι τοὺς χρησμοὺς τοῖς νῦν προσαγορευομένοις Ἀβάριδος. ὅθεν εἰσέτι νῦν, ἐπειδὰν ἀνιστῶσι τὸν κλάδον, λέγουσι ταῦτα, Εἰρεσιώνη σῦκα φέρει etc. — Cf. Schol. Arist. Plut. 1054: ἵστασαν δὲ αὐτὸν (κλάδον ἐλαίας) πρὸ τῶν θυρῶν κατὰ παλαιὸν χρηστήριον· οἱ μὲν γάρ φασιν, ὅτι λιμοῦ, οἱ δὲ καὶ ὅτι λοιμοῦ πᾶσαν τὴν γῆν κατασχόντος ὁ θεὸς εἶπε προηρόσιαν τῇ Δηοῖ ὑπὲρ ἁπάντων θύσαι θυσίαν Ἀθηναίοις. οὗ ἕνεκα χαριστήρια πανταχό-θεν ἐκπέμποισιν Ἀθήναζε τῶν καρπῶν ἀπαρχὰς πρὸς ἀποτροπὴν τοῦ λοιμοῦ. τελεῖται δὲ ἡ θυσία αὕτη παρὰ τῶν παίδων τῶν Ἀθηναίων. Cf. auch Suid. s. Εἰρεσιώνη.

(o. S. 220) mit Plutarchs Theseus (o. S. 220). Als sich Theseus
mit den zum Opfer des Minotaurus bestimmten Jünglingen und
Jungfrauen nach Kreta einschiffen wollte, brachte er für sie alle
einen Bittzweig (ἱκετηρία), d. h. einen mit weißer Wolle umwundenen Zweig des heiligen Burgölbaums im Tempel des Apollo
Delphinios dar, sprach ein Gebet und stach am sechsten des Monats Munychion, an welchem es in historischer Zeit Sitte war,
Mädchen in den Tempel des Delphinios zu entsenden, in See.
Nach Pausanias wurde er sodann auf der Hinreise nach Kreta
durch einen Sturm an die Küste von Delos verschlagen und
gelobte hier, wenn er den Minotauros tödte und gerettet werde,
dem Apollo einen Oelzweig zu schmücken und darzubringen.
Plutarch läßt erst auf der glückhaften Heimreise die Landung des
Theseus auf Delos vor sich gehen, wo er Reigentänze um den
Altar des Gottes und Kampfspiele stiftet (cf. Pollux IV, 101).
Bei der Wiederkehr nach Athen am 7. Pyanepsion weihte er dem
Apoll das bei der Abreise Gelobte, indem er neben den Chytren
(o. S. 227) die Eiresione dahertrug, einen Oelzweig, welcher, wie
damals der Bittzweig, mit Wolle umwunden, jetzt zugleich mit
allerlei Fruchterstlingen behangen war.   An demselben Tage
(7. Pyanepsion) — Plutarch sagt Thes. 36 irrtümlich am 8., wie
A. Mommsen Heortol. richtig zu bemerken scheint — fand im
Theseion ein feierliches Opfer zum Andenken an Theseus Rückkehr aus Kreta statt.

Beide Legenden haben das Gemeinsame, daß sie die Umtragung der Eiresione am Pyanepsienfeste in Parallelismus stellen
mit der Ueberführung von Erstlingsgarben aus Attika und Umgegend zum Thargelienfeste auf Delos, und legen dadurch ein
indirektes Zeugniß dafür ab, daß Eiresionen, mit Wolle (und
Früchten?) geschmückte Baumzweige *Begleiter der dem Apoll
übersandten Erntebündel waren.*   Um diese auf den ersten Blick
vielleicht befremdlichen Behauptungen zu erweisen und in helles
Licht zu stellen, dürfte es erforderlich sein, einiges Nähere über
die delische Theorie und die mit ihr verbundene Hyperboräersage
vorauszuschicken.

Am 6. oder 7. Thargelion, also zur nämlichen Zeit wie zu
Athen das Früherntefest der Thargelien, fand auf Delos zu Ehren
des Apollon die Feier der Delien statt, welche seit der Reform
im Jahre 426 v. Chr. in besonders großartiger Weise mit gymni-

schen und musischen Wettkämpfen alle vier Jahre, in kleinerem
Maßstabe alljährlich von den zu einer Amphiktyonie vereinigten
Bewohnern der Kykladen begangen wurde. Diese Amphiktyonie,
die nächste Nachfolgerin des großen attischen Seebundes, war
eine zeitgemäße Erneuerung einer ins Dunkel der Vorzeit hinaufreichenden religiös-politischen Vereinigung aller meeranwohnen-
den Ionier auf europäischem und asiatischem Boden. Schon sie
hatten das kleine öde Eiland zum Schauplatze einer von zahlreichen Teilnehmern und Zuschauern, darunter Frauen und Kindern, besuchten Festfeier gemacht[1] (vgl. Bk. 598), in welcher
bereits das Schaugepränge neu hinzugefügter Stücke, wetteifern-
der orchestischer, gymnischer und musischer Aufführungen und
Kämpfe den nur als Teil der heiligen Begehungen festgehaltenen
ursprünglichen, vielleicht schon aus einer vorionischen Periode
her an diesem Orte haftenden Kern der Kultushandlung über-
wucherte.[2] Noch mehr fand dies begreiflicherweise in der neuen
Epoche unter Athens glänzendem Protektorat statt; aber selbst
in die reformierte Gestalt des Festes vom Jahre 426 wurde
augenscheinlich der älteste religiöse Festbrauch mit herübergenommen.

Alljährlich gingen von Seiten der teilnehmenden Staaten
amtliche Gesandtschaften (Theorien) zum Feste nach Delos ab,
welche die Weihgeschenke, Opfer, das wol eingeübte Personal
der von Staatswegen dargestellten Männer- oder Frauenchöre
hinübergeleiteten. Von Athen aus diente im fünften und vierten
Jahrhundert v. Chr. zu diesem heiligen Zwecke die Triere Delias
oder Theoris, welche immer wieder ausgeflickt bis auf die Zeit
des Demetrios von Phaleros (um 309 v. Chr.) sich erhielt. Schon
zu Sokrates Zeit *galt sie für das Schiff, auf dem Theseus mit
den Opfern des Minotauros nach Kreta fahrend in Delos gelan-
det sei, und für den Fall der Rettung dem Apoll eine jährliche
Theorie zu senden gelobt habe.*[3] Unzweifelhaft auf dieser heiligen
Triere wurden — und dies war einer jener vorerwähnten uralten
Kultusbräuche — neben Chortänzern und sonstigem Festpersonal,
sowie neben anderen Weihgeschenken, *Erstlinge der Ernte* ein-

---

1) Vgl. Böckh C. J. I, p. 255.
2) Hymn. Hom. in Apoll. 146 ff. Thucyd. III, 104.
3) Plutarch Thes. 23. Platon. Phaedon init.

geschifft,[1] dergleichen sämmtliche Festteilnehmer auch anderswoher einsandten.[2] *In die erstgeschnittenen Garben waren z. T.
auch Gaben anderer Art, Opfer für den Gott, der Art eingebunden, daß sie von den Halmen ganz verhüllt wurden.*[3] Offenbar
wurden diese heiligen Fruchtsendungen nicht sämmtlich in natura
dem Altare des Gottes zugeführt, sondern statt aller wurden
einige Garben vor Apollon in einem alle Amphiktyonen stellvertretenden Festzuge gebracht, dessen altüberlieferter Brauch die
Veranlassung zur berühmten Sage von den Hyperboreern geworden ist, welche schon über die Zeit des Hekatäus und Hesiod
hinaufreicht.[4] Das bei diesem Festzuge funktionierende Personal
bestand (falls hier mit gleichem Rechte, wie in hundert ähnlichen
Fällen ein Rückschluß aus der ätiologischen heiligen Legende
der Delier bei Herodot IV, 33 erlaubt ist) aus *zwei Frauen und
fünf Männern, Perpherees* (πεϱφεϱέες) genannt[5] und öfter als
Garbenträger (ἀμαλλοφόϱοι, οὐλοφόϱοι) bezeichnet.[6] Flöten,
Syringen und Cithern begleiteten ihren Gesang.[7] Diese sieben
Personen stellten mit verhältnißmäßig sehr getreuer Bewahrung
des Alten — wie denn der Kultus überhaupt in seinen wichtig-

---

1) Vgl. A. Mommsen Heortol. 402, zumal Anm. * u. **, wo mit Wahrscheinlichkeit nachgewiesen wird, daß am 6. Munychion die Prymna der Delias im Phaleroshafen zur Abfahrt bekränzt wurde, die Abfahrt aber erst
erfolgte, sobald die Erstlinge des Erntesegens wirklich da waren; dann erst
wird sie dieselben zu Prasiä an Bord genommen haben.   Ueber die Orientierung des Thargelienfestes im Kalender und dessen Stellung zum tatsächlichen
Eintritt der Ernte s. A. Mommsen Heortologie 98. 99. 402. Ebenders. Griech.
Jahreszeiten S. 54.

2) Kallimach. Hymn. in Del. 278: ἀμφιετεῖς δεκατηφόϱοι αἰὲν ἀπαϱχαὶ
πέμπονται.

3) Pausan. Descr. Graec. τὰς δὲ ἀπαϱχὰς κεκϱύφθαι μὲν ἐν καλάμῃ
πυϱῶν, γινώσκεσθαι δὲ ὑπ' οὐδένων. Herod. IV, 33:] ἱϱὰ ἐνδεδεμένα ἐν πυϱῶν καλάμῃ.

4) Vgl. Stein zu Herod. IV, 33.   Ukert Geogr. d. Griech. u. R. III, 2,
S. 393—406.   O. Müller Dorier I², 267—281.

5) Herod. IV, 33: πέμψαι φεϱούσας τὰ ἱϱὰ δύο κούϱας .... ἅμα δὲ
αὐτῇσι ... πέντε πομποὺς, τούτους οἱ νῦν Πεϱφεϱέες καλέονται, τιμὰς μεγάλας ἐν Δήλῳ ἔχοντες.   Vgl. Stein zu dieser Stelle.

6) Porphyr. de abstin. II, 19.   Servius Verg. Aen. XI, 858.

7) Τὰ ἐξ Ὑπεϱβοϱέων ἱεϱὰ μετ' αὐλῶν καὶ συϱίγγων καὶ κιθάϱας
εἰς τὴν Δῆλόν φασι τὸ παλαιὸν στέλλεσθαι.   Plutarch. Mor. 1136.

sten Stücken sehr conservativ zu sein pflegt — *das Bild der
Erntezüge dar, welche in alter Zeit von den Inseln resp. den
Küstenlandschaften des Festlandes her die Erstlingsgarben nach
Delos überführten.* Perpherees nämlich ist eine äolisierende Nebenform für ὑπερφερέες, Herübberbringer, da πέρ im Aeolischen =
ὑπέρ gesetzt wird. [1] Daneben scheint ehedem eine zweite Form
dieses Amtsnamens Hyperboroi (ὑπέρβοροι) oder Hyperberetai
(ὑπερβερέται) bestanden zu haben, welche sich aus Analogie der
im Makedonischen häufigen Vertauschung von φ und β als ὑπέρ-
φοροι, ὑπερφερέται erklärt und durch den Monatsnamen ὑπερβε-
ρεταῖος für den Monat des Herbsterntefestes (September) in Makedonien, und der Frühernte (Mai, später nach Verrückung des
Kalenders um zwei Monate, Juli) auf Kreta wesentliche Unterstützung erhält. Zu solchen Vermutungen berechtigt die Fiction
der heiligen Sage von Delos, jene *Garben* sammt ihrem Einschluß
seien Gaben eines im hohen Norden jenseits des Boreas in seligem Glück und Frieden lebenden, dem Apollon immerdar zur
Kithara heilige Lieder singenden Volkes, der Hyperboreer, welche
die Getreideerstlinge anfangs durch eine Gesandtschaft der oben
beschriebenen Art überbracht hätten, jetzt aber von Stamm zu
Stamm über Dodona, den malischen Meerbusen in Südthessalien,
Karystos auf Euboea und die Kykladeninsel Tenos nach Delos
weitergäben. Natürlich spielt hier einerseits ein etymologisches
Mißverständniß des Wortes Hyperboreer mit; zu Grunde liegt
aber andererseits unzweifelhaft auch noch ein historisches Factum,
welches wir uns etwa der Art zu denken haben werden, daß der
ionischen Kultgenossenschaft eine ältere äolisch-achäische vom
pagasäischen oder malischen Meerbusen ausgegangene der Zeit
nach voraufgeschritten war, welche das kleine, wüste und men-
schenleere Eiland von Delos wegen seiner Unberührtheit vom
alltäglichen Menschengetriebe (vgl. Bk. 598) zur Stätte ihres
Apollodienstes gewählt hatte, oder daß zur Festfeier der Ionier
auch thessalische Griechen, vielleicht angeregt durch Verwandte
auf Tenos, zu irgend einer Zeit Festtheorien zu entsenden veranlaßt wurden, die in ihrer Sprache mit Makedonen verwandt
von dieser Sendung den Namen ihres Erntemonats entlehnten
und denselben weiter nach Makedonien hinein verbreiteten, wie

---

1) Ahrens Diall. 1, 151.

er andererseits über Delos nach Kreta gelangte.[1] Seit sie die
politische Führerschaft des ionischen Bundes an sich nahmen, zur
Zeit des großen Seebundes und später der delischen Amphiktyonie
haben die Athener Brauch und Legende im Interesse ihrer Stellung umgewandelt. Einerseits setzten sie durch, daß sie von verschiedenen Seiten [zumal wol von asiatischen Kolonien griechischen Stammes, welche seit der Not der Perserkriege sich
beeiferten, Kolonien Athens zu heißen], wie den zur delischen
Bundeskasse einzuzahlenden Geldbeitrag, so auch die einzuliefern-
den Erstlingsgarben zur Ablieferung nach Delos erhielten, welche
dann die delische Theorie zu Prasiä an Bord nahm. Andererseits
entnahmen sie aus dieser Tatsache in prahlerischer Uebertreibung
die Behauptung, aus der ganzen Welt Ernteerstlinge zu empfan-
gen, und die Bezeichnung $\mu\eta\tau\varrho\acute{o}\pi o\lambda\iota\varsigma$ $\tau\tilde{\omega}\nu$ $\varkappa\alpha\varrho\pi\tilde{\omega}\nu$ für ihre Stadt,
sowie die Fiction, die Garbenerstlinge der Hyperboräer gelangten
durch Vermittelung der Arimaspen, Issedonen und Skythen nach
Sinope in Pontos und von da nach Prasiä.[2] Auch nach dem
Apolloheiligtum in Delphi sandten weit entfernte Städte die Erstlinge ihrer Ernte, Metapont, Myrine, Pantikapaeum, Apollonia
symbolisch in Gestalt goldener Aehren ($\chi\varrho\upsilon\sigma o\tilde{\upsilon}\nu$ $\vartheta\acute{\epsilon}\varrho o\varsigma$); andere
goldene Rettige, silberne Beete (betae), bleierne Rüben,[3] während
ursprünglich solche Weihung in naturellen Früchten am nächst-
gelegenen Apolloheiligtum der Heimat vor sich ging. Auf einem
Candelaberfuß sieht man z. B. Apollon, einen Priester und ein
Weib, das *drei Aehren* darbringt[4] (vgl. die *drei Aehren*
Bk. 209 ff.). Jene Rettige, Beete und Rüben entsprechen den an
die Eiresione befestigten Gemüsen (o. S. 224), und wie die letztere in Athen *vor der Tür* des Apollotempels befestigt wurde,
heftete man in Delphi die Ernteerstlinge an die heiligen Türpfosten und eine hohe Säule.[5] Nach Delos also wurden als

---

1) Ueber alles dieses vgl. Ahrens im Rhein. Mus. XVII, 1862, S. 340
bis 342. O. Müller Dorier I, S. 202. 272. Welcker Gr. Götterl. II, 352.
Bursian Gr. Geogr. II, S. 454.

2) Pausan. Descr. Gr. I, 31, 2. Vgl. Bursian Gr. Geogr. I, 351. Mommsen Heortologie S. 50. 218. 402.

3) Strabo VI, p. 205. Plutarch de Pyth. orac. 6. Plin. H. N. XIX, 86.

4) Annal. d. Inst. arch. XXII, 59. Tav. B. D.

5) Clem. Alex. Strom. IV, 24 §. 164 p. 149. Pott. $\dot{\alpha}\lambda\lambda\dot{\alpha}$ $\varkappa\alpha\grave{\iota}$ $\dot{o}$ $\tau\grave{\eta}\nu$ $E\dot{\upsilon}$-
$\varrho\omega\pi\acute{\iota}\alpha\nu$ $\pi o\iota\acute{\eta}\sigma\alpha\varsigma$ $\dot{\iota}\sigma\tau o\varrho\epsilon\tilde{\iota}$ $\tau\grave{o}$ $\dot{\epsilon}\nu$ $\varDelta\epsilon\lambda\varphi o\tilde{\iota}\varsigma$ $\dot{\alpha}\gamma\alpha\lambda\mu\alpha$ $A\pi\acute{o}\lambda\lambda\omega\nu o\varsigma$ $\varkappa\acute{\iota}o\nu\alpha$ $\epsilon\tilde{\iota}\nu\alpha\iota$ $\delta\iota\dot{\alpha}$
$\tau\tilde{\omega}\nu\delta\epsilon$:

ἀπαρχαί volle Garben von weiterher geliefert, welche zum größeren Teile in den Vorratskammern der Priesterschaft aufgespei-
chert und in einigen wenigen stellvertretenden Exemplaren (ὑπὲρ
πάντων) durch die Pompe der Perpherees vor den Altar des
Gottes selbst gebracht werden mochten.   Was es aber mit den
in die Halme eingebundenen Opfergaben (ἱερά) o. S. 234 auf sich
habe, welche Welcker wunderlicherweise für samländischen Bern-
stein erklären wollte, [1] lehrt auf das deutlichste die Vergleichung
nordeuropäischer Erntefeste.   Es wird nämlich in außerordentlich
zahlreichen Fällen noch jetzt ein *Mensch* [2] oder ein *Tier*, [3] oder
ein *Ei* (Osterei) und *Brod* (Bk. 158) in die *erste* oder *letzte*
Garbe des Aehrenschnitts als Vertreter des Wachstumsgeistes
hineingebunden.   Im griechischen und italischen Brauche spielt
aber die erste Garbe der Ernte die Rolle, welche in Nordeuropa gemeinhin der letzten zufällt.   Unzweifelhaft waren auch
die in Weizengarben eingebundenen Opfergaben des delischen
Erntefestes von gleicher Art; Herüberbringer (περφερέες, ὑπερβο-
ρέες) hießen ursprünglich die Festgesandten, welche sie von den
Kykladen oder vom Festlande über das Meer zum Inselheilig-
tume von Delos geleiteten; ihr Name haftete später im Ganzen
des ausgebildeten Festgepränges an den Personen, welche eine
Auswahl in Prozession dem Altare des Gottes zuführten.   Diese
Prozession bildete aber nur den Erntezug nach, der anfänglich
wol in jedem Dorfe bei Einbringung der zuerst geschnittenen
Garbe (des Praemetium) gebräuchlich war.   Bei Gelegenheit einer
in Zukunft zu veröffentlichenden Untersuchung werde ich nachweisen können, daß auch noch andere Stücke des delischen Fest-
gebrauchs auf alter, einfacher, dorflicher Erntefeier beruhen.

Die Delien waren demnach ihrem Hauptcharacter nach
nichts anderes als die Thargelien; sie waren das auf einen

ὄφρα θεῶν δεκάτην ἀκροθίνιά τε κρεμάσαιμεν
σταθμῶν ἐκ ζαθέων καὶ κίονος ὑψηλοῖο.
Cf. ἀκροθίνια αἱ τῶν ἐνιαυσιαίων καρπῶν ἀπαρχαί. Suid. ἀκροθίνιον ἀπαρχή
καρπῶν .. ἀκροθίνιον ἀπαρχὴ τῶν θινῶν. Θῖνες δὲ εἰσὶν οἱ σωροὶ τῶν πυ-
ρῶν ἢ κριθῶν. ἢ πᾶσα ἀπαρχή. Hesych.

1) Gr. Götterl. II, 354.

2) So S. 164. S. 173. Vgl. Bk. 215. 611. Korndämonen S. 34.

3) S. o. Korndämonen 15.

bestimmten Jahrestag fixierte Früherntefest, und selbst die
darüber hinausgehenden Zutaten der ionischen Periode hatten die
Hauptzüge nicht verwischen können. Erst die Zeit der athenischen Hegemonie nach den Perserkriegen kann die Umdeutung
des Festes und seiner Bräuche in eine historische Erinnerung an
die Erlebnisse des attischen Nationalhelden Theseus unternommen
und, so gut als möglich, durchgeführt haben. [1]

Kehren wir nach dieser Abschweifung mit der nun gewonnenen Ausbeute an neuen Gesichtspunkten zu der o. S. 232 unter-
brochenen Erörterung zurück, so finden wir uns zu dem Nachweise ausgerüstet, daß in der Tat beide Legenden, wie wir
behaupteten, die Entstehung der Pyanepsien zu der Theorie nach
Delos in Beziehung bringen. Denn die Erstlinge aus aller Welt,
welche als Dank nach Athen gesandt werden (o. S. 231), sind
eben nichts anderes als die Weihegaben zu den delischen Thargelien; von einer *Sendung* der ἀπαρχαί zu einer anderen Zeit, zumal zum Pyanepsienfest, weiß keine Quelle etwas; und folgerichtig können auch die auf Geheiß des Hyperboreers Abaris für alle
Welt dargebrachten Vorpflügeopfer (προηρόσια), welche einerseits
als widerholende Fortsetzung die Pyanepsieneiresione veranlaßt,
andererseits als dankbare Erwiederung (χαριστήρια) die allseitige
Versendung der Erstlingsgarben nach Attika hervorgerufen haben
sollen, in diesem Zusammenhange nichts anderes bedeuten als
eben die am Pyanepsienfest unmittelbar vor dem Beginn der Saat-
zeit geschehene Aufpflanzung der fruchtbehangenen Oelzweige,
da sie ebenso gut wie als Dank für die vollbrachte diesjährige
Ernte als ein boni ominis causa dargebrachtes Bittopfer für die
künftige aufgefaßt werden durften.

---

1) Die historische Anknüpfung der delischen Heiligtümer an Athen zum
Erweise eines uralten Anrechts der Athener an die Verwaltung derselben versuchte man damals durch mannigfache Fictionen. Phanodemos im zweiten
Buche seiner Atthis erzählte, daß schon Erysichthon, der Sohn des Kekrops,
nach Delos fuhr, daselbst den Apollotempel gründete und von dort das Bild
der von den Hyperboreern nach Delos gekommenen Eileithyia nach Attika
brachte (Euseb. Canon. p. 497. Athen IX, 392 D.). An der Abfahrtsstation
der Hyperboreererstlinge zu Prasiä (o. S. 236) zeigte man Erysichthons Grab-
mal (Pausan. I, 18, 5. 31, 2). Die dem Deinarchos zugeschriebene Rede
Δηλιακὸς λόγος machte Anius, den delischen König zur Zeit des Trojaner-
krieges, zum Enkel des Theseus. Vgl. Boeckh über e. att. Urk. S. 15. Abh.
d. Berl. Akad. 1834.

Die Darbringung der Eiresione wird mehrfach als ϑυσία bezeichnet (o. S. 231). Es liegt somit nahe zu vermuten, daß Proerosia (d. h. das der Pflügung voraufgehende Fest) überhaupt nur eine andere gelegentliche Bezeichnung für die unmittelbar vor der Wintersaatzeit eintretende, sonst und zumal offiziell Pyanepsia genannte Feier, die Eiresionen das von den Lexicographen erwähnte, für alle an Hungersnot und Pest leidenden Völker dargebrachte Fruchtopfer πρὸ τοῦ ἀρότου waren.[1]   Denn auch

---

1) Προηροσίαι αἱ πρὸ τοῦ ἀρότρου γινόμεναι ϑυσίαι περὶ τῶν μελλόντων ἔσεσϑαι καρπῶν, ὥστε τελεσφορεῖσϑαι. Suid. — Mit obiger Annahme stimmt auch der den Procrosien vom ältesten Atthidenschreiber Kleidemos (oder Kleitodemos um 380 v. Chr.) bei Stephanos s. v. προηρόσια den Proerosien beigelegte Name Proarkturia wol überein, da das Pyanepsienfest in die letzte Hälfte des Octobers fiel, der heliakische Untergang des Arktur in das Ende dieses Monats (vgl. Mommsen Heortol. 77). Merkwürdiger Weise hat man die richtige Erklärung der Proerosien bisher gänzlich verkannt und in ihnen ein eigenes Fest gesucht. Der Irrtum entstand durch die unbewiesene, ja sicher falsche Conjectur, daß die Proerosien mit den drei heiligen Pflügungen der Athener (Rinck Gr. R. II, p. 180 n. 9; Mommsen Heort. 76) oder mit einer derselben (Hermann G. A. 56, 28) zusammenfielen. Sie waren ja aber ihrem Namen nach ein der Pflügung voraufgehendes Fest, nicht ein Fest der Vorpflügung selbst. Dieser Grundirrtum verleitete zu den geschraubtesten Annahmen. Nach Mommsen a. a. O. 218 ist die Eiresione ein dem Apoll dargebrachter Dank, weil der Gott in allgemeiner Not Procrosien angeraten habe; an den letzteren nämlich wurden aus aller Welt eingesandte Aparchai von den Athenern für alle geopfert. Als dankenswerte Sache aber mußten die Proerosienopfer dem Erntedankfest der Eiresione im Kalender der Eiresione vorausgehn. Grade das Gegenteil von dieser Mommsenschen Aufstellung sagt die Ueberlieferung (o. S. 231). Die Athener stellen die Eiresionen vor die Türen als Wiederholung dessen, was ehedem nach Befehl des Orakelspruchs geschah; diese sind also die dankenswerte Sache, die Procrosien, welche der Gott für alle zu opfern befahl. Die χαριστήρια aber bestehen aus den von aller Welt [zur Weiterbeförderung nach Delos o. S. 233 ff.] gesandten ἀπαρχαί. C. Th. Anton (mos hicme expulsa aestatem salutandi. Gorlicii 1840, II, p. 12 ff.) sieht zwar richtig, daß die Eiresione an den Proerosien im Umzuge dahergetragen wurde, hält aber irrigerweise mit Ilgen (Opusc. var. phil. I, 136—139) die Angaben des Plutarch von Aufpflanzung derselben am Pyanepsienfeste für unzuverlässig. Auch Preller (Dem. u. Perseph. S. 295), der die Proerosien als einzelnen Akt mit den großen Eleusinien verbinden möchte, täuscht sich, wenn er meint, daß an diesen das von unseren Quellen gemeinte Opfer von Erstlingsgarben aus aller Welt dargebracht sei. Eine derselben (o. S. 231) sagt zwar, es habe der Deo (Demeter) gegolten. Es lag aber nahe, trotzdem die Feier hauptsächlich den Apollo anging, daneben auch wie der Horen (o. S. 217), so der Demeter dabei zu gedenken. Auch an den

das spricht für die Identität, daß nach Lykurgos die Eiresione,
wie die Proerosien, des Mißwachses wegen gestiftet sein soll
(o. S. 220. S. 230). Und so heißt es in der Tat in dem rhetor.
Lexic. Bekk. Anecd. Gr. 246, die Eiresione sei ein Bittzweig,
den man mit Hymnen von allen Volksstämmen dem Apollon
weihe, damit die Erde fruchtbar würde und die Früchte erschienen.[1] Von den Procrosien sprach auch Hypereides in seiner
i. J. 346 v. Chr. vor dem Amphiktyonenrate gehaltenen delischen
Rede (λόγος Δηλιακὸς), in welcher er das uralte Recht Athens
auf die Verwaltung des delischen Tempels siegreich erwies.[2]
Er wird so ziemlich dieselben Argumente ins Feld geführt haben
wie Lykurgos (o. S. 230), der ebenfalls die Proerosien und daneben Pyanepsien, Eiresione, Abaris in engem Zusammenhange
mit Delos und zwar mit der Thargelientheorie erwähnte. Augenscheinlich, um diesen Zusammenhang glaublich zu machen, war
der Hyperboreer Abaris als Urheber des Proerosien-Pyanepsien-
festes in die Legende eingeführt. Ebenso augenscheinlich können
in diesem Zusammenhange die den Athenern für die erste Darbringung des Proerosienopfers von Seiten der andern Hellenen
gebührenden großen Ehren schwerlich etwas anderes bedeuten,
als die Leitung der hyperboreischen Theorie. Der Zusatz ταύτην
τὴν ἑορτὴν zu dem offiziellen Namen des Festes Pyanopsia
(o. S. 231) weist auf eine vorausgehende Beschreibung desselben
unter anderer Bezeichnung zurück, und es ist klar, daß eben
προηροσία in dem Vorherigen diese Function erfüllte. Wir

Thargelien wurde am 6. Thargelion zugleich der Demeter Chloe ein Schaf
geopfert. So hat es denn auch nichts Auffallendes, daß [wie ich annehme,
am Pyanepsien - = Procrosientage, zehn Tage] nach den Eleusinien, ein
Stieropfer dargebracht wurde, das auf Ephebeninschriften einer sehr späten
Zeit unter dem Namen der Procrosia hinter den eleusinischen Mysterien-
opfern, also doch wol als eine in der Kalenderzeit darauf folgende Begehung, vielleicht sehr jungen Ursprungs erwähnt wird (Ephemeris. 4098, 8.
4104. Mommsen a. a. O. 220. 77).

1) Εἰρεσιώνη καὶ πόθεν ἡ τῶν πυανεψίων ἑορτή: ἑορτῆς ὄνομα καὶ
ἱκετηρία καὶ ὕμνοι πάντων ἐθνῶν πρὸς Ἀπόλλωνα διὰ τὴν τῆς γῆς εὐετηρίαν
καὶ διὰ τὸ τῇ ὄψει τοὺς καρποὺς φανῆναι. κλάδος ἐλαίας καὶ δάφνης πρὸ
τῶν οἰκιῶν τιθέμενος, πλήρης πολλῶν ὡραίων ἀναδεδεμένων. τοῦτο δὲ ἐγένετο
ἐπὶ τιμῇ τῶν θεῶν ὥσπερ ἀπαρχὰς λαμβανόντων. Vgl. auch Schol. Arist. Plut.
Cod. Reg.: θῦσαι τοῖς Ἀθ. ὑπὲρ πάντων καὶ ταύτην τὴν εἰρεσιώνην ἐποίησαν
οἱονεὶ πάντων τῶν καρπῶν ἀπαρχάς.

2) S. Bait. et Sauppe Orat. Att. II, 285 ff.

gewinnen aus alledem die Gewißheit, daß Lykurgos die Pyanepsien und die Eiresionepompa zu der delischen Thargelien-
pompa in Parallelismus setzte. ´Wie das weiter begründet wurde,
wie man die Weiterführung der Ernteerstlinge von Athen nach
Delos motivierte, wissen wir nicht. Eine Andeutung aber gewährt
die von Diodor bewahrte Notiz, Abaris habe die alte Freundschaft
der Hyperboreer mit den Deliern erneuert. [1] — Sicherlich fanden
Lykurg und Hypereides die Legende bereits vor, da sie als
Beweisstücke nicht Selbsterfundenes vorbringen durften; dieselbe
reicht also sicher in den Anfang des vierten, wo nicht ins fünfte
Jahrhundert zurück.   Die Erwähnung der Proerosien bei Kleitodemos (o. S. 239) giebt zu der Vermutung Anlaß, daß schon bei
ihm davon die Rede war.

Noch deutlicher liegt die Parallelisierung der Pyanepsien und
delischen Thargelien in der an die Geschichte des Theseus
geknüpften anderen Legende (o. S. 219. S. 231) zu Tage, welche
vermutlich auf Philochoros zurückgeht, aber deren Entstehung
noch in das fünfte Jahrhundert zurückreicht, da bereits Plato im
Phaedon Hauptteile von ihr voraussetzt. In dieser Legende liegen (vgl. S. 232) die behaupteten Beziehungen so auf der Hand,
daß ich darüber in weitere Auseinandersetzungen einzutreten nicht
für erforderlich halte.   Beide Erzählungen, die wir kurzweg
und cum grano salis verstanden, als die Philochoreische und
Lykurgische (o. S. 219. S. 232) unterscheiden wollen, setzen also
die Pyanepsien zu den Delien in Beziehung, aber auf eine ganz
entgegengesetzte Weise. Während die letztere nämlich die herbstliche Eiresione als Zaubermittel faßt, welchem der durch reichliche Einsendung der Erstlinge bezeugte Segen der im Thargelion
des nächsten Jahres zur Reife kommenden Ernte zu verdanken
sein wird, geht umgekehrt die von Philochoros verzeichnete Deutung des Pyanepsienfestes vom Standpunkte des Thargelienfestes
aus und läßt den mit geringem Fruchtschmuck auftretenden Oelzweig desselben (Thargelos o. S. 228, Eiresione vgl. Theophrast
o. S. 217, oder Hiketeria o. S. 228 Anm. 4) eine *Verheißung* des volleren der herbstlichen Erntefeste sein.   Wenn somit beide ätiologische Sagen von einander unabhängig sind, und dennoch über-

---

1) Diod. Sic. II, 47: Ὡςαύτως δὲ καὶ ἐκ τῶν Ὑπερβορέων Ἄβαριν εἰς
τὴν Ἑλλάδα καταντήσαντα τὸ παλαιὸν ἀνανεώσαι τὴν πρὸς Δηλίους εὔνοιάν τε
καὶ συγγένειαν.

einstimmend die Herbsteiresione zu der Sendung von Garbenerstlingen nach Delos in Parallele, stellen, so konnte das nur geschehen, wenn die Aehnlichkeit der Feier der delischen Thargelien und der attischen Pyanepsien *auffallend groß* war. Nur weil sich dies in der Tat so verhielt, fühlte man sich veranlaßt, die vom attischen Nationalstolze verlangte Zurückführung der seit den Perserkriegen von Athen geleiteten delischen Theorie auf die Reise des Theseus nach Kreta auch auf die Pyanepsien auszudehnen, in Folge dessen die Heimkehr der Geretteten auf den 7. Pyanepsion zu verlegen, und aus der Ceremonie des Pyanepsien - oder Proerosienfestes die noch unbekannte Geschichte dieses Vorgangs mit dem Schmucke neuerdichteten Details zu beleben. Nach allem diesem wird der Vermutung nicht ausgewichen werden können, daß — wie die Umtragung der Panspermie und der Eiresione im herbstlichen Erntedankfest verbunden waren — *so auch die Pompa der Garbenerstlinge im Frühjahr von einer derselben voraufgetragenen Eiresione* (Thargelos, Hiketeria) *wahrscheinlich begleitet gewesen ist.*

Uebrigens wurde an den Thargelien zu einzelnen Apolloheiligtümern Attikas wol eine Lorbeereiresione statt des bekränzten Oelbaumzweiges einhergetragen; so in Phlye, und daneben wird die Panspermie in einem heiligen Korbe statt in Töpfen (Chytren) dahergeführt sein. Eine solche Lorbeereiresione scheint dann auch abwechselnd mit der Oelbaumeiresione oder neben dieser die delische Garbensendung begleitet zu haben, oder einem der zum Inselfeste abgeordneten Tanzchöre voraufgetragen zu sein. [1]

---

1) Vgl. Theophrast b. Athen. X, 24: ὠρχοῦντο δ' οὗτοι περὶ τὸν τοῦ Ἀπόλλωρος νεὼν τοῦ Δηλίου, τῶν πρώτων ὄντες τῶν Ἀθηναίων, καὶ κατεδύοιτο ἱμάτια τῶν Θρᾳΐκων· ὁ δὲ Ἀπόλλων οὗτός ἐστιν, ᾧ τὰ Θαργήλια ἄγουσι, καὶ διαπώϊεται Φλύησιν ἐν τῷ Δαφνηφορείῳ γραφή περὶ τούτων. Ueber diese Daphnephorie vgl. Bötticher Baumkult S. 390. Procl. ad Hesiod. O. e. D. 767: καὶ Ἀθηναῖοι ταύτην (τὴν ἑβδόμην) ὡς Ἀπολλωνιακὴν τιμῶσι δαφνηφοροῦντες καὶ κανοῦν ἐπιστέφοντες καὶ ὑμνοῦντες τὸν θεόν. Hesych: Κορυθαλία δάφνη ἐστεμμένη· τινὲς τὴν εἰρεσιώνην, ἄλλοι δὲ ὑπερόριον θεόν (l. ὑπερβόρεον θεῖον). Aus welchem anderen Grunde als dem oben vermuteten kann der bindengeschmückte Lorbeer Eiresione oder hyperboreisches Heiltum genannt sein? θεῖον ist nach Harpokr. v. θεωροὶ technischer Ausdruck für die in Obhut der zu einem Feste abgeordneten Theoren gestellten Heiltümer, die man in der Pompa einhertrug. Cf. Hermann G. A. Ausg. 2. §. 31, 16.

§. 4. **Das pseudohomerische Eiresionelied.** In dem angeblich herodoteischen Leben Homers, einer Compilation aus der Mitte des zweiten Jahrhunderts der christlichen Aera,[1] ist uns ein mit dem Namen der Eiresione bezeichnetes Volksliedchen erhalten, welches zunächst wol dem Duris (324 v. Chr.), von diesem des Eugeon samischen Ὧροι entnommen[2] sein wird, vorher aber lange Zeit ohne Namen des Verfassers von Mund zu Mund getragen sein mag, bis man (gradeso wie ein ganz ähnliches Volkslied beim Frühlingsumgang mit der Schwalbe auf Rhodos in der Schrift des Theognis περὶ τῶν ἐν ῾Ρόδῳ θυσιῶν dem Kleobulos von Lindos zugewiesen war[3]) durch das hohe Ansehen der Festdichtung und deren altertümliches Gepräge auf den Einfall gebracht wurde, sie dem Homer zuzuschreiben. An den Kalenden, oder den ersten Tagen (νουμηνίαις) eines Frühlingsmonats wurde dieses Volkslied zu Ehren Apollons von Knaben gesungen, welche von Haus zu Haus vor den Türen der Reichen sangen und Gaben dafür in Empfang nahmen. Hiemit ist deutlich die am Anfange des Thargelion eintreffende apollinische Festzeit bezeichnet. Ob die Knaben noch den mit dem Stemma geschmückten Oliven- oder Lorbeerzweig in Händen trugen, sagt unsere Quelle nicht. Die Nichterwähnung kann durch Schuld der Excerptoren der ersten Niederschrift des Brauches in zweiter, dritter Hand veranlaßt sein. Der Name Eiresione konnte aber auch geblieben sein, wenn nur die Gabeneinsammlung fortdauerte, das umhergetragene Heiltum aber, um dessen willen dieselbe geschah, in Abgang kam; ein Vorgang, den ich bei anderer Gelegenheit mehrfach aus deutschen Frühlingsumgängen belegen werde, welche der Art nach jenen gabeneinsammelnden Umzügen mit der Schwalbe oder Krähe als symbolischen Vertretern des den Frühling herbeiführenden Numens völlig gleichstehen. Jedesfalls hatte das *Lied* einst durch Metonymie von dem umhergetragenen *Baumzweige* den Namen Eiresione empfangen, genau sowie auch θάργηλος, jener andere Name für letztere, auf den bei der Umtragung gesungenen Hymnus

---

1) Vgl. J. Schmidt de Herodotea quae fertur vita Homeri. 1875 p. 115.

2) Schmidt a. a. O. 91 ff.

3) Athenaeus VIII, 360 B. Cf. Schmidt a. a. O. 89.

übergegangen war. [1] Dadurch aber unterschied sich der samische Brauch von der attischen und delischen Thargelien- und Pyanepsiensitte, daß in letzterer der glückliche Knabe die Eiresione zum Apollotempel oder zum Hause des Gutsherrn, dessen die Ernte war, brachte und sie hier vor der Tür aufpflanzte, dort aber eine Compagnie armer barfüßiger Knaben den Segenszweig bei verschiedenen Besitzern von Haus zu Haus trug. [2] Ursprünglich geschah das in allem Ernste, um jede Haushaltung der innewohnenden Segenskraft teilhaft zu machen, und man empfing eine Gabe als Opfer für das dem Segenszweige immanente Numen, wie sonst für die Schwalbe, Krähe [3] u. s. w.; mit der Zeit war der zur Spielerei hinabgesunkene Brauch zu einer bloßen Gelegenheit geworden, Almosen zu erbetteln. Der Art nach vergleicht sich von deutschen Bräuchen das in Prozession von Haus zu Haus geschehende Inshausbringen des Mais in der Grafschaft Mark (Bk. 162), das eine Abwandlung der Sitte ist, den eingeholten Mai ohne solchen Umzug vor der *Türe* aufzupflanzen. [4] Der Wortlaut des gesungenen Liedchens ergiebt, daß dieser Umzug der wirklichen Einbringung der auf dem Felde ausgedroschenen Ernte um kurze Frist voranging, deren füllestrotzenden baldigen Einzug ankündigte, und die Hauswirtschaft derselben wie aller mit ihr verbundenen leiblichen und geistigen Güter gewiß machen sollte. V. 1 — 10:

> Hier nun stehn wir am Hause des viel vermögenden Mannes,
> Der gar Großes vermag und groß stäts rauschet in Vollem;
> Dreht euch zurück, Türflügel, von selbst! Ein gehet ja
>   Plutos
> Lastvoll; auch sammt Plutos des Frohsinns blühende Charis,
> Und Fried-Hora mit Gut. An den Rand sei jedes Gefäß voll.

---

1) Καὶ ὁ θάργηλος παρὰ Μιλησίοις ᾀδομένη ἐπὶ φρονήσει. Hesych.

2) Die Sänger vergleichen sich selbst mit den Chelidonisten V. 11 ff.

3) Vgl. Athen. a. a. O. 359: κορώνη χεῖρα πρόςδοτε κριθέων τῇ παιδὶ τ' Ἀπόλλωνος. . . . καὶ τῇ κορώνῃ παρθένος φέρει σῦκα. 360: Ἀ Χελίδων καὶ λεκίθιταν οὐκ ἀπωθεῖται.

4) Vgl. auch: Zu Kirchohmfeld im Eichsfeld ziehen am zweiten Pfingsttag die Knaben in oder vor die Häuser, indem einer einen langen Stab trägt, der bis auf die Mitte mit allerlei Blumen bedeckt ist. Vor einem Hause angekommen schreien alle Knaben: „Eier! Eier! Eier! ein ganzes Nest voll!" und erhalten dann Eier und andere Gaben. Waldmann Eichsfeld. Gebr. u. Sag. Heiligenstadt 1864 S. 9.

Schwellend fließe der Teig, der eingerührte, vom Backtrog. .
[Jetzo den Kuchen gebackt mit lieblichem Bildniß, von Gerste
Und mit Sesam bestreut!] . . . .
Siehe, die Gattin des Sohns wird bald auf den Wagen euch schreiten,
Kräftige Mäuler führen sie her ins Haus, wo sie selbst nun
Webe den bernsteinglänzenden Tritt mit dem Fuße beschreitend.[1]

Auftun sollen sich die Türen des Hauses von selbst, denn *Plutos*,
der Dämon der Fülle, des Erntesegens, der Sohn der Demeter,[2]
will hinziehn, mit ihm die gute Eirene, die Hore des Friedens,
und die blühende Euphrosyne, die Charis des Frohsinns;[3] so

---

1) Herod. Vita Homer. und daraus Suidas s. v. Ὅμηρος.

1 . Ἰώμα προςετραπόμεσθ᾽ ἀνδρὸς μέγα δυναμένοιο,
ὃς μέγα μὲν δύναται, μέγα δὲ βρέμει ὄλβιος αἰεί.
αὐτὰ ἀνακλίνεσθε θύραι. Πλοῦτος γὰρ ἔσεισιν
πολλ ς, σὺν Πλούτῳ δὲ καὶ Εὐφροσύνη τεθαλυῖα,
5 Εἰρήνη τ᾽ ἀγαθή. ὅσα δ᾽ ἄγγεα, μεστὰ μὲν εἴη,
κυρκαίη [Suid.; κυρβαίη Herod.] δ᾽ αἰεὶ κατὰ καρδόπου ἕρποι μᾶζα.
[ρὲν μὲν κριθαίην εὐώπιδα σησαμιούσαν]
. . . .
τοῦ παιδὸς δὲ γυνὴ κατὰ δίφρακα βήσεται ὔμμιν,
ἡμίονοι δ᾽ ἄξουσι κραταίποδες ἐς τόδε δῶμα·
10 αὐτὴ δ᾽ ἱστὸν ἐφαίνοι ἐπ᾽ ἠλέκτρῳ βεβαυῖα.

νεῦμαι τοι, νεῦμαι ἐνιαύσιος, ὥστε Χελιδών.
ἕστηκ᾽ ἐν προθύροις, ψιλὸς πόδας· ἀλλὰ φέρ᾽ αἶψα
πέρσαι τῷ Ἀπόλλωνι γυιάτιδος.
εἰ μέν τι δώσεις· εἰ δὲ μή, οὐχ ἑστήξομεν·
15 οὐ γὰρ συνοικήσοντες ἐνθάδ᾽ ἤλθομεν.

2) *Πλοῦτος* Fülle bezeichnet zunächst und in eigentlichstem Sinne den
Getreidesegen. Vgl. πλοῦτος· ἡ τῶν σπερμάτων ἐπικαρπία καὶ ἡ πανσπερμία.
Hesych. Der Getreidesegen, Plutos, als Person gedacht Sohn der Demeter.
Hesiod. Theog. 969. Heerdgenosse der Demeter und Kore. Hymn. Hom. in
Cerer. 483 ff. Im Gebote neben D e m e t e r, Kore, Kalligeneia, Ge, Hermes
und den Chariten angerufen. Aristoph. Thesmophor. 295. Ueber die gleiche
persönliche Bedeutung in unserem Eiresionelied s. J. H. Voss, Hymne an Demeter, Heidelberg 1826 S. 147 ff. S. namentlich auch Mannhardt Korndämonen S. 33. Da ich darauf bei anderer Gelegenheit in kurzem ausführlicher
zurückkomme, begnüge ich mich für jetzt mit diesen Nachweisen.

3) Hesiod Theog. 902 nennt *Εἰρήνη τεθαλυῖα* als eine der Horen. Auf
dem Tholos des athenischen Marktes stand neben den Stammhelden (Epony-
men), nach welchen Kleisthenes die Phylen benannte, Eirene den Knaben
Plutos auf dem Arme tragend, ein Werk des Bildhauers Kephisodotos
(392—372 v. Chr.), Vaters des Praxiteles, welches Brunn in der Münchener Leukothea wieder erkannt hat. Die Horen galten als der Demeter verbunden,

reich möge der Erntesegen sein, daß alle Gefäße sich füllen.[1] Nun wird neues Brod und Kuchen zum Erntefeste gebacken,[2] und so groß sei die Fülle, daß der aufgehende Teig über den Rand des Backtrogs hinabfließe. Auf diese Verse folgt v. 8—10, ein anderes Stück,[3] welches an die den Herrschaften dargebrachten

sie selbst heißt im homer. Hymnus ὡρηφόρος, sie wird mit den furchendurchwandelnden Horen zugleich angerufen. Bei Aristophanes (Pax 1166) sagt der Chor: „Ist die Frühfeige gereift, so kost' ich sie, so esse ich sie und singe dabei: „O liebe Horen!" (Anfang eines Liedes). Der innige Zusammenhang zwischen Recht und Frieden und ungestörtem Betrieb und Genuß des Ackerbaues ist der schöne Grundgedanke hiebei. „Den Sterblichen," sagte Bakchylides, der Hofgenosse Hieros, „gebiert die erhabene Eirene Reichtum und die Blumen der honigstimmigen Gesänge. Vgl. Kallimachos ruft Demeter an: φέρε στάχυν, οἶσε θερισμόν, φέρβε καὶ εἰράναν, ἵν' ὃς ἄροσε τῆνος ἀμάσῃ. Hymn. in Cer. 137 ff. Meineke. At nobis, Pax alma, veni, spicamque teneto. Tibull. I, 10, 67. Γεωργία .. τοῖς πᾶσιν ἀνθρώποισιν Εἰρήνης, φίλης ἀδελφή. Aristophan. Fragm. Meineke Fr. Com. II, p. 1065. ὀλβιδότειραν Εἰρήνην, κουροτρόφον θεάν. Eurip. Bacch. 416. Pax Cererem nutrit, pacis alumna Ceres. Ovid. Fast. I, 704. Pax aluit vites. Tibull. I, 10, 47. Noch auf Münzen der Agrippina, Gemahlin des Claudius, ist diese als Eirene abgebildet in Gestalt einer Frau, deren Haupt Aehren kränzen und aus deren Busen Aehren hervorwachsen. Cf. Spanheim zu Callim. II, 840 Ernesti. — Eurynome gebar die drei Chariten Ἀγλαΐην τε καὶ Εὐφροσύνην Θαλίην τ' ἐρατεινήν. Hesiod. Theog. 909. Die Athener verehrten zwei Chariten Auxo und Hegemone. Pausan. Descr. Gr. IX, 35. Auf Bildwerken sieht man die Chariten häufig mit Aehren oder mit Blumen und Aehren oder mit Füllhörnern in der Hand dargestellt. Oft erscheinen die Grazien mit den Horen vereint als Spenderinnen erfreulicher Naturgaben im Umlaufe des Jahres, als Reize der Jahreszeiten, oder wo ihr Dienst ausschließlich geübt wurde, als — mit den Worten eines großen Forschers zu reden — nur provinziell von den Horen verschieden. Gädechens Verhandl. d. Kieler Philologenvers. 1869 S. 139 ff. Auf der Hand des delischen Apolls von Angelion und Tektaios sah man drei Chariten gebildet. Pausan. D. Gr. IX, 35.

1) Das ausgedroschene Getreide wurde in Gefäßen geborgen. Vgl. Hes. O. e. D. 597 ff.:

Δμῶσὶ δ' ἐποτρύνειν Δημήτερος ἱερὸν ἀκτὴν
δινέμεν', εὖτ' ἂν πρῶτα φανῇ σθένος Ὠρίωνος,
χώρῳ ἐν εὐαεῖ εὐτροχάλῳ ἐν' ἀλωῇ·
μέτρῳ δ' εὖ κομίσασθαι ἐν ἀγγεσιν.

Auch versandt wurde Oel, Wein, Getreide in Tongefäßen, so in den aus Rhodos, Thasos, Knidos stammenden, die man mit dem Namensstempel des Magistrats und den Emblemen des Orts versehen vorfindet, von wo die Waare aus gesandt wurde. O. Jahn Verhandl. d. sächs. Gesellschaft d. Wissensch. 1854 S. 361.

2) Vgl. das Thargelosbrod o. S. 228 Anm. 5.

3) Ueber das Elektron am Webstuhl s. Buttmann Mytholog II, 339. 350.

Wünsche deutscher und slavischer Erntelieder bei Einbringung
des Erntekranzes oder der letzten Garbe anklingt, wie „Wir
wünschen der Frau 'ne goldene Kron', aufs andere Jahr 'nen
jungen Sohn; wir wünschen der Jungfer 'ne silberne Kann', aufs
andere Jahr 'nen Gen'ral zum Mann!" Oder vergleicht sich der
Glaube, daß, wer die letzte Garbe bindet, die letzten (resp. ersten)
Halme schneidet, noch in diesem Jahre heiraten werde? Nun
kommen v. 11 — 19 die sehr verderbten Zeilen des Vergleichs
des Eiresionenumzugs mit der Prozession der Chelidonisten. Endlich schließen v. 14. 15 in verändertem, jambischem Metrum mit
einem den Bettelliedern der Naturfeste gewöhnlichen Aufruf zur
Mildtätigkeit ab, der ganz äußerlich angeschoben ist. [1] Somit
besteht der überlieferte · samische Eiresionetext aus einem Flick-
werk verschiedener Bruchstücke verschiedener Lieder, von denen
das älteste v. 1 — 10 einen im fünften und vierten Jahrhundert
sehr lebendigen Ideenkreis (vgl. o. S. 245 Anm. 3) verrät und
auch wol in diese Zeit, auf welche auch die literarhistorische
Untersuchung leitet, hinaufreichen wird, wenngleich hier schon
rationalistischer Mißverstand die in Kultus und Poesie der genannten Periode „als persönliche Wesen warm, innig und lebendig
empfundenen" Gottheiten Plutos Eirene und Euphrosyne in bloße
Begriffsdarstellungen, abstrakte Allegorien aufzulösen sich anschickt.
Doch in dem „Πλοῖτος ἔσεισι" bricht die volle Personification
durch, zu der das Beiwort πολλός nicht paßt. In dem ursprünglichen Liede wird ein anderes (ἐσϑλός? Hesiod Theog. 972)
gestanden haben; setzen wir dieses in sein Recht ein, so offenbart sich uns echte mythische Anschauung. Betrachte ich nunmehr den ganzen Eingang des Eiresioneliedes als ein ursprünglich
nicht zu dem Folgenden gehöriges, mit ihm nur durch die Einhertragung des Eiresionezweiges vermitteltes Stück für sich, und erwäge
ich seinen Gedankenzusammenhang lediglich aus seinen eigenen Angaben, so gewinne ich den Eindruck, daß es einem Gesange entnommen sei, welcher nicht bei einem Umzuge von Haus zu Haus, son-
*dern bei Einbringung der ersten (ἀπαρχαί) Gaben der Ernte unter
Vortragung der vielleicht auch hier vor der Tür des Herrenhau-*

---

1) V. 14 kehrt mit Veränderung eines Wortes (λάσομες f. ἰστήξομεν)
im Chelidonisma wieder: εἰ μέν τι δώσεις· εἰ δὲ μή, οὐκ λάσομες. Cf.
Schmidt a. a. O. 89. Zu V. 15 vgl. im rumänischen Soareliede (Mannhardt
Klytia S. 13): „kamen nicht ums Sitzen."

ses demnächst aufzupflanzenden Segenszweiges resitiert wurde.
Erst später mag sich diese Sitte in den Bittgang von Tür zu Tür
(ἀγερμός) umgesetzt haben, was um so eher geschehen konnte,
da auch bei ihr die mit der Eiresione aufziehenden Erntearbeiter
— wie die unsrigen — vom Herrn und seinen zum Feste des
Erntebeginns versammelten Gästen eine Gabe empfangen haben
werden, welche ursprünglich als Steuer für die segenbringende
Gottheit galt. Noch in dem großen delischen Thargelienfest war
als besonderer Festakt auch ein gabeneinsammelnder Umzug der
Weiber erhalten, bei welchem man Artemis unter den Namen Opis
und Arge (Hekaerge) in einem Hymnus (ἀγείροντας ὑμνέειν) an-
flehte. Da man diese unverständlich gewordenen Beinamen der
Schwester Apollos für Namen zweier *Hyperboreerinnen* ausgab,
welche die Inselleute und Ioner den Brauch gelehrt haben sollten,[1]
wird der ἀγερμός zur Pompa mit den Erstlingsgarben in Beziehung gestanden haben.

§. 5. **Die Panspermie der Pyanepsien.** Sowol die
herbstliche Pyanepsieneiresione (o. S. 226), als der sommerliche
Thargelos (o. S. 228) waren von einer Panspermie, d. h. dem
Aufführen, Kochen und Verzehren einer Zusammenschüttung verschiedener Früchte begleitet. Die letztere bildete einen wesentlichen Bestandteil des Erntefestes, wir finden sie selbst in der
Privaterntefeier des kleinen Landbesitzers wieder. In einem Epigramm des Diodor Zonas aus Sardes stellt Heronax für die eine
Worfschaufel schwingende Demeter und die furchendurchwandelnden Horen von seinem armen und kleinen Felde die Erstlinge
der ausgedroschenen Aehren und eine Panspermie nach altem
Brauche auf den dreifüßigen Holztisch.[2] Wenngleich beide Dar-
bringungen in weiterem Sinne als Weihen an die Gottheit gelten
konnten, wird man doch von der zuerst genannten μοῖρα der
Demeter und der Horen das Sämereiengemisch als den von der heiligen Darbringung den Menschen zum sakramentalen Genuß zu-

---

1) Herodot IV, 35. Vgl. dazu Stoins Anmerkung.

2)   *Δηοῖ Λικμαίη καὶ ἐναυλακοφοίτισιν Ὥραις
     Ἡρώναξ πτιχρὴς ἐξ ὀλιγηροσίης
     μοῖραν ἁλωῆτε στάχυος πάνσπερμά τε ταῦτα
     ὡς πρὶν ἐπὶ πλακίνου τοῦδ' ἔθετο τρίποδος.*
Anthol. Pal. VI, 98. Suid. s. v. *Λικίνος.* — ἁλωῆτε f. ἁλωεῖται Correctur
Meinekes, Delect. S. 223.

fallenden Anteil unterscheiden können. Dies wird recht deutlich durch nordeuropäische Analogien, welche viel dazu beitragen, uns das Wesen der Panspermie zum klaren Verständniß zu bringen.

In der Oberpfalz besteht das Festmahl beim Schlusse des Dreschens aus *Mehlspeise von vier Getreidesorten* (o. S. 167). — Matth. Prätorius, v. J. 1664--1684 Pfarrer zu Niebudzen zwischen Insterburg und Gumbinnen, erwarb sich das Verdienst, im Verein mit mehreren gleichstrebenden Geistlichen litauischen Volksbrauch und Volksglauben zu sammeln. Seine wertvollen Ermittelungen finden sich in höchst breiter, erst 1703 vollendeter Ausführung letzter Hand in den handschriftlichen Foliobänden „Deliciae Prussicae oder Preußische Schaubühne" niedergelegt.[1] B. V, cap. 7, S. 23 beschreibt Prätorius „das Fest Samborios oder Getreydigt-Fest" der Litauer seiner Zeit; wir geben nachstehend die Haupttatsachen seines Berichtes wieder. Nach beendigter Ernte und Winteraussaat, wenn schon das Dreschen begonnen hat, anfangs Dezember, halten sie ein Fest, das sie *Sąbarios* nennen [d. i. Fest der Zusammenschüttung, sąbaria, Gen. iôs von są-berti, zusammenschütten, zusammenstreuen], weil sie dann das Getreidig zusammenwerfen und aus den zusammengeworfenen Fladen, d. i. kreisrunde Kuchen backen und Bier brauen. Es heißt auch das Fest der *dreimal neune* (ant tryn dewinu) und schließt in sich eine Heiligung [sacrificium] aller Getreidearten, welche Gott ihnen segnen wolle, damit sie von jeder mögen Nutzen haben. Der Wirt nimmt *von jeder Getreidesorte, die man aussät, Weizen, Leinsaat, Gerste, Hafer, Bohnen, Linsen* u. s. w., je *neun* Handvoll und zwar so, daß er je dreimal zugreifend jede Handvoll wieder in drei Teile teilt. *So wirft er 27 Würfe von jedem Getreide auf einen Haufen und schüttet alles zusammen.* Dieses Getreide muß aber das *zuerst ausgedroschene und geworfelte* sein und wird schon vorher alsbald abgeschüttet und für sich verwahrt, denn wenn es schon mit anderem, wovon

---

1) In. z. T. wörtlichem Auszuge (aber ungenügend) herausgeg. von W. Pierson, Berlin 1871. Ich folge dem Originalmanuscr. und verweise hiefür wie für das behauptete Verhältniß Brodowski's und Ruhig's zu Prätorius im Voraus auf die Nachweise in meinen später herauszugebenden „Denkmälern der lettopreußischen Mythologie."

etwas zum Gebrauch genommen wurde, vermischt war, bringt es
keinen Vorteil. Von diesem Getreide wird nun zunächst für jeden
Hausgenossen ein kleines Brödchen gebacken, das Uebrige wird
mit soviel anderer Gerste oder Hafer versetzt, als nötig ist, um
Malz für ein viertel oder halbes Tönnchen Bier zu geben, und
von diesem Gebräu macht der Wirt den ersten Maisch *allein für
sich, sein Weib und seine Kinder fertig* und hebt's besonders auf,
kein Fremder darf daran kommen; vom zweiten Aufguß erhält
das Gesinde, zuweilen auch ein zufällig ankommender Fremder;
nur darf niemand darauf zu Gaste geladen werden. Ist das Bier
fertig, so erwählt der Hausvater einen Abend, wann man keine
Fremden vermutet, nach getaner Hausarbeit und Abfütterung des
Viehes zum Vollzug des Festes. Zunächst knit er dann vor dem
Tönnchen nieder, zapft sich ein Kännchen Bier und gießt unter
Gebet dreimal auf den Spund: „Blütenbringerin Erde (Žemynele
žedkellei) lasse blühen Roggen, Gerste und alles Getreide; Gott
sei uns gnädig, laß die heiligen Engel bei unserm Werke sein,
die bösen Menschen aber treibe zur Seite, damit sie uns nicht
verspotten!" In der Stube erwarten den Hausvater Weib und
Kinder; vor ihnen liegt am Boden gebunden ein im Laufe des
Jahrs geborener schwarzer, weißer oder bunter Hahn (ja kein
roter) und eine eben solche Henne, mit dem Hahn aus derselben
Brut. Der Bauer knict nieder, die Kanne in der Hand haltend,
und dankt Gott für die gute Ernte, den reichlichen Ertrag des
Ausdrusches, die gnädig bewahrte Gesundheit, bittet für die neu
ausgestreute Saat und um das Gedeihen der nächstjährigen Feldfrüchte, um Segnung des Brodes in Ofen und Keller, um Bewahrung von Haus und Hof, Gesinde und Vieh, vor Unglück und
spricht ein Vaterunser. Dann heben alle die Hände auf: „Gott
und du Žeminele, wir schenken dir diesen Hahn und Henne,
nimm sie als Gabe aus gutem Willen," und er *schlägt* mit einem
hölzernen Kochlöffel die beiden Tiere tot, er darf sie nicht ab-
schneiden. Den Hahn unter dem linken Arm erneuert er das
Dankgebet, und setzt dann die Kanne weg, von welcher er nach
dem ersten Gebet, nach der Tödtung des Hahns und derjenigen
der Henne je ein Drittel geleert hat. Nachdem die Hühner von
der Magd gebrüht und gerupft sind, so schickt die Wirtin das
Gesinde hinaus, nimmt die Hühner aus, macht sie rein und kocht
sie in einem *neuen noch ungebrauchten Topf; keine gemietete Per-*

son darf zugegen sein und *kosten*. In der Stube wird ein umge-
stülptes *Scheffelmaß* mit einem Tischtuch bedeckt, und auf dieses
nebst etwas Butter für jedes Familienglied eines der oben
beschriebenen Brödchen gelegt, in die Mitte die Schüssel mit den
beiden Hühnern aufgetragen. Inzwischen hat der Hausvater ein
Gefäß mit dem Festbier herbeigeholt; man bringt einen nur zu
dieser Gelegenheit gebrauchten Schöpflöffel und drei ebenfalls
sonderbarlich dazu bestellte Trinkschälchen (Kauszelen), aus
denen niemand sonst trinken darf, und er füllt jede derselben in
dreimaligem Schöpfen mit Bier. Alle knien um das Scheffelmaß;
der Vater, seine Kauszel in der Hand haltend, spricht den Glauben und die zehn Gebote; und mit dem Gebete, daß Gott im
nächsten Jahre nicht mehr und nicht weniger geben möge, trinkt
er die drei mit beiden Händen erfaßten Kauszeln nacheinander
auf einen Zug aus. Ebenso tun der Reihe nach alle Knienden.
Unter Segenswunsch werden darauf die Brode und das Fleisch
des Hahns und der Henne verzehrt. Und nun beginnt der Um-
trunk aufs neue, bis jeder neunmal die drei Schälchen geleert
hat, und ein geistliches Lied die Feier schließt. *Von der Mahlzeit darf nichts übrig bleiben*; geschieht dies doch, so muß es am
andern Morgen mit den nämlichen Ceremonien verzehrt werden.
Die Knochen muß der dazu herbeigeholte treue Wächter, der
Hofhund, vor den Augen des Wirts rein auffressen; jeder etwaige
Rest wird auf einem Teller im Stall unter dem Miste vergraben.
An dem Tage, an welchem diese Feier vorgenommen wird, darf
man dem Gesinde kein böses Wort geben, sondern muß mit
allen freundlich umgehen. [1] Das erwähnte Herbstbier hieß sąbe-
rinis (samberinis) alus. [2]

1) Vgl. M. Prätorius Deliciae Prussicae, hrsg. v. Pierson. S. 60 ff.

2) Vorarbeiten des Prätorius gerieten in einem mit subjectiven Conjec-
turen durchsetzten Auszuge in J. Brodowski's und Ph. Ruhig's Hände, die
davon zwischen 1730—1750 in ihren litauischen Wörterbüchern Gebrauch
machten. Da ist denn erstens die Zeit des Festes mißverständlich auf Ostern
verlegt, zweitens aus dem Sąbariosfest ein Gott Sambarys, d. i. Pluto (Brodowski) und mit weiterer Verdrehung Zembarys, d. i. Erdbestreuer (Ruhig)
gemacht, der seitdem in der preußischen Mythologie (Ostermeyer, Voigt
u. s. w.) und sogar noch in Nesselmanns Wörterbuch seinen Spuk treibt.
Alles, was von diesen vermeintlichen Göttern ausgesagt wird, sind entstellte
Excerpte aus obigen Mitteilungen des Prätorius. Auch hierüber Näheres in
den „Denkmälern".

Mit dem geschilderten litauischen Brauche stimmt als Abart
ein lettischer bei Pestzeiten zusammen, den fünfzig Jahre früher
der Superintendent S. Einhorn verzeichnete [1]. In Zeiten der
Pestilenz, sagt er, hatten die Undeutschen hier zu Lande ein
Opfer, welches sie *Sobar* [2] nannten, das ist ein zusammengeleget
oder von vielen zusammengeschüttet Opfer, denn ihrer viele traten zusammen, legten jeder ein gleiches Stück Geldes zusammen,
kauften dafür ein Stück Vieh, opferten es und verzehrten hernach das Uebrige. *Auch haben sie einer so viel Getreide, als der
andere, zusammengeschüttet, davon gebacken und gebrauen.* Dann
haben sie hernach abergläubiger Weise mit ihren heidnischen
Ceremonien *zusammen* Gott angerufen, daß er die *Pestilenz* ab-
wenden wolle, und darauf ein Convivium gehalten und die zusam-
mengebrachte Speise und Trank mit einander verzehrt. Das
geschieht noch jetzt heimlich, da es öffentlich nicht erlaubt ist;
ich habe von mehreren gehört, daß sie im Traum von den Spec-
tris, die sich alsdann an etlichen Orten sehen lassen, dazu ver-
mahnet sein, sich durch ein Sobar von der Plage zu befreien.
In der großen Pestilenz 1602 und wiederum später 1625 hat
man's, wie ich von vielen erfahren, ins Werk gerichtet, um die
Pest zu vertreiben. [3]

Dem aufmerksamen Beobachter kann es nicht entgehen, daß
die vorstehenden Bräuche eine altüberlieferte Handlung von sacra-
mentalem Character enthalten. Das in der gesammten Kulturfrucht waltende, in den Erstlingen sich offenbarende Numen giebt
sich zum Genusse dar; damit seine segnenden Kräfte ausschließlich der Familie des Bauers zu Gute kommen, darf kein Fremder an dem Mahle teilnehmen (vgl. auch das finnische Fest oben
S. 161). Weil dasselbe ein Heiltum ist, darf nichts umkommen,

---

1) P. Einhorn Reformatio gentis Letticae in Ducatu Curlandiae. Riga
1636. Cap. 2 p. 8ᵇ.

2) Dialektisch von sa - behrt zusammenschütten.

3) Aus dieser Aufzeichnung Einhorns machte Stender in s. lettischen
Mythologie: „Sobarri die Opfer, die man zur Pestzeit dem Auskut brachte.
Von sobahrt anstatt sabehrt zusammenschütten, weil sie das zusammen-
gebrachte Korn zusammenschütteten und daraus ein Saufopfer bereiteten.“
Die Zueignung an Auskut [d. i. den Auschauts des Sudauerbüchleins, den
Lasicki nach Mäletius als Auscetum incolumitatis et aegritudinis deum nennt],
ist conjectureller Zusatz Stenders.

wird sogar der letzte Rest der Knochen als segenbringend im Viehstall vergraben. Die Feier ist gut christlich gemeint, in christlicher Frömmigkeit geübt, ihrer Substanz nach aber noch heidnisch, und sogar die heidnische Personification der Erdgöttin [1] Żeminele mischt sich noch hinein. Sie war zugleich ein Erntedankfest und ein Bittfest für die neue Ernte, und sollte Wachstum, Gedeihen, Gesundheit des Bauerwirts, seines Weibes und seiner Kinder erwirken. Darum schien dieselbe Ceremonie, welche Wachstumsfülle der nächstjährigen Frucht verbürgte, mit in der Sache liegenden Abänderungen geeignet, auch schon entstandene Krankheit, Seuche abzuwenden. Vgl. o. S. 231. S. 239.

Werden wir nach diesen Analogien darüber zweifelhaft sein können, was es mit der bei den griechischen Erntefesten gekochten Panspermie auf sich hatte? Sie war die sacramentale Ergänzung der zugleich sacramentellen und sacrificalen Weihung der Eiresione oder der dem Gotte dargebrachten ἀπαρχαί.

§. 6. **Die Oschophorie.** Noch deutlicher wird die ursprüngliche Natur der Pyanepsienbräuche als eines reinen Naturfestes, wenn wir nachweisen können, daß auch die beiden Akte der dazu gehörigen oder wenigstens damit in Verbindung stehenden und ebenfalls auf die Geschichte des Theseus gedeuteten Oschophorie, die Prozession mit den Rebzweigen und der Wettlauf, nichts anderes waren als eine Uebertragung gewöhnlicher Erntegebräuche auf die Weinlese. Wem wollte entgehen, daß die von *zwei als Frauen angekleideten Jünglingen* angeführte Oschophorienpompa sowol dem von *zwei Frauen* geleiteten Erntezuge der Delien (o. S. 234), als auch dem elsässischen Winzerfest mit den beiden Herbstschmudeln (Bk. 203) auffallend ähnlich sieht? In weiterem Kreise vergleicht sich der Brauch deutscher Erntefeste,

---

[1] Die Anrufung derselben dauerte in manchen Formeln bis auf den heutigen Tag. Ich setze ein noch unveröffentlichtes Liedchen hieher, das Kumutátis erst 1866 in Mażuiken aus Volksmund aufzeichnete:

Żeminele mus kawok,	Żeminele segne uns,
Dirwas musu peržegnok,	Segne unsre Aecker,
Peržegnok girres, laukus,	Segne die Wälder, Felder,
Klônus lankas ir szlaitus.	Die Ackerstücke neben den Baustellen und die hohen Flußufer.

bei welchen eine als Korndämon characterisierte Person oder zwei (s. z. B. o. S. 173 Kater und Kitsche) dem feierlichen Zuge der Erntearbeiter durchs Dorf vorausschreiten (Bk. 612. 613). Von derselben Art sind die Maitags- und Pfingstumgänge mit dem Laubmann oder mit einem Brautpaar (Bk. 312 ff. 431 ff.). Im Elsaß wurde dann von der den Brauch ausführenden Compagnie ein großer Maibaum voraufgetragen; diesem folgte der in ein weißes Hemde gekleidete Pfingstnickel, sodann die übrigen Mitglieder der Compagnie, jeder mit einem kleineren Maibaum bewaffnet (Bk. 162. vgl. 315. 316. 312 ff.). In der Bresse ging ein „Dendrophore" mit grünem Maibaum an der Spitze, hinter ihm die blumengeschmückte Maibraut (la mariée), von einem galanten Burschen geführt, endlich das liedersingende Gefolge (Bk. 439). Gradeso war in Athen die Reihenfolge: 1) Herold mit bekränztem Stabe, 2) die zwei Weibermasken mit Rebzweigen, 3) die übrigen Rebträger oder Prozessions-Teilnehmer. Jene deutschen Maitags- und Ernteumgänge nehmen mehrfach auch die Form eines *Wettlaufs* an, bei welchem entweder die letzte, den Korndämon darstellende Garbe oder der Maibaum (vgl. o. S. 214) das Ziel ist (Bk. 396), oder durch welchen die Rollen bei dem Umgange mit dem Laubmann, Pfingstbutz u. s. w. entschieden werden (Bk. 382 ff.). Der Wettlauf bildet den ersten Akt, die Prozession mit dem durch den Sieger in demselben dargestellten Vegetationsdämon den zweiten Akt der Festbegehungen (Bk. 406). Genau so verhält es sich mit dem Verlauf der Oschophorie; erst Wettlauf, der über die Teilnahme am Choros der Pompa, unzweifelhaft und folgerichtig auch über die einzelnen Aemter desselben (den Herold, die beiden Frauenrollen u. s. w.) bestimmte; darauf die Pompa selbst. Jener andere Fall aber, der Lauf hinter dem Darsteller des Vegetationsdämons her, tritt uns deutlich in dem Brauche eines peloponnesischen Erntefestes entgegen.

Im Monate Karneios, der im Ganzen unserm August entspricht, und den Beginn der Weinlese bezeichnet, feierten nämlich die Dorier im Peloponnes ihre Karneia, das Erntefest der Trauben, welches hernach zu einem Kriegerfeste umgedeutet war.[1] Dabei wurde *ein Wettlauf* angestellt, indem *einer* gute

---

1) Roscher Apollon und Mars S. 59. Vgl. Sauppe Mysterienschrift v. Andania. Göttingen 1860. S. 45 ff.

Wünsche für die Stadt sprechend *voranlief, andere Traubenläu-fer (Staphylodromen) ihn verfolgten. Holten sie ihn ein, so wurde das als ein gutes Zeichen, das Gegenteil als ein schlimmes betrachtet.* [1] Schömann zog daraus den Schluß, dessen Richtig-keit die zahlreichen von uns zu Tage geförderten nordeuropäi-schen Analogien in einer von ihm ungeahnten Weise bestätigen: *Der Voranlaufende bedeutete den Herbstsegen; wurde er eingeholt, so bedeutete dies, daß auch der Stadt der Segen nicht entgehen werde."* [2] Auch die Lauben oder Hütten (σκιάδες), in denen die festfeiernde Gemeinde, nach Phratrien abgeteilt, lagerte, waren unzweifelhaft, wie bei dem aus dem herbstlichen Erntedankfest hervorgegangenen ebräischen Laubhüttenfest (Bk. 281 ff.), ein Zubehör des alten Naturfestes, der Laubhütte oder den Laubhütten entsprechend, welche bei uns auf Maitag, Pfingsten, Johannis u. s. w. neben dem Maibaum für den Mai-könig u. s. w. errichtet wurden (Bk. 187. 315. 323. 354. 355). Später erfolgte die Umdeutung in Lagerzelte. Σταφυλοδρόμοι hießen die Wettläufer augenscheinlich, weil sie einst Rebzweige mit Trauben trugen, wie die Läufer am Oschophorienfest.

Wenn nun hier der voranlaufende Jüngling deutlich *den per-sonifizierten* Herbstsegen darstellt, ein College unserer Korndä-monen ist, so werden auch die beiden der *athenischen Oschopho-rienpompe*, wie der *delischen Thargelienprozession voranschreiten-den Frauengestalten* in gleichem Sinne aufzufassen sein. Ich darf den Leser nicht durch weiteres Abschweifen verwirren, bemerke aber schon hier für diejenigen, welchen dieses Ergebniß noch befremdlich erscheinen möchte, daß weitere, in der Kürze zu veröffentlichende Untersuchungen den, wie ich meine, zutreffen-den Nachweis enthalten werden, wie mehrere sowol römische als griechische Kulte der ältesten geschichtlichen Zeit das Vorhan-densein der Vorstellung von anthropomorphischen und theriomor-phischen Korndämonen aufs entschiedenste bestätigen, daß Wett-

1) Hesych. s. v. σταφυλοδρόμοι· τινὲς τῶν Καρνεατῶν παρορμῶντες τοὺς ἐπὶ τρύγῃ. Bekkeri Anecd. I, p. 303, 25: στ. κατὰ τὴν τῶν Καρνείων ἑορτὴν στέμματά τις πεφιθέμενος τρέχει, ἐπευχόμενός τι τῇ πόλει χρηστόν· ἐπιδιώκουσι δὲ αὐτὸν νέοι σταφυλοδρόμοι καλούμενοι. καὶ ἐὰν μὲν καταλά-βωσιν αὐτόν, ἀγαθόν τι προςδοκῶσιν κατὰ ἐπιχώρια τῇ πόλει, εἰ δὲ μή, τοὐναντίον.

2) Schömann Gottesd. Altert. 1859. II², S. 438.

läufe der ebenbeschriebenen Arten vielfach ein Zubehör des
Erntefestes waren, endlich daß u. a. auch der athenische und
kleinasiatische Thargelienbrauch der Austreibung der Pharmakoi
als Abwandlung der Umführung des Korndämons sich mit größter
Wahrscheinlichkeit dartun läßt, und daß die Zahl der unbedingt
sicheren Beispiele für den behaupteten Anschauungskreis groß
genug ist, um die Vereinzelung aufzuheben, in welcher meine
bisherigen Auseinandersetzungen noch dastehen.

Ebensowol als der *Wettlauf* war wol auch der beständige
Ruf: *Eleleu! Ju! Ju!*, unter dem die Oschophorienprozession vor
sich ging (o. S. 217), ein auf die Weinlese übertragener Brauch
des Erntefestes. Er begegnet nämlich dem eigentümlichen *Gekreisch*
oder *Gejuchze*, das bei Einbringung der letzten Garbe resp. des
Erntemais sich hören läßt (o. S. 213). Eine andere Form von ihm
scheint der im Gotte Jakchos personifizierte Eleusinienruf *iakche!*,
ich würde sagen *ist*, wenn nicht das Verhältniß zu Bakchos eine
eigene Untersuchung nötig machte.

§. 7. **Die Eiresione. Gesammtergebnisse.** Halten wir
Musterung über die Gesammtergebnisse dieses Kapitels, so wird
die Behauptung nicht mehr als kühn erscheinen, daß die Eiresione
so vollständig als möglich unserem *Erntemai* entsprach. Wie
dieser ein Baumzweig mit Bändern, Früchten, Backwerk, Wein-
krügen (o. S. 212. S. 223 ff. S. 226) behangen, wurde sie in Prozession einhergetragen, und wie unser Erntemai, Maibaum u. s. w.
als Regenzauber mit Wasser oder Wein resp. Branntwein (o. S. 212,
vgl. Bk. 197. 207. 214 vgl. 227) mit dem Inhalt des angebunde-
nen Weinbechers begossen (o. S. 225). *Vor der Tür des Herrenhauses* oder des Tempels aufgehängt oder aufgepflanzt (o. S. 213.
221. 231. 236), in anderen Landschaften wahrscheinlich neben
den Ahnenbildern im Innern der Wohnung selbst angebracht, [1]
verblieb sie *ein Jahr lang* daselbst (o. S. 213. S. 221) und wurde
dann bei Vertauschung mit einem neuen Exemplare *verbrannt*

---

1) Nach Theophrast Char. XVI waren Hermaphroditen gewisse hermen-
artige Ahnenbilder. Bei Alciphron III, 37 liest man von der Wittwe Phae-
dria, deren Mann wol aus Alopecae war: εἰρεσιώνην πλέξασα ἥειν εἰς Ἀφρο-
αφροδίτου, τῷ Ἀλωπεκῆθεν ταύτην ἀναθήσουσα. Cf. Lobeck Aglaoph. 1007.
So stellen die Kleinrussen die erste gemähte Garbe an den Ehrenplatz unter
die Heiligenbilder; so nagelt man in Schwaben den „Palmbüschel" entweder
an die Haustüre oder das Scheunentor oder unter das Kruzifix (Bk. 289), wo
er verbleibt, bis er herunterfällt.

(o. S. 213 S. 217). Der Aufpflanzung vor dem Eupatridenhause ging wol ein Umzug in dem Dorf und *auf den Aeckern*[1] voran (o. S. 213. 223).

Die Ausübung des Brauches geschah am *Erntefeste* und zwar sowol am Früherntefeste der Thargelien als am herbstlichen Dankfest des Pyanepsion.[2] Wenn es uns gelungen sein sollte, aus den lückenhaften und noch immer manche Schwierigkeiten darbietenden Andeutungen der Alten über die delischen Thargelien überhaupt und namentlich in der Hinsicht ein einigermaßen zutreffendes Bild zu gewinnen, daß bei dem altüberlieferten Erntezuge an denselben den Erstlingsgarben Eiresionen voraufgetragen wurden, und daß dies traditionelle Fortsetzung eines in sehr frühe Zeit zurückreichenden gewöhnlichen Erntefestes war, so rückten wir hiedurch, wie auch durch die vielleicht den ersten Versen des pseudohomerischen Eiresioneliedchens zu Grunde liegende Festweise (o. S. 247) noch näher an die deutsche Sitte, den Harkelmai dem letzten Erntefuder voraufzutragen oder der letzten Garbe einzuheften, heran. Die Eiresione ist eine symbolische Repräsentation des Wachstumsgenius, sie wird wie eine Persönlichkeit angeredet (o. S. 224 ff.); und als solche hat man den Lorbeer (vgl. o. S. 221) als die verwandelte Geliebte Apollons aufgefaßt (cf. Bk. 297). Daß Apoll durch Orakelspruch die Eiresione angeordnet habe, um *Hungersnot* und *Pest* abzuwenden (o. S. 231. S. 253), ist wieder eine ätiologische Fabel, durch welche uns die feste Ueberzeugung der Festteilnehmer verbürgt wird, daß Uebertragung der *Wachstumsfülle* auf die Feldfrüchte, wie (vermöge

---

1) So faßt auch Bötticher die Sache: „Der Oelzweig, welchen man mit Früchten behangen vom Acker brachte und als Eiresione vor das Haus stellte." Baumk. 362. 397.

2) Nach dem Scholiasten zu Clem. Alex. Protrept. p. 9, 83. Pott wäre auch bei den Panathenäen im Hekatombäon (August) eine Eiresione dargebracht. „*ἐρίφ*"· *τὴν λεγομένην εἰρεσιώνην φησίν, ἣν οὕτω περιειλοῦντες ἐρίοις καὶ ταινίαις ὑφασμάτων λινέων — ἣν δὲ κλάδος ἀπὸ τῆς Μορίας ἐλαίας — καὶ ἀκροδρύοις παντοίοις περιαρτῶντες, ἀνῇον εἰς ἀκρόπολιν τῇ Πολιάδι Ἀθηναῖοι Παναθήναια, οὕτως εὐφημοῦντες· εἰρεσιώνη σῦκα φέρει καὶ μῆλα καὶ ἕξης.* Allein diese Glosse ist offenbar durch üble Verwechselung des Scholiasten aus derselben Quelle herausgezogen, aus welcher Plutarch o. S. 220 schöpfte, wie die Anführung des Liederbruchstücks beweist. Wegen der heiligen Moria glaubte der Commentator lieber an die Panathenäen denken zu sollen, deren Thallophorie (Michaelis Parthenon S. 214. 330 n. 201—205) die Combination begünstigte.

des Parallelismus der tierischen und pflanzlichen Vegetation) auf
die Menschen die sicher zu erhoffende Wirkung des Brauches sei.
Aus letzterem Grunde erfolgte auch die Aufsteckung des heiligen
Zweiges vor dem Eupatridenhause.

In nordischer Sitte geht, der aus gleicher Absicht vor oder
auf dem Hause, dem Stall oder der Scheuer aufgesteckte Ernte-
mai oder Maibaum in den auf dem Hausdache angebrachten
Richtmai (Bk. 218 ff.), sowie in die dem jungen Ehepaar bei der
Hochzeit aufs Dach gesetzte oder prozessionsweise überbrachte
Brautmaie (Bk. 47. 221 ff.) und in die den jungen Mädchen als
Lebensbäume vor ihr Fenster gestellten Maibäume (Bk. 163 ff.)
über, und ins Saatfeld steckt man zur Abwendung schädlicher
Einflüsse und zur Fruchtbarmachung grüne Zweige, resp. den
Erntemai (Bk. 210). Dieselben Sitten wies ich bereits Bk. 296 ff.
auch als griechische nach, insofern auch in Hellas den Jünglingen
und Jungfrauen bei den Ephebien und am Feste der Hochzeit
Lorbeerzweige vor die Türe gestellt und ebensolche Zweige zur
Abwehr von Würmerfraß und Rostschaden ins sprossende Saat-
feld gesteckt zu werden pflegten.

Wer Apollons ausgesprochene Bedeutung als Erntegott und
die o. S. 246 aufgewiesene Verbindung der Begriffe des Friedens
und der Ernte erwägt, wird es wahrscheinlich finden, daß sowol
die sämmtliche apollinische Daphnephorie als die Verwendung
des bekränzten Oelzweiges zum Bittzweig (Hiketeria) der um
Frieden und Schutz Flehenden und zum Stabe des Friedens hei-
schenden und gebietenden Herolds, sowie auch die im Kulte
anderer der Vegetation vorstehender Götter (Athene, Dionysos)
weitverbreitete Thallophorie aus dem Kreise der im Maibaum
und Erntemai verkörperten Vorstellungen hervorgegangen sind.

§. 8. **Maibaum der Kotyto.** Uebrigens beschränkten sich
diese Sitten nicht allein auf Griechenland. Wir finden dieselben
z. B. im Kultus der Kotys oder Kotyto, einer Göttin des thra-
kischen Volkes der Hedonen wieder, welcher sich nach Korinth,
Athen und Sizilien verbreitet hatte. Ueber ihn besitzen wir aus
keinem Orte eine zusammenhängende Beschreibung. In Sizilien
aber pflegte man am Feste Kotytis *mit Kuchen und Baumfrüch-
ten behangene Baumäste dem Volke zur Plünderung preiszugeben.*[1]

---

1) Ἀρπαγὰ Κοτυτίοις. Κοτυτὶς ἑορτή τίς ἐστι Σικελική, ἐν ᾗ περί τινας
κλάδους ἐξάπτοντες πόπανα καὶ ἀκρόδρυα ἐπέτρεπον ἁρπάζειν. Plutarch. proverb. 78. Vgl. Lobeck Aglaoph. 1031 ff.

Aus Athen - Korinth erfahren wir, daß die das Fest der Göttin
feiernden Compagnien oder Gesellschaften (Thiasoi), unter denen
sich junge Männer in Weiberkleidern befanden, vermutlich spott-
weise *Bapten* genannt wurden, weil sie jemand oder vielleicht
einander *ins Wasser warfen.* Die Feier stand im Rufe großer
Zügellosigkeit und Unsittlichkeit, doch ist wol dabei teils die
Uebertreibung halbunterrichteter Schriftsteller, teils das Nase-
rümpfen der guten Gesellschaft im Spiele; die Wahrheit wird in
sinnlich derben, das Geschlechtliche berührenden, mit der Zeit
zu profaner Belustigung gewordenen Festgebräuchen zu suchen
sein. [1] Die Plünderung des fruchtbehangenen Astes entspricht dem
Herabreißen und *Herabholen* der Anhängsel vom Erntemai
(Bk. 202) und Maibaum (Bk. 170 ff.), welches ursprünglich sakra-
mentale Aneignung des Fruchtsegens war (vgl. das Herabreißen
der Hülle des Graskönigs (Bk. 349. 357. 606); das *Bad* begegnet der so häufig mit der Aufsteckung jener Bäume verbundenen
Wassertauche (Regenzauber). Vgl. o. S. 256 und Bk. 158. 162.
170. 197. 215 u. s. w.). Die Vorwürfe über sittliche Ausschreitungen aber beruhen unzweifelhaft auf ursprünglich religiösen
symbolischen Gebräuchen von Art unserer Mailehen (Bk. 449 ff.
cf. 469). [2] Zur *Weiberkleidung* vgl. Bk. 314. 441 ff. 544. 338. 378.

§. 9. Das Frühlingsfest der syrischen Göttin. Wenn
es wahr ist, daß die thrakische Kotyto ihrem Wesen nach mit
der in Vorderasien als Kybele, große Mutter u. s. w. gefeierten
Gottheit nahe verwandt war, so kann es uns nun nicht mehr
Wunder nehmen, auch im Dienste der großen Göttin zu Hierapolis in Syrien dem Maibaum wieder zu begegnen. Wir wiesen
Bk. 177—180. 456. 463 ff. 498 nach, daß im Oster - Maitags -
oder St. Johannisfeuer ein Baum, der Maibaum, verbrannt werde.
Statt des einen Baumes sehen wir z. B. zu Thann im Elsaß drei,
zu Delmenhorst zwei (Bk. 178. 179), in der Franche Comté
(Bk. 456) ebenfalls drei Bäume aufgerichtet, mit Stroh und Rei-
sig umhüllt und angezündet. Diese Vervielfältigung des Maibaums

1) Lobeck Aglaoph. S. 1007—1039. Buttmann Mythol. II, 159—167.
2) Gegenseitiges Hineinwerfen ins Wasser war auch in Rom am Maitag Brauch (Suid. s. v. *Μαϊουμᾶς*); damit vgl. das Bad am Johannistage
in Köln, Neapel, Nordafrika (Myth. ² 555—556), und man wird jetzt begreiflich finden, wie auch diese Sitte dem verallgemeinerten Regenbrauchzauber
am Maitag und Mittsommerfest ihre Entstehung verdanken kann.

17*

diente in manchen Fällen vielleicht nur dem Pomp; in anderen
entstand sie dadurch, daß mehrere Dorfgemeinden oder Stadtteile
ihre Festfeier mit einander vereinigten. (Auch wo der Maibaum
nicht verbrannt wird, sieht man z. B. im Kreise Chrudim in
Böhmen am Pfingstfest neun junge Fichten um eine bedeutend
höhere, deren Krone mit Bandschleifen und Blumensträußen
geziert ist, im Kreise herumstehen. [1]) Um den Scheiterhaufen
tanzt das Volk, religiöse Lieder singend, (oft unter Anführung des
Pfarrers), es steckt denselben mit *langen Strohfackeln* an, mit
denen es auch über die Felder läuft, um dieselben fruchtbar zu
machen (Bk. 498 ff.). Der Maibaum ist in diesen Fällen nur
noch ganz vereinzelt (Bk. 179) mit allen den schönen Sachen,
bunten Bändern, Tüchern, allerlei Kleidungsstücken (Hosen und
Westen), vergoldeten Eiern, Geld, silbernen Uhren, glitzernden
Spiegeln, Backwerk und anderen Eßwaaren geschmückt, welche
ihn dort zieren, wo er nicht verbrannt wird und zur Plünderung
bestimmt ist (vgl. z. B. Bk. 157. 169 ff. 172. 192 ff. 200. 218 ff.
223), er ist aber von letzterem, an denselben Tagen aufgesteckten, in
keiner Weise zu trennen. In manchen Formen desselben begegnen uns auch noch lebende Kleintiere als Anhängsel desselben.
So wird an den Erntemai in Frankreich häufig ein Huhn, eine
Taube, kalekutische Henne oder dergl. (Bk. 206), an die mit
Früchten und bunten Bändern geschmückte Brautmaie ein Vogel
(Bk. 222. De Nore 193) angebunden. Im Egerlande trägt man
zu Pfingsten gabensammelnd eine junge Fichte einher, an deren
Krone ein Querholz *mit fünf darangebundenen jungen Krähen*
befestigt wird, während die ineinandergeflochtenen Zweige sich
wie ein breites Querholz um das Stämmchen herwinden. [2] In
Neupilsen pflanzt man zur gleichen Zeit im Dorfe *drei* bis zu
den Wipfeln abgeschälte und oben mit Bändern geschmückte
Fichten auf und errichtet daneben eine Laubhütte und eine Stange,
an welcher mehrere Frösche (vgl. Bk. 355) lebendig aufgehängt
sind. [3] Wiederum in der Zeit der Wintersonnenwende (am St.
Stephanstag 26. Dez.) tragen die jungen Dorfbewohner Südirlands
von Haus zu Haus einen mit Bändern geschmückten Stechpalmen-
zweig, *von welchem mehrere Zaunkönige* (wrens) *mit den Köpfen*

---

1) Reinsberg-Düringsfeld Böhm. Festkalender S. 258.
2) Reinsberg-Düringsfeld Böhm. Festkalender S. 268.
3) Reinsberg-Düringsfeld a. a. O. 260.

nach unten herabhangen. [1] Vergegenwärtigen wir uns diese Tatsachen, so verstehen wir den Bericht der unter Lucians Namen gehenden Schrift über das Hauptfest der Göttin (Atargatis, Derketo, Tirgata) zu Hierapolis (Bambyke, Mabug) in Syrien unweit des Euphrat. Es wurde *im Beginne des Frühjahrs* gefeiert, den Oster- und Maitagsbräuchen entsprechend. Im Tempelhofe waren mehrere große Bäume aufgerichtet, die man im Walde schlug, mit lebenden Schafen, Ziegen, anderem Kleinvieh, mit Vögeln, Gewandstücken, Gold- und Silbersachen ähnlich dem Maibaum und Erntemai, nur in größerem Style, behängte. Rings umher schichtete man einen Scheiterhaufen und verbrannte die Bäume mit ihrem Schmuck. Mehrere Gemeinden oder Völkerschaften nahmen am Feste Teil, und hielten mit ihren Heiligtümern einen Reigen um die brennenden Bäume. Man darf vielleicht annehmen, daß jede einen derselben als ihren Lebensbaum (Bk. 169. 182) gestellt hatte. Das Fest hieß *Scheiterhaufen* oder *Fackel*, es wurde also der Holzstoß, wie bei unsern Sonnenwendfeuern, mit *Fackeln* angezündet, vielleicht auch war ein *Fackellauf* damit verbunden, der, obschon von Lucian verschwiegen, einen wichtigen Teil der Feier ausmachte. [2]

Atargatis, nach Levy Nöldecke [3] und Schrader Atharathe, war die aramäische Form der phönikischen Astarte, Aschera, der assyrischen Istar, „eine spezielle Vorstellung der assyrisch-phönikischen Venus." [4] Näheres über ihr Wesen läßt sich aus dem Umstande schließen, daß ihr Tauben und Fische, Symbole üppigster Geburtenfülle, als heilige Tiere unterhalten, Fische von den Priestern als Opfer dargebracht und von den Gläubigen in

---

1) Sandys Christmas-Carols. London 1833 p. LXV.

2) Lucian de Syria dea. c. 49. Opp. III, p. 236 Dindorf. Ὀρέων δὲ παύσων τῶν οἶδα μεγίστην τοῦ ἔαρος ἀρχομένου ἐπιτελέουσι, καί μιν οἱ μὲν πυρὴν, οἱ δὲ λαμπάδα καλέουσι. θυσίην δὲ ἐν αὐτῇ τοιήνδε ποιέουσι· δένδρεα μεγάλα ἐκκόψαντες ἐν τῇ αὐλῇ ἱστᾶσι, μετὰ δὲ ἀγινέοντες αἶγάς τε καὶ ὄϊας καὶ ἄλλα κτήνεα ζωὰ ἐκ τῶν δενδρέων ἀπαρτέουσι. ἐν δὲ καὶ ὄρνιθας καὶ εἵματα καὶ χρύσεα καὶ ἀργύρεα ποιήματα. ἐπεὰν δὲ ἐντελέα πάντα ποιήσωνται περιενείκαντες τὰ ἱρὰ περὶ τὰ δένδρεα πυρὴν ἐνιᾶσι, τὰ δὲ αὐτίκα πάντα καίονται. ἐς ταύτην τὴν ὁρτὴν πολλοὶ ἄνθρωποι ἀπικνέονται ἐκ τε Συρίης καὶ τῶν πέριξ χωρέων πασέων, φέρουσί τε τὰ ἑωυτῶν ἱρὰ ἕκαστοι καὶ τὰ σημήϊα ἕκαστοι ἔχουσι ἐς τάδε μεμιμημένα.

3) Zs. d. morgenl. Gesells. XXIV, 1870. S. 92. Levy phön. Stud. II, 38.

4) Baudissin z. sem. Religionsgesch. 1876 S. 238.

goldener und silberner Nachbildung geweiht wurden.[1] Weil man
sie mit der phrygischen Göttermutter Rhea - Kybele identifizierte,
finden wir in ihrem Personale auch freiwillig Verschnittene wieder, welche mit weiblichen Hierodulen exstatisch - erotische Umarmungen ausführten und mit allem Zubehör von Pfeifen, Trom-
peten, Klapperblechen gabensammelnd umherzogen. Sie wurde
bald als Hera, bald als Aphrodite aufgefaßt (Hygin); Apulejus
nennt sie *Allmutter* (omniparens Dea Syria. — Met. VIII, 257,
rerum naturae parens, elementorum omnium domina. XI, p. 182,
rerum naturae prisca parens. IV, 90). Plutarch sagt (Crassus
cap. 27), sie sei das Prinzip der Natur, welches die Keime und
Anfänge allen Dingen aus dem feuchten Elemente mitteile,[2] und
beschreibt sie als die gütige Göttin, welche den Menschen die Ur-
sprünge aller Güter zeige ($\tau\grave{\eta}\nu\,\pi\acute{\alpha}\nu\tau\omega\nu\,\epsilon\grave{\iota}\varsigma\,\grave{\alpha}\nu\vartheta\varrho\acute{\omega}\pi\text{ο}\nu\varsigma\,\grave{\alpha}\varrho\chi\grave{\eta}\nu\,\grave{\alpha}\gamma\alpha\vartheta\tilde{\omega}\nu$
$\varkappa\alpha\tau\alpha\delta\epsilon\acute{\iota}\xi\alpha\sigma\alpha\nu$). Das sind Ideen, welche völlig begreiflich machen,
wie·auch die Aufrichtung des in deutschen und andern nordeuro-
päischen Bräuchen als *Lebensbaum* und Darstellung der Wachs-
tumskraft ($\delta\acute{\upsilon}\nu\alpha\mu\iota\varsigma\,\alpha\grave{\upsilon}\xi\eta\tau\iota\varkappa\acute{\eta}$)sich manifestierenden Maibaums (Johan-
nisbaums) in ihren Kultus hineingezogen werden konnte.[3] Daß
wir aber wirklich berechtigt sind, die am Frühlingsfeste der

1) Lucian a. a. O. Hygin. fab. 127. Eratosthenes catasth. 38. Mnaseas
b. Athen. VIII, 346. Diod. Sic. II, 4. Nur obenstehenderKultverhalt war Veranlassung der in diesen Stellen vorgebrachten ätiologischen Sagen über die Göttin.

2) Cf. Movers I, 584—600.

3) Schon Movers erkannte als nächste Verwandte der Atargatis die
kanaanitische Göttin, deren Numen und Idol, ein vielfach noch mit Laub versehener auf künstlichen Höhen neben den Altären des Baal und anderer Götter aufgerichteter Baum oder Baumstamm, mit dem gleichen Namen Aschera
belegt wurden (Movers I, 560—584). Die naheliegende Frage, ob nicht
diese Ascheren ebenfalls aus Analogie des Maibaums zu erklären seien, über-
lasse ich den Semitisten zu näherer Untersuchung. Ebenso verdient es Erwägung, ob nicht auch der auf assyrischen Denkmälern erscheinende Lebensbaum, statt ein naturwüchsiger Baum zu sein, dem Maibaumtypus entsprach.
Er erscheint als ein schlanker, von Knoten unterbrochener Stamm mit einer
Krone gleich einem siebenfächerigen Palmblatt; er ist jedesmal rings
umgeben mit einem Geschmeide von ähnlichen Blättern oder
Blüten, die unter sich und mit dem Stamm durch ein Netz von
Bändern verbunden sind, welche auch den Baumschaft selbst, wie die
gemalten oder geschälten Ringe unsern Maibaum (Bk. 169. 170. 172. 177.
208. 326) in spiralförmigen Windungen umwinden (s. Piper Evangel. Kal. 1863
S. 23. 79). Der ganz im ethischen und geistigen Gebiet spielende Baum
des (ewigen) Lebens, der Unsterblichkeit in einem jüngeren Zusatz der

Atargatis *verbrannten* Bäume für denselben Typus wie unsere
Maibäume zu erklären, macht die im letzten Kapitel dieses
Buches nachzuweisende genaue Uebereinstimmung unserer Oster-,
Mai- und Sonnwendfeuer, deren Mittelpunkt die Maibäume bilden,
mit den vorderasiatischen Jahresfeuern so gut wie gewiß.

Wenn wir den zur Fruchtbarmachung der Aecker auf den
Kornfeldern geübten Scheinkampf in Nepal und Malcyala, wie in
Deutschland wiederfanden (Bk. 552), darf es nicht Wunder nehmen, daß wir auch zur Verbrennung des Maibaums ein südin-
disches Seitenstück anzuführen haben, von dem es für jetzt
dahingestellt bleibe, ob die Aehnlichkeit nur äußerlich und scheinbar sei, oder auf tieferem Grunde beruhe. Die Tamulen feiern
im November das Fest Mâbalirâja-tirunâl, angeblich zum Andenken an die Höllenfahrt des von Vishnu in die Unterwelt hinab-
getretenen Königs Mâbalirâja. Dann zündet man in allen Pago-
den eine Unzahl Lampen an; *vor ihnen aber wird ein großer
Palmyrabaum in die Erde gesetzt*, um welchen man rund herum
ein Geländer von Holz macht, das man mit dürren Palmyrablät-
tern bedeckt. *Dies alles zündet man mit einer Fackel an und
verbrennt Baum und Umfriedigung.* [1]

biblischen Schöpfungsgeschichte, der zuerst in den salomonischen Schriften
erscheint (Ewald Dichter d. A. B. Ausg. 2. II, S. 4. Lehre d. Bibel v. Gott III, 72),
war wol ein aus ostsemitischer Vorstellung entlehntes vergeistigtes Bild,
welchem eine concretere Anschauung von Art derjenigen des Maibaum-Lebens-
baums zu Grunde liegen mochte.

1) S. Ziegenbalgs i. J. 1713 geschriebene „Malabar. Götter" hrsg. von
German, S. 267, vgl. 98. — Zum Kotytienbrauch o. S. 258, vgl. Ziegenbalg
a. a. O. S. 264. An dem im August gefeierten Geburtsfest Krishnas werden der
Pagode gegenüber und zwar gewöhnlich an einem Kreuzwege vier Bäume
in die Erde gesteckt und über selbige ein Pandel aus Aesten von Kokos-
bäumen gemacht, an welches Kokosnüsse und Feigen gebunden
werden. Wenn nun das Krishnakind aus der Pagode auf die Straße getragen wird und vor ein solches Pandel kommt, läuft ein Hirte herzu und
schlägt nach den Früchten. Alsdann begießen sie ihn von oben herunter mit Buttermilch oder mit Wasser, das mit Safran gelb gemacht ist.
Das mag Umdeutung eines älteren Brauchs im Sinne der Krishnalegende sein.

Kapitel V.

Persönliche Vegetationsgeister in Jahrfestgebräuchen.

§. 1. Darstellung der Vegetationsgeister in Jahrfestgebräuchen. Ließ uns das vorhergehende Kapitel die Darstellung des unpersönlichen Vegetationsgeistes, der Wachstumskraft, durch einen mit allerhand guten Gaben geschmückten Baum, wie in Nordeuropa, so auch in Griechenland und dem Orient, als Gegenstand mehrerer Feste erkennen, so sollen die nächstfolgenden Blätter den Versuch machen, in den Gestalten der römischen Argeer einen Typus nachzuweisen, welcher unseren Laubmännchen, Graskönigen, Pfingstbutzen, Maikönigen u. s. w. der Art nach *verwandt* ist. Nächstdem sollen einige weitere Bemerkungen die Gründe darlegen, welche dahin führen, mythische Gestalten ähnlicher Art auch in dem phönikischen Adonis und phrygischen Attis zu vermuten. Das nordeuropäische Seitenstück des Argeeropfers erblicke ich in jenem Kreise deutscher und slavischer Frühlings- und Sommergebräuche, den Maibaum (Bk. 159) oder Johannisbaum (Bk. 170) oder den *in grüne Zweige eingebundenen* grünen Georg (a. a. O. 313), Pfingstbutz, Pfingstl, Pfingstkönig (Bk. 355), oder statt dessen nur eine menschlich gestaltete *aus grünen Reisern geflochtene Puppe* (Bk. 313), oder eine *Strohpuppe*, oft mit Kleidern angetan (Bk. 410 ff.), am Lätarsonntag, am 24. April, zu Pfingsten, am 23., 28. oder 30. Juni (Bk. 159) *in den Bach* oder *Fluß* zu führen oder zu werfen, im Dorfbrunnen zu baden, oder *von der Brücke in ein fließendes Wasser zu stürzen* (Bk. 353 vgl. Panzer II, 89). Weil er ins Wasser geworfen werden soll, besteht der Pfingstl (Wasservogel) nicht selten aus einem vom Schreiner gefertigten Gestell in roher Menschengestalt, *das ganz mit Sumpfblumen, Wasservogelblumen* (caltha palustris) *umwunden ist* (Panzer II, 85). Die zuweilen *ausschließlich von Weibern in Trauerschleiern* oder von als Klageweiber verkleideten Männern um Fastnacht unter Wehklagen hinausge-

tragenen Götzen aus Stroh, Hanf oder Halm, heißen in den slavischen Ländern Marena, Marźana u. s. w. (Bk. 410 ff.). In Rußland wechselt der Brauch, auf Mittsommer das *Begräbniß des
in einen Sarg gebetteten Jarilo (Frühling) oder der Kostroma
darzustellen* (Bk. 414 ff.), wobei Trähnen und Klagen und die
Wassertauche nicht fehlen, mit Bräuchen wie diese, einen mit
bunten Bändern behangenen *Baum* aufzurichten, der Marena
genannt wird, daneben eine Strohpuppe in Weiberkleidung von
springenden Knaben und Mädchen *durch das Johannisfeuer tragen zu lassen* und am folgenden Tage *Baum* und *Puppe in ein
fließendes Gewässer zu werfen* (Bk. 514). Wir wiesen nach, daß
die Wassertauche *ein Regenzauber* war, daß sie im Norden im
April oder Mai angewandt dem ins Land einziehenden (durch den
in Laub gekleideten Menschen oder die Puppe, zuweilen, wie in
dem letzten Beispiel, durch Baum und Puppe zugleich dargestellten) Wachstumsgeist die nötige Feuchtigkeit und fröhliches Gedeihen erwirken sollte.   Dem Ausgangs Juni als sterbend, zu
Lätare als gestorben versinnbildlichten (und daher Marźana, Marena genannten) Vegetationsdämon zu Teil werdend, sollte diese
Wassertauche dem Nachfolger desselben den zur Erhaltung seiner
Lebenskräfte hinreichenden Regen verschaffen.   Zugleich aber
bezweckte die sichtliche Vergegenwärtigung des Wachstumsgeistes
vermöge einer Art mystischer Parallelisierung des Menschenlebens
mit dem Pflanzenleben das Gedeihen der zu einem Gehöft, einer
Gemeinde u. s. w. gehörigen Menschen.   Sehr deutlich trat die
vermeintlich zauberkräftige Beziehung der Wassertauche auf Zustände der Zukunft in dem *Erntebrauch* hervor, eine aus der
letzten Garbe gefertigte Puppe, den Alten oder die Alte (der Vegetation) u. s. w., resp. einen in die letzte Garbe gebundenen
Menschen *mit Wasser zu beschütten* oder *in den Bach zu leiten*,
damit es im nächsten Jahre den wachsenden Halmen an *Regen*
nicht fehle.

§. 2. **Die Argeer.** Das Tatsächliche, was uns über das
Argeerfest überliefert ist, besteht in den nachfolgenden Zügen. In
jeder der 4 städtischen Tribus befanden sich 6, im Ganzen also 24[1]

---

1) Varro L. L. V, 45 nennt irrtümlich als Gesammtzahl 27. Ueber die
richtige Zahl s. Röper lucubr. pontif. P. I. Ged. 1849, p. 19 ff. 23. Becker-
Marquardt Handbuch röm. Altert. IV, 200.

kleine Kapellen (sacella, sacraria), welche den Namen *Argei*,
loca Argea oder Argeorum sacraria[1] führten — ein Name, den die
gelehrte Deutelei römischer Antiquare durch die Annahme zu
erklären suchte, diese Orte seien die Grabstätten mit Hercules
eingewanderter Argiver.[2]   Zu diesen 24 Kapellen zog man am
16. und 17. März.[3]   Möglicherweise war es dieser Umzug, wobei
nach Fabius Pictor bei Gellius die Flaminica Dialis mit ungekämmten Haaren, d. h. im Traueraufzuge erschien.[4]   Da nach
Ovid am 16. März der Umzug der Salier mit dem Mamurius[5]
stattfand, von dem Tage dieses Umzuges aber gleichfalls die
Anwesenheit der ungekämmten Flaminica bezeugt wird,[6] müßte
man in diesem Falle annehmen, in Ovids Quelle sei der Gang
zu den Argeern in so enger Verbindung mit dem Salierumzuge
genannt gewesen, daß er irrtümlich den dorthin gehörigen Umstand hierher verlegte, oder daß eben die Salier auch zu den Argeern
zogen.   Möglicherweise jedoch bezog sich die Notiz des Fabius
Pictor nicht auf die Märzfeier, sondern auf die gleich zu nennende
Maifeier.[7]   Am 13. Mai trug man sodann, nachdem die Pontifices

---

1) Liv. I, 21: loca sacris faciendis, quae Argeos pontifices vocant. Paulus p. 19 Argea loca. Varro L. L. V, 45. Argeorum sacraria. Cf. Schwegler R. G. I, 379.

2) Paul. p. 19. Argea loca Romae appellantur, quod in his sepulti
essent quidam Argivorum illustres viri. Cf. Varro a. a. O. Ueber diese etymologische Sage s. ausführlicher R. Sachs, die Argeer im röm. Cultus.
Progr. v. Metten II. Landshut 1868, S. 3 — 8.

3) Ovid. Fast. III, 791: Itur ad Argeos .... Hac si commemini
praeteritaque die.

4) N. A. X, 15, 30: cum it ad Argeos, quod neque comit caput, neque capillum depectit. Cf. Röper a. a. O. 25 Anm. 83.

5) Ueber diesen vgl. H. Usener italische Mythen. Rhein. Mus. B. XXX,
1875, S. 209 ff. W. Roscher Apollon und Mars. Lpzg. 1873, S. 37.
46 ff. K. Müllenhoff über den Schwerttanz (Festgaben an Homeyer). Berlin
1871, S. 7.

6) Ovid. Fast. III, 397 von den Mamuralien: His etiam conjux apicati
cuncta Dialis Lucibus impexas debet habere comas.

7) Die uns über letztere erhaltenen Berichte [bei Dionysius v. Halicarn.
I, 19. 38; Ovid. Fast. V, 621 sq.; Fest. sexagenarios p. 334 Müller; Macrob.
Saturn. I, 7, der aus Eigenem fälschlich die Saturnalien hineinmengt (Röper
a. a. O. 9)], scheinen z. T., wie aus Dionysius I, 19 erhellt, auf den Historiker L. Manilius zur Zeit des Sulla und zwar großenteils durch Vermittelung
von Varro, im Uebrigen auf des Letzteren gründliche Kenntniß römischer

und Vestalinnen das an den Idus gesetzliche Opfer eines Schafs vollzogen hatten,[1] *24 (Dionysius sagt wol irrig 30) aus Stroh oder Binsen in Menschengestalt 'geflochtene, mit Schmuck und Kleidern versehene, an Händen und Füßen zusammengebundene Puppen zum Pons sublicius,* von wo in Gegenwart des Praetors und der Vollbürger (cives optimo jure), welche allein das Recht hatten zuzuschauen,[2] *die Schar der Vestalischen Jungfrauen dieselben in den Tiberstrom hinabstieß.*[3] Diese Ceremonie galt als eine Lustration (wegen ihres umfangreichen Apparates nennt

Sacralaltertümer zurückzugehen (Merkel zu Ovid. Fast. CIV; cf. CLXXI. CC. Ambrosch Studien und Andeutungen S. 198 Anm. 18. Vgl. Sachs II, S. 19). Dionys. Antiqu. Rom. I, 38: λέγουσι δὲ καὶ τὰς θυσίας ἐπιτελεῖν τῷ Κρόνῳ τοὺς παλαιοὺς, ὥσπερ ἐν Καρχηδόνι, τέως ἡ πόλις διέμεινε καὶ παρὰ Κελτοῖς εἰς τόδε χρόνου γίνεται, καὶ ἐν ἄλλοις τισὶ τῶν ἑσπερίων ἐθνῶν ἀνδροφόνοις· Ἡρακλέα δὲ, παύσαι τὸν νόμον τῆς θυσίας βουληθέντα, τόν τε βωμὸν ἱδρύσασθαι τὸν ἐπὶ τῷ Σατορνίῳ καὶ κατάρξασθαι θυμάτων ἀγνῶν ἐπὶ καθαρῷ πυρὶ ἁζομένων, ἵνα δὲ μηδὲν εἴη τοῖς ἀνθρώποις ἐνθύμιον ὡς πατρίων ἠλογηκόσι θυσιῶν, διδάξαι τοὺς ἐπιχωρίους ἀπομειλιττομένοις τὴν τοῦ θεοῦ μῆνιν, ἀντὶ τῶν ἀνθρώπων, οὓς συμποδίζοντες καὶ τῶν χειρῶν ἀκρατεῖς ποιοῦντες ἐρρίπτουν εἰς τὸ Τιβέριος ῥεῖθρον, εἴδωλα ποιοῦντας ἀνδρείκελα, κεκοσμημένα τὸν αὐτὸν ἐκείνοις τρόπον, ἐμβαλεῖν εἰς τὸν ποταμόν, ἵνα δὴ τὸ τῆς ὀττείας ὅτι δή ποτε ἦν ἐν ταῖς ἁπάντων ψυχαῖς παραμένον ἐξαιρεθῇ, τῶν εἰκόνων τοῦ παλαιοῦ ἔθους ἔτι σωζομένων. τοῦτο δὲ καὶ μέχρις ἐμοῦ διετέλουν Ῥωμαῖοι δρῶντες ὅσον τι μικρὸν ὕστερον ἐαρινῆς ἰσημερίας ἐν μηνὶ Μαΐῳ, ταῖς καλουμέναις Ἰδοῖς, διχομηνίδα βουλόμενοι εἶναι ταύτην τὴν ἡμέραν. ἐν ᾗ προθύσαντες ἱερὰ τὰ κατὰ τοὺς νόμους οἱ καλούμενοι Ποντίφικες, ἱερέων οἱ διαφανέστατοι καὶ σὺν αὐτοῖς αἱ τὸ ἀθάνατον πῦρ διαφυλάττουσαι παρθένοι, στρατηγοί τε καὶ τῶν ἄλλων πολιτῶν, οἷς παρεῖναι ταῖς ἱερουργίαις θέμις, εἴδωλα μορφαῖς ἀνθρώπων εἰκασμένα τριάκοντα τὸν ἀριθμὸν ἀπὸ τῆς ἱερᾶς γεφύρας βάλλουσιν εἰς τὸ ῥεῦμα τοῦ Τιβέριος Ἀργείους αὐτὰ καλοῦντες. Plutarch. Quaest. Rom. 86: ὅτι τῷ μηνὶ τούτῳ τὸν μέγιστον ποιοῦνται τῶν καθαρμῶν νῦν μὲν εἴδωλα ῥιπτοῦντες ἀπὸ τῆς γεφύρας εἰς τὸν ποταμόν, πάλαι δ' ἀνθρώπους. Plut. Quaest. R. 32: τοῦ Μαΐου μηνὸς ἀπὸ τῆς ξυλίνης γεφύρας εἴδωλα ῥιπτοῦντες ἀνθρώπων εἰς τὸν ποταμόν, Ἀργείους τὰ ῥιπτούμενα καλοῦσιν.

1) Paul. Diac. p. 104, Müller v. „Idulis ovis," Ovid. Fast. I, 56. Hor. Carm. III, 30, 8. Vgl. R. Sachs a. a. O. I, 1866, S. 3.

2) S. darüber Sachs a. a. O. S. 4 Anm. 8.

3) Paul. Diac. p. 15. M. Argeos vocabant scirpeas effigies, quae per Virgines Vestales annis singulis jaciebantur in Tiberim. Ovid. Fast. V, 621. Tum quoque priscorum virgo simulacra virorum Mittere roboreo scirpea ponte solet.

Plutarch sie sogar τὸν μέγιστον τῶν καθαρμῶν), man erwartete davon also für die Gemeinde Entfernung von Schäden und Uebeln. Auch bei dieser Gelegenheit zeigte sich die Flaminica, eine mürrische Miene annehmend, ungekämmt und ungewaschen.[1] Als Götter, denen das Opfer dargebracht wurde, galten *Saturnus* (Kronos) und (oder) Dis pater (Ἅιδης); eine alte Sage behauptete, es seien früher Menschen und zwar alte Leute von 60 Jahren, an deren Stelle als Ersatz später die Binsenmänner (scirpei Quirites) in den Fluß geworfen. Es ist nun längst wahrgenommen, daß die 24 Puppen[2] Vertreter von 24 Stadtbezirken waren;[3] jeder derselben wollte seinen Einwohnern *durch die Wassertauche* ein besonderes Heiltum sichern. Die Vestalinnen und Pontifices vertreten wie bei den Fordicidien das Zusammenfassende, die Staatsidee; die Prätoren (στρατηγοί), deren Gegenwart offenbar eine Einrichtung späterer Zeit, vertreten dagegen den Senat, welcher als oberste Aufsichtsbehörde über Religion und Kultus für die Reinhaltung der vaterländischen Gottesverehrung Sorge zu tragen hatte.[4] Wenn, wie man mehrfach beobachten kann, die Idee der Lustration die negative Kehrseite der positiven Mitteilung von Kräften des *Wachstums* und Gedeihens ist,[5] so liegt es nahe, auch in dem Argeeropfer eine der vielfältigen Darstellungen der Vegetationsnumina zu vermuten. Und in der Tat ist die Aehnlichkeit der o. S. 264 angeführten deutschen und slavischen Sitten so auffallend, daß schon J. Grimm Myth.[2] 733 Anm. 1 den Lätarebrauch, beim Todaustreiben Strohpuppen ins Wasser zu werfen, mit dem Argeeropfer verglich. Dagegen erhob Preller R. M. 516 Anm. 2, unter Anerkennung der Aehnlichkeit mit Recht den Einwand, daß die Jahreszeit zu dieser Vorstellung nicht

---

1) Plutarch. Quaest. Rom. 86: διὸ τὴν φλαμινίκαν ἱερὰν τῆς Ἥρας εἶναι δοκοῦσαν νενόμισται σκυθρωπάζειν μήτε λουομένην μήτε κοσμουμένην.

2) Varro l. l. VII, 44. Argei fiunt e scirpeis simulacra hominum XXIV, ea quotannis de ponte sublicio a sacerdotibus publice deiici solent in Tiberim.

3) S. Schwegler R. G. I, 377. Marquardt Handbuch IV, 201.

4) S. Sachs a. a. O. 5 Anm. 2. Vgl. Becker-Marquardt Handbuch II, 2 S. 452.

5) Hierüber werde ich später bei Publication einer eingehenden Arbeit über die Lupercalien ausführlichere Beweise beizubringen Gelegenheit haben. Einstweilen vgl. Bk. 607. 608.

passe. Da der Taurus 23. — jul. 9. Mai nach dem römischen
Bauernkalender den *Sommeranfang* bezeichnete, Aries 1. —
17. März Frühlingsanfang und Neujahr,[1] so ist es einleuchtend,
daß die beiden Argeerfeste im März und Mai sich dem Gedanken
nach entsprechen, wie Lenzesbeginn und Lenzesende; daß mithin
das Argeeropfer, wenn überhaupt in die von uns vermutete
Kategorie fallend, den oben S. 265 erwähnten Mittsommerbräu-
chen vergleichbar, das Hinaustragen des sterbenden Frühlings-
dämons (vgl. Jarilo) und seine Wassertauche, die Prozession am
17. März seinen Einzug ins Land darstellen sollte. Es ist wahrscheinlich, daß diese Fixierung auf Frühlingsanfang und die
ersten Idus (Neumond) nach Sommeranfang einmal von den
Pontifices selbst in jenen langen Zeiten der Verwirrung des offiziellen Kalenders geschehen sein mochte, als die früheren fixierten Festtage von den ihnen zukommenden Jahreszeiten allzuweit
entfernt waren[2], und nicht unmöglich bleibt es, daß das ältere
und ursprünglichere Datum des Argeeropfers im Hochsommer,
um die Zeit der Sonnenwende, zu suchen ist. Eine ziemlich
deutliche Spur der einstigen Verlegung vom Juni in den Mai
vermeine ich folgenden Tatsachen entnehmen zu dürfen. Das
Argeeropfer fiel in dieselben Tage, wann die drei ältesten Vestalinnen (7.—14. Mai) die frühesten reif gewordenen Speltähren
schnitten, in Erntekörben (corbes messuariae) aufsammelten, zur
Tenne trugen, rösteten, mahlten und das Mehl zur Aufbewahrung
in den Penus Vestae brachten. Serv. Virg. Buc. VIII, 82. Vier
Wochen später vom 9.—15. Juni, d. h. in der Zeit, wann im
Großen und Ganzen die Einheimsung des Getreides ernstlich
begann und in Zug kam (nach Varro R. R. sogar erst „inter
solstitium et caniculum plerique messem faciunt"), folgte das
Fest der Vestalia, ein Erntefest, wobei Müller und Bäcker ob
des neuen Vorrats jubelten und mit Blumen und Broden bekränzte
Esel umherführten. Dann bereiteten die Vestalinnen durch Zu-
mischung von Salz aus jenem heiligen Mehl die zu Opfern unerläßliche mola salsa oder mola casta;[3] dann reinigten sie den
Penus Vestae und *trugen den Kehricht in den Tiberstrom,*

1) Th. Mommsen Röm. Chronol. Aufl. 2 S. 26. Cf. 70.
2) Mommsen a. a O. S. 70 Anm. 99.
3) Serv. Verg. Bucol. VIII, 82. Cf. Preuner Hestia-Vesta S. 307.

damit ihn dieser ins Meer entführe (Ovid. Fast. VI, 707), oder
auf eine gewisse Stelle des capitolinischen Hügels; dann endlich
erschien auch die Flaminica Dialis in dem Traueranfzuge, ungekämmt, mit ungeschnittenen Nägeln, wie beim Argeeropfer, und
den Bürgern waren keine Hochzeiten gestattet. Ovid. Fast. VI,
226 sagt die Flaminica:

> Donec in Iliaca placidus purgamina Vesta
> Detulerit flavis in mare Tibris aquis,
> Non mihi detonsae crines depectere buxo,
> Non ungues ferro subsecuisse licet,
> Non tetigisse virum, quamvis Jovis ille sacerdos,
> Quamvis perpetua sit mihi lege datus.

Nun hatte die Auskehrung doch offenbar ursprünglich keinen
andern Sinn, als zur Aufnahme des neuen Vorrats vom heiligen
Mehl das Haus und die Vorratskammer der Göttin zu säubern,
mithin wird dieser Vorrat selbst schwerlich 4 Wochen zuvor
beschafft und herbeigetragen sein. Somit ist anzunehmen, daß
ehedem die Bereitung des heiligen Mehls aus den Körnern der
neuen Frucht mit der Mischung zur mola salsa in der eigentlichen Erntezeit zusammenfiel, aber später in den Mai verlegt
wurde. Ist es da nicht glaublich, daß die Hinaustragung der den
Dämon der abgelebten Vegetation darstellenden Argeerpuppen *in
den Fluß* einst in dieselben Tage der Auskehr des Alten gefallen
ist, und daß damit der Traueraufzug der Flaminica verbunden
war, der bei der Verlegung in den Mai sowol am Argeeropfer,
als an dem Tage der Hinaustragung der Reste und Abgänge des
alten Vorrats haften blieb? Doch wie dem auch sei, auch ohne
die ehemalige Zusammengehörigkeit der Vestalien und des Argeeropfers wird unsere Deutung desselben als sommerliches Fest
durch die einzelnen Züge desselben augenscheinlich bestätigt.

Die Bezeichnung der Argeerkapellen als Begräbnißstätten
ruht mutmaßlich auf dem Umstande, daß die hier dargebrachten
Opfer die Merkmale eines Todtenkultus an sich trugen, den
Parentalia ähnlich sahen, [1] ganz natürlich, wenn die Maifeier Tod
und Bestattung des nach den 24 Bezirken vervielfältigten Vegetationsgeistes des Frühlings darstellen sollte, da die Binsenidole
doch wol aus den Sacellis abgeholt wurden. So erklärt sich auch
der Traueraufzug der Flaminica. Daß die Puppen nicht, wie

---

1) Cf. Schwegler R. G. I, 379 Anm. 10.

größtenteils im Norden, aus grünbelaubten Reisern, sondern aus
Binsen hergestellt wurden, steht ganz jener Bekleidung des Was-
servogels mit Caltha palustris (o. S. 264) parallel, und war außer
durch die Rücksicht auf ihre Bestimmung zur Wassertauche auch
wol durch das Bestreben bedingt, ihnen auf einige Monate Halt-
barkeit zu geben. Denn wenn ich recht sehe, hat man (in älterer Zeit wenigstens) schon im März die Puppen angefertigt und
(wie unsere Maibäume) dieselben an den bestimmten Orten aufgestellt, welche mit der Zeit in umschlossene mit Altar versehene
Heiligtümer, Kapellchen, sacella, verwandelt wurden, von der Art,
wie solche bei den Alten häufig (nach den Seiten hin offen) heilige Bäume einfriedigten und überbauten. [1] Hier blieben sie dann
wol bis zu ihrer Wegführung im Juni oder Mai. Daß jeder
Stadtbezirk seine Argeerpuppe hatte, entspricht genau der Aufrichtung eines besonderen Maibaums in jedem Viertel oder jeder
Straße zumal französischer Städte (Bk. 169). *Durch diese Annahme, daß die heiligen Orte ursprünglich die Bestimmung hatten, Standorte der Binsenmänner zu sein, erklärt sich auf einfache und ungezwungene Weise, weshalb sie wie die letzteren
Argei genannt waren.* Die aufgestellten Puppen (Argei) selbst
waren das Ziel, zu welchem während der beiden Märztage die
Besuche der Bezirksgenossen strömten, wie in Rußland zu dem
als Idol aufgepflanzten Pfingstbaum (Bk. 158); oder zu denen
man vielleicht von Kapelle zu Kapelle in feierlicher Prozession
Rundgang hielt in der Weise, wie heute am Frohnleichnamstage
die festlich gekleidete Menge von einem in grünem Birkenschmucke
prangenden Feldaltar zum andern betend und singend mit ihren
Fahnen und Kreuzen fortschreitet. Der Ausdruck „itur ad Argeos" läßt beide Deutungen zu. Die älteste Erwähnung der
Argeer in den Versen des Ennius (Fr. 123 — 124 Vahlen):

> monsas constituit idemque ancilia
> libaque fictores Argeos et tutulatos

würde, sobald man sie mit Köper als eine Aufzählung der Festtage des 15. — 17. März betrachten dürfte, die Aufstellung der

---

1) Bötticher Baumkultus der Hellenen S. 152 ff. Cf. Festus p. 319:
Sacella dicuntur loca diis sacrata sino tecto. — Gellius 6, 13: Trebatius
in libro de religionibus secundo. Sacellum est locus parvus deo sacratus
cum ara. Fest. p. 87: Fagu[tal] sacellum Jovis, in quo fuit fagus arbor, quae
Jovis sacra habebatur.

Argeerpuppen für diese Tage ausdrücklich bezeugen, da das
Wort Argei neben den gedeckten Festtafeln (mensae) und heiligen Schilden (ancilia) der Salier, sowie den vielleicht (wie oft
andere derartige Opferkuchen) auch Tier- oder Menschengestalt
nachahmenden Fladen (liba) des Festes der Anna Perenna und
ihren Verfertigern (fictores) als Einrichtungen des Numa genannt,
etwas Substantielles, einen Apparat des Festes bezeichnen muß.[1]
Allein Sachs a. a. O. S. 28 bemerkt dagegen mit Recht, daß aus
dem Fragmente keinesweges zu ersehen sei, daß Ennius die auf-
gezählten Stücke als unter einander in Verbindung stehend
genannt habe, sondern nur dieses, daß er sie sämmtlich für
Einrichtungen des Numa erklärte.   Dagegen spricht der Ausdruck
des Ovid „itur ad Argeos; *qui sint sua pagina dicet*: hac, si
commemini, praeteritaque die" (nämlich März 16. 17.), entschieden zu Gunsten unserer Auslegung.   Denn offenbar sind hier
unter den Argei die V, 621 und 630 zwar nicht benannten, aber
deutlich beschriebenen simulacra virorum scirpea, straminei Quirites, somit die Binsenpuppen und nicht die gleichnamigen Kapellen zu verstehen.   Das Hinabwerfen der ausgedienten Argeerpuppen, der nunmehrigen *Alten der Vegetation*[2] in den Fluß hat
seine nächsten Analogien in der vorhin erwähnten Ausschüttung
des alten Kehrrichts der aedes Vestae, sowie ein andermal der
auf geweihtem Boden gewachsenen Ernte des Tarquinius in den
Tiberstrom.   Unrat und Ernte, beides sollte vernichtet werden,
aber ihnen wohnte zu sehr Empfindung des Verbundenseins mit
dem Heiligen bei, als daß dies auf profane Weise möglich schien.
Sie wurden deshalb dem reinen Strom übergeben, damit er sie
ins Meer entführe.   Es ist sehr wahrscheinlich, daß man vielleicht
schon im Ausgange der königlichen Zeit das Argeeropfer in
gleichem Sinne aufgefaßt habe; aber eine ältere Stufe lag dahinter,
in welcher die *Wassertauche* der Laub- oder Binsenpuppe noch

---

1) Cf. Marquardt Handb. IV, S. 202 Anm. 6. Röper a. a. O. 25: Itaque si
teste Ovidio „hac praeteritaque die itur ad Argeos;" eosdem patet significare Ennium; eosdem vero Ennii interpres Varro dixit fieri e scirpis simulacra hominum 24, eaque quotannis do ponte sublicio a sacerdotibus deiici
solere in Tiberim.

2) Cf. den „Alten", Korndämonon S. 24 ff. Daher vielleicht die Sage,
Greise seien ehedem von der Brücke gestürzt und an deren Stelle das Argeeropfer getreten.

Regenzauber war. Damals, als man die agrarischen Beziehungen
des Brauches noch durchfühlte, wird man denselben zu Saёtur-
nus, dem Gotte der Saaten, in Beziehung gesetzt haben; auch
diese Beziehung erfuhr eine Umdeutung, indem man die Wassertauche der Binsenmänner als Opfer und zwar als Surrogat eines
Menschenopfers auffaßte (eine für eine sehr frühe vorhistorische
Periode der Wildheit vielleicht nicht unrichtige [Bk. 364], für die
Zeit der römischen Könige, in welcher ja die Puppen [also nicht
in Laub, Binsen u. s. w. gekleidete Menschen] in den sacella Argeorum aufgestellt wurden, abzuweisende Conjectur). Nunmehr
dachte man an die Analogie des mit Menschenopfern geehrten
karthagischen Kronos (El) und fügte dem so als Unterweltswesen
gefaßten Saturnus den erst im Beginne der Republik eingeführten
Dispater [1] als Mitempfänger des Opfers bei. Rätselhaft bleibt
nur der Umstand, daß auch beim Frühlingsfeste die Flaminica
Dialis im Traueraufzuge erschien. Entweder hat Ovids Vorlage
irrtümlich einen Zug des Maifestes auf die Märzfeier übertragen,
oder die Priesterin der Juno vertrat bei letzterer diejenige Seite
des Festgedankens, welche bei unseren Lätaregebräuchen durch
das Todaustragen vor Einführung des Sommers, beim Attisfeste
durch die drei ersten Trauertage zum Ausdruck gebracht war.

§. 3. Adonis. Wenn ich nunmehr dazu übergehe, die von
Phoenikern, zunächst wol denen auf Cypern, entlehnte Adonisfeier
der Griechen [2] mit den in §. 1 d. Kapitels berührten Volks-
gebräuchen Nordeuropas zu vergleichen, so geschieht dies selbstverständlich keinesweges in der Meinung, diesen wichtigen
Gegenstand schon jetzt zur endgiltigen Lösung zu bringen, bei
dessen Erörterung die semitische Altertumswissenschaft das ent-
scheidende Wort zu sprechen hat. Wol aber glaube ich von den
Gesichtspunkten aus, welche unsere vorangehenden Untersuchungen eröffnen, auf mehrere Tatsachen aufmerksam machen zu
müssen, welche es verdienen, beim Fortgange der Forschung

---

1) Preller R. M. 474 ff. Marquardt Handbuch IV, S. 51.

2) Ueber diesen Kultus vgl. im Allgemeinen W. H. Engel Kypros. Berl.
1841. II, S. 536—643. Movers Phoenizier I, 191—253. H. Brugsch Adonisklage und Linoslied. Berlin 1852. Baudissin Studien zur sem. Religions-
geschichte I. Lpzg. 1876. J. Meursii Graecia feriata l. I, in Gronov. Thesaur.
Graec. antiqu. VII, Lugd. Bat. 1699, p. 706—709. Preller Griech. Myth. I,[3]
285—289. Pauly Realencyclopädie I,[2] 175—178.

in den Kreis der Erwägungen aufgenommen und darin berück-
sichtigt zu werden.   Der neueste Stand der Frage ist, so viel
mir bekannt geworden, der folgende.   Aus den Nachrichten
griechischer Schriftsteller, welche z. T. bis ins siebente Jahrhundert v. Chr. zurückreichen, wissen wir von einem Feste, bei
welchem laute Todtenklage um einen in der Blüte der Jugend
gestorbenen Heros oder Gott Adonis, den Geliebten der Aphrodite,
ertönte, sodann dessen Wiederaufleben gefeiert wurde.   Die
schon durch den phönikischen Namen Adon, d. i. Herr, bewährte
semitische Herkunft dieses Kultus ist den Alten stäts im Bewußtsein geblieben und in genealogischen Mythen ausgesprochen. [1]
Noch Cicero weiß, daß die dem Adonis vermählte Venus die
tyrisch-syrische Astarte sei. [2]   Erst durch Strabo (L. XVI, c. 2.
§. 18. C. 755) lernen wir Byblos als einen Hauptsitz der Feier
in Phoenikien selbst kennen und der Verfasser der angeblich
Lucianischen Schrift über die syrische Göttin giebt uns von der
bereits mit Ideen und Gebräuchen des ägyptischen Osiriskultus
verschmolzenen Begehung daselbst eine eingehendere Beschreibung.
Da aber das Wort Adon, Herr, in den uns bekannt gewordenen
phoenikischen Inschriften ein ehrendes Epitheton mehrerer, verschiedener Götter ist, liegt die Vermutung nahe, daß die Griechen
die Benennung des Gottes nicht einem einheimisch semitischen
Eigennamen desselben, sondern den Anrufungen des Refrains des
Klageliedes „Adonai," d. i. mein Herr! entlehnten. [3]   Mit ziemlicher Gewißheit darf man behaupten, daß die aus Babylonien
nach Jerusalem verpflanzte Klage um *Tammuz* (Ezechiel 8, 14),
nach welcher der Monat bei den Chaldäern, und in nachexili-
scher Zeit bei den Juden Tammuz, bei Syrern Tomuz genannt
wurde, [4] der Adonisfeier verwandt war, ob genauer entsprechend
ist nicht auszumachen.   Doch zeugt dafür allerdings die Entdeckung der neueren Assyrologie, deren Correctheit zu prüfen

---

1) Vgl. Baudissin Studien S. 299 ff.
2) Cicero nat. deor. III, 23. Quarta (Venus) Syria Tyroque concepta,
quae Astarte vocatur, quam Adonidi nupsisse proditum est.
3) Brugsch Adonisklage S. 19. Baudissin a. a. O.
4) Idelcr Chronologie der alten Völker S. 430. 509. Delitzsch bei Baudissin a. a. O. S. 35. 301. Oppert. Schrader Jahrb. f. protest. Theol. I. 1875,
S. 128. Lenormant Anfänge der Cultur II, 50 ff. 71. Ders. La langue primitive de la Chaldée 370. 431.

nicht in meinen Kräften steht, daß dem hebräischen Monatsnamen
Tammuz der assyrisch-akkadische vierte Monat (Juni, Juli) Duzû
oder in anderer Aussprache Duvzi, Dumuzi, Sohn des Lebens,
d. h. *Sprößling* entspreche. In den epischen Gesängen, welche
Sardanapal nach Lenormant aus altchaldäischen Originalen des
17. Jahrhunderts v. Chr. abschreiben ließ, ist Duzi, der Sohn des
Lebens, der Gegenstand der Leidenschaft der Istar (der phoenikischen Astarte) gestorben; Istar geht in das Todtenreich, um für
ihn die himmlischen Wasser des Lebens zu holen, und wird dort
festgehalten. Da bespringt nicht mehr der Stier die Kuh, der
Esel die Eselin, die Zeugung unter den Menschen hört auf. Die
Götter befehlen Istars Befreiung; sie steigt wieder durch die Pfor-
ten der sieben Sphären des Landes ohne Heimkehr empor, ihre
abgelegten Kleidungsstücke wieder an sich nehmend, empfängt
aber zuvor im Palaste des Geistes der Erde das Lebenswasser,
um es auf den Sohn des Lebens, den jungen Mann, ihre glühende Leidenschaft, zu sprengen, und zwar, wie es nach den
Schlußzeilen des Liedes von der Höllenfahrt der Istar scheint,
bei dem großen Trauerfeste, das Männer und Weiber mit vielen
Trähnen am Sarge des Duzi begehen. Ein anderer Text stellt
den Sohn des Lebens selbst zu den Wohnsitzen der Todten hin-
absteigend, ein dritter, der ihn mit der Sonne *vergleicht*, sein
Verhältniß zu Istar nicht als das des Gatten oder Bräutigams,
sondern als das des Sohnes dar. Das Epos von Izdubar läßt
diesen Gott oder Helden die vom Sohne des Lebens zurückgelassene Wittwe Istar freien. [1] Wenn die Uebersetzung dieser Stücke
bereits Verläßlichkeit besitzt, ist es einleuchtend, daß die mitgeteilte Erzählung größtenteils eine ätiologische Mythe, eine
historische Erklärung der Klagefeier war, bei deren Schluß über
eine Bahre oder eine den *„göttlichen Sprößling"* bezeichnende
Gestalt *Wasser ausgegossen wurde, von dem man ein
Wiederaufleben erwartete.* Diese Feier, welche nach Ausweis des
Monatsnamens zur Zeit der *Sommersonnenwende* [2] stattfand, muß

---

1) Lenormant die Anfänge der Cultur II, 58. 66. 68 ff. 70—73.
2) Nach einem von Mos. Maimonides bewahrten Fragmente des Buches
„die nabatäische Landwirtschaft" war der Schauplatz der Tammuzklage zu
Babylon das Innere eines Tempels mit einer großen Bildsäule, welche die
Sonne darstellte. Aber dieses Buch ist von sehr zweifelhafter Echtheit.
Lenormant a. a. O. 72.

aber, da die Benennung der handelnden Personen (Istar, Duvzi) sich nur aus der akkadischen Sprache erklärt, bereits in der fernen, den Chaldäern voraufgehenden Kulturepoche unter den Akkader genannten turanischen Ureinwohnern Babylons entstanden und von diesen auf ihre semitischen Nachfolger vererbt und später durch die assyrischen und babylonischen Eroberungszüge nach Palästina weiterverbreitet sein. Istar ward bald als Gottheit des Mondes, bald als Gottheit des Planeten Venus gedeutet, sie galt aber auch als Urheberin der Fruchtbarkeit, und nur in dieser göttlichen Eigenschaft spielt sie nach einer richtigen Bemerkung Baudissins [1] in Brauch und Mythus der Duvzifeier eine Rolle. Ueber die Bedeutung des „göttlichen Sprößlings“ scheint nichts überliefert, sie ist lediglich aus dem Kultus zu erschließen.

Der akkadisch-babylonische Ursprung der palästinensischen Tammuztrauer schließt nicht aus, daß in der Adonisklage schon seit alters ein ganz analoger Typus bei den Semiten Vorderasiens selbständig bestand. [2] Ob also das Verhältniß der letzteren Feier zur ersteren ein töchterliches oder schwesterliches, oder noch anderer Natur war, bleibt vor der Hand eine offene Frage; jedesfalls bezeugen die überlieferten Bräuche in hohem Grade Verwandtschaft der *Art*. Frauen in Trauergewändern ließen einen oder mehrere Tage hindurch, die Brust schlagend, herzzerreißende Klagerufe und Klagelieder ertönen. Die Klage galt, wie man sagte, dem Tode eines schönen Jünglings, des Geliebten der Aphrodite (d. i. der phönikischen Astarte oder Baaltis), den in der Blüte des Lebens der Eber des Ares getödtet. Zu den Todten hinabgestiegen, gewann er auch hier in so hohem Grade die Liebe der Persephone, daß sie ihn nicht fortlassen wollte, und nur mit Schmerz auf der Götter Gebot darin willigte, daß er je alljährlich auf sechs Monate [3] (später hieß es zwei Drittel des Jahres [4]) zur liebenden Aphrodite an das Licht der Sonne

---

1) Baudissin S. 33.

2) Vgl. Engel a. a. O. 623 ff.

3) Schol. Theokr. III, 48. Lucian Göttergespr. 11. Hygin. poet. astron. II, 7.

4) Die Mythe bei Panyasis (vgl. Engel a. a. O. 570) halte ich nicht für eine Mysteriensage, sondern für eine wahrscheinlich durch die athenische Erichthoniossage beeinflußte Sproßform des gewöhnlichen Adonismythus.

wieder emporsteige. Das Verhältniß der Göttin zu dem Geliebten ist dabei stäts als ein edles, bräutliches oder als das ehrba-
rer Gattenliebe gedacht[1] Dieser Mythus nun war nicht etwa
der Ursprung der Bräuche, sondern umgekehrt die Umsetzung
der Festhandlungen und ihres ideellen Inhalts in eine Begebenheit. Zu Grunde lag die Vorstellung, daß Jahr um Jahr im
Frühling ein göttliches jugendschönes Wesen, sei es die Personification der im Keimen, Wachsen und Reifen der Pflanzen sich
vollendenden Frühlings- und Sommerzeit, sei es die personifizierte
Wachstumskraft der Natur zur Aphrodite-Astarte zu bräutlichem
Liebesleben emporsteige, im heißen Hochsommer oder Herbste
aber ins Schattenreich, in die unsichtbare Welt dahinscheide, um
im nächsten Lenze wieder zu erscheinen. Diesen Gedanken
stellten die Festgebräuche in verschiedener Weise dar, jenach-
dem die Feier in den Frühling, oder in den Hochsommer fiel.
Entweder nämlich ging der Trauertag voraus und die Verherrlichung des Wiederauflebens des Adonis folgte, oder man stellte
zuerst das bräutliche Zusammenleben des Gottes mit Aphrodite
dar, und danach sein Scheiden, aber nicht ohne die Bitte um
gnädige Wiederkehr im nächsten Jahre. Von ersterer Form
bietet Byblos ein Beispiel. Da hier die Begehung in den Frühling fiel (Febr. — März[2]), stellte man zuerst das Bild des Adonis in
Gestalt eines Todten aus, welcher unter den Klageliedern, Trähnen und Jammerrufen der an ihre Brust schlagenden Weiber mit
Todtenopfern vermutlich zu Grabe gebracht wurde. Am Tage
darauf aber holte man ihn jubelnd wieder hervor und sagte, er
sei auferstanden.[3] Die zweite Weise der Feier lehrt Alexandria
kennen, wo nach Ausweis der um die Bahre gehäuften soeben
gereiften Früchte die Begehung in den Spätsommer gefallen sein
muß.[4] Theokrit beschreibt Id. XV die glänzende Feier, welche
Ptolemaeus Philadelphus und seine Gemahlin Arsinoe (wahrscheinlich 277 v. Chr.) nach kyprischem Vorbilde in ihrer Hof-
burg anstellten. Auf purpurnem Polster ruhte Adonis, das Bild

---

1) Engel a. a. O. 573. 601 ff.

2) Die Beweise liefert Baudissin a. a. O. S. 298 Anm. 3.

3) Lucian de dea Syria 6: ἐπεὰν δὲ ἀποτύψωνταί τε καὶ ἀποκλαύ-
σωνται, πρῶτα μὲν καταγίζουσι τῷ Ἀδώνιδι ὅκως ἐόντι νέκυϊ, μετὰ δὲ τῇ
ἑτέρῃ ἡμέρῃ ζώειν τέ μιν μυθολογέουσι καὶ ἐς τὸν ἠέρα πέμπουσιν.

4) Vgl. Engel a. a. O. 547.

eines Achtzehnjährigen in schönster Jugendfülle, neben ihm war
auf gleiche Weise Aphrodite gebettet.   Neben ihnen und rings
umher standen oder lagen Früchte jeder Art und Adonisgärtchen,
in silbernen Körben [1] Kuchen aus Mehl, Honig und Oel, allerlei
(gebackene?) Tiere, fliegende und kriechende. *Auch grüne
Laubdächer waren errichtet*, mit zartem Dille belastet, über
welche Eroten hinflatterten, wie junge Nachtigallen, die von Zweig
zu Zweig hüpfend den ersten Flug versuchen.   Und nun alles
das Ebenholz, Gold und die beiden elfenbeinernen Adler, den
Ganymed emportragend!   Eine Sängerin trug Aphroditens Lob
vor, wie ihr die Horen nach Jahresfrist den Adonis aus dem
Acheron zurückgeführt hätten.   Heute, so schloß die Sängerin,
möge Aphrodite des Adonis sich erfreuen, morgen mit dem Früh-
rot wollen wir Weiber ihn *ins Meer tragen*, mit aufgelösten Haaren, das Gewand zerreißend, die Brust entblößend, und lauten
Gesang erhebend: „Sei uns gnädig, lieber Adonis, jetzt und im
künftigen Jahre!   Freundlich kamst du, und freundlich komme,
wann du wiederkehrst."   Und auch das zuschauende Volk singt:
„Gehab' dich wol, geliebter Adonis, und zu Glücklichen komme
zurück!"[2]   Nach einer Notiz in dem Argumentum des Theokri-
tischen Idylls scheint man übrigens nicht bloß in der Königshalle, sondern an mehreren Orten der Stadt Adonisbilder ausge-
stellt zu haben, welche jedesmal die vornehmsten Frauen ins
Meer trugen.[3]   Doch ließe sich die Angabe auch wol anders
fassen und ihre Glaubwürdigkeit ist zweifelhaft.   Sicher aber fand
in Athen an verschiedenen Stellen die Ausstellung (καθέδρα)[4] von

---

1) Theokr. Id. XV, v. 112: παρ' μέν οἱ ὥρια κεῖται, ὅσα δρυὸς ἄκρα
φέρονται, παρ' δ' ἁπαλοὶ κᾶποι, πεφυλαγμένοι ἐν ταλαρίσκοις ἀργυρέοις.
Dazu bemerkt der Scholiast: πάντα ᾗ ησὶ τὰ ἀκρόδρυα παρατίθεται τῷ
Ἀδώνιδι, ἀπὸ παντοίας ἰδίας ὀπωρῶν.

2) V. 132: Ἀδθεν δ' ἄμμες νιν ἅμα δρόσῳ ἀθρόαι ἔξω οἰσεῦμες ποτὶ
κύματ' ἐπ' ἀϊόνι πτύοντα. V. 143: ἵλαθι νῦν, φίλ' Ἄδωνι, καὶ ἐς νέοτ' εὐ-
θυμήσαις. καὶ νῦν ἦνθες, Ἄδωνι, καὶ ὅκκ' ἀφίκῃ, φίλος ἥξεις. V. 149: Χαῖρε
Ἄδων ἀγαπατέ, καὶ ἐς χαίροντας ἀφικνεῦ. Vgl. Schol. zu v. 132: ἐπὶ γὰρ
τὴν θάλασσαν ἐκφέροντας τὸν Ἄδωνιν ἔρριπτον ἐπ' αὐτήν.

3) Ἔθος γὰρ εἶχον οἱ ἐν Ἀλεξανδρείᾳ ἐν τοῖς Ἀδωνίοις καλουμένοις, ἑορτὴ
δὲ ἦν ὑπὲρ τοῦ Ἀδώνιδος τελουμένη, κοσμεῖν εἴδωλα τοῦ Ἀδώνιδος καὶ
μετὰ τῶν ἐπιχουσῶν ἐπὶ τὴν θάλασσαν κομίζειν.

4) Hesych.: καθέδρα. θυσία Ἀδώνιδος.

Todtenbildern statt und die Weiber auf den Dächern klagten,
weinten, sangen Trauerlieder und schlugen sich an die Brust. [1]
In Athen treffen wir auch die *Adonisgärten* (κῆποι *'Αδώνιδος*)
wieder an, erdgefüllte Körbe oder Töpfe mit allerlei zarten
Pflanzen (Blumen, Getreide, Fenchel und Lattich), welche durch
Sonnenwärme in acht Tagen künstlich getrieben waren und
darum kraftlos und hinfällig auffallend schnell verwelkten, [2] so
daß der Name Adonisgarten sprichwörtlich wurde, um damit,
wie wir von Treibhauspflanzen im Gegensatz zum Naturwüchsigen
reden, schnell Entsprossenes, aber nicht zur Reife Gediehenes auszudrücken. [3] Diese Gärtchen standen neben der Bahre des Adonis und wurden daher als *ἐπιτάφιοι* bezeichnet, oder *in dem
Vorhof, vor der Türe* der Tempel, wenigstens im Orient [4], wo
auch im Walde (?) abgehauene *Bäume* zu Ehren des Adonis in

---

1) Plutarch. Alciblad. 18: *Εἴδωλα πολλαχοῦ νεκροῖς ἐκκομιζομένοις
ὅμοια πρόὔκειτο ταῖς γυναιξί, καὶ ταφὰς ἐμιμοῦντο κοπτόμεναι καὶ θρήνοις
ᾖδον.* Plut. Nicias 73: *Ἀδώνια γὰρ ἦγον αἱ γυναῖκές ποτε, καὶ πρόὔκειτο
πολλαχόθι τῆς πόλεως εἴδωλα καὶ ταφαὶ περὶ αὐτὰ καὶ κοπετοὶ γυναικῶν
ἦσαν.* Vgl. Aristoph. Lysistr. 389 ff.: *Ὁ τ' Ἀδωνιασμὸς οὖτος οὑ 'πὶ τῶν
τεγῶν; — ἡ γυνή δ' ὀρχουμένη αἱ αἱ Ἀδωνιν φησίν — ἡ ὑποπεπωκυῖ', ἡ
γυνὴ 'πὶ τοῦ τέγους κόπτεσθ' Ἀδωνιν, φησίν.*

2) Eudocia 1: *Αἴκην Ἀδώνιδος κήπου παντοδαποῖς ἄνθεσιν εὐώ-
δεσι βρύοντες.* Schol. Theocr. Id. XV, v. 112: *Εἰώθασι γὰρ ἐν τοῖς Ἀδωνίοις, πυροὺς καὶ κριθὰς σπείρειν ἔν τισι προαστείοις (?), καὶ τοὺς φι-
τευθέντας κήπους Ἀδωνίοις προσαγορεύειν.* Simplic. in Aristot. Phys. V, 403
Bekk.: *Καὶ σῖτος διὰ θέρμην ταχὺ φύεται καὶ αὔξεται ἐν τοῖς Ἀδώνιδος
καλουμένοις κήποις, πρὸ τοῦ ῥιζωθῆναι καὶ πληθῆναι ἐν τῇ γῇ.* Suid.:
Ἀδώνιδος κῆποι ἐκ θριδάκων καὶ μαράθων, ἅπερ κατέσπειρον ἐν ὀστράκοις.
Julian. Caesar. c. XXIV, 1. p. 329 Spanh.: *καὶ ὁ Σειληνός· ἀλλ' ἦ τοὺς Ἀδώνιδος κήπους ὡς ἔργα ἡμῖν, ὦ Κωνσταντῖνε, ἐπιτρέπειν προσάγεις, αἱ γυναῖκες
τῷ τῆς Ἀφροδίτης ἀνδρὶ φυτεύουσιν ὀστρακίοις ἐπαμησάμεναι γῆν λαχανίαν.
Χλωρήσαντα δὲ ταῦτα πρὸς ὀλίγον, αὐτίκα ἀπομαραίνεται.* Platon. Phaedr.
c. 61: *Ὁ νοῦν ἔχων γεωργός, ὧν σπερμάτων κήδοιτο καὶ ἔγκαρπα βούλοιτο
γενέσθαι, πότερα ἂν θέρους εἰς Ἀδώνιδος κήποις ἀρῶν χαίροι θεωρῶν κα-
λοὺς ἐν ἡμέραισιν ὀκτὼ γιγνομένους; ἢ ταῦτα μὲν δὴ παιδιᾶς τε καὶ ἑορτῆς
χάριν δρῴη ἄν, ὅτε καὶ ποιοῖ.*

3) Vgl. A. Boeckh in Humboldts Kosmos V, 131.

4) Philostr. Vit. Apoll. VII, 14: *ἡ δὲ αὐλὴ ἀνθέων ἐπεπλήθει
κήποις, οὓς Ἀδώνιδος Ἀσσύριοι ποιοῦνται ὑπὲρ ὀργίων ὁμωροφίοις αὐτοὺς
φιτεύοντες.*

den Boden aufgepflanzt zu sein scheinen. [1] Adonisbild und Adonisgarten trug man dann mit einander zum Orte hinaus und warf
sie beide ins *Meer* oder *in einen Quell.* [2] *Die Pflanzen des
Adonisgartens waren ein zweiter Ausdruck für
Adonis selbst;* [3] *das Idol und die Kräuter gehörten
zusammen wie Bild und Unterschrift, oder besser
wie zwei Hälften; in die der sichtliche Ausdruck des
einen Begriffes Numen der Vegetation zerfiel. Die
menschenähnliche Puppe zeigte den Gott oder Dämon
als anthropopathisch, die danebengestellte Pflanzung
und Fruchtfülle zeigte denselben seinem Wesen nach
als Seele oder Beseeler der Pflanzenwelt an.* Im Frühlinge
kam Adonis, von den Horen geleitet; in den Frühlingsblumen
stieg er aus der Unterwelt empor.   Deshalb heißt es, daß das
Kind des Lenzes, die *Anemone, aus seinem Blute entsprossen sei;*
dies will sagen, daß seine Seele, sein Leben in ihr wieder zum
Vorschein komme (vgl. Bk. 40).   In den Kräutern, Nährpflan-
zen, Früchten des Sommers führt er sein Leben weiter; mit
ihnen stirbt er im Hochsommer, wann die Glut der Sonne die
Pflanzenwelt verdorren macht, die Sichel des Schnitters und die

---

1) Hesych.: Ἀδία: δένδρα κοπτόμενα καὶ ἀνατιθέμενα τῇ Ἀφροδίτῃ,
ὡς ἱστορεῖ Λύσανδρος, πρὸς ταῖς εἰςόδοις.   Nach dem Etymol. Magn. v.
Ἀδὺος war Ἀδὼ auf Cypern Beiname des Adonis.

2) Hesych: Ἀδώνιδος κῆποι: ἐν τοῖς Ἀδωνίοις εἴδωλα ἐξάγουσιν
καὶ κήπους ἐπ᾽ ὀστράκων καὶ παντοδαπὴν ὀπώρην, οἷον ἐκ μαράθων καὶ
θριδάκων παρασκευάζουσιν αὐτῷ τοὺς κήπους.   καὶ γὰρ ἐν θριδακίοις
κατακλινθῆναι ὑπὸ Ἀφροδίτης φασίν.   Eustath. ad Hom. Od. 11 S. 459:
κῆποι γὰρ Ἀδώνιδος φυτήρια ταχὺ ἀνατέλλοντα ἔσω χύτρας ἢ ἀρρίχου καὶ
ὅλως κοφίνου τινός, καὶ ῥιπτόμενα κατὰ θαλάσσης καὶ ἀφανιζόμενα καθ᾽
ὁ μυόρητά τινα τοῦ κατὰ τὸν ὠκύμορον Ἄδωνιν θανάτου, ὃς ἀνθήσας νεοη-
σιον ταχὺ ἀπήντησε καταβληθεὶς ὑπὸ Ἄρεως κατὰ τὸν μῦθον· γυναῖκες δὲ τοῖς
τοιούτοις ἠμελοῦσαι, κήπους ὡσαύτουν ἐπιταφίους Ἀδώνιδος.   Zenob.
Paroem. Cent. I, 49: Ἔρονται δὲ οὗτοι οἱ κῆποι τοῦ Ἀδώνιδος εἰς ἀγγεῖα
κεράμια σπειρόμενοι ἄχρι χλόης μόνης.   ἐκφέρονται δὲ ἅμα τελευτῶντι
θεῷ καὶ ῥιπτοῦνται εἰς κρήνας.

3) Das Bewußtsein davon spricht sich auch in der Fabel aus, der Lattich werde deshalb in die Adonisgärten gesät, weil Aphrodite den verwunde-
ten Geliebten in Lattich niedergelegt, verborgen habe. S. Hesych. u. S. 280
Anm. 2. Wol erst in Folge der Anwendung des Lattichs bei den als ἐπιτάφιοι gebrauchten Adonisgärtchen kam diese Pflanze in den Ruf, die Zeugungskraft zu benehmen.

Hippe des Winzers die Früchte dahinrafft. Es war daher eine zwar einseitige und allzuenge, aber der Wahrheit einigermaßen nahekommende Schlußfolgerung aus der noch vollständiger vorliegenden Gesammtheit der Gebräuche und Mythen des Kultus, wenn die Gelehrsamkeit des späteren Altertums selbst bald den Adonis als ein Bild *der reif gewordenen Frucht*, seinen Tod *als das Mähen der gereiften Frucht* oder das Hinabsteigen des Samens in die Erde ausdeutete, [1] während andere Physiologen ihn als Personification des *Maimonats* nehmen wollten, welchem Aphrodite, der Frühling oder April, von dem Winter oder Ares abgewendet, sich zuneige, [2] noch andere gar als die Sonne, deren Abnahme und Zunahme in seinem Mythus dargestellt sei. [3]

Es gab verwandte Vorstellungen, welche sich auf ein engeres Gebiet einschränkten. Längst hat man erkannt, daß das von den Griechen aus Phoenikien und Cypern übernommene, nach dem Klageruf: ai lenu! wehe uns! grätzisiert αἴλινον! benannte *Linoslied* dem Adoniasmos nahe verwandt war. [4] In dem ältesten Zeugniß für den Brauch wird uns ein noch fruchtschwerer Weingarten vor Augen geführt, von dem der Zug der Winzer und Winzerinnen die (ersten) abgeschnittenen Trauben zur Kelter trägt. Inmitten geht ein Kitharist, der zur Leier den schönen Linos besingt, die andern aber *folgen* ihm singend, hüpfend und *juchzend* (ἰϋγμῷ. Vgl. o. S. 256). [5] Das Linoslied kehrt an dem argivischen Erntefest im Arneios wieder. Die ätiologische Legende, daß Linos ein schöner, jugendlicher Sänger gewesen sei,

---

1) Etym. Magn. Ἄδω, Ἄδωρις κάρπος· δύναται γὰρ ὁ καρπὸς εἶναι, οἷον Ἀδώνιδος καρπός, ἄρταχων. Ammian. Marcell. XIX, 1: man sehe die Verehrerinnen der Venus weinen an der heiligen Adonisfeier „quod simulacrum fragum adultarum regiones mysticae docent". Clemens Alexandr. Hom. 6, 11: λαμβάνουσι δὲ καὶ Ἄδωριν εἰς ὁμοίους καρπούς. Euseb. praep. evang. III, 4: ὁ δὲ Ἄδωρις τὰ τῶν τελείων καρπῶν ἐκτομῆς σύμβολον. Schol. Theocr. III, 48: ὁ Ἄδωρις, ἤγουν ὁ σῖτος ὁ σπειρόμενος, ἐξ μῆνας ἐν τῇ γῇ ποιεῖ ἀπὸ τῆς σπορᾶς, καὶ ἐξ μῆνας ἔχει αὐτὸν ἡ Ἀφροδίτη, ἡ εὐκρασία τοῦ ἀέρος· καὶ ἐκ τότε λαμβάνουσιν αὐτὸν οἱ ἄνθρωποι. Cf. Hieronym. ad Ezech. VIII, 4.

2) Joh. Lydus de mensibus IV, 44.

3) Macrob. Saturn. I, 21.

4) Movers Phoen. J, 244. 245. Brugsch Adoniskl. 16 ff. Preller Gr. Myth. I, [3] 377 ff. Baudissin Studien 302 ff.

5) Hom. Il. XVIII, 561 ff.

den Hunde zerrissen oder Apollo tödtete, läßt darauf schließen,
daß man im Linosgesang den allzufrühen Tod eines schönen
Jünglings beklagte; er wird namenlos gewesen sein und das Numen,
den Dämon des Weinwuchses, resp. der Feldfrüchte bedeutet
haben, der in der Ernte stirbt. Dies folgere ich aus mehreren
Analogien.   Zunächst vergleiche man den ägyptischen Brauch,
den Diodor. Sic. I, 14 beschreibt: Isis habe den Anbau des
Weizens und der Gerste erfunden.   ἔτι γὰρ καὶ νῦν κατὰ τὸν
θερισμὸν τοὺς πρώτους ἀμηθέντας στάχυς θέντας τοὺς ἀνθρώποις κόπτεσθαι πλησίον τοῦ δράγματος καὶ τὴν Ἴσιν
ἀνακαλεῖσθαι, καὶ τοῦτο πράττειν ἀπονέμοντας τιμὴν τῇ θεῷ τῶν
εὑρημένων κατὰ τὸν ἐξ ἀρχῆς τῆς εὑρέσεως καιρόν. Offenbar ist
hier derselbe Klagegesang gemeint, von welchem Xenophanes
von Kolophon in seiner Apostrophe an die Aegypter redete:
ἄλλως δὲ γελοῖον ἅμα θρηνοῦντας εὔχεσθαι τοὺς καρποὺς
πάλιν ἀναφαίνειν καὶ τελειοῦν ἑαυτούς, ὅπως πάλιν ἀνα-
λίσκωνται καὶ θρηνῶνται. Plut. Is. e. Osir. c. 70 p. 124 Parthey.
Der beschriebene Erntebrauch hatte keinen Sinn, *wenn die Klage
nicht ursprünglich einem persönlichen Wesen galt, dessen Tod
durch die Sichel nun beweinte, dessen fröhliches Wiederaufleben
aber gleichzeitig als Hoffnung jubelnd ausgesprochen wurde.*
Diese Beziehung mochte zu Diodors Zeit bereits stark verdunkelt
sein, und man rief jetzt die Isis als Geberin der Fruchtbarkeit
an, im nächsten Jahr neue Früchte zu schaffen.   Dies deutet
gleich darauf (c. 71) Plutarch an: θρηνοῦσι μὲν τοὺς καρπούς,
εὔχονται δὲ τοῖς αἰτίοις καὶ δοτῆρσι θεοῖς, ἑτέρους πάλιν νέους
ποιεῖν καὶ ἀναφύειν ἀντὶ τῶν ἀπολλυμένων.   Den von der Sichel
getödteten Getreidedämon zeigt aber wol erhalten, in der Fülle
aller feinsten und kleinsten Züge — wie ich demnächst ausführlicher, als es „Korndämonen S. 34" geschehen konnte, darlegen
werde — unserem *Alten* (Korndäm. 24) entsprechend der phrygische Erntebrauch, dessen Schnitterlied gradeso wie der Linosgesang den Personennamen für eine ätiologische Fabel hergegeben hat.

Betrachten wir in dem Lichte der gewonnenen Ergebnisse
wieder die Adonienbräuche selbst, so ist klar, daß in der Frühlingsfeier, wo eine solche stattfand, wie in Byblos, der zweite
Teil, die Darstellung des Wiederauflebens die Hauptsache war.
Der Naturvorgang, welchen die erste Festhälfte im Spiegel eines

*göttlichen Lebens verbildlichte, war schon im Hochsommer des ver-
gangenen Jahres geschehen*, aber der Kultus mußte auch ihn
darstellen, um das Aufleben des Adonis eben als *Wiederauferste-
hen* aus dem Tode zur Anschauung zu bringen. Die Sommer-
feste dagegen, wie z. B. in Alexandria, vergegenwärtigten das
Schicksal des Person gewordenen Blütenlebens im laufenden
Jahre und stellten demgemäß die Veranschaulichung des bräut-
lichen Beisammenseins des Adonis und der Aphrodite voran, und
ließen darauf die Todtenklage folgen, indem sie zugleich in
Gestalt des Wunsches und hoffnungsvollen Zurufs auf die Wieder-
kunft des Gottes im nächsten Frühjahr Bezug nahmen. Es fragt
sich nun, welchen Gedankengehalt im Zusammenhange dieser
Gebräuche die schließliche Hinabwerfung des Adonisbildes und
Adonisgartens *ins Wasser* zum Ausdruck bringen sollte. Neben
dem *Wurfe ins Meer* oder in einen *Quell* steht als dritte die assy-
rische Form der *Begießung mit Wasser*, und zwar wurde diese als
ein Mittel zur Wiederbelebung des Gestorbenen gedacht (o. S. 275).
Wenn diese Tatsachen richtig sind, kann *diese Wassertauche,
Begießung wie Wurf, nicht die Vernichtung des Adonis bedeutet
haben, sondern sie muß notwendig in Beziehung auf das künftige
Wiederaufleben der Vegetation geübt sein.*

In Byblos schnitten sich die Frauen beim Trauerfeste die
Haare ab, wie die Aegypter, wenn der Apis gestorben war.
Diejenigen aber, welche sich diesem Opfer nicht unterziehen
wollten, hatten die Pflicht, sich einen Tag lang den auf dem
Markte zusammenströmenden Fremden zur Schau zu stellen und
einem derselben ihre Schönheit preiszugeben, den Erlös aber der
Göttin zu weihen. [1] Das muß am Freudentage, der zweiten Festhälfte, geschehen sein. In Paphos und Cypern bestand derselbe
Gebrauch, wie die zur Erklärung desselben erfundene Erzählung
beweist, die leiblichen Schwestern des Adonis, Kinder des Kinyras, des Gründers und Heros von Paphos, und der Kyprierin
Metharme, die Jungfrauen Orsedike, Laogara und Braisia hätten
sich dem Willen der erzürnten Aphrodite gemäß *fremden* Männern
preisgegeben. [2] Vielleicht zeigt es eine Abweichung von der

---

1) Lucian a. a. O.

2) Apollod. Bibl. III, 14, 3. Die andere Sage, wonach Adonis aus der
geborstenen Rinde der in einen Myrrhenbaum verwandelten Myrrha, der

byblischen Sitte, wenn Justin. XVIII, 5 berichtet, auf Cypern
sei es Gebrauch gewesen, daß die jungen Mädchen vor ihrer
Verheiratung sich *an bestimmten Tagen* ans Gestade begäben,
um durch Preisgebung an *fremde Männer* sich *ein Heiratsgut* zu
erwerben. Die von Herodot I, 199 beschriebene babylonische
Sitte, daß jede Frau einmal im Leben im Heiligtum der Aphro-
dite-Mylitta sich dem ersten *Fremden* zu eigen geben mußte,
der ihr ein Stück Geld in den Schoß warf, mag ursprünglich
ebenfalls dem Duzifeste oder einem entsprechenden angehört
haben, von demselben aber nachher abgelöst sein. Oder, was
wahrscheinlicher ist, fand sie wirklich an einem solchen Feste
statt, und war der von Herodot mißdeutete Sachverhalt dieser,
daß die Weiber, ohne nach Hause entlassen zu werden, das
ganze Fest hindurch ausharren mußten, bis sie einen Liebhaber
fanden, und daß die Unschönen oft drei bis vier Jahre hintereinander dies wiederholten, bis sich endlich ihrer jemand annahm?
Mit diesen Festgebräuchen, so widerstrebend dieselben dem geläu-
terten moralischen Gefühle erscheinen, vertrug und verband sich
ohne Zweifel völlig strenge Keuschheit außerhalb des Festes und
in der Ehe. [1] Hervorgegangen aus einer Lebensanschauung,
welche in Bezug auf geschlechtliche Verhältnisse anders war als
unsere, waren sie nicht unsittlich im Sinne gemeiner Lust. Sie
waren symbolischer und mystischer Ausdruck eines religiösen
Gedankens und als göttlichen und geheiligten Ursprungs wenigstens ursprünglich von dem viehischen Sinnenrausch und wilden
Taumel fern, zu dem sie und verwandte Begehungen später in
dem hier nicht zu berührenden Dienste der Aphrodite Pandemos
ausarteten. Die ihre Keuschheit opfernden Frauen ahmten das
Beispiel der Aphrodite selber nach, welche mit dem wiederkeh-
renden Adonis sich aufs neue vermählt. Sie handelten als Abbilder, Stellvertreterinnen, Vervielfältigungen der Göttin. Der
kyprische Kult drückte dies der Art aus, daß diejenigen, welche
sich in den Kult der Aphrodite in dem von Kinyras erbauten

Tochter des Kinyras, geboren wurde, war ätiologische Erklärung der Anwendung von Myrrhen als Weihrauch bei der Todtenfeier des Adonis, wie Preller Gr. Myth. I.² S. 285 sehr richtig erkannt hat. Vgl. die Sage der in eine
Weihrauchstaude verwandelten Leukothea. Mannhardt Klytia. Berlin 1875,
S. 20.
    1) Vgl. Aelian Var. Hist. IV, 1. Engel Kypros II, 143 ff. 146.

Tempel einweihen ließen, einen kleinen Phallos empfingen und ein Stück Geld „mercedis nomine" der Göttin selbst in die Hand gaben.[1] Stellte aber jedes Weib die Göttin dar, so der *Fremde*, der erschien und ihre Liebe genoß, folgerichtig den unkenntlich aus der Fremde, dem Todtenlande ankommenden Adonis. Ich muß auf die Möglichkeit, vielleicht Wahrscheinlichkeit hinweisen, daß der *Fremde* hier ebenso aufzufassen ist, wie in dem phrygischen Lytiersesgebrauche, in welchem einst — wie ich jetzt durch zahlreiche nicht zu mißdeutende nordeuropäische Analogien (vgl. übrigens auch o. S. 170) mit *unumstößlicher* Sicherheit *beweisen* kann — der am Erntefelde vorbeigehende *Fremdling* für den Korngeist genommen, in eine Garbe eingebunden und wirklich oder scheinbar geköpft wurde.[2]

Schließlich sei noch ein Umstand erwähnt, der möglicherweise ein weiteres Zeugniß für die Uebereinstimmung des Kultus und Mythus der Istar und des göttlichen Sprößlings mit den Adonien ablegt, falls die Deutung der Aphrodite-Astarte in Byblos und Antiochia auf einen Stern, wol den Morgenstern, alt und nicht erst spätere Entlehnung ist. Kaiser Julian fand bei seinem Einzuge in Antiochien Stadt und Palast vom Geheul, Wehklagen und Trauergesang der Adonien erfüllt: „Publicas miratus voces multitudinis magnae, salutare sidus inluxisse eois partibus, acclamantis."[3] In Byblos sah man an einem bestimmten Tage von der Spitze des Libanon ein Feuer gleich einem Sterne in den Fluß schießen. Dies hielt man für die Aphrodite.[4]

Ich konnte nicht vermeiden, dem Leser das von früheren Forschern über den Adoniskult gesammelte Material nach zum Teil neuen Gesichtspunkten geordnet abermals vorzuführen, wenn ich meine Absicht erreichen wollte, darzutun, daß die in §. 1 dieses Kapitels erwähnten Frühlings- und Mittsommergebräuche aus eben denselben Elementen zusammengesetzt seien, als jener asiatisch-griechische Gottesdienst. Zergliedern wir die Adonismythe und die Adonisfeier, so finden wir darin folgende Bestandteile.

---

1) Arnob. adv. gent. V, 19. Firmic. de error. prof. rel. p. 425.
2) Vgl. einstweilen Korndäm. S. 84.
3) Ammian. Marcell. XXII, 10.
4) Sozomenos II, 5.

A. Die schöne Jahreszeit, resp. das Blütenleben, die Vegetation derselben ist personifiziert als ein schöner Jüngling.

B. Derselbe wird im Kultus dargestellt durch eine menschenähnliche Figur und die leichtwelkenden Kräuter des Adonisgartens.

C. Er kommt im Frühling und tritt in das Verhältniß des Bräutigams oder Gatten zu einer liebenden Göttin, welche sonst auf ein Gestirn gedeutet, sich doch vorzugsweise als Göttin der Fruchtbarkeit manifestiert. Sie leben während der schönen Jahreszeit in inniger Vereinigung, man darf sie als *Lenzbrautpaar* bezeichnen.

D. Im Hochsommer verschwindet der Gatte oder Bräutigam und weilt während des Winters und Herbstes in der unsichtbaren Welt des Todes.

E. Mit lauter Klage wird seine Bestattung, mit Jubel sein Wiedererscheinen gefeiert. Beide Feiern sind im Frühling und Hochsommer in verschiedener Ordnung verbunden.

F. Das Bild des Dämons und die ihn repräsentierende Pflanze werden mit Wasser begossen, in Quellen oder ins Meer geworfen.

G. Das göttliche Lenzbrautpaar wird nachgeahmt durch den mystischen Brauch eines zeitweiligen geschlechtlichen Bundes eines Mannes und einer Frau.

Alle diese Bestandteile finden wir in verschiedener Zusammenstellung in den nordeuropäischen Bräuchen wieder. **A.** Die Wachstumskraft, das Numen der Vegetation wird in einem persönlichen Wesen personifiziert, das in eine Personification der schönen Jahreszeit übergeht und demgemäß bald die Namen *Laubmann* (Bk. 320), *Lattichkönig* (Bk. 343, vgl. o. S. 280 Anm. 3), bald die Bezeichnungen *Pfingstl*, *Maikönig*, *Père-Mai*, *Jarilo* (d. i. Frühling 415 ff.) u. s. w. trägt. Vgl. Bk. 310. 606. Vgl. 610. **B.** Dieses Wesen wird im Volksgebrauch dargestellt entweder unpersönlich durch einen geschmückten Baum oder persönlich durch einen in Laub gekleideten oder bekränzten Menschen oder eine *Puppe*. Häufig aber dient ein daneben aufgestellter oder hergetragener *Maibaum* dazu, um durch ein *Doppelbild* die Idee des Wachstumsgeistes vollständig auszudrücken. Bk. 311—316. 605. Die nämliche Doppeldarstellung durch Mensch und Garbe ist beim

Korndämon bemerkbar (Bk. 612). In dem deutschen Maibaum und den südlichen Pflanzen des Adonisgärtchens wird also die nämliche Absicht auf gleiche Weise durch ein ähnliches Mittel zur Ausführung gebracht. Sollte aber nicht vielleicht der, wie der Maibaum und die Eiresione, vor die *Tür* des Tempels aufgepflanzte Baum (o. S. 280) in denselben Zusammenhang gehören? Und wären die *Lauben* des alexandrinischen Brauchs (o. S. 278) die Abschwächung davon? Der Einzug des Wachstumsgeistes wird im Frühling, am Lätaresonntag (Sommer Bk. 156), am ersten Mai, Pfingsten (Bk. 157. 311 ff.) u. s. w. dargestellt. Er kommt im Lenze und gesellt sich vielfach eine *Maikönigin*, *Maibraut*, *Pfingstbraut*, Reine Maïa zu; die Hochzeit dieses Maibrautpaars oder dieser dämonischen Maigatten wird gefeiert. Bk. 422—447. D. Während des Winters dachte man den Bräutigam oder die Braut verschwunden oder schlafend, *die Braut vom Bräutigam verlassen*. Bk. 438. 494 ff. 445 ff. Auch wo der Pfingstl nicht in bräutlichem Verhältniß dargestellt wird, gilt er als vom Schlafe soeben erwacht, als *Pfingstschläfer* (Bk. 321. 319). Oder man sagt, er sei sieben Jahre, d. h. sieben Monate im Walde gewesen. Bk. 338. E. In Rußland wird um Mittsommer eine den Jarilo darstellende Puppe *in einen Sarg gelegt und mit herzzerreißender Todtenklage bestattet* (Bk. 416, o. S. 266), oder es wird eine Strohfigur (Kostroma, Kostrubonko) *ins Wasser geworfen* und *als todt bejammert*; diese Ceremonie heißt u. a. Zug des Frühlings (Bk. 415). Diesem Mittsommerfeste steht nun in andern slavischen und ehemals von Slaven bewohnten deutschen Landschaften die Sitte im ersten Frühling zur Seite, daß eine (als Tod, Marzana u. s. w. benannte) Puppe oder ein *in einen Sarg gelegter* Buchenzweig mit darangestecktem Apfel zuweilen von *Frauen* oder *Mädchen* in *Trauerschleiern begraben*, *ins Wasser geworfen* oder verbrannt wird. Diese Puppe bedeutet, wie ich Bk. 418 zu zeigen mich bemühte, den erstorbenen Vegetationsdämon des vergangenen Jahres. An das Begräbniß schließt sich dann unmittelbar der Akt der Wiedererweckung in Form der Einhertragung eines als *Sommer* benannten Maibaums oder eines mit einer Menschenfigur behangenen Baumes.[1] Daneben läuft eine andere Form der Sitte,

---

1) Bk. 156 ff. 359. 410 ff. Reinsberg - Düringsfeld Festkal. a. Böhmen 92. Vernaleken Mythen u. Br. a. Oestr. S. 296.

wonach der Maibräutigam *zuerst schlafend (oder todt) zu Boden
fällt, und dann von der Maibraut geweckt wird*. Bk. 434. 435.
Da im deutschen Pfingst- oder Maitagsgebrauch die Auffassung
der winterlichen Zustände des Vegetationsgeistes als *Schlaf* vor-
herrscht, fällt hier Begräbniß und Todtenklage natürlich fort;
aber vereinzelt bricht dennoch auch letztere Form der Anschauung
durch.   So fällt der aus dem Walde geholte, in Laub gehüllte
wilde Mann in Thüringen zuerst erschossen wie *todt zu Boden,
und wird dann wieder ins Leben gebracht* (Bk. 335).   Zuweilen
aber trägt die Pfingstfeier umgekehrt proleptisch den Character
des Sommerfestes.   Indem der Pfingstbutz nach geschehenem Umzug geköpft oder unter Stroh und Mist *vergraben wird*, schließt
sich an die vorausgehende Darstellung seines Frühlingseinzuges
als zweite Hälfte die Begehung seines Todes (Bk. 321. 357 ff.).
F. Der Laubmann, Maikönig, Pfingstl und der daneben herge-
tragene Maibaum, der Maibräutigam, die Kostroma, der Tod u. s. w.
werden mit Wasser *begossen*, im *Strom* oder *Bach versenkt*
(o. S. 265. Bk., Register unter Wassertauche) und es sind sichere
Beweise dafür vorhanden (Bk. 327 ff., vgl. das Froschtödten.
Bk. 355), daß diese Handlung ein *Regenzauber* war.   *Liegt es
nicht äußerst nahe, die gleiche Ceremonie beim Adonis in gleichem
Sinne zu deuten?*   G. Wie endlich in Byblos und auf Cypern der
Beischlaf der festfeiernden Frauen mit einem Fremden den Akt
der ehelichen Wiedervereinigung der Aphrodite und des aus der
Fremde heimkehrenden Adonis nachbildete,[1] werden die europäischen Maipaare nachgeahmt durch eine Vielheit menschlicher Liebe-
bespaare, welche im Frühlingsanfang (14. Febr.; Sonntag Invoca-
vit), am Maitag und am Mittsommerfeste, beim Maibaum oder
beim lodernden Sonnwendfeuer durch Versteigerung oder Loß
einander zugeteilt ein halbes Jahr lang, oder ein Jahr in ein
bräutliches oder nominell eheliches Verhältniß zu einander treten (Bk. 447 ff.).   Daß diese *Maibuhlen*, *Vielliebchen*[2], *Valentins*,

---

1) Vgl. Bk. 444.

2) Hieraus entstand die Belustigung der guten Gesellschaft, sich auf
Zeit Vielliebchen zu wählen (vgl. noch Moreto, Donna Diana und Göthe,
Wahrh. u. Dichtung B. VI. XV nebst Loepers Anmerkung.   Göthe Hempel
XXI, S. 248).   Diese Sitte nahm schließlich die Form des Vielliebchen-
essens (Bk. 462) an und ist in ihrer deutschen Form nach Frankreich zurück-
geströmt, wo aus Vielliebchen der Name des Paars Philippe und Philip-

und *Valentines* (normannisches Dialectwort für galantins, Liebhaber [1]) in der Tat Nachahmungen von Vegetationsgeistern sein
sollen, erweist wieder eine merkwürdige Parallele in den Erntegebräuchen. Im Kirchspiele Hafslo (Nordre Bergenshus, Stift
Bergen) in Norwegen geht derjenige, der sich eine *Tennenfrau*
(Laakone, Lovekone) gewinnen will, am ersten Werkeltag nach
Neujahr auf die Dreschtenne und fängt an zu *dreschen*. Das erste
unverheiratete Frauenzimmer, welches von Weihnachten bis Neujahr nicht im Hause war (also eine *Fremde*, vgl. o. S. 285), und
nun in die Stube tritt, in der er täglich sich aufhält, heißt sein
Tennenweib und wird von ihm traktiert. Sie vertritt die aus
dem Korn herausgetriebene *Kornjungfer*. Auf gleiche Weise
erwirbt ein *Frauenzimmer* sich einen *Dreschmann* (Laavemand).
Die eingehende Erläuterung dieses Brauches gebe ich an einem
anderen Orte. Bei der vielfach nachweisbaren Analogie von
Erntegebräuchen und Hochzeitsitten wird mit einem ähnlichen
Brauche irgendwie der mir noch nicht völlig verständliche Umstand zusammenhangen, daß in der Lausitz das *alte Weib*, welches
bei der Heimholung dem Bräutigam zuerst an Stelle der wirklichen Braut und unter dem Vorgeben, diese sei es, zugeführt wird,
das *alte Spreuweib*, *plowa baba* heißt. Wie dem aber auch sei,
jedesfalls rückt die Sitte der das dämonische Brautpaar nachbildenden Lenzpaare [2] dem asiatischen Kultgebrauch dadurch noch

pine geworden ist. In Spanien übt man vielfach den Brauch, daß jede Frau
am Sylvesterabend durch das Loß den Namen eines Mannes zieht, der dadurch das Vorrecht erhält, sie im nächsten Jahre unangemeldet zu besuchen,
mit Blumen und Süßigkeiten zu versorgen und bei ihren Ausgängen zu begleiten. Derselbe heißt „ano", Jahr.

1) Hienach ist die Bk. 458 vorgetragene Ansicht über das Verhältniß des
französischen zum englischen Valentinbrauche zu berichtigen. Im Départ.
de la Meuse nennen sich die wirklichen Brautleute vom Tage des Ver-
spruchs ab Valentin und Valentine. De Nore p. 307.

2) Vgl. noch den Johannisfestgebrauch im Herzogtum Berg. Unter
einer über der Straße aufgehangenen, mit Laubwerk, Blumen, Eierschnüren,
bunten Bändern und Flittergold gezierten Krone, welche Ueberbleibsel des
mit solcher Krone geschmückten Maibaums ist (Bk. 160. 169. 170. 176), tanzen
auf dem mit Laub und Blumen bestreuten Boden die jungen Leute den Reigen. Ein Mann tritt in die Mitte des Kreises. Alle singen:

O Bauer hast du Geld?
O Bauer hast du Kirmesgeld,

näher, daß das Verhältniß der Brautleute nicht selten die Gestalt
eines *neugeschlossenen Ehebundes*, [1] zuweilen der symbolischen
Darstellung des *Beilagers* annimmt (Bk. 469. 480 ff.). — Wie der
eine Teil des göttlichen Lenzpaars den Phoenikern sonst als der
Morgenstern gilt, so treten die dasselbe nachbildenden europäischen
Lenzpaare in den Gebräuchen des Scheibentreibens und Braut-
ballwerfens [2] (Bk. 466. 465. 471 ff., vgl. Bk. 444. 187) deutlich in
Bezug zur *Sonne*. Hierin offenbart sich eine gewichtige Abweichung; es muß durch weitere Untersuchungen festgestellt werden,
ob dieselbe bei der völligen Analogie aller übrigen Merkmale so
erheblich erscheint, um darauf hin zwischen den asiatischen und
europäischen Bräuchen Grundverschiedenheit des Typus zu
statuieren.

Eine mehrfach bei Russen und Walachen (Bk. 434) auftauchende moralisierende Form der Schließung des Maibundes ist
die *unter einem Baume* vor sich gehende gegenseitige Erwählung
von Gevattern, welche im russischen Kreise Nerechta unmittelbar
mit der Darstellung des Todes und der Auferweckung des Mai-
bräutigams verbunden ist. Dieser Brauch, ursprünglich und noch

---

Kirmesgeld? O Bauer hast du Geld?
So nehme dir ein Weib! u. s. w.
Der im Kreise Stehende wählt sich eine beliebige Person.
So kniee dich auf die Erd'!
So kniee dich auf die Kirmeserd'! u. s. w.
Beide knieen nieder.
Steh auf von dieser Erd'! u. s. w.
So küsse dir dein Weib! u. s. w.
Heraus, hinaus vom Kreis! u. s. w.

Wer zuerst im Kreise gestanden, tritt in die Reihe wieder ein; der andere
bleibt darin, und Gesang und Tanz beginnen von neuem, bis alle im Ringel
gewesen sind. Montanus Volksfeste I, 35.

1) S. Bk. Register: Ehelente, neuvermählte.

2) Zu den in den Kreis dieser Sitte gehörigen Bräuchen vgl. noch folgenden französischen Brauch. In Lacs bei Châtre (Berry) sammeln die Mädchen bei Frühlingsanfang jährlich viele Himmelsschlüsselchen (primula
veris) und machen daraus dicke goldene Bälle (dont elles composent de
grosses pelotes dorées), die sie durch die Luft werfen. Dabei rufen sie
wiederholt: grand soulé! p'tit soulé! grand soleil! petit soleil!). Laisnel de la Salle, croyances et légendes du centre de la France I, 85. Andere
profane und kirchliche Formen des Brauchs ebendas. 86 — 87.   E. Souvestre
les derniers Bretons.

vielfach zwischen zwei jungen Personen verschiedenen Geschlechtes ausgeübt, ist dann weiterhin häufig zu einem Bunde zwischen
je zwei Knaben oder Mädchen abgeschwächt. Er besteht auch
in Sizilien und wird hier am Tage Johannis des Täufers vollzogen. Der Knabe und das Mädchen (resp. die beiden Mädchen
oder Knaben) *ziehen sich jeder ein Haar aus*, drehen beide zusammen und blasen sie fort in die Luft. Dann haken sie ihre
kleinen Finger ineinander und erklären, sich als *Gevattern* (com-
pari) *für die Zeit bis Weihnachten* betrachten, und bis dahin
alles, was sie haben, mit einander teilen zu wollen. Noch an demselben Tage schickt man sich die Gevattergeschenke. Vielfach
dienen dazu die sogenannten *piatti di sepulcru* oder die *lavuri*.
Ersteres sind Teller, auf denen man Hanf ausgebreitet und *Linsen, Erbsen oder Weizen gesät*, und durch Begießen schnell in
die Höhe getrieben hat (Pinna de' Greci). Die *lavuri* sind *Wei-
zenschößlinge*, vierzig Tage vor Johanni auf Watte in einen Blu-
mentopf gesät (Ciancina). Die Empfängerin schneidet entweder
ein Büschel der Frucht ab, legt es, mit zierlichem Bändchen
umflochten, zu ihren liebsten Familienreliquien und sendet das
Uebrige zurück; oder sie schneidet einen Halm des lavuru mit
der Scheere ab und beide Gevattern essen die Hälfte desselben.[1]
Diese in Töpfe gesäten und zu schnellem Wachstum getriebenen
Früchte erinnern in diesem Zusammenhange lebhaft an die Adonisgärtchen der Alten.

§. 4. **Attis.** In anderer Ordnung kehren die Elemente im
phrygischen Attiskultus wieder, dessen Gebräuche unseren Lätarebräuchen am meisten verwandt sind, falls die römische Festfeier
einen Schluß auf den heimatlichen Brauch gestattet. Danach
wurde am ersten Tage, der den Namen „*arbor intrat*" führte,
im Haine der Cybele eine schöne *Fichte* (Pinie) abgehauen und
von dem Collegium der Dendrophoren feierlich in das Sanctuarium
des Tempels der Göttin getragen. Hier wol erst wurde der Baum
mit den Attributen des phrygischen Dienstes *Krummstab, Tym-
pana, Flöten und Klapperblechen* geziert. *Außerdem schmückte
die Pinie das darangebundene Bild eines Jünglings*. Es hieß,

---

1) Guiseppe Pitrè Usi populari Siciliani nella Festa di S. Giovanni
Battista I. II. Palermo 1871. 1873. Vgl. Ausland 1873. n. 40.

das sei das Bild des Attis,[1] eines der großen Mutter verbundenen göttlichen Wesens,[2] das dem Adonis der Phoeniker, wie es
scheint, gleichartig war. Attis war ein Liebling der Kybele, und
als ein Eber ihn (wie Adonis) tödtete, *hatte ihn Kybele in die
heilige Pinie verwandelt*.[3] Es bewahrt diese Sage das Bewußtsein, daß die an den Baum gehängte Puppe das dem Baume
einwohnende Numen der Vegetation bezeichnen sollte (Vgl. Bk. 156.
210). Eine andere Version, d. h. eine den eigentlichen Grund
der Baumaufpflanzung mißverstehende Deutung des Vorhandenseins
der Gallen im Kultus der großen Mutter, erzählte, Attis habe
(aus dieser oder jener Ursache[4]) sich unter der Fichte seiner
Zeugungskraft beraubt und in seinem Blute sein Leben ausge-
haucht. Dem entsprechend fand, nachdem den 2. Tag (Tubilu-
strium) hindurch fortwährend mit Hörnern geblasen war, am dritten Festtage (Sanguen) unter heftigem Wehklagen und Jammer
jene ekstatische Ceremonie statt, derzufolge jedes neueingetretene
Mitglied des Collegs der Gallen sich der Castration unterziehen
mußte, der Vorsteher (Archigallus) sich den Arm blutig *ritzte*,
worauf die übrigen mit aufgelösten Haaren und Weinen und Weh-
rufen sich an die Brust schlagend ebenso taten.[5] Die Priester
betrachteten sich dabei als Nachahmer des Gottes,[6] was noch

----

1) In sacris Phrygiacis, quae matris Deûm dicunt, per annos singulos
arbor pinea colitur et in media arbore simulacrum juvenis subli-
gatur. Jul. Firmic. de error. profan. relig. 24.
2) Numen conjunctum . . . . Matris Deum Attys. Verg. Aen. VII, 7:
3) Ovid. Metamorph. X, 103 ff.
          Et succinta comas, hirsutaque vertice pinus:
          Grata deum matri siquidem Cybelëius Attis
          Exiit hac hominem truncoque induruit illo.
Cf. Arnobius V, 16. Cur ad ultimum pinus ipsa paulo ante in dumis incertissi-
mum notans lignum mox ut aliquid praesens atque augustissimum
numen deûm matris constituatur in sedibus?
4) Die verschiedenen Varianten der Motivierung s. bei Nitsch Mythol.
W. B. s. v. Attis.
5) Die Belege s. Marquardt Handbuch d. R. A. IV, 317 Anm. 2103. 318,
Anm. 2106.
6) W. Schwartz läßt aber seiner Phantasie zu freien Lauf, wenn er den
Gebrauch der Gallen, sich zu entmannen, für die Nachahmung der im Gewitter geglaubten Entmannung des Sonnenwesens erklärt, der man in der Ex-
stase meinte folgen zu müssen.!!! Schwartz in Bastian-Hartmanns Zs. f. Ethnol.
1874 S. 173. 1875 S. 403. — Vgl. hinten den Nachtrag z. d. S.

deutlicher daraus hervorgeht, daß der Gott selbst, wie die Prie-
ster, Gallus genannt wird.[1] Endlich wurde dann an manchen
Orten ein Attisbild auf einem Todtenbettchen aufgestellt, mit
Trauergesängen beklagt und heroisch bestattet.[2] Wol am Abend
dieses Tages oder am folgenden umwand man den Baum mit
Kränzen aus frischen *Veilchen* und mit *Binden von Wolle;* die
Veilchen, sagte man zur Erklärung des Brauchs, seien aus dem
Blute des Attis entsprungen (die eigentliche Feier der Sanguen-
tages war mithin schon vorhergegangen), seine Seele, sein Leben,
war in diesen erstgebornen Kindern des Frühlings wieder neuge-
boren zum Vorschein gekommen.[3] Der vierte Tag, *Hilaria*
genannt, und als laetitiae exordium bezeichnet,[4] feierte nach
Diodor das Wiederauffinden (εὕϱεσις) des von Kybele Gesuchten
im Hades, seine Wiederheraufführung ans Licht und seine Vereinigung mit der Göttin. Wie die Darstellung des Todes und
der Trauer eine dreitägige war, erstreckte sich nun auch das
Freudenfest auf einen dreitägigen Zeitraum. Es schloß am
6. Tage (Lavatio) *mit einem Bade des Wagens, des Idols und
anderer Sacra* der großen Mutter *im Flusse Almo.* Voraul gingen dem Wagen Mitglieder der vornehmsten Gesellschaft mit
bloßen Füßen (vgl. die römischen Aquaelicien), man trug alle
möglichen Kostbarkeiten, Wunder der Natur und Kunst vorher.

---

1) Julian. orat. V, p. 168. C. Spanh. τῇ τϱίτῃ δὲ τέμνεται τὸ ἱεϱὸν καὶ
ἀπόϱϱητον ὄϱος τοῦ θεοῦ Γάλλου. Gradeso heißen die *Βάχχοι* von *Βάχχος*,
die die deutschen Korndämonen darstellenden Menschen wie diese „der Alte,
die Kornmutter, Wolf“ u. s. w. Mannhardt Korndämonen S. 3 Bk. 612.
2) Diod. Sic. III, 58. 59.
3) Arnob. V, 16. Quid enim sibi vult illa pinus, quam semper statutis
diebus in Deum Matris intromittitis sanctuario? Nonne illius similitudo est
arboris, sub qua sibi furens manus et infelix adulescentulus intulit et gene-
trix divum solatium sui vulneris consecravit? Quid lanarum vellera, quibus arboris colligatis et circumvolvitis stipitem? Nonne illarum repetitio
lanarum est, quibus Ja deficientem contexit? Quid compti violaceis coronis
et redimiti arboris ramuli? Nonne illud indicant, uti mater primige-
niis floribus adornaverit pinum? — Quid coronae, quid violae? quid vulne-
ra mollium velamenta lanarum? — Cf V. 7: Evolat cum profluvio sanguinis vita: sed abscissa quae fuerant magna legit mater Deûm et iniicit his terram, veste prius tectis atque involutis defuncti. Fluore de sanguinis viola
flos nascitur et redimitur ex hac arbos. Inde natum et ortum est, nunc etiam
sacras velarier et coronarier pinos.
4) Macrob. Saturn. I, 21.

Während der Wagen mit dem Idol sich durch die Straßen
bewegte, sang das Gefolge auf Fruchtbarkeit bezügliche Lieder,
die Einwohner beschütteten den Zug mit Blumen und die Gallen
sammelten an den Türen Gaben ein.[1] In der hier beschriebenen
Gestalt war das Fest erst unter Kaiser Claudius in Rom eingeführt, vorher bestand bloß die letzte Prozession, die mit der
Wassertauche der Göttin schloß; da das *Bad* der Göttermutter
auch aus Kyzikos und Ankyra bezeugt ist,[2] mithin nicht allein
dem ursprünglichen asiatischen Kult der Kybele anzugehören,
sondern auch ein Hauptstück desselben gewesen zu sein scheint,
dürfen wir urteilen, daß dieser Ritus ein notwendiger Teil der
ganzen, durch Claudius nur in erweiterter und prächtigerer Form
restaurierten Feier war. Es liegt auf der Hand, daß die zweite
Hälfte derselben, die Darstellung des Heraufsteigens der Kybele
mit Attis aus dem Hades,[3] der Kernpunkt des Festes war, daß
auf ihr der Accent ruhen sollte; es geht das auch schon aus dem
Zeitpunkt hervor, auf welchen man es verlegt hatte, d. h. die
Woche, in welcher der Tag anfängt über die Nacht den Sieg zu
gewinnen. Die erste Hälfte, das Trauerfest, die Darstellung des
winterlichen Zustandes, in welchem der Vegetationsdämon die
Geliebte verläßt (Bk. 444 ff.), der Zeugungskraft beraubt, gestorben ist, bildet somit trotz der gleichen Zeitdauer, trotz der dabei

---

1) Ovid. Fast. IV, 340: Illic purpurea canus cum veste sacerdos Almonis dominam sacraque lavit aquis. Ammian. Marc. XXIII, 3. A. D. VI.
Kal., quo Romae matri deorum pompae celebrantur annales et carpentum,
quo vehitur simulacrum Almonis undis ablui perhibetur. Ambros. ep. c.
Symmach. in Parei Symmachus p. 482: Unde igitur exemplum quod currus
suos simulato Almonis in flumine lavat Cybele? Serv. ad Verg. G. I, 163: Eleu-
sinae matris volventia plaustra . . . qualibus mater Deum colitur. Nam ipsa
est etiam Ceres, Romae quoque sacra huius deae plaustris vehi consueve-
rant. Prudentius περὶ στεφάνων X, 153: Nudare plantas ante carpentum
scio proceres togatos matris Ideae sacris. Lapis nigellus evehendus essedo
muliebris oris clausus argento sedet: quem dum ad lavacrum praeeundo
ducitis, pedes remotis atterentes calceis Almonis usque pervenitis
rivulum.

2) S. Marquardt, Handb. IV, 318 Anm. 2107. Vgl. über die ganze Feier
Bk. 572. 574. Bötticher Baumcultus 242—247. Preller R. Myth. 735 ff.

3) Damascius Vita Isidori bei Photius p. 344ᵃ. Becker: τότε τῇ Ἱεραπό-
λει ἐγκαθευδήσας ἐδόκουν ὄναρ ὁ Ἄττης γενέσθαι καί μοι ἐπιτελεῖσθαι παρὰ
τῆς μητρὸς τῶν θεῶν Ἱλαρίων καλουμένην ἑορτὴν ὅπερ ἐδήλου τὴν ἐξ ᾅδου
γιγονυῖαν ἡμῶν σωτηρίαν.

.

vorgenommenen Entmannung der Gallen, nur das Vorspiel zu der
eigentlichen der Jahreszeit angemessenen Frühlingsfeier und hat
keinen andern Zweck, als den Zustand der dabei auftretenden
mythischen Personen als den des *Wiedererwachtseins* oder *Wiederauflebens* zu bezeichnen. Ganz dasselbe Verhältniß der Teile,
ganz die nämliche Grundidee und der gleiche Ausdruck derselben,
ein mit der Puppe und (im Attiskulte) *mit Frühlingsblumen* (wie
in Böhmen mit Eiern) *behangene Baum* (Sommer) als Verkörperung des vom Tode erwachten Wachstumsgeistes findet sich auch
in unsern deutschen und slavischen Lätarebräuchen.[1] Demnach wird
es schwerlich von der Wahrheit abliegen, *wenn wir auch im Attiskult die Wassertauche des Kybeleidols und Wagens mit dem in
den nordischen Frühlingsbräuchen so stehenden Wasserbade,
das wir für einen Regenzauber erklären mußten, für identisch
halten.*[2] Falls aber sowol diese Schlußfolgerung als auch das
Ergebniß unserer (Bk. 567 — 602) vorgetragenen Untersuchungen
über die deutsche Nerthusumfahrt richtig sein sollten, so erhellte,
daß zwar die unmittelbare Identification des letzteren deutschen
Kultus mit demjenigen der phrygischen großen Mutter durch die
römische Interpretatio fehlgriff, daß aber die unleugbare Aehnlichkeit beider Begehungen nicht auf bloß äußerlichem, zufälligem
Zusammentreffen, sondern auf einer inneren Verwandtschaft der
Vorstellung und ihres symbolischen oder mythischen Ausdrucks
beruhte. In weitem Abstande dagegen hält sich die ethische
Richtung. Die maßlosen sinnlichen Ausschreitungen, zu welchen
das heiße Blut des Südens die Asiaten verlockte, lag dem reinen
Naturgefühl und keuschen Geiste der Germanen und ihrer europäischen Nachbarn so himmelferne, daß in dem Kreise von
Gebräuchen, welchem wir den Nerthuskult zuwiesen, trotz scharf
ausgeprägter geschlechtlicher Symbolik jeder sittliche Makel mit
Strenge verhütet wird (Bk. 165. 188. Vgl. selbst Bk. 469). Sollte
sich bei weiteren Untersuchungen herausstellen, daß rohere Formen
der Feier ehedem in ausgedehntem Maße geübt wurden, so blieben dieselben, soweit wir sie verfolgen können, doch rein sinn-
bildlich, und die Verschönerung ins Zarte gereicht unseren Bevölkerungen zu desto größerer Ehre.

1) Bk. 156. 417 ff. 558 ff. Myth.² 727 ff. Reinsberg-Düringsfeld Festkalender aus Böhmen S. 87 ff.

2) Vgl. Bk. Register s. v. Regenzauber und namentl. S. 385.

§. 5. **Ergebnisse.** Die orientalischen Feste des Adonis, des
Attis und der Kotyto, welche nach Griechenland und Italien
verpflanzt, dort viele Jahrhunderte lang als *„fremdländische
Kulte"* fortgeübt wurden, zeigen gleich dem Frühlingsfest der
Atargatis (o. S. 259 ff.) *eine auffallende Uebereinstimmung des Typus,
eine hohe Gleichartigkeit der Conception* mit den nordeuropäischen
Begehungen des Maibanms, Erntemais, Laubmanns, Maibrautpaars, Todaustragens. Diese Gleichartigkeit ist jedoch keinesweges der Art, daß man etwa die letzteren von den ersteren
ableiten könnte, vielmehr machen grade diese den Eindruck der
jüngeren, weniger ursprünglichen Form. Die Uebereinstimmung
tritt auf Seiten der nordischen Bräuche nämlich in dem *Vorhandensein aller oder fast aller derjenigen Elemente* hervor, aus
denen sich auch jene orientalischen Feiern zusammensetzen; die
Verbindung dieser Elemente untereinander aber folgt dort nicht
immer der hier historisch gewordenen Reihe und Ordnung, sondern bleibt durchaus eine freie. Der noch völlig durchsichtige
Grundgedanke erweist sich in den slavogermanischen Bräuchen
eines mehrfachen, gleichwertigen Ausdruckes fähig. Dieselben
verzweigen sich, weithin das Volksleben durchziehend, in mehreren Seitenästen (Erntemai, Richtmai, Brautmaie, Viellieben-
essen u. s. w); sie stehen so als unauslösbare Glieder inmitten
eines großen Kreises lebendiger Volkssitten, welche noch einen
weit unmittelbareren und frischeren Naturzusammenhang verraten,
und eine weit einfachere, primitivere Gestalt haben, als die
genannten orientalischen Kulte. (Vgl. z. B. das Aufsuchen des in
Laub gehüllten Maibrautpaars im Walde gegenüber der Ausstellung der kunstvollen Götterbilder des Adonis und der Aphrodite
in der Königshalle. Ferner die Begießung des Laubmanns,
Pfingstkönigs, *mit Wasser* in der *bewußten* Absicht eines Regen-
zaubers u. s. w.) Umgekehrt zeigen die Adonien und der Attiskult die ursprünglichen Elemente bereits durch Auslese und Ordnung in eine feste oder wenig verschiebbare Form gebannt, in der
sie bei weiterer geographischer Verbreitung erstarrt und isoliert
verharrten, ohne neue Sproßformen zu erzeugen und tiefere Wurzeln im Volksleben zu schlagen. Wir werden schwerlich irre
gehn, wenn wir annehmen, daß der aus historischer Zeit
bekannten Gestalt dieser Kulte eine volkstümlichere, ältere
und einfachere vorangegangen war, welche den in Rede

stehenden germano - slavischen Bräuchen noch weit ähnlicher gewesen sein muß.

Dagegen gab es in Griechenland und Italien neben jenen aus Vorderasien herübergekommenen Kulten des Adonis, Attis und der Kotyto eine Anzahl einheimischer Begehungen desselben Inhalts und derselben Art, wie die nordeuropäischen Bräuche. Ich habe o. S. 265 ff. den Versuch gemacht, in den römischen Argeern ein Seitenstück unserer Pfingstlümmel nachzuweisen.

Die Gelehrsamkeit eines Müllenhoff [1] hat sich mit derjenigen L. Prellers, [2] W. Roschers [3] und H. Useners [4] vereinigt, um in den zu Rom in der Mitte des Märzmonats begangenen Festhandlungen die entsprechenden Gegenbilder deutsch-slavischer *Frühlingsgebräuche* (Schwerttanz; Todaustragen u. s. w.) aufzuzeigen. Die an die Namen Anna Perenna, Mamurius Veturius, Mars geknüpften Riten und Sagen ergeben sich als Darstellungen der Schicksale des sterbenden, bzw. vertriebenen, *wieder geborenen*, sofort siegreichen und sich wieder *vermählenden* Jahresgottes und Wachstumsgebers Mars. Sollte jemand fragen, wie sich mit diesen Ergebnissen die o. S. 269 von uns vorgetragene Ansicht über die Aufstellung der Argeerpuppen als Repräsentanten des neueinziehenden Wachstumsgeistes vereinigen lasse, da ja *Mars* bereits diese Idee ausdrücke, so ist darauf zu erwiedern, daß erfahrungsmäßig bei der solennen, volkstümlichen Feier von Naturfesten sehr oft mehrere Begehungen von verschiedenen Seiten her zusammenfließen, und neben- oder nacheinander sich abspielen, welche den nämlichen oder einen nahverwandten Gedanken auf verschiedene Weise mythisch ausdrücken. Nicht anders wird es sich in diesem Falle verhalten. Ja die Figuren des *alten* Vegetationsdämons und seiner Frau, des neuverjüngten Wachstumsgottes und seiner Braut und des Laubmanns, d. i. im römischen Kultus des Mamurius Veturius und der Anna Perenna, des Mars und der Neriene, endlich der Argeer finden sich *gradeso vereinigt* in Mad Moll and her husband, Mylord und Mylady, endlich dem Jack in the green des Londoner Kamin-

1) K. Müllenhoff Schwerttanz S. 7.
2) Röm. Myth. S. 317 ff.
3) Apollon und Mars. Lpzg. 1873, S. 25 — 28, 45.
4) Italische Mythen. Rhein. Museum XXX. Bonn 1875, S. 182 — 229.

fegerumgangs (Bk. 426) wieder.   Usener macht in seiner lehr-
reichen Abhandlung zugleich einleuchtend, daß die bis in die
Gegenwart hinein lebendige Neigung des Volkes, Kalendertage
oder Zeitabschnitte in mythischen Personen zu verbildlichen und
auf letztere die Functionen von Vegetationsgeistern zu übertragen
(s. o. S. 184 ff. 188. 192. 286), bereits in den Tagen der römischen Königszeit wirksam war, und daß auch in dem symbolischen Begräbniß der Charila zu Delphi eine dem Todaustragen
verwandte, einheimisch griechische Ceremonie zu finden ist.
Kennten wir die religiösen Volksgebräuche der Landstädte und
Dörfer von Hellas und Italien im Altertum auch nur so vollständig, wie diejenigen von Athen und von Rom, so würde sich
(nach den vorstehenden Fingerzeigen zu urteilen) eine Fülle jetzt
ungeahnter einheimischer und naturwüchsiger Correspondenzen
der nordischen Lätare-, Fastnachts-, Maitags-, Pfingst- und
Johannistagsgebräuche herausstellen, über welche eine vollständige Sammlung und kritische Untersuchung der spanischen, italiänischen, neugriechischen Volksgebräuche uns wol in Zukunft
noch einmal wenigstens mittelbare Kunde zuführt.   Eine solche
Sammlung würde uns zugleich *den Umfang und den Grad der
Uebereinstimmung* zwischen den grätoromanischen und den deutschen, slavischen, keltischen Bräuchen vor Augen stellen, und
dadurch einige Handhaben darbieten zur Entscheidung der für
den Augenblick noch verfrühten und unlöslichen Frage nach dem
historischen Verhältniß dieser Bräuche untereinander und zu den
vorhin mehrfach erwähnten vorderasiatischen Kulten.   Von den
drei überhaupt in Betracht kommenden Möglichkeiten, die Uebereinstimmung zu erklären, Vererbung aus einer dem gemeinsamen
Stammvolk angehörigen proethnischen Grundform, selbständiger
Entstehung bei mehreren Völkern aus gleichen psychischen Keimen, Verbreitung von Volk zu Volk durch Entlehnung und
Uebertragung, von diesen drei Möglichkeiten liegt die erste in unserm Falle weiter ab.   Eine Verbreitung vorderasiatischer Religions-
gebräuche zu Deutschen und Slaven in altheidnischer Zeit wäre
an und für sich ebensowol möglich als die Wanderung der phoenikischen Schriftzeichen und der babylonischen siebentägigen
Woche, sowie mancher Kulturpflanzen und Haustiere nach dem
Norden.   Wann aber und auf welchem Wege sollte sie geschehen
sein?   Sie müßte Italien bereits vor der römischen Königszeit

und, bevor der Adoniskult in seiner jetzigen Form fixiert
wurde, erreicht haben. Zu welcher Zeit erfolgte der Uebergang
nach Deutschland? Unsere Untersuchungen im ersten Teile
dieses Werkes bringen darüber keinen Aufschluß; ja wir haben die
Frage nicht einmal berührt, da es sich (nach Bk. S. 6) bei unseren Zusammenstellungen daselbst *„noch nicht um die Darlegung
irgend welcher historischen Verwandtschaft, sondern um die
Beschreibung von Typen handelte."* Wir führten demnach als der
in mannigfachen Bräuchen ausgeprägten Vorstellung von der
Baumseele und den Waldgeistern der Idee nach am nächsten
sich anschließend jenen Complex von Volkssitten auf, welcher
die verschiedenen Arten und Formen des Maibaums (bzw. Sommers), Laubmanns, Maibrautpaars und Sonnwendfeuers umfaßt.
Die genannten Volkssitten sind durch ein so enges Band gegenseitiger Beziehungen miteinander verknüpft, daß es folgerichtig
erscheint, ihnen im Ganzen und Großen eine gleichzeitige und
gemeinsame Herkunft zuzutrauen; somit würde der Nachweis über
das Vorhandensein des einen Stückes zu einer bestimmten Zeit
zugleich das Vorhandensein der übrigen mit Wahrscheinlichkeit
bezeugen. Die älteste Spur vermeinten wir in dem von uns für
Verbrennung des Laubmanns erklärten großen Jahresfeuer der
Gallier hundert Jahre vor Christo aufzufinden (Bk. 525 ff.); zwei
Jahrhunderte später glauben wir in dem Berichte des Tacitus vom
Kultus der Nerthus eine römisch gefärbte Beschreibung der Früh-
lingseinholung und *Wassertauche* des Vegetationsdämons erkennen
zu müssen (Bk. 567 ff.). Haben wir recht, so müßte die Entlehnung dieser Kultgebräuche aus der Fremde, falls überhaupt Entlehnung vorliegt, vor Beginn unserer Zeitrechnung erfolgt sein.
Wir sind jedoch nicht berechtigt, diese unsere mit guten Gründen
gestützte vermutungsweise Deutung der beiden Kulte schon als
grundlegende Tatsache mitreden zu lassen. Erst im achten Jahrhundert zeigen uns die Synoden unter Karlmann das *Notfeuer*
als einen von der Kirche für heidnisch erklärten Brauch in deutschen Landen (Bk. 518); ob derselbe schon im deutschen Heidentum geübt wurde, oder in die früh zum Christentum bekehrten
südlichen und westlichen Diöcesen Deutschlands aus der römischen
Welt gekommen war, erhellt aus dem Zeugniß der Synoden nicht.
Im 12. Jahrhundert tauchen in Frankreich, Griechenland (Bk. 470)
die ersten Belege für das Sonnwendfeuer am Vorabend St. Johannis

Baptistae und zugleich für die Verbindung desselben mit der Mai-
brautschaft auf. Einen urkundlichen Belag über den *Maibaum*
bringt endlich das Jahr 1225 (Bk. 170), und bald darauf beginnen die Zeugnisse für den Maigrafen, welcher, aus dem Laubmann, Maikönig abgezweigt, diesen mit bewährt (Bk. 369 ff.). In
Italien, Frankreich und Deutschland sehen wir nicht viel später
(saec. XIV) die heutzutage auch in Rumänien, Spanien u. s. w.
nachzuweisende Sitte, vor dem Hause des geliebten Mädchens
einen Maibaum aufzustecken. Fiele in diesen Fällen die Geogra-
phie und Chronologie der ersten literarischen Erwähnung notwendig zusammen mit dem Zeitpunkte und Local der ersten Entstehung der Bräuche, wenigstens der in Rede stehenden Form derselben, so würde unserer Deutung des Nerthuskultus und jenes
gallischen Jahrtagsfeuers auf denselben Complex von Gebräuchen
eine große Schwierigkeit erwachsen. Aus mannigfachen Gründen
sind wir jedoch berechtigt, einen solchen Schluß in seiner Allge-
meinheit zurückzuweisen; schon die Lückenhaftigkeit der bisherigen Ausbeute des älteren Schrifttums nach den hier einschlägi-
gen Gesichtspunkten hin muß vor voreiligen Schlüssen warnen
Können wir in dem verhältnißmäßig späten Zeitpunkt der literarischen Zeugnisse keinen Grund sehen, an dem weit früheren
Alter unserer Fastnacht-, Maitags- und Sonnwendgebräuche zu
zweifeln, so erheischt doch das mehrfach gleichzeitige Auftreten
derselben in gleicher volkstümlicher oder kirchlichgewordener Form
auf dem Boden des griechischen, romanischen, deutschen Mittelalters eine gesonderte eingehende Erklärung und Untersuchung
des Entstehungsheerdes jeder Spezialform für sich. Wir werden
uns der Einsicht nicht verschließen können, daß wir es hier nicht
überall mit einfachen Verhältnissen zu tun haben, daß wir nicht
den Produkten einer gradlinigen parallelen Entwickelung aus
uralten, einander sehr ähnlichen Geistesgebilden des nationalen
Heidentums jedes dieser Länder gegenüberstehen, sondern daß im
Mittelalter die betreffenden Volksgebräuche der europäischen Länder in der irgendwo erhaltenen Modification mit Ueberspringung
der Sprachgrenzen weiter verbreitet und wechselseitig ausgetauscht
seien. Es bleibt dabei immer die Möglichkeit bestehen, daß in
sehr alter Zeit, bereits um den Beginn der christlichen Aera, ein
Grundstock sehr ähnlicher Bräuche in den südlichen und nordischen Ländern Europas bestand; es bleibt die *Möglichkeit*, daß

derselbe in einer dem Adonis- und Attiskult voraufgehenden Form
aus Vorderasien vielleicht über Italien und Gallien eingewandert
war. Von solcher Möglichkeit ist es ein weiter Abstand bis zur
Wahrscheinlichkeit oder Gewißheit; und das von der neueren
Anthropologie auf das unwiderleglichste erwiesene „psychische
Einerlei des Menschengeschlechtes" [1] nötigt uns, als gleiche *Möglichkeit* anzuerkennen, daß in Nordeuropa, bei den südeuropäischen
Stämmen und in Vorderasien die in Frage stehenden einander
analogen Frühlings- und Sommergebräuche selbständig, aus gleicher Geistesorganisation erzeugt seien.

Bei diesem verwickelten Zustande der Frage bleibt der Forschung nichts übrig, als dem Urteil über den historischen Zusammenhang, die Herkunft und die Geschichte des gesammten Complexes der in Rede stehenden Bräuche vor der Hand zu entsagen
und sich einfach darauf zu beschränken, die Gestalt, den Typus,
die Merkmale und die Bedeutung derselben festzustellen, die
näheren und weiteren Uebereinstimmungen derselben geographisch
und historisch zu verfolgen, im Einzelnen Sproßformen und Entlehnungen von Mutterformen (vgl. z. B. Bk. 376, o. S. 288 ff.) morpho-
logisch zu scheiden und womöglich chronologisch zu fixieren und
so allmählich feste aus innerer morphologischer und äußerer ur-
kundlicher Chronologie zusammengesetzte Anhaltspunkte zu
gewinnen, welche bei fortgesetzter Ausbeute der Literatur und des
Volkslebens mit der Zeit zu deutlicher Einsicht auch in das für
jetzt noch unklare geschichtliche Verhalten führen werden.

---

1) Unkundige seien darüber hier nur auf Peschels klare Auseinandersetzung „Völkerkunde. Leipzig 1874, S. 22—27" verwiesen.

Kapitel VI.

Sonnwendfeuer im Altertum.

A.

Orientalische und altrömische Sonnwendfeuer.

§. 1. Orientalische Sonnwendfeuer. Sollte jemand, trotz der o. S. 259 ff. nachgewiesenen Uebereinstimmungen bis ins Kleinste hin, im Zweifel sein, ob das Fest der syrischen Göttin mit der Verbrennung des Maibaums in unseren Oster-Maitags- und Johannisfeuern nur zufällig übereinkomme,[1] oder damit als Sproß-form desselben Typus zusammengehöre, so muß erwiedert werden, daß auch die schon längst und immer wiederholt bemerkte Aehn-lichkeit unserer Sonnwendfeuer mit den *heiligen Feuern* der Phoeniker, Syrer und anderer Semiten, durch welche die Festfeiern-den ihre *Söhne und Töchter hindurchgehen ließen*,[2] sich durch

---

1) Vgl. auch Nilson, Ureinwohner des skandinav. Nordens. Hamburg 1866. S. 59.

2) S. über diese Feuer: 5. Mos. 18, 10. 2. Kön. 16, 3. 17, 17. 21, 6. 23, 10. Jer. 32, 35. Man ließ die Kinder auf den Höhen des Baal „hin-durchgehen dem Moloch (König)." Wenn in mehreren Parallelstellen von Verbrennung die Rede ist (4. Mos. 18, 21. Jer. 7, 31. 19, 5), so ist das wol in manchen Fällen Uebertreibung; doch kam auch vollständige Verbrennung von Kindern nach vorheriger Tödtung vor (Ez. 23, 37. 16, 20. 21; Plutarch de superst. c. 13. Philo bei Euseb. praep. evang. I, 10. Cf. Movers Phoe-nizier I, 380. 379. 31): im Kultus der Karthager (Movers 301 ff.), Moabiter (2. Kön. 3, 27. Inschrift des Mesa), von Sepharvaim (Syrien? Mesopotamien? 2. Kön. 17, 31. Movers S. 410.) und zwar jährlich an einem bestimm-ten Tage, wahrscheinlich im Hochsommer, sodann wie bei unsern Not-feuern, um *Dürre, Seuchen* oder großes Kriegsunglück zu wenden oder abzuwehren. Diese Anwendung bei Kriegsunglück war wol erst secundär aus dem Begriff größter Calamität entsprungen. Vgl. a. J. G. Müller Artikel Moloch in Herzogs Realencycl. der protest. Theol. IX, 717. Eine besondere Abart war die Verbrennung von Kindern in einem ehernen Idol mit Stier-

bisher unbeachtet gebliebenes Detail bis in Einzelheiten hinein
verfolgen läßt. Man gönne, da hier nicht der Ort ist, diese
Sache erschöpfend, und allseitig zu behandeln, gütigst den nachstehenden Zusammenstellungen Raum. Laisnel de la Salle
(Croyances et légendes du centre de la France. Paris 1875 T. I.
p. 79 ff.) beschreibt das Johannisfeuer (la jônée d. i. joanée,
jouannée) in Berry folgendermaßen: „Dans nos villages, la veille
de la St. Jean (23. juin) à la tombée de la nuit, chaque famille
fournit, selon ses facultés, un ou plusieurs fagots pour faire la
jônée. *On empile ces fagots au pied et le long d'une perche fichée
en terre sur le lieu le plus éminent* des environs. [Dies ist der
Maibaum inmitten des Sonnwendfeuers. Vgl. Bk. 177 ff. 388.
456. 463 ff.] ... à peine les fagots commencent-ils à pétiller
et se tordre sous l'étreinte des flammes, que tous les assistants,
jeunes et vieux, se prennent par la main et se *mettent à danser
des rondes* autour de la jônée. Les danseurs se n'arrêtent, que
pour activer, *au moyen de longues perches* [das sind die Strohfackeln der deutschen Gebräuche] l'ardeur du brasier et en faire
jaillir des jets de flammes et d'étincelles... Tandisque la joyeuse
farandole s'agite en chantant devant le feu de la jônée, les
jeunes gens les plus lestes s'en détachent de temps à autre, et

kopf (Buch Jalkut, Rabbi Kimchi, R. Jarchi Midrasch Écha ad. Thren. c. 1, 9.
Diod. Sic. XX, 14. Plutarch de superstit. c. 13. Tertullian apolog. adv.
gent. c. 9. Minuc. Fel. Octav. c. 30, §. 3. Clitarchi Schol. in Plat. Sie-
benkees Anecd. Gr. p. 47. Cf. Selden de diis Syr. I, 5, p. 96. Movers
I, 379.) Wir begegnen hier mehreren Typen. 1) Es gab ein Feuer, durch
welches Menschen hindurch liefen oder hindurch sprangen. Es darf zunächst
als Lustration, als Verbrennung der schädlichen Stoffe oder Krankheitsgeister
bei den Hindurchlaufenden gefaßt werden, erhält aber durch seine Vollziehung
zu Ehren des Baal oder El eine weitere Beziehung zur Sonne; 2) In andern
Feuern wurden Menschen lebendig oder nach vorheriger Tödtung verbrannt
im Kultus derselben Götter. Hier liegt entweder die Vorstellung eines Opfers,
einer Darbringung, oder die Symbolik der Verbrennung eines Repräsentanten
des schadenden Dämons, oder endlich die symbolische Darstellung eines
Naturvorgangs als Gedanke zu Grunde. Alle diese Formen rinnen aber in
unsern Quellen, zumal dem alten Testament, der Art in einander, daß eine
Scheidung im Einzelnen nicht vorgenommen werden kann. Wir werden
schließen dürfen, daß sie in der Tat unter einander verwandt sind, und verschiedene Seiten eines in mehrfachen Richtungen sich entfaltenden Ideen-
complexes zur Anschauung bringen, worüber ich die nähere Auseinandersetzung
späterer Gelegenheit vorbehalte, und einstweilen auf Bk. 521 ff. verweise.

s'élancent à plusieurs reprises, et non sans danger, *à travers les
flammes de l'incendie.*˙ On regarde cette formalité comme une
sorte de purification, *qui chasse les maladies et qui doit porter
bonheur à ceux qui l'accomplissent. Aussi les pères et les mères
ont-ils soin, lorsque la flamme est tombée, de prendre les petits
enfans dans leurs bras et de leur faire traverser le brasier de la
jônée.*" Wilde, Irish Superstitions p. 49 berichtet über das
Johannisfeuer der Bergschotten, mit seinen Pfeifern und Geigern,
wie es in späterer Nacht ganz den *wilden* Character der Saturnalien angenommen. Jüngere Leute *springen durch das Feuer*,
ältere *gehen leise Gebete murmelnd rund um dasselbe*. Wollte
jemand eine längere Reise unternehmen, so *lief er dreimal hin
und zurück durch das Feuer*. Galt es eine Heirat, so tat er es,
um sich zu der ehelichen Verbindung zu reinigen. Hatte er
irgend ein Wagestück im Sinne, so *lief er durch das Feuer*, um
sich unverwundbar zu machen. Wenn das Feuer matter wurde,
gingen die Mädchen hindurch, um gute Männer zu bekommen,
schwangere Frauen sah man hindurchgehen, um eine glückliche
Niederkunft zu haben, *selbst Kinder sah man durch die glühenden Kohlen tragen*. Damit vergleiche man zunächst den Bericht
des Bischofs Theodoret (saec 5 p. Chr.) zu Cyrus in Syrien über
den zu seiner Zeit daselbst geübten Brauch: εἶδον γὰρ ἔν τισι
πόλεσιν ἅπαξ τοῦ ἔτους ἐν ταῖς πλατείαις ἀπτομένας πυρὰς
καὶ ταύτας τινὰς ὑπεραλλομένους καὶ πηδῶντας οὐ μόνον
παῖδας ἀλλὰ καὶ ἄνδρας. τὰ δέ γε βρέφη παρὰ τῶν μητέ-
ρων παραφερόμενα διὰ τῆς φλογός. ἐδόκει δὲ τοῦτο ἀπο-
τροπιασμὸς εἶναι καὶ κάθαρσις.[1]

Hiezu füge ich zunächst einige Aussagen altjüdischer Rab-
binen, von denen es hinsichtlich der auf das *Moloch*feuer bezüglichen freilich noch fraglich bleibt, ob sie auf Ueberlieferung oder
nur auf Conjectur beruhen. Nach den Erläuterungen des Talmud
zu den Büchern der Könige bestand das Molochfeuer aus einem
Scheiterhaufen, durch welchen inmitten einer doppelten Mauer
von Ziegelsteinen erwachsene Menschen oder *Kinder* hindurch-
liefen, geführt oder getragen wurden. In der Mischnach, Sanhedrin p. 64 ist auseinandergesetzt, daß nur derjenige als wirklich straffällig zu betrachten sei, bei welchem beide Stücke zu-

---

1) Theodoreti Opp. ed. Sirmond. Paris. 1642. I, 352. Myth.ᵃ 592.

sammentreffen, daß er sein Kind dem Priester für den Moloch
überliefert und daß er es durchs Feuer geführt habe. Dies
erläutert die Gemara z. Sanhedrin p. 64 B dahin „Es lehrte
Raph Jehuda (saec. 3 p. Chr.): Er ist nur dann straffällig, wenn
er seinen Samen so durchführt, wie es Gebrauch ist. Wie war
es denn Brauch? Darauf sagte Abaji (Zeitgenosse Constantins
des Großen): Ein Feuer; Ziegelsteine in der Mitte und Feuer von
der einen Seite und Feuer von der andern Seite. Rabba aber
(zu derselben Zeit): Es war eine Art Verehrung wie das Schwingen am Purimfeste." Nach älteren Quellen erläutert der Commentator Raschi (1040—1105 p. Chr.) die vorstehende Gemara:
Die Durchführung fand statt, ohne daß der Tod des Durchgeführten notwendig war. [Dagegen führt der Verfasser des Wörter-
buchs Aruch eine andere Erklärung an, wonach die Hinüber-
führung über die Ziegelsteine so lange wiederholt wurde, bis das
Feuer den Durchgeführten ergriff und er in dasselbe hineinfiel].
Man führte den betreffenden Menschen nicht schrittweise, sondern
man *sprang* wie die Kinder am Purimfeste. Da war eine Grube
in der Erde, worin Feuer brannte, und man sprang von Rand zu
Rand. [Wiederum berichtet das Wörterbuch Aruch aus älteren
Schriftstellern, es sei *in Babylon und Elam* der Gebrauch
gewesen, daß Bursche sich *Bilder und Figuren Hamans fer-
tigten* und diese auf ihren Dächern vier bis fünf Tage aufhängten.
An den Purimtagen *machten sie ein Feuer und warfen diese
Figur hinein*, stellten sich rings umher und sangen Lieder dazu.
Sie hatten einen Ring über dem Feuer aufgehängt. Darein griffen
sie und *sprangen so von der einen Seite des Feuers zu der
anderen Seite.*] — Dieser Nachricht liegt sicher tatsächliches
Material zu Grunde.

Die vorstehenden Bräuche wurden in Phoenikien zu Ehren
des *Sonnengottes Baal* geübt.[1] Wie sie einschließlich der Verbrennung der aus Lumpen, Stroh u. dgl. hergestellten Menschengestalt mit den deutschen, russischen u. s. w. Sonnwendfeuern
sich decken, ist Bk. 497 ff. nachzusehen. Es erhellt deutlich,
daß der Ritus des Purimfestes ursprünglich eine von den Eingebornen in Babylon und Elam geübte Volkssitte war, welche
die jüdische Kolonie sich aneignete und in ihrem Sinne umdeu-

---

1) Movers a. a. O. S. I, 178—184.

tete, indem ihr der in effigie verbrannte Dämon des Mißwachses,
der Krankheit (Bk. 522) zum Bilde ihres Nationalfeindes Haman,
wie den Christen zum Bilde des Verräters Judas wurde. Wir
finden aber dieselbe Sitte nach zweien Seiten hin noch weiter
über den Orient verbreitet, und zwar in Indien sowol als
Aegypten.

Aus dem arischen Teile Indiens ist mir nur die unserem
Notfeuer (Bk. 518 ff.) entsprechende Vorschrift in Âçvalâyanas
Hausregel IV 8, 40—42 bekannt, bei einer Viehseuche dem
Rudra in der Mitte der Kuhhürde ein Feuer anzuzünden und,
nachdem man die Opferstreu und geschmolzene Butter in dasselbe geworfen, *die Kühe durch den Rauch zu führen.*[1] Aus-
führlicheres kann ich von mehreren Stämmen der dravidischen
Urbevölkerung Südindiens berichten. Dem Berichte des Missio-
nars J. J. Metz „über die Volksstämme der Nilagiris. Basel Ver-
lag des Missionshauses 1858" entnehme ich zunächst die folgenden Tatsachen. Im Süden des Hochlandes von Mysore steigt
das Gebirge der Schwarzberge, Nilagiris, bis zu 9000 Fuß Höhe
hinan; es wird von einem eingewanderten Tamulenstamm, den
Todas, und mehreren eingebornen canaresischen Stämmen
bewohnt, unter denen wieder das in 18 Klassen geteilte Volk
der Badagas das vornehmste ist. Ueber die eine dieser Klassen
äußert Missionar Metz S. 54—56: „Die Haruwaru sind eine
gesunkene Brahminenklasse, stehen aber dessen ungeachtet an
Unreinigkeit und Schmutz den übrigen Bergstämmen nicht nach.
Ihre Brahminenschnur und der anererbte Stolz sind alles, was
sie noch besitzen, um zu zeigen, daß sie der Klasse der Zwei-
malgebornen angehören. In der Regel tragen sie Lasten für
Europäer, es sei denn, sie vermuten, dieselben enthalten Fleisch.
Sie wohnen teils in einigen Dörfern, von denen sie sechs inne
haben, teils aber auch zerstreut unter den Badagas, *denen sie
zur Erntezeit als Priester dienen. Bei dieser Gelegenheit
waren sie gewohnt, alle zwei Jahre mit noch andern Lingaiten
barfuß auf glühenden Kohlen zu laufen und vor den Augen der
kurzsichtigen Zuschauer ein Wunder zu tun.* Sie gaben vor,
der Gott, dem sie dienen, lindere die Hitze und mache das Feuer

---

1) Stenzler, Âçvalâyanas Hausregeln. Heft 2. Uebersetzung. Lpzg.
1865. S. 144.

für sie unschädlich. Weil sie aber nur wenige Secunden auf den Kohlen verweilten, war es natürlich, daß ihnen die Hitze nur geringen Schaden zufügte. Einmal kam einer dieser Leute zu mir und bat um eine Salbe für seine Füße; er fügte hinzu, in der Aufregung habe er etwas länger, als üblich sei, auf den Kohlen verweilt und in Folge davon seine Fußsohlen ziemlich verbrannt. Trotz dieses offenbaren Betruges, gab es doch jederzeit Hunderte von Badagas, die sich versammelten und mit Verwunderung einem solchen Schauspiele zusahen. Als die Regierung unlängst einen Befehl erließ, welcher die obige Unsitte verbot, so glaubten sie, ich hätte denselben veranlaßt, und überschütteten mich mit den furchtbarsten Verwünschungen. Bald darauf ging eines ihrer Dörfer in Flammen auf. Um das Unglück zu erklären, behaupteten sie, es sei nichts anderes, als eine Offenbarung des Zornes ihres Gottes, welcher auf diese Weise seine Unzufriedenheit gegen das Regierungsverbot an den Tag lege." Hiezu stellt sich das Fest *Nezupyson tirunál* bei den Tamulen in Französ. Indien, *an welchem ein ungeheurer Scheiterhaufen errichtet wird, um den die Menge tanzt, und durch dessen Kohlen sie springt, die kleinen Kinder in den Armen tragend.* Die Holz- und Aschenreste werden mit heiliger Scheu von den Umstehenden gesammelt.[1] Es verlohnte sich zu untersuchen, inwiefern damit das angeblich zu Ehren des Dharma, seiner Brüder und ihres Weibes Draupadi gefeierte Fest zusammenhängt, bei welchem die Priester der Vishnuiten in Malabar *mit bloßen Füßen durchs Feuer gehen.*[2]

Während in den vorstehenden Beispielen die geographische Verbreitung der bei den Phoenikern an Baal oder El geknüpften Feuer sich weit in das südöstliche Asien fortsetzt, ohne daß wir jetzt schon zu sagen berechtigt wären, ob dieselben genuin oder von Semiten oder einem diesen der geschichtlichen Entwickelung nach voraufgehenden Volke entlehnt waren, spricht nach Sachlage der historischen Verhältnisse die größere Wahrscheinlichkeit für einen unmittelbar semitischen Ursprung bei dem von Manetho erwähnten *Sonnwendfeuer* in Aegypten. „In der Stadt Eileithyia

---

1) Inde Française bei Laisnel de la Salle a. a. O. I, 84.
2) Ziegenbalg malabar. Götter herausg. v. German. Madras u. Erlangen 1867. S. 99.

hat man sogar, wie Manetho erzählt, *lebende Menschen verbrannt, die man Typhonische nannte*, und ihre *Asche* mit *Getreideschwingen* in alle Winde *verstreut. Dies geschah öffentlich und zu einer bestimmten Zeit in den Hundstagen.* [1] Da der aegyptische Set oder Sutech, den die griechische Benennung Typhon [2] wiedergiebt, seit den Zeiten des neuen Reichs viele Züge des mit ihm identifizierten und verschmolzenen Baal oder Bâr der kanaanäischen Hyksos in sich aufgenommen hat, [3] so liegt es nahe zu vermuten, daß dieses Feuer im Hochsommer aus dem Kultus jener semitischen Eindringlinge stammte, um so mehr, als im echt aegyptischen Gottesdienst keine Menschenopfer nachweisbar sind. Plutarch führt es als eine durch die Oeffentlichkeit des Ritus und die Verbrennung ohne vorherige Tödtung unterschiedene Steigerung der Bedrohung und nachherige Opferung heiliger, dem Typhon geweihter Tiere auf, welche geschah, so oft ein heftiger und beschwerlicher Glutwind *verderbliche Krankheiten* oder andere ungewöhnliche und außerordentliche Landplagen im Uebermaß herbeiführte. Will er damit sagen, daß auch das Feuer an den Hundstagen den gleichen Zweck erfüllte? Geht man bei dem Versuche einer Deutung dieses Brauches von der nach Meyers Nachweis bereits in ältester Zeit vorhandenen Grundbedeutung des Set als Urhebers alles Schädlichen und Bösen in der Natur aus, und nimmt man demgemäß mit Plutarch an, in den „typhonischen“ Menschen solle der Dämon als in den Abbildern seiner selbst bestraft werden, so stellt sich das aegyptisch-kanaanäische Hundstagsfeuer zu denjenigen Formen unserer Sonnwendfeuer, in denen „die Hexe u. s. w.“ als Abbild der schadenden Macht (Bk. 522) verbrannt wird. War aber dieser Kult nur einfach aus dem Dienste des Bâr herübergenommen, so kann diese Auffassung

---

1) Plutarch Is. et Osir. c. 73. p. 129. Parthey: καὶ γὰρ ἐν Εἰλειθυίας πόλει ζῶντας ἀνθρώπους κατεπίμπρασαν, ὡς Μανεθὼς ἱστόρηκε, Τυφωνίους καλοῦντες καὶ τὴν τέφραν λικμῶντες ἠφάνιζον καὶ διέσπειρον. ἀλλὰ τοῦτο μὲν ἐδρᾶτο φανερῶς καὶ καθ᾽ ἕνα καιρὸν ἐν ταῖς κυνάσιν ἡμέραις.

2) Ueber den aegyptischen Ursprung auch dieses vom Typhos, Typhaon (o. S. 85) scharf zu trennenden Namens s. H. Brugsch Zeitschr. f. Aegyptol. 1875. S. 5 ff.

3) Vgl. Baudissin Jahve et Moloch. Lips. 1874 S. 31—32. Ed. Meyer Set-Typhon. Lpzg. 1875. S. 47—48. 54—58. Baudissin Studien S. 278.

zwar alt sein, wie beim Purimfeste (o. S. 305), aber sie ist nicht *notwendig* die *ursprüngliche* gewesen, und wir sind berechtigt, auch dem von Manetho berichteten Ritus *anfänglich* keinen anderen Gedankeninhalt zuzutrauen, als in den meisten entsprechenden Begehungen der Phoeniker, Karthager u. s. w.[1] Das Hinausstreuen der Asche nach allen Richtungen der Windrose vermittelst einer *Worfschaufel* oder *Getreideschwinge gleicht auffallend dem Ausstreuen der Asche unserer Sonnwendfeuer auf die Wiesen und Getreidefelder* (Bk 504. 512. 520. 521). Denn das bei jener Manipulation in Anwendung gebrachte Gerät zeigt deutlich, daß der Verbrennungsstaub durch das Sieb nach unten, auf den Boden fallen sollte. Wer die Absicht nicht mehr verstand, konnte die Ceremonie sehr leicht in einen Akt völliger Vernichtung (ήφάνιζον) der Typhonrepräsentanten umdeuten. Zu der Verbrennung der Typhonischen Menschen stellt sich der altgallische Brauch, in Mannsfiguren aus Weidengeflecht Kriegsgefangene zu verbrennen; auch von dieser Ceremonie erwartete man *Fruchtbarkeit der Aecker.* Bk. 525 ff.

§. 2. **Die Palilien.** Die Brücke zwischen diesen orientalischen Begehungen und den nordeuropäischen Sonnwendfeuern bilden der heutige Brauch in Griechenland, zur Zeit der Sonnenwende ein Feuer anzuzünden, durch welches die Weiber mit dem Rufe „*ich lasse meine Sünden*" springen;[2] sodann das' in die frühesten Tage Roms zurückreichende Fest der Palilien oder Parilien. Die Uebereinstimmung desselben mit unseren Oster- und Johannisfeuern ist allgemein anerkannt; es verlohnt sich aber, dieselbe einmal wenigstens kurz in ihren feineren Einzelheiten zu beleuchten. Die Palilien wurden am 21. April sowol in den Städten, als auf den Dörfern begangen, und zwar unterschied man in beiden eine öffentliche Feier von Staats- oder Gemeinde-

---

1) Hängt mit dem obigen Hundstagsbrauche noch ursächlich die heutigo Johannisfeier in Aegypten zusammen? „Alexandria 6. Juli 1844 . . . Man hat hier eine Ceremonie am Vorabend des Johannisfestes, wo die Post verbraunt wird; heuer hat die Ceremonie das Uebel nicht zu bannen vermocht. Allgem. Ztg. 1844 Beil. S. 1653." Oder weist das bestimmte Datum des 23. Juni auf Entlehnung dieser Form des Brauchs aus der christlichen Welt?

2) Preller Röm. Myth. 368. Analogie a. d. Türkei s. Magazin f. Literatur d. Auslandes 1840 p. 601. Boul les Turques en Europe II, 500.

wegen und eine private der einzelnen Wirtschaften.[1] Ovid hat
uns Fast. IV, 721—861 die eingehendste aber nicht in allen
Stücken deutliche Beschreibung des Festes hinterlassen. Nachdem er v. 725—28. 731—34 aus eigener Anschauung die
Hauptstücke der städtischen öffentlichen Begehung angegeben,[2]
wendet er sich 735 ff. zur Schilderung der in den Vorstädten
und auf dem Lande üblichen privaten Feier.[3] Dieselbe bestand
aus folgenden Akten. 1) Der Schafstall wurde mit *Laub und
grünen Zweigen* besteckt und *an der Türe ein großer Kranz aufgehängt.* Hiemit vergleicht sich die nordeuropäische Sitte, am
Johannisabend die Stuben- und Haustüren, wie zu Pfingsten mit
grünen Zweigen, zu schmücken. In Danzig war dieselbe in den
an die Radaune beim Ausfluß in die Mottlau anstoßenden Straßen
vor 2 Jahrzehnten noch in folgender Weise geübt. Ueber der
Haustür wurden Birkenzweige angeheftet. Vor der Tür war von
ebensolchen Zweigen, eine Laube errichtet, in welcher die Familie
Platz nahm. Wenige Schritte davor, zwischen Haus und Fluß-
ufer, brannte vor jeder Wohnung ein kleines Johannisfeuer.
Ebenso geschah es in Schottland. Am Abend vor Midsummer-
day ging man in den Wald und brachte Zweige heim, die über
den Türen befestigt wurden; nachher zündete man bonfires an,
um die man tanzte, und über die man fortsprang (Chambers in
Edinburgh Journal. 2. Juli 1842). In London waren alle Türen,
Haus bei Haus, überschattet von grünen Birkenzweigen, und
geschmückt mit Fenchel, fetter Henne, weißen Lilien, vielen
Kränzen von schönen Blumen und brennenden Lampen. In den
Straßen brannten Johannisfeuer.[4] Diese grünen Büsche sind
augenscheinlich eins mit den vor Haus oder *Viehstall* am Mai-

---

1) Varro b. Schol. Persii I, 72 Palilia tam privata quam publica sunt
apud rusticos. Labeo bei Festus p. 253 Müller nennt die Parilia unter den
popularia sacra.

2) In dieser nennt er als handelnd den populus, die städtische Bürgerschaft; für die aus derselben am Acte Teilnehmenden allein reichte das Blut
des einen Octoberrosses und der Fordicidienkälber aus.

3) Hier ist der „pastor" Acteur, die Handlung spielt sich z. T. in den
Schafställen ab, die wir in der Großstadt nicht suchen dürfen, und die ganze
Feier ist von lebendigster Frische des Wald- und Weidelebens im Gegensatz
zu den städtischen Verhältnissen durchweht.

4) Stow, Survey of London bei Brand pop. antiqu. ed. Ellis. J, 307.

tag zur Vertreibung der Hexen und Gewinnung von Milchreich-
tum aufgepflanzten Maibüschen und aufgehängten Kränzen. (Bk.
161. 162.) 2) *Bei Beginn der Abenddämmerung* (ad prima cre-
puscula) wurde *ein Feuer von Stroh angezündet und man trieb
die Schafe hindurch* (v. 805 per flammas saluisse pecus). Hiebei
räucherte man mit Schwefel.[1] Es ist aber nicht ersichtlich, ob
derselbe in den Scheiterhaufen geworfen, oder schon vorher, etwa
im Stalle, zum Brennen gebracht wurde.[2] 3) Vorher schon war
vermöge eines Lorbeerquastes der Boden gekehrt und mit Wasser
besprengt, ein Reinigungsakt, der griechischem Ritus entnommen
zu sein scheint. Vgl. Bötticher, Baumk. 369 ff. 372 ff.). Nun
wurde auch noch auf dem Herd oder einem tragbaren Altar ein
Lorbeerast nebst Zweigen von Oelbaum, Fichte oder Sadelbaum
verbrannt, und aus dem Knistern des Lorbeers ein gutes Vorzeichen entnommen (v. 741 — 742). Auch diese Ceremonie war
nichts anders als eine Accumulation der Räucherung mit Schwefel, eine aus dem griechischen Apollokulte durch die Römer
entlehnte Purgation, von der man die Befreiung von Sünden und
Uebeln, und in Folge dessen reiche Korn - und Weinernte,
Kindersegen u. s. w. erwartete. (Vgl. Tibull II, 5, 79 ff. Bötticher a. a. O. 365 ff.). 4) Gleichzeitig brachte der Hirte der
Weidegöttin Pales ein Opfer von Kuchen aus Hirsemehl von
Hirsekörnern in einem Körbchen, und von Milch dar, und flehte
sie in einer dreimal wiederholten Gebetsformel um Abwendung
und Wiederentfernung aller derjenigen Schäden an, welche die
Schafheerde etwa durch den Zorn und Anhauch waldbewohnen-
der Elfen, der Dryaden, Faune und Nymphen wegen unabsicht-
licher Schädigung oder Störung ihrer heiligen Bäume, Haine und
Grotten sich zugezogen haben könnte. (Vgl. den Elfenanhauch
o. S. 36. 37.) Ueberhaupt erhellt aus diesem Gebete als Absicht
des Palilienfeuers, *alle Krankheit erzeugenden Mächte von den
Aufenthaltsorten der Schafheerde fern zu halten,*[3] die zumeist im

---

1) V. 739 Caerulei fiant de sulphuro fumi, tactaque fumanti sulphuro
balet ovis.

2) Räuchern mit Schwefel als Lustrationsmittel war Griechen und
Römern gemeinsam. Hermann G. A. § 23, 11.

3) V. 748 Effugiat stabulis noxa repulsa meis. 763. Pelle procul morbos,
alcant hominesque gregesque.

Walde belegene Weide mit reichlichem Graswuchs zu begaben,[1] *den Tieren volle Euter und reichliche Nachkommenschaft zu sichern.*[2] Denn unbedingt sind wir berechtigt, diese zu Ovids Zeit von Pales besonders erflehten Güter nach älterer Auffassung für die vermeintliche unmittelbare Wirkung des maßgebenden Kultakts, des Feuersprungs zu erachten. Der Idee nach steht also das Palilienfest ganz jener Luzernischen „*Weidbränki*" der Beräucherung der Viehweide gleich, durch welche der Bauer alle die Frucht beschädigenden Feldgespenster, alle das Milchvieh behexenden Weiber vertreiben will. (Bk. 520). 5) Nach dem Gebete wusch sich der Festteilnehmer in frischem *Abendtau* (vivo rore) die Hände. Zwar kam Waschung im Tau auch sonst im römischen Gottesdienst vor, doch darf mit *dieser* vielleicht verglichen werden, *daß der in der Johannisnacht oder Mainacht*, also in denselben Nächten, wann die Sonnwend- und Maitagsfeuer angezündet werden, vom Himmel fallende *Tau* ebenso in Deutschland und England wie in Portugal und Aegypten für wundersam kräftig und heilsam zur Vertreibung von Pest, Hautkrankheiten gilt, weshalb man sich an diesen Tagen darin badet.[3] 6) Nachdem sich die Festgesellschaft der Hirten inzwischen durch einen Trunk Milch oder Most gestärkt, *beginnt nun auch der Sprung der Menschen durch das vermittelst Reibung zweier Steine erzeugte und mit Stroh oder Heu genährte Feuer.*[4] Falls die Räucherung mit Schwefel einen Akt für sich bildete, mögen auch die Tiere

---

1) 767. Absit iniqua fames, herbae frondesque supersint.

2) V. 771. Sitque salax aries, conceptaque semina conjux reddat.

3) S. Mannhardt, germ. Myth. 28—33. Brand popul. antiqu. 1, 218. Choice-notes from notes and queries. London 1859. S. 18.

4) V. 781 Moxque per ardentes stipulae crepitantis acervos trajicias celeri strenua membra pede. Cf. Tibull. II, 5, 88:

        At madidus Baccho sua festa Palilia pastor
        Concinet; a stabulis tunc procul este lupi.
        Illo levis stipulae solonnes potus acervos
        Accendet, flammas transilietque sacras.

Propert. IV, 4, 75:

        Annua pastorum convivia, lusus in urbe,
        Cum pagana madent fercula deliciis;
        Cumque super raros foeni flammantis acervos
        Trajicit immundos ebria turba pedes.

erst jetzt durch die Flamme getrieben sein. Wie bei der öffentlichen Feier mag ein jeder den Sprung *dreimal*, d. h. je einmal
über drei hintereinander gelegte Haufen brennender Halme gemacht
haben. [1] Aehnlich lief beim schottischen Bealtine der dazu
Erwählte *dreimal* durchs Feuer (Bk. 508).

Die von Staatswegen angestellte Feier zu Rom unterschied
sich von dem Feste der Hirten außer der Teilnahme des Pontifex
Maximus in alter Zeit des Königs, der als geistlicher pater
familias für das Volk opferte, [2] wol dadurch, daß nur Menschen,
nicht mehr Heerden durch die Flammen sprangen. Es war vermutlich *ein* an einem bestimmten Platze angezündetes Feuer, zu
welchem die *Vestalinnen* den Festteilnehmern die Materialien
lieferten, *Bohnenstroh* [3] und, soweit der Vorrat davon reichte,
Asche der Fordicidienkälber und *Blut des Octoberrosses*. Letztere wurden als *Räucherungsmittel* (suffimenta) in das nun mit
den *Bohnenhalmen* entlohte Feuer geworfen; diese dreierlei Dinge
zusammen bildeten den Reinigungsapparat (februa casta), durch
welchen die Feiernden von der Infection physischer Uebel gesäu-
bert werden sollten. Während aber die *brennenden* Halme augenscheinlich die Vernichtung oder Austreibung der Krankheitsgeister
bewirken sollten, vervollständigten die *Asche der Fordicidienkälber* und das *Blut des Octoberpferdes* die Idee des Brauches nach

---

1) V. 726. Certe ego transsilui positas ter in ordine flammas.

2) Becker-Marquardt Handb. d. Röm. Altert. IV, 165.

3) V. 725—26: Certe ego de vitulo cinerem stipulamque faba-
lem saepe tuli plena, februa casta, manu. Diese Verse schildern lediglich die Herbeiholung der zum Feuer erforderlichen Bestandteile. Die
hier genannte stipula fabalis ist ohne Zweifel identisch mit den V. 781
und 797 als Material des Palilienfeuers selbst erwähnten „stipulae", und
dieser Auffassung steht nicht entgegen, daß Properz IV, 1, 19. V, 4, 77
an Stelle dessen mit ungenauem Ausdruck „foenum" nennt. Die Herbeiholung muß jedoch nicht notwendig von einem und demselben Orte her geschehen sein, und sehr wol möglich ist es, daß das Bohnenstroh nicht dem Penus
Vestae entnommen wurde, woher Blut und Asche nachweislich kamen. In
Ovid. Fast. IV, 727: „Certe ego transsilui positas ter in ordine flammas,"
ist dann die Verwendung der Februa im Palilienfeuer berichtet. Die her-
gebrachte Deutung V. V. 725—26. 731—34 auf ein außerhalb des letzteren
zur Räucherung verwandtes, von den Vestalinnen bereitetes künstliches Ge-
misch von Blut, Asche und Bohnenstroh, ist ebenso unnötig, als sachlich
unwahrscheinlich.

einer andern Richtung hin, *insofern ihnen nur der Zweck unterliegen konnte, in positiver Weise Gesundheit und Wachstumskräfte mitzuteilen.* Sechs Tage vor den Palilien, am 15. April,
wurden teils auf dem Capitol, teils in jeder der 30 Curien, der
Versammlungsörter jener gleichnamigen Abteilungen in der ältesten
patrizischen Bürgerschaft, zu Ehren der *Erdgöttin Tellus träch-
tige Kühe* (fordae) geopfert. *Die noch ungeborenen Kälber, theriomorphische Gegenbilder des Numens der noch im Mutterschoß
der Halme verborgenen und um diese Zeit daraus in Gestalt
von Aehren oder Schoten hervorbrechenden neuen Früchte,* [1] riß
man dabei aus den schwangeren Leibern und *die älteste der
vestalischen Jungfrauen verbrannte dieselben* wol auf dem Staats-
heerde im Vestatempel *zu Asche,* von dort holten die Festfeiern-
den die letztere am 21. ab zur Verwendung beim Palilienfeuer. [2]
Die Absicht des Fordicidienopfers zielte dahin, durch gedeibliche
Abwechselung von Regen *und mildem Sonnenschein* das Gedeihen
und die regelrechte *Geburt* der *keimenden* und *wachsenden* Halm-
früchte und jungen Tiere zu sichern. [3]   Die aufbewahrte *Asche*

---

1) Cf. die Commentarii pontificum bei Plinius H. N. XVIII, 3, 3, von
dem um dieselbe Zeit, im April, stattfindenden Opfer rötlicher Hunde „ut
fruges flavescentes ad maturitatem perducerentur. Augurio canario agendo
dies constituantur, priusquam frumenta vaginis exeant et antequam in vagi-
nas perveniant. Cf. Preller R. M. S. 438. Einer derartigen Symbolik ist sich
auch noch Ovid bewußt. IV, 632: Nunc gravidum pecus est, gravidae quoque semina terrae. Telluri plenae victima plena datur. Nur darf, da das
Getreide bereits in Halmen steht, nicht mehr an die im Mutterschoß der Erde
verborgene Saat gedacht werden.
    2) Ovid. Fast. IV, 637:
            Ast ubi visceribus vitulos rapuere ministri
            Sectaque fumosis extra dedere focis,
            Igne cremat vitulos quae natu maxima virgo est,
            Luce Palis populos purget ut ille cinis.
Id. IV, 731:
            I pete virginea, populus, suffimen ab ara,
            Vesta dabit, Vestae munere purus eris.
            Sanguis equi suffimen erit, vituli que favilla
            Tertia res (das dritte zum Feuer erforderliche Stück)
            durae culmen inane fabae. ·   ·
    3) Als Grund der Einsetzung des Kultus wird angegeben. Ovid. Fast:
IV, 641:
            Rege Numa fructu non respondente labori
            Irrita decepti vota colentis erant.

der Kälber, welche wieder an die über die Saatfelder ausgestreute Asche der Oster- und Maifeuer erinnert, kann keinen anderen Zweck gehabt haben, als *cerealische* und *animalische Wachstumskraft und Fruchtbarkeit mitzuteilen.* Ganz dasselbe gilt von dem *Blute,* d. i. *dem Lebenssaft des Octoberrosses,* d. h. des beim *Erntedankfest,* am 15. October, auf dem Marsfelde geschlachteten, wahrscheinlich als Abbild eines dämonischen Getreiderosses (von derselben Art wie Kornbock, Kornkatze, Kornwolf, Kornhund, Kornstier u. s. w.)[1] mit Broden bekränzten Pferdes, um dessen Haupt als um ein Heiltum zwei der ältesten Stadtteile Roms sich stritten. Das aufgefangene Blut scheint von den Vestalinnen präpariert und bis zum Palilienfeste im Penus Vestae bewahrt zu sein, um dann mit der Asche jener Kälber in das lodernde Feuer geworfen zu werden.[2] Den Palilientag hielt man für den Gründungstag Roms; man hatte also die Vorstellung von einer in unvordenkliche Vorzeit fallenden Entstehung des Kultus. Bestätigt wird dieser Glaube durch die Beteiligung der Vestalinnen daran und den engen Zusammenhang der in die früheste Zeit der Könige hinaufreichenden Agrargebräuche der Fordicidien und des Octoberrosses mit dem Palilienfeuer. Ich vermute nun auf Grund nordeuropäischer und griechischer Analogien, die hier noch außer Betracht bleiben sollen, daß nach ursprünglicher Anschauung

> Nam modo siccus erat gelidis aquilonibus annus,
> Nunc ager assidua luxuriabat aqua.
> Saepe Ceres primis dominum fallebat in herbis
> Et levis obsesso stabat avena solo.
> Et pecus ante diem partus edebat acerbos
> Agnaque nascendo saepe necabat ovem.

Die Wirkung des Opfers v. 671:

> Exta bovis dantur gravidae. Felicior annus
> Provenit, et fructum terra pecusque ferunt.

1) Den Nachweis für diese Behauptung habe ich vermöge nordeuropäischer Analogien in einem später zu veröffentlichenden eigenen Aufsatz, wie ich glaube, zu hoher Wahrscheinlichkeit führen können.

2) Festus p. 178 s. v. October equus. Paul. p. 222. Panibus. Plutarch. Quaest Rom. 97. Cf. Preller R. M. 323. Becker-Marquardt Handb. d. Röm. Altert. IV, 277 ff. Preuner Hestia-Vesta 257 ff. 312. 313. Ovid. Fast. IV, 733 Sanguis equi suffimen erit vitulique favilla. Propert. V. (IV), 1, 19:
> Annuaque accenso celebrare Palilia foeno,
> Qualia nunc curto lustra novantur equo.

aus dem Blute des Octoberrosses im Frühling, in der Zeit, wann
die neuen Früchte sich bilden, das dämonische Korntier sich
wieder erneuern sollte, und daß die ins Feuer geworfene Asche
der Fordicidienkälber, die gleichfalls Symbole der werdenden
Früchte sind, den erhofften ungefährdeten Durchgang derselben
durch die Sonnenhitze des Sommers bedeuten mochte. Wie dem
nun auch sei, jedesfalls wird dem Schluß nicht auszuweichen
sein, daß, abgesehen von der Lustration der Menschen in jener
alten Zeit, als die staatliche Begehung der römischen Palilien ihre
später bleibend gewordene Form erhielt, *eine zauberhafte
Einwirkung nicht bloß auf den Graswuchs der Wiesen
und Weiden, sondern auch auf das Gedeihen der Feldfrüchte* beabsichtigt wurde, welche vermöge der mehrfach
besprochenen Sympathie mit dem animalischen Leben zugleich
den Menschen Wachstumskräfte, Gesundheit u. s. w. mitzuteilen
bestimmt war. Hier liegt also eine zweite Form des Brauches
vor neben der auf die Schafheerde beschränkten Palilienfeier der
Hirten. Sie entstand, als die palatinische Altstadt von Rom, erst
durch die allernächsten benachbarten Ansiedelungen erweitert,
noch aus *Ackerbürgern* bestand, welche durch eigenen Anbau
ihre Lebensbedürfnisse deckten. Wie nun unsere Sonnwendfeuer
sowol in jener Beziehung auf die Fruchtbarkeit der Getreidefelder reichliche Analogien darbieten (Bk. 498 ff.), stellt sich ganz
speziell zu dem *Hineinwerfen der Kälberasche und des Pferdeblu-
tes in das Palilienfeuer* der Umstand, daß nicht selten *ganze
Tiere oder Teile von Tieren oder Tierknochen in dem Oster-
oder Johannisfeuer verbrannt wurden*, wobei der Gedanke nahe-
liegt, dieselben auf die theriomorphischen Korndämonen zu deuten (Bk. 515). Von der Anwendung solcher Knochen (bones)
ist wol noch der englische Ausdruck „*bonfire*" übrig. In Thüringen warf man ein *Pferdehaupt* in die Flamme, wie in Rom
das *Pferdeblut*, und man darf dabei an das in deutschen und
französischen Erntegebräuchen sicher und ausgiebig nachweisbare
Kornroß erinnert werden. Im Harze hieß das *Osterfeuer* das
Bockshornbrennen oder kurzweg das *Bockshorn*, [1] unzweifelhaft,

---

1) „Als die Kinder dort (in der Stadt Hasselfelde i. J. 1559) kurz zuvor die Oesterlichen Feyertage über [der 1. Festtag fiel auf d. 26. März] das
Osterfeuer, oder wie man es deß Orts nennet, den Bockshorn, vor dem

weil man ehedem ein *Bockshorn* in die Flammen warf, welches
vermutlich dem Kornbock (o. S. 155 ff.) angehörig gedacht wurde.
Menschen müssen ehedem durchs Bockshornfeuer gelaufen oder
getrieben sein; denn darauf bezieht sich augenscheinlich die
Redensart: „*jemanden ins Bockshorn jagen, ins Bockshorn treiben*," d. h. in blinden Schrecken setzen. Das Osterfeuer sieht
zwar gefährlich aus, verbrennt aber den Hindurchlaufenden nicht.

Die Beziehung des öffentlichen Palilienfestes auf den Ackerbau leitet zu dem Kultus der Hirpi Sorani, einem anderen altitalischen Sonnwendfeuer hinüber, welches zu ersterem sich verhält, wie unser Johannisfeuer zum Osterfeuer. Dasselbe erfordert eine für sich stehende Betrachtung, und soll deshalb in einem
besonderen Abschnitt behandelt werden.

Flecken brennen und dabey allerley Ueppigkeit treiben gesehen, solches nachzuahmen, haben die einfältigen Kinder Strohe auf einen Schweinskoffen zu-
sammengetragen und dasselbe angesteckt." (Zeiller-Merian), Topograph. v.
Braunschweig u. Lüneburg 1654, S. 110. In der Grafschaft Wernigerode wird
in der zweiten Hälfte des 17. Jahrh. das „Bockshornbrennen oder das
abgöttische Osterfeuer" als grofses Aergernifs bezeichnet (Zeitschr. d. Harz-
vereins. 1868, S. 105). Nach der Amtsrechnung von 1601 zu 1602 wurden
Namens der Herrschaft verausgabt: „9 groschen Thomas Hofchen (alias Wein-
schenke) zur Theertonnen zum Bockshorn." Letzner, historia St Bonifacii.
Hildesh. 1602 c. 12 berichtet auf dem Retberge zwischen Brunstein und Wibb-
rechtshausen sei ein Ostertage bei Sonnenuntergang noch das Menschengeden-
ken das Osterfeuer gehalten, „welchs die Alten Bockshorn geheifsen." Im
Texte steht zwar Hockshorn; aber das ist Druckfehler; denn am Rande ist
vom Verfasser bemerkt: „Osterfewr für alters Bockshorn genand." Danach
ist Myth. ² 583 Anm. 1 zu berichtigen. Diese Nachweise entnehme ich der
trefflichen Schrift von Jacobs, der Brocken und sein Gebiet, S. 168. 240.

Hirpi Sorani.

§. 1. **Getreidewölfe.** Führten die Untersuchungen des dritten Kapitels uns zu der Ueberzeugung, daß die Faune, Seilene, Pane, Satyrn und Silvane der Alten unseren Waldgeistern entsprechen und durch diese mit den Korngeistern verwandt sind, so glaube ich nun mit ziemlicher Wahrscheinlichkeit eine Darstellung dieser selbst in einem altrömischen Gebrauche nachweisen zu können, der sich aus grauem Altertum bis in die Kaiserzeit erhielt. Mit einem Worte gesagt, die *Hirpi Sorani* scheinen *Darstellungen der Getreidewöle* gewesen zu sein.

Ueber letztere habe ich in einem eigenen Schriftchen [1] gehandelt. Hier sei mit Einfügung vieles, durch Nennung des Fundorts und etwaige literarische Belege gekennzeichneten neuen Materials nur so viel wiederholt, als zum Verständniß notwendig erscheint, im Uebrigen aber auf meine ausführlichere Abhandlung verwiesen. Die Namen *Roggenwolf, Kornwolf, Haferwolf, Pflaumenwolf, Graswolf* bezeichnen eine der mannigfachen Formen, unter denen der im Winde und zugleich im Leben der Kräuter und Bäume waltende Geist des Wachstums dem Glauben der Vorwelt als persönlich geworden vorschwebte. Wann der *Wind* die Aehren des Saatfeldes in wellenförmige Bewegung setzt, sagt man *„der Wolf geht durch das Korn, der Wolf geht über das Korn, der Roggenwolf jagt über das Feld, der Kornwolf ist im Felde, der Roggenwolf ist schon da;“* in Niederungarn (Kr. diess. d. Theiss) „die Wölfin hat im Korne Junge geworfen,“ oder *„die Wölfe* jagen sich“ u. s. w.[2] Nicht minder sagt man in französischen

---

1) Roggenwolf und Roggenhund. Danzig 1865. Aufl. 2. 1866.

2) Auch ohne Verbindung mit dem Korngeist sprach man vom Windwolf. Außer dem Roggenw.[3] S. 3—5 Angeführten dient zum Erweise der Name Windolf. nach dem u. a. noch jetzt eine Wiese heißt. Waldmann Ortsnamen von Heiligenstadt. 1856, S. 31.

Landschaften vom wallenden Korn „le loup est dans les blés"
(Bourgogne Dép de l'Ain) „Vers la fin du mois de Mai ou dit,
que le loup passe dans les blés, ce qui est fait par un vent
follet en tourbillons" (Somme). Man warnt die Kinder sich zum
Abpflücken von *Kornblumen* (Cyanen) ins Getreidefeld zu verlaufen, denn *der Roggenwolf oder Kornwolf sitze darin und
fresse sie auf oder nehme sie mit.* Ich vermag diesen Glauben
mit Wahrscheinlichkeit bereits für das 14. Jahrhundert zu belegen;
denn zu Frankfurt a M. wurde im Jahr 1343 ein Haus an der
Ecke der *Kornblumenstraße Kornwolf* genannt.[1] Auch in Frankreich (z. B. Nivernais; Flandres, Dép. du Nord; Champagne, Haute
Marne) warnt man bei der Gelegenheit „*le loup vous mangera*" „le
loup vous prendra" und bei den Esten (Kirchsp. Karmel Insel
Oesel) „*hunt istub ruggis*" *der Wolf sitzt im Korn,* oder „*Wiljahunt,
Ubbahunt, Ernehunt tulleb!*" der *Korn-, Bohnen-, Erbsenwolf
kommt!*[2] Bei den Letten ist *Rudsuwilks* Roggenwolf zum bloßen
Schimpfwort gesunken; auch ein Gesinde (Bauerhof) bei Linden
heißt *Rudsuwilki;* dort spukt es noch jetzt und es soll dort der
Werwolf (wilkats) sein Wesen treiben. Sind Steige im Getreide,
so *ist der Wolf* dagewesen und hat ein Kind mitgenommen
(Rgbz. Magdeburg). Die von gefräßigen Menschen und weinen-
den Kindern gebrauchten Redensarten „*er frißt wie ein Roggenwolf* (oder *Pflaumenwolf*)," „*he hüll, rart, bölkt as'n Roggenwulf*"
(er heult, brüllt wie e. R.) vergleichen diese mit dem im Sturme
oder Wirbelwind durchs Getreide gehenden dämonischen Tier.
Beim Schneiden des Kornes zieht sich der Kornwolf vor den

---

1) Ich verdanke diesen Nachweis Dr. H. Pfannenschmidt in Hannover.
In Battons örtl. Beschreibung der Stadt Frankfurt a/M. herausg. v. Dr. Euler
3. Hft. Frankf. a/M. 1864 heißt S. 59 ein Haus auf der mittägigen Seite der
kleinen Bockgasse im 14. Jahrh. (urkundl. bereits 1343) Kornwolf. Es war
das Eck bei der Kornblumengasse. S. 60. Der Besitzer dieses Hauses
Heylo, Heyle (S. 59, Anm. 70) oder Heylmann legte sich nach der Sitte der
Zeit den Namen von seinem Hause bei. Er schrieb sich nun a. 1343 Heyle
Kornwolf (S. 59, Anm. 70). S. 66. Im 14. Jahrh. noch wurde das Haus in
zwei geteilt, beide hießen Kornwolf.

2) Wie bei uns neben der Roggenmuhme eine Wassermuhme steht,
spricht man auch in Estland neben dem Wiljahunt vom Brunnenwolf Kaewahunt mit großem blutigem Rachen. Wenn man mit diesem schreckt, zeigt
man dem Kinde sein eigenes Gesicht im Brunnen als Kaewahunt. Holzmayer
Osiliana S. 113.

vordringenden Arbeitern in die Mitte des Ackers zurück und wird
in den letzten Halmen gefangen, um in feierlichem Zuge nach
Hause geleitet zu werden. Wird ein Arbeiter während der Ernte
krank, so sagt man „*de Roggenwulf hät em unnerkrägen;*"
gradeso sagt man in Villefranche im Lyonnais (Rhone), wenn
jemand langsamer arbeitet, als die Uebrigen, „*il a le loup,*" auch
nennt man den zweiten Arbeiter, wenn er dem Vormäher nicht
zu folgen vermag, *le loup*. In der Bretagne heißt es, wenn beim
Abnehmen der Trauben, Aepfel oder Birnen im Herbste jemand
ermüdet, von ihm „*il a les côtes debout comme un loup*." Wenn
zwei Kameraden zusammen arbeiten und einer den andern bös-
willig allein läßt, heißt es von dem Verlassenen „*il a vu passer
le loup blanc, il le suit*." (Seine *inférieure*). — *In der letzten
Garbe*, sagt man in Deutschland, *sitze der Wolf*; die Binderin
der letzten Garbe muß den Wolf herausholen; die letzte Garbe
selbst bekommt den Namen Wolf (ehedem erhielt sie auch die
rohe Gestalt eines Wolfes) und wird unter Jubelgeschrei auf dem
letzten Fuder nach Hause geführt. Man nennt das „*den Wolf
bringen*." In Patznaun und im Zillertal in Tirol heißt es auch
bei der Heuernte von demjenigen, der das Letzte vom Berg her-
abbringt, „*der bringt den Wolf!*" Zuweilen stellt die Binderin
der letzten Garbe „*den Wolf*" dar. Auf Rügen ruft man ihr zu
„*du büst Wulf,*" zu Hause angelangt *beißt sie die Frau* und die
Wirtschafterin und erhält dafür ein ziemlich großes Stück Fleisch.
Gradeso ruft man in Frankreich bei der Ernte dem Schnitter der
letzten Halme zu „Vous attraperez le loup!" (Vilaine); in Cham-
bery schließt man um die letzten Aehren einen Kreis und ruft
„le loup est dedans!" und in Finistère „les moissonneurs, qui
tiennent chacun un sillon, s'écrient, lorsqu'ils sont pour terminer
la moisson: „„*il-y-a le loup*; nous l'attraperons.""" Celui qui
arrive le premier au bout de son sillon, repète „„*J'ai pris le
loup!*""" In Lure (Haute Saone) heißt die Beendigung des Ge-
treideschnitts „*chasser le loup*." In Guyenne (Prunel Cant. Tard,
Lot et Garonne) führt man nach dem Schnitt der letzten Halme
einen Hammel um alle 4 Seiten des Ackers an einem Bande
umher. Dieser Hammel heißt *le loup du champ*. Er ist geschmückt
mit einem Kranze von Blumen und Aehren um die Hörner, einem
Kranz am Halse und einem Kranze um den Leib nebst vielen
bunten Bändern. Alle Schnitter ziehen singend hinterher. Dann

wird er *auf dem Felde getödtet.* Die letzte Garbe heißt hier gewöhnlich *coujaulage* (im Patois Ausdruck für Hammel und zwar den kleinsten der Schafherde des Gutes). Hier ist offenbar der Tod des Korndämons durch das Schneiden des Getreides (s. o. S. 166) dargestellt, und dabei Kornwolf und Kornwidder ebenso mit einander vermischt, wie im Steiermärkischen Drescherbrauch o. S. 188 Kornwolf und Kornbock. Im Kreise Wreschen (Pr. Posen) werden die Knechte, welche das erstemal eine Ernte mitmachen, auf folgende Weise in den Kreis der Mäher aufgenommen. Der Neuling heißt an diesem Tage *Wolf* (wilk). Mit Blumen geschmückt begiebt er sich vor Sonnenaufgang in Begleitung der älteren Mäher auf das Erntefeld, wo er den ersten Schnitt mit der Sense macht und den ganzen Tag Vordermann bleibt. Die hinter ihm folgenden Mäher strengen ihre Kräfte an, ihm mit der Sense möglichst nahe zu kommen, so daß er sich sputen muß, um ihnen zu entkommen und nicht verwundet zu werden. So geht es bis Sonnenuntergang. Man nennt das „*den Wolf jagen*" (wilką gonić). Abends wird er mit Getreidehalmen und Strohbändern bewickelt, mit einer Art Krone von Binsen und Blumen geschmückt, und unter Gesang und Jubel auf zwei Strohbändern von zweien Führern in Begleitung aller Mäher zum Herrenhause gebracht. Unterweges sträubt er sich, will entlaufen, Vorübergehende, zumal alle begegnenden Mädchen an sich reißen, wird aber immer zurückgehalten. Vor dem Herrenhause trinkt unter den Klängen der Musik ein jeder dem Wolfe zu, zuletzt wird ihm das Glas gefüllt. Im Kruge zecht man bis Mitternacht. Sobald aber der Hahn kräht, *steigt der Wolf aufs Dach seiner Geliebten und ruft durch die Oeffnung des Schornsteins ihren Namen hinein.* Sie bleibt dann während der Ernte seine Begleiterin und wird oft in der Folge seine Frau. Heimgeführt versteckt sich der Kornwolf in den abgeschnittenen Aehren in der Scheuer und wird durch den Dreschflegel aus dem zuletzt zum Ausdrusch kommenden Gebunde, in das er sich geflüchtet, hervorgetrieben. Dann veranstalten um Wanzleben bei Magdeburg die Bauern einen Umzug, wobei ein in das ausgedroschene Stroh eingewickelter Mann an einer Kette herumgeführt wird. Derselbe heißt *Wolf.* Im Regierungsbezirk Trier herscht der Glaube, der Kornwolf finde beim Dreschen seinen Tod. Die Arbeiter schlagen auf die letzte Garbe so lange los, bis sie ganz

zu Häcksel verwandelt ist. Damit soll der Kornwolf, der in der
letzten Garbe steckte, sicher todtgeschlagen sein.

Auch außerhalb der Erntezeit wird der *Kornwolf oder Graswolf* durch dramatische Darstellungen, welche heutzutage als
Kinderspiele geübt werden, vergegenwärtigt. Dieselben haben
um so mehr Sinn, als der Volksglaube dem dämonischen Roggenwolf stäts menschenähnliches Selbstbewußtsein zuschrieb, weshalb man ihn leicht mit dem Werwolf (Lykanthropos) verwechselte
und die Kinder warnte, nicht ins Korn zu gehen, *da sitze der
Werwolf drin.* Hat der Wind das Getreidefeld nach allen Seiten
hin niedergeworfen, so sagt man in Ostfriesland „Zei, dâr het
de Wulf vernacht slâpen" und um Osnabrück nennt man eine
solche Stelle *Werwolfsnest.* Gradeso wieder warnt man in Isle
de France (Seine et Marne) die Kinder, im Korne sitze der
loup-garou und in Limousin (Corrèze) „lorsque les blés se
trouvent couchés, on dit, que c'est *Le bérour* (loup garou); in
Loire inférieure „*c'est le loup, qui se roulait là.*" Auch der
Glaube vom Roggenwolf nimmt zuweilen die Wendung, daß der
in den letzten Halmen eingefangene Geist des Feldes fortlebe und
den Winter über bis zum Frühjahr unsichtbar auf dem Hofe des
Landmanns verweile. Die Wiederkehr des Lichtes in der Wintersonnenwende kündigt die Rückkehr des Lenzes und aller seiner
waltenden Mächte an und es pflegen daher um die Weihnachtszeit im Volksgebrauch dieselben aufzutreten (vgl. o. S. 187. 200 ff.).
So rührt sich auch der den Winter hindurch im Hause gehegte
Kornwolf. In Polen wirft dann jemand eine Wolfshaut über den
Kopf und wird von einem andern umhergeführt; daher das Sprichwort „er läuft herum wie mit der Wolfshaut zu Weihnachten
bzw. Neujahr (biega z nim by z wilczą skóra po kolędzie);[1] oder
man trägt einen *ausgestopften Wolf* gabensammelnd umher.[2]
Auch in der russischen und russinischen Weihnachtsfeier spielen
Vermummungen in Wölfe durch umgehängte Wildschuren (Wolfs-
pelze) eine Hauptrolle; diese Masken lassen umherlaufend niemand in Haus und Hof und auf den Gassen in Ruhe.[3] Und wie
man in Skandinavien aus Körnern der letzten Garbe den

---

1) Wurzbach, Sprichwörter der Polen. Wien 1852, S. 148. 150.
2) Linde s. v. kolęda.
3) Zs. f. D. Myth. IV, 196.

Juleber oder Julbock backt (o. S. 197), so ist es a. d. Ebrach in
Mittelfranken Sitte zu Weihnachten, im Steigerwalde zu Neujahr,
daß die Bauern je nach ihrem plastischen Talente aus besonderem
Teige allerlei Figuren formen, die dann gebacken und unter dem
Namen *Hauswolf* teils an Kinder und Gesinde verteilt, teils aufbewahrt und bei ausbrechendem Feuer zur Stillung des Brandes
in die Flammen geworfen werden.[1] In Pommern dagegen wurde
zu *Ostern* ein Gebäck *Osterwolf* gefertigt, wofür wir ein Zeugniß von 1451 besitzen. Die Bäcker hatten es einem Ratsmit-
gliede zu liefern.[2] Dieses Brod sollte doch wol den nämlichen
Gedanken ausdrücken, wie die Umzüge zu Fastnacht und Pfingsten,
in denen der Vegetationswolf wieder segnend in den grünen Wald
und den sprossenden Acker einziehend gedacht wird. Im Fast-
nachtaufzuge der Nürnberger Metzger, dem Schönbartlaufen (Bk.
334), lief neben dem wilden Mann und dem wilden Weibe *ein
Mann mit einem Wolfskopfe*, in demjenigen der Züricher Metzger trug man ein Tierbild umher, welches *Isegrim*, Eisengrind
hieß, wie der Wolf in der Tiersage, durch späteres Mißverständniß jedoch die Gestalt eines halben Löwen bekommen hatte
(Bk. 433). Im Hanauischen war es „Pfingstrecht," daß die jungen
Bursche auf jungen Pferden, deren Schweif und Mähne mit
buntfarbigen Bändern geschmückt war, am ersten bzw. zweiten
Pfingsttag zur Herrschaft ritten und von dieser, so wie von jedem
Pferchbeständer 10 Kreuzer „Wolfsgeld" „*von wegen des Wolfs*"
erhoben.[3] Die Analogie der unter dem Namen des *Pfingstrechts*
in Hessen und Thüringen verbreiteten verwandten Gebräuche
(Bk. 347 — 349) macht gewiß, daß die umziehenden Bursche einst
einen in grünes Laub gehüllten Gefährten mit sich führten, der
den Wolf darstellte und für dessen Umherführung sie die Steuer
beanspruchten. Wie dies nun deutliche Beweise sind für den
Frühlingseinzug des Vegetationswolfes, so bilden sie auch den
Uebergang zu einer merkwürdigen Sitte der Normandie, über
welche ausführlich zu berichten gestattet sein möge.

„Tous les ans, à Jumiéges, *le 23. juin*, veille de la Saint-
Jean-Baptiste, *la confrérie du Loup-Vert* va chercher son

---

1) Bavaria III, 340.
2) Pfeiffers Germania XV, 82.
3) Han. Magaz. 1778, S. 428. Lyncker hessische Sagen S. 249.

nouveau chef ou maître dans le hameau de Conihout: c'est là
seulement que l'usage permet de le choisir. *L'habitant prend le
titre de Loup-Vert; il revêt une large houpelande verte, et se
couvre la tête d'un bonnet vert de forme conique, très élevé et sans
bords.* Ainsi costumé, il se met en marche à la tête des frères.
L'association s'avance en chantant l'hymne de saint Jean au bruit
des pétards et des mousquetades, la croix et la bannière en
tête, jusqu'au lieu dit Chouquet. Là, le curé vient avec les
chantres et les enfants de chœur au-devant des frères et les
conduit à l'église paroissiale. Après l'office, *on retourne chez le
Loup-Vert,* où est servi *un repas tout en maigre.* Ensuite on
danse devant la porte en attendant l'heure, où doit s'allumer le
feu de la Saint-Jean. La nuit venue, *un jeune homme et une
jeune fille, parés de fleurs,* mettent le feu au bûcher [1] au son
des clochettes. Dès que la flamme s'élève, on chante le Te
Deum; puis un villageois entonne en patois normand un can-
tique, espèce de parodie de l „ut queant laxis." Pendant ce temps
le loup et les frères, le chaperon sur l'épaule, se tenant tous par
la main, *courent autour du feu après celui, qu'ils ont désigné
pour être le loup l'année suivante.* Le premier et le dernier de
ces singuliers chasseurs ont seuls une main libre; il faut cepen-
dant, *qu'ils enveloppent le futur loup,* qui, en cherchant à leur
échapper, *frappe à coups redoublés les confrères d'une grande
baguette, dont il est armé.* *Lorsqu'il est enfin pris, on le porte
au bûcher et l'on feint de l'y jeter.* Cette cérémonie terminée,
on se rend chez le loup et l'on y soupe *encore en maigre.* La
moindre parole inconvenante ou étrangère à la solennité est
interdite, un des convives a la charge de censeur, et il agite
des clochettes, si l'on n'observe pas cette règle, celui, qui la
transgresse, est obligé de réciter immédiatement, debout et à
haute voix, le Pater noster; mais à l'apparition du dessert ou
à minuit sonnant, *la liberté la plus entière fait place à la con-
trainte;* les chansons bachiques succèdent aux hymnes religieuses,
et les aigres accords du ménétrier du village peuvent à peine
dominer les voix détonnantes des joyeux compagnons de la confrérie du Loup-Vert. On va dormir enfin et puiser de nouvelles
forces et un nouvel appétit pour le lendemain. Le 24. juin la

---

1) Vgl. Bk. 461.

fête de Saint-Jean est célébrée par les mêmes personnages avec la même gaieté. *Une des cérémonies consiste à promener, au son de la mousqueterie, un énorme pain bénit à plusieurs étages, surmonté d'une pyramide de verdure ornée de rubans;* après quoi les réligieuses clochettes, déposées sur le dégré de l'autel, sont confiées, comme insignes de sa future dignité, à celui, qui doit être le Loup-Vert l'année suivante. [1]

Der beschriebene Brauch ist das Fest einer Gilde, gradeso wie der Einritt des Maigrafen (Bk. 369 ff.) und gradeso wie bei diesem ein uralter Naturkultus, der Wiedereinzug des Vegetationsdämons mit den religiösen Bedürfnissen des Mittelalters in Verbindung gebracht ist, wenn z. B. in Reval der Maigraf in der kirchlichen Frohnleichnamsprozession dem h. Sakramente voranschreitet (Bk. 71. 81), so ist auch hier ein verwandter Naturdienst mit dem christlichen Gottesdienst der Gildegenossen verschmolzen. Das christliche Element scheidet sich aber leicht aus, und was übrig bleibt, zeigt uns eine auf den Vegetationswolf bezügliche Sitte. Ich glaube Bk. 497 ff. 516 ff. 521 ff. erwiesen zu haben, daß das Mittsommerfeuer ein Sonnenzauber war und

---

1) Magazin pittoresque. Paris 1840, S. 287 ff., daraus Liebrecht Gervasius v. Tilbury S. 209. vgl. 192 und Cortet essay sur les fêtes réligieuses. Paris 1867, S. 221. Die Archäologen von Rouen z. B. Hyacinthe Langlois bringen einfältiger Weise den Brauch des Loup-vert in ätiologischen Zusammenhang mit einer zufällig in derselben Gegend localisierten Legende; welche damit auch im entferntesten nichts zu tun hat. Die Abtei von Jumiéges in der Normandie wurde im Jahre 654 von St. Philibert gegründet: derselbe bewog die heilige Austrebertha 4 Meilen davon zu Pavilly (Savilly?) ein Nonnenkloster zu erbauen. Ein Esel, der abgerichtet war, ohne Begleitung eines Menschen zwischen der Abtei und dem Jungfrauenstifte die Wäsche hin und her zu tragen, wurde einst im Walde von Jumiéges von einem Wolfe aufgefressen. Austrebertha, durch den Notschrei des Esels herbeigerufen, legte die Hand auf den Wolf und zwang ihn zeit seines Lebens den Dienst des von ihm getöd'eten Grauchens zu vollziehen. An der Stelle, wo der Esel verendet war, im Walde von Jumiéges, gründete man noch im 7. Jahrhundert eine Kapelle: als diese zerfiel, ersetzte sie ein Steinkreuz; da im Anfang des 18. Jahrhunderts auch dieses zerbröckelte, pflanzte man eine Eiche, in die man einige Bilder der h. Jungfrau einfügte und nannte sie „chêne-à-l'âne." Ein Basrelief im Kloster und mehrere Skulpturen in der St. Peterskirche stellen die Legende dar. Eine der letzteren zeigt St. Austrebertha, wie sie den Wolf streichelt, der Verzeihung zu erflehen scheint. Magaz. pittor. a. a. O.; Amélie Bosquet, la Normandie romanesque. Paris 1845. S. 357 ff.

das Licht und die Wärme der Sommersonne darstellen sollte,
durch welche zu ihrem Gedeihen die Vegetation hindurchgehen
muß. Menschen und Haustiere wurden hindurchgetrieben, um
an diesem Gedeihen der Vegetation teil zu haben. Wenn man
an anderen Orten lebendige Tiere (Katzen vgl. o. S. 172 ff., Füchse,
weiße Hähne vgl. Korndämonen S. 13 ff., Schlangen u. s. w.) ins
Feuer warf und darin verbrannte (Bk. 515), so scheinen damit Repräsentanten der Vegetationsdämonen gemeint, welche um Sommers-
mitte die Glut der Hundstage zu bestehen haben. Wenn in
Schwaben ein *in grüne Reiser und Blätter gehüllter Mann, Mooskuh* genannt, *mit seinen Füßen das Sonnwendfeuer austritt* (Bk.
521), so vertritt derselbe augenscheinlich den später einmal zu
besprechenden theriomorphischen Dämon *Kornkuh* oder *Vegeta-
tionsrind*. Ich werde daher schwerlich besorgen dürfen auf
Widerspruch zu stoßen, wenn ich behaupte, daß auch *der grüne
Wolf* des Johannisabendgebrauches zu Jumiéges jedesmal den
Geist der heurigen Pflanzenwelt bedeutet. Er ist schon durch
den Sommersonnenschein hindurchgegangen, der Blätter und
Blüten zur Entfaltung brachte, und nun von der Sonnenwende an
aus der erreichten Höhe herabsinkt. Mit der bald eintretenden
Ernte ist sein, des grünen Wolfes, des Kornwolfs Leben und
Regiment geendet. Aber sein Nachfolger, der Kornwolf des
nächsten Jahres, der nächstens mit dem Samen der reifenden
Pflanze geboren wird, hat behufs seiner Reife vom künftigen
Frühjahr bis Mittsommer das Feuer des Sonnenbrandes zu pas-
sieren. Ihn verfolgt deshalb die Brüderschaft und wirft ihn ins
Feuer, um diesen erfolgreichen Akt im Naturleben vorzubilden
und dessen Segnungen sich zu sichern. Als der nunmehr gewaltige
Vegetationsdämon schlägt er, wie der Maikönig, Kornkater u. s. w.
(Bk. 365, o. S. 187) mit der *Lebensrute*. Noch ist es magere
Zeit, so lange der grüne Wolf des alten Jahres herscht, die alten
Vorräte sind aufgezehrt; erst die Zeit nach Johannis, die Ernte,
bringt neuer Nahrung Fülle. Deshalb speist die Gilde beim alten
Loup vert nur Fastenkost, magere Gerichte, sobald aber die
Jahreswende vollbracht ist, nach Mitternacht, aus voller Schüssel.
Das *riesenhafte Brod* am folgenden Tage in Prozession umher-
getragen, das Sinnbild des Erntesegens (Bk. 158. 317. 393. 396.
538. 539 u. s. w.) bewährt die agrarische Bedeutung der ganzen
Ceremonie. Wollte noch jemand diese Symbolik verkennen, so

würde ich ihm ein lettisches Johannisliedchen zu bedenken geben,
worin von den drei Tagen St. Johannis (24. Juni), Peter und
Paul (29. Juni) und Jacobi (25. Juli) folgendermaßen die Rede ist:

> Arm und hungrig kommt Johannes,
> Noch verhungerter St. Peter:
> Doch St. Jacob ist der Reiche,
> Kommt mit Roggen und mit Gerste.[1]

Daß die *grüne Kleidung* des Loup vert und seiner Gesellen die
einstige Einhüllung *in grüne Büsche* ersetzt, hat ein genaues
Analogon in der russischen Darstellung der Personification des
St. Georgstages mit *grünem Gewande* (Bk. 317), während der
slovenische *grüne Georg* noch in grüne Birkenzweige eingebunden
ist (Bk. 313). Vgl. den *Mann im grünen Weiberrock* im Bohlen-
dorfer Märzumgang (Bk. 317) und die grüngekleideten Maireiter
(Bk. 448. 368).[2]

§. 2. **Feronia.** Die normannische Sitte leitet uns hinüber
zu dem altitalischen Brauch der Hirpi Sorani. Mitten aus einer
fruchtbaren Landschaft erhebt sich einige Meilen von Rom der
weißschimmernde (candidus) Kalkfelsen des Monte di Silvestro,[3]
im Altertum Soracte genannt; auf seinem Gipfel lag der uralte
Tempel des *Soranus.. Soranus* war ein sabinischer *Sonnengott,*
wie schon sein Name besagt, den, auf Curtius[4] gestützt, L. Preller[5]
mit Recht von sora Sonne, d. i. svarjâ, einem Worte derselben
Wurzel ableitet, welche auch den Worten sol, serenus goth.
savil, lit. saule Sonne, griech. σείριος zu Grunde liegt. Nach

---

1) Ulmann Lettische Volkslieder S. 81, n. 262.

2) Vgl. auch noch die folgende französische Sitte. Bei dem Papageien-
feste in Montpellier, welches, wie man sagt, durch die Könige von Minorca
gestiftet war, und am ersten Mai gefeiert wurde, schritt an der Spitze
der Gesellschaft ein großer Mann *in grünem Rocke* einher, der die
Functionen des Narren ausübte. Auf dem Hintern trug er einen Cupido in
Goldstickerei (J. W. Wolfs Papiere). Da das Papageienfest eine mittelalter-
liche städtische Form des Maigrafenfestes war (Bk. 369. 371. 373. 379), so geht
auch hier der grüne Rock des voranschreitenden Mannes unzweifelhaft auf
die grüne Laubhülle des ehemals dem Zuge vorangeführten Vegetationsdämons seinem Ursprunge nach zurück.

3) So heißt er nach dem auf einer seiner Spitzen liegenden von Karl Mar-
tells Sohne Karlmann i. J. 747 gegründeten Kloster San Silvestro.

4) Zs. f. vgl. Sprachf. I, 29 ff.

5) Röm. Myth. 239.

dem Eindringen der griechischen Bildung hat man ihn mit Apollo
identifiziert, ohne Zweifel, um ihn als Sonnengott zu bezeichnen.
„Summe deûm — sagt Verg. Aen. XI, 785 — sancti custos
Soractis Apollo." Am Fuße des Berges, wo jetzt das Dorf
San Oreste liegt, befand sich im Altertum der Hain der Feronia,
ein Heiligtum und vielgefeierter Wallfahrtsort, wo sich an die
Feste der Göttin eine Messe (Markt und Waarenaustausch) ange-
knüpft hatte. *Feronia* war eine Getreidegöttin. Dies sagt vermutlich schon der Name, der im römischen Volksmunde mit
Faronia abwechselte. Vgl. Dionys. Halicarn. Antiqu. II, 49, der
erzählt, die Sabiner seien nach der Meinung einiger Schriftsteller
ausgewanderte Lacedämonier „καταχθέντας δὲ τῆς Ἰταλίας περὶ
τὰ καλούμενα Πωμεντῖνα πεδία, τό, τε χωρίον, ἐν ᾧ πρῶτον ὡρμί-
σαντο, Φερωνίαν ἀπὸ τῆς πελαγίου φορήσεως ὀνομάσαι· καὶ θεᾶς
ἱερὸν ἱδρύσασθαι Φερωνίας, ᾗ τὰς εὐχὰς ἔθεντο· ἣν νῦν, ἑνὸς
ἀλλαγῇ γράμματος Φαρωνίαν καλοῦσιν." Wir haben uns
die Sache wol so zu denken, daß die eine dieser beiden Namensformen die römische der lingua rustica, die andere die sabinische
war. Die Endung -ona -onia bildet Denominativa; Faronia ergiebt
sich somit (wie Pomona, Populonia Mellona Vallona von pomum,
populus mel vallis) gleich far-ina (für fars-ina) von far, (d. i.
farr aus fars) Gen. farris abgeleitet. Feronia weist auf eine
geschwächte Stammform fĕr d. i. ferr, fers mit Ersatzdehnung bei
ausgefallenem Consonanten. Vgl. vēr Frühling für verr, vesr aus
veser, verer und in noch älterer Zeit vaser. [1] Vgl. auch sētius
aus sectius, pēnis aus pesnis, pēdo aus perdo. Die Schwächung
ferr statt farr entspräche Beispielen wie volsk-umbr. veselis —
lat. vasculis (Corssen de Volsc. dial. g). Vgl. aber auch lat. sēdes
neben ἕδος skr. sadas, cēra neben κηρός, vērus Wurz. var, sērus
Wurz. sar. *Far* Dinkel, Spelt galt als die älteste Speise in
Latium; [2] *Feronia* wäre etymol. ein goth. barizeins und der volle
Name *Feronia mater*, den Servius Aen. VII, 564 bezeugt, entspräche etwa einer Sanskritischen *bharšâṇî mâtâ Getreidemutter*.
Mit diesem immerhin noch weiterer Aufklärung über das Ver-

---

1) Vgl. Graßmann in Zs. f. vgl. Sprachf. XVI, 110. Ein römisches
Ferronia, Feronia neben far stände in gleichem Verhältniß wie Epona neben
equus, insofern beide Götternamen dialectische Nebenformen (ferr oder fér,
epus) statt der gebräuchlichen Appellativa zum Etymon haben.
2) Vgl. Kuhn Herabkunft S. 99.

hältniß der beiden Namensformen bedürftigen Ergebniß der sprachlichen Analyse stimmt der sachliche Verhalt überein. Durch
Livius erfahren wir, daß die ältesten Bewohner der Gegend in
den Hain der Feronia *die Erstlinge der Feldfrüchte* und andere
Gaben brachten, *um für den Segen der Ernte zu danken.* „Inde
Hanibal ad lucum Feroniae pergit ire, templum ea tempestate
inclitum divitiis: Capenates antiqui accolae ejus erant, *primitias
frugum* eo donaque alia *pro copia* portantes multo auro argen-
toque id exornatum habebant." [1] Wenn Feronia als ἀνθηφόρος,
φιλοστέφανος, Περσεφόνη characterisiert wurde, [2] so scheint das
einerseits eine Metonymie von dem Tempel, an dessen Pfosten,
wie am Heiligtume der Ceres, der mit Blumen geschmückte Erntekranz aufgehängt wurde; andererseits ist die mit der mystischen
Persephone-Kore identifizierte *Proserpina* zum Vergleiche herangezogen, welche die römischen Antiquare als fecunditas seminum
erklärten. [3] Aus diesem Vergleiche der Feronia mit Proserpina,
erzeugte sich die weitere Combination des der ersteren gesellten
Soranus mit Dis d. i. Pluto-Aïdes, dem Gatten der Persephone,
die von einigen Gelehrten gemacht wurde. [4] Außerdem wissen
wir, daß Feronia von den *Freigelassenen* besonders verehrt wurde.
Varro nannte sie libertorum dea. Zu Terracina unweit Suessa
Pometia hatte sie ebenso wie am Soracte einen *Hain* mit einer
Quelle; hier war in ihrem Heiligtum ein Stein, auf den zur Freilassung bestimmte Sklaven sich setzten, um als Freie wieder

---

1) Liv. XXVI, 11.

2) Dionys. Halic. III, 32: ἱερόν ἐστι κοινῇ τιμώμενον ἐπὸ Σαβίνων τε
καὶ Λατίνων, ἅγιον ἐν τοῖς πάνυ θεᾶς Φερωνίας ὀνομαζομένης, ἥν οἱ μετα-
φράζοντες εἰς τὴν Ἑλλάδα γλῶσσαν οἱ μὲν Ἀνθηφόρον, οἱ δὲ Φιλοστέ-
φανον, οἱ δὲ Φερσεφόνην καλοῦσιν.

3) Praefecerunt ergo Proserpinam frumentis germinantibus. Varro bei
August. Civ. Dei IV, 9. In Cereris autem sacris praedicantur illa Eleusinia,
quae apud Athenienses nobilissima fuerant. De quibus ille (Varro) nihil inter-
pretatur, nisi quod attinet ad frumentum, quod Ceres invenit et ad Proserpinam, quam rapiente Orco perdidit, et hanc ipsam dicit significare
fecunditatem seminum: quae cum defuisset quodam tempore, eademque
sterilitate terra moereret, exortam esse opinionem, quod filiam Cereris, id
est ipsam fecunditatem, quae a proserpendo Proserpina dicta
esset, Orcus abstulerat etc. Augustin a. a. O. VII, 20.

4) Serv. Verg. Aen. XI, 785.

aufzustehen.[1] Sodann erhielten sie nach Abscheerung des Haupt-
haars den Freiheitshut.[2] Als man in Rom während des zweiten
punischen Krieges beschloß, alle Götter durch außerordentliche
Geschenke gnädig zu stimmen, waren es die freigelassenen Weiber,
welche der Feronia das Weihgeschenk zusammensteuern mußten.[3]
Dieses Verhältniß der Liberten zu der Göttin erklärt sich sehr
einfach und befriedigend aus den Gebräuchen des Erntefestes.
Denn am Erntefeste war es bei den Alten Sitte,[4] wie sie es
noch bei uns ist, daß die Herren allen Standesunterschied ver-
gessend mit den Knechten sich auf gleichen Fuß setzten, mit
ihnen aßen, tranken und ganz als mit ihresgleichen verkehrten.
Dieser Umstand mochte Zeit und Ort eines Festes der Erntegöttin als besonders geeignet erscheinen lassen, um damit die
feierliche Freilassung verdienter Sklaven zu verbinden, durch
solche Potenzierung des Festgedankens die Würde der Feier
gewissenmaßen noch zu erhöhen. Wie Feronia wurde auch die
Erntegöttin Dea Dia in einem Haine verehrt und Demeter besaß
gleichfalls heilige Haine (o. S. 14).

§. 3. **Hirpi Sorani.** Zu Ehren beider Götter, des Soranus und der Feronia fand alljährlich zu einer gewissen Zeit im
Haine der Göttin am Soracte ein Fest statt, wobei die Mitglieder
gewisser ortsansäßiger Familien, welche sich Hirpi d. i. *Wölfe*
nannten, mit nackten Füßen durch ein Feuer liefen. Der ältere
Plinius sagt:[5] Nicht weit von Rom im Gau der Falisker giebt
es einige wenige Familien, welche man *Hirpi* nennt. Diese wandeln Jahr für Jahr an dem Feste zu Ehren des Apollo, welches
beim Berge Soracte veranstaltet wird, über einen angezündeten
Holzstoß und verbrennen sich nicht. Deshalb genießen sie nach
einem Senatsbeschluß auf ewige Zeiten Befreiung vom Kriegs-
dienst und anderen Lasten.[6] Vergils Dichtung macht den Aruns,

---

1) In hujus templo Tarracinae sedile lapideum fuit, in quo hic versus
incisus erat: Bene meriti servi sedeant, surgent liberi. Servius Aen. VIII, 564

2) Servius a. a. O.

3) Liv. XXII, 1 Quin ut libertinae et ipsae, unde Feroniae donum dare-
tur, pecuniam pro facultatibus suis conferrent.

4) S. darüber die Zusammenstellungen von Buttmann, Mythologus II,
52—56.

5) Hist. nat. VII, 2.

6) Plin. hist. nat. VII, 2 Haud procul urbe Roma in Faliscorum agro
familiae sunt paucae, quae vocantur Hirpi: hae sacrificio annuo, quod fit

Tarquius Sohn, zu einem Gliede jener Genossenschaft,[1] und Varro behauptet, die Hirpi hätten sich mit einer gewissen Salbe die Fußsohlen bestrichen und seien dadurch gegen die Verbrennung geschützt gewesen.[2] Strabo ergänzt diese Berichte dahin, daß die Begehung im Haine der Feronia stattfand, auch auf die Göttin Beziehung und viele dazu herbeigeströmte Besucher zu Zuschauern hatte. „Unter dem Berge Soracte — sagt er — liegt die Stadt Feronia, gleichnamig einer einheimischen von den Bewohnern geehrten Göttin, deren an diesem Orte befindlicher Tempelhain eine wunderbare Feierhandlung darbietet. Denn mit bloßen Füßen durchwandeln die von der Göttin Ergriffenen *Kohlen und Glutasche* unbeschädigt, und sowol wegen des Volksfestes, das jährlich gefeiert wird, als wegen des erwähnten Schauspiels versammelt sich hier eine große Menschenmenge." Wir besitzen eine ätiologische Sage, ein Histörchen, welches irgend jemand lediglich zur Erklärung der ebenerwähnten Bräuche erdacht hat; Servius, der die Geschichte einem älteren Schriftsteller nacherzählt, verdunkelt sie etwas, indem er mit den Hirpi Sorani das sabinische Volk der Hirpini confundiert. Einst bei einem Opfer, das die Hirten dem Gotte auf dem Soracte brachten, *erschienen plötzlich Wölfe, rissen das Opferfleisch aus dem Feuer* und trugen es davon. Die Hirten ihnen nacheilend, gelangten zu einer Höhle von giftiger Ausdünstung, durch welche sie mit einer Seuche behaftet und todt hingestreckt wurden. Als die Einwohner Abhilfe des Uebels bei den Göttern suchten, lautete die Weissagung dahin, daß *die Pest aufhören werde, wenn sie sich wie Wölfe geberden würden. Sie taten dies und fortan hieß das Volk Hirpi Sorani.*[3] Dieser Name bedeutete *Wölfe*

---

ad montem Soractem Apollini, super ambustam ligni struom ambulantes non aduruntur. Et ob id perpetuo Senatusconsulto militiae omniumque aliorum munerum vacationem habent.

1) Verg. Aen. XI, 785.

2) Servius ad Verg. Aen. XI, 787: Varro ubique expugnator religionis ait. cum quoddam medicamentum describeret: Ut solent Hirpini, qui ambulaturi per ignes medicamento plantas tingunt.

3) Serv. a. Verg. Aen. XI, 785. Soractis mons est Hirpinorum in Flaminia collocatus. In hoc autem monte cum aliquando Diti patri sacrum persolveretur; nam [diis] manibus consecratus est, subito venientes lupi exta [de igni] rapuerunt, quos cum diu [pastores] sequerentur, delati sunt ad

des *Sonnengottes*, denn hirpus war der sabinische Ausdruck für
Wolf.[1] Aus der vorstehenden ätiologischen Sage sind wir berechtigt auf den Gebrauch, dessen Entstehung sie begreiflich machen
sollte, zurückzuschließen, und soviel zu entnehmen, einmal, daß
die Familien, von denen der Brauch geübt wurde, nicht zufällig
oder aus irgend einem andern Grunde Hirpi hießen, sondern nur
deshalb, weil sie am Feste des Soranus die Rolle von Wölfen
spielten, durch Geberden (Geheul u. s. w.) und vielleicht auch
Kleidung sich als Darstellungen von solchen zu erkennen gaben,
sodann, daß von dem Durchlauf dieser Wölfe durch das Feuer
Gesundheit, Freisein und Befreitwerden von Seuchen als Wirkung
erwartet wurde.

Hiemit sind wir im Besitz einer hinreichenden Reihe von
Uebereinstimmungen, um die schon von Preller[2] aufgestellte Vermutung für gewiß ansehen zu dürfen, daß die Begehung der Hirpi
Sorani unseren *Sonnwendfeuern*, dem Osterfeuer oder Johannisfeuer identisch war. Hier wie da ein *Sonnenfest;* hier wie da
ein Durchlaufen von Menschen durch die Flamme, hier wie da
endlich der Glaube, daß durch das Feuer bösartige Krankheit
vertrieben werde. Die Hirpi hießen *Wölfe des Sonnengottes Soranus*, weil sie am Feste der Sommersonnenwende ihren Feuer-
sprung ausführten. Wenn nun die Sonnwendfeuer nachweisbar
auch die vermeintliche Wirkung ausübten, die Fruchtbarkeit des
Kornfeldes und der Viehweide zu befördern (o. S. 316), so liegt
es klar am Tage, weshalb das Sonnwendfeuer am Soracte im
Haine der Getreidegöttin Feronia begangen ist, und daß dabei
vorzugsweise die agrarischen Beziehungen betont wurden.

Eine einigermaßen verdunkelte Spur des Glaubens, daß das
im Haine der Feronia angezündete Feuer auf die *Wiederbelebung*

---

quandam speluncam, halitum ex se pestiferum emittentem, adeo ut juxta
stantes necaret: [et] exinde est orta pestilentia, quia fuerant lupos secuti;
· de qua responsam est, posse eam sedari, si lupos imitarentur, i. e. rapto
viverent. Quod postquam factum est dicti sunt isti populi Hirpi
Sorani. Die Erklärung „i. e. rapto viverent" giebt sich sofort als irriger
Zusatz des Servius zu den Worten seiner Vorlage zu erkennen.

1) Servius a. a. O.: Nam lupi Sabinorum lingua hirpi vocantur. Sorani vero a Dito: nam Dispater Soranus vocatur: quasi Lupi Ditis pa-
tris. Strabo V, 4, 12. p. 250: Ϝσαον καλοῦσιν οἱ Σαυρῖται τὸν λύκον. Paul.
Diac. p. 106: Irpini appellati nomine lupi, quem irpum dicunt Samnites;
eum enim ducem secuti agros occupavere.

2) R. M. S. 240.

der in den Hundstagen verbrannten Vegetation Einfluß übe,
liegt wol in der wiederum ätiologischen Legende vor, *daß der
Hain der Göttin* zu Terracina (Anxur) *einst in Brand geraten
sei, plötzlich aber*, als die Einwohner zur Rettung der Götterbilder herbeieilten, *wieder frisch und grün vor ihren Augen dage-
standen habe.* [1] Wahrscheinlich gab es auch in Terracina ein
Sonnwendfeuer und man mochte bei demselben grüne Büsche
oder Bäume aufpflanzen (vgl. o. S. 310), ein Brauch, den
man dann nachmals als Erinnerung an die vermutete einmalige
Begebenheit eines Hainbrandes deutete, indem man in diese
Legende zugleich einen Hinweis auf die vom Feuer erwartete
Wirkung hineinmischte.

Auch von dieser Seite her bestätigt sich unser Ergebniß.
Der Festakt am Soracte fand zur Zeit der Sommersonnenwende
statt zu Ehren des Sonnengottes und zu Ehren der Getreidegöttin Feronia; es hatte also, wie jener südindische Feuer-
sprung bei den Badagas (o. S. 306), *auf die Ernte* Bezug, wie
nach den Indizien des ätiologischen Mythus auf die Gesundheit
der Menschen und Tiere. Die Wölfe liefen durchs Sonnenfeuer,
um glückliche Ernte auf den Aeckern, sich und ihren Mitbürgern
ein krankheitfreies Jahr zu erzielen. Giebt man diese Vorder-
sätze zu, und ich sehe keinen Ausweg, sich ihnen zu entziehen,
*so ergiebt sich zugleich das Fest der Hirpi Sorani als nach Jah-
reszeit, Zweck und Ausführung übereinstimmend mit der Feier
der Confrérie du Loup Vert s. zu Jumièges, und wir werden
dann kaum umhin können, die Wölfe des Soranus auf
gleiche Weise, wie die grünen Wölfe des normannischen
Brauches und die schwäbische Mooskuh, d. h. als Kornwölfe, Vegetationswölfe zu deuten. Mit einem Worte,
das Vorhandensein der Korndämonen scheint auch im
römischen Volksglauben nachgewiesen zu sein. Es scheint*
so, denn die Möglichkeit bleibt immerhin nicht ausgeschlossen,
daß durch eine Laune des Zufalls trotz der auffälligen Uebercin-
stimmung die Wölfe hier einen anderen Ursprung und eine
andere Bedeutung hätten, als in dem normannischen Brauche;

---

1) Servius ad Verg. Aen. VII, 800: Nam cum aliquando hujus fontis
lucus fortuito arsisset incendio et vellent incolae exindo transferre
simulacra, subito reviruit.

aber die Wahrscheinlichkeit für vorstehende Deutung verstärkt
sich in hohem Grade durch den in später zu veröffentlichenden
Untersuchungen geführten und in einigen Beispielen bis zu unumstößlicher Gewißheit gedeihenden Nachweis, daß Vorderasien,
Griechenland und Altitalien den unsrigen ganz genau entsprechende anthropomorphische und theriomorphische Korndämonen
kannten.

Die Getreidegöttin Feronia wurde offenbar in naher Beziehung zu Mars gedacht, der in der Urzeit Gott des Wachstums,
der tellurischen und animalischen Fruchtbarkeit und zugleich
Kriegsgott war, und dessen verschiedene Wesensseiten von W.
Roscher mit nicht geringer Wahrscheinlichkeit aus dem gemeinsamen Ausgangspunkte einer Sonnengottheit begreiflich gemacht
sind.[1] Jene durch ihre agrarische Bedeutung bedingte Beziehung
beider Gottheiten äußert sich u. a. darin, daß eine Spechtart
(picus Martius) dem Mars, eine andere (picus Feronius) der Feronia heilig war, beide galten als Vögel, welche sowol durch
ihre Stimme, als ihren Flug zu Auspicien dienten.[2] Vielleicht
lag die Ursache ihrer Heiligkeit darin, daß der Specht wie der
Kukuk und die Heerschnepfe (Regenvogel, Gießvogel, *Hawerzicke* o. S. 180) dem Ackerbauer als Wetterkünder von Wichtigkeit war, *da er beständig piept, wenn es regnen soll.*[3] Im skandinavischen Norden ist der rothaubige Schwarzspecht, St. Gertruds-
vogel (ähnlich wie die Habergeiß o. S. 181 ff.) dadurch gleich dem
Kukuk, *„Bäckerknecht,"* zu einem *brodgebenden* anthropopathi-
schen Dämon in Vogelgestalt geworden, dessen Dasein man sich
nachmals aus der Verwandlung einer brodbackenden Frau durch
St. Gertrud erklärte. Gradeso war Picus den Römern ein therio-
morphischer Waldgeist, des Faunus Vater, den man nachmals
zu einem Urkönige Latiums vermenschlichte und als Jüngling mit
einem Specht auf dem Haupte darstellte, in anderen Kreisen
aus Metamorphose eines Menschen entstehen ließ, worauf man
bei weiterem Grübeln endlich die große Zauberin Kirke als

1) Roscher Apollon und Mars. Lpzg. 1873.

2) Festus p. 197 v. oscines aves. Vgl. W. Wackernagel *Kleine Schriften* art-
ροϊττα 25.

3) Vgl. Myth.² 639. Mannhardt in Zs. f. d. Myth. III, 221. Ebend.
209 ff.

Urheberin dieser Verwandlung hinzudichtete. [1] Ein anderes Tier des Mars war der *Wolf* (lupus Martius, lupus Martialis), der sich entschieden dem Wolfe des Apollo bei den Griechen ver-

1) Dies gegen Kuhns unhistorische Auffassung, Herabkunft S. 30. 31. 32. Ich stelle nachstehend in knappster Andeutung gegen die gründlich verschiedene Entwickelung dieses Forschers meine eigene abweichende Ansicht. Feronia hält er (Herabkunft 30 ff.) A. für eine Feuergöttin und Herabbringerin des himmlischen Feuers im Blitze, und zwar a) weil ihr zu Ehren ein Feuer angezündet wurde und weil einmal ihr Hain gebrannt haben soll. Aber ein Feuer im Dienst einer Gottheit beweist nichts für diese als Numen des Feuers. b) Feronia sei sprachlich und sachlich identisch mit Phoroneus, auf den die Argiver die Erfindung des Feuers zurückführten, und mit bhuranyu, einem Beinamen des indischen in Vogelgestalt gedachten Blitz- und Feuergottes Agni. Aber Feronia war Denominativ, und steht auch durch Länge der ersten Sylbe von Phoroneus ab, der als Begründer der Kultur in Argos das Feuer erfunden haben wird; von Herabholung des Feuers wie bei Prometheus wußte seine Sage nichts. c) Feronia sei Proserpina genannt, weil sie der Despoina — Persophone der Arkader gleichstand, die Kuhn mit der indischen Wolkenfrau? Blitzgöttin? Dasapatni identifiziert. Letztere Gleichstellung ist sprachlich bedenklich, sachlich unhaltbar. Ueber den Grund der griechischen Interpretatio der Feronia durch Persephone s. o. S. 329. B. Im Feuer des Blitzes steige nach verschiedenen Mythen die Seele des Menschen, stieg einst der erste Mensch zur Erde. Dieser Glaube haftete an der Blitzgöttin Feronia und daher heiße a) der älteste König Herilus von Praeneste ihr Sohn. Aber daß Herilus der älteste König war, sagt die Ueberlieferung nicht; die ältesten Könige sind noch nicht die ersten Menschen, und die Urkönige der italischen Sage sind, wo sie überhaupt Gottheiten waren, rückwärts durch Euhemerismus zur Königsrolle gekommen. b) Der Blitzgöttin Feronia war der Specht (picus Feronius) geweiht, an den sich die Sage von der Springwurzel knüpft, welche Kuhn auf den als Vogel gedachten Blitz deutet. Der Italer hielt den picus also für den Bringer des Blitzes, in dem aus dem himmlischen Seelenreich in den Wolken auch der erste Mensch zur Erde kam. Daher gelte Picus 1) selbst für einen ersten König, der mit Faunus den Blitz (Jupiter Elicius) aus der Wolke herablockte, nach anderer Vorstellung selbst aus dem Seelenreich kam. Dies bedeute die Sage seiner Verwandlung in einen Vogel durch die Unterweltsgöttin (!!) Circe. 2) Der Specht nährte Romulus und Remus, wieder zwei erste Menschen. 3) Picumnus d. i. Picus galt noch später für einen kinderhütenden Genius, d. h. für den Herabbringer der Seelen im Blitze. Nun ist aber die behauptete Bedeutung der Springwurzelsage noch keineswegs bewiesen. Ueber Picus und Circe s. o. S. 334. Romulus und Remus werden vom picus Martius als dem heiligen Tiere ihres Vaters genährt. Ueber Picumnus, der von Picus zu scheiden, vielmehr eine männliche Nebenform der Intercidona, und dessen Name wahrscheinlich von einem verlorenen Verbum des Stammes pik schneiden abzuleiten ist, vgl. o. S. 125.

gleicht. In welchem Verhältniß stehen nun diese Tiere zu den
— wie wir vermuten — durch die Hirpi Sorani dargestellten
Kornwölfen? Ist es nötig, daß der Uebereinstimmung des picus
Feronius und picus Martialis entsprechend die hirpi des Soranus
und der Feronia denselben Gedanken verkörpern wie die lupi
Martis und Apollinis? Von diesen beiden gilt gleicherweise, daß
„ihre Bedeutung einen tieferen bis jetzt noch nicht erkannten
Grund haben muß."[1]   Man würde es vielleicht nicht für uner-
laubt erachten, auch hier eine agrarische Beziehung zu suppo-
nieren, wenn man den schon Roggenwolf[2] S. 15 beigebrachten
Gumbinner Volksglauben in Erwägung zieht: „Wenn ein Wolf
durch ein Ackerfeld oder eine Wiese laufend erblickt wurde,
gaben die Bauern Acht, ob er den Schweif nachschleppen ließ.
Geschah dieses, so gingen sie ihm nach und *dankten ihm, daß er
ihnen Segen gebracht habe*, ja sie legten ihm wo möglich einen
Leckerbissen hin; trug er jedoch den Schweif hoch, so verfluch-
ten sie ihn und suchten ihn zu tödten." Weit wahrscheinlicher jedoch ist, daß der Wolf dem Mars und Apollon aus der
nämlichen Ursache beigegeben war, wie dem nordischen Odhinn,
d. h. als poetisches Bild des siegreichen Helden.[?] In diesem
Falle trifft ein ganz ähnliches Verhältniß aus dem Germanischen
genau zu. Denn auch Odhinn war wie Mars, ohne im Uebrigen
diesem conform zu sein, zugleich Gott des Krieges und ein Erntegott, insofern ihm in Schweden die letzte Korngarbe für sein
Roß auf dem Acker stehen blieb; die Wölfe des Sieges aber,
welche zu des Siegvaters Füßen liegen oder ihn atzungsbegierig
in die Schlacht begleiten, und die Kornwölfe blieben gesonderte
Gestalten, welche aus verschiedenen Wurzeln vom Volksgeiste
erzeugt neben einander herliefen, ohne sich zu berühren oder
einander auszuschließen. In gleicher Weise dürfen trotz der
Berührung des Mars und der Feronia in gewissen Stücken der
lupus Martius und die Hirpi Sorani für Verkörperungen verschiedener Ideen erklärt werden.

§. 4. **Die Lykaia.** Unser Urteil, daß die Hirpi Sorani
Getreidewölfe darstellen, ging einerseits aus ihrer unverkenn-

---

1) O. Müller Dorier I, 305. Welcker Götterl. I, 481. Roscher Apollon
und Mars S. 89.
2) Vgl. Liv. X, 27, victor Martius lupus. XX, 46. Homer. Il. XVI, 156.
352. XI, 72. XVI, 352.

baren Beziehung zu Sonnengott und Ernte, andererseits aus der
deutlichen Analogie der normannischen Umläufe des *Loup vert*
hervor. Ich halte mich jedoch für *verpflichtet* noch eine griechische Begehung vergleichend in Erwägung zu ziehen, in welcher
anscheinend gleichfalls der Umlauf eines einen Wolf darstellenden Menschen zur Zeit der Sommersonnenwende die Hauptsache
war, und die Frage zu beantworten, ob etwa diese Analogie es
ratsam mache, den Hirpi Sorani eine andere Bedeutung, als die
vorhin aufgestellte, zuzuweisen. Ich meine das Fest der Lykaia
in Arkadien, dessen Verständniß durch die bisherige Forschung
sehr unvollständig erreicht ist.

Im südwestlichen Randgebirge Arkadiens erhebt sich die
4737′ hohe zweigipfelige Bergkuppe Diaphorti von isolierter Lage
und weiter Rundsicht, deren südliche jetzt nach dem heiligen
Elias benannte Spitze im Altertum Lykaion hieß und diesen ihren
Namen in weiterem Sinne zunächst dem Gebirgsstock, sodann
sogar der ganzen umliegenden, von dem Stamme der Parrhasier
bewohnten Landschaft mitgeteilt hatte. Doch blieb man sich
allezeit bewußt, daß der Name Lykaion eigentlich und zunächst
der Felskuppe zukomme. Sie hieß so als Schauplatz eines uralten Kultus des Zeus, bei welchem der Lauf eines Wolfes den
Hauptritus ausmachte. Von dem Namen des Bergstockes und
der Landschaft war ein Heros Eponymos *Lykaon* abgeleitet, auf
dessen Geschlecht die parrhasischen Städte, Lykosura, Trapezus
u. s. w. ihren Ursprung zurückführten. [1] Der Diaphortigipfel, die
„heilige Höhe der Arkader,“ noch jetzt eine runde künstlich
geebnete Fläche von 150 Fuß Durchmesser, trug einst auf der
gegen Sonnenaufgang gerichteten Seite zwei Säulen mit vergoldeten Adlern, den Vögeln des Zeus, und zwischen beiden eine
Erdaufschüttung, von der aus man einen großen Teil des Peloponnes überschaute und auf welcher im Geheimen, d. h. nur
durch wenige dazu Berufene mit Ausschluß einer zuschauenden
Menge, Opferceremonien vollzogen wurden. Der Platz war ein
ἄβατον und so heilig, daß man glaubte, ein jeder, der ihn ohne
Beruf und Erlaubniß betrete, müsse im Laufe des Jahres sterben.
Beim Eindringen betroffen, wurde er gesteinigt. [2] Von denen,

---

1) Pausan. Descr. Gr. VIII, 3.
2) Pausan. VIII, 38, 5. Plutarch. Quaest. Gr. 39.

welche in das Heiligtum hineingingen, wurde man keinen Schatten
gewahr.[1] Man darf aus dieser sicher übertreibenden, doch unzweifelhaft irgend wie tatsächlich begründeten Angabe schließen,
daß der heilige Brauch, welcher einzig und allein Menschen in
den sonst nie betretenen, geweihten Raum hineinführte, in einem
Momente statt hatte, wann die Sonne möglichst senkrecht über
den Köpfen stand, der Schatten nur sehr gering war; am wahrscheinlichsten *in der Mittagsstunde des längsten Tages.* Denn
dann beträgt der Schatten für den Peloponnes ein Fünftel der
Höhe aller aufrechten Gegenstände und wird bei dem Menschen
vom Fuße fast völlig bedeckt. Zwischen zweien Vorsprüngen
des Berggipfels führt nach Norden eine lange und tiefe Schlucht
zu Tale, an deren bewaldetem westlichem Abhang von der Opfer-
höhe aus sich der heilige Bezirk des Zeus bis an den Kopf einer
Quelle hinabzog, welche χατ' ἐξοχήν *die heilige*, Hagnê oder als
Quellnymphe personifiziert *Hagnô*, genannt war. Jenseits derselben am östlichen Abhange der Schlucht lag ein Hain und Heiligtum des Pan, vermutlich dasselbe, welches nach Aelian H. A.
XI, 6 (vgl. o. S. 129) *Aule* genannt und als eine Freistatt des
Wildes betrachtet wurde, in die kein Jäger, angeblich auch kein
Raubtier ein Tier zu verfolgen wagte.[2] Nördlich der heiligen
Quelle schlossen sich an den Hain ein Hippodrom und ein Sta-
dion, angeblich die ältesten Einrichtungen dieser Art in Griechenland, an, in welchen die Lykaia genannten Spiele und Wettläufe
nach Preisen abgehalten wurden.[3] Ueber den Ritus des Gottes-
dienstes im Lykaion erfahren wir durch Plato, daß dem Gerüchte
nach noch zu seinen Tagen ein Menschenopfer daselbst dar-

---

1) Nur dies sagte die älteste Tradition, welche von Theopomp allerdings
bereits in ein „schattenlos *werden*" umgedeutet wird. Polyb. XVI, 12, 7...
Θεόπομπος φησιν, τοῖς εἰς τὸ τοῦ Διὸς ἄβατον ἐμβάντας κατ' Ἀρκαδίαν
ἀσκίους γίγνεσθαι. Später hat sich daraus aus Mißverstand die vergröberte
und, wie es scheint, selbst von den Umwohnern geglaubte Mähr gebildet,
auf dem heiligen Platze bleibe zu jeder Zeit alles Lebende, was dahin
komme, schattenlos. Pausan. VIII, 38, 6.

2) Augenscheinlich auf Verwechselung dieses Panheiligtums mit dem
Lykaion beruht es, daß nach Pausanias a. a. O. dessen mündliche Berichterstatter von letzterem behaupteten, d e r J ä g e r v e r f o l g e k e i n T i e r h i n e i n
und ihm nachsehend nehme er keinen Schatten desselben wahr.

3) Curtius Peloponnesos I, 300—304. 338 ff.

gebracht wurde,[1] und sogar Theophrast behauptet noch dasselbe
für seine Zeit.[2] Wenn Pausanias sich abhalten ließ, genauer
nachzuforschen, wie es sich mit dem Opfer verhalte, so sieht
man, daß er nichts Tatsächliches darüber wußte, sondern durch
den Glauben an die alte Sage von moralischer Scheu erfüllt war.[3]
An einer zweiten Stelle berichtet Plato von Hörensagen, wer im
Heiligtum des lykäischen Zeus menschliche Eingeweide gekostet,
werde mit Notwendigkeit *zum Wolfe*.[4] Auch Pausanias weiß
davon, daß ehedem beim Opfer des Lykäischen Zeus immer
einer ein Wolf, nach zehn Jahren aber wieder ein Mensch geworden sei, wenn er sich inzwischen des Menschenfleisches enthalten
habe.[5] Hiermit stimmt Plinius überein, dessen aus Euanthes
geschöpfter Bericht auf arkadische Schriftsteller zurückgeht. Hienach wurde aus dem Geschlechte des Anthos jedesmal derjenige
durchs Loß bestimmt, der neun Jahre in Einöden mit Wölfen
in Wolfsgestalt sein Wesen treiben, dann aber wieder seine
vorige Gestalt erhalten sollte. Nach Agriopas, der Nachrichten
über die Sieger in Olympia sammelte, hatte ein gewisser Dema-
nätus von Parrhasia, nachdem er an den Lykaien vom Fleische
eines geopferten Knaben gegessen, sich in einen Wolf verwandelt,
im zehnten Jahre wieder Menschengestalt angenommen und zu
Olympia einen Sieg im Faustkampf errungen.[6] Offenbar bildet
dieselbe Tatsache, welche diesen den Sachverhalt phantastisch
ausschmückenden Gerüchten zu Grunde lag, auch den Ausgangspunkt der vielfach variierten Sagen[7] vom Könige Lykaon, der
allein oder sammt seinen 50 Söhnen zum Wolfe wird, weil er
Zeus, der ihn als unerkannter Fremdling besuchte, die Eingeweide
eines geschlachteten Kindes vorgesetzt. Der Gott habe mit seinem
Blitzstrahl dreingeschlagen, oder zornig aufspringend den Tisch

---

1) S. Plato Minos p. 315 mit den Verbesserungen Boeckhs u. Welckers.

2) Theophrast bei Porphyr. de abstin. II, 27.

3) Pausan. VIII, 38, 5.

4) Plato de republ. VIII, p. 565 d.

5) Pausan. VIII, 38, 2, 3.

6) Plin. Hist. nat. VIII, 22.

7) Pausan. VIII, 2, 3. Apollodor. Bibl. III. 8, 1. Tzetzes ad Lycophr.
481, ed. Müller. Lpzg. 1810. II, p. 635. Hygin. Fab. Nicol. Damasc. Histor. Excerpt. et Fragm. ed. Orell. Lpzg. 1804, p. 41 sqq. Ovid. Metam. I,
198 ff.

(trapeza) umgestoßen, woher der Ort den Namen Trapezus
empfing. [1]

Darf nun vielfachen Analogien entsprechend in der einen
Klasse dieser Traditionen eine von der Wundersucht der aber-
gläubischen Menge bewirkte Vergrößerung der mysteriösen Ceremonien, in der andern ein genetischer Deutungsversuch derselben
gesucht werden, so ergiebt sich als der wahrscheinliche Sachverhalt der folgende. Alle 9 oder 10 Jahre fand *an der Sommersonnenwende* von Seiten eines bestimmten Geschlechts (der Anthier)
in dem für gewöhnlich und für jeden andern unnahbaren Haine
des Zeus allein oder mit andern Opfern vermischt das wirkliche
oder symbolische Opfer eines Kindes statt. Einer der Teilnehmenden, durchs Loß erwählt, hielt darauf einen Umlauf, welchen man als Flucht auffaßte, und bekam den Namen *Wolf*, der
ihm bis zur Zeit der nächsten Feier verblieb. Die zehnjährige
Wiederholung des Festes trat unzweifelhaft einst an die Stelle
einer jährlichen Begehung, wie in vielen ähnlichen Fällen
(Bk. 533. 534). Vermutlich fand einst die Opferung eines Kindes
wirklich statt; ob dieser Brauch aber noch in Wahrheit zu Platos
Zeit, ja noch später geübt, oder nur vom übertreibenden Gerüchte
behauptet wurde, bleibt streitig. Doch spricht für letztere Annahme und gegen die erstere, da sowol Plato als Theophrast
nicht Augenzeugen waren, nicht allein die ethische Richtung der
Hellenen des fünften und vierten Jahrhunderts im allgemeinen, sondern ganz insbesondere die aus der nächsten Umgebung des Lykaion
hervorgegangene ätiologische Lykaonsage selbst. Denn schwerlich
konnte dieselbe in derjenigen Form concipiert werden, welche
sie hat, daß nämlich die Wolfsverwandlung als Strafe von Seiten
des ein Mahl von Menschenfleisch verabscheuenden Zeus ausgegeben wurde, wenn sich im Kultus ein wirkliches Menschenopfer

---

1) Dieser plumpe Versuch einer Deutung des wol von viereckiger Anlage
des Platzes ausgegangenen Ortsnamens Trapezus gehört natürlich zu den
jüngsten Auswüchsen der Lykaonsage. W. Schwartz aber, der Kult und Sage
als Gewittermythologie deutet und den Lykaon zum heulenden Sturm,
daher Wolf, das geschlachtete Kind zu dem aus der Wolke geborenen
Blitz, die Steinigung des unberufenen Eindringlings in das Lykaion zur Nachbildung der vermeintlich im Gewitter herabfallenden Donnersteine machen
will, verkennt auch hier das ὕστερον πρότερον [der Ortsname war natürlich
eher da, als die Sage] und sieht in dem Umstürzen des Tisches ein Bild des
krachenden Donnergepolters. (Urspr. d. Myth. 100. 118.)

für diesen Gott stäts wiederholte. Dagegen vertrug sich mit der
sittlichen Würde des Gottes sehr wol eine symbolische, vielleicht
im Hin- und Herweben über dem Opferfeuer bestehende Darbringung eines Kindes, indem diese sammt dem Umlauf des Wolf
genannten Menschen als Erinnerungsfeier an jene aus diesen Tatsachen herausgesponnene Geschichte des Lykaon aufgefaßt wurde.
Vielen griechischen und orientalischen Gottesdiensten, zumal
Erntekulten, eignete, wie wir später nachweisen werden, die
Deutung eines rituellen Umlaufs als Flucht. Die Vermutung, daß
das Opfer zur Zeit der Sonnenwende stattfand, mithin ein Gottesdienst war, welcher wahrscheinlich gleich den anderswo angezündeten Mittsommerfeuern den Zweck hatte, Seuche und Mißwachs fern zu halten und das Gedeihen der Pflanzen zu fördern,
wird verstärkt durch den in denselben Ideenkreis fallenden
Regenzauber an der Quelle Hagnô. Wenn in der Gluthitze des
Sommers langanhaltende Trockenheit die Felder und Weiden und
das Laub der Bäume ausdörrte, *brach der Priester des Zeus
einen Eichenzweig* und sprach, die Opferspende verrichtend, ein
besonderes Gebet, indeß er den Zweig *in die heilige Quelle
senkte, ohne jedoch den Grund derselben zu berühren.* Alsbald,
sagte man, bewege sich das Wasser, walle auf, und *eine dichte
Dunstsäule steige empor, die zu Wolken verdichtet ganz Arkadien
mit erquickendem Regen überströme.* [1]

---

1) So schlagen Hexen mit Gerten so lange in Wasserbäche, bis Nebel
hervorkommen und sich zu schwarzen Wolken zusammenballen (Myth.[3] 1041).
Der „heilige Bach" (estn. põhajõggi, lettisch swehti upe) bei Ilmegerwe
in Estland lag in einem heiligen Hain, in dessen Umkreis niemand
einen Baum hieb, oder eine Rute brach, aus Furcht im nächsten Jahr
zu sterben. Bedurfte man Regen, ward etwas hineingeworfen
(Gutsleff bei Grimm. Myth.[3] 565). Bäche oder Seen, welche der Sage nach,
sobald Holz oder Steine hineingeworfen wurden, Sturm- und
Wetterwolken aufsteigen ließen, sind über ganz Europa verbreitet
(Myth.[3] 563). So erzählt Gervasius v. Tilbury i. J. 1221 (Otia imperial.
p. 990 Leibnitz, p. 41 Liebrecht): Est in provincia regni Arelatensis fons
quidam pellucidus, in quem si lapidem vel lignum aut hujuscemodi materiam
projeceris, statim de fonte pluvia ascendit, quae projicientem totum
humectat. Vgl. Liebrecht Gervasius v. Tilbury S. 146 ff. H. Runge Pilatus
u. St. Dominik. Zürich 1859, S. 162, S. 165—166. Derselbe Quellkultus in
der Schweiz. Zürich 1859, S. 16. 17. Der arabische Schriftsteller Al Utbi
im Kitâb Jamini (11. Jahrh.) spricht auch von einem Bache in Indien, aus
dem bei Verunreinigung Gewitter und Stürme hervorbrechen (S. Nöldecke

Der Erdaufwurf ($\gamma\tilde{\eta}\varsigma$ $\chi\tilde{\omega}\mu\alpha$), der als Opferplatz ($\beta\omega\mu\acute{o}\varsigma$)
diente, könnte darauf hindeuten, daß das Opferfeuer eine größere
Ausbreitung als gewöhnlich hatte, nach Art unserer Sonnwendfeuer construiert war;[1] dagegen weist die Mittagsstunde als Zeit
der Begehung (falls wir hierin das Richtige trafen) von denselben
ab, da sie in den uns bekannten Fällen stäts im Dunkel des
Abends angezündet werden. Ist demnach eine volle Uebercin-
stimmung der Lykaia mit den Sonnwendfeuern, und somit auch
dem Kultus der Hirpi Sorani sehr zweifelhaft, so begründen
gleichwol die *Jahreszeit* (Sommersonnenwende), das wirkliche
oder symbolische *Kinderopfer*, und die Absicht, Mißwachs abzuwenden, eine nahe Verwandtschaft der Art mit jenen Kinderopfern
im Dienste des Baal oder El, die im Orient in mannigfacher
Form geübt wurden. Ja möglicherweise liegt hier, bei den
Lykaia ein Fall historischer Entlehnung vor, indem die Hellenen
den an den arkadischen Berggipfel geknüpften Kult einer uralten
phönikischen Kolonie sich angeeignet und fortgesetzt, und deren
Hauptgott El (abweichend von der sonstigen Uebertragung durch
Kronos) in die erhabene Majestät des Zeus umgedeutet haben.
Wenn wir nun nicht berechtigt sind, die verschiedenen Formen
jener semitischen Kulthandlung als gänzlich verschieden von ein-
ander zu trennen, wenn alle Arten derselben nähere oder ent-
ferntere Verwandtschaft mit den Sonnwendfeuern aufweisen (oben
S. 302 ff.), so liegt selbst bei ziemlicher Verschiedenheit der Feste im
Detail die Vermutung nahe, daß der Lauf des einzelnen Lykaien-

---

Sitzungsber. d. Wien. Akad. 1857, XXIII, S. 75). Der Hergang dieses Brauches, erst nach der Hand in den Zorn der Wassergeister wegen Verunreinigung ihres Elementes umgedeutet, war ursprünglich eine rohe Nachahmung
des Gewittervorgangs (vgl. Schwartz Ursprung S. 261). Vgl auch den Regenzauber in Mammast bei Dorpat. Bei großer Dürre stiegen drei Männer auf
die Fichten eines alten heiligen Haines. Der eine trommelte dort oben
mit einem Hammer auf einen Kessel oder eine kleine Tonne, um den Donner
darzustellen; der zweite schlug zwei Feuerbrände an einander und ließ sie
Funken sprühen (Blitz); und der dritte, „der Regenmacher," sprengte
mit einem Reisigquast aus einem Eimer Wasser nach allen Seiten. Bald darauf spendete der Himmel Regen in Fülle (Hurt Sagen a. Pölwe,
Dorpat 1863, S. 7).

1) Dann dürfte der „Wolf" durchs Feuer gelaufen sein und das Kind
hindurchgetragen haben, woraus sich vielleicht am ehesten dies Gerücht, er
habe vom Menschenfleische gespeist, entwickeln konnte.

wolfs hier, der Umlauf der Hirpi Sorani dort demselben Typus
angehören, dieselbe Grundidee ausdrücken. Folgt nun aus diesem Umstande — wir wiederholen hier die o. S. 337 aufgewor-
fene Frage — ein Gegenbeweis gegen unsere Auffassung der
Hirpi als Korndämonen? Eine Antwort hierauf könnte nur dann
mit Sicherheit gegeben werden, wenn das schattenhafte und
unsichere, nur durch Conjectur einigermaßen erschließbare Bild
des arkadischen Kultus mit näheren Einzelheiten ausgestattet
wäre, welche uns erlaubten, aus ihm selbst ein begründbares
Urteil über die Bedeutung der umlaufenden Wolfsmaske zu schöpfen.
Bei dem Stande der uns erhaltenen Ueberlieferung bleiben wir
aber darüber in völliger Unkenntniß. Wenn O. Jahns Schlußfolgerung [1] richtig wäre, da Varro und andere römische Antiquare [2]
die römischen Lupercalien stäts mit den Lykaia der Arkader als
daher entlehnt identifizieren, so müsse letzterer Brauch den
ersteren sehr ähnlich gewesen sein, so würden wir vielleicht den
Umlauf des Lykaienwolfs dem Umlauf unserer Korndämonen noch
übereinstimmender denken dürfen, als die sonstigen Quellen
erraten lassen; die *umlaufenden Luperci* schlugen mit Riemen,
wie der Loup vert, der Kornkater, der Maikönig u. s. w. mit Gerten schlagen. Aber jene gelehrte Identifizierung des griechischen
und römischen Kultus beruht unzweifelhaft nicht auf genauerer
Kenntniß der Gebräuche, sondern auf bloßer *etymologischer Vergleichung* der Namen Lykaia und Lupercalia in Verbindung mit
einer Combination des dem Lykaion benachbarten Dienstes des
Pan und der in dem Umlauf der Luperci bewerkstelligten Verehrung des Faunus. Es bleibt trotzdem die unbewiesene Möglichkeit, daß die Lykaien mit dem Feste der Hirpi Sorani und
dem des Loup Vert im Character näher zusammenstimmten, aber
ebensowol konnten sie in uns unbekanntem Detail so auseinander-
gehen, daß bei aller äußeren Aehnlichkeit der umlaufende, Wolf
genannte Mensch die Merkmale eines ganz anderen Ideeninhalts
an sich trug, als die in jenem auftretenden Umläufer. Es ist
daher von dieser Seite her weder ein Analogiebeweis noch ein
Gegenbeweis gegen unsere Deutung der römischen und nor-

---

1) Berichte der sächs. Gesellsch. d. Wissensch. zu Leipzig 1848, I, 427.

2) Vor Varro bereits L. Cincius Alimentus (210 v. Chr.) und Cassius
Hemina (146 v. Chr.). S. Merkel zu Ovids Fast. p. CCII.

mannischen Feier zu entnehmen und wir haben Grund dieselbe aufrecht zu halten, so lange nicht andere entschei-
dende Widersprüche dagegen aufgedeckt sind. Ja ich möchte
die erstere Möglichkeit selbst für die Lykaia als nicht unwahrscheinlich festhalten, da auch im Kreise der orientalischen
Bräuche, in welchen wir die nächste Verwandtschaft derselben
suchen zu müssen glaubten (o. S. 342), nach Ausweis später zu
veröffentlichender Tatsachen zwar noch nicht die spezielle Gestalt
des Kornwolfs, wol aber andere theriomorphische Korndämonen
teils mit unzweifelhafter Gewißheit, teils mit großer Wahrscheinlichkeit aufgezeigt werden können.

Nachtrag.

S. 76. 77. Der Verfasser hat sich gestattet, die Wörter Rhapsode, Rhapsodie hier in dem weiteren Sinne des epischen Vortrags, nicht in ihrer engeren, technischen, auf die Kunst der nachhomerischen Recitatoren eingeschränkten Bedeutung zu gebrauchen.

S. 85. 97. 99. 157. Vgl. Ein Bauer im Amt Svendborg auf Fünen sah einen *Wirbelwind* (den der dortige Volksglaube für einen Zusammenstoß böser Geister erklärt), und das war anzusehen, *wie ein schwarzer Knäuel, welcher sich immer um sich selbst drehe.* Grundtvig G. D. Mind. i. Folkemund. II. 1857. S. 236. 361.

S. 115. Von der in einen Lindwurm verwandelten Jungfrau heißt es Lanz. 7892, daß sie *„schrê als ein wildez wip."* Vgl.: *Ir schreien, wie ein Holzweib.* Uhland Volksl. I, S. 149. Müller und Schambach Niders. Sag. S. 350.

S. 149. Fast noch näher, als die mitgeteilte Fanggensage, tritt eine Oldenburger Zwergensage an die Erzählung vom Tode des großen Pan heran. Die *Erdmännchen* im *Osenberge* bei Oldenburg haben eine *Königin*, *Vehmöme* oder *Vehkemöme* (*Viehmuhme*, also genau dem Pan nomios entsprechend). Als einst der Bauer von Grashorn auf dem Rückwege von Oldenburg im Sandkruge einkehrte, erzählten die Wirtsleute, in der verflossenen Nacht habe man plötzlich eine Stimme vernommen: *„ Vehkemöme is dôd,"* und *dann sei lautes Klagen vieler Stimmen gefolgt.* Als der Bauer diesen Vorfall zu Hause erzählte, wurde hier eine Stimme laut, welche rief: „Is Vehkemöme dôd, so is mine Möme ôk dôd." Dann begann ein Rumoren und Poltern; endlich ward es still, und die Erdmännchen aus dem Osenberge, welche im Bauerhause gemaust hatten, waren mit Zurücklassung eines hübschen Kesselchens abgezogen. Strackerjan Abergl. a. Oldenburg. I, § 257 f. S. 402.

S. 174. Die Sage vom Tode des großen Pan erzählt von der Katze auch Strackerjan a. a. O. § 220 k S. 330.

S. 244. In der verderbten Glosse des Hesych: „καὶ ὁ θάργηλος παρὰ Μιλησίοις ᾀδομένη ἐπὶ φροντίσει“ möchte ich vor-
schlagen, statt der letzten Worte zu lesen: ἐπὶ φροντίδι. Vgl.
Harpocrat. p. 146: θεωροὶ λέγονται οὐ μόνον οἱ θεαταί, ἀλλὰ καὶ
οἱ εἰς θεοὺς πεμπόμενοι· καὶ ὅλως τοὺς τὰ θεῖα φυλάττοντας ἢ
τῶν θείων φροντίζοντας οὕτως ὠνόμαζον· ὥρην ἔλεγον τὴν
φροντίδα. Vgl. auch o. S. 242 Anm. 1.

S. 258. Vgl. die japanische Sitte, daß zur Feier des auf den
8. Februar fallenden *Neujahrsfestes* die Landleute in die Stadt
kommen, um sich zu vergnügen und Neujahrsamulete einzukau-
fen. Unter letzteren spielen die *Glücksbäume*, Zweige der Trauer-
weide mit Zuckerwerk, Würfeln, Glaskorallen, Masken und Metall-
stückchen behängt, eine Rolle; unter ihrem Einfluß sollen die
Kinder hübsch gedeihen. H. Ploß, das Kind in Brauch und Sitte.
Lpzg. 1876, I, 72.

S. 292. Wie die Entmannung der Gallen in ursprünglicher
Form aussah und gemeint war, als Mittel die Zeugungslust *zeitweilig* zu schwächen, dürfte aus folgendem Analogon erraten werden können. Die Pipilen in Mictlan mußten sich *vor der Ernte*,
auf Geheiß des Priesters, *des Beischlafs enthalten*. Sie gruben
dann die Sämereien in die Erde ein (oder setzten Coca unter
freiem Himmel aus), *ritzten sich blutig und entzogen auch der
Zunge und den Genitalien Blut*. A. Bastian, der Mensch. Lpzg.
1860, III, 72. Auch der Brauch der Gallen wird ursprünglich
gewiß nicht in Abschneidung, sondern nur in einem Aderlaß, Ein-
ritzung u. s. w. der Zeugungsteile bestanden haben.

S. 342. Sollte nicht die Mythe von dem Sturze der Herrschaft des kinderfressenden Kronos in der Tat von dem vielleicht
an mehreren Orten wiederholten religionsgeschichtlichen Vorgang
der Verdrängung eines Localkults des mit Kinderopfern geehrten
El-Kronos durch Zeus ihren Ausgang genommen haben? Einen
Zusammenhang dieser Mythe mit den Ideen jenes asiatischen
Dienstes erkannten bereits Diodor Sic. XX, 14, Movers Phoen. I,
299, Preller Gr. M. I, 46, Flach System der hesiod. Kosmog.
11, 36 u. A.

Schluszwort.

Zum Schlusse unserer Betrachtungen mustern und umgrenzen wir noch einmal in der Kürze den Gewinn, den dieselben für das Verständniß der deutschen und antiken Mythologie im Allgemeinen zu Tage gefördert haben. Zunächst erachte ich für einen solchen die Erkenntniß, daß mehreren großen Gruppen unter uns traditionell geübter und von Germanen, Slaven und Kelten *eigentümlich* ausgebildeter Gebräuche und Vorstellungen (Maibaum und Erntemai, Sonnwendfeuer, Baumseele und Waldgeister) *in der Religion der antiken Völker* mehr oder minder genau entsprechende Typen begegnen, d. h. Gebilde, welche die nämlichen organischen Elemente und das nämliche oder ein sehr ähnliches Lagerungsverhältniß derselben aufweisen. Wir finden diese correspondierenden Typen bei Römern, Griechen, Thrakern, Semiten in den Gottesdienst hoher göttlicher Wesen (Apollo, Feronia und Soranus, Kotyto, Baal, Set-Typhon, Atargatis, Baaltis, Kybele u. s. w.) verwebt oder zum Gegenstande gottesdienstlicher Verehrung gemacht (Pan, Adonis u. s. w.). Mindestens einige dieser Typen ergeben sich als so alt, daß ihre Genesis vor der Ausbildung der größeren Gottheiten sich vollzogen haben muß. [1] Es wird nun hiedurch die bloße Vermutung zu einer, an Gewißheit grenzenden Wahrscheinlichkeit erhoben, daß auch jene nordischen Bräuche und Anschauungen nicht während der Herrschaft des Christentums entstanden seien, sondern ihren Ursprung irgendwo im Heidentume, ja in einer sehr frühen Periode desselben hatten, und an ihrer Geburtsstätte einen Bestandteil wirklicher Volks-

---

1) Vgl. über die wilden Leute der antiken Sage oben S. 201 ff. Dumuzi-Adonis vorsemitischen Ursprungs ob. S. 273 ff. Hinsichtlich der Sonnwendfeuer vgl. o. S. 307. Bereits Bk. 182 wies ich darauf hin, daß der Maibaum und die sonstigen mit Tänien behängten heiligen Bäume in letzter Instanz auf einer jüngeren Umdeutung des bei den wilden Völkern vielfach auftretenden Typus der mit Lappen und Zeugstücken behangenen Fetischbäume beruhen könnten. Wie sich nun in den Kultus der Brahmanen und Buddhisten vielfach gewisse Riten von Baumverehrung der vorasischen Naturvölker Indiens übertragen haben [darüber giebt Ferguusons mir nicht zugängliches Werk Auskunft], darf immerhin die Frage gestellt werden, ob nicht auch in Vorderasien der Typus des Fetischbaumes dem Maibaum zu Grunde lag und sich dann neben dieser Differenzierung im Volksbrauch erhielt. Jul. Seiff (Reisen in der asiatischen Türkei, Lpzg. 1875) berichtet, daß ihm vielfach kleine Bäumchen auffielen, welche mit Läppchen und Fetzen behangen waren. Auf seine Frage nach der Ursache des Gebrauches teilte man ihm mit, ein jeder, der einen solchen am Wege stehenden Baum mit Lappen behänge, wähne sich dadurch vor Krankheit zu schützen.

religion bildeten. Dies ist aber, wie ich meine, ein Ergebniß von
nicht zu unterschätzender Wichtigkeit, wenn wir auch auf viele
damit zusammenhangende Fragen uns vorläufig einer entscheiden-
den Antwort enthalten müssen, nicht zu geringstem Teile deshalb,
weil eine eingehendere Kenntniß der Volksüberlieferungen des
europäischen Südens (Spanien, Italien, Balkanhalbinsel) uns noch
entgeht. Falls wir berechtigt sind, den in Rede stehenden Bräuchen und Anschauungen einen Lebenslauf innerhalb des Heidentums
der nordeuropäischen Völker zuzuerkennen (unverächtliche Gründe
sprechen dafür Bk. 525 ff. 567 ff., o. S. 299, und dieser Auffassung
würde selbst der Nachweis einer sehr frühen Entlehnung aus der
Fremde nicht widersprechen), so muß die Möglichkeit zugegeben
werden, daß sie (mindestens in späterer Zeit) ebenso, wie im
Süden an höhere Gottheiten geknüpft waren, aber ebenso möglich bleibt es, daß sie im jüngeren Heidentum schon außerhalb des
herschenden Kultus standen (o. S. xxxvii) und auf jeden Fall ist zu
betonen, daß für uns die Kenntniß jener Gottheiten und des Zusammenhangs mit ihnen verloren ist (vgl. o. S. xiii). Ohne Kenntniß sind
wir ferner bis jetzt noch über den jedesmaligen Entstehungsheerd
der ganzen Gebilde und ihrer einzelnen Sproßformen. Es bleibt
die Frage bestehen, ob die von mir aus Verwandtschaft der Ideen
und Formen versuchten Verknüpfungen dem historischen Sachverhalt entsprechen; es bleibt das große Problem, ob die behandelten
Ueberlieferungen Lehngut seien, oder ob sie sämmtlich oder teilweise auf nordeuropäischem Boden wuchsen, und, wenn dies, ob
sie in ihren Grundzügen schon aus Asien mitgebracht oder ob sie
erst in den europäischen Sitzen concipiert wurden. War letzteres
der Fall, so müßte die Uebereinstimmung mit den mythischen
Gebilden der südlichen Völker lediglich auf der gleichen Wirkung
gleicher Ursachen, d. h. auf analoger Entwickelung aus gleichen
psychischen Keimen unter ähnlichen Verhältnissen beruhen. Reichen
sie aber in den frühesten Urzustand unserer nordischen Bevölkerungen zurück, so können ihre Anfänge vor der indogermanischen
Völkertrennung selbst dann vorhanden gewesen sein, wenn unsere
ältesten arischen Quellen nichts darüber ergeben, da dieselben in
ganz anderen Vorstellungskreisen sich bewegen und durchaus nicht
das gesammte Volksleben wiederspiegeln. Hierüber sind weitere
Untersuchungen Berufener abzuwarten. Gelang es uns, zur Lösung
aller dieser Fragen einiges Material herbeizutragen und das Problem deutlicher, als bisher, zu stellen, so scheint damit ein wei-

terer Gewinn für die deutsche Mythologie erreicht. Zu solcher Klar-
stellung dürfte nicht wenig der Nachweis beitragen, daß manche
der deutschheidnischen Mythologie zugezählte Gestalten dem Fort-
wirken des mythenbildenden Triebes in späterer Zeit ihr Dasein
verdanken. So ist Perchta Personification eines christlichen Heiligentages; daß sie aber lebende Menschen mit sich durch die Luft
trägt, oder ihren zerbrochenen Pflug zimmern läßt, ist aus der
Sage von den fahrenden Frauen (Gode, Frick u. s. w.) herübergenommen, mit denen diese Personification vermischt wurde.

Für das Verständniß der antiken Mythologie schließen die
angestellten Untersuchungen eine ganz neue Seite auf. Was unsere
mythologischen Handbücher uns von derselben zur Anschauung
bringen, ist die Fülle jüngerer und jüngster Bildungen, welche
in der Literatur, im historisch bewegten und verfeinerten Leben
städtischer Volkskreise, aus den ursprünglichen mythischen Vorstellungen und Handlungen erwachsen sind. Nun schimmert unter
dieser Mythologie der Gebildeten mit einmal eine Volksmythologie hervor, welche die überraschendste Aehnlichkeit mit den Volksüberlieferungen der nordeuropäischen Bauern bekundet. Diese
Aehnlichkeit erstreckt sich auf Volkssagen, Märchen und Gebräuche;
die einzelnen Ueberlieferungen behandeln dieselben Gegenstände,
wie die unsrigen, und decken sich nach Inhalt und Umfang mit
denselben. Da wiederholen sich die Volkssagen vom Tode des
Waldgeistes (= Tod des großen Pan) o. S. 132. 149, von der
Fesselung der berauschten Waldgeister o. S. 150, von der Selbst-
bestrafung des Baumschädigers o. S. 23, von den Verwandlungen
und dem Verschwinden der Elfin (= Thetissage) o. S. 60. 61. 68,
von der Wandlung der am Wege harrenden Geliebten des Sonnengottes in die Sonnenblume o. S. 151; von der Metamorphose der
im Wirbelwind fahrenden Frau (Harpyie) in ein Roß o. S. 95.
Aber auch unsere Volkssage von der Verwandlung von Schätzen
in Kohlen,[1] von dem Lagern des Drachen auf dem Goldhort,[2]
von den (Zwergen oder) Kobolden, die sichtbar werden, sobald
man ihnen den *Hut* oder die *Mütze* abschlägt, müssen bekannt

---

1) Vgl. das Sprichwort: *Ἄνθρακες ὁ θησαυρὸς πέφηκε.* Zenob. Cent. Cf.
Baader Bad. Sag. 27. 272. 370. 390. 398.

2) Vgl. Phaedr. IV, 19. Ein grabender Fuchs stößt auf die Höhle des
goldhütenden Drachen „ad draconis speluncam ultimam, custodiebat qui the-
sauros abditos.“ Artemidor. oneirocrit. II, 13: *καὶ πλοῦτον καὶ χρήματα
σημαίνει ὁ δράκων διὰ τὸ ἐπὶ τοὺς θησαυροὺς ἱδρῦσθαι.*

gewesen sein. [1] Da finden wir ferner Märchen, wie das vom
Drachentödter (Peleus) o. S. 54 ff. (cf. das altägyptische o. S. 78.
151); endlich die übereinstimmenden Gebräuche des Maibaums o.
S. 258. 259 ff., des Erntemai o. S. 212 ff., des Ernteeinzugs 232 ff.
243 ff., der Erntemahlzeit 249 ff., des Erntewettlaufs 253 ff., der
Laubmänner im Frühlingsbrauch 265 ff., der Sonnwendfeuer (Pali-
lien, Hirpi Sorani) u. s. w. Auch dieselben mythischen Personificationen, unmittelbare Schöpfungen eines primitiven religiösen
Gefühls aus dem Materiale der Naturanschauung, wie in unserem •
Volksglauben treten, uns entgegen. Da begegnen uns in ganz
analogen Gestalten der wilde Jäger (Zetes, Borcaden) o. S. 92.
206, die fahrende Frau (Harpyie) o. S. 92 ff., die Moosleute und
Holzfräulein (Dryaden), die wilden Männer (Kyklopen, Kentauren,
Pane, Satyrn), die Wassermuhme (Thetis) o. S. 207, der stier-
gestaltige Flußgeist (Elfstier) o. S. 203. Wir vermögen mehrere der
genannten Ueberlieferungen hinter Homer zurück zu verfolgen; nicht
alle sind in ihrer ältest erreichbaren Form schon in Naturpoesie auf-
lösbar, sondern einige erscheinen bereits da als feste unverständlich gewordene Gebilde (z. B. der Kampf mit den Ungeheuern cf.
Peleus). Wir geben auch diese Beobachtungen, ohne hinsichtlich
ihrer die letzte höchst wahrscheinlich nicht einfach und gleichmäßig zu beantwortende historische Frage schon jetzt zu stellen.
Nur soviel ist klar ersichtlich. Da wir tatsächlich verfolgen können, wie aus mehreren der genannten Traditionen eine reichere
Sage und ein ausgebildeter Kultus in jüngerer Zeit hervorwuchs,
haben wir hier Stücke aus einer sehr alten Schicht des antiken
Volksglaubens vor uns, *welche eine weit bedeutendere Ausdehnung
besaß, als ihre bis jetzt zu Tage gekommenen Trümmer erkennen
lassen*, und welche (mag sie vielleicht schon in sich nicht ganz
gleichartig gewesen sein, sodaß sie neben ihren eigenen Produkten
Erbstücke aus der indogermanischen Urzeit und einzelnes Lehngut
aus der Fremde in sich schloß), einem großen Teile der antiken
Mythen und gottesdienstlichen Verrichtungen zu Grunde lag. So
bestätigt sich durch gewichtige Analogie Schwartz's Entdeckung,
daß der Volksglaube der Bauern die noch größtenteils in unmit-
telbarem Zusammenhang stehenden Keime der höheren Mythologie in sich berge.

---

1) Cum modo incuboni pileum rapuisset, thesaurum invenit. Petron
Fragm. 38. Burm. Cf. Myth. ² 431 ff.

Register.

A.

Berichtigungen.

S.   9 Z. 4 v. u. l. ἀξεῖ für ἀξέει.

- 21 - 4 - u. l. Ὅτι f. Ὅτι.

- 110 - 3 - u. l. die Alke, welche f. der Alke, welcher.

- 110 - 2 - u. l. der ihr f. der ihm.

- 169 - 7 - u. l. Bemerkenswert f. Bemerkbar.

- 207 - 18 - o. l. Meermutter f. Nährmutter.

- 220 - 7 - u. l. τὴν f. τὴν.

- 224 - 7 - u. l. περιπεπλεγμένοις ἀναδεδεμένος· f. περιπεπλεγμένους
            ἀναδεμένος.